Carl Albrecht Bernoulli

Die Heiligen der Merowinger

Verlag
der
Wissenschaften

Carl Albrecht Bernoulli

Die Heiligen der Merowinger

ISBN/EAN: 9783957008343

Auflage: 1

Erscheinungsjahr: 2016

Erscheinungsort: Norderstedt, Deutschland

Hergestellt in Europa, USA, Kanada, Australien, Japan
Verlag der Wissenschaften in Hansebooks GmbH, Norderstedt

Die Heiligen der Merowinger.

Die

Heiligen der Merowinger

von

Carl Albrecht Bernoulli.

Tübingen
Freiburg i. B. und Leipzig
Verlag von J. C. B. Mohr (Paul Siebeck)
1900.

WILLIAMS AND NORGATE,
14, HENRIETTA STREET, COVENT GARDEN, LONDON;
20, SOUTH FREDERICK STREET, EDINBURGH;
AND 7, BROAD STREET, OXFORD.

Bernhard Duhm.

Vorrede.

Man mag in diesem Buche einen Versuch erblicken, das Tagesproblem der Geschichtswissenschaft für die Kirchengeschichte wenigstens zu formulieren. Wenn wirklich auch hier nicht die großen Männer, sondern Hunger und Durst der Armen, nicht die geläuterte Erkenntnis von Führern, sondern das gährende Bedürfnis der Massen den Verlauf der Ereignisse bestimmt hätte, was immerhin einmal angenommen werden kann, so wäre die dogmengeschichtliche Methode, unter deren Zeichen die kirchenhistorische Forschung noch immer steht, in ihrer wissenschaftlichen Berechtigung grundsätzlich in Frage gestellt. Auf alle Fälle kann also ein Studium des Volksglaubens innerhalb des Kirchen= glaubens kein müßiges Unternehmen sein, und wenn der Arbeit die gewünschte prinzipielle Bedeutung nicht abhanden kommen sollte, so galt es, an einem Punkte einzusetzen, wo die Religion der Masse sozusagen als Reinkultur vor= lag und von einer eigentlichen Theologie nicht überschattet wird. Damit war aber auch das Arbeitsfeld gegeben, denn die fränkische Kirche im Zeitalter der Merowinger ist der einzige rein undogmatische Bestandteil der gesamten abend= ländischen Kirche seit ihrer Entstehung bis auf den heutigen Tag. Die Lehr= bücher der Dogmengeschichte lassen sie bei Seite, mit Recht, weil von Dog= menbildung in ihr keine Spur vorhanden ist. Und doch mit Unrecht, weil bei dem Anspruch, das gesamte Geistesleben der Kirche in den Bereich dog= mengeschichtlicher Betrachtung zu ziehen, doch auch des christlicherseits bereits zubereiteten Bodens gedacht werden sollte, auf dem dann seit dem karolingi= schen Zeitalter griechische und römische Kirchenphilosophie und im Hochmittel= alter sogar arabische Kultureinflüsse ihre Früchte gezeitigt haben.

Von Anbeginn an machten sich im Christentum die Heiligen als abge= schlossener Stand geltend. Es handelt sich darum, der Stellung und dem Einfluß dieses Standes Aufmerksamkeit zu schenken. Und dieses Studium ließe sich an gar keinem Gegenstande günstiger betreiben, als an dem unsern, insofern die gigantische Gestalt eines Nationalheiligen alle Hauptmomente der Entwickelung zu einem monumentalen Typus in sich begreift, zugleich aber die Befangenheit eines solchen einzigen Beispiels durch die Mitwirkung von zahlreichen kleineren Heiligenoriginalen ausgeglichen wird, und dies nun über einem universalgeschichtlichen Hintergrunde, der die verschiedensten völkerpsychologischen Verknüpfungen und Kreuzungen liefert. Der Bildungsprozeß des Heiligenglaubens durchläuft dann folgende Stadien: ein bedeutender Volksheiliger wirkt zunächst auf einen kleinen Kreis von ihm begeisterter Anhänger. Unter diesen findet sich auch ein Schriftsteller, dem es gelingt, ein parteiisches aber lebensvolles Bild des Meisters für die Nachwelt zu entwerfen. Nach Jahr und Tag, aber auch dann nur in einem selten günstigen Falle, können durch nachträgliche Forschung die Einseitigkeiten zum Teil noch gemildert werden. Rasch genug geht das geschichtliche Andenken in Legende über, und diese kann dann sogar sich mit Gebilden des höheren Mythus, des Naturmythus, verbinden. Doch geschieht dies alles nur einigen Auserwählten. Fast allen Heiligen gemeinsam ist jedoch das Andenken, das nicht an ihre Erdentage, sondern an den Kultus auf ihrem Grabe anknüpft. Das über dem Heiligengrab errichtete Gotteshaus führt den Namen des Heiligen, und nicht nur dieses, sondern auch noch manches andere nah und fern, je nach Verbreitung und Nachfrage. Die dem Heiligennamen eigene Kraft beruht jedoch auf dem handgreiflichen Unterpfand, dem Heiligenleib, und ist im Stande, von ihm aus nicht nur das Grab und den Kirchenraum zu wunderthätigen Orten umzuwandeln, sondern sich unvermindert auf jeden profanen Gegenstand zu übertragen und, auf diese Weise sich ausbreitend, das ganze Volkswesen zu durchwalten. Wo sich der Mensch mit seiner Kunst zu Ende sieht, ist der Heilige anwesend und bekämpft nicht nur alle die widrigen kleinen Alltagsteufel des niederen Mythus, des Traummythus, sondern ist auch für die Kranken der beste Arzt. Nur durch ganz lose Zusammenhänge im orthodoxen Kirchenglauben eingenistet, bewährte sich der fränkische Heiligenglaube als Volksreligion hauptsächlich darum, weil er durch den im römischen Geiste weiter lebenden gallischen Klerus in bewundernswürdiger Weise organisiert, den frommen Bedürfnissen der Bürger und Bauern besser Rechnung trug, als das germanische oder keltisch-römische Heidentum. Auf diese Hauptlinien der Entwicklung zurückgeführt, wird die Figur des Heiligen, die für das Verständnis der merowingischen Kultur sehr ins Gewicht fällt, in den Bereich geschichtlicher Messung gezogen. Wenigstens geht das Buch darauf aus, dieser Aufgabe gerecht zu werden, und die äußere Verteilung des Stoffes entspricht ungefähr dem soeben in Kürze entworfenen Geschichtsbilde (vgl. S. XIII—XVI).

Nun hat sich aber leider in der realen Zubereitung des Stoffes das Ebenmaß des idealen Planes nur ungenügend verwirklichen lassen. Sofern diese Mängel in der Sache selbst begründet liegen, müssen sie hier näher erörtert werden. Nach der verschiedenen Art der Bearbeitung, die er erforderte, zerfiel der Stoff in drei Massen.

1. Kap. 1—5 (S. 1—121) sind ein monographischer Beitrag zur spätrömischen Litteraturgeschichte; sie schildern die Entstehung eines spezifisch christlichen Produkts des lateinischen Schrifttums und dessen Uebergang in die Anfänge der Memorienlitteratur auf altfranzösischem Boden. Die scharfe Begriffsbildung drohte hier an dem Eigensinn unserer Sprache zu scheitern; denn es wollte sich kein Ausdruck finden, der den litterarischen Niederschlag eines starken persönlichen Andenkens in der Einzahl wiedergab; das Pluraletantum „Memoiren" unterschied nicht zwischen dem einzelnen Heiligenleben und einer Sammlung von solchen, und die deutsche Form von Le Mémoire „das Memoir" heißt eben „Denkschrift", wäre also ganz abgesehen von dem fremden Klang auch inhaltlich eine nur unzureichende Wiedergabe gewesen. Das führte schließlich auf „Memorie". Das Wort war wie Historie und ähnliche zu Luthers Zeit deutsches Sprachgut, verschwand dann aber und hat überdies nie den übertragenen Sinn von litterarischem Gedächtnis besessen. Wenn es hier nun in dieser Bedeutung auflebt, so heißt das allerdings aus der Not eine Tugend machen; aber es gilt die Wahl zwischen einer erheblichen Einbuße an klarer Gedankenbildung und einer geringfügigen Verschiebung unseres sprachlichen Empfindens. Diese neue Prägung wird übrigens bei Bedarf auch des näheren zu unterscheiden erlauben zwischen „Memoiren" im üblichen Sinne zwangloser Erinnerungen und „Memorien" als einer Mehrzahl kleiner Lebensbilder von liebender Hand, die gerade durch die ihnen eigene Pietät den rudimentären Charakter von „Noch=nicht=Biographien" aufgedrückt erhalten.

2. Kap. 6—9 (S. 121—209) betreffen Gebiete, wo die kritische Sichtung des Quellenmaterials noch keineswegs abgeschlossen ist. Hier galt es aus der Unmasse des Rohstoffs das typische Wertvolle auszuwählen, und dabei mußte natürlich das eigene Urteil hinter dem Vertrauen zu sachkundigen Führern zurücktreten, sodaß es sich in diesem Abschnitt meistens um eine Zusammenstellung von Auszügen aus alleinstehenden Monographien handelt. Nur um das Detail den allgemeinen Gesichtspunkten einzugliedern, habe ich mich hier selber vernehmen lassen; im übrigen glaubte ich es sogar der Sache schuldig zu sein, da wo die Bearbeitung des Stoffes bereits auf den besten Ausdruck gebracht war, die wörtliche Wiedergabe der Vorarbeit nicht zu scheuen.

3. Kap. 10—18 (S. 210—336) sind der Hauptsache nach eine systematische Analyse des religionsgeschichtlichen Materials, das in den kleinen Schriften des fränkischen Geschichtsschreibers Gregor von Tours angesammelt liegt. Eine gute Fügung hat diesen Ersten in der langen Reihe der fran

zöſiſchen Memoirenſchriftſteller zum Hüter des merowingiſchen Reichsheiligtums und teilnehmenden Augenzeugen der fränkiſchen Religionsübung eingeſetzt. Ohne die enge Verbindung mit dem friſchen Treiben eines jungen Volkes wäre eine eingehende Behandlung ſo ſpröder und uns heute ſo fern liegender und gleichgültiger, ja geradezu anſtößiger Vorſtellungen ſchlechthin ungenießbar. Indem ich zur Schilderung eine Anekdote an die andere reihte, war ich daher vor allem darauf bedacht, dem naiven Detail von Gregors Berichten ſowenig als möglich Eintrag zu thun.

Dieſen Schwierigkeiten, die der Stoff ſelber mit ſich brachte und die daher entſchuldbar ſind, könnte ich nun beſſer, als jeder Kritiker, eine ganze Liſte von Fehlern und Mängeln beifügen, die ausſchließlich nur dem Verfaſſer zur Laſt fallen. Ich mußte den mir noch vor zwei Jahren völlig fremden Stoff, an den ich eben aus den zu Anfang dargelegten prinzipiellen Beweggründen herantrat, Umſtände halber in möglichſt kurzer Friſt zur Darſtellung bringen, und auch ſonſt fehlte es nicht an allerlei Zwiſchenfällen, unter denen der Verluſt eines Notizbuches beſonders empfindlich war. Ich ſelber kann in dem Buche nur einen Entwurf ſehen. Sollte jedoch der Arbeit trotzdem ein namhaftes Intereſſe entgegengebracht werden, das veranlaſſen könnte, dieſe Studien weiter zu führen, ſo wäre ich durchaus geſonnen, das mir lieb gewordene Feld ein zweites Mal durchzuackern und den Ertrag dann nach empfangener Belehrung geſichtet und geebnet, ſowie mit Verweiſen und Regiſtern verſehen vorzulegen.

Ein rundes Kirchenbild von der merowingiſchen Epoche wird niemand in dieſen Blättern finden wollen, der Albert Hauck's Schilderung der fränkiſchen Landeskirche kennt. Dennoch wird das Recht eines religionspſychologiſchen Nachtrags dazu im Prinzip kaum anzufechten ſein. Dann handelt es ſich allerdings um nichts geringeres, als die in England erwachte und ſeitdem auf das ſemitiſche wie auf das griechiſche Altertum in bahnbrechender Weiſe angewandte Forſchungsmethode der allgemeinen Religionsgeſchichte nun auch auf das beginnende Mittelalter und damit auf die Kirchengeſchichte zu übertragen. In der Hauptſache iſt das gleichbedeutend mit einer Analyſe des volkstümlichen Wunderglaubens vom hiſtoriſchen Standpunkte aus.

Nicht gewillt den Kosmos des Mirakels mit dem Tatzenſchlag einer modernen Anſchauung kurzer Hand zu zertrümmern, wird der Geſchichtsfreund ſich gerne ein wenig bücken und winden und gelegentlich den Kopf anſchlagen, wie über dem Beſuch einer unterirdiſchen Höhle bei Fackelſchein, wenn er dann nur der fabelhaften Gebilde anſichtig wird und die mythiſchen Waſſer in den kriſtallenen Grotten rauſchen hört. Allerdings iſt durch neueſte Forſchungen auf dem Gebiete des Seelenlebens nun auch ſchon wieder manches

meßbar geworden, mit dem die Wissenschaft früher nichts anzufangen wußte.
(Vergl. S. 3—6.) Aber die behäbige Wundererklärung von annodazumal
unter dem allerhöchsten Protektorat des gesunden Menschenverstandes, wird
sich hoffentlich im Bereiche geschichtlicher Forschung immer weniger zu Hause
fühlen. Mag sich dagegen aus dem Bewußtsein unserer stets wachsenden Aufklärung das Vorrecht mehr und mehr herausheben, selbst nutzlos gewordenes
Geistesgut unserer Altvordern doch noch zu verstehen und in Ehren zu halten,
auch ein Zeichen dafür, daß wir nun eben um hundert Jahre weiter sind.

Inhaltsverzeichnis.

Die zwei Jahrhunderte merowingischer Geschichte, das sechste und das siebente, sind, vor andern, dunkel, wild und grausam gewesen. Und doch hat eben diese Zeit, mehr als sonst eine von diesem Umfange, den Kalender um Hunderte von Heiligen bereichert. Wohl mochte die Hegemonie des Lasters eine Steigerung der noch vorhandenen Tugend hervorrufen, aber eher auf dem finsteren Untergrunde jeder als Heiliger sich abheben, der nur einigermaßen einen rechten Wandel führte. Obwohl für damalige Begriffe zum Heiligen mehr gehörte und in den höheren Rang erst der hinaufrückte, der als Geistlicher zur Welt in Gegensatz trat, stellen für jene Zeit die Heiligen doch etwa das dar, was man heutzutage gute Gesellschaft heißt. Viele unter ihnen waren adelig, einzelne sogar Prinzen. Auch die Merowingischen Könige, so unheilig sie selbst waren, mit den Heiligen stellten sie sich, wo es nur immer anging, gut; in ihren Augen waren es Gewaltsmenschen, die nützen und schaden konnten. Auf alle Fälle waren im jungen Frankenreiche die Heiligen eine Macht.

An Heilige giebt es jedoch zweierlei Gedächtnis: das Andenken an den lebenden und das Andenken an den toten. Was sich an Erinnerung aufsammelte, was sich an Sage damit verband, wurde zum ,Leben', zum ,Leiden': Vita, Passio. War der Heilige gestorben, barg die Gebeine der geweihte Grabhügel, erhob sich über dem Hügel die Votivkirche, stand überdies der Todestag im Kalender und wurde zum Wallfahrtsfeste, so wurden die Gelübde, deren Empfänger, die Wunder, deren Urheber der Heilige dann war, auch litterarisch ,Wunder' und ,Kräfte': Miracula, Virtutes. Klause und Sarkophag sind Brennpunkte, um die sich Heiligengeschichte elliptisch abspielt. Einsiedler oder Reliquie, vor beiden sanken Fürst und Volk ins Knie. Der Glaube des Heiligen an Gott und der Glaube des Laien an den Heiligen verschwisterten sich und wirkten verbündet.

Die Ueberlieferung von den Heiligen ist fragwürdig. Desto mächtiger fordert sie untersucht zu werden. Es gilt zunächst die Vorstellungen der Nachwelt vom Heiligenleben zu betrachten und dann die gläubigen Handlungen, die dem Heiligengrabe gewidmet waren.

Erstes Buch.

Das Heiligenleben.

Zu einer Heiligenlitteratur kam es im Christentum, als starke Naturen zur landläufigen Frömmigkeit in einen vorbildlichen Gegensatz traten und ihre Wirkung, das Bedürfnis hervorrief, das Beispiel für künftige Geschlechter festzuhalten. Den alten Christengemeinden haben die Märtyrer die meiste Verehrung abgenötigt. Wer nun Christus treu geblieben war bis zum Tod, wurde nicht nur von den Engeln ins Buch des Lebens eingezeichnet, er wurde auch der Unsterblichkeit teilhaftig, die eine schriftliche Fortpflanzung des Andenkens auf Erden verleiht. Die echten unübermalten Märtyrerakten des zweiten und dritten Jahrhunderts, mögen es nun übernommene amtliche Prozeßprotokolle der kaiserlichen Gerichtshöfe oder briefliche Gedenkblätter christlicher Gemeinden sein, fußen so unmittelbar auf erlebter Wirklichkeit, wie nur irgendwelche Berichte des Altertums. Mit den Märtyrerakten bilden die apokryphen Apostelgeschichten zusammen das erste Stadium der Heiligen= schreibung. Die Märtyrer oder die seligen Apostel und ihre Gefährten waren die Heiligen des Christentums in der ersten Zeit. Mit dem vierten Jahr= hundert verschob sich das. Vom Orient war das Mönchtum eingedrungen und erweckte ein den Märtyrern ebenbürtiges Interesse. Indessen schrieb Hieronymus seine Mönchsleben nicht aus eigener Anschauung; in leb= hafter Erfindung verdichtete er, was er aus Aegypten so von ungefähr hatte läuten hören. Aber auch wer damals auf Grund wirklicher Kenntnisse heilige Einsiedler schilderte, darf noch lange nicht ihr Biograph heißen. Die beiden Elemente einer Biographie, psychologische und chronologische Auffassung des Gegenstandes, sind damals selten zusammen und immer nur primitiv vorhanden. Naiv empfand der zeitgenössische Schriftsteller, wenn er sah, und der nachge= borene, wenn er hörte. Sie erzählen in guten Treuen was sie zu wissen glauben. Der günstigen oder übeln Fügung blieb es überlassen, ob ihre Be= richte glaubwürdig oder getrübt sind.

Weitaus die ernsteste Ursache der verworrenen Ueberlieferung liegt jedoch in den Heiligen selbst. Sie waren nicht wie andere Leute, vielmehr waren es wunderliche, sonderbare, anormale Menschen. Da reichte schließlich auch die eingehendste Kenntnis ihrer Lebensumstände bis in alle Einzelheiten zu ihrem Verständnis nicht aus: mochte man noch so viel von ihnen wissen, sie zu kennen war man auch dann immer noch weit entfernt. Sie unterschieden sich von den Durchschnittsmenschen durch ihr seltsames Seelenleben und durch die Kraft, Wunder zu thun. Wenigstens zweifelte damals an der Möglichkeit übernatürlichen Geschehens kein Mensch. Gleichgiltig im Sinne des modernen Unglaubens verhielt sich Niemand, weil man sich die Welt nicht durch die ihr innewohnende Mechanik, sondern durch außermenschliche Geister bewegt dachte. Galten somit die Heiligen Jedermann als die Medien eines Himmels guter Geister, so konnte man sie wohl hassen und fürchten, aber über sie blasiert sein kaum. Anders heute, wo der Stand der Erkenntnis uns nötigt, den Sitz der magischen Kräfte im Menschen selbst zu suchen[1]). Möchten wir nun von den alten Heiligen möglichst genaue Aufschlüsse haben, Nachrichten, die unser Wissen mit Sicherheit bereichern, so steht diesem Begehren schon ganz allgemein die Thatsache entgegen, daß jene überhaupt fast ausschließlich auf das Gemüt der Zeitgenossen wirkten und die Wißbegier sich höchstens hinter= drein verstohlen melden durfte. Davon abgesehen sind die Schwierigkeiten der Beobachtung mystischer Personen und Ereignisse doch ja nicht zu unter= schätzen: sobald es sich nicht um Begebenheiten des täglichen Lebens handelt, sondern um seltene Phänomene, über die man nicht Herr ist, um unberechen= bare Erscheinungen, die plötzlich, unerwartet und meistens im Dunkeln auf= treten, wird der Forscher im Laboratorium unsicher, geschweige denn ein un= vorbereiteter und gänzlich ahnungsloser Augenzeuge, dessen Wege zufällig das Wunder kreuzt; unter dem Einfluß irgend einer Gemütsbewegung ist kein Verlaß mehr auf unser Wahrnehmungsvermögen. Zu den Beobachtungs= fehlern, die dann entstehen, gesellen sich alsbald die Gedächtnisfehler; vergeht vor der Niederschrift des Beobachteten gar Jahr und Tag, so schleichen sich wieder neue Ungenauigkeiten ein: nebensächliches wird behalten, wichtiges ver= gessen, der Verlauf der Begebenheit umgestellt. Planmäßige, methodisch durch= geführte Beobachtung kann nun allerdings diese Fehler auf ein Minimum einschränken; unterbleibt sie jedoch, so nehmen sie unabläßig überhand. Hiezu kommt, daß ‚eine Beobachtung machen‘ keineswegs auf einem einzelnen, son= dern einem aus verschiedenen seelischen Thätigkeiten zusammengesetzten Ver= mögen beruht: verschiedene Reize dringen zu gleicher Zeit auf uns ein, wir richten unsere Aufmerksamkeit auf einen darunter; er weckt eine Empfindung; diese ruft ältere Empfindungen ins Bewußtsein zurück; sie verbinden sich und so entsteht, endlich, die Vorstellung von einem bestimmten Ding in der Außen= welt. Und doch handelt es sich bei alledem nur erst um die normalen Er= schwerungen unserer Beobachtung. Wie aber, wenn sich unser Bewußtseins= leben in ganz anderen Formen fortsetzt. Noch die gewöhnlichste ist während

---

1) Alfred Lehmann, Aberglaube und Zauberei von den ältesten Zeiten an bis in die Gegenwart. Deutsche Ausgabe von Petersen. Stuttgart 1898. S. 313—543.

1 *

des Schlafens der Traum. Im Schlaf sind sowohl das Wahrnehmungsvermögen als die Aufmerksamkeit und dadurch die Kontrolle des Geschauten mit der Umgebung aufgehoben; infolge dessen erscheinen die Traumbilder, die nach eigenen Gesetzen kommen und gehen, dem Träumenden als Wirklichkeit, stehen ihm als wahre Erlebnisse vor Augen, unter Umständen auch nach dem Erwachen mehr oder weniger lang. Einen Schritt weiter, und wir sind bei dem merkwürdigen Zwischenzustande zwischen Schlafen und Wachen angelangt, dessen mannigfache Erscheinungsformen man unter dem Namen der Hypnose zusammenfaßt. Dieser Zustand wird auf die verschiedenste Weise herbeigeführt, entweder durch einen eigenen Willensakt: Autohypnose, oder durch den Genuß gewisser Gifte: Narkose, und endlich durch mehr oder weniger krankhafte Eigentümlichkeiten wie Nachtwandeln und kleine Hysterie. Bei all diesen Phänomenen ist jedoch noch das Bewußtsein obenauf; wirkt das Unbewußte ins Bewußtsein hinüber, so entsteht eine Reihe neuer Seelenvermögen, deren gemeinsame Eigenschaft darin besteht, daß sie in der Regel von selbst an den Menschen herantreten, ohne dessen Zuthun. Doch können Gesichts= und Gehörbilder bei einzelnen Menschen auch auf künstlichem Wege hervorgerufen werden, entweder durch langes Anstarren blanker Gegenstände: Kristallvision, oder durch Horchen auf das ‚Kochen‘ im Innern der Muschel: Konchylienaudition. Die harmloseste Aeußerung des Unbewußten ist die Ahnung: eine Vorstellung, die ohne nachweisbaren Anlaß den Zusammenhang der übrigen Vorstellungen durchbrechend in uns auftaucht; sie erhält ihre eigentliche Bedeutung, sobald sie weissagenden Inhalts ist und später durch ein wirklich eintreffendes Ereignis bestätigt wird. Bei manchen Menschen, namentlich Frauen, sind Ahnungen durchaus nichts seltenes; auch nehmen sie eigentümliche Formen an, so zum Beispiel das ‚Gefühl der Nähe‘, das sich besonders zwischen Verliebten äußert. An sich ist Ahnung nur Vorstellung oder Gefühl: doch kann eine Steigerung zur sinnlichen Wahrnehmung unschwer stattfinden, einstweilen jedoch nur so, daß das Beobachtete nicht die volle Intensität der Wirklichkeit hat und auch nicht als etwas Reales im Raume aufgefaßt wird, sondern nur als ein außerordentlich deutliches Erinnerungsbild. Wird dagegen diese Grenze überschritten und das Geschaute oder Gehörte im Augenblicke selbst als volle Wirklichkeit empfunden, so ist das Reich der Ahnungen abgelöst durch das der Trugwahrnehmungen oder Hallucinationen. Sie können durchaus normal und spontan auftreten, am besten im Dunkeln; plötzlich nimmt dann das Auge oder das Ohr ein Bild oder einen Schall wahr, der sowohl von dem augenblicklichen Bewußtseinsinhalt unabhängig, als auch nicht unmittelbar durch einen Sinnenreiz hervorgerufen ist. Wäre nicht ein unbewußter seelischer Vorgang im Spiel, so unterschiede sich

die trügerische Wahrnehmung nicht von einer einfachen Täuschung: Illusion;
vielmehr sind Hallucinationen plötzliche Träume, die sich in das vollständig
wache Bewußtsein einschieben, wie anderseits außer des Bewußtseins automatische Bewegungen eine Art Nachtwandel im wachen Zustande hervorbringen
können. Damit ist nun zwar eine beträchtliche Zahl scheinbar wunderbarer
seelischer Vorfälle dem Bezirk des Unbewußten überwiesen und somit natürlich
erklärt; immerhin bleibt ein kleiner zur Zeit noch unerklärbarer Rest übrig,
wo vielleicht wenn auch nicht geradezu unnatürliche, so doch jedenfalls einstweilen
noch vollkommen unbekannte Kräfte im Spiele sind, eine Reihe von Fällen,
da es selbst bei der sorgfältigsten Untersuchung nicht möglich war festzustellen,
wie der Hellseher zu seinem durch die späteren Ereignisse bestätigten Wissen
gekommen ist, während die Ueberwindung der räumlichen und zeitlichen Schranke
durch telepathische Mitteilung, namentlich beim Sterbefall eines entfernten
Freundes, keineswegs vereinzelt feststeht, die statistische Richtigkeit dieser weissagenden Hallucinationen immerhin vorausgesetzt. Selbst mit diesen merk-
würdigsten Erscheinungen ist nun aber das reiche Gebiet des Seelenlebens
noch nicht erschöpft; eine Fülle neuer Verbindungen erscheint, sobald der äußere
Sinnenreiz nicht unwillkürlicher Natur ist, sondern von einem anderen bewußten Wesen mit Willen auf uns ausgeübt wird: dann entsteht Eingebung
oder Suggestion. An sich ist die Suggestibilität, das heißt die Fähigkeit, sich
von äußeren Reizen fesseln zu lassen, ein durchaus normaler Zustand; jeder
Mensch ist mehr oder weniger suggestibel, im höchsten Grade allerdings das
Kind und der Wilde, am wenigsten dagegen ein zur selbständigen Persönlichkeit
ausgebildeter Mann. Suggestive Wirkung der Naturphänomene ist keineswegs
ausgeschlossen: wir gewahren am heißen Sommertag eine klare Quelle und
bekommen Durst; wir blicken vom hohen Gerüst ohne Geländer in die Tiefe
und werden vom Schwindel befallen; der Anblick imposanter Wasserfälle oder
das romantische Rauschen eines Bergstroms macht immer wieder einzelne ge-
mütvolle Menschen schwermütig bis zum Selbstmord. Im allgemeinen geht
aber der angreifende Reiz gewöhnlich von Menschen aus. Entweder steckt
das Beispiel an oder die Sprache erweckt Suggestionen. Am meisten wirken
die Leute suggestiv, die unsere Gefühle erregen. Liebe, Zutrauen, Respekt
und Furcht steigern die Empfänglichkeit; Abneigung, Mißtrauen, Haß, Gleichgiltigkeit setzen sie herab. Ebenso wirkt der Glaube an die Richtigkeit einer bestimmten Anschauung, einerlei ob religiösen, philosophischen, politischen oder sonst
welchen Inhaltes, an und für sich gebieterisch. Nur in den höchst gearteten und
geistig entwickeltsten Persönlichkeiten ist die Ueberzeugung das Ergebnis ruhiger
Einsicht und klarer Erkenntnis; je tiefer der Mensch steht, desto weniger kümmern
ihn Beweise, desto mehr beruht seine innere Verfassung auf Gefühlen der

Lust und der Unlust. Die Suggestion kann vom Menschen auf sich selbst ausge=
übt werden, falls er, am ehesten durch irgend einen Glauben, seine Empfäng=
lichkeit zu steigern versteht: Autosuggestion; meistens aber wird sie von andern
hervorgerufen: Fremdsuggestion. Zweierlei ist dazu angethan, die Suggesti=
bilität ins Außerordentliche zu steigern: das Vertrauen, das man in einen
Menschen setzt, und das Zusammensein mit andern Menschen. Die Massen
sind immer mehr suggestibel als der einzelne Mensch für sich allein. Da nun
ein überlegener Geist seinem ihm unterworfenen Medium mühelos nicht nur
Anschauungen und Erinnerungen, Bewegungen und Handlungen, sondern auch
Hallucinationen, ja sogar die Empfindung organischer Veränderungen am ei=
genen Leibe auf suggestivem Wege beibringen kann und Anblick oder Erzählung
des Vorfalls die Wirkung stromartig weiterleiten, so kann man den abnormen
Einfluß eines bedeutenden Menschen, der in naiven Zeiten populär war, kaum
überschätzen.

Weit entfernt also, an der Wunderbarkeit der Heiligen von vornherein
zu zweifeln, da sich ihre eigentliche Wirksamkeit ja doch meistens in diesen
noch wenig aufgehellten Sphären bewegt, wird indessen die Forschung sich
nicht einbilden, anders als nur sehr ungefähr dahinter zu kommen. Einiger=
maßen zuverlässige Quellen sind selten; und da diese von gläubigen Händen
angefertigt sind, beruhen gerade sie meistens auf ungenauer Beobachtung.
Uns kann das nicht anfechten; wir wissen uns zu bescheiden und ver=
suchen, von unseren Heiligen so viel zu begreifen, als eben heute noch zu
begreifen ist.

Erster Abschnitt.

Die Memorie.

Erstes Kapitel.

Die Martinsschriften des Sulpizius Severus.

Ums Jahr 400 schrieb Sulpizius Severus das Leben des Martin von
Tours. Ein bedeutender Schriftsteller und ein bedeutender Gegenstand!
Aquitanien war damals die letzte Zufluchtsstätte der Bildung. Dort allein
kam noch über dem Studium der Grammatik die litterarische Produktion nicht
zu kurz, und gerne ließ man im lateinischen Abendland gallische Rhetoren die
Kosten der Beredsamkeit bestreiten. Diese Heimat in dieser Zeit, die eigenen
Ausweise litterarischer Tüchtigkeit, seine Stellung in der Gesellschaft, der
Ernst seiner Gesinnung, der sich im Umtausch eines glänzenden Berufslebens

an mönchische Armut und Einsamkeit ausspricht, das ist es, was den Severus aus seiner Umgebung heraushebt. Im Gegensatz zu seiner Chronik, an der man die guten Quellen, den geschichtlichen Sinn und die klassische Darstellung lobend bedenkt, gilt nun aber das Martinsleben als frommer Roman und ein Seitenstück zu den Erzählungen von den ägyptischen Mönchen. Mit so allgemeinen Urteilen wird man Severus nicht gerecht. Der in der Chronik sich beweisende wirklich historische Blick, damals eine rühmliche Ausnahme, ferner daß der Charakter nicht zu den Bedenken Anlaß gibt, die etwa Hieronymus gegenüber geboten sind, endlich die mehrfache Beteuerung, über Martin nur die Wahrheit zu sagen, weil es schon damals an Zweiflern nicht fehlte, verlangen eine eingehendere Würdigung des Schriftstellers in dieser ihm eigentümlichen kleinen Schrift. Ihrer Anlage liegt entschieden Kunst zu Grunde. Der überreiche Stoff ist so disponiert, daß die gewaltige Persön=lichkeit, die geschildert werden soll, gleichmäßig in allen ihren Eigenschaften beleuchtet wird:

Einleitung: c. 2—4 Martin als römischer Soldat.

Thema: Martin als christlicher Heiliger.

　　1) c.　5— 8 Martin als Mönch.

　　2) c.　9—11 Martin als Bischof.

　　3) c. 12—15 Martin als Missionar.

　　4) c. 16—19 Martin als Wunderthäter.

　　5) c.　　20　　Martin vor dem Kaiser.

　　6) c. 21—24 Martin gegen den Teufel und die bösen Geister.

Schluß: c. 25—27 Martin nach dem persönlichen Eindruck auf den Verfasser.

Und so möge zunächst das Thatsächliche dieses Lebensbildes in der Sprache unserer Zeit nacherzählt und so das echte und warme Leben entbunden werden, das Severus eben doch einzufangen wußte.

1.

Martin wurde zu Sabaria in Ungarn geboren, verlebte indessen seine Jugend in Pavia[a]). Sein Vater war Offizier, die Familie heidnisch. Aber schon der Knabe trug Gott im Herzen. Mit zehn Jahren wollte er gegen den Willen seiner Eltern Katechumene werden, mit zwölfen machte er aus seinen mönchischen Gelübden und Neigungen ernst, wurde aber mit fünfzehn gewalt=sam dem Heere einverleibt, dem er als Offizierssohn von Gesetzes wegen beitreten mußte. Er begnügte sich jedoch mit nur einem Burschen, bediente ihn, obwohl sein Herr, zog ihm die Stiefel aus, um sie zu putzen, und teilte

___
a) Sever. Mart. 2. (Halm).

sein Mahl fast eher in der Stellung eines Aufwärters. Ohne noch getauft zu sein, hielt er sich während seiner drei Dienstjahre von den üblichen Lastern des Standes fern und trieb überhaupt gegenüber den Kameraden die Gut- mütigkeit auf die Spitze. Er lebte auch unter der Waffe in opferfreudiger Nächstenliebe[a]): in einem ungewöhnlich strengen Winter hatte er bis auf Waffen und Uniform bereits alles verschenkt, da schnitt er für einen Bettler am Stadtthor von Amiens noch die Hälfte des eigenen Mantels vom Leibe und ließ sich unbeirrt auslachen, als er darauf in verstümmelter Uni- form weiterritt. Bald darauf erfolgte seine Taufe. Doch blieb er noch zwei Jahre beim Heere, in der Hoffnung, dann auch zugleich seinen Tribunen zum Abschied zu bewegen, da dieser ebenfalls Neigung bekundet hatte, der Welt abzusagen. Jedenfalls hielt er es mit seinem Christenstande nicht mehr ver- einbar zu töten, und so war sein Austritt aus dem Heere unvermeidlich, sobald das Regiment bei dem er stand, im Ernstfall ausrücken mußte[b]). Am Vorabend einer Begegnung mit den Germanen vor Worms teilte Kronprinz Julian ein Donativ aus. Die Einzelnen wurden aufgerufen und mußten vortreten. Als die Reihe an Martin war, hielt er den Augenblick für ge- geben, um seinen Abschied einzukommen: ein Streiter Christi dürfe nicht kämpfen. Der Kriegsherr schob die sonderbare Ausrede auf Angst; aber Martin verwahrte sich, er sei kein Feigling, er wolle sich ohne Waffen durch den Feind helfen, nur allein mit dem Zeichen des Kreuzes. Man wollte ihm seinen wunderlichen Willen lassen und ihn dadurch am sichersten strafen; aber aus der Schlacht wurde nichts, da sich die Feinde am andern Morgen ohne Schwertstreich unterwarfen. War da nicht Gottes Hand im Spiel?[c]) Hierauf begab sich Martin zu Bischof Hilarius von Poitiers. Dieser wollte ihn für seinen Klerus gewinnen, doch lehnte Martin die Weihe zum Diakonen ab und fand sich nur eben zum niederen Dienste eines Geisterbeschwörers tauglich. Es trieb ihn dann nach der Heimat, für die Bekehrung seiner Familie zu wirken. Nur unter dem Versprechen wiederzukehren ließ man ihn in Gallien ziehn. Auf dem Uebergang über die Alpen fiel er unter die Räuber, entwaffnete aber den, dessen Obhut er anvertraut wurde durch seine Sanftmut[d]). In der Nähe von Mailand suchte ihn ein Reisegefährte in seinem Vorhaben irre zu machen, überzeugte jedoch Martin nur, daß dieser Versucher der leibhaftige Teufel in Menschengestalt sei. Zu Hause brachte der Sohn die Mutter auf seine Seite. Der Vater blieb Heide. Dagegen folgten andere Martins Beispiel, dem überdies das arianische Christentum Gelegenheit gab, für den rechten Glauben zu leiden: er ließ sich für die Gott- heit Christi öffentlich mit Ruten streichen. Seinen Meister an der Loire

---

a) Sever. Mart. 3.　　b) Sever. Mart. 4.　　c) Sever. Mart. 5.　　d) Sever. Mart. 6.

hatte indessen das Schicksal der Verbannung ereilt, und Martin, der seiner=
seits sich in Mailand klösterlich niederließ, wurde von Bischof Auxentius, einem
Oberhaupt der Arianer im Westen, Landes verwiesen. In Begleitung eines
gesinnungstüchtigen Priesters suchte er die sogenannte Hühnerinsel an der tos=
kanischen Küste zu besiedeln. Dort betete er sich vom Genuß einer giftigen
Nießwurz gesund. Als dann auf die kaiserliche Verfügung hin Hilarius aus
dem Orient heimkehren durfte, wollte ihn Martin in Rom treffen. Sie ver=
fehlten sich, Hilarius war schon weiter[a]). Martin reiste nach und gründete
nun in der Nähe von Poitiers das von ihm geplante Kloster. Seine hin=
gebende Wirksamkeit brachte ihn beim Volke in den Ruf eines heiligen und
wunderthätigen Mannes. Sie gipfelte in der Erweckung zweier Toter. Ein
Katechumene unterlag der strengen Disziplin des Klosterlebens, plötzlich, ohne
noch getauft zu sein; von einer dreitägigen Reise heimkehrend fand ihn Martin
tot. Er hieß alle Anwesenden die Zelle verlassen, schloß die Thüren ab und
suchte den leblos Daliegenden zu sich zu bringen, indem er sich über ihn
ausstreckte, dazu laut betete, dann aufstand und das entseelte Gesicht fixierte.
Nach zweistündiger Behandlung begann der Totgeglaubte sich wieder zu rühren
und, da das Augenlicht noch versagte, tastete er sich zurecht und schrie vor
Freude. Er versicherte in der Zwischenzeit vor dem Thron des Welten=
richters gestanden zu sein: erst habe er sich an finsterem Orte in gemeiner
Gesellschaft befunden, bis ihn zwei Engel vor den höchsten Richter geschleppt
und als den vorgestellt hätten, für den der heilige Martin bete. Kurz darauf
trug sich ein zweites Wunder derselben Art zu[b]). Auf dem Rittergute des
Lupizinus war eben großer Jammer, als Martin vorüberging: ein Knecht
hatte sich erhängt. Wieder befolgte der Heilige dieselben Manipulationen
wie das erste Mal, ohne jeden Beistand, und wieder mit Erfolg. Auf die
Augenzeugen des erst hingestreckten und dann wieder ermunterten Körpers
wirkte der außerordentliche Vorfall beide Mal als volles Wunder; schon die
erste Erweckung reichte hin, um Martin den Ruf einer geradezu apostolischen
Heilkraft einzutragen. Um diese Zeit wurde der Stuhl des Bistums Tours
ledig. Die Bürgerschaft wollte Martin[c]). Er fühlte sich jedoch nicht zum
Kirchenmann, sondern zum Mönch bestimmt und lehnte ab. Nur mit förm=
licher List setzte sich der öffentliche Wille durch. Rusticius, ein Bürger von
Tours schützte Krankheit seiner Frau vor. Als Martin auf die kniefälligen
Bitten des Mannes hin zum Besuche sich entschloß, fand er auf dem Wege
erst vereinzelte Volksgruppen, dann gegen die Stadt hin immer dichtere
Menschenmassen vor. Nicht nur aus Tours, auch aus den umliegenden Städten
waren sie zur Abstimmung zusammengeströmt. Angesichts dieser mächtigen

---

a) Sever. Mart. 7.   b) Sever. Mart. 8.   c) Sever. Mart. 9.

Kundgebung sagte Martin zu; die Laien wollten einen von ihnen, einen Volksmann, in dem hierarchischen Klerus haben. Die Bischöfe hatten Martins Erhebung mit allen Mitteln zu hintertreiben gesucht. Sie stießen sich an dem gemeinen ungepflegten Aeußern des Einsiedlers: zum Bischof bedürfe es eines vornehmen Auftretens, eines ordentlichen Anzuges, einer anständigen Frisur, während Martin mit Willen äußerlich nachlässig, schmutzig und ungekämmt einherging. Schließlich brach den Widerstand ein Zufall. Die erregte Menge versperrte dem zum Lektor der Synode bestimmten Geistlichen den Eintritt. Sein in der Verwirrung rasch erkorener Stellvertreter schlug die Bibel auf Geratewohl auf, und geriet dabei an die Stelle im achten Psalm: „Auf daß du Feind und Verfechter vernichtest: defensorem." Da nun das Haupt der Kleriker, der Bischof von Angers, Defensor hieß, lautete das Wort heiliger Schrift anzüglich genug, um durch den Jubel der anwesenden Laien, die damals noch lateinisch und deshalb die Anspielung verstanden, die Prälaten zu entwaffnen. Obwohl nun Bischof änderte sich Martin doch in keiner Weise: dieselbe Demut, dasselbe unscheinbare Auftreten*)! Eine an das Münster angebaute Zelle diente ihm zur Wohnung, da er sich dort zahlreichen Besuchen nicht entziehen konnte, errichtete er sich zwei Meilen von Tours ein Kloster. Versteckt und abgelegen, ersetzte der Ort die unwirtliche Einöde: Felswände und Loire schlossen ihn ab, ein schmaler Saumpfad war einziger Zugang. Martin und einzelne Brüder bauten sich Holzhütten, andere hausten an der schützenden Berglehne in Höhlen. Die Schüler, die zum Unterricht kamen inbegriffen, belief sich die Zahl auf etwa achtzig. Das gemeinsame Leben beruhte auf den strengsten Grundsätzen: es gab kein Eigentum, aller Besitz war Gemeingut. Niemand durfte kaufen oder verkaufen. Außer Schreiben wurde keine Kunst betrieben, und auch diese blieb den Jüngeren überlassen; die Aelteren lagen nur noch dem Gebet ob. Nur mit dem gemeinsamen Gottesdienst wurde die Einsamkeit der Zelle vertauscht und höchstens die Mahlzeit gemeinsam eingenommen, wenn das Morgenfasten vorbei war. Niemand bekam Wein, außer der Kranke. Die Kleidung der Meisten bestand in Fellen; ein weniger hartes Gewand galt für unerlaubt. Auch die vielen jungen Adeligen der Gesellschaft, der eine und der andere ein künftiger Bischof, teilten dieses Leben. Seine kirchliche Macht benützte Martin zur Aufklärung des Landvolks vom Aberglauben*). In der Nähe von Tours wurde ein Altar unterhalten, ohne daß man wußte, wessen Grab es eigentlich sei. Unsicher, ob er in diesem Fall zu bekämpfen oder zu unterstützen habe, beschwor Martin den hier verehrten Toten: richtig erhob sich zur Linken finster und trotzig ein Schatten und teilte auf Befragen mit, er sei ein gehenkter

a) Sever. Mart. 10.   b) Sever. Mart. 11.

Straßenräuber und nur aus Versehen zum Märtyrer geworden. Während der Verhandlung hörten Martins Begleiter allerdings reden, aber der Aufschluß selbst ging auf eine Vision des Bischofs zurück. War das Grab eines Schelmen Grab, so konnte es mit gutem Gewissen zerstört werden. Die heidnische Bevölkerung fürchtete den strengen Mann, und es ist nicht zu verwundern, daß ein heidnischer Leichenzug, als Martin des Weges kam, jählings halt machte [a]). Martin unterschied nicht gleich, was ihm entgegenkomme, noch betrug die Entfernung eine halbe Meile; doch war ihm, es seien Bauern, und als nun das weiße Laken etwas aufflog, das den Leichnam zudeckte, schloß er auf einen heidnischen Kultusakt, da er um die ländliche Sitte wußte, weißverschleierte Götzenbilder durch die Saatfelder zu tragen. Er schlug das Zeichen des Kreuzes und donnerte sie schon von weitem an, die Bahre abzustellen. Die armen Leute suchten zu entkommen, drehten sich aber in der Bestürzung im Kreise herum und ließen schließlich Martin heran, ihres Schicksals gewärtig. Nun jedoch überzeugte sich der Heilige, es handle sich ja gar nicht um Götzendienst, sondern nur um ein harmloses Begräbnis. Er winkte ihnen sofort beschwichtigend zu, sie möchten ruhig ihres Weges ziehen [b]). Aber als Martin sich anschickte, in einem Marktflecken an einer uralten Fichte bei einem heidnischen Heiligtum Hand anzulegen, wurde der Widerstand ernsthaft. Der Oberpriester legte sich ins Mittel; seine Leute standen zu ihm. Konnten sie den Tempel nicht halten, unter keinen Umständen gaben sie die Fichte preis. Martin legte ihnen dar, in einem Baumwipfel niste höchstens ein Teufel, aber doch niemals Gott. Schlau meinte nun ein Heide, wenn Martin an seinem Gott wirklich etwas habe, so solle er sich doch gegenüber aufstellen, sie wollten die Tanne dann schon fällen; der Sturz des Heiligtums, der nicht aufzuhalten war, hätte dann doch zugleich den Feind der Götter vernichtet. Ohne Zögern ging Martin darauf ein und ließ sich an der gefährlichsten Stelle festbinden. Mit dem Rächerdrang der Verzweiflung hieben die Heiden auf die heilige Fichte, Martins Freunde wußten nicht was thun. Er selber blieb zuversichtlich und bekreuzte sich, als der Stamm zu wanken begann. Wider Erwarten stürzte der Baum rückwärts und hätte beinahe seine Verehrer erschlagen. Alsobald errichtete Martin eine Kapelle, wie gewöhnlich auf zerstörten heidnischen Opferstätten. Mit einem Aufwand von Eifer, der ihn bis zur Erschöpfung in Anspruch nahm und in kritischen Augenblicken in krampfhafte Ekstasen versetzte, legte er auch die übrigen Schlupfwinkel des Sprengels in Asche, verlor aber mitten in der Erregung niemals seinen Gerechtigkeitssinn und die Herrschaft über sich selbst [c]). Als ein brennender

---

a) Sever. Mart. 12.   b) Sever. Mart. 13.   c) Sever. Mart. 14.

Heidentempel ein angebautes Privathaus anzustecken drohte, setzte Martin mit den Löschanstalten sein Leben aufs Spiel, nur um die unverdient gefährdete Liegenschaft zu retten. Einen Hauptherd, den reichen Tempel von Levroux, konnte er nur mit der größten Anstrengung erobern. Erst als er in Sack und Asche Buße that und so inbrünstig betete, bis er zwei geharnischte Engel ihm zu Hilfe eilen sah, gelang der zuvor mißglückte Ansturm auf die von den Bauern verteidigten Altäre. Desgleichen in Autun a). Dort drang der wildeste der Gegner mit gezücktem Schwert auf ihn ein. Martin knöpfte sein Gewand auf und hielt den Hals dar. Der Heide verlor die Fassung. Ein anderer ließ in derselben Lage das Messer fallen. Und so oft ein Bollwerk genommen war, beschwichtigte und gewann Martins mächtige Predigt die Herzen der Heiden. Hand in Hand mit diesen Erfolgen als Missionar gingen seine Erfolge als Arzt b). Zu Trier lag ein Mädchen in den letzten Zügen, als Martin in die Gegend kam. Der Vater hielt den Heiligen mitten auf der Straße an. Diesem war es offenbar unangenehm, zumal bei Anwesenheit vielen Volkes und mehrerer Bischöfe in eine den Evangelien parallele Lage geraten zu sein. Er lehnte bestürzt ab: das übersteige seine Kraft, der Mann überschätze ihn, so etwas habe der Heiland gekonnt, wie sollte er ihm es gleich thun. Als aber alles in ihn drang, entschloß er sich zu dem Besuche und erzielte durch Anwendung geweihten Oeles einen vollen Erfolg. Einen tobsüchtigen Sklaven des Prokonsularen Tätradius beruhigte er und übte auch über andere Verrückte Gewalt aus c). Am Stadtthor von Paris umarmte und küßte er einen aussätzigen Bettler d). Stücke seiner Kleidung, deren man habhaft werden konnte, wurden vom Volk als Amulete benützt. Von seiner Kutte wurden Fransen abgezupft und den Kranken an den Finger oder an den Hals gebunden. Arborius, ein Beamter, der Christ war, schnitt das Viertagsfieber seiner Tochter dadurch ab, daß er dem Kind bei jedem Anfall einen Brief Martins, den er zufällig besaß, wie ein Pflaster auf die Brust legte e). Hauptsächlich aber scheinen Martin Augenkuren geglückt zu sein. Paulinus, der dann um Martins willen aus einem Millionär ein Mönch wurde, heilte er von einer beginnenden schmerzhaften Erblindung durch Pinselungen; bereits zog sich die benebelnde Haut über die Pupille, als Martin die Operation vornahm. Dem heiligen Arzte selbst brachte ein Fehltritt beim Treppensteigen beinahe den Tod; aber eine Salbe und eine Engelsvision erwirkten seine Herstellung schon auf den folgenden Tag. Was für ein unbeugsamer Charakter er war, zeigte Martin gegenüber dem Hofe. Kaiser Maximus, der in Trier residierte, empfing die gallischen Bischöfe,

---

a) Sever. Mart. 15.   b) Sever. Mart. 16.   c) Sever. Mart. 17.   d) Sever. Mart. 18.
e) Sever. Mart. 19.

die von ihm für die schwer heimgesuchten Provinzen Unterstützung, Mil=
derung und Amnestie zu erbitten kamen[a]). Aber während die Andern sich
vergaben und zu unterwürfigen Höflingen herabwürdigten, bewahrte Martin
die Ehre und das Ansehen der geistlichen Gewalt vor der weltlichen. Er
trug sein Gesuch um Begnadigung einiger Personen auf eine so vornehme
Weise vor, daß es auf den Kaiser nicht wie eine Bitte, sondern wie ein Be=
fehl wirkte. Der Kaiser wollte ihn an seine Tafel ziehen. Aber Martin
erklärte offenheraus, mit einem Menschen, der den einen Kaiser verjagt und
einen zweiten ermordet habe, sitze er nicht an den gleichen Tisch. Maximus
suchte jedoch den Aufstand zu rechtfertigen, die Schuld an Gratians Tod von
sich abzuwälzen, und so nahm Martin schließlich an. Entzückt über die Zu=
sage verlieh Maximus dem Fest außerordentlichen Glanz, indem er den
Statthalter Evodius sowie zwei Mitglieder des kaiserlichen Hauses, seinen
Bruder und seinen Onkel, heranzog. Martin saß zur Rechten des Kaisers,
der Priester, der ihn begleitete, zwischen den Prinzen. Als der Mundschenk
dem Kaiser den Trunk kredenzen wollte, ließ der Fürst den Becher dem Bi=
schof reichen: aus seiner heiligen Hand, nach der Berührung so heiliger Lippen
wollte er den Pokal empfangen. Der Heilige trank aus dem Kelch, reichte
ihn dann aber nicht dem Fürsten, der darauf wartete, sondern seinem Priester,
weil der geistliche Stand auch einem niederen Inhaber den Vortritt vor den
höchsten weltlichen Würdenträgern verleihe. Dieser Verstoß fand jedoch nur
gesteigerte Bewunderung. Die kundgegebene Verachtung wirkte als Hoheit.
Es ging von Mund zu Munde, Martin habe an der kaiserlichen Frühstückstafel
sich herausgenommen, was sonst kein Bischof gegenüber einem einfachen Staats=
beamten hätte wagen dürfen. Sein Scharfblick ließ ihn auch voraussagen,
Maximus werde in Italien auf Valentinian stoßen und ihn zwar besiegen,
aber bald darauf selber untergehen. Was denn auch, bei Aquileja, in der
That in Erfüllung ging. In seinen letzten Lebensjahren hatte Martin viel
mit dem Teufel zu schaffen[b]): Er hatte den Bösen so sichtbar und gegenständ=
lich vor Augen, daß er ihn bald in seiner leibhaftigen Gestalt, bald in mannig=
fachen figürlichen Verkleidungen zu Gesicht bekam. So drang der Teufel
einmal polternd in Martins Zelle, ein blutiges Horn in der Hand. Dieser
ließ nachsehen; es stellte sich heraus, daß zwar keiner der Mönche, wohl aber
ein Taglöhner aus dem Gesinde vermißt werde. Man fand ihn halbtot im
Walde liegen. Er konnte eben noch berichten, als er den Jochriemen straffer
habe anziehen wollen, habe der eine Stier gestoßen und ihm das Horn in
den Leib gerannt[c]). Ja zu förmlichen Auseinandersetzungen mit dem Teufel
kam es bei Martin. Bald erschien dieser ihm als Juppiter, bald als Merkur,

a) Sever. Mart. 20. b) Sever. Mart. 21. c) Sever. Mart. 22.

bald auch als Venus und als Minerva. Martin war unablässig bemüht, den Herrn der Finsternis zu bekehren, er versprach ihm bei Gott Barm= herzigkeit zu erwirken, wenn er endlich einmal Buße thun und aufhören wolle, die Menschen zu verführen. Bis in sein hohes Alter bewahrte Martin den guten Blick für das Echte und entlarvte die schwindelhaften Absichten eines angeblichen Mönches namens Anatolius aus dem Kloster seines jungen und hochgeborenen Freundes Clarus[a]. Auch andere geistliche Abenteurer nah und fern, die sich, sei es für Elias oder Johannes den Täufer oder Christus selbst ausgaben, hat er durchschaut[b]. An zwei Schülern jedoch erlebte er aufrichtige Freude, weil sie seinetwegen eine glänzende weltliche Laufbahn ver= lassen und ihm in aufrichtiger Treue anhingen: Paulinus von Nola und Sulpizius Severus[c]. Er freute sich, daß sie in der Lage des reichen Jünglings entschlossener gehandelt hatten als jener im Evangelium, und nahm sie beschämend freundlich auf, ja bestand sogar darauf, ihnen eigenhändig die Fußwaschung zu verabreichen. Und als Severus aus seinen schriftstelle= rischen Absichten keinen Hehl machte, zog ihn der Heilige in sein Vertrauen und ließ ihn Blicke in sein inneres Leben thun. Wenn Martin nicht arbeitete, so betete er, nach der Sitte der Schmiede, die, wenn sie das Eisen hämmern, stets einige Zwischenschläge auf den Ambos thun[d]. Kein Falsch war in dem heiligen Manne. Nie daß er über jemand richtete oder lieblos urteilte oder Böses mit Bösem vergalt. Von einer unerschütterlichen Langmut ließ er, der Bischof, gelegentlich sogar untergebene Kleriker ihm ungehörig begeg= nen. In seinem Wesen immer gleichmäßig nahm er an allen Empfindungen des Menschenherzens teil, ohne an eine sich hinzugeben: die höhere Natur schien überall den Grund seines Benehmens zu bilden[e]. Er wurde nie zornig und nie bestürzt. Er klagte nie und lachte nie. Ein himmlischer Glanz lag, war es wann es war, still und selig über seinem Angesicht.

Den wesentlichen Zügen nach ist das der Inhalt von Severs Martins= leben. Martin steht lebendig vor dem Leser als der prächtige, tapfere Christus= krieger, der an Theologie nicht schwer trug und rascher zum Ziel zu kommen meinte, wenn er persönlich auf den Vater der Sünde losging. Auch wo Severus Bericht unglaublich klingt, hat man den Eindruck, es sei keine Erfindung im Spiel. Vielmehr schimmerte für ihn auf Schritt und Tritt die gewaltige Gestalt, die er zeichnen wollte, in die Sphäre des Ueber= menschlichen, Geisterhaften hinüber. Severus deutet mehrfach an, er habe sich alle erdenkliche Mühe gegeben, den Stoff zu bewältigen und deshalb nur das Wesentlichste für die Darstellung aufbehalten, vieles jedoch ausgeschieden[f]:

---

a) Sever. Mart. 23.   b) Sever. Mart. 24.   c) Sever. Mart. 25.   d) Sever. Mart. 26.
e) Sever. Mart. 27.   f) Sever. Mart. 26,1—3.

„Ich muß schließen, nicht weil ich nichts mehr zu sagen hätte, sondern weil mich am Ende meines Unternehmens die Wucht meines Gegenstandes nieder= drückt. Denn ich fühle mich vollkommen unfähig, selbst für den Fall, daß alles äußere genau berichtet wäre, das innere Leben Martins in seinem täg= lichen Wandel vor Gott und seinem stets nach dem Himmel gerichteten Gemüte genügend darzustellen. Ja käme selbst, wie man zu sagen pflegt, Homer von der Unterwelt, er würde nichts vermögen. Denn an Martin ist alles zu groß, als daß es in Worte gebracht werden könnte." Severus hat die richtige Einsicht, für die Lösung seiner Aufgabe sei weniger seine Kunst zu gering, als die Vorlage zu mächtig. Er fühlt lebendig die Notwendigkeit, seinem Helden als Psychologe gegenüber zu treten. Da aber die psycholo= gische Analyse als litterarisches Kunstwerk ein Kind moderner Kritik ist, so konnte er für seine Zwecke nur das naive Mittel benutzen, das ihm dafür zu Gebote stand: die Anekdote.

Als die Schrift fertig vor ihm lag, betrachtete sie der Verfasser mit ge= mischten Gefühlen. Er hatte sein Bestes aus sich heraus gesetzt und wußte, wenn er es bekannt gab, so brach ein Sturm los für und wider. Lieber hätte er es also für sich behalten. Aber dann drängte doch alles wieder auf eine Veröffentlichung hin: die Spannung des Erstlingswerkes, die Verant= wortung des Verschweigens, der brennende Wunsch, vor aller Welt etwas für Martin zu thun. So entließ er die Arbeit und schrieb dazu einem wirklichen oder fingierten Freunde was folgt [a]):

„Mein lieber Desiderius! Es war meine entschiedenste Absicht, das von mir verfaßte kleine Buch über Martin aus meinen vier Wänden nicht heraus= zulassen. Schwung und geschmackvolle Darstellung sind mir von Natur ver= sagt; Grund genug, das öffentliche Urteil nicht herauszufordern. Und nun hab ich mich noch gar an einen Gegenstand gemacht, der Schriftstellern ersten Ranges vorbehalten bleiben sollte. Zeig also mein Machwerk lieber Nieman= den; wenn aber doch, so bitte das Publikum, um des Inhalts willen mit der Form Nachsicht zu haben. Ist doch von Fischern und nicht von Rednern der Welt das Heil verkündigt worden, obwohl unser Herrgott, wäre es gut ge= wesen, es auch umgekehrt hätte fügen können. Was ich mir sagte, war: ein Mann wie Martin darf nicht unbekannt bleiben, mögen dann auch Unbeholfen= heiten mit unterlaufen; ein Virtuose war ich nun einmal nie und zudem ist es schon eine Weile her, daß ich derlei als Student getrieben habe. Laß daher das Büchlein, wenn du es zu veröffentlichen denkst, anonym ausgehen. Tilge den Namen auf dem Titelblatt. Die Ueberschrift allein ohne Angabe des Verfassers genügt".

---

[a]) Sever. Mart. praef.

2.

So wurde das Martinsleben veröffentlicht. Sein berufenster zeitgenössischer Beurteiler, Paulin von Nola, eben Severs Mitschüler bei Martin, hatte nichts auszusetzen. Er schreibt dem Verfasser[a]): „Es wäre dir nicht geschenkt gewesen, Martins Leben aufzuzeichnen, wenn nicht eine reine Empfindung deine Arbeit beseelte. Wie glücklich bist du nun, die Geschichte des Gottesmannes und Bekenners würdig und mit gerechtfertigter Begeisterung verfaßt zu haben. Aber auch der Heilige selbst ist selig zu preisen, daß er neben seinem Ruhm vor Gott nun auch durch Deine Kunst bei der Nachwelt berühmt geworden ist". In der That fand der Traktat sofort ungewöhnliche Verbreitung. Es war ein litterarischer Erfolg ersten Ranges. In Rom riß man sich darum. Die Buchhändler rieben sich die Hände. Das Büchlein war ihr begehrtester Artikel geworden und fand den sichersten Absatz. Ein Bekannter, der auf einer Orientreise den wachsenden Leserkreis verfolgen konnte, berichtet Severus[b]): „Wo dein Buch überall hingedrungen ist? Kaum ein Fleck Erde, wo es sich noch nicht vorfände. In Rom hatte dein Freund Paulinus für seinen Vertrieb gesorgt. Die Buchhändler sah ich in einem Glück, weil trotz den hohen Angeboten die Nachfrage so groß sei. Zu Schiff war mir dein Buch bereits vorausgeeilt. Als ich nach Afrika kam, verschlang es bereits ganz Carthago. Nur ein Priester in der Chyrenaica hatte es noch nicht; ich verhalf ihm dazu. Und erst in Alexandrien! Dort kennen sie das Buch besser, als du selbst es kennen kannst. Aegypten, die nitrische Wüste, die Gegenden von Theben und Memphis hat es durchwandert, und sogar in der Wüste traf ich einen alten Mann, der es las". Auch in Jllyrien war das Buch verbreitet[c]).

Aber Severus bekam denn doch nicht nur Angenehmes zu hören. Mit dem Gedächtnis lebte auch der Haß wieder auf. Die gebildete geistliche und weltliche Gesellschaft Galliens hatte sich im Ganzen nie in Martins eigentümliches Wesen finden können. Die Ueberläufer vom Schlage Paulins und Severs blieben weit in der Minderzahl. In jenen Kreisen erregte das Buch peinliches Aufsehen. Die allzu offene Absicht, den kaum erst Toten zu verherrlichen, verletzte. Auch der Gläubigkeit der Gegner war viel zugemutet. Während Volk und Mönche das Büchlein in alle Himmel erhoben, lehnte es die Geistlichkeit ebenso leidenschaftlich ab, und Severus mußte sich erzählen lassen[d]): „Nur die Kleriker, nur die Priester unseres eigenen

---

a) Paul. Nol. Ep. 11. 11.   b) Sever. Dial. I. 23. 3—7.   c) Sever. Dial. II. 17. 4.
d) Sever. Dial. I*. 36. 3—6.

Landes sind neidisch genug und wollen nichts von deinem Martin wissen.
Begreiflicherweise; denn seine Tugenden spiegeln ihre Fehler. Ich darf kaum
sagen was mir jüngst zu Ohren kam: du habest in deinem Buche allerlei
frischweg erfunden. Und doch hat Christus selbst gesagt, solche wunderbare
Thaten, wie sie Martin gethan, könne jeder thun, der Glauben habe. Wer
also nicht glaubt, daß Martin solches that, bezweifelt im Grunde die Ver=
heißung Christi. Diese Unglückseligen, Entarteten und Schlaftrunkenen erröten
eben vor Thaten, deren sie selbst nicht fähig sind und wollen lieber Martins
Wunderkraft leugnen als ihr Unvermögen eingestehen."

Beides, Erfolg und Mißerfolg, mußte Severus ein Sporn sein, den
Rest seiner Kenntnisse über Martin nicht zu verschweigen. Da handelte es
sich vor allem darum, in welcher Form er diese Ergänzungen geben wollte.
Er bewies eine geschickte Hand und wählte den Brief und den Dialog. Durch
Hieronymus war der Kunstbrief, bei dem der Adressat nur der Empfänger
der Widmung ist, als Leser jedoch wie beim Buche ein Publikum vorausge=
setzt ist, für geistliche Stoffe im lateinischen Westen eben klassisch geworden, und
mit dem Dialog griff Severus vollends auf eine ciceronianische Ausdrucks=
weise zurück, die früh in die christliche Litteratur eindrang und sich dauernd in
ihr erhalten hat. Inhaltlich bedeuten die drei Briefe diejenige Ergänzung
zum Martinsleben, die nötig war, um das noch bei Lebzeiten des Heiligen
verfaßte Bild mit einer Schilderung seines Todes abzurunden. Im ersten
Briefe[a]) jedoch kommt er zunächst noch auf einen Vorfall zurück, über den
pietätlose Bemerkungen ihm zu Ohren gedrungen waren: es sollte für Martin
ein Vorwurf sein, daß er, der so viele Heilungen vollbrachte, selbst einmal
die schwersten Brandwunden davongetragen habe; sollte nun Martin deswegen
weder gewaltig noch heilig sein? Die Sache war einfach die: Martin hatte
auf einer Visitationsreise mitten im Winter die für ihn bereit gehaltene Lager=
stätte viel zu weichlich gefunden und den Strohsack weggeschoben, aus Ver=
sehen aber zu nah an den Ofen, sodaß Feuer ausbrach. Er selbst war in
seiner Müdigkeit auf dem bloßen Boden sofort eingeschlafen und erwachte nun
mitten in den Flammen; er wäre, da er den Holznagel an der Thüre nicht
losmachen konnte, umgekommen, hätten nicht von außen her die Mönche den
Riegel erbrochen. Während dann der zweite Brief sich nur in allgemeinen
Betrachtungen über den schweren Verlust ergeht, enthält der dritte an Se=
vers Mutter Bassula gerichtete in ähnlichen Klagen und nach einer Anekdote
über Martin als Tierfreund Mitteilungen über Martins letzte Stunden[b]).
Martin hatte den Zerfall seiner Kräfte vorausgespürt. Dennoch begab er
sich in den äußersten Teil seiner Provinz, um einen dort ausgebrochenen

---

a) Sever. Ep. I, 1. 10—15.   b) Sever. Ep. 3. 6—20.

Kirchenstreit zu schlichten: die schönste Gelegenheit, meinte er, den letzten Rest
seines Lebens aufzuzehren. In der That brach er dort zusammen. Er sagte
zu den Seinen, es sei das Ende. Sie mußten weinen, und auch er hielt die
Thränen nicht zurück: wie gerne wollte er weiter wirken, wenn es Gottes
Wille wäre. Es that ihm beides weh, zu scheiden und von Christus länger
getrennt zu sein. Er betete: „Das Leben ist ein harter Krieg und ich habe
lange genug gekämpft. Aber soll ich mich noch ferner in die Schanze schlagen,
für dich, Herr Gott, will ich's thun". Er lag einige Tage im Fieber da,
auf Streu und Asche und wollte sich nicht auf die Seite legen, damit sein
Auge gen Himmel gerichtet bleibe. Im Todeskampf bewies er große Festig=
keit. Natürlich stellte sich der Teufel ein. „Was willst du, blutiges Untier",
rief er ihn an, „weg mit dir! Ich bin in Abrahams Schooß". So starb
er. Seine Züge wurden friedevoll und nahmen einen glänzenden Ausdruck
an. Seine Bestattung war ein Triumphzug. Zweitausend Leute wohnten ihr
bei. Ganz Tours kam ihm entgegen. Von den Dörfern und Höfen der
Umgegend, ja aus entfernten Städten strömten Teilnehmer herzu.

Auch die Dialoge wollen ein Nachtrag sein*). Aber nicht ein bloßer
Anhang wie die Briefe; sie bilden eine selbständige Ergänzung. Statt einer
planmäßigen Gliederung des Stoffes, wie sie im Martinsleben vorliegt, wird
der Leser ohne logische Vermittelung von Situation zu Situation, von Ge=
danken zu Gedanken geführt, ohne daß freilich die zwischen Epos und Drama
rudimentär stecken gebliebene Form des Kunstdialogs eine Nachbildung des
wirklichen Lebens bis zur Illusion zu Stande brächte. Severus war da=
rum zu thun, durch Abwechslung auch in der Form anzuziehen, er verwahrt
sich aber, unter der kurzweiligen Darstellung die Treue seiner Nachrichten
etwa haben leiden zu lassen[b]). Die an sich primitiven Mittel hat er nun
geschickt zur Zeichnung und Färbung seines Gegenstandes verwendet; er bringt
in seiner Charakteristik des heiligen Martin beinahe künstlerische Nuancen zu
stande. Drei Personen spielen die Hauptrolle. Zunächst Severus selbst.
Er tritt ansprechend auf und maßt sich als Martins Vertrauter keine Allüren
an. Er erzählt einfach von einem Gespräche, das er mit einem keltischen
Mönche, einem langjährigen Anhänger Martins gehabt habe, als plötzlich ein
alter Bekannter, Postumianus, zu ihnen gestoßen sei. Eben war dieser von
einem dreijährigen Aufenthalt aus dem Orient zurückgekehrt. Sie hätten sich
umarmt, geküßt, hätten Freudenthränen vergossen und sich schließlich in der
Zelle auf ein Ziegenfell gesetzt, sich auszutauschen. Severus nimmt am
Gespräche mehr als Empfangender teil; er greift meistens nur ein, um es
aufs neue anzuregen. In Postumianus lernen wir einen jener gebildeten

a) Sever. Dial. Ia. 23. 7.   b) Sever. Dial. II. 5. 6.

abendländischen Geistlichen in der Art des Hieronymus und Rufinus kennen, die aus Wissenstrieb und Sehnsucht nach dem heiligen Lande sich mehrere Jahre im Orient aufgehalten und daselbst namentlich das Mönchtum der ägyptischen und der syrischen Wüste studiert haben. Die Gestalt ist dem Leben entnommen. Die Reiseerlebnisse selbst dürfen uns hier nicht beschäftigen, aber ebensowenig darf übersehen werden, wie glücklich das Motiv für den Zweck verwendet ist, den Severus im Auge hatte. Es erscheint als Abschweifung, nur ganz am Schluß der Episode spielt Martin hinein. Aber gerade dadurch wird Martin charakteristisch ins Licht gesetzt: von den Mönchen des Morgenlandes mit ihrer beschaulichen Versenkung in Gott oder ihrem polternden Vortritt bei Volksagitationen hebt er sich ab als der Beter und Arbeiter, als der stillthätige Menschen- und Gottesfreund[a]). Ihren eigentlichen Erdgeruch erhält aber Martins Persönlichkeit durch die Einführung von Severs anderem Genossen, einem Kelten[b]), dem Bauern gegenüber den Stadtleuten, der sich geniert, unter Aquitaniern lateinisch zu reden; er sei ein Sancerrer Kind und fürchte mit seiner bäurischen Aussprache verwöhnte Ohren zu beleidigen. „Sprich wie es dir ums Herz ist“, versetzt Postumianus, „sprich keltisch, sprich gallisch; nur sprich von Martin.“ In dieser Figur scheint Severus den Bauernstand in seinem Verhältnis zum Heiligen haben schildern zu wollen. Er nennt den Mönch auch mit dem Sammelnamen Gallus. Das schließt nicht aus, daß ein ausgeprägter Vertreter des Typus wirklich Modell gestanden habe. Jedenfalls war es, schriftstellerisch gewertet, ein feines Mittel, allerlei Geschichten, die über den Heiligen im Lande herumgingen und für ihn charakteristisch waren, die aber ein gebildeter Mensch schon damals nicht leicht für bare Münze hinnehmen durfte, dem Publikum nicht vorzuenthalten, ohne damit selbst irgendwelche Verantwortung zu übernehmen. Auch darin verrät sich ein künstlerischer Zug und der Widerschein klug beobachteten Lebens, daß die schlichte Situation in der Klosterzelle ab und zu durch ein humoristisches Intermezzo unterbrochen wird. Als Postumianus von einem wohlgemeinten Frühstück berichtete[c]), das ein Greis aus Freude, daß sie Christen seien, ihnen vorsetzte, an dem jedoch ein halbes Gerstenbrot und Gummiblätter das beste waren, deutete Severus im Spaß zu Gallus hinüber: „Ach, jammerschade, mein lieber Gallus, daß du da nicht dabei warst. Was meinst du, ein paar Blätter und ein halbes Brot zum Frühstück für fünf Leute?“ Gallus wurde rot und sagte: „Aber, Sulpizius, du lässest auch wirklich keine Gelegenheit vorbeigehen, ohne mich an meinen guten Appetit zu erinnern. Sei doch kein Unmensch! Sollen wirklich wir Gallier in unserem rauhen Klima wie morgenländische Eremiten oder gar wie Engel

a) Dial. I*. 24.   b) Dial. I*. 27, 2—4.   c) Sever. Dial. I* 4.

leben. Und ein halbes Gerstenbrot auf fünf Mann ist schon mehr ein Früh=
stück für Engel." Ja bei der nächsten Gelegenheit stellte der gute Gallus
geradezu den Grundsatz auf: „In Griechenland mag Gefräßigkeit Schlemmerei
sein, bei uns in Gallien ist sie Natur ")".

Der erste Dialog zerfällt in zwei Hälften, die später selbständig als ge=
trennte Bücher eingeteilt wurden: in der ersten erzählt Postumianus
seine Reise, in der zweiten Gallus von Martin. Einige Zeit nach dem
ersten entstand ein zweiter Dialog. Er setzt das Gespräch des ersten am
folgenden Tage fort vor erweiterter Zuhörerschaft, nämlich einigen Geistlichen,
aber nur zwei hochstehenden Beamten, da die übrigen Laien, die sich hinzu=
drängten, abgewiesen wurden. Gallus kommt zwischen den Statthalter und
den Konsularen zu sitzen. Es geht lange, bis er die Fassung erlangt, in
solcher Gesellschaft ohne Scheu zu reden. Die Anwesenden unterstützen ihn
durch eingestreute eigene Beiträge über Martin. Die so erhaltenen neuen
Nachrichten verteilen sich gleichmäßig auf die sechs Gesichtspunkte, unter denen
Severs Martinsleben steht. Greifen wir diese auf und illustrieren sie
durch die in den Dialogen gelieferten Beispiele. Der eigentliche Schwerpunkt
von Martins Persönlichkeit liegt in seinem Mönchsstande, insofern seine Ei=
genschaften eines Volksheiligen dort wurzeln.

3.

Martin hatte in der Stadt eine Zelle für sich, die er nur verließ, wenn
er ausging ᵇ). In der Kirche hielt er sich für gottesdienstliche Verrichtungen
auf, sonst nicht und lehnte es ab, sich daselbst zu setzen. Auch in seiner Zelle
saß er nicht in einen seiner Würde entsprechenden Lehnsessel, sondern auf ein
dreibeiniges Stühlchen, wie sich dessen sonst das Gesinde bedient. Auf dem
Gang zur Kirche traf er einst im Winter einen halbnackten Bettler, der Armen=
pfleger des städtischen Klerus zog die Sache hin, sodaß Martin dem Armen,
der sich persönlich bei ihm beklagte, in aller Stille sein eigenes Hemd vom
Leibe gab und ihn wegschickte. Der Obersthelfer, eben jener Armenpfleger,
kam, Martin zum Kirchgang aufzufordern: das Volk warte. Der Bischof ant=
wortete, er könne nicht kommen, bevor der Arme sein Hemd habe, meinte
nun aber damit sich, da er unter der Kutte nichts weiter mehr anhatte. Aber
es sei ja gar kein Armer mehr da, versetzte jener gereizt, mußte jedoch seinem
Vorgesetzten gehorchen. Er erstand für fünf Groschen ein grobes Hemd ge=
ringster Güte. „Und der Arme?" fügte er bei. Martin bat ihn, draußen
zu warten, zog rasch das Hemd an und begab sich, ohne mehr ein Wort zu
sagen, auf seinen Posten in die Kirche. Als er dann die Messe celebrierte,

<hr>

a) Sever. Dial. I. 8. 5.　　b) Sever. Dial. I. 6. 1.

umstrahlte ihn ein Heiligenschein. Das Volk sah es. Dagegen wollten nur
eine Nonne, ein Presbyter und drei Mönche das Wunder bemerkt haben.
Warum wohl vom geistlichen Stande nur so wenige [a])? Arborius, ein An=
gestellter der Präfektur versicherte steif, so oft Martin die Hostie segne, strahle
seine Hand Licht aus und sei mit Perlen bedeckt [b]). Auf einer Visitations=
reise scheuchte Martins schwarze Kutte die Zugtiere einer militärischen Am=
bulanz. Die Soldaten kannten ihn nicht und maltraitierten ihn und die Tiere [c]).
Er hatte die Gewohnheit, seinem Gefolge ein gutes Stück vorauszugehen.
Seine Mönche fanden ihn daher halbtot mit von Geißelhieben zerrissenem
Rücken am Wege liegen. Sie konnten ihn noch eben auf seinen Esel setzen,
den sie für ihn nachführten. Seine große Liebe für Tiere trug wesentlich zu
seiner Popularität bei. Er besänftigte eine bei einem Brand wütend gewordene
Kuh, befreite ein gehetztes Häslein von seinen Jägern und ihren Hunden [d]).
Eine Giftschlange verschwand auf seine Beschwörung in der Loire und befreite
so die am Ufer gelagerte Gesellschaft von ihrer gefährlichen Gegenwart. „Die
Schlangen gehorchen mir", seufzte er, „die Menschen nicht" [e]). Es ging so
weit, daß ein Mönch im Namen des Meisters einen bissigen Hund zur Ruhe
brachte [f]). Im Umgang mit dem Volk traf er den rechten Ton [g]). Ange=
sichts eines geschorenen Schafes rief er aus: „Recht so. Wer zwei Röcke
hat, gebe einen dem, der keinen hat". Zu einem armen Hirten meinte er:
„Auch Adam hat im Fell die Schweine gehütet. Das darf dich aber nicht
abhalten, den neuen Adam anzuziehen". Vor einer Wiese, deren einer Teil
vom Rindvieh abgeweidet und deren anderer von Säuen aufgewühlt war, wäh=
rend in der unversehrten Mitte Blumen blühten, predigte er: „Seht, liebe
Leute, gerade so ist es mit dem Heiraten. Wer ohne Ehe oder außer der
Ehe sich versündigt, da ist nur noch Dreck. Wer eine anständige Ehe führt,
da ist saftiges Gras, aber ohne Blumen. Bleibt jungfräulich, dann steht der
Garten in Blüte". Ein alter Soldat wollte ein beschauliches Leben führen,
wünschte aber in seine Einsiedelei die Frau mitzunehmen. „Hast du in den
Schlachten das Weib auch mitgehabt?" fragte ihn Martin [h]). Als umgekehrt
eine Klausnerin in übertriebener Männerscheu es sogar ablehnte, den Besuch
ihres Bischofs zu empfangen und sich durch eine ihrer Mitschwestern bei ihm
entschuldigen ließ, zog Martin höchst erfreut von ihrem Aeckerchen wieder ab,
und als nun dieselbe ihm zum Entgelt ein Geschenk nachsandte, schlug er, der
sonst nichts annahm, die Gabe nicht aus [i]). Bei dieser Leutseligkeit verbreitete
sich denn auch sein Ruhm sehr rasch und über die Landesgrenzen hinaus:

a) Sever. Dial. Ib 2.   b) Sever. Dial. II. 10.   c) Sever. Dial. Ib 3. 1—5.   d) Sever.
Dial. Ib 9. 1—5.   e) Sever. Dial. II. 9. 4.   f) Sever. Dial. II. 3. 7.   g) Sever. Dial. Ib. 10.
h) Sever. Dial. Ib. 11.   i) Sever. Dial. Ib. 12.

in einem Seesturm an der italienischen Küste rief ein Handelsmann aus Aegypten, der noch nicht einmal Christ war: „Martins Gott, rett uns"[a]. Auch als Vorgesetzter bewies Martin seine Ueberlegenheit[b]. Auf seine Weisung fing der Klosterverwalter Cato den zum Ostermahl nötigen Fisch, den weder dieser, doch ein geübter Angler, noch die Fischer von Beruf am Tage vorher hatten fangen können. Der Erzähler erinnert bei diesem Vorfall in demselben Atemzug an den wunderbaren Fischzug im Evangelium und an den profanen Vers: „Brachte den staunenden Argern zurück den gefangenen Saufisch". Wo die gute Sitte auf dem Spiele stand, kannte Martin keinen Spaß[c]. So schlich sich einmal ein Klosterbruder in Martins Abwesenheit in dessen Zelle und machte sichs, als er auf dem Kohlenbecken noch Gluten fand, bequem, indem er die untere Partie seines Gewandes aufknöpfte und sich mit entblößtem Unterleib und gespreizten Beinen ans Feuer setzte. Er wurde ertappt und furchtbar abgekanzelt. Martins Wohnung im Kloster hatte ein Hinterpförtchen, durch das die Besessenen insgeheim zur Heilung eingeführt wurden[d]. Sie war von einem Höfchen umgeben[e].

Gegen Martin, der das Mönchtum in Gallien so kraftvoll einzurichten und gegen den Willen der Kleriker wirksam durchzusetzen wußte, befolgte die Geistlichkeit die Taktik, ihn so viel immer möglich zu ignorieren. Dennoch gelang es Martin in seiner Stellung als Bischof seinem Kloster die kirchliche Unterstützung zu sichern[f]; es sollte nicht von den eigenen Einkünften leben müssen, sondern von der Kirche vollständig unterhalten werden. Von dieser Ansicht ging er nicht ab. Ein Geschenk von hundert Pfund Silber bestimmte er zum Loskauf von Gefangenen, und als ihm die Mönche nahelegten, er möchte doch einen Teil davon dem Kloster zu halten in Rücksicht auf die schmale Kost und die Vielen mangelnde Kleidung, war seine Antwort: „Uns soll die Kirche weiden und kleiden und wäre es auch nur um den Schein zu umgehen, daß wir auf das unsere ausseien"[g]. Sein beständiger Kampf mit den Bischöfen erreichte seine Höhe auf der Synode von Trier, durch Martins Verhalten im Priscillianistenstreit. Kaiser Maximus, sonst ein guter Mensch, hatte sich durch die Priester verleiten lassen, nach Priscillians Tode den Bischof Ithacius, der das Urteil durchgesetzt hatte, sowie dessen Anhang für unanfechtbar zu erklären[h]. Amtsgeschäfte anderer Art riefen Martin um eben diese Zeit an den Hof. Es war nicht zu vermeiden; er mußte zu der heiklen Angelegenheit Stellung nehmen. Die anwesenden Bischöfe, alles Parteigänger des Ithacius, gerieten über Martins unvermutete Ankunft in Bestürzung. Tags

---

a) Sever. Dial. II. 14.   b) Sever. Dial. II. 10.   c) Sever. Dial. II. 14. 7—9.   d) Sever. Dial. II. 14, 1.   e) Sever. Dial. II. 15.   f) Sever. Dial. II. 14. 6.   g) Sever. Dial. II 14. 6.   h) Sever. Dial. II. 112—133.

vorher hatte der Kaiser den Synodalbeschluß bestätigt, wonach bevollmächtigte Geschäftsträger mit bewaffneter Macht nach Spanien reisen, die Güter der Priscillianisten einziehen und hochnotpeinlich Gericht halten sollten. Da Martins Widerspruch außer Zweifel stand, wollten sie erst den Kaiser bewegen, ihm durch entgegenreitende Boten den Eintritt nach Trier zu verwehren, falls er nicht von vornherein den Beschluß gutheiße. Martin versprach, er werde den Frieden der Versammlung nicht stören. Während der Nacht ging er in die Kirche zum Gebet und begab sich dann zur Audienz in den kaiserlichen Palast. Sein Anliegen war die Vertretung des Grafen Narses und des Gouverneurs Leukadius, die beide als Anhänger Gratians verschiedener Anschläge wegen in kaiserlicher Ungnade waren. Dann aber verwahrte er sich auch dagegen, daß die Gesandten zu einem Gericht über Leben und Tod nach Spanien reisen sollten. Ja er wollte die Ketzer geradezu freigesprochen wissen. Um Martin nicht vor den Kopf zu stoßen, um aber auch nicht sei es die Bischöfe aufzubringen, sei es, was wahrscheinlicher ist, auf die eingezogenen Güter zu verzichten, da er bei dem unabsehbaren Bürgerkriege Geld brauchte und der Staatsschatz erschöpft war, ließ Maximus die Sache zwei Tage in der Schwebe. Während dieser Zeit vermied Martin jede Gemeinschaft mit den Bischöfen. Nur ein einziger von ihnen hatte öffentlich gegen den Beschluß Verwahrung eingelegt, und wenn nun Martins Ansehen Theognit unterstützte, so konnte alles umsonst sein. Sie machten dem Kaiser Vorstellungen, Martin werfe sich geradezu zum Bluträcher Priscillians auf, was nütze dann die Hinrichtung. Sie brachten den Fürsten herum: Ithacius erhielt ein Vertrauensvotum von der Synode, und als Martin das nicht zu kümmern schien, lehnte der Kaiser ab, ihn weiter zu hören. Und da entschloß sich nun Martin, nicht aus Mangel an persönlichem Mut, sondern aus Furcht vor den Folgen zu dem Zugeständnis, er werde die Gemeinschaft mit den Bischöfen aufnehmen, falls die Abordnung nach Spanien zurückgezogen würde. Noch in derselben Nacht erlangte er vom Kaiser diesen Vergleich ohne Aufschub und erschien am andern Morgen bei der Weihe des Felix von Trier in den Reihen der Synodalen. Nur gab er seine Zustimmung auch jetzt nicht schriftlich und reiste am folgenden Tage ab. Das Bewußtsein durch seine Nachgiebigkeit den spanischen Sektierern das Leben gerettet zu haben, vermochte ihn nicht über seine Gewissensbisse hinwegzutrösten, daß er schwach gewesen und seiner Ueberzeugung entgegengehandelt habe. Auch zu Hause verbitterte ihm die klerikale Partei das Leben [a]). Sein empfindlichster Gegner war Briccius. Bei Severus erscheint er als ein bis zum Wahnsinn zanksüchtiger und nichts als Ränke spinnender Mensch. Martin habe keinen

---

a) Sever. Dial. II. 15. 16.

anderen Trost gehabt als: „Wenn Christus sich Judas gefallen ließ, so kann ich mir auch Briktion gefallen lassen".

Für seinen eigentlichen Beruf hielt Martin indessen nach wie vor die Bekehrung des Landvolkes vom Heidentum [a]). Obschon Severus gerade in diesem Stück schon in der ersten Schrift sehr ausführlich gewesen war, erzählt er nun noch die Zerstörung des Heidentempels in Amboise, zu der Martin durch sein unablässiges Zureden endlich den handfesten Pfarrer von Ambiakum bewegen konnte, nachdem dessen Meinung erst dahin gelautet hatte, kaum mit einem Zug Soldaten und auf dem Wege einer massenhaften Anstrengung könnte ein solches Nest ausgehoben werden, geschweige denn durch Dummköpfe von Klerikern oder Schwächlinge von Mönchen. Daran schließt sich der Bericht an eine andere ähnliche That, aber ohne lokale Präzisierung und auch als Vorgang ganz ins Fabelhafte aufgelöst [b]). Auf dem Wege nach Chartres bekehrte Martin sodann ein ganzes heidnisches Dorf, das noch keinen einzigen christlichen Bewohner zählte, auf einen Schlag und machte alle Anwesenden auf offenem Felde durch Handauflegung zu Katechumenen [c]). Das Wunder, wodurch er dies zu stande brachte, war eine Totenerweckung, eine dritte zu den beiden früher berichteten: Beweis, daß er auch als Bischof noch zu den höchsten mirakulösen Kraftleistungen fähig gewesen sei. Es war ein Knabe, dem er nun vom Tode half; doch ist die Behandlung des leblosen Körpers diesmal nicht näher beschrieben. Von Krankenheilungen [d]) stehen die Genesung des Evanthius, Severs Onkel, und die Errettung eines vom Schlangenbiß gefährdeten Knaben im Vordergrunde. In Chartres heilte er ein zwölfjähriges Mädchen [e]), das nicht sprechen konnte, in Gegenwart zweier Bischöfe und des Vaters, durch geweihtes Oel, indem er den Anfang des Exorcismus darüber sprach und darauf die Zunge mit dem Erfolg bestrich, daß das Mädchen auf die Frage, wie es heiße, nun seinen Namen sagen konnte. Von Martin geweihtes Oel besitzt dann aber auch fern von ihm wunderbare Eigenschaften, deren volkstümlichste darin besteht, daß es selber unerschöpflich und das enthaltende Gefäß unzerbrechlich ist [f]). Die frommen Schwestern von Clion zwischen Tours und Bourges plündern den Strohsack in der Sakristei, als der Heilige auf der Durchreise eine Nacht daselbst zugebracht hatte, und benützen die Halme als Amulete, um sie namentlich Besessenen auf den Nacken zu binden [g]). Die Berührung seines Gewandes heilte — „nach dem Beispiel jenes Weibes im Evangelium" — eine Frau vom Blutfluß [h]). Im Namen Martins thaten Andere Wunder [i]). Auch einige Andeutungen über Martins persönliche

---

a) Sever. Dial. II. 6. 4—7.   b) Sever. Dial. II. 9. 1. 2.   c) Sever. Dial. I b. 4.   d) Sever. Dial. I b. 2. 3. 4.   e) Sever. Dial. II. 2. 3—5.   f) Sever. Dial. II. 3. 1—6.   g) Sever. Dial. I b. 8. 7—9.   h) Sever. Dial II. 9. 3.   i) Sever. Dial. II. 3. 8.

Verfassung beim Wunderthun werden uns nicht vorenthalten: es gab Fälle, wo der Heilige spürte, er sei den an ihn gestellten Anforderungen nicht ge= wachsen[a]). Nach seinem nachgiebigen Verhalten in Trier ließ er es sich nicht nehmen, obschon der Erfolg ihm später unrecht gab, seine Wunderkraft habe sich stark verringert. Als er auf jener Rückreise in Sandweiler Station machte, drückte ihn dieses Gefühl der Ohnmacht im Wunderthun stark nieder. Und als die ganze Familie des Lycontius an den Blattern krank lag, brauchte er sieben Tage und sieben Nächte, bis er sie freigebetet hatte[b]).

Ueber Martins Beziehungen zu den hohen weltlichen Würdenträgern sind die Dialogen ausführlicher als ihr Vorläufer, und wissen von allerlei Ver= kehr. Der Gouverneur Vincentius wollte auf der Durchreise durch Tours von Martin im Kloster empfangen sein und wiederholte dieses Gesuch mehrere Male, zumal ja auch Ambrosius von Mailand hohe Beamte gelegentlich bei sich zu Gast lud. Martin fühlte sich dazu nicht verpflichtet[c]). Dagegen hatte er es darauf abgesehen, den berüchtigten Raubgrafen Avitanus zu zähmen[d]): es stellte sich ein förmlicher Wettkampf zwischen den beiden Gewaltmenschen, dem heiligen und dem sündhaften ein, der auch in Offizierskreisen mit hohem Interesse verfolgt wurde. Martin suchte den wilden Gesellen, sobald er sich vor Tours blicken ließ, mehrmals, sogar mitten in der Nacht in seinem Lager auf und hatte denn auch bald heraus, daß das wüste Wesen von einem häß= lichen schwarzen Teufel herrührte, der dem Avitanus im Nacken saß und ihn auftrieb. Martin beschwor ihn: von Stund an war Avitanus etwas milder gestimmt. Ueberhaupt betrug er sich in Martins Nähe stets manierlicher; wäh= rend er sonst das reine Tier war und ganz entsetzlich zu hausen pflegte, hatte Tours nicht von ihm zu leiden. Allerdings stand seine Gattin mit Martin im Einvernehmen. Anderer Art war Martins Beziehung zu Ausspizius, dem Präfekten der Gegend von Sens[e]). Diese wurde Jahr für Jahr von Hagelschlag heimgesucht, der die ganze Ernte zu nichte machte; nicht nur die Bauern, auch Ausspizius selbst, der Ländereien besaß und daher die Einbuße schwer empfand, sandten an Martin. Wie sehr der durch ihn veranstaltete Bittgang wirkte, zeigt die Thatsache, daß während der zwanzig Jahre, die Martin noch lebte, kein Hagelwetter mehr niederging, sobald er jedoch nicht mehr da war, das Jahr nach seinem Tode, die Landplage wieder begann. Während ferner im Martinsleben nur vom Verhältnis zu Kaiser Maximus die Rede ist, berichten die Dialogen auch von einem solchen zu Kaiser Va= lentinian[f]), insofern lange Zeit einem vergeblichen, als Martin in Trier erst gar nicht die nachgesuchte Audienz erlangen konnte; das Geschichtchen, daß er

---

a) Sever. Dial. II. 13. 5. b) Sever. Dial. II. 14. 3—4. c) Sever. Dial. I ª. 25. 5
d) Sever. Dial. II. 4. 1. 4. 5. 1. 6. 1—3. e) Sever. Dial. II. 7. f) Sever. Dial. I b. 5.

schließlich unter fabelhaften Umständen doch sich Einlaß verschafft habe, klingt allerdings unglaublich; möglich ist seine Zulassung immerhin, und daß sich Valentinian dann über Erwarten freundlich gezeigt hat. Der jedenfalls nicht geringe Widerstand lag in dem arianischen Bekenntnis des Kaisers und der hierin noch entschlosseneren Kaiserin. Genau der umgekehrte Fall lag aber vor gegenüber Maximus, der sich in die Freundschaft zu dem Heiligen mit seiner Frau zu teilen hatte[a]). Diese wurde den heiligen und rechtgläubigen Mann nicht müde und überbot sich in seiner Verehrung. Sie wollte Tag und Nacht um ihn sein; ohne alle Rücksicht auf ihren kaiserlichen Stand war sie nicht vom Boden wegzubringen; immer aufs neue umschlang sie Martins Füße. Aber die Rolle der Maria genügte ihr nicht; sie wollte auch Martha sein und ließ dem Bischof keine Ruhe, ehe er ihr erlaubte, ihn zu bewirten. Eigenhändig bereitete sie das Mahl, richtete das Ruhebett, deckte den Tisch, brachte das Waschbecken, bediente ihn mit Speisen, die sie selber gekocht hatte und so lang er am Tisch saß, hielt sie sich bescheiden hinten im Zimmer, genau wie eine Magd. Sie schenkte ein und kredenzte den Trank. Nach beendeter Mahlzeit fand sie ihren Lohn in den Brosamen, die sie den Lecker=bissen der kaiserlichen Tafel vorzog. Das alles ließ Martin, der nie ein Weib in seiner Nähe duldete, nur ungern mit sich geschehen; er ist wahr=scheinlich von seiner Strenge nur darum abgewichen, weil er dadurch weit=gehende Begnadigungen für Verurteilte erwirken konnte.

Schließlich bringen die Dialogen auch neue Belege zu Martins Verkehr mit der Geisterwelt. Es war dies sein persönlichster Besitz, sein innerstes Geheimnis. Er gestand diese Dinge seinem Lieblingsschüler auf Befragen, denn es gab nichts, was Severus ihm nicht entlocken konnte[b]). Als dieser darüber zu berichten beginnt, meint er, allerdings müsse er nun der Gläubig=keit viel zumuten. Aber, bei Christo, er lüge nicht, und wer denn so frivol sei, Martin Lügen zu zeihen. Als einmal in der Zelle des Heiligen ein Getöse losging und Severus sich nach der Ursache erkundigte, erzählte Martin, soeben seien die heilige Agnes, die heilige Thekla und die Mutter Gottes bei ihm zu Besuch gewesen. Er konnte jede beschreiben wie sie aussah, wie sie angezogen war. Er erklärte, solche Gäste öfters zu haben, auch Sankt Peter und Sankt Paul kämen wohl zu ihm. Die Engel waren seine Freunde. Als er zu seinem Bedauern einer Synode von Nimes nicht beiwohnen konnte, hat ihn ein Engel über die Verhandlungen unterrichtet, sodaß er alles schon wußte, als es ihm seine heimkehrenden Freunde erzählen wollten. Unter den bösen Geistern kannte er sich ebenfalls aus. Er unterschied sie einzeln. Für den verderblichsten hielt er den Merkur, Juppiter hieß er dumm und stumpfen

a) Sever. Dial. II. 6—8.   b) Sever. Dial. Ib. 13. 3—8.

Sinnes.   Der alte, harte, trockene Kriegsmann war also ein fertiger Visionär
und in seiner ekstatischen Welt so zu Hause, wie auf der harten Erde.   So
konnte er sich auch mit einer altväterischen Theologie begnügen [a]).   Als gelegentlich die Rede auf die letzten Dinge kam, frischte er den verjährten Gedanken wieder auf, erst müßten Nero und der Antichrist erscheinen, Nero
werde im Westen zehn Königreiche erobern, während der Antichrist vom Morgenland Besitz ergreife mit Residenz in Jerusalem, wo er Stadt und Tempel
herstellen werde.   Von ihm gehe dann die Verfolgung aus nebst dem Zwang,
die Gottheit Christi zu leugnen, vielmehr ihn den Antichristen als Christus
anzuerkennen und sich insgemein beschneiden zu lassen.   Zuletzt werde Nero
vom Antichristen vertilgt werden und unter seiner Herrschaft die ganze Welt
noch einmal vereinigt sein, bis durch die Wiederkunft Christi alsdann der
Gottlose überwältigt werde.   Auch stehe es außer Zweifel, daß der Antichrist
vom bösen Geist empfangen und geboren sei und sich bereits in den Knaben-
jahren befinde, um dann bei eingetretenem Mannesalter die Herrschaft anzutreten.   Das war Martins Ansicht kurz vor seinem Ende.   Mochte sie auch
aus der Mode sein, sie war ihm doch eine Unterlage zu klarem, kraftvollem
Handeln in diesen Dingen.   Schon als jungem Christen hatte ihm vor allen
priesterlichen Funktionen das Exorcieren am meisten zugesagt, und noch als
Greis verstand er sich am besten auf die Befreiung der Besessenen von den
Dämonen.   Von seinem Umgang mit den Verrückten erhalten wir aus den
Dialogen einen ergreifenden, großartigen Eindruck [b]).   Er trainierte sich auf
den Feind.   Niemand durfte ihn dann anrühren, niemand ihn dann sprechen.
Wie ein Tierbändiger den Käfig seiner Bestien betritt, um sie zu zähmen, betrat er, in ein Fell gekleidet, Asche auf dem Haupt, die Kirche, in der die
Irren zusammengesperrt tobten und brüllten.   Er streckte sich mitten unter
ihnen zum Gebet auf den Boden aus.   Die einen suchten ihn durch unzüchtige
Haltung von sich abzuschrecken, die andern stürzten um so unterwürfiger auf
ihn zu und stellten sich ihm ungefragt als Juppiter oder Merkur vor.   Und
mitten in diesem entsetzlichen Jammer bethätigte er seine Heilkunst Leibes und
der Seele.   Severus durfte sagen, Martin habe jenes Wort des Neuen Te-
stamentes wahrgemacht, das den Heiligen Herrschaft über die Geister verheiße [c]).

4.

Dies sind die Mitteilungen des Sulpizius Severus über Martin
von Tours.   Als maßgebend für die Beurteilung seiner Leistung liegt die
Erkenntnis vor uns da: Severus hat nicht e i n Lebensbild von Martin
hinterlassen, sondern zwei, jedes in seiner Art selbständig abgerundet, obgleich

<hr>

a) Sever. Dial. I^b. 14.   b) Sever. Dial. 6. 2—5.   c) 1. Cor. 6. 2. 3.

das zweite ein erstes voraussetzt. Schriftstellerisch gemessen ist das eine Un=
vollkommenheit, kein Vorzug. Gerade weil Severus maßhalten wollte
und damit bewies, daß ihm an Oekonomie liege, war es ihm unmöglich, des
Stoffes in einem einzigen Wurfe Herr zu werden. Er sammelte die Bro=
samen, die von der allzu reichbesetzten Tafel fielen, und siehe, sie reichten aus
zu einer zweiten Mahlzeit. Wer weiß, wie viel schwerer es ist, einen Gegen=
stand, an dem das Herz hängt, nachbildend zu gestalten, als einen persönlich
fremden und gleichgiltigen, wird die litterarhistorische Merkwürdigkeit des
Doppelportraits hinreichend erklärt finden aus dem überwältigenden Eindruck,
den Martin seinen Anhängern hinterlassen hatte. Damit hängt zusammen,
was über die Geschichtlichkeit von Severus' Angaben zu sagen ist. Von
der Glaubwürdigkeit der erzählten Wunder ist abzusehen. Das nackte Ja
oder Nein der Möglichkeit oder Unmöglichkeit verkürzt das Verständnis der
großen Wichtigkeit, die das vom Heiligen berichtete Wunder, ob geschehen,
ob nicht geschehen, ob anders geschehen in jedem Fall für die Heiligenforschung
hat. Lassen wir auch diese Frage hier auf sich beruhen, die Geschichtlichkeit
der Berichte Severs über Martin hat immer noch ihre Schranke. Ein=
mal kommt Severs Parteilichkeit gegenüber der damals in Gallien vor=
handenen starken Spannung zwischen Klerus und Mönchtum, besonders in den
Dialogen, zu unverhohlenem Ausdruck. Heilige Tendenz ist die Seele seines
ganzen Unternehmens: Galliens größter Gottesmann soll auch litterarisch in
den Himmel erhoben werden. Oefters wird Martin neben Christus gehalten,
und nicht weniger oft der gallische Weltklerus mit den Pharisäern auf gleiche
Linie gestellt[a]). Die Schriften Severs über Martin waren Streitschrif=
ten; sie sollten mit für das Mönchtum in Gallien Bahn brechen. Ge=
wissermaßen eine Folge davon ist auch die einseitige Darstellung des Pris=
cillianistenstreites bei Sever, obwohl er sich hier nicht zu maßlosen Aus=
fällen hinreißen läßt. Diese Befangenheit zu Gunsten der Mönche und Sek=
tierer ist indes begreiflicher, als ein anderer empfindlicher Mangel in Se=
vers Martinsschriften, zumal er nun nicht dem Menschen, sondern aus=
schließlich dem Schriftsteller aufs Konto zu setzen ist: die chronologische
Nachlässigkeit, die er sich in der Vita zu schulden kommen ließ und in den
Dialogen nicht gut gemacht hat. Man muß sich füglich wundern, daß der
Verfasser einer Weltchronik über dem charakteristischen Detail es so völlig
vergaß, die Gestalt seines Helden in den zeitgeschichtlichen Rahmen hineinzu=
stellen. Kein einziges Datum als solches findet sich vor. Bekannte zeitge=
nössische Namen und Ereignisse, an denen man sich zur Not orientieren kann,
sind so sorglos gelegentlich mit einbezogen, daß sie teilweise nur noch Ver=

a) Sever. Mart. 27. Dial. Iª. 2. 21. 26. IIᵇ. 1. 4. 12. III. 11. 16. 18.

wirrung stiften, statt unsere Unsicherheit zu heben [1]). Die wenigen eigent=
lichen Zeitbestimmungen sind entweder persönlicher oder innerbiographischer
Natur [a]): es sei ein Jahr her, daß Martin ihnen das erzählt habe; oder
noch sechszehn Jahre nach der Anwesenheit in Trier und dem Zwischenfall
mit Maximus habe Martin gelebt; eine wenn auch nur indirekte annalistische
Festsetzung des Datums findet sich nirgends. Auf diesen bei einem so treff=
lichen Chronisten wie Severus doppelt befremdlichen Umstand wirft nun
aber die Thatsache ein unmißverständliches Licht, daß Martin in Severus
Chronik nirgends vorkommt. Am Schluß des zweiten Buches wäre doch Ge=
legenheit genug gewesen, Martin in die zeitgenössischen Ereignisse hineinzu=
stellen, sogut als Hilarius von Poitiers, der auf diese Weise seine chronolo=
gische Unterlage erhielt [b]). Aber das war es ja eben: Martin stand nun
einmal für Severus außerhalb der Zeit in einer höheren Welt einsam
da. Der Meister wirkte zu gewaltig, als daß er geschichtlich assimilierbar
gewesen wäre. Eine organische Verbindung wollte sich nicht einstellen. Der
bewundernde Zeitgenosse stand zu dicht vor der Riesengestalt und sah, sobald
er nur den Blick auf Martin richtete, eben dann auch weiter nichts mehr als
Martin. Seine Befangenheit erklärt sich aus seinem Enthusiasmus [c]): „Ich
hörte seiner Zeit vom Glauben, vom Leben, von den Tugenden Martins;
ich hörte alles, da brannte mein Herz; es trieb mich hin zu ihm. So unter=
nahm ich die Reise, ich kann sagen die Lustreise, bis ich ihn sah. Und weil
ich mich schon damals getrieben fühlte, sein Leben zu schreiben, forschte ich bei
ihm selbst, soweit mir da eine Frage freistand. Er erschöpfte sich in freund=
lichen und freudigen Ausdrücken und in Versicherungen, wie er Gott danke,
daß man so große Stücke von ihm halte und um seinetwillen so weit her=
gereist komme. Hat er nicht, kann wag ichs zu gestehen, mich, lieber Gott
mich, an seine heilige Tafel gezogen, ja mir selber abends die Füße gewaschen.
Ich brachte es nicht übers Herz, mich zu sträuben oder auch nur im geringsten
zu widerstreben. Seine Erscheinung hatte etwas so überwältigendes für mich;
ein Verbrechen wäre es gewesen, nicht still zu halten“. Diese große Per=
sönlichkeit schriftstellerisch festzuhalten, daran lag Severus alles. Aber eben=
so sicher wollte er lieber schweigen, als auch nur eine einzige Unwahrheit
sagen, eigene Anschauung und sichere Information seien die Grundlage für
ihn gewesen [d]): „Ich habe natürlich nicht alles in Erfahrung bringen können.
Ueberall da, wo nur er der Wissende war, giebt es keine Mitwissenden. Da

---

a) Sever. Dial. Ib. 14. 4.   b) Sever. Chron. II. 39. 7. 42. 2. 45. 9.   c) Sever. Mart. 25.
d) Sever. Mart. 1. 5. 6.

1) Le Nain de Tillemont, Mémoires pour servir à l'histoire écclesiastique
des six premiers siècles. Paris 1705. Tom. X. p. 771—781.

es ihm nie um das Lob der Menschen zu thun war, liebte er es, von seinen
Thaten möglichst wenig zu verlauten". „Ich kann bei meinem Gewissen ver=
sichern, nur die volle reine Wahrheit gesprochen zu haben. Den von Gott
bestimmten und erhofften Preis wird empfangen nicht wer da liest, sondern
wer da glaubt". Innerhalb seiner begreiflichen Befangenheit war Severus
somit gewissenhaft und, alles in allem erwogen, vielleicht der beste Schilderer
Martins, der damals möglich war. Jedenfalls ist es ihm gelungen, Mar=
tins Andenken wirksam auf die Nachwelt weiterzuleiten.

5.

Freilich giebt auch der Heilige selbst, so imposant er ist, Anlaß zu Vor=
behalten. Es war ein großer, aber ein durchaus einseitiger Mensch. Neben
seiner Milde und seinem weichen Herzen blieb für Enge und Starrheit immer
noch Raum. Gewiß, es bedurfte ihrer, um in Gallien das durchzusetzen,
was er im Auge hatte. Aber neben seinen Freunden Ambrosius und Hila=
rius, denen es doch an Festigkeit des Charakters auch nicht gebrach, fällt er
durch seine ausschließlich praktische Bethätigung der Religion doch auf. Schrift=
liches hat er nicht hinterlassen; der von ihm erwähnte Brief *) mag eine
Rarität gewesen sein. Auch als Bischof fühlte er sich nicht berufen, an der
theologischen Gedankenarbeit seiner Zeit teilzunehmen. Es war ihm durchaus
wohl bei den dunkelmännischen Ansichten über das Weltende, die in den Zeiten
der Märtyrerkirche lebendig gewesen waren, die dann zu Anfang des vierten
Jahrhunderts Viktorinus von Pettau zum letzten Mal vertrat, die aber zu
Martins Zeiten nach dem einstimmigen Urteil von Autoritäten wie Hiero=
nymus und Augustin als falsch kurzer Hand beseitigt wurden 1). Auch
sein Hirtenamt hat er vorwiegend mönchischen Idealen unterstellt und ist da=
mit zweifelsohne manchem Bedürfnis seiner Gemeinde nicht gerecht geworden.
Die Hoheit seiner Demut steigerte sich bis an die Grenze des Gegenteils:
er war ein Aristokrat der Bettler und Asketen. Und gar, daß in der Nähe
des Weibes auch der Teufel nie weit sei, war für ihn ein Grundsatz, von
dem er nicht abging. Für die rührende Gattenliebe, die es jenem alten
Soldaten unmöglich machte, ohne seine Frau Gott zu dienen, hatte er vielleicht
Verständnis, aber keine Duldung. Wer dagegen unbedenklich Familie und
Welt dahinten ließ, war unter allen Umständen sein Mann. Wahrscheinlich
bildeten seine Anhänger unter den Christen Galliens die Minderheit. Vielen
blieb er sonderbar und unverständlich; andern war er eine komische Figur.
Zwar sagt Severus b): „Seiner Widersacher waren glücklicherweise nur

a) Sever. Martin. 19. b) Sever. Mart. 27.

1) Wilhelm Bousset, Der Antichrist. Göttingen 1895. S. 52.

wenige; aber leider durchgehends Bischöfe, sonst Niemand. Es braucht kein
Name genannt zu werden. Was hilfts aber, da Andere um uns her es aus=
schreien, daß die Ohren gällen". Aber die Wahl seines Nachfolgers enthält
doch einen bedeutsamen Fingerzeig; die Gemeinde von Tours berief seinen
erklärten Feind Briccius zu ihrem Bischof. Man wollte bei aller Verehrung
für Martin nicht schon wieder einen ‚Heiligen' an der Spitze der kirchlichen
Angelegenheiten.

Nichts desto weniger stand alt Frankreichs Kirche in Martins mächtigem
Bann und Schatten jahrhundertelang. Nur eine schon bei Lebzeiten riesen=
starke Natur konnte mit einem solchen Einfluß durchhalten. Das Geheimnis
dieser persönlichen Kraft beruht in der eigentümlichen Wechselwirkung zweier
sich entgegenstehender Pole, sozusagen einem Tagpol und einem Nachtpol. Der
eine Herd seiner Erfolge war sein kräftiger, volkstümlich gesunder Erdinstinkt,
ein frischer, energischer Trieb, Hand anzulegen und Greifbares zu schaffen.
Was er als Mönchsvater, als Heidenmissionar und als Arzt ausgerichtet hat,
quillt alles aus diesem freudigen Verlangen nach Arbeit und Wirksamkeit.
Die Einrichtung und Leitung von Marmoutiers bei einer Zahl von gegen
hundert Mitgliedern läßt auf ein hervorragendes organisatorisches Talent
schließen, zumal es in so früher Zeit in Gallien erst nur sehr wenige Klöster
gab, die man zum Muster nehmen konnte und wohl kaum eines, das solche
Dimensionen aufwies. Ueber gehandhabte Zucht und erforderlichen Wandel
verlautet allerlei, das die lockere Anlage eines Asketenvereins überbietend
schon auf die ganze Strenge einer späteren Klosterregel hindeutet. Gründung
und Einrichtung des einen Klosters war ja aber das geringste. Vor Martin,
schreibt Severus[a]), hatte nur eine kleine Anzahl oder im Grunde fast
Niemand hier den Namen Christi angenommen. Einzig seiner Wirksamkeit,
seinem Beispiel ist es zu danken, daß bald kein Ort mehr war, wo sich nicht
in Hülle und Fülle Kirchen und Klöster erhoben. Deutlich zeigt sich Martins
gewaltiger Wille in seiner Bekämpfung heidnischen Götzendienstes. Da setzte
er immer aufs neue sein Leben ein. Er trat als Aufklärer auf, der Licht
brachte und der überall durch die Ueberlegenheit seines Auftretens durchschlug.
Staunenswert war aber seine Suggestionskraft gar gegenüber Kranken, die
bei ihm Heilung suchten: zwei der frappantesten Fälle mögen hier mit Se=
verus eigenen Worten unverändert folgen; zunächst das stumme und ge=
lähmte Mädchen in Trier[b]): „Martin sah die Kranke und griff alsbald zu
den ihm vertrauten Waffen gegen das Uebel; er warf sich zur Erde auf sein
Angesicht und betete. Dann betrachtete er die Kranke und verlangte Oel.
Nun segnete er das ihm dargereichte Oel und träufelte von der geheiligten

<hr>

a) Sever. Mart. 13. 9.   b) Sever. Mart. 16. 7. 8.

Flüssigkeit in den Mund des Mädchens. Augenblicklich kehrte der Gebrauch der Zunge, die Sprache wieder. Und so belebte er durch seine Berührung der Reihe nach die einzelnen Glieder, bis die Genesene festen Fußes sich erhob und vor den Augen der staunenden Volksmenge erschien". Einen Besessenen, der alle ihm Begegnenden anfiel und biß, heilte er in folgender Weise [a]): „er trat vor den Wütenden und befahl ihm ruhig zu sein. Der Besessene fletschte die Zähne, und sein geöffneter Mund schien beißen zu wollen. Als aber Martin ihm seine Finger in den Mund steckte und dazu sprach: Wenn du Macht hast, so verschlinge sie — da floh der Besessene davor zurück wie vor einem glühenden Eisen, um nicht in Berührung mit ihnen zu kommen. So wurde der böse Geist ohne Aufschub gezwungen, den Körper, dessen er sich bemächtigt hatte, zu verlassen, da ihm seine Qualen zu bleiben nicht gestatteten. Es floh der Satan zwar nicht durch den Mund, in dem ja die Finger des Heiligen staken, sondern durch einen andern, des unreinen Geistes vollkommen würdigen Ausgang aus dem Leibe des Besessenen, nicht ohne ekelhafte Spuren seines Entweichens zurückzulassen". Aber Suggestion war nicht die einzige Form, in der Martin in seiner Wirksamkeit als Volksarzt den Krankheiten zu steuern suchte; vielmehr griff er gelegentlich auch chirurgisch ein [b]): „Paulinus wurde von einer Augenkrankheit befallen. In einem Auge hatte schon eine dichte Wolke die Pupille bedeckt; da kam er zu Martin. Dieser berührte ihm den Augapfel mit dem Wattebausch: der Schmerz ließ nach; die Sehkraft kehrte wieder". Es kann somit kein Zweifel bestehen, daß Geheimnis von Martins Erfolgen beruht auf seiner eminent praktischen Natur, auf seinem rastlosen und unermüdlichen Zugreifen, auf seiner Hilfsbereitschaft gegenüber den hundert Anliegen und Bedürfnissen der Stunde. Innerhalb seiner durch sein Mönchtum ihm gesteckten, allerdings nicht unbeträchtlichen Schranken war er grenzenlos vielseitig und versagte vor sogut wie keiner Anforderung.

Mit Leib und Seele Mönch hatte er nun aber seinem eigentlichen Wesen nach nicht im Diesseits Posto gefaßt. Seine Heimat war das Jenseits; dort holte er seine Kräfte. Auch ist Martin ein so einheitlich geschlossener und runder Charakter, daß seine transcendentalen Gewohnheiten nicht unvermittelte Seitensprünge, sondern natürliche Ergänzungen zu seinem Tagewerk bilden müssen. Schon seine Zeitgenossen merkten den Unterschied seines ‚Bete und Arbeite' von der apathischen Kontemplation der orientalischen Mönche. Er entfaltete keine Schwingen, um sich in ein seliges Wolkenheim zu erheben; solche Flüge pflegen Enttäuschung und Abspannung gegenüber der Erde zur Folge zu haben, und diese Erschlaffung kannte Martin nicht. Vielmehr senkte

<hr>

a) Sever. Mart. 17. 6. 7.   b) Sever. Mart. 19. 3.

sich die höhere Weltschicht für ihn zur harten Wirklichkeit nieder, vermengte sich mit ihr, ging in sie über, weshalb Martin, ohne seine seelische Verfassung anders einzustellen, nur allein im Zufall des täglichen Wandels bald auf der Erde der Menschen und bald sozusagen auf einer Erde der Geister sich befand. Die beiden Hemisphären dieser seiner Doppelwelt lösten sich für ihn unversehens aneinander aus; jetzt sprach er mit wem es war und im Handumdrehen mit Engel oder Teufel. Selten sind Vorstellungen, die wir als illusorisch ansehen, in solcher Verdichtung gesehen und geglaubt worden, wie von ihm. Der Rarität halber mögen die wichtigsten Stellen hier in Severs Wortlaut folgen*): „Es ist ausgemacht, daß ihm Engel öfters erschienen und er selbst selige Gespräche mit ihnen führte. Was den bösen Geist betrifft, so war er für Martin sichtbar und er erkannte ihn in seiner natürlichen Gestalt oder in seinen tausend Verkleidungen, unter denen die Geister der Finsternis sich zu verhüllen pflegen. Er erkannte ihn unter jeglichem Bilde. Aus Verdruß darüber, den Blicken des Heiligen nicht entgehen zu können, noch ihn in seine Schlinge zu bekommen, rächte sich oft der Teufel, indem er ihm einen Streich nach dem andern spielte. Eines Tages, als der Heilige in seiner Zelle betete, erschien ihm der Böse, um und um in hellstrahlendes Purpurlicht gehüllt, um durch den Glanz die Täuschung zu vollenden, am Leibe ein Königsgewand, ein Diadem von Gold und Edelsteinen auf dem Haupte und an den Füßen golddurchwirkte Schuhe. Sein Antlitz war gewinnend, die Züge lauter Liebe, die Lippen lauter Lob; nichts verriet den Satan. Martin war auf den ersten Anblick ganz betroffen. Kein Wort, tiefes Stillschweigen auf beiden Seiten. „Martin, kennst du den, der vor deinen Augen ist?" redete endlich der Satan ihn an. „Ich bin Christus; ich wollte, bevor ich auf die Welt niederstieg, mich dir zeigen". Martin antwortete nichts. Der Teufel verstieg sich ein anderes Mal zu seiner unverschämten Behauptung: „Martin! Wie! Du schwankst zu glauben, was du siehst? Ich bin Christus". In diesem Augenblick offenbarte aber der heilige Geist die Wahrheit und ließ Martin erkennen, daß unter dieser Hülle der böse Geist sich verberge. „Der Herr Jesus", sagte er, „hat nicht gesagt, daß er in Purpur mit einer glänzenden Krone wieder erscheinen werde; wenn ich Christus nicht in der Gestalt und dem Aeußern, in dem er gelitten hat, sehe, wenn ich seine Wundmale nicht schaue, so glaube ich nicht, daß er es ist". Auf diese Worte hin verschwand das Gespenst, und ein Rauch erfüllte plötzlich die Zelle mit einer Pestluft, die deutlich genug den bösen Geist erkennen ließ. Diese Begebenheit, die wir soeben erzählten, hörte der Schreiber dieser Zeilen aus des Heiligen eigenem Munde; nehme sich daher Niemand heraus sie für eine Fabel anzusehen". Nichts ge-

---

*) Sever. Mart. 21, 1. 2; 24, 4—7.

währt besser einen Einblick in den grobkörnigen Realismus von Martins Glaubenswelt, als dieser sein Umgang mit dem Teufel: da zeigt sie sich in ihrer ihm eigentümlichen Beschränkung. Das begriffliche Element ist ziemlich vollständig eliminiert zugunsten des visionären; alle theologischen Werte sind gewissermaßen umgebogen in theooptische. Das große augustinische Problem von Sünde und Gnade findet bei Martin eine Analogie, die beinahe humoristisch anmutet: der Syllogismus vom Posse non peccare zum Non posse peccare entspricht bei Martin einer ganz anderen Gleichung; ebenso unphilosophisch als gemeinverständlich hieß es für ihn: die Welt ist des Teufels, daher die Sünde in ihr; man bekehre den Teufel, so hört die Ursache der Sünde auf, die Welt wird Gottes. Das ist freilich eine Logik sehr auf eigene Faust, nicht eben stichhaltig gegenüber Gründen, aber umso handfester, um im Leben etwas auszurichten. Daß ein solcher Glaube Martins innerstem Wesen zu Grunde lag, zeigen wieder Severs eigene Worte am unmittelbarsten: „Man hörte oft Anklagen und Vorwürfe, die die Schaar der bösen Geister dem Heiligen in den verschiedensten Tönen machte; aber der Heilige wußte, daß sie logen, und ließ sich durch diese Vorwürfe in keiner Weise rühren. Mehrere seiner Schüler versicherten, der Teufel habe ihm eines Tages die bittersten Vorstellungen gemacht: das Kloster gewähre einigen Menschen Unterkunft, die durch jede Art von Verirrung die Taufgnade verloren und noch nach ihrer Bekehrung Aufnahme gefunden hätten; zu gleicher Zeit enthüllte er die Fehler eines jeden einzeln. Martin widerlegte diese Beschuldigungen: die alten Sünden seien durch die Werke eines besseren Lebens ausgewischt und durch die Barmherzigkeit Christi seien die Sünden denen verziehen, die fortan nicht mehr sündigten. Der Teufel wollte widersprechen und behauptete, die Schuldigen hätten keinen Anspruch auf Erbarmen. Da aber, so erzählt man sich, rief Martin aus: ‚Wenn du, Elender, einmal aufhören wolltest, die Menschen zu versuchen und in dieser Stunde, da der Tag des Gerichtes vor der Thüre steht, anfingest, deine Verbrechen zu bereuen, so hätte ich Gottvertrauen genug, um durch meine Fürbitte dir Christi Barmherzigkeit zu erlangen.‘ O du gütiger Himmel, was für ein unerhörtes Vertrauen, so etwas zu versprechen, was nicht einmal Christus selbst jemals versprochen hat!“ Die ekstatischen Fähigkeiten Martins äußern sich meistenteils als persönliche Auseinandersetzungen, als eigene innere Seelenkämpfe. Doch fehlt die reine Sehergabe nicht ganz*): er sagt dem Kaiser Maximus den Sieg über Valentinian, aber auch dessen nach Jahresfrist erfolgenden Tod voraus. Sonst vermischen sich seine telepathischen Eigenschaften gleich mit Visionen: das Wissen um den Unfall eines Knechtes spielt sich drastisch als Teufelsvision ab, während die Kenntnis der

---

*) Sever. Mart. 20, 9. 21, 2—4. Dial. Ib. 13.

Verhandlungen auf dem Konzil von Nimes in derselben Stunde ihm ebenfalls visionär vermittelt wird. Das bildlose Aufblitzen einer Eingebung entsprach seiner Natur nicht.

Martin war Romane. Aber wie er sein ganzes Leben an der Nord= grenze des Reiches verbrachte, so hielt er sich auch gegenüber dem geistigen Besitz der versinkenden Antike am äußersten Rande. Seine Rusticität in Dingen der Bildung, auch der theologischen, erlaubte ihm fast wieder den Enthusias= mus des Urchristentums: bald ging die Welt unter, also galt es für Christus noch zu wirken, was möglich war. So ist es ihm gelungen, die christliche Religion, die bis dahin nur in den großen gallischen Städten Gastrecht genoß, im Lande dauernd einzubürgern, und das nur durch die riesige Energie, die ihn befähigte, der asketischen Lebensweise in einem so rauhen Klima die Existenz zu sichern. Ohne Mönche läßt sich die Christianisierung Galliens nur schwer vorstellen; das Werk, so hart angefochten es war, bewies gerade den Feinden gegenüber seine Ueberlegenheit; denn im fünften Jahrhundert verdankte der gallische Klerus seine innere Vertiefung und äußere Geschlossenheit doch zum guten Teil den Anregungen, die von mönchischen Metropoliten auf ihn aus= gingen. Und als dann die Franken kamen, war es nicht am wenigsten der großartige Eindruck der als Klerus und Mönchtum organisierten Kirche, der den Uebertritt Chlodowechs veranlaßte. Martins Erdenleben hat im Verlauf der Jahrhunderte eine merkwürdige Bestätigung erfahren, indem nichts so sehr als eben seine Wirksamkeit das eigentümlich rohreligiöse, paganistische Wesen des merowingischen Christentums vorgebildet, ja geradezu begründet und ermög= licht hat. Martin ist der Standardheilige der Merowinger. Mit seinem kräftigen Reduktionsinstinkt gegenüber den Geistesfinessen der alternden Antike erscheint er als erste, unerläßliche Voraussetzung einer der wichtigsten und schwierigsten geschichtlichen Entwickelungen aller Zeiten: der Bekehrung der germanischen Welt zum römischen Christentum.

Zweites Kapitel.

Die Panegyriker.

Aus dem fünften Jahrhundert wissen wir vom litterarischen Betrieb in der gallischen Kirche noch eben genug, um die Spuren von Heiligenleben sicher festzustellen, wenn auch die Ueberlieferung, selbst im günstigeren Falle, uns nicht mehr rein erhalten ist. Gegen das Martinsleben des Severus gehalten, handelt es sich nun zwar nicht um eine Nachahmung, wie es bei einer zeitlich un= mittelbaren Fortsetzung der Gattung anzunehmen wäre. Vielmehr begegnen wir hier einer neuen Gattung von Heiligenleben, wo das keineswegs fehlende Moment der Memorie indessen durch hinzutretende rhetorische Einflüsse eine gewisse Veränderung erleidet.

1.

Severs Freund Paulin von Nola gedenkt in zweien seiner Briefe[a]) des gallischen Bischofs Viktricius von Rouen, der 417 gestorben ist. Diese Briefe sind an jenen Bischof selbst gerichtet und bieten im Gewande einer ihm dargebrachten Huldigung die Elemente zu einer Beschreibung seines Lebens dar. In der That ist das so gespendete Material, allerdings nach Jahrhunderten, noch zu einem Heiligenleben verarbeitet worden[b]). Dies mag hier einleitungsweise erwähnt sein, um zu zeigen, daß es mit biographischen Notizen nicht gethan, daß vielmehr eine Form zum Begriff des Heiligenlebens unerläßlich ist.

In den gallischen Heiligenleben aus dem fünften Jahrhundert ist diese Form nun nicht wie bei Sever, litterarischer, sondern rhetorischer Natur. Es sind Reden, Lobreden, und da es sich um ein kirchliches Gedächtnis handelt, Predigten. Solche liturgisch eingegliederte Eulogien finden wir in einigen bedeutenderen gallischen Bischofsstädten dann, wenn es einen verstorbenen städtischen Bischof kultisch zu ehren gilt. Der Anlaß ist die erste Wiederkehr des Todestages, an der sich dann der Nachfolger seiner Aufgabe entledigt. So hielt Hilarius von Arles am ersten Jahrestage seines Vorgängers Honoratus die Gedenkrede, indem er vor der Gemeinde ein Lebensbild des Heiligen entwarf. Dieses Honoratusleben ist nun eine gehaltene Predigt und hat durchaus oratorischen Charakter; doch sagt der Vortragende, er werde sich kurz fassen, weil ja seinen Zuhörern der Mann, der der Gemeinde so lange vorstand, noch lebendig im Gedächtnis sein werde[c]): „Indessen, geliebte Brüder, kann ich das einzelne mehr nur berühren, als erzählen, auch das, was anderen vielleicht bekannter ist als euch. Und nun gar von der Zeit, seit er der eure war, muß ich nur die Summe ziehen". Dennoch versteht es Hilarius sich seiner Aufgabe mit Wärme zu entledigen; es kommt ihm vom Herzen, weil seine Verehrung für den Heimgegangenen aufrichtig ist, verdankt er ihm doch seine Bekehrung[d]): „Ja, ja, die Fürbitte des Heiligen führt die Abtrünnigen zurück, unterwirft die Hartnäckigen, gewinnt die Aufständischen". Bei allem Schwung des Ausdrucks ist doch unnatürlicher Schwulst vermieden, und die Sprache bewegt sich noch im guten Latein. Diese Vorzüge vermögen indes das sachliche Interesse nicht sehr zu steigern, obschon der Gegenstand dessen

a) Paulin. Nol. Ep. 18. 37.   b) Joh. Bapt. Le Brun, Victricius (Boll. 7 Aug.).   c) Hilar. Arel. Honorat. (Migne) 6.   d) Hilar. Arel. Honorat. 5.

doch auch nicht ganz entbehrt"); denn Honoratus ist der Gründer des Klosters Lerinum. Er wurde geboren in der zweiten Hälfte des vierten Jahrhunderts, als Mitglied einer hochstehenden gallischen Adelsfamilie. Sein Vater war Heide und wollte seinen Sohn zum Weltmann erziehen. Dieser aber ließ sich taufen und neigte dem asketischen Leben zu. Diesen Hang bestärkte eine Reise, die er in Begleitung seines Bruders Venantius nach dem heiligen Lande unternahm. Unterwegs starb sein Bruder. Nach Italien zurückgekehrt, hielt sich Honorat vorzugsweise in der Gesellschaft von Bischöfen auf. Namentlich fesselte ihn Bischof Leontius von Frejus; in seinen mönchischen Absichten konnte ihn freilich dieser Umgang nicht irre machen, und so gründete er auf der Insel Lerinum einen Asketenverein; an starkem Zuzug sollte es nicht fehlen. Honorat regelte die Einrichtung des Klosters selber und ging mit dem guten Beispiel voran. Er stand, trefflicher Briefsteller der er war, besonders mit Bischof Eucherius in Korrespondenz. Unter denen, die er bekehrte, war auch ein Verwandter, eben sein späterer Nachfolger Hilarius. Wider Willen folgt Honorat einem Rufe als Bischof nach Arles. Sein Lebensende war seiner würdig. Die Rede schließt mit einer Anrufung des Heiligen.

Ein schönes Beispiel eines solchen homiletischen Lebensbildes läge uns vielleicht in dem Germanusleben des Constantin von Lyon vor. Aber die Ueberlieferung ist unsicher. Doch lassen sich an eine auch uns zugängliche ältere Fassung einige Beobachtungen anknüpfen. Der Charakter einer Rede läßt sich nicht strikt nachweisen, wohl aber die gottesdienstliche Bestimmung der Schrift, die nicht nur mit einer Doxologie schließt, sondern auch nachweislich am Ende des fünften Jahrhunderts in die gallikanische Liturgie als Einlage des Germanusfestes Aufnahme fand. Sie ist im Lapidarstil des Tacitus und Sallust gehalten und gibt Aufschlüsse zur Zeitgeschichte. Wir sind im Stande, diese Mitteilungen einigermaßen zu kontrollieren. Ueber die Mission des Germanus von Auxerre in Britannien haben wir das gleichzeitige und vollständig glaubwürdige Zeugnis des Prosper[b]). Dieser kennt jedoch weder den Bischof Lupus von Troyes als Reisegefährten, noch eine zweite Reise des Germanus. Von beiden Umständen weiß auch der ältere Text des Germanuslebens nichts[1]). Wieder eine andere Frage ist, ob ein ursprüngliches Germanusleben wirklich den Priester Constantin von Lyon zum Verfasser hatte. Wenn ja, so ist der Verlust des Originals um so mehr zu bedauern, als wir hier ein neues Mal einen bedeutenden Menschen, wie Germanus, von einem nicht unbegabten Schriftsteller beschrieben hätten. Der in der Auswahl seiner Gesellschaft sehr wählerische Apollinaris Sidonius hielt auf Constantin große Stücke und schreibt

<hr>

a) Hilar. Arel. Honor. 1—9. b) Prosper. Chronicon. (ap. Duchesne Hist. Franc. Script. I. 205).

1) C. Narbey, Études critiques sur la vie de St Germain d'Auxerre. Paris. 1884.

gelegentlich[a]): „Ich habe acht Bücher Briefe für Constantin geschrieben, einen Mann von nicht gewöhnlichen Anlagen und gesundem Urteil, der, ohne daß ich damit den andern Schriftstellern unserer Tage zu nahe treten will, sie doch durch die Fertigkeit treffenderen Ausdrucks in jeder Hinsicht aus dem Felde schlägt."

Auch jener Hilarius von Arles, der das Leben des Vorgängers schrieb, hat selber einen alten Darsteller gefunden[b]), immerhin nicht seinen Nachfolger Ravennus und auch nicht Honoratus von Marseille, sondern einen Unbekannten am Ende des fünften Jahrhunderts. Dieser schildert vielleicht den Heiligen auf Grund eigener Bekanntschaft; daß jedoch schriftliche Hinterlassenschaft, nämlich der Briefwechsel zwischen Hilarius und Eucherius zur Kenntnis systematisch ausgebeutet wird, rückt die Schrift bereits an die Grenze memorienhafter Aufzeichnung und spielt in das Gebiet der Nachforschung hinüber. Hilarius, der ein Mann war und energisch, wenn auch erfolglos die Unabhängigkeit der gallischen Kirche von Rom verfocht, hätte einen wirklichen Schüler von ihm auch soweit in seinem Bann gehabt, daß in dem Lebensbilde die Parteigänger= schaft zu Tage träte, während nun sein Streit gegen Leo mit dem Gleichmut eines schon Fernerstehenden erzählt ist und in der Mitteilung eines urkund= lichen Beleges gipfelt. Auch dieses Lebensbild schließt mit einem Lobe des Heiligen. Die Sprache überwuchert von Pathos; Hilarius selbst war hierin seiner gewesen. Ebenso schieben Ansätze zu eingeflochtenen Kunstreden, die Schrift in die Nähe des Ennodius. So geringe Ausbeute auch unsere Umschau nach Heiligenleben in Gallien und im fünften Jahrhundert ergeben hat, sie läßt uns doch auf einen umfangreicheren Betrieb der geistlichen Gedächtnisrede schließen, die indessen dann auf italienischem Boden neue kräftigere Wurzeln schlug. Doch entkeimte auch sie der gallischen Saat. Denn gestammt hat En= nodius aus Arles; er war seiner Heimat nach Gallier.

<h2 style="text-align:center">2.</h2>

Ennodius war einer Tante zu lieb nach Pavia gezogen, hatte dann reich geheiratet und sich schließlich mit der Uebernahme des Bistums Pavia in Italien vollends naturalisiert. Im Jahre 502 bis 503 schrieb er das Leben seines Vorgängers Epiphanius[1]). Es war eine Vorlage, die reicher geschicht= licher Beziehungen nicht entbehrte.

Epiphanius war von Pavia[c]). Seine Eltern Maurus und Focaria ge=

---

a) Apollinaris Sidonius (Luchjohamo) p. 170, 7—9.   b) Vita Hilarii Arelatensis. (Ballerini). 1. 17. 31.   c) Ennod. Epiphan. (Vogel). 7—17.

1) C. Tanzi, La cronologia degli scritti di Magno Felice Ennodio (Archeografo Triestino, Nuova Serie. Vol. 14. 1888. S. 365. 406. 497).

hörten guten Familien an. Unter Bischof Crispinus trat er in den Dienst der Kirche und erhielt, acht Jahre alt, das Amt eines Lektors. Bald darauf erlernte er die Kurzschrift und wurde als Schreiber verwendet; er hätte aber statt nachzuschreiben, damals ebensogut schon selber diktieren können. Mit sechs= zehn Jahren war er reif, in allen Dingen ein wahres Muster und überdies ein schöner Mensch. Seine Wangen lachten, selbst wenn er traurig war; sein wohlgestalteter Mund empfahl sein eindringliches Wort und wohin er sein Auge richtete, kündete sein Blick die Heiterkeit seiner Seele. Eine Stirne wie aus Wachs und von ätherischer Weiße. Eine Nase so wohlgebaut, daß kein Maler sie schöner hätte erfinden können. Die Arme rund und voll, die Finger lang; es machte auch dem Fremden Freude, aus dieser Hand etwas in Empfang zu nehmen. Der hohe Wuchs deutete auf den künftigen Bischof. Sein Benehmen war natürlich und ungekünstelt; seine Art zu reden, wo er vorzutragen hatte, ansprechend, wo zu schmeicheln, gewählt, wo zu vermitteln, schon damals fein berechnet, wo zurechtzuweisen, voll Nachdruck, wo zu ermuntern, eindringlich, ohne sich jedoch etwas an seiner Feinheit zu vergeben; die Stimme klang voll, männlich elegant, nicht bäurisch derb, doch auch nicht schwach und gebrochen. Im achtzehnten Lebensjahre wurde er im zweiten Range vor den Leviten dem Chor der Alten zugeteilt*). Viele, doch nur Fremde, fragten erstaunt, welche Vorzüge ihn dem reiferen Alter zuwiesen. Die ihn kannten, meinten, diese Würde sei ihm zu spät verliehen worden. Nur zwei Jahre war er Subdiakon. Er wurde Levite ohne sich je einen Wunsch darnach erlaubt zu haben. Eine That von ihm aus jener Zeit mag hier erwähnt werden. Das summische Feld heißt ein Distrikt am Po, wo der sich schlängelnde Strom dem einen Anwohner schenkt, was er dem andern stiehlt, und der Gewinn des einen der Schaden des andern Nachbarn ist. Ueber dieses Grundstück führte ein gewisser Burko einen alten Prozeß mit der Geistlichkeit. Den Hader zu schlichten, wurde der junge Mann hingeschickt. Im Verlauf der Verhandlungen verlor Burko die Fassung und schlug den Heiligen blutig. Da stürzte sich die Mutter des Thäters dazwischen. Aber Epiphanius hatte sich auch ohnedies vollkommen in der Gewalt, suchte nach wie vor zu begütigen und auch später, als alle Christen in Pavia Burkos Tod verlangten und der Bischof weinte, war er der einzige, der ruhig blieb. Und dabei war er so schüchtern, daß er Diakon ge= worden die erste Zeit verlegen dem Blick der Leute auswich. Der Bischof vertraute ihm das ganze Armenvermögen an, da er sehen wollte, wie er sich einmal als sein Nachfolger anließe. Auch führte Epiphanius einen reinen Wandel; daß er Mann sei, merkte er nur an seiner Arbeitskraft, daß er Fleisch habe, nur bei dem Gedanken an seine einstige Auflösung. Und spielte sinn=

---

a) Ennod. Epiph. 18—39.

liche Luft in seine Traumgebilde — „ich weiß das von ihm selbst" — so
sprang er sofort auf, wachte, fastete, und verbrachte lange Zeit in aufrechter
Stellung. Lesen bildete seine Erholung, die heilige Schrift unterhielt ihn. Was
er einmal durchgesehen, konnte er auswendig, und so lebendig ging es ihm
in Fleisch und Blut über, daß man unter Umständen aus seiner Handlungs=
weise auf die Bibelstelle schließen konnte, mit der er sich zuletzt beschäftigt hatte.
Den Haushalt der Kirche verwaltete er weder verschwenderisch noch knickerig.
Er übte sich schon damals auf das Amt eines Vermittlers ein. Denn wohin
er immer für eine Beisteuer an die Armen von seinem Bischof geschickt wurde,
verstand er sich vortrefflich aufs Bitten; mehr als einer meinte nach einem
solchen Besuch, es sei ihm ein Vorteil erwachsen, daß der Bischof nicht in
Person gekommen sei. Er wurde täglich beliebter, und zwar gründete sich
diese Liebe auf Urteil. Ohne daß man den Bischof in den Himmel wünschte,
konnte man doch seinen Nachfolger kaum erwarten. Jener selbst fand bei der
zunehmenden Altersschwäche in Epiphanius seine einzige Stütze. Er war ihm
Fuß, Hand und Auge. Im Ganzen blieb Epiphanius acht Jahre Diakon. Auch
hatte er in dem damals sehr tüchtigen Clerus von Pavia Collegen, auf die
er stolz sein durfte: der Archidiakon Sylvester, ein Mann der alten Schule,
und der dem gallischen Adel entstammende Priester Bonosus. Vor seinem
Ende begab sich Bischof Crispinus noch einmal nach Mailand und legte dort
an maßgebendem Orte seine Empfehlung für den Nachfolger nieder, dann kehrte
er nach Pavia wie zu seinem Grabe zurück und starb in der That bald dar=
auf an der Gelbsucht. Sofort war man einig[a]). Epiphanius fühlte sich noch
zu jung und wurde wider seinen Willen zur Weihe nach Mailand geführt.
Als er in der Bischofsmütze erschien, jubelten ihm auch Auswärtige zu. Man
beneidete das kleine Pavia um seinen Hirten, während anderswo die Bischöfe
sich im bloßen Namen „Metropoliten" gefielen. Er begann seine Regierung
damit, sein eigenes Leben aufs strengste enthaltsam einzurichten. Er gewöhnte
sich das Baden ab und nahm unter dem Verzicht erst auf das Frühstück und
dann auch auf das Mittagessen täglich nur eine Mahlzeit zu sich, des Abends.
Er drang darauf, Hausmannskost zu haben, ohne ungewöhnlichen Gaumenreiz,
zumal er nur Kohl und Hülsenfrüchte aß. Wein trank er wenig und eigent=
lich nur, nach dem Rezept des Apostels, gegen Magenschwäche. Er ging bei
jedem Wetter aus und war alle Zeit der Erste am Platze. Er der Bischof
ging den Lektoren voran und bestimmte den Gang der Vigilien. Vor dem
Altare stehend wohnte er jedem Gottesdienste bei; sodaß er mit dem Dunst
seiner Füße den Platz befeuchtete und schon von weitem kennbar machte. In
der Mußezeit beschäftigte er sich immer auch, um nachher auf die wirkliche

---

a) Ennod. Epiph. 40—50.

Arbeit besser gerüstet zu sein. Dabei wurde Epiphanius zu hohen politischen Sendungen berufen. Der in Mailand residierende Patricius Ricimer läßt sich von dem ligurischen Adel bestimmen, den Epiphanius mit der Aussöhnung zwischen ihm und dem Kaiser zu betrauen. Der Bischof begab sich zu diesem Zwecke nach Rom mit vollem Erfolge[a]). Seine jüngere Schwester Honorata widmete sich ebenfalls dem geistlichen Stande und wurde vom Bruder an eine besonders fromme Nonne Luminosa gewiesen[b]). Nach Ricimers und Anthemius Tode folgte Olybrius, auf ihn Glycerius und auf diesen Nepos. Zwischen ihm und den Westgoten, die Eurich mit eiserner Faust beherrschte, brach Zwist aus. Im achten Jahre seines Episkopats[c]) wurde Epiphanius von Nepos angegangen, einen Ausgleich zu Stande zu bringen. Die an sich schon beträchtlichen Beschwerden der Reise nach Tolosa verdoppelte er, indem er bei jeder Station stehend die Psalmen und andere geistliche Lesung vornahm und dann an einem schattigen Platze auf grünem Rasen sich dem Gebete hingab. Auch diese Mission glückte, da er sowohl König Eurich als dessen Minister Leo vollständig einzunehmen verstand. Als er Tolosa wieder verließ, gab ihm die ganze Stadt das Geleite. Auf dem Rückweg besuchte er die heiligen Stätten, die Medianen, die Stöchaden und Lerinum, die flache Mutter der höchsten Berge. In Pavia brach dann die Revolution aus, weil Odoaker die Hand nach der Krone ausstreckte[d]). Orestes hatte sich im Vertrauen auf ihre Festigkeit in diese Stadt zurückgezogen. Beide Kirchen gehen in Flammen auf, die ganze Stadt brennt. Der Bischof konnte seiner Schwester, die gefangen wurde, das Leben retten und verwandte sich ebenso für viele andere, namentlich für Hausfrauen. Unter seiner Autorität erhob sich die Stadt wieder, und als Orestes bei Piacenza gefallen war, stand Odoaker nicht an, dem Bischof besondere Ehren zu erweisen. Rüstig ging dieser ans Werk, die Gotteshäuser wieder aufzubauen; auch ohne Geld: es sei doch schwer denkbar, daß einem Menschen Ueberfluß zu Teil werde, der ein Bettler von Gemüt sei. So brachte er die Summe zusammen. Nun stürzte aber beim Bau die Säulenwand der einen Kirche ein; um so entschlossener ging Epiphanius wieder ans Werk. Seinem Gebete ist es auch beizumessen, daß der Einsturz der Kuppel mit samt dem Gerüst keinem der Bauleute auch nur einen Beinbruch zuzog. So wurden unter seiner Leitung erst die kleinere und dann die größere Kirche wieder aufgebaut. Auch für die politische Wohlfahrt war er besorgt und bewirkte bei Odoaker für die Städte einen Nachlaß der Steuern auf fünf Jahre. Ebenso erhob er Einsprache beim König, als der Präfekt Pelagius durch maßlose Getreideankäufe Ligurien bedrückte. Wieder wechselte das Regiment[e]).

---

a) Ennod. Epiph. 51—75.   b) Ennod. Epiph. 76—78.   c) Ennod. Epiph. 79—94.
d) Ennod. Epiph. 95—108.   e) Ennod. Epiph. 109—117.

Theodorich erschien und erkannte mit seinem Scharfblick den Bischof in dessen ganzem Werte. Als die Partei Odoakers unter Tuffa noch einen letzten Versuch machte, konzentrierte König Theodorich sein Heer in Pavia. Die Stadt wurde dadurch übervölkert. Da konnte Epiphanius Segen stiften. Als Freund sowohl Odoakers als Theodorichs genoß er bei beiden Parteien Ansehen. Seinen Frieden störte auch der Krieg nicht. Täglich bewirtete er liebevoll die Räuber und verabreichte innerhalb der Stadtmauer das Nötige denen, die draußen seine Landgüter verwüstet hatten. Die Auslösung der gefangenen Weiber und Kinder ging durch seine Hand. Dem Könige war er der rechte Mann und galt ihm für verehrungswürdig vor allen Heiligen. Alle Römer, die seine Gothen abfingen, stellte der Fürst ihm zurück. Wie vielen Unterthanen verschaffte er Grund und Boden wieder, wie viele schützte er vor Bedrückungen! Und was mußte er sich feindlicherseits an Grobheiten und Beleidigungen gefallen lassen! Drei Jahre stand er unter diesem Kreuz. Nach dem Abzug der Gothen wurde die Stadt den Rugiern übergeben. Es war ein wildes Volk, dem ein Tag ohne Gewaltthat für verloren galt[a]). Doch auch sie gewann Epiphanius, ihn, den Katholiken und Römer, hochzuschätzen. Zwei Jahre verlebte er mit ihnen im besten Einvernehmen, bis sie wieder abzogen. Als endlich Theodorich nach allen Seiten gesiegt hatte, benützte Epiphanius die wiederkehrende Ruhe zur inneren Befestigung seiner Gemeinde[b]). Unterdessen gefiel es Theodorich, nur jenen Römern ihre Rechte nicht zu beschränken, die ihre frühere Anhänglich=keit an ihn beweisen konnten; wen dagegen irgend ein Grund fern gehalten hatte, der sollte des Rechtes zu testieren und aller Freiheit in der Willens=erklärung verlustig gehen. Da durch ein solches Gesetz bei dem größten Teile alle Rechte vernichtet wurden, erlag Italien einem beklagenswerten Rechtszu=stande. Epiphanius, und, da er sich diesmal allein zu schwach fühlte, auf seine Bitte hin auch Laurentius von Mailand begaben sich nach Ravenna und wurden mit Achtung aufgenommen. In einer ersten Audienz erwirkte Epi=phanius zunächst den Erlaß einer allgemeinen Amnestie durch den Quästor Urbicus, in einer zweiten geheimeren Unterredung beauftragte der König den Bischof, die Leitung zur Zivilisierung des verwüsteten ligurischen Landes zu übernehmen. Er wies ihm auch mit das nötige Geld an, um bei König Gundo=bald von Burgund die italienischen Gefangenen auszulösen. Kaum nach Pavia zurückgekehrt, unternahm Epiphanius sofort die Reise über die Alpen, obgleich es noch Winter war, der März die Flüsse noch in des Eises Banden geschlagen hielt und die grauen Schneehäupter der Alpen den Reisenden Verderben drohten; aber seine Glaubenswärme ist mächtiger als die tödliche Kälte und das Eis. Er reiste ab, sobald er für die Wegzehrung Anstalten getroffen, in Begleitung

<hr>

a) Ennod. Epiph. 118—119.   b) Ennod. Epiph. 120—131.

Bischof Viktors von Turin. In Gallien wurden sie mit offenen Armen empfangen. Ueberall die reichste Aufwartung. In Lyon kam ihm Bischof Rustikus über die Rhone entgegen und öffnete ihm die Augen über die Verschlagenheit des Königs.' Damit ihn dessen verschmitzte Einwürfe und Entgegnungen nicht unvorbereitet fänden, übt sich Epiphanius im Stillen darauf ein. Gundobald war indessen sehr gnädig; er ließ nach der Audienz durch seinen Minister Laconius den Gnadenerlaß ausfertigen und dem Epiphanius überreichen. Ennodius war es, der die Zettel an die Kastelle schrieb. Blos aus der Gemeinde Lugdunum wurden an einem Tage vierhundert Menschen in die Heimat nach Italien entlassen. So war es in allen Städten Sapaudias und anderer Provinzen. Deren, die nur allein die Bitte des Bischofs befreite, waren mehr als sechstausend Seelen; die Zahl die man mit Gold loskaufte, ließ sich nicht so genau feststellen, da viele darunter ihren Herrn ohne Lösegeld entliefen. Zur Bestreitung der Auslösungskosten trug namentlich eine edle Frau, Syagria, und Bischof Avitus von Vienne bei. Ihnen dankt man das Zustandekommen des Liebeswerkes zum guten Teil. Epiphanius aber sah überall persönlich nach. So auch in Genf, der Residenz des Königsbruders Godegisel. Bald wimmelten Weg und Stege von den Schaaren der Heimkehrenden. Das hatte Epiphanius innerhalb eines Vierteljahres zu Stande gebracht. Er vollendete seinen Liebesdienst, indem er durch Bittschriften an Theodorich den Befreiten den vollen Genuß ihres Vermögens erwirkte. Und als zwei Jahre später dem erschöpften Ligurien eine unerschwingliche Abgabenlast aufgebürdet wurde, übernahm er abermals die Sache der Bedrängten*). Er eilt nach Ravenna. Der König ängstigte sich um des Bischofs Gesundheit und gewährte an der erhobenen Steuer einen Abstrich von nicht weniger als zwei Dritteilen. An einem schneeigen Tage, an dem man sich ans Kamin flüchtete, verließ Epiphanius Ravenna und schnell ging es durch alle Gemeinden an der ämilischen Straße, als eile er zu seiner letzten Herberge. Gegen alle Priester an der Straße war er herablassend und freundlich. Als er aber nach Parma an derselben Straße gekommen war, befiel ihn ein Katarrh und warf sich bald auf die unteren Teile. Noch erreichte er Pavia scheinbar gesund. Aber am Tage des Einzugs selbst fühlte er sich unwohl, mußte sich legen, und nun ging es jeden Tag schlechter. Die Krankheit wurde gefördert durch die Unwissenheit der Aerzte. Am siebenten Tage trat die Krisis ein. Er starb, Psalmverse auf den Lippen, im achtundfünfzigsten Jahre seines Lebens, dem achtunddreißigsten seines Priesterstandes. Seine heiligen Reste sah man bis auf den dritten Tag, da sie beigesetzt wurden, mit solchem Licht und Schmuck bekleidet, daß das Antlitz des Heimgegangenen den Glanz seines Lebens bezeichnete[b]). In der

a) Ennod. Epiph. 182—195.   b) Ennod. Epiph. 196. 197.

großen Menge an seinem Grabe war Niemand, der ihm nicht etwas zu danken hatte.

In diesem Auszug aus dem Epiphaniusleben des Ennodius[1]) sind die vielen Reden, die bei jeder Gelegenheit gewechselt werden, übergangen worden. Sie sind in ihren immer wiederkehrenden schönrednerischen Schablonen das eigentliche Merkmal, daß in diesem Heiligenleben klassische Muster befolgt wurden; ist es doch eine Gewohnheit der alten Historiker in die Erzählung längere Reden einzuflechten, die sie der Situation gemäß passend erfinden zu müssen glaubten, und so erscheinen die Reden auch hier durchaus als rhetorische Kunstprodukte des Autors. Schon die ganze Person des Verfassers weist aber auf den Zusammenhang mit der heidnischen profanen römischen Litteratur hin. Denn wenn ein Sulpizius Severus nur durch einen Bruch mit seiner Bildung christlicher Schriftsteller hat werden können, so wohnen bei geistlichen Grand=seigneurs wie Sidonius Apollinaris und auch Ennodius weltliche und heilige Empfindung in oft erstaunlicher Eintracht bei einander. Eine weltliche Lob=rede besitzen wir von Ennodius auf Theoderich den Großen. Das Epi=phaniusleben gibt sich durchaus als dessen geistliches Seitenstück. Obschon es nicht eine Ansprache an den zu Lobenden, sondern an dessen Verehrer ist, also von dem Helden in dritter Person erzählt, obschon ferner nicht bewiesen werden kann, daß die Schrift mündlich vorgetragen wurde, wird doch ohne Zweifel ihr Charakter am richtigsten getroffen, wenn man in ihr schlechthin einen vom profanen ins kirchliche Leben verpflanzten Brauch sieht und sie als christlichen Panegyrikus auffaßt[2]). Dann ist die Schrift aber zugleich ein rühmliches Beispiel, wie innerhalb des Panegyrikus und der bei ihm obligaten blumigen Verschnörkelungen doch auch wahrheitsgetreue Beobachtung zu ihrem Rechte kommen kann: denn alles in allem ist das Lebensbild reich an zuver=läßigem historischem Stoff. Aber das freilich zeigt ein Vergleich mit der Arbeits=weise der mönchischen Memorienschreiber deutlich: so sauer wie ihnen ist En=nodius seine Pflicht bei allem Fleiß, den er sich kosten ließ, nicht geworden. Er hat nicht Blut geschwitzt, wie Sulpizius Severus und nicht vor Mangel an Selbstvertrauen gezittert wie Eugipius. Und er brauchte es auch nicht. Denn sein Gegenstand war gar nicht geartet, den Verfasser innerlich so mitzu=nehmen. Es handelte sich um einen frommen, tugendhaften, vorbildlichen, aber nicht um einen ungewöhnlichen, genialen, wunderbaren Menschen. Nicht ge=ringes Vertrauen zu der Berichterstattung des Ennodius über seinen Vorgänger im Amt muß der Umstand einflößen, daß er von seinem Heiligen nur ein Wunder zu berichten weiß, übrigens nur ein halbes Wunder: eine schwermütige

<hr>

1) Vergl. Michael Fertig, Magnus Felix Ennodius und seine Zeit. Abth. 2. Landshut. 1860.　　2) Ad. Ebert, Allgemeine Geschichte der Litteratur des Mittel=alters im Abendlande. I². Leipzig. 1889. S. 450.

Frau soll sich nach Empfang seines Segens leichter gefühlt haben[a]). Aber
gegen große Volksheiligen gehalten, steht der wackere Epiphanius armselig da.
Man kann nicht in die Nähe jener merkwürdigen Gestalten, wie Martin oder
Severin treten, daß es vor unsern Augen nicht von Zeichen und Wundern
zuckt. Der Saum von Martins Kutte knistert förmlich, weil er mit Kräften
gesättigt ist. Nichtsdestoweniger gehören bei aller Verschiedenheit ihrer Helden
Panegyrikus und die mönchischen Schriften zusammen, weil eben auch jener
seinem Inhalt nach Memorie ist und auf persönliche Erinnerung zurückgeht.
Er teilt auch den Mangel der Memorie; er entbehrt des chronologischen Rahmens.
Aus den vielen Anspielungen an die zeitgenössische Geschichte kann man es ja
zur Not berechnen, aber ausdrücklich zu sagen versäumt Ennodius, was er
doch sicher wußte, daß Epiphanius 439 geboren, 467 Bischof wurde und 497
gestorben ist.

Im Jahre 508 verfaßte Ennodius ein zweites Heiligenleben. Seinem
Inhalt nach gehört es gewissermaßen bereits in den Kreis des eugipischen
Severinus; denn der Mönch Antonius war ein Mündel des Severinus von
Noricum[b]): „Gepriesen sei der ungeteilt dreieinige Gott, der seinen Knecht
Antonius, so vieler Tugenden Träger, an den Ufern der Donau im Staate
Valeria als Sohn des Sekundinus die Schwelle der Welt überschreiten hieß.
Schon an der Mutterbrust fühlte dieser durch Gottes Gnade seine künftige
Bestimmung und, damit sein Entschluß nicht durch die Schmeichelkünste der
Eltern durchkreuzt würde, ging er etwa im Alter von acht Jahren der väter=
lichen Obhut verlustig (was heißen will, sein Vater sei gestorben!). Bald dar=
auf schwang sich seine ungeschminkte Jugend zu dem hoch berühmten Severinus,
der ihn mit Küssen liebkoste und die künftigen Fähigkeiten des Knaben zum
voraus überschlug, als wären sie schon entwickelt“. In diesem verblümten
Stil geht es fort. Das Antoniusleben steht allerdings selbständig da, aber
mit Eigenschaften, die nicht gerade ein Vorzug sind. Die Wundergeschichten
fehlen ja nicht etwa aus Kritik des Verfassers, sondern weil mit dem besten
Willen keine zu erzählen waren. Nicht schriftstellerische Oekonomie, sondern
ein allzu ärmlicher Inhalt erklären den geringen Umfang. Immerhin füllt
sie im Druck vier Quartseiten: und doch ließ sich das Sachliche an ihr in einem
Satze sagen: Antonius, aus angesehener Familie in Pannonien gebürtig, aber
früh Waise und daher erst von Severin und dann von seinem Onkel, dem
Bischof Constantius, zum Geistlichen erzogen, flieht vor der Völkerwanderung
nach Italien, ist erst eine Zeit lang im Veltlin auf unzugänglicher Bergeshöhe
Einsiedler und birgt sich dann vor den ihm lästigen Besuchen frommer Pilger
im Kloster Lerinum, wo er auch sein Leben beschließt. Auch hier handelt es

---

a) Ennod. Epiph. 177.   b) Ennodius, Antonius (Vogel) 6—9.

sich um ein Gedächtnis, aber nicht um schriftstellerische Erlösung von einem
übermächtigen persönlichen Eindruck, sondern eben nur um einen wohlgemeinten
Nekrolog eines unbedeutenden Menschen, wie eine Mumie noch mit einigem
Balsam vor allzuschnellem Verfall bewahrt werden soll.

So hat denn von Gallien ausgehend und in Ennodius gipfelnd die Manie=
riertheit des römischen Rhetorentums mit allen Unarten und Verkünstelungen
ebenfalls in die beginnende litterarische Heiligenindustrie ihren Einzug gehalten.
Sobald die bescheidene Befangenheit verschwand, sobald mit ihr die Scheu vor
dem Gegenstande und der damit verbundene Glaube an das eigene Unvermögen
verloren gingen, quoll auch das tönende Pathos und der mattige Schwulst der
Wohlredenheit unaufhaltsam zu Tage. Fast notwendig trat dieser Fall ein,
wenn das Heiligenleben nicht mehr einer persönlichen inneren Notwendigkeit,
sondern einem äußeren kirchlichen Bedürfnis seine Entstehung verdankte. Be=
gleitet wird dieser Wechsel auch äußerlich durch die Verschiebung im Stande
des Schriftstellers. Nicht mehr ein Mönch greift nun zaghaft, unter beständigen
Entschuldigungen zur Feder, sondern irgend ein hochwürdiger Bischof erhebt,
selbst durch den Mangel an Thatsachen nicht abgehalten, seinen Schützling in
den Himmel.

Drittes Kapitel.

Severinus von Noricum, Fulgentius von Ruspe, Cäsarius von Arles.

Immerfort unter dem Einfluß unseres Hauptgedankens, daß das unmittel=
bare persönliche Andenken an den Heiligen den echten lebenspendenden Kern aller
Heiligenschreibung bildet, greifen wir nun noch drei Lebensbilder aus der
ersten Hälfte des sechsten Jahrhunderts auf, an denen das deutlich zu Tage
tritt. Zwar waren auch jene oberflächlicheren Lobredner unzweifelhaft noch
authentische Berichterstatter. Aber überwältigend und unmittelbar zur Auf=
zeichnung drängte das Andenken immer erst dann, wenn nicht geistlicher Amts=
trieb oder sonst eine Veranlassung zweiter Hand, sondern das unwiderstehliche,
eigene Bedürfnis zur Niederschrift führten. Die drei namhaften Heiligenleben,
bei denen das der Fall war, fallen in die Jahre 511, 530 und 548. Das
erste ist unüberarbeiteter Originalentwurf eines einzigen Verfassers, das zweite
anonym und das dritte, in zwei Teile zerfallend, das Werk mehrerer Hände
und Herzen.

1.

Mehr als ein Jahrhundert nach Severus, im Jahre 511, schrieb der Abt Eugipius in Lucullanum bei Neapel das Leben Sankt Severins von Norikum. Der Heilige, der 482 gestorben ist, ist Martin ebenbürtig.

Attila war tot[a]). Seine Söhne befehdeten sich im Donaugebiet. Da trat der Gottesmann Severinus auf. Er kam aus dem Morgenland und war katholischen Glaubens. Später wenn ihn seine vornehmen Besuche nach seiner Heimat fragten, wich er aus[b]). Nur an seiner Aussprache ließ sich der Afrikaner lateinischer Abkunft erraten. Gelegentlich deutete er an, er habe sich in eine Wüste des Morgenlandes zurückgezogen und schon sehr viel durchgemacht. Nun wolle er in den Städten von Ufernorikum an der Grenze von Oberpannonien dem Einbruch der Barbaren entgegenwirken. Er zog von einer Stadt zur andern und weissagte den nahen Untergang, wenn man nicht bete und faste[c]). Astura blieb halsstarrig und wurde zerstört. Nur in Commagena hörte man auf ihn. Da vermochten die Barbaren nichts gegen die Römerstadt[d]). Es erfolgte ein Erdbeben. Die germanische Garnison und Thorwache floh. In Faviauä sollte er der Hungersnot steuern. Er forderte einer reichen geizigen Dame ihr aufgespeichertes Getreide ab[e]). Zu gleicher Zeit kamen nun die Kornschiffe aus Rätien wieder die Donau hinunter, nachdem der starke Eisgang des Inn ihre Fahrt aufgehalten hatte[f]). Mit Erfolg ermunterte Severin den Tribunen Mamertinus trotz der schwachen Besatzungen gegen gefährliche Räuberzüge auszufallen. Nun richtete sich der Heilige in einer schlichten Zelle zwischen den Rebbergen ein, wechselte gelegentlich seine Siedelei, ging aber auch im Winter barfuß, und das in einem Klima, wo Lastwagen über die gefrorene Donau fahren konnten. Der Rugierkönig Flacciteus beriet sich in seiner Bedrängnis vor den Gothen mit Severinus[g]). Dieser bedauerte, daß er mit einem Arianer sich nicht über das künftige Leben unterhalten könne. Was aber das Erdbeben betreffe, so habe der König gegenüber den Gothen das und das zu thun. Seine Weisungen wurden befolgt und erwiesen sich überall glücklich[h]). Eine Witwe rugischen Stammes kam mit ihrem Sohn vor das Kloster gefahren: er habe seit zwölf Jahren die Gicht, der Heilige solle ihn gesund machen. Der Kranke genas. Auch aus anderen Volksstämmen erhielt Severin Besuche. Ja einmal erschien der junge Odoaker bei ihm, damals als er noch nichts war[i]). Aber mit seinem Haupt hatte der Riese an das Dach der Zelle gestoßen. Beim Abschied sagte der Heilige

---

a) Eugip. Severin. (P. Knoell). 1. 1.	b) Eugip. Severin. praef. 7—10.	c) Eugip. Severin. 1. 2—5.	d) Eugip. Severin. 2.	e) Eugip. Severin. 3.	f) Eugip. Severin. 4.	g) Eugip. Severin. 5.	h) Eugip. Severin. 6.	i) Eugip. Severin. 7.

bedeutungsvoll zu dem künftigen König: „Ja, geh nur nach Italien, geh nur!" [a]) Später kam auch Flacciteus' Sohn, König Feletheus oder Feva, öfters. Sein Weib Giso fügte den Katholischen Leid zu, wo sie konnte. Severins Einsprache erhöhte noch ihre Wut. Erst als es ihrem Kind ans Leben ging, erschrak sie und gab nach. Einmal ließ Severinus auf dem Markte nach einem Unbekannten suchen, den er im Geist geschaut hatte; ohne ihn sonst je gesehen zu haben, beschrieb er ihn so genau, daß der Bote den Mann auf den ersten Blick erkannte [b]). Dieser trug die Reliquien der heiligen Märtyrer Gervasius und Protasius und suchte schon lange die kostbare Last, die ihm auch auf die Seele drückte, an einem ihrer würdigen Orte zu bergen. Glückselig ließ er sich zu Severinus führen und dieser beauftragte Priester, die Bürde feierlich in der Basilika seines Klosters beizusetzen, wo sie die Gesellschaft anderer Reliquien vorfand. Ein ihm angetragenes Bistum lehnte Severinus ab und verwandte sein ganzes Organisationstalent darauf, das Leben seiner Mönche einzurichten. Der Pförtner des Klosters ging an einem Tage, da ihn der Heilige ausdrücklich vor dem Ausgehen gewarnt hatte, mit einem Bauern zwei Meilen weit Obst zu pflücken und wurde richtig von den Briganten weggefangen. Severin las eben zu Hause; plötzlich schlug er das Buch zu und rief: „Wo ist Maurus?" Er ließ sich selber über die Donau setzen und befreite den Vermißten durch sein persönliches Eintreten aus den Händen der Skamaren [d]). Nachgerade wetteiferten die oberen Städte von Ufernoricum, welche von ihnen den Heiligen beherbergen dürfe, weil sie sich dann gefeit glaubten. So sicher hatte er bis jetzt immer geweissagt [c]). In Kuchel benutzte Severin diese Popularität, um dem Heidentum den Garaus zu machen. Er predigte mehrmals eindringlich dem Volk ins Gewissen, ließ es durch die Priester zu einem dreitägigen Fasten auffordern, hieß dann aus jedem Hause Wachskerzen mitbringen, die jeder eigenhändig an der Kirchenmauer aufzustecken hatte. Auf dem Höhepunkt des Gottesdienstes entzündeten sich auf sein Gebet hin von selbst fast alle Lichter. Nur die der anwesenden Heiden hatten nicht Feuer gefangen: O du mächtige Güte des Schöpfers, der Kerzen und Herzen in Flammen setzt! Eine Heuschreckenplage wurde durch Severin abgewendet; nur ein einziger Mann verlor seine Ernte, weil er statt in der Kirche mit den Andern zu bitten, aufs Feld gegangen war und den ganzen Tag sich bemüht, das Ungeziefer zu verjagen [f]). In Salzburg wollte im Sommer bei einem Abendgottesdienst der Feuerstein nicht Funken schlagen. Severin betete so inbrünstig, daß sich alsobald die Kerze, die er in der Hand hielt, von selbst entzündete [g]). Ein sterbendes Weib konnte auf die Fürbitte

---

a) Eugip. Severin. 8.   b) Eugip. Severin. 9.   c) Eugip. Severin. 10.   d) Eugip. Severin. 11.   e) Eugip. Severin. 12.   f) Eugip. Severin. 13.

des Heiligen schon drei Tage später wieder Feldarbeit verrichten[a]). Häufige Ueberschwemmungen gefährdeten die Kirche von Quintana im zweiten Rhätien. Es war keine steinerne Basilika, sondern ein Rohbau aus Holz; er lag außerhalb der Stadt. Da der Bretterboden immer aufs neue weggespült wurde, unterließ man schließlich ihn zu ersetzen. Der heilige Severin sorgte indes dafür, daß das Zimmerwerk nun dauerte. Er nahm ein Beil, stieg in das Schiff hinunter, betete, schlug an die Pfosten und zeichnete unter Segens= sprüchen den Boden mit dem Zeichen des Kreuzes. Nie hat der Fluß den Boden wieder weggeschwemmt[b]). Ein alter Priester namens Silvinus war gestorben[c]). Severin wollte die Totenwache in der Kirche übernehmen und schickte die anwesenden Kleriker schlafen. Der Pförtner Maternus meldete, die Kirche sei leer. Severin witterte noch immer einen Menschen. Richtig hatte sich eine neu= gierige Nonne in einem Kirchenstuhl verkrochen. Sie wollte der Totenerweckung beiwohnen. Sie mußte gehen. Severin umgab sich indessen mit einem Priester, einem Diakon und zwei Pförtnern, und als sie den Leichnam so weit hatten, daß das Leben in ihn zurückkehrte und der Tote die Augen aufschlug, fragte ihn Severin vorsichtshalber, ob er denn überhaupt wieder lebendig zu werden wünsche. Der Tote sagte: mit nichten; nun wolle er seine Ruhe haben, warum man ihn denn störe. Mit diesen Worten entschlief er endgiltig. Se= verin ließ die Augenzeugen eidlich Schweigen geloben. Erst nach des Heiligen Tode haben der Subdiakon Marcus und der Pförtner Maternus den Vor= fall dem Eugipius unter dem Siegel der Verschwiegenheit anvertraut. Als Freund der Armen erwirkte Severin, obwohl er selbst wochenlang fasten konnte, den Zehnten, weil er nicht vermochte die Elenden hungern zu sehen. Es war dies keine kirchliche Steuer, sondern private Liebesthätigkeit. Auch Klei= dungsstücke wurden ihm zur Verteilung übersandt. „Sind die milden Gaben von Tigurnia dabei?" fragte er. „Nein", hieß es, „es wird noch kommen." Severinus aber bezweifelte das, vielmehr werde der verzögerte Beitrag nun den Goten in die Hände fallen. Und so geschah es wirklich[d]). Auch Lorch entrichtete seine Zehnten nachlässig. Da wurde das reifende Getreide vom Mehlthau angefressen. Ein von Severin erbetener lauer Regen dagegen wendete die Gefahr ab[e]). In Batava zwischen Inn und Donau hatte Se= verin ein Klösterchen gegründet, an der Grenzmark der Alamannen, deren König Gibold ihm Verehrung bezeugt hatte. Der Fürst bat um eine Zu= sammenkunft. Der Heilige ging ihm entgegen und redete ihm so eindringlich zu, von den Einfällen ins römische Gebiet nun abzulassen, daß der Kriegs= gewaltige wie ein kleines Kind zu zittern begann und die Gefangenen ohne

<hr>

a) Eugip. Severin. 14.   b) Eugip. Severin. 15.   c) Eugip. Severin. 16.   d) Eugip. Severin. 17.   e) Eugip. Severin. 18.

Lösegeld freizugeben versprach. Indes wurde Severins Sendbote, der Diakon Amantius dann doch nicht vorgelassen. Er kehrte nach dreißig Tagen miß= mutig um, faßte sich aber wieder, drang vor die Thür des Königs, gab seine Briefe ab, erhielt Gegenbriefe und konnte mit siebzig Gefangenen heimkehren. Später holte der Priester Lucillus den Rest der Gefangenen ab[a]). Als die Besoldung der römischen Grenzgarnisonen nicht mehr richtig einlief, geriet die Landesverteidigung in Verfall. Schließlich blieben nur noch einzelne schwache Mannschaften übrig. Einige Züge gingen nach Italien, um den Sold heraus zu verlangen, wurden aber von den übermächtigen Barbarenheeren in aller Stille aufgerieben. Sie verschollen. Da wurde Severinus einmal, wieder über dem Lesen eines Buches durch die Divination unterbrochen, in dieser Stunde sei Menschenblut vergossen worden. In der That schwemmte[b]) der Fluß Soldatenleichname ans Ufer. Eine Vorahnung ließ ihn seinem bei ihm anwesenden Freunde, dem Priester Paulinus dessen bevorstehende Wahl zum Bischof von Tiburnia ankündigen[c]). Für eine andere seiner Stiftungen, das Klösterchen zu Boitro suchten die Mönche Reliquien[d]). Severin aber meinte, die Zerstörung des Ortes stehe nahe bevor, sie sollten sich die Mühe doch sparen, der Johannissegen, nämlich die Fürbitte des Heiligen, werde ihnen deshalb nicht verloren gehen. Auch den Bürgern von Boitro, die sich seiner bedienen wollten, um bei dem Rugierkönig Febanus Handelsfreiheit zu er= wirken, gab er denselben Bescheid, die Tage der Stadt seien gezählt; bald werde kein Kaufmann mehr nach Boitro kommen. Da sagte ihm in der Taufkirche ein leichtfertiger Priester ins Gesicht: „So reise doch wenigstens Du ab, Heiliger Gottes, daß wir uns von Deiner strengen Diät etwas er= holen können." Der faule Spaß schnitt Severin so ins Herz, daß er vor allen Leuten in Thränen ausbrach. Ueberzeugt, daß demnächst selbst die hei= ligen Stätten hiezuland in Trümmer lägen, fuhr er auf der Donau nach Faviana hinunter. Und alsobald erreichte die von ihm verlassene Gegend aus der Hand Hunnimunds und seiner Barbaren ihr Schicksal. Die bürger= liche Stadtwache, vierzig Mann stark, wurde niedergemacht und auch jenen Priester, der den Heiligen gelästert hatte, ereilte die Strafe und gar noch in der Taufkirche, in die er zu flüchten versuchte. Severinus indessen hatte über dem Studium des Evangeliums im Kloster zu Faviana wieder ein Hell= gesicht, das ihm die Nähe der Johannisreliquien verriet. Der Mann, der sich am andern Donauufer wirklich vorfand, war glücklich, dem Heiligen diese Schätze abliefern zu dürfen[e]). Die Zerstörung von Joviacum durch die He= ruler sah Severin ebenfalls voraus. Er ließ einen ihm besonders lieben

---

a) Eugip. Severin. 19.   b) Eugip. Severin. 20.   c) Eugip. Severin. 21.   d) Eugip. Severin. 22.   e) Eugip. Severin. 23.

Priester namens Maximinianus noch durch einen Eilboten warnen, alles dahinten zu lassen. Vergebens; der Einfall erfolgte in der gleichen Nacht; der Priester wurde gehenkt[a]. Den Bischof Paulinus von Norikum setzte Severin von der nahen Verwüstung seines Sprengels durch die Alamannen brieflich in Kenntnis. Dieser ordnete in allen Kastellen der Diözese ein dreitägiges Fasten an. Das offene Land wurde schlimm mitgenommen; die Kastelle konnten sich halten[b]. Bald darauf suchte ein Schwerkranker aus Mailand das Kloster auf. Er hatte Elephantiasis. Severin ließ das ganze Kloster fasten. Der Kranke fühlte sich besser. Er wollte nicht in die Heimat zurück, er wollte bleiben. Nach zwei Monaten erlöste ihn der Tod[c]. Nun wanderten auch die Bürger von Gulutiana, durch die unaufhörlichen Einfälle der Alamannen erschöpft, nach Batava aus. Auch hieher folgten die Feinde. Nun aber sprach Severin den Römern zu, und so schlugen diese die Alamannen. Die Sieger bewog er nach Lorch auszuwandern. Einige blieben zurück und fielen kurz darauf den Thüringern in die Hände[d]. Die Länder an der obern Donau waren nun verloren. Lorch blieb der äußerste Grenzpunkt der Römer. Die Seele der Besatzung war Severin. Da Oel als Nahrungsmittel immer schwerer zu erlangen war, vermehrte er das heilige Oel in einer Basilika auf wunderbare Weise[e]. Da ließ Maximus aus Norikum mit einigen Gefährten zu Severin, um ihm auf ihrem Rücken Kleider für die Armen und Gefangenen zu überbringen. Mit kühnem Mut überschritten sie mitten im Winter die Schneeberge. Im Nachtquartier zuoberst auf dem Alpenpaß überraschte sie ein Schneegestöber. Sie wären verloren gewesen, hätten sie nicht einen Bären getroffen, der gutmütig vor ihnen her ins Thal hinuntertrollte[f]. Die Bürgerschaft von Lorch, vermehrt durch die zahlreichen Flüchtlinge aus den oberen Donaufestungen, wollten sich auf den Dienst ihrer ausgesandten Kundschafter verlassen. Ungeachtet der scheinbaren Sicherheit sprach sich Severin für verschärfte Bewachung der Stadtmauern aus und trat auch bei Bischof Constantius dafür ein. Man möge ihn steinigen, wenn er die Unwahrheit gesagt habe. Man gehorchte, die Milizwache trat ins Gewehr, als die Psalmen gesungen waren, bei Anbruch der Nacht. Von ungefähr entzündete sich ein großer Heustock an der Fackel eines Lastträgers. Ohne daß eine Feuersbrunst entstand, erhellte doch ein mächtiger Glutschein das ganze Weichbild der Stadt. Dazu ein weithin vernehmbarer Lärm. Verbündete Alamannen und Thüringer, die in den nahen Wäldern im Hinterhalt lagen, glaubten sich verraten und wagten den nächtlichen Sturm nicht. Am andern Morgen fanden sie keine Lebensmittel vor, da der Heilige die gesamte

---

a) Eugip. Severin. 24.   b) Eugip. Severin. 25.   c) Eugip. Severin. 26.   d) Eugip. Severin. 27.   e) Eugip. Severin. 28.   f) Eugip. Severin. 29.

4 *

Fahrhabe hatte in die Stadt bringen lassen, um den Feinden den Unterhalt zu entziehen. Die Herde eines Mannes, der sich um Severins Rat nicht gekümmert hatte, wurde weggefangen[a]). Nun kam der Rugierkönig Feva seinerseits vor Lorch gezogen. Severin wurde abgesandt, um ihn umzustimmen. Er reiste die ganze Nacht. Am Morgen traf er den König beim zwanzigsten Meilensteine. Dieser bekannte seine Absicht, die in Lorch aufgesammelte zu= gezogene und deshalb überzählige Bevölkerung in die ihm tributären Städte zu deportieren. Severin aber setzte es durch, daß die Verpflanzung nicht gewaltsam, sondern durch ein friedliches Uebereinkommen vor sich gehen möge. Unter seinem Schutz siedelten sich nun also die Römer von Lorch aus in bestem Einvernehmen mit der einheimischen Bevölkerung in den rugischen Städten an. Zu diesen tributpflichtigen Städten gehörte auch Favianä, und Severin lebte von nun an wieder daselbst in seinem Kloster[b]). Um diese Zeit erhielt Severin einen Brief von König Odoaker, der es dem Heiligen nicht vergaß, daß er ihm einst in der Niedrigkeit seine künftige Größe verheißen hatte. Er stellte ihm eine Gnade frei, und Severin bat einen Verbannten los namens Ambrosius. Als jedoch einmal in Gesellschaft des Königs Lob gesungen wurde, warf Severin die Frage dazwischen: „Welcher König?" „Nun Odoaker." „Meinetwegen", sagte Severin, „aber er wird eben doch nur dreizehn oder vierzehn Jahre regieren"[c]). Bei einem Besuch in Coma= gena war der Knabe eines rugischen Hofbeamten so schwer krank, daß man bereits sein Begräbnis vorbereitete[d]). Severin heilte ihn. Auch ein im schlimmsten Grade Aussätziger namens Jelo, der von fernher gekommen war, wurde gesund[e]). Bonosus, ein eingeborener Mönch, litt an den Augen. Er empfand es, daß Severin Fremden helfe und dem eigenen Klosterbruder nicht. Da sagte ihm Severin: „Das klarsichtige Auge ersetzt die Klarheit der Seele nicht. Ringe nach dieser." Auf dieses Wort hin fand sich der Blinde in sein Leiden und trug es mit heiterem Sinn fast vierzig Jahre[f]). Drei unge= zogenen Mönchen von Boitro brachte Severin schließlich Manieren bei, in= dem er ihnen vierzig Tage scharfen Arrest gab: nicht das geringste Wun= der, das ihm gelungen ist[g]). Einst sandte Severin zwei Brüder ins No= rische, den Priester Marcianus, später Abt von Lucullanum, und den Mönch Renatus. In der Stunde, da ihnen auf der Reise Gefahr drohte, spürte Severin das und ließ alle Brüder für sie beten. Als sie nach einigen Mo= naten heim kamen, stimmte es genau[h]). Ebenso befahl Severin dem Mit= bruder Ursus, er solle durch eine vierzigtägige harte Bußübung einem schweren

a) Eugip. Severin. 30.   b) Eugip. Severin. 31.   c) Eugip. Severin. 32.   d) Eugip. Severin. 33.   e) Eugip. Severin. 34.   f) Eugip. Severin. 35.   g) Eugip. Severin. 36. h) Eugip. Severin. 37.

Uebel zuvorkommen. Als am Ende dieser Zeit das böse Geschwür ausbrach, konnte es entfernt werden. Das ist nur ein Beispiel von vielen für den ungewöhnlichen Scharfblick des Heiligen[a]). Seine Hütte stand etwas abseits von den andern. Er sang Matutin und Vesper mit. Sonst lag er in seiner Zelle auf den Knien und hatte seine Gesichte. Er schlief auf einer härenen Decke am Boden und trug Tag und Nacht dasselbe Gewand. Wenn es nicht gerade ein besonderes Fest war, fastete er täglich vom Morgen bis nach Sonnenuntergang. In den großen Fasten aß er nur einmal die Woche. Immer lag dasselbe heitere Glück auf seinen Zügen. Fremde Sünde beweinte er, als hätte er sie selber begangen und suchte ihr zu steuern, so sehr er nur konnte[b]). Als er sein Ende herankommen fühlte, lud er den König Feva und die böse Gijo zu sich, um sich zu verabschieden. Den König ermahnte er, doch ja nie zu vergessen, daß er einst über den Gebrauch seiner Herrschergewalt Gott werde Rechenschaft ablegen müssen. Dann streckte er die Hand aus, wies auf den König und sprach zu Gijo: „Liebst Du diese Seele mehr als Gold und Silber." Die Fürstin warf sich in die Brust, sie liebe den Gatten über alles. „Dann wäre es an der Zeit", sagte Severin, „die milde Gesinnung des Königs nicht immer wieder durch Bedrückungen lahm zu legen." Den Klosterbrüdern brachte er seinen bevorstehenden Heimgang schonend bei. Er wußte die Völkerwanderung vor der Thüre und traf daher die Verordnung, seinen Leichnam in Sicherheit zu bringen: „Seid eingedenk der Vorschrift des heiligen Patriarchen Joseph, mit dessen Worten ich unwürdiger und schwacher Mensch euch beschwöre: Gott wird euch heimsuchen und dann nehmt mein Gebein mit euch fort, nicht zu meinem, sondern zu eurem Nutzen, denn diese jetzt noch stark bevölkerten Orte werden zur Einöde werden. Die Gräber wird man aufwühlen, um Gold zu finden." Seine Ueberreste, so hoffte er, würden wenigstens ein Band der Pietät bilden, die von ihm ins Leben gerufene Gemeinde der Brüder beisammen zu halten[c]). Immerhin blieb er noch zwei Jahre am Leben seit der ersten Weissagung seines Todes. An Epiphanien hatte ihm der Priester Lucillus angezeigt, er werde am nächsten Morgen den Todestag seines Abtes Valentin feiern. Da sagte Severin zu ihm: „Wenn Dich Sankt Valentin mit dieser Feier beauftragt hat, so überlasse auch ich Dir die Sorge, für meine Seele Vigilia zu halten auf denselben Tag." Lucillus war älter als Severin und meinte erschrocken, es sei doch viel eher an ihm, sich der Fürbitte Severins empfohlen zu halten. Dieser aber bestand darauf[d]). Auch dem Bruder des Rugierkönigs Feva, Feoderuch, der Territorialherr von Fabianä war, betonte er um jene Zeit

---

a) Eugip. Severin. 38.   b) Eugip. Severin. 39.   c) Eugip. Severin. 40.   d) Eugip. Severin. 41.

seinen Heimgang schärfer und ließ sich von diesem Großen die Rücksicht auf die Armen und Gefangenen versprechen[a]). Am fünften Januar begann ein leichter Schmerz an der Seite sich fühlbar zu machen. Da das aber drei Tage andauerte, ließ er nachts die Brüder versammeln und sagte, er fühle sich schwach; zum Abschied wies er sie auf das Beispiel Abrahams, der auszog, ohne zu wissen wohin, aber in ein Land, das sein Eigentum werden sollte: „Ahmet den heiligen Patriarchen nach. Sucht stets das himmlische Vaterland." Dann küßte er jeden einzeln, empfing das Altarsakrament und bat um Psalmengesang. Als sie vor Schmerz nicht singen konnten, hub er selber an: „Lobet den Herrn in seinen Heiligen; jeder Geist lobe den Herrn." Und während nun die Mönche darauf responbierten, entschlief er. Es war am 8. Januar. Nach der Leichenfeier meinten die älteren Brüder, man solle das, was er vom großen Wandern vorausgesagt habe, nicht unbeachtet lassen. Sie ließen daher einen Sarg aus Holz anfertigen[b]). Jener Gaugraf Feoderuch hatte kaum vom Tode Severins gehört, so kam er in seiner Geldnot herbeigezogen und plünderte das Kloster. Nicht nur stahl er die für die Armen bestimmten Kleider, sondern versündigte sich sogar an dem Kirchenschatz. Ein Soldat namens Avicianus sollte den silbernen Kelch vom Altare heben. Er brachte es aber nicht über sich und wurde auf der Stelle Mönch. Feoderuch ließ nun das Kloster bis auf den letzten Nagel ausheben. Nur die Mauern mußte er stehen lassen, die konnte er nicht über die Donau mitnehmen. Ehe ein Monat verfloß, wurde er indes von seinem Neffen Feoboruch, dem Königssohn, erschlagen. König Odoaker zog wider die Rugier ins Feld. Feoboruch mußte flüchten. König Feva und die böse Gifo wurden gefangen nach Italien abgeführt. Kaum waren sie weg, so kehrte Feoberuch zurück. Odoaker sandte seinen Bruder Onowulf mit einem großen Heere ihm entgegen. Feoboruch flüchtete abermals und verbündete sich mit Theoborich, der damals sich zu Novä in Mösien aufhielt. Onowulf führte auf Befehl des königlichen Bruders alle in der Donaugegend noch übrigen Römer nach Italien. Der Priester Lucillus ließ nun, da der Comes Pierius zur Eile antrieb, sofort das Severinsgrab öffnen und den noch unversehrten Leichnam in einem anderen Linnen in den bereitgehaltenen Sarg umbetten. Er wurde auf einem Wagen von Pferden fortgeführt und schloß sich dem römischen Abzuge an; die Bewohner der Donanstädte erhielten in verschiedenen Gegenden Italiens neue Wohnsitze angewiesen. Die Severinsleiche dagegen wurde in die Festung Montefeltre gebracht[c]). Dort geschahen jetzt viele Wunder. Eine edle Frau, Barbaria, die, wie auch ihr Gatte, den heiligen Severin teils vom Hörensagen, teils aus seinen Briefen kannte, lud den Marcianus ein, mit dem

---

a) Eugip. Severin. 42.　　b) Eugip. Severin. 43.　　c) Eugip. Severin. 44.

Leichnam und der Genossenschaft in ihr Besitztum, die ehemaligen Lukullus=
gärten bei Neapel überzusiedeln. Papst Gelasius gab seinen Segen und Bischof
Viktor von Neapel weihte den Sarkophag, in dem die Stifterin den Heiligen
endgiltig beisetzen ließ. Als bei dieser Totenfeier ein blinder Mann Laudicius
den Gesang des Volkes hörte und den Bescheid erhielt, es werde eben der
Leib eines Heiligen vorübergetragen, wurde er tief bewegt und bat, man möge
ihn ans Fenster führen, von wo aus er besser hören könne. Dort lehnte er
in tiefer Andacht und betete inbrünstig, worauf er plötzlich wieder zu sehen
anfing. Auch der Vorsänger Marinus hielt vertrauensvoll sein Haupt an
den Sarg und wurde so seine Kopfschmerzen los[a].

Weil Severins Wirksamkeit so tief im öffentlichen Leben wurzelte, ist
die Lebensbeschreibung für die politische Geschichte der Donauländer unmittel=
bar vor der Völkerwanderung von unschätzbarem Werte. Sie ist unser ein=
ziges Licht für jene Gegend in jener Zeit. Wir sehen die ausgedehnten
kirchlichen Einrichtungen einer römischen Provinz scharf umrissen vor uns[1].
Obwohl Severin ein orientalischer Fremdling war und Niemand wußte, woher
er kam, obwohl er dann auch mit den germanischen Fürsten gut stand, ist er
im Grunde seiner Seele Romane und sucht vor allem, die schwer bedrängten
römischen Provinzialen moralisch zu heben und ökonomisch zu unterstützen.
So lange er lebte, vermochte sich das Römertum an der Donau zu halten;
dann fiel es. Der Abzug der römischen Bevölkerung traf mit dem Transport
seiner Leiche zusammen. Sein Lebenswerk war es gewesen, den geordneten
Rückzug der römischen Kultur von Kunzen, Passau und Lorch nach Fabianä
im Rugenlande herzustellen. Seine heilige Wirksamkeit giebt dem Untergang
des Römerwesens in Norikum die Weihe[2].

Martin und Severin sind die beiden größten Liebesthäter gewesen, die
die sinkende antike Welt gekannt hat: nichts für sich, alles nur für die andern
und für Gott. Gegen Martin von Tours gehalten ist Severin die har=
monischere Natur. Seine Existenz wurde nicht wie bei jenem vorwiegend
durch einen Gegensatz, sie wurde durch eine Aufgabe bestimmt. Martin war
Parteimann und mußte es sein, um eben das, was ihm als Lebenswerk vor=
schwebte, in Gallien durchzusetzen; das Große an ihm besteht darin, daß er
bei aller Strenge des Mönches so gewaltig, so kräftig und so wohlthuend ins
weltliche Leben eingriff. Severin dagegen machte für das Mönchtum keine
Propaganda; es diente ihm gewissermaßen zur Folie für sein geheimnisvolles
unerklärliches Wesen. Martin kennen wir seit seiner Jugend; von Severin

---

a) Eugip. Severin. 45. 46.

1) W. Wattenbach, Deutschlands Geschichtsquellen im Mittelalter. Bd. I. °. 1893.
S. 44—51.   2) Max Büdinger, Oesterreichische Geschichte. ¹. 1858. S. 51. 52.

wußte Niemand, wer er war und woher er kam, und daß auch da, wo er
wirkte, wie er selbst am besten wußte, seines Bleibens nicht war. Auch seine
visionäre Begabung äußert sich feiner, still zwingend, nicht grobschrötig tapfer:
weniger Teufelsfeindschaft und Dämonenschlachten, als die wunderbare Seher=
kunst, das Künftige zu spüren. Seit den altisraelitischen Propheten und dem
Urchristentum besaß Severin die größte telepathische Begabung, von der wir
Kunde haben, und zwar im ganzen Umfang dieses Talentes von der einfach=
sten Nähewitterung bis zum schwindelerregenden Seherspruch: er weissagte oft
und, wie es scheint, untrüglich. Das Aufklappen des Bewußtseins aus der
Befangenheit von Raum und Zeit zu einer Art momentaner Allwissenheit
funktionierte bei ihm unter den verschiedensten Umständen ohne fehlzugreifen.
Das war denn auch allerdings sein besonderes Gut. Heilungen, wie sie bei
Martin im Vordergrund standen, kommen bei ihm nur in zweiter Linie in
Betracht; vollends eine Totenerweckung, die er unternahm, mißriet direkt:
nachher erzählte man milbernd, der zu Erweckende habe sich eben das Lebendig=
werden verbeten. Und während Martins Lebenswerk unter den soldatischen
Gesichtspunkt der Eroberung fällt, bescheidet Severin sich von vornherein mit
der Entsagung des Rückzuges, unter Verzicht auf jeden Sieg. Er hat daher
wohl ein unvergleichliches Andenken hinterlassen, aber nicht wie Martin eine
unvergleichliche Wirkung ausgeübt. Der pannonische Heilige schimmert von
einer Aureola, er erhellt. Der gallische dagegen sprüht Funken, er zündet
an. Martin war der stärkere Mensch, Severin der höhere.

Wie sich der Schrift abfühlen läßt, verdanken wir die Kunde von Severin
einem schlichten und bescheidenen Manne. Eugipius stammt aus einer römischen
Familie, wahrscheinlich einer von denen, die jene von Severin geleitete Ver=
pflanzung ins Rugenland mitgemacht haben. Er spricht von Ufernorikum mit
einer bis auf den einzelnen Meilenstein sich erstreckenden Lokalkenntnis, sodaß
es wohl seine Heimat war. Fabianä und die Innmündung sind ihm beson=
ders gegenwärtig[a]). Ueber Quintana in Rhätien sowie über die östlichen
Städtchen Astura und Comagena äußert er sich unbestimmter. Da er sich von
Haus aus arm nennt, begann er seine Laufbahn wohl als einfacher Mönch
in Severins Hauptkloster, heute bei Mauer unweit Oeling[b]). Daß er Se=
verins Schüler war, bezeugt Paschasius; aber wahrscheinlich gehörte er einer
der kleineren Missionsstationen an, die der Meister zu Cellula in Batava und
in Boioburum hielt[c]). Denn er scheint keineswegs immer um ihn gewesen
zu sein[d]) und beruft sich öfter auf Gewährsmänner, als daß er selber dabei
gewesen zu sein angiebt[d]). Er mag als junger Mann in Severins letzter

<hr>

a) Eugip. Severin. 10, 1. 19. 22, 4. 24, 1. 29, 3. 31, 2.   b) Eugip. Severin. 1. 2.   c) Pa-
schas. Ep. § 3.   d) Eugip. Severin. 19, 1. 22, 1. Eugip. Ep. § 2. Eugip. Severin. 43, 9. 44, 6.

Zeit mit den übrigen in Lorch gesammelten Römern der oberen Donaustädte bleibend in des Abtes Umgebung gekommen sein. Seine Geburt wird dem= nach etwa hinter das Jahr 455 fallen[1]). Aus seiner mangelhaften Ausbil= dung macht er keinen Hehl; die grammatische Schulung gehe ihm ab, seine Einsicht und seine Kenntnis seien gering, auch könne er eines Stoffes nicht Herr werden[a]). Cassiodor bestätigt[b]), es fehle Eugipius an der humanistischen Bildung; seine Belesenheit sei einseitig theologisch. Severin hatte die Ge= nossenschaft seiner Mönche nicht unter schriftliche Ordensstatuten gestellt; sein letzter Wunsch hatte dahin gezielt, seine Freunde möchten, um seinen Leichnam geschart, immer zusammenhalten. Die Leitung erfolgte unter den beiden ersten Aebten Lucillus und Marcianus noch ausschließlich unter der pietätvollen Be= obachtung von Severins Gedächtnis. Die Ansiedlung der Bruderschaft in Lucullanum erfolgte unter dem Pontifikat Gelasius I. zwischen 492 und 496. Lucullanum war nicht nur ein Kastell im militärischen Sinn, es war eine eigentliche Stadt. Dort stiftete nun also eine adelige Dame namens Barbaria dem Heiligen, den sie schon bei Lebzeiten aus der Ferne verehrt hatte, ein Mausoleum und seiner Kongregation ein Asyl. Hierauf hat dann aber Eugipius eine Zeitlang einem andern Kloster angehört, da er sich als Untergebenen eines Abtes Marinus bekennt. Vielleicht hat er sich dieser Versetzung unter= zogen, um sein schriftstellerisches Hauptwerk anfertigen zu können. Bezeichnender= weise ist es nicht eine originale Schöpfung, sondern ein Auszug aus den Schriften Augustins. Ein ganzes Exemplar von Augustins Werken war da= mals offenbar fast nicht aufzutreiben, selbst wo Geld und Lust, eines zu kaufen, vorhanden gewesen wären. Sogar einer nur halbwegs vollständigen Samm= lung hat man also nachzureisen Grund gehabt. Eugipius mag sich somit in oder bei Rom angesiedelt haben, um die Bibliothek einer hochgestellten Frau vom Range jener neapolitanischen Gönnerin Severins benützen zu können. Sie hieß Proba und gehörte dem geistlichen Stande an. Cassiodor war ihr Verwandter; vielleicht lernte er den Eugipius bei ihr kennen. Auch Bischof Fulgentius von Ruspe war dort Hausfreund. Ihrer Schwester Galla schildert er[c]) Proba als in königlichen Verhältnissen aufgewachsen und betont die vor= nehme Abkunft der Geschwister, die in der That dem Ancischen Geschlechte, vermutlich dem des Patronius Probus entstammen. Fulgentius stand auch mit Eugipius in Briefwechsel. Wie wir daraus ersehen, verfügte nun Eu=

---

a) Eugip. Severin. praef. 3. 10. 1 Excerpta ex Augustino (P. Knoell) praef. b) Cassiod. Divin. Lection. 28. c) Fulg. de statu viduarum (Migne 65. p. 311).

1) So schon Johannes Herold aus Höchstedt in seiner Ausgabe des Eugipius, Basel 1542.

gipius selbst über eine ansehnliche Bibliothek und Schreibsklaven*). Immerhin
zeigt des Fulgentius vollständige Unbekanntschaft mit Eugipius mühsamen Ex=
cerptunternehmen, daß dessen Arbeit die verdiente und vom Autor erwartete
Anerkennung nur langsam gefunden hat. Die Abfassung des Auszuges fällt
zwischen die Jahre 492 und 511. In dem durch Proba ihm eröffneten alt=
römischen Adelskreise machte nun Eugipius aber auch die Bekanntschaft des
Paschasius; dieser war der erbittertste Gegner des von 498 bis 514 regie=
renden Papstes Symmachus. Eine aristokratische Minorität unter Führung
des Patricius Festus hatte bekanntlich Laurentius gewählt, namentlich zu dem
Zweck, eine Versöhnung der römischen Kirche mit dem griechischen Kaiser Ana=
stasios herbeizuführen. Der Streit dauerte bis ins Jahr 505, und es gelang
Laurentius einmal, das Osterfest im Lateran zuzubringen sowie sein Bild in
einem Medaillon anfertigen zu lassen. Dank dem weisen Verhalten König
Theodorichs mußte sich Laurentius auf ein Landgut seines Gönners Festus
begeben, wo er noch vor Symmachus starb. Noch vor ihm, also etwa 512
oder 513, erfolgte auch der Tod des von ihm eingesetzten ,Diakons der rö=
mischen Kirche‘, des Paschasius. Diesem hohen, durch Stand, Stellung und
Lebenswandel hervorragenden Geistlichen schreibt nun Eugipius b): „So lange
Du am Leben bist, darf kein Nichtpriester das Leben des Severinus schreiben.“
Er übersendet ihm daher seine Aufzeichnungen nur als Notizen und hofft,
Paschasius werde ein Severins würdiges Werk daraus schaffen. Diese als
bloße Vorarbeit bestimmte Skizze seiner Hand ist nun eben das uns erhaltene
Severinsleben. Wie es zustande kam, erzählt Eugipius im Vorwort c): es
seien zwei Jahre her, daß ihm der an einen Priester adressierte Brief eines
edeln Laien zu Gesichte kam, das Leben des Basilicus, eines Mönches am
Berge Tita bei Rimini. Als Eugipius überdies vernahm, dieser Brief sei
vervielfältigt worden, da erwachte in ihm der Wunsch, die vom heiligen
Severin gewirkten großen Wunder nicht der Vergessenheit anheimfallen zu
lassen. Jener Verfasser der Basilicusvita, der diese Schriftstellerei viel=
leicht als Geschäft betrieb, bat nun Eugipius, dessen Wunsch ihm zu Ohren
kam, ihm gütigst Mitteilungen über Severinus zu überlassen, damit er sie
ebenfalls bearbeiten könne. Und da nun wollte sich Eugipius nicht dazu
verstehen, seinen Schatz in andere Hände zu legen, so lange in denen des
Paschasius noch Leben sei. Sein Handlanger gewesen zu sein war alles, was
er sich wünschte. Aber der feine römische Priester hatte einen zu guten Ge=
schmack. Er schreibt dem Verfasser d): „Indem Du unsereinen nach dem Maße
Deiner Erfahrung, Beredsamkeit und glücklichen Muße beurteilst, bedenkst Du

---

a) Fulg. Ep. (Migne 65. 344).   b) Eugip. Ep. 2.   c) Eugip. Ep. 2—6.   d) Pascas.
Ep. 2. 3 (Knoell).

die vielfachen Geschäfte, Verdrießlichkeiten und Anfeindungen nicht, denen ich
auf meinem Posten ausgesetzt bin. Du willst Dich aus Liebe zu mir um die
eigenen wohlverdienten Lorbeeren bringen. Deine Zusendung ist ja eine
Sammlung von Thatsachen; in seiner gedrungenen Darstellung eignet sich Dein
Werk recht wohl zur Vorlesung im Kultus. Die Thaten der Heiligen ver=
gehen nicht und nun gar wenn ihre Gestalt so deutlich dem Leser vor die
Augen tritt, wie Dein Severin. Man meint in seiner Gesellschaft zu sein.
Deine klare und einfache Darstellung da noch auszuarbeiten, wäre doch über=
flüssige Mühe. Auch wäre es nicht mehr dasselbe, wenn ich Gehörtes, von
Andern Erlebtes aus zweiter Hand berichten wollte." So ging also das
Severinsleben des Eugipius unversehrt in die Welt. Er selbst, nun Vorsteher
des Severinklosters, erfreute sich der aufrichtigen Achtung bedeutender Kirchen=
männer; der Abt Dionysius der Kleine widmete ihm die Uebersetzung einer
Schrift des Gregor von Nyssa. Ferrandus von Karthago unterhielt mit ihm
einen Briefwechsel und übersandte ihm eine Glocke. Kurz vor dem Jahre
543 oder 544 ist Eugipius gestorben. Als Vermächtnis für sein Kloster
hinterließ er ein schriftliches Ordensstatut und verdichtete so die bis jetzt nur
mündliche Tradition von Severins mönchischen Anschauungen zu einer eigent=
lichen Mönchsregel[1]).

Eugipius kennt die Martinsschriften des Sulpizius Severus[a]). Er spricht
von ihnen, aber nicht als seinem litterarischen Vorbild. Er fühlt sich über=
haupt nicht als Schriftsteller, sondern nur als Handlanger für einen eigent=
lichen Biographen des Severin. In der That mangelt auch ihm der chrono=
logische Ansatz; auch er giebt keine Jahreszahl; und wenn seine Angaben
datierbarer sind als die des Sever, so ist das hauptsächlich eine Tugend seines
Helden, der ungeachtet seiner mönchischen Grundsätze so ganz in der Politik
seiner Zeit drin stand und mehr als Martin in den äußeren Ereignissen auf=
ging. Eugipius konnte unbeschadet der Kunst entbehren, über die ein Severus
verfügte; sobald sein Gegenstand so unerschöpflich reich war an persönlichem
Leben und sobald er, der ihn beschrieb, so herzlich in ihm lebte, machte dieser
Mangel an Technik seine Darstellung nicht armselig, sondern einfach und
schlicht. Trotzdem wir bei ihm nach einer planmäßigen Stoffverteilung ver=
geblich suchen, haben wir an seinem Severinsleben doch fast noch mehr als
an den in ihrer Art kunstreichen Martinsschriften des Severus. Eugipius
nennt übrigens selbst sein Werk mit dem rechten Namen ein Commemora=
torium[b]), das heißt ein Erinnerungsblatt oder wie wir heute sagen Memoiren.

---

a) Eugip. Severin. 36, 3.   b) Eugip. Severin. praef. 11.

1) Max Büdinger, Eugipius. Eine Untersuchung. Wiener Sitzungsberichte.
1878. Bd. 91. S. 793—814.

Das in dieser litterarischen Gattung enthaltene Element des selbsterlebten persönlichen Andenkens bildet denn auch das Herzstück der Heiligenbeschreibung, und insofern hat der bescheidene Eugipius dank seiner schlichten Art und seiner warmen Empfindung fast das Höchste erreicht, was man in jener Zeit von einem derartigen litterarischen Unterfangen erwarten darf.

2.

Ist der Verfasser eines Heiligenlebens eine uns auch an sich bekannte geschichtliche Persönlichkeit, so bürgen seine Lebensumstände wenigstens für die Möglichkeit quellenmäßiger Mitteilung. Anders, wenn die Schrift anonym blieb und nicht die geringste Kunde über den Verfasser auf uns kam. Dann ist die Art des Berichtes unsere einzige Gewähr für seine Zuverlässigkeit. Eine schwache Handhabe, aber gewiß eine nicht zu verachtende. Der anonyme Schreiber des Fulgentiuslebens sagte in der Vorrede an den Bischof Felicianus, dem er das Werk widmet: „Wie immer dieses mein Werk ausfallen mag, es kann die Verdienste des großen Mannes weder erhöhen noch vermindern, es sei nur ein Beweis meiner Liebe, mit dem ich an ihm hing, an ihm, der mich zum Mönchsstande bekehrte und als Verbannter in seinem kleinen Kloster auf der Insel Sardinien Tag und Nacht mich um sich hatte. Dort wohntest auch Du als Priester. Nun habe ich diese Arbeit unternommen, um alles was er uns mündlich mitteilte, und außerdem auch was wir als Augenzeugen miterlebten, kurz auseinanderzusetzen, ohne Furcht, der Fälschung bezichtigt zu werden; denn nötigen Falls kannst Du meine Zusammenstellung mit Deinem Zeugnis bekräftigen." Unzweifelhaft haben wir es hier mit einem Schüler des beschriebenen Heiligen zu thun. Auch giebt sich die Schrift ihrer Form nach als reine Memorie, da sie ohne Einleitung gleich auf den Stoff eingeht und auch am Schluß eine Invokation nicht hat, sondern als Erzählung ausläuft. „Fulgentius entstammte einer Senatorenfamilie aus Karthago[a]). Sein Großvater Gordianus hatte wie die meisten Senatoren unter Preisgabe seiner Güter nach Italien flüchten müssen, als die Vandalen unter Geiserich einbrachen. Nach seinem Tode kehrten zwei von seinen Söhnen, in der Hoffnung, das Erbe wieder zu erlangen, nach Afrika zurück, konnten aber in Karthago nicht verbleiben, weil ihr Haus an die arianischen Priester verschenkt worden war. Ihre Landbesitzungen erhielten sie jedoch durch königlichen Machtspruch zum größeren Teil wieder zurück und zogen in die Provinz Byzacena. Hier in der Stadt Telapte bekam einer von ihnen, Klaudius, von seiner Gattin Mariana den zum Sohne, der den ihm verliehenen Namen Fulgentius, das heißt ‚der Glänzende' mit so viel Recht

---

[a]) Vita Fulgent. 1—7.

führen sollte. Die Mutter ließ ihn, da der Vater früh starb, zuerst in den griechischen Wissenschaften unterrichten und solange er nicht den ganzen Homer auswendig konnte und auch vieles von Menander durchmachte, erlaubte sie nicht, ihn mit der lateinischen Litteratur bekannt zu machen, weil sie ihm in den Kinderjahren die Kenntnis der fremden Sprache beibringen lassen wollte, damit er einst, unter den Afrikanern lebend, das Griechische los habe. So kam es, daß er später ohne Accent Griechisch sprach. Dann machte er die höhere Stufe der Lateinschule durch, mußte aber zugleich in seinen jungen Jahren bereits die Verwaltung des väterlichen Hauses übernehmen. Bald darauf wurde er städtischer Steuereinnehmer. Ihn selbst beschlich die Sehn=sucht, die Welt zu lassen und Mönch zu werden. Da sich dieser sein Lieb=lingswunsch jedoch nicht erfüllen wollte, richtete er wenigstens sein äußeres Leben so ruhig wie möglich ein, mied die Gesellschaft, saß auf seinem Land=hause, verminderte die Zahl großer Gastmähler und ging nicht mehr ins Bad. Dafür fastete, las und betete er im Laienstande wie ein Mönch, bis ihn eine Predigt des heiligen Augustin über den 36. Psalm bewog, mit seinem Ent=schluß nicht länger hintanzuhalten. Er vollzog seinen Eintritt ins mönchische Leben bei Faustus, der von Hunerich seines Bistums entsetzt nicht weit davon einem Kloster vorstand. Die Aufregung in der Familie war groß. Ful=gentius blieb standhaft; er überthat sich in Kasteiungen, enthielt sich des Weines, aß ohne Fett und so wenig und schlecht, daß seine Haut Sprünge bekam, eiterte und bald ein Ausschlag seinen Leib entstellte. Sein ganzes Vermögen vermachte er seiner Mutter, die es dann seinem jüngeren Bruder Klaudius verschreiben solle, falls er sich gut halte. Die höchst unruhigen Zeiten ließen ihn nicht ruhig seinem Ideale leben"). Die beständigen Ver=folgungen der Arianer vertrieben ihn und er suchte Zuflucht bei einem Abte Felix, der ihn bald zum Mitabt erhob. Ein Maureneinfall vertrieb sie aufs neue; sie suchen in der Gegend von Sicca sich festzusetzen. Dort aber hetzte ein fanatischer arianischer Priester, Felix von Gabardilla, ein roher, aber reicher Mensch; es kam zu Thätlichkeiten. Der Abt Felix wird ausgepeitscht und Fulgentius ebenfalls gestäupt. Nun will Fulgentius nach Aegypten reisen, ändert aber seinen Entschluß; die mit andern Pilgern bei Bischof Eulalius von Syrakus genossene Gastfreundschaft und die Nachricht, daß die Thebais gegenwärtig von einer Irrlehre beherrscht sei, halten ihn im Abendlande fest. Er besucht einen in Sizilien als Einsiedler lebenden verbannten afrikanischen Bischof Rufinianus, reist nach Rom und wohnt dort dem Einzug König Theo=dorichs bei. Auf dem Platz, der ‚die goldene Palme' hieß, hörte er den König eine Rede halten, sieht den Adel prächtig in all den Abstufungen seiner

a) Vita Fulgent. 8—17.

Stände und vernimmt das Freudengeschrei des freien Volkes, aber mit keuschen
Ohren; er kannte den eiteln Pomp dieser Welt und sagte lächelnd zu einem
Mitgeistlichen: „Wie schön muß erst das himmlische Jerusalem sein, wenn
schon das irdische Rom also glänzt". Er kehrte nach Afrika zurück und richtete
auf dem Grundstück, das ein hochgestellter Mann und guter Christ namens
Sylvester zur Verfügung stellte, in Bizacena ein eigenes Kloster ein: guter,
fetter Boden, um vom Ertrag der eigenen Gärten leben zu können und ab=
gelegen, fern vom Kriegsgetümmel. Aber die Anlage und Leitung des Klosters
nahm ihn zu sehr in Anspruch; er sehnte sich nach dem Zustande eines ein=
fachen Ordensbruders. Bei der ersten Gelegenheit giebt er denn auch seine
Abtswürde ab und tritt in ein anderes Kloster auf einer Strandinsel an der
kleinen Syrte, wo der schmale Streifen des winzig kleinen Felsens nicht er=
laubt, Gärten anzulegen, wo weder Holz noch Trinkwasser sich vorfindet und
wo daher das Notwendigste von diesen beiden Dingen auf sehr kleinen Kähnen
hinübergeschafft wird. In diesem Kloster, dem ebenfalls zwei Aebte vorstanden
und das durch seine strenge Zucht bekannt war, lebte er als einfacher Bru=
der. In seiner Mußezeit trieb er Handarbeiten; er schrieb geschickt und ver=
fertigte Fächer aus Palmblättern. Aber dieser ihm erwünschte Wechsel vom
Oberen zum Untergebenen dauert nicht lange: sein Kloster reklamiert ihn; es
kommt vor den Bischof; die Inselmönche müssen nachgeben. Nicht nur muß
er wieder Abt sein; er erhält nun auch die Priesterweihe. Bald ist er der
allgemein anerkannte Kandidat für den nächsten ledigen Bischofssitz. Allerdings
war es damals vom König Thrasamund verboten, Bischöfe zu weihen und
den verwaisten Kirchen Hirten zu geben. Da es daher weder erlaubt war,
eine solche Ehrenstelle auszuteilen noch sie anzunehmen, hielt es Fulgentius
für unnötig, sich seinerseits vor dem bevorstehenden Los zu wappnen. Aber
die noch übrigen Bischöfe thaten dessenungeachtet alles, um die erledigten Stühle
zu besetzen. Nun hatte sich indessen Fulgentius in der That durch Flucht der
Wahl entzogen, die mehrmals auf ihn, sei es als ersten, sei es als ein=
zigen entfiel. Zugleich wurde der Primas der Provinz Bischof Viktor ver=
haftet und nach Karthago geschleppt. Die Lage der katholischen Geistlichkeit
war aufs neue verzweifelt. Da nahm denn Fulgentius die Wahl zum Bischof
von Ruspe an, obwohl ein Diakon namens Felix, der Bruder eines einfluß=
reichen Beamten, ihm den Platz streitig machte. Da der Weihbischof in Haft
saß, wurde Fulgentius von den benachbarten Bischöfen konsekriert. Es kostet
ihn einen wahren Kampf, zumal er böse Augen hatte. Aber man reißt ihn
förmlich aus der Zelle, zwingt ihn Bischof zu sein. Kaum im Amte*), weihte
Fulgentius seinen Gegner, den Diakon Felix zum Priester. Er kehrte in seinem

---

a) Vita Fulgent. 18 sqq.

Auftreten den Mönch heraus, trug nie die Stola, sondern immer nur
Kukulle und Ledergürtel, ja celebrierte so die Messe: „Beim heiligen Meß=
opfer“, pflegte er zu sagen, „müssen die Herzen geändert werden, nicht die
Kleider.“ Unter der Kukulle trug er einen dunkeln oder einen weißen Mantel.
Wenn es die Witterung erlaubte, hatte er innerhalb des Klosters nur den
Mantel an. Aber mit entblößten Schultern ward er nie gesehen, ja er begab
sich zur Ruhe, ohne auch nur den Ledergürtel abgelegt zu haben. Nie aß
er Fleisch, nur Gemüse, Graupen und Eier, so lang er jung war, ohne Oel;
in seinem Alter aber mischte er Oel bei, in der Meinung, das Oel verhindere
seine zunehmende Augenschwäche, die ihm das Lesen unmöglich mache. Wenn
er unwohl war und Wein trinken mußte, goß er in die vollen Wasserbecher
etwas Wein, denn er wollte den angenehmen Geschmack und Geruch durchaus
vermeiden. Bevor noch das Zeichen zur Mette gegeben wurde, war er längst
wach und betete entweder, oder er las oder diktierte. Da er nicht ohne Mönche
sein konnte, traf er in Ruspe Anstalten zur Einrichtung eines Klosters. Zu
seiner Freude bot ihm ein Bürger ein mit hohen Föhren bewachsenes Grund=
stück an; das Bauholz war hier also gleich dabei. Die Bruderschaft seines
ehemaligen Klosters zog nun zum größeren Teil mit ihrem Abte Felix dahin
um; an die Spitze der Zurückgebliebenen trat einer aus den Brüdern, namens
Vitalis. Da erfolgte die Verbannung aller Bischöfe, auch des Fulgentius
nach Sardinien. Er, der jüngste unter ihnen, deren etwa sechzig waren, ver=
fertigte die gemeinsamen Erlasse und besorgte auch manche Privatkorrespondenz.
Auch richtete er sich mit einigen zusammen ein, sie hatten gemeinsamen Tisch,
gemeinsamen Keller und beteten und studierten gemeinsam. Ihr Haus galt
für das Orakel der Stadt Kalaris. Dann wird Fulgentius abgeordnet, um
die Verhandlungen mit König Thrasamund einzuleiten. Er versicht die katho=
lische Sache mit größter Entschlossenheit gegen König Thrasamund und den
diesen vertretenden Bischof Pinta. Die meisten seiner Schriften sind in dieser
Angelegenheit entstanden. Oft fuhr er bei ruhiger See zwischen Sardinien
und Afrika hin und her. Ja es folgten ihm immer mehr Mönche, so daß
er schließlich mit Erlaubnis des Bischofs Brumasius von Kalaris neben der
Saturninskirche auf einem ruhigen Platz aus eigenen Mitteln wieder ein
Kloster bauen konnte. Auch hier wurde eine strenge Regel beobachtet. Die
Brüder mußten sich je nach der Begabung mit wissenschaftlichen Studien oder
mit Handarbeit beschäftigen. Mit dem Tode Thrasamunds erreichte die Ver=
folgung ihr Ende; Hilderich ließ die verbannten Bischöfe zurückkehren. Bei
der Landung in der Heimat empfing die Menge die andern Bischöfe schweigend;
als aber Fulgentius ausstieg, brach der Jubel los. Man geleitete ihn zur
Agileuskirche. Die Kundgebungen steigerten sich auf der Heimreise von Kar=

thago nach Ruspe. Als Bischof schlug er nun aber seine Wohnung im Kloster
auf, nachdem er alle Maßregeln getroffen, daß dadurch die Befugnisse des
Abtes Felix in keiner Weise geschmälert würden. Vielmehr war dieser in
allen Angelegenheiten der Provinz Byzacena des Bischofs erster Ratgeber. Die
Geistlichkeit durfte unter Fulgentius kein zu großes Gewicht auf das Aeußere
legen oder längere Zeit in bürgerlicher Kleidung gehen. Alle sollten sie nicht weit von
der Kirche wohnen, mit eigenen Händen ihren Garten pflegen und alle Sorgfalt
darauf verwenden, die Psalmen schön zu singen und vorzutragen. Er bestimmte,
daß in jeder Woche alle Geistlichen und Witwen und frommen Laien am
Mittwoch und Freitag zu fasten hätten; der Besuch der Vigilien, der Morgen-
und Abendgebete war für die ganze Gemeinde obligatorisch. Wo Worte nichts
ausrichteten, ließ er die Prügelstrafe in Anwendung bringen. Sonst war er
die Demut selbst. Er trat seinen berechtigten Vorrang auf der Synode von
sich aus an den Bischof ab, den er deshalb verstimmt zu finden meinte. Etwa
ein Jahr vor seinem Tode ergriff ihn gelinde Schwermut. Er ließ alles
liegen und zog sich auf die Insel Cercina gegenüber Ruspe zurück, wo er auf
der Klippe Chilmi bereits ein Kloster hatte bauen lassen. Aber die Amtspflicht rief ihn doch wieder zurück. Da verfiel er in eine siebzigtägige Krankheit, in der er nur immer das eine wiederholte: „Herr, verleihe mir hier
jetzt Geduld, hernach Verzeihung." Er blieb bis zum letzten Augenblick beim
Bewußtsein. Gestorben ist er am ersten Januar nach der Vesper, in seinem
fünfundzwanzigsten Amtsjahre, fünfundsechzig Jahre alt. Am Todestage selbst
konnte er nicht mehr beerdigt werden, er wurde in das Oratorium des Klosters
gebracht, wo jene Nacht die Mönche im Verein mit den Geistlichen beim Gesange von Psalmen, Hymnen und geistlichen Liedern durch wachten. Am andern
Morgen wurde er in Gegenwart einer ungeheuern Menge von Priestern nach
der Sekundakirche getragen; dort hatte er selbst Apostelreliquien bergen lassen
und wurde nun daselbst nach dem allgemeinen Willen als Erster beigesetzt;
denn nach alter Gewohnheit war dort nie begraben worden. Auch erhielt er
ein Grabmal. So, hoffte man, werde der Heilige den Betenden auch ferner-
hin örtlich nahe sein." Dies sind die charakteristischen Züge dieses etwa um
530 verfaßten sympathischen Lebensbildes[1]), wo gewissenhafte Erkundigung
und eine unbegrenzte Verehrung gemeinsam ein wertvolles Ganzes hervorzubringen vermochten.

<h3 style="text-align:center">3.</h3>

Das Fulgentiusleben wird indessen in seinen erfreulichen Eigenschaften

---

1) Vergl. Adam Mally, Das Leben des h. Fulgentius von Ruspe. Aus dem Lateinischen. Wien 1885.

einer reinen Memorie noch übertroffen durch die Lebensbeschreibung des Metropoliten Cäsarius von Arles. Sie besteht aus zwei Büchern und ist das Werk Mehrerer. Wenige Jahre nach dem Tode des Prälaten regten seine Schwester Cäsaria und alle Nonnen ihres Klosters dieses schriftliche Denkmal an und betrauten mit der Ausführung diejenigen von Cäsarius' Jüngern, die ihm im Leben am nächsten gestanden hatten. Das erste Buch schrieben seine Schüler, die Bischöfe Cyprian von Toulon, Firminus und Viventius, das zweite der Presbyter Messianus und der Diakon Stephanus, zwei seiner Diener, die von jung auf um ihn gewesen waren und aus dem beständigen Umgang mit ihm ihre Kenntnisse schöpfen konnten. Das erste Buch umfaßt das ganze Leben des Heiligen mit Ausschluß seines Sterbens und erhält seinen Wert überdies in seiner anschaulichen Schilderung der Belagerung von Arles durch die Franken. Das zweite Buch wendet sich mehr den Wunderthaten des Lebenden wie des Toten zu und schließt mit einer Darstellung von Tod und Begräbnis. Abgefaßt ist die Schrift in den Jahren 541—549, während der Regierung des Childebert. Den Hauptanteil am gesamten Unternehmen trägt Cyprian von Toulon. Er war am ehesten befähigt, die kirchenpolitischen Begebenheiten im Rahmen des Lebensbildes mit Verständnis aufzufassen; er nahm auch an der Delegation teil, durch die sich Cäsarius auf dem Konzil von Valence vertreten ließ. Seine beiden bischöflichen Genossen in der Verfasserschaft, der eine Inhaber eines bekannten Sitzes, während das Bistum des andern nicht zu ermitteln ist, hatten zweifelsohne früher ebenfalls dem Klerus von Arles angehört, sprachen also aus eigener Anschauung der geschilderten Verhältnisse, wenn sie auch zur Zeit, da sie schrieben, sich auswärts befanden. Für das intime Detail waren jedoch jene beiden andern, die Verfasser des zweiten Buches, die gegebenen Berichterstatter, da sie in dienender Stellung den Bischof in seinen alltäglichen Beschäftigungen immer umgaben. Messianus versah im Gefolge des Cäsarius die Stelle eines Kanzlisten; er hatte seinen Herrn auch auf seiner Reise nach Italien im Jahre 513 begleitet und im Jahre darauf dem Papste Symmachus zusammen mit dem Abt Egydius das Gesuch um die Vorrechte der Kirche von Arles überreicht. Da er in seiner Stellung als Notarius bei Kirchenvisitationen dem Bischof den Stab voranzutragen hatte, konnte er den wunderthätigen Einfluß von Cäsarius Persönlichkeit auf das Volk immer wieder ·aufs neue ermessen; in den vier Wänden seiner Zelle dagegen beobachtete ihn der Diakon Stephanus, der eben dort den Dienst versah. Für Episoden, die sich fern von einem der Gewährsmänner abgespielt hatten, mußten sie einen zuverläßigen Berichterstatter auftreiben: für die Flucht nach Lerinum zum Beispiel den Diener, der ihn damals begleitet hatte. Außerdem haben sie die Predigten des Cäsarius aus-

giebig benützt und verwendet, sowie die uns ebenfalls noch erhaltene Nonnen=
regel des Bischofs. Endlich haben die fünf Verfasser nach dem Vorbild ihres
Meisters einfach und natürlich geschrieben, und so haben wir es mit einem
Werke zu thun, das als ganzes genommen alle seine gleichnamigen Genossen
überholt; denn die Einseitigkeit der andern Heiligenmemorien ist hier zu einem
guten Teil ausgeglichen durch die Mehrzahl selbständiger Verfasser, von denen
jeder wieder verschiedene Seiten am Gegenstande sah. So konnte ein rundes
und allgemeines Lebensbild erzielt werden, wie es sonst bei der Befangenheit
jeder zeitgenössischen Darstellung von einer solchen nicht zu erhoffen war. In
so früher Zeit dürfte überhaupt eine Gestalt der Geschichte selten sein, an der
sich aus lauter Quellen ersten Ranges ein genügender Einblick in den Ver=
lauf eines bedeutenden Menschenlebens gewinnen läßt; bei Cäsarius von Arles
aber ist es entschieden der Fall und soll in der biographischen Lebensskizze in
Kürze geschehen[1]).

Cäsarius wurde im Jahre 469/470 im burgundischen Reiche geboren.
Seine Eltern waren vom Adel. Auf ihrem Landsitz wuchs er heran und suchte
schon im Alter von sieben Jahren die armen Leute auf. Als junger Mensch
führte er eine Zeit lang ein standesgemäßes Leben und versagte sich nichts. Dann
erfaßte ihn plötzlich Ekel; ohne seinen Eltern etwas zu sagen, begab er sich zu
Bischof Sylvester von Chalons und ließ sich von ihm scheeren und zum Diakon
weihen. Dort blieb er zwei Jahre bis er zwanzig war, wünschte dann aber
sich im geistlichen Leben noch auszubilden. Glücklich erreichte er mit einem
treuen Diener das Kloster Lerinum, obschon seine besorgte Mutter durch be=
sondere Sendlinge das möglichste gethan hatte, um seine Flucht zu hintertreiben.
Jene kleine und ebene Insel stand damals in der ganzen Welt im Rufe strengen
klösterlichen Lebens, und stets gingen künftige Bischöfe aus den Reihen der
Mönche hervor. Cäsarius nahm seine Gelübde sehr ernst, so ernst, daß er
oft an der Möglichkeit verzweifelte, seine Fehler überhaupt noch abzulegen.
Abt Porcarius jedoch wußte ihn zu schätzen, und als er selbst sich zu alt
fühlte, ließ er jenen vor den Mönchen predigen; er bestallte ihn überdies zum
Speisemeister. In seinem frommen Eifer gab sich Cäsarius zuerst Illusionen
über die Vortrefflichkeit seiner Mitbrüder hin, allmählich aber gingen ihm
die Augen auf, daß es eben Menschen waren. Putzsucht, Schlemmerei und
andere eines Heiligen unwürdige Gelüste kamen ihm täglich vor, da er in
seiner Stellung als Verwalter derlei befriedigen sollte. Als er nicht nachgab
und allen diesen Zumutungen stand hielt, wurde seine Lage unhaltbar. Man

---

1) Bruno Krusch, in der Vorrede zu seiner Ausgabe der Vita Caesarii Are-
latentis. (Monumenta Germaniae historica. Script. rer. Merowing. Tom. III.
Vitae Sanctorum.)

intriguierte gegen ihn; der greise Abt erlag schließlich den Einflüsterungen der
Gegner und besavouierte ihn. Mit seiner Entsetzung vom Amte erkrankte
Cäsarius auch noch fieberhaft; sein Körper war durch übertriebene Bußübungen
zu hart mitgenommen. Der Abt, bange, der Bruder werde es nicht über=
stehen, wünschte ihn der strengen Klosterzucht enthoben zu sehen und verfügte
die Uebersiedelung nach Arles in die Hände berühmter Aerzte. In Arles
nahmen sich ein hochgestellter Mann, Firminus, und dessen Gemahlin Gregoria
des Kranken an und sorgten auch später für die weitere Ausbildung durch
einen Rhetor Pomerius; denn in Dingen der Bildung ließ der Mönch noch zu wün=
schen übrig. Aber diese Bemühungen verfingen nicht allzu sehr bei Cäsarius: es war
ihm an weltlicher Weisheit nicht eben viel gelegen, wie er denn nicht, was man
heißt, begabt war. Er verstand sich daher auch nicht auf die blühende Redeweise
der gallischen Rhetoren, sondern drückte sich einfach und bescheiden aus. Der
Bischof von Arles, bei dem er durch seine Gönner eingeführt, und als aus
Chalons gebürtig vorgestellt wurde, freute sich, einen Landsmann zu treffen;
er hatte die Eltern wohl gekannt und bei näherer Bekanntschaft stellte sich
heraus, daß sie überhaupt noch entfernt verwandt waren. Auf Ansuchen des
Abtes von Lerinum nahm er die Priesterweihe an Cäsarius vor. Obwohl
dieser damit in den geistlichen Verband der Kirche von Arles überging, befolgte
er doch nach wie vor den Psalmenkanon und alle Regeln seines Klosters. Als
dann im Jahre 499 auf der Arles unterstellten Insel die Klosterzucht nach=
ließ und der Abt gestorben war, beauftragte der Bischof seinen Verwandten
mit der Reform. Cäsarius unterzog sich der Aufgabe und wurde den kühn=
sten Erwartungen gerecht. Zu jener Zeit nun begann Bischof Aeonius alt zu
werden und hatte nur noch einen Gedanken, nämlich bei Klerus, Bürgerschaft
und beim Könige die Wahl seines Vetters sicher zu stellen. So kam es, daß
Cäsarius, der erst dreißig Jahre alt, schon Abt geworden war, nun gar noch,
kaum dreiunddreißig, Primas von Gallien wurde. Diese außerordentliche Ehre
war durchaus nicht nach seinem Sinne; er suchte sich ihr gewaltsam zu ent=
ziehen, indem er sich auf dem Kirchhof hinter den Grabsteinen verbarg. Alarich,
der König der Westgothen, dem Arles damals botmäßig war, hatte diese Wahl
bestätigt, obwohl der Gewählte ein Ausländer sei. Immerhin wußte ihn
einer der bischöflichen Kanzlisten namens Licinianus durch Zwischenträger beim
Könige zu verleumden; die Folge war Cäsarius' Verbannung nach Bordeaux
im Jahre 505. Dort verbrachte er einen Winter mit Ruricius, seinem bischöf=
lichen Kollegen von Limoges, und errang sich durch seine furchtlose Hilfeleistung
bei einer Feuersbrunst die rückhaltlose Verehrung der dortigen Bevölkerung.
Unterdessen war zu Hause seine Unschuld an den Tag gekommen; er durfte
frei in seine Stadt zurückkehren, und nur seiner Fürbitte hatte es der Ver=

leumder zu danken, daß er nicht um seinen Kopf kam. Am 11. Sept. 506 trat in Agde das Konzil der katholischen Bischöfe des westgothischen Reiches zusammen, 507 ein gleiches in Toulouse. Da Cäsarius als Metropolit die Beschickung des Landeskonzils für jeden Bischof verbindlich erklärte, ansonst die brüderliche Gemeinschaft suspendiert werden müßte, überwarf er sich mit Rusticius von Limoges, der ihm grob erklärte, es sei ihm doch noch lieber, wenn die Stadt des Bischofs wegen, und nicht der Bischof der Stadt wegen bekannt sei. Kurz darauf mußte dann aber der innerkirchliche Zwist vor den weltgeschichtlichen Ereignissen verstummen, die nun eintrafen. Alarich war bei Veuillé von Chlodowech geschlagen worden und gefallen. Die siegreichen Franken drangen bis in die Provence vor und belagerten mit den verbündeten Burgundern Arles. Wohl versammelte der ostgothische König Theoderich auf den 24. Juni desselben Jahres 508 das Heer, das dann in der That die schwerbedrohte Stadt entsetzen sollte. In der Zwischenzeit aber litt sie und nichts kann uns mit größerer Verehrung vor ihrem jungen Erzbischof erfüllen, als die Unerschrockenheit und die selbstlose Hingabe, mit denen er in diesen Tagen höchster Not und Gefahr seine Pflicht that. Er hatte eben im Süd= osten der Stadt ein Nonnenkloster bauen und es sich nicht nehmen lassen, selbst mit Hand anzulegen. Nun mußte er es von der Stadt aus mit eigenen Augen ansehen, wie die Franken und Burgunder, übrigens entgegen dem Tagesbefehle Chlodowechs und trotz starker Sympathien im burgundischen Heere, den Bau größtenteils wieder niederrissen und Steine und Holz für ihre Sturmwälle benutzten. In Arles selbst wurde er schwer verleumdet. Vor wenigen Jahren hatte er seiner burgundischen Freundschaft wegen in die Verbannung gehen müssen, und nun waren in mehr als einer Stadt die katholischen Bischöfe offen zu Verrätern des westgothischen Vaterlandes geworden. Zum Unglück war auch ein Chorherr des bischöflichen Kapitels, zudem ein Verwandter des Cäsarius, aus Furcht vor der drohenden und in jenen Zeiten kaum erträglichen Gefangenschaft nachts an einer Strickleiter über die Mauer hinunter zu den Feinden übergelaufen. Es schien, als sei es um Cäsarius geschehen. Das Volk wollte ihn in die Rhone werfen. Er wurde aufs strengste im Palatium bewacht, sein Haus von Arianern bezogen. Am meisten hatten die Juden gegen ihn gehetzt, weil er auf dem Konzil von Agde im Jahre 506 ein altes Verbot mit den Juden zu speisen von den Klerikern auf alle Katholiken hatte ausdehnen lassen. Da wurde aber bei einem Ausfall der Belagerten ein an einem Stein befestigter Brief gefunden, den ein Areletenser Jude, als er den Wachtdienst versah, zu den Feinden hinübergeschleudert hatte: er verriet die Mittel zur Einnahme der Stadt mit der Erwartung, daß dann Freiheit und Besitz aller Juden in Arles unangetastet bleibe. Die gothischen Machthaber ließen nun Cäsarius frei und verhafteten die Juden. Auch rückte jetzt das ostgothische Ersatzheer heran, und es siegte. Arles wurde dadurch mit Gefangenen angefüllt, und Cäsarius übernahm die Fürsorge für diese Unglücklichen. Dabei nahm er auf die heidnischen Franken und die arianischen Burgunder genau die gleiche Rücksicht wie auf die gefangenen Katholiken. Aus dem reichen Kirchenschatz schaffte er Nahrung und Kleider. Als dieses Hilfsmittel erschöpft war, ließ er mit Axthieben die reichen silbernen Verzierungen im Innern der Hauptkirche von den Säulenuntersätzen und den Schranken abtrennen; ja schließlich schmolz er die heiligen Gefäße ein, man denke sich unter welchem Widerspruch der Kleriker. Er hatte darauf die schöne Antwort: „Möchten doch gewisse Herren Bischöfe und sonstige Geistliche mir Rede stehen, die aus ich weiß nicht was für einer Liebe zu überflüssigen Dingen nicht wollen, daß man fühlloses Silber und Gold aus den Schatzkammern Christi für Knechte Christi verwende, wenn sie selbst zufällig von einem solchen Unglück betroffen wären, ob sie es dann auch für Tempelschändung erklären würden, wenn ihnen jemand mit den gottgeweihten Gaben zu Hilfe käme? Ich glaube nicht, daß es Gott mißfällt, Dinge, die zu seinem Dienst bestimmt sind, zum Lösegeld zu verwenden, da er sich selbst für die Menschen zum Lösegeld dahingab.“ Im festen Gottvertrauen setzte der Bischof sich und seine nächsten Angehörigen dem Mangel aus, um den Gefangenen zu helfen. Sein Verwalter erklärte, wenn die Gefangenen auch nur einen Tag weiter unterstützt würden wie bisher, könne er morgen kein Brot beschaffen für den Tisch des Bischofs; warum man denn nicht die Gefangenen einfach in den Gassen betteln lasse. Der Bischof zog sich in seine Zelle zurück und kehrte dann mit wunderbarer Zuversicht wieder. Er lachte den Verwalter wegen seines Unglaubens aus und sagte zu seinem Sekretär Messianus: „Wir wollen heute alles verbacken und morgen wenn es sein muß fasten. Das steht uns immer noch besser an, als Leute aus guter Familie zum Betteln zu zwingen.“ Einem Anwesenden aber flüsterte er ins Ohr: „Morgen wird Gott geben, wer den Armen giebt, leidet nicht Mangel.“ Der nächste Tag graute: da kamen drei große Getreideschiffe die Rhone herunter; König und Kronprinz von Burgund sandten sie, um Cäsarius in seiner Liebesthätigkeit zu unterstützen, um so mehr als sie wußten, wie viel davon ihren gefangenen Unterthanen zu Gute kam. Auch als Prediger stellte Cäsarius in diesen Schreckenstagen seinen ganzen Mann: „Ja, einen bitteren Rauschtrank kredenzt die Welt ihren Liebhabern. Zu euch spricht jetzt die rauhe Wirklichkeit, ihr Liebhaber der Welt: „Wo ist das was ihr so hoch hieltet und nicht fahren lassen wolltet?“ [1]).

1) Karl Franklin Arnold, Cäsarius von Arelate und die gallische Kirche seiner Zeit. Leipzig 1894. 243—252.

Dem Kriege folgte eine so große Sterblichkeit, daß die noch Lebendigen kaum ausreichten, die Toten zu begraben. Die Umgegend war verwüstet, ganze Provinzen deportiert, besonders schrecklich war das Los der Frauen: vornehme Damen waren zu Mägden geworden. Um so mehr mußte für Cäsarius darin eine Aufforderung liegen, seine Gründung eines Nonnenklosters wieder aufzunehmen. Seine Schwester Cäsaria hatte er nach Marseille in das Frauenstift des Cassianus gesandt, damit sie dort das Leben nach der Regel erlerne. Darauf war sie einem neuen Hause neben der Kirche von Sankt Stephan vorgesetzt gewesen, während zwei oder drei Gefährtinnen bereits Einzelzellen bezogen hatten, bis endlich am 26. August 512 das Kloster eingeweiht wurde. Die Zahl der Nonnen stieg im Lauf der Jahre auf zweihundert. Im folgenden Jahre wurde Cäsarius vor den Ostgothenkönig Theodorich geladen und unter militärischer Eskorte nach Ravenna abgeführt. Die Gründe der Anklage sind unbekannt und mögen mit dem Klosterbau zusammenhangen. Jedenfalls mußte Cäsarius auch diese Verdächtigung durch die bloße Darlegung des Sachverhalts zu entkräften, und Theodorich sah sich bewogen, den Bischof noch ausdrücklich durch ein kostbares Ehrengeschenk auszuzeichnen. Cäsarius verkaufte die silberne Platte und löste mit dem Gelde Gefangene aus; er veranlaßte durch dieses sein Beispiel überdies reichliche Liebesgaben großer Herren, durch die der Loskauf fast aller in Italien noch gefangenen Burgunder möglich wurde. Uebrigens scheint Cäsarius von Theodorich nicht nur als Kirchenmann, sondern auch als politischer Vertreter der Stadt Arles zur Rechenschaft gezogen worden zu sein. Von Ravenna reiste er nach Rom und wurde von Papst Symmachus sowie dem römischen Adel sehr ehrenvoll aufgenommen. Es galt am apostolischen Stuhl einige fragwürdige Angelegenheiten zu erledigen. Zunächst hatte Cäsarius, um das Geld zum Klosterbau aufzutreiben, arelatensischen Kirchenbesitz veräußert und damit ein schlechtes Beispiel gegeben, das nicht ermangelte, befolgt zu werden. Im Kloster selbst trat bald der Uebelstand zu Tage, daß die Nonnen, ob sie wollten oder nicht, von Freiern zur Heirat entführt wurden. Cäsarius bestand überdies auf dem noch von seinem Vorgänger gehandhabten Recht, eine durch Klerus und Bürgerschaft zu Stande gekommene Bischofswahl als Metropolit zu bestätigen und wollte weltliche Würdenträger zum geistlichen und gar zum bischöflichen Stande nicht zulassen, ohne über Jahre zurück ihren Leumund in Erwägung zu ziehen. Außerdem war dieses ein Jahrhundert alte Privilegium des Stuhles von Arles auf den Primat von ganz Gallien nun durch die diplomatischen Künste des Avitus von Vienne sehr ins Schwanken geraten. Trotz dieser mannigfaltigen und vielfach zweifelhaften Umstände erzielte Cäsarius mit seiner Anwesenheit am päpstlichen Hofe einen vollen Erfolg, und

schon ein Jahr darauf sah der Erzbischof von Arles seine Rechte eines apo=
stolischen Vikars nicht nur über Gallien, sondern auch über Spanien ausge=
dehnt. In Rom hatte Cäsarius auch starke liturgische Eindrücke in sich
aufgenommen und traf sofort Anstalten, den römischen Ritus in Gallien
einzubürgern. Namentlich aber brachte er ein Vermögen von achttausend Gold=
stücken als Fonds für den Rückkauf der Gefangenen mit nach Hause; er or=
ganisierte eine ganze Beamtenschaft aus Aebten und Klerikern, um die Armen
zu befreien, und begab sich selbst in dieser Angelegenheit nach Carcassone.
Papst Hormisdas, der 514 Symmachus nachfolgte, sicherte dem Kloster von
Arles den Schutz des heiligen Stuhles zu und legitimierte, wenn auch nicht
ohne Zögern die im Grund unrechtmäßigen Vergabungen, die vom Kirchengut
an das Frauenstift geschlagen worden waren. Im April 515 fand das von
Cäsarius einberufene zweite Konzil von Arles statt, an dem siebzehn Bischöfe
teilnahmen, dessen Beschlüsse uns jedoch unbekannt geblieben sind. Auch das
Weihfest der Marienkirche im Jahre 524 gestaltete sich zu einer Synode, ebenso
vier Jahre später die Kircheneinweihung von Orange; dort bekämpfte Cäsarius
den Semipelagianismus des Erzbischofs von Vienne. Auf dem Konzil des
Jahres 529 brachte er dagegen die liturgische Bewegung in Fluß; es handelte
sich darum, die italienische Praxis in folgenden Punkten zu befolgen: ob alle
Pfarrer jüngere ledige Lektoren bei sich haben und mit ihnen die Psalmen,
Vorlesestücke und heilige Schrift studieren sollten, um sich so ihren Nachfolger
heranzuziehen, ob das Kyrie eleison und in allen Messen das dreimalige Sanktus
zu sprechen sei und ob nach jedem Schluß hinter dem „Gloria" nicht ein „Wie
es war im Anfang" zu folgen habe, um die arianische Irrlehre Lügen zu
strafen. Bis jetzt hatten Presbyter und Diakone nur das Evangelium lesen
dürfen; nun sollte ihnen auch das Predigen erlaubt werden und zwar nicht
nur denen in der Stadt, sondern auch denen auf dem Lande. Für sie hatte
nun Cäsarius ein Vademecum verfaßt, ein Handbüchlein, mit Predigten, die
an Festen und Feiertagen hergesagt werden konnten. Auch wurde beschlossen,
der Name des regierenden Papstes sei in den Dorfkirchen der Provinz von
Arles zu nennen. Auf dem Konzil von Marseille vom Jahre 533 mußte der
Bischof von Rei wegen Ehebruch und Diebstahl, deren er geständig war, seines
Amtes entsetzt werden; auf Cäsarius Veranlassung waren die strengsten Maß=
regeln ergriffen worden, den Fehlbaren unschädlich und, was er veruntreut hatte,
wieder gut zu machen. Papst Johannes billigte sein Vorgehen; leider aber
lieh sein Nachfolger Agapet dem Bösewicht Contumeliosus Gehör, und obwohl
auch die von ihm eingesetzte Revisionskommission die ersten Verfügungen im
Ganzen bestätigte, mußte sich Cäsarius die päpstliche Ungnade in sehr fühl=
barer Form gefallen lassen. Als Arles dann in fränkischen Besitz überging,

536, war Cäsarius bereits ein alternder Mann. Noch hatte er bei König Theudebert sich einer Botschaft des Papstes Vigilius zu entledigen, am 6. Mai 538, und wirkte in allgemeinen Kirchenfragen noch mit seinem bewährten Rate mit. Doch hat er an keinem fränkischen Konzil teilgenommen, er war zu leidend und fiel oft in Ohnmacht. Als er seinen Tod herannahen fühlte, ließ er sich in das Nonnenkloster hinübertragen, um sie zu trösten, nahm Abschied von den Schwestern und kehrte nach der Stephanskirche zurück. Vierzig Jahre lang hatte er der Kirche von Arles vorgestanden und dreißig waren vergangen, seit er das Kloster gegründet hatte. Am Morgen nach dessen Weihetag ist er gestorben, den 27. August 542. An der Trauer um ihn ließ sich erkennen, wie er geliebt war. Sogar die Juden, die ihn einst verleumdet hatten, schlossen sich dem Leichenzuge an. Begraben ist er in der Marienkirche neben der Schwester, die ihm im Tode vorangegangen war.

In dieser kurzen Skizze von Cäsarius Lebensgang sind allerdings die Mitteilungen der Doppelvita aus andern Quellen ersten Ranges ergänzt und gelegentlich sogar berichtigt; aber diese liefert doch den fortlaufenden Zusammenhang, ohne den ein Gesamtbild undenkbar wäre. Immerhin sind die exakten chronologischen Daten, die uns die Vita zu erschließen ermöglicht, von ihr als einer echten Memorie nur vermittelt, nicht aber selbst geliefert. Die zweite Vita, die sich überhaupt mehr der innerlichen Wirksamkeit des Cäsarius zuwendet, gibt dementsprechend keinen einzigen Anhaltspunkt zu chronologischer Fixierung. Dagegen enthält die erste von den drei Bischöfen verfaßte Schrift nicht weniger als zwölf historisch sichere Zeitangaben: doch beweist sie ihren Charakter einer Memorie eben dadurch, daß nicht sie selbst die Jahreszahlen ausdrücklich mitteilt, sondern diese, ohne äußere kalendarische Mittel zu Rate zu ziehen, auf inner biographischem Wege umschreibt.

Um aus unserer Uebersicht über die spätlateinischen und altgallischen Heiligenmemorien die Summe zu ziehen, muß vor allem erinnert werden, die erste und wichtigste unter ihnen sei zugleich ohne Vorgänger, sondern der unvermittelte Urheber der ganzen Gattung. Das Martinsleben des Sulpicius Severus ist nämlich von den Heiligenschriften des Rufinus unabhängig und wohl überhaupt etwas älter als sie, indem es 400—402, während diese 402—404 verfaßt sind. Höchstens der gemeinsame Einfluß des Hieronymus kann sich spürbar machen. Im Unterschied von Hieronymus gebührt dem weit weniger begabten Rufin das Verdienst, christliche Einsiedler des Morgenlandes auf Grund wirklicher Kenntnisse geschildert zu haben. Er hat es hauptsächlich auf die Darstellung einmal der Seelenkämpfe und dann der Wunderkraft abgesehen. Ein langjähriger Aufenthalt in Aegypten hatte ihn mit der Gedanken-

welt und den Lebensgewohnheiten der Mönchskolonien vertraut gemacht und
er verdient als Berichterstatter Zutrauen, da er von Natur nicht eben an
einem Uebermaß von Erfindungsgabe litt. Zwar kleidet er seine Erzählung
in die damals beliebte Form der Reisenovelle, aber schon nach dem ersten Ka=
pitel versagt die Kunst. Er bleibt ein trockener Aufzähler, ohne alle Man=
nigfaltigkeit des Ausdrucks. Auch wuchert es von Wundergeschichten: Kranke
werden geheilt, wilde Tiere in den Dienst der Menschen gezwungen, Räuber
entwaffnet, ein heidnisches Idol samt seinen auf einer Prozession begriffenen
Begleitern auf die Stelle gebannt und anderer Dinge mehr[1]). Obwohl eigene
Anschauung den Schilderungen zu Grunde liegt, kann doch von eigentlichen
Memorien in dem hier entwickelten Sinne nicht die Rede sein.

Andrerseits ist der Memoriencharakter jener andern ausschließlich römi=
schen Gattung von Heiligenlitteratur nie ganz abhanden gekommen, die im
Unterschied von der ausführlichen Einzelvita eine ganze Sammlung kürzerer
Lebensskizzen enthält. Mit Rufin anhebend, fand sie ihre Krönung im Dia=
logenwerk Gregors des Großen. Auch ihm fehlt es nicht an memorienhaften
Zügen und darum auch nicht an echtem Leben. Wer verweilte nicht mit stiller
Freude vor jenem italienischen Idyll, von dem sich der Papst hatte erzählen
lassen, dem demütigen Bischof Bonifacius von Ferent[a]), der seinen Leuten
die verhagelte Weinernte wieder einbringt, der zwölf Goldstücke, den Erlös
vom verkauften Pferde seines Neffen, diesem stiehlt und den Armen schenkt,
sie aber dann wieder zusammenbetteln muß, um nicht als Dieb dazustehen,
den vorüberziehenden Gothen ein Faß Wein auf den Weg mitgibt, in Jesu
Namen die Kohlraupen aus seinem Garten scheucht und mit demselben Mittel
einem Fuchs das geraubte Huhn abjagt!

Zweiter Abschnitt.

Die Forschung.

Die Heiligenmemorie, noch ein Erzeugnis des römischen Geistes, war als
litterarische Gattung erstarkt und ausgebildet, bevor die junge fränkische Kultur
diesen geistigen Betriebszweig übernahm und einstweilen als den einzigen ihr
litterarisch möglichen weiterpflegte. Blieb nun aber wirklich die Kenntnis von
den Heiligen auf die Aufzeichnung unmittelbarer persönlicher Erinnerung be=
schränkt? Wie, wenn man der Erinnerung mit den Mitteln gelehrter Er=
kenntnis nachträglich aufhalf und so die Lücken der persönlichen Befangenheit

---

a) Gregor Magn. Dial. lib. I. 9.

1) Erwin Preuschen, Palladius und Rufinus. Gießen 1897. S. 205—210.

überwand? In der That stellt sich die Fortbildung der Heiligenlitteratur im merowingischen Zeitalter, ideal betrachtet, unter diesem Gesichtspunkt dar. Nicht nur Gregor von Tours, sondern auch einige vor und nach ihm haben sich dem Bann eines einzelnen Heiligen entzogen und ganze Gruppen beschrieben.

Um indessen der Hoffnung auf eine Bereicherung unserer heutigen Er= kenntnis vorzubeugen, sei eine Erwägung allgemeiner Natur vorausgeschickt. Erst unsere Zeit hat es zu einer Wissenschaft gebracht, die unter Verzicht auf die eigenen Wünsche nur den Gesichtspunkt sprechen läßt. Alle frühere Wissen= schaft ist sozusagen egoistisch. Sie gründete sich auf ein persönliches Interesse, um dessentwillen der Gegenstand studiert wurde. Die Ergebnisse einer solchen Forschung werden nun in dem Maße als Quellen brauchbar sein, als die Ge= sinnung, in der sie verfaßt wurden, rein und lauter war. Je mehr aber die unmittelbare Liebe zum Gegenstand durch fremde Zwecke abgelenkt wurde, desto verdächtiger wird dann auch das Zeugnis. Wir haben feststellen müssen, daß die Memorie ihrem Wesen nach nicht im Stande ist, eine Figur zeitge= schichtlich aufzufassen, aus dem natürlichen Grunde, weil der Erzähler selbst in dieser Zeit mitten drin steht und daher nicht über sie hinaus zu sehen vermag. Wir durften das feststellen in einer Zeit, da sich Psychologie und Chronologie zum biographischen Kunstwerk verbunden haben. Aber eben das bewahrt uns davor, in der Forschung, wie wir sie damals neben der Me= morie und aus ihr heraus erwachsen sahen, einen Fortschritt im Sinne einer Bereicherung unserer Kenntnisse zu erblicken. Vielmehr wird es im folgenden unserer Weisheit letzter Schluß sein, daß damals die Memorie nach wie vor der eigentliche Kern der historischen Treue bleibt und daß jeder Betrieb der Forschung durch Gelehrte die Ueberlieferung öfter getrübt als geklärt hat. Je mehr und je reineres persönliches Andenken vorliegt, mag es an sich noch so befangen sein, desto wertvoller ist und bleibt das Zeugnis. Nachträgliche Forschung dagegen kann uns höchstens als Ersatz für die nicht mehr mögliche Erinnerung willkommen sein, so lange nicht geradezu ein wissenschaftliches Werk im heutigen Sinn erwartet werden darf, das dann allerdings eben die Entfernung vom Gegenstande sich zum Vorteil wendet durch das freie und liebevolle Verständnis des Helden aus Zeit und Umgebung heraus.

Wie alle geschichtlichen Anfänge, ist auch der Anfang des spezifisch mero= wingischen Heiligenlebens unserer Kenntnis entzogen. Trotz vereinzelter Spuren, daß es vor Fortunat und Gregor merowingische Heiligenschreiber gegeben hat, ist sicheres darüber nicht auszumachen. Immerhin mögen einige dieser Schriften nicht streng memorienhaften Charakter getragen haben, sondern eher aus einer Art Annalistik hervorgegangen sein oder sich direkt an die Form der alten römischen Protokolle eines Märtyrerprozesses angelehnt haben. So überrascht

in einem durch Gregor uns aufbehaltenen Fragment einer Saturninspas=
sion [a]) das präzise Datum: „Unter dem Konsulat des Decius und Gratus"
— nie hat sich etwas dergleichen in einer Memorie blicken lassen. Mit dieser
Schrift fällt auch die alte Julianspassion unter eine litterarische Rubrik, die
sich, der ‚Vita‘ entrückt, unzweideutig als Abkömmling der römischen Mär=
tyrerakte zu erkennen gibt [b]). Allem nach war auch jene Schrift über den Todes=
kampf des arvernischen Märtyrers Liminius eine Passion [c]), wie auch
für Vincenz von Agen und Genesius von Bigorre solche verzeichnet werden [d]).
Die Passion des Felix von Nola hatte Gregor nicht zur Hand, als er aus
ihr schöpfen wollte [e]). Ein altes Symphoriansleiden dagegen, auf das er sich
beruft, ist auch uns noch erhalten, ebenso vielleicht seine Ferreolus= und
Ferruciuspassion [f]). Von diesen ‚Leiden‘ unterscheidet Gregor zehn Heiligenleben:
die darin beschriebenen Männer sind Remigius, Patroklus, Hilarius, Maxi=
mus, Symeon, Romanus, Bibianus, Marcellus, Medardus, Albinus [g]). Das
Albinsleben bezeichnet er als von Fortunat und das Maximusleben als in
Versen verfaßt. Da jedoch aus solchen zerstreuten Andeutungen nicht klug zu
werden ist, greifen wir eine andere Folge von Spuren auf, die uns unmittel=
bar zu Venantius Fortunatus und damit zum festen Ausgangspunkt unserer
Erörterungen hinführen.

Viertes Kapitel.

Die panegyrische Heiligenforschung des Venantius Fortunatus.

Das über die persönliche Erinnerung hinaus verlängerte Andenken an
Heilige im alten Frankreich nimmt seinen Ausgang bei Martin von Tours.
Wie er den ihn schildernden Schüler überwältigte, so geht von ihm auch die
Kraft aus, die in jener Zeit gelehrte Bemühungen um die Heiligen ins Leben
zu rufen vermochte. Seine Heldengestalt mußte indes weit mehr zu dichteri=
schem Lobpreis, als zu kritischer Betrachtung auffordern. Und so wurde nun,
um von den zahlreichen alten Martinshymnen hier zu schweigen, auch die erste
biographische Darstellung von Martins Leben, an die man sich nach Sever
wagte, in Versen unternommen. Von ihrem Verfasser, Paulinus von Peri=
gueux, wissen wir nur das Todesjahr 475. Zu seinem Heldengedicht bediente
er sich der Quellen, die er vorfand, nämlich der Martinsschriften des Severus [h]).
Er gesteht selber, weiter nichts zu thun, als die ihm vorliegende Prosa ryth=
misch zu erweichen; zu den Quellen könne nicht jeder dringen, und so müsse

<hr>

a) Gregor. H. Fr. I. 80.　　b) Passio antiqua Juliani (Boll. 28. Aug. VI).　　c) Gregor.
Confess. 35.　　d) Gregor. Martyr. 104. 73.　　e) Gregor Martyr. 103.　　f) Passio Sympher.
Ruinart); Gregor. Conf. 76. Martyr. 70.　　g) Gregor. H. Fr. II. 31; Martyr. 63; Conf. 2, 22,
26, 45, 57, 87, 03, 04.　　h) Paulin. Petricor. (M. Petschenig) p. 81. 82.

man denn bei ihm mit abgeleitetem Wasser vorlieb nehmen, dem es an Frische fehle. Auch entbehrt es des Interesses nicht, daß Paulinus aus Severs Vorlage nicht ein einheitliches Lebensbild zusammenschweißt, sondern die doppelspurige Behandlung des Severus beibehielt. In drei ersten Gesängen schöpft er die Vita aus, in einem vierten den zweiten Teil des ersten Dialogs, in einem fünften den zweiten Dialog. Das meiste, was Sever bietet, benützt er und überspringt nur wenig. Das sechste und letzte Buch zieht dann eine neue Quelle hervor, nämlich die dem Verfasser durch Bischof Perpetuus von Tours zur Verfügung gestellte Liste von sechzehn Wundern, die am Grabe des Heiligen nach seinem Tode geschehen waren.

War mit Paulinus von Perigueux Martin einem Poeten in die Hände gefallen, der nach eigenem Geständnis keiner war, so hatte er mit seinem nächsten Biographen scheinbar mehr Glück, insofern Venantius Fortunatus für den letzten römischen Dichter gilt[1]). Aber auch dieser befolgt das Rezept des Paulinus, und gibt im ersten und zweiten Gesang die verblümte Vita, im dritten und vierten eine Paraphrase der Dialogen[2]). Er behandelt den Gegenstand fabrikmäßig, von seiner poetischen Begabung ist nicht viel zu spüren, finden sich doch unter den zweitausend zweihundert und dreiundvierzig Versen kaum fünfzig gute[3]). Wie Paulinus hat er sich zum Martinsgedicht des einfachen Hexameters bedient, während er sonst über gewähltere Maße verfügte. Er deutet auch an, daß er in Paulins Spuren wandelt.

Reich an Talent, an Ahnen, an Glauben und Herz hat Paulinus

Martins Satzung in Versen erzählt, des heiligen Lehrers.

Aber nun ich, bin ich würdig genug das selige Leben

Auch zu berühren mit zitternder Hand und mit stammelnder Zunge?

Sowohl das Martinswerk des Paulinus als das des Venantius Fortunatus kommen daher als poetische Leistung kaum, als ernst zu nehmende Lebensschilderungen gar nicht in Betracht. Die gelehrten Verdienste Fortunats um die Heiligen liegen anderswo.

1.

Fortunat verfaßte sechs Heiligenleben in Prosa. Da sie für das Volk berechnet waren, sah er von dem höfischen Stil ab, mit dem für uns erfreulichen Resultat, daß diese Traktate in einer einfachen, natürlichen Sprache

---

a) Fortunat. Mart. (Leo) I. 21. 22. 45. 47).

1) Friedrich Leo, Venantius Fortunatus, der letzte römische Dichter. Deutsche Rundschau. 1882. Bd. 2. S. 414—426.   2) Friedr. Leo in seiner Ausgabe der Monumenta, Auct. Antiquiss. Bd. 4ᵃ. S. 296—370.   3) Charles Nisard, Le poète Fortunat, Paris 1890. S. 49 (Anmerkung).

gehalten sind, während sonst gerade seine Prosa nicht auszustehen ist. Zuerst beschäftigt uns sein Leben des Hilarius von Poitiers. Es ist wichtig als der erste bedeutendere Vertreter einer Prosavita, die nicht auf persönliche Erinnerung zurückgeht, also nicht Memorie ist. Sprang schon bei seinem Martinsgedicht der enge Anschluß an Sever in die Augen, so ist er bei näherem Zusehen hier in nicht geringerem Maße vorhanden. Nun hat Sever allerdings keine Hilariusgeschichte hinterlassen, aber in seiner Chronik doch mehrere biographische Daten untergebracht und im Martinsleben dessen Beziehungen zu Martin kurz erwähnt; alle diese Stellen finden sich in Fortunats Hilariusleben gewissenhaft übernommen und der Anklang sogar bis auf einzelne Ausdrücke nicht vermieden. Die Angaben des Hieronymus über Hilarius hat Fortunat nicht benützt, obwohl er in der Vorrede Hilarius und Hieronymus nebeneinanderstellt; und auch anderswoher seine Kenntnisse über Hilarius Lebensgang nicht bereichert: er steht also mit diesem Werk so sehr im Bann des Sulpitius Severus, als das bei dessen spärlichen Angaben über Hilarius möglich war. Aber auch aus einem andern Grunde war sein Hilariusleben das Seitenstück zu Severs Martinsleben: Hilarius von Poitiers nahm zu dem größeren Nachbarheiligen von Tours für die Empfindung der Nachwelt gewissermaßen eine sekundierende Stellung ein: war Martin Reichsheiliger, so war Hilarius dasselbe im zweiten Gliede; der Martinsmission unter den Alamannen trat eine Hilariusmission an die Seite; den Martinskirchen folgten Hilariuskirchen. Für die Abfassung der Hilariusvita steht das Jahrzehnt 565 bis 575 zur Verfügung; in der Vorrede zum Albinsleben sagt Fortunat allerdings, er habe in dieser Litteraturgattung, eben der Heiligenschriften, noch keine Uebung; das schließt die Priorität der Hilariusvita nicht unbedingt aus, denn da der Adressat der Albinsvita Bischof Domitian von Angers 569 starb, bleiben vier Jahre, in denen die beiden Schriften jede der andern den Vortritt hatte lassen können. Daß dagegen das Hilariusleben es mit einem längst Verstorbenen zu thun hat, dessen Grab bereits wieder auf eine Geschichte zurückblicken kann, giebt sich auch schon in seinem Anhang kund, in den Virtutes, die in der Hilariusbasilika von Poitiers sich ereignet haben: ein so loser Anhang immerhin, daß es sich um ein eigenes Büchlein handelt, mit eigener Widmung und dem sechsten nicht mehr dem vierten Jahrhundert zum Gegenstande. Das älteste der erzählten Wunder greift in die Zeit Chlodowechs zurück: der König hatte vor der Schlacht bei Poitiers die Nacht im Hilariusmünster bis zum Tagesanbruch zugebracht, bis er das feste Bewußtsein besaß, der Heilige werde sein mächtiger Mitkämpfer sein. Diese „Hilariuswunderthaten" sind vielleicht das früheste selbständige Beispiel dieser zweiten Art

<hr>

a) Hieron. D. V. I. 100.　　　b) Fortunat Virt. Hilarii 2.

hagiographischer Schriftstellerei, die sich nicht mit dem lebenden, sondern mit dem toten Heiligen beschäftigt. Gewidmet sind beide Schriften dem Pascentius, Bischof von Poitiers, der im Hilariuskult von Kindesbeinen an erzogen war, dann Priester der Hilariuskirche von Paris und schließlich auf König Chari=berts Befehl nach dem Tode des Pientius Bischof der Hilariusstadt wurde. Auf desselben Königs Geheiß und Drängen verfaßte Fortunat dann auch die beiden Schriften.

Das Hilariusleben blieb jedoch Fortunats einziger Versuch, eine Gestalt der fernen Vergangenheit zu schildern. Die fünf andern Heiligen, die er be=schrieb, sind mehr oder weniger seine Zeitgenossen: vier fränkische Bischöfe und die heilige Radegunde. Von dieser muß ausführlich die Rede sein. An den Bischofsleben dagegen mag nur eben das Charakteristische hervorgehoben wer=den. Mit Germanus von Paris stand Fortunat in persönlichem Umgang; für die Vita, die er ihm widmet, ist davon leider wenig genug abgefallen. Der Eindruck, den ein Mann wie Germanus Auge in Auge doch gewiß ausübte, kommt um alles Recht. Einen treffenden Zug über den Heiligen erfahren wir von Fortunat nicht hier, sondern im Leben der Radegunde, daß nämlich Ger=manus die in der Fastenzeit an die Armen auszuteilenden Kuchen eigenhändig buk[a]). Dafür strotzt das Germanusleben von Wundern, nicht nur von solchen, die der Heilige selbst gewirkt hat, sondern auch von übernatürlichen Vorfällen, mit denen der Volksglaube zu allen Zeiten eine ihm genehme Heiligengestalt umrahmt hat. Die Geburt wird in unerquicklicher Weise wundersam verbrämt[b]). Als Muster des damaligen Geschmacks in diesen Dingen ist die Episode hier anzuführen: Germanus hatte rechtschaffene und angesehene Eltern. Seine Mutter schämte sich in weiblicher Scheu, schon wieder ein Kind zu bekommen, da sie eben erst eines gehabt hatte. Sie beschloß die Frucht abzutreiben, so lange es noch Zeit sei und nahm den üblichen Trank, um das Verbrechen wider das keimende Leben einzuleiten. Darauf erhob sich nun ein Streit zwischen der Mutter und dem ungeborenen Kinde; dieses wünschte durchaus das Licht der Welt zu erblicken und überwand die abtötende Wirkung der Medizin. Das war gewissermaßen des Heiligen erstes Wunder, durchaus ge=eignet, die künftige Kraft des Heiligen anzudeuten. Uebrigens knüpft dieser sprechende Zug vielleicht doch an die Wirklichkeit an, und zeigt dann, was damals eine sonst anständige Frau ohne Anstoß zu erregen sich erlauben durfte.

Die übrigen drei von ihm beschriebenen Heiligen hat Fortunat nicht selber gekannt. Im Kloster Tincallense, wo Bischof Albin erzogen wor=den war, wurde Fortunat von dessen Nachfolger aufgefordert, die Stadt Angers zu besuchen. Nach Mitteilungen eines Ungenannten fertigte Fortunat

<hr>

a) Fortunat. Radegunde 16.   b) Fortunat. German. Paris I 11.

sein Büchlein an: „Damit dieses Heiligenleben zur Erbauung des Volkes schwarz auf weiß aufbehalten werden könne", und widmete es eben jenem Domitian, Bischof von Angers. Auf Geheiß des Germanus von Paris verfaßte Fortunat sodann das Leben von dessen Vorgänger Marcellus. Akten dieses Heiligen waren vorhanden gewesen, aber verloren gegangen; die mündliche Ueberlieferung über ihn war aber noch sehr lebendig. Paternus endlich, der Bischof von Avrenches, der noch auf dem dritten Konzil vom Jahre 556 anwesend war, wurde von Fortunat dem Abt Martianus zuliebe geschildert, dessen Kloster wahrscheinlich eine Stiftung des Heiligen war.

So dürftig indessen diese Heiligen-Lebensbilder für ein nur menschliches Interesse ausgefallen sind, mangeln ihnen wertvolle Beiträge zur Zeitgeschichte nicht ganz. Diese zeigen uns den bekanntlich sehr kirchenfreundlichen König Childebert im Verkehr mit hervorragenden Prälaten. Als Albin nach Paris kam, um nach seiner Erwählung zum Bischof von Angers im Jahre 529 die übliche Aufwartung bei Hofe zu machen, Childebert dagegen in der Frühe auf die Jagd geritten war, suchte der König, da dem geistlichen Herrn das Gehen sauer war, diesen persönlich auf[a]). Dem Paternus von Avrenches schickte er seine schließbare Reisekutsche zum Besuch bei Hofe und gab ihm für Armensachen einen unbeschränkten Kredit[b]). Dem Germanus stellte er nach dessen Wahl nach Paris sechstausend Goldstücke zur Verfügung; Germanus brauchte nur dreitausend: für die ganze Summe gebe es nicht Arme genug[c]). Als ihm aber der König ein Leibpferd schenkte mit dem ausdrücklichen Wunsche, der Bischof möge es nun ja zum eigenen Gebrauche verwenden, löste Germanus einen Gefangenen, der ihn um die Freiheit bat, damit aus, weil für den Priester des Armen Stimme mehr gelte als des Königs Stimme.

2.

Von Fortunats fünf zeitgenössischen Lebensbildern ist also das der Königin Radegunde weitaus das bedeutendste. Auch es steht in mehr als einer Hinsicht unter dem Einfluß von Severs Martinsleben. Als Radegunde eine junge Klosterschwester erweckte, die für tot galt, in ihrer eigenen Zelle, ohne Zuschauer, nach siebenstündiger Behandlung, erinnert Fortunat an das erlauchte Vorbild: more beati Martini tempore praesenti antiqui norma miraculi[d]). Aber das ganze Bild der frommen Frau steht in Martins Bann. Wie einst Martin seinem Burschen Dienste leistete, die dieser ihm erweisen sollte, so reinigte auch die Fürstin das Schuhwerk ihrer Schwestern. Zwei Stunden brachte Martin allein bei einem entseelten Klosterbruder zu und Radegunde

---

a) Fortunat. Albin. 9. 14.   b) Fortunat. Paternus 14. 15.   c) Fortunat. German. Paris. 12. 13. 22.   d) Fortunat. Radegund. 75.

zwei Stunden am Bett einer kranken Schwester. Sicher haben wir es hier nicht mit einer schriftstellerischen Abhängigkeit Fortunats von Sever zu thun, wohl aber deuten solche Stellen auf die Abhängigkeit Radegundens von Martin hin, dessen Gestalt in Severs Darstellung der Nachwelt erhalten war. Doch stellt sich selbst eine litterarische Parallele zwischen Sever und Fortunat ein. Auch Fortunat wird dem Stoff in seiner Vita nicht Meister: aus seinen Gedichten ersehen wir, daß er von Radegunde sehr viel mehr und sehr viel Charakteristisches weiß, was er in der Beschreibung nicht unterbringt. „Je mehr wir der Kürze wegen auslassen müssen, eine desto größere Sünde ist es", sagt auch er. Und in der That, was hätte er noch alles erzählen können! In einem seiner Gedichte wird uns in ergreifender Weise ein Einblick in ihr menschliches Empfinden gewährt! Auch in vielen kleinen Zügen, die in Fortunats Gedichten zerstreut sind, zeigt sich uns das unvergleichliche Frauenwesen von Mutter Radegunde, wie sie sich nennen ließ. Sie besteckt zu Ostern den Altar der Klosterkirche mit Blumen, erfreut ihren Dichterfreund mit allerhand Aufmerksamkeiten, Pflaumen, Eiern, frischer Milch und nimmt von ihm Veilchen, Blumen oder ein Körbchen mit zahmen Kastanien an. Auch im Kloster zeichnet sie sich aus durch ihren Eifer in der Kochkunst und durch ihr Geschick, Rahm zu Sahne zu schlagen. Daneben liest sie fleißig Kirchenväter. Von diesen anmutigen und intimen Einzelheiten enthält die Darstellung nichts. Ebenso verschweigt sie den Namen der Adoptivtochter und Aebtissin Agnes und Radegundens näheren Umgang mit ihr. Die Chronologie ist vernachlässigt. An Fortunats wichtigstem Heiligenleben äußern sich somit in allen wichtigen Punkten bei doch ganz andern Umständen ähnliche Bedingungen der Konzeption und Ausfülrung, wie wir sie bei Sever an dessen Behandlung Martins beobachtet haben: es ist das Unvermögen der Memorie, bei allzugroßer Liebe zum Stoff diesen schriftstellerisch zu bemeistern. Aber trotz alledem, welch ein Stoff!

Das zarte Königskind Radegunde von Thüringen[1]) war die edelste Beute der Franken nach der Schlacht an der Unstrut im Jahre 531. Die königlichen Brüder stritten sich um das in seiner Jugend, seiner Trauer, seiner Schüchternheit unbeschreiblich schöne Mädchen, auf dessen Kinderjahren schon die ganze Bitterkeit eines wehrlosen Waisenstandes gelastet hatte. Im Kampfe der Fürsten fiel sie dem rohen Chlotar zu. Er brachte sie auf seinen Meierhof Athies bei St. Quentin, um sie dort zu seiner Gemahlin erziehen zu lassen. Und da schenkte ihr nun also die Gefangenschaft und die Fremde, was ihr mehr werden sollte, als Heimat und Familienglück und irdische Liebe:

____

1) Ernst Dümmler, Radegunde von Thüringen (Im neuen Reich. II. 1871. 644—650).

das Christentum. Ueber die zum Glauben nötige Unterweisung hinaus lernte sie lateinisch und las Kirchenväter und die damals noch jungen lateinischen Hymnen. Neben ihrem frommen Gemüt fiel sie durch ihr kluges Wesen und durch ihre Liebe zu Kindern auf. Nichts wünschte sie mehr, als einst für ihren Glauben das Leben lassen zu dürfen. Sie sammelte die arme Jugend von der Gasse um sich, wusch die Kinder, gab ihnen zu essen; ja ein Geist= licher mußte ein hölzernes Kreuz vorantragen und sie zog hinter ihm mit der Schar der kleinen Psalmen singend zur Kirche. Dort fegte sie den Boden mit ihrem Kleide und wischte mit ihrem Taschentuch den Altar vom Staube frei. Der drohenden Heirat mit dem König suchte sie sich vergeblich durch heimliche Flucht zu entziehen. Die Verlobung erfolgte auf dem königlichen Sommersitz zu Vitry, die Krönung zur Königin in Soissons, 540. Das unver= meidliche Los suchte sie nach bestem Vermögen auszugleichen. Die Hochzeit mit dem irdischen Fürsten trennte sie nicht von dem himmlischen; an Christus war ihr mehr gelegen als an ihrem Gemahl. Als sie einst zu einer vor= nehmen Frau ritt und an der Straße einen Götzentempel bemerkte, der den heidnischen Franken sehr hoch stand, hielt sie an und befahl den Dienern Feuer einzulegen. Alsobald großer Tumult, bloße Schwerter, Knüttel und Zeterge= schrei: Radegunde saß unbeweglich im Sattel, bis das teuflische Heiligtum in Asche lag; das besänftigte die Menge. Von allen Einkünften, über die sie verfügte, gab sie den Zehnten der Kirche als regelmäßige Steuer; aber auch den Rest brauchte sie meistens im Dienst der Wohlthätigkeit. Reich beschenkte sie die Klöster; sogar die Einsiedler, die sich gänzlich zurückzogen, wußte ihre Gabe zu erreichen. Fürstin von Geblüt und Ehe wurde sie die Magd der Armen. In Athies errichtete sie ein Spital für bedürftige Leute, übernahm selber die Leitung und behielt sich persönlich die Pflege der abschreckendsten Krankheiten vor, die letzten Stadien der Entzündungen und stinkende Geschwüre wie den Krebs. An der Hoftafel lebte sie von Bohnen und Linsen. Sie unter= brach die Mahlzeit und eilte hinaus, entweder um in der Kirche am Horen= gesang teilzunehmen oder um sich zu erkundigen, ob und was jetzt die Armen zu essen bekämen. Sie konnte auch, einmal in der Kirche, die Essenszeit über= haupt vergessen. Sie griff zu Listen, um sich den Ansprüchen ihres Gemahls zu entziehen und stahl sich eines Nachts, eine Anwandlung leiblicher Not= durft vorschützend, aus dem Schlafzimmer, in Wahrheit zu keinem andern Zweck, als um im leichten Nachtgewande drunten in der kalten Schloßkapelle Buß= übungen obzuliegen; dabei erkältete sie sich und vermochte weder am Kamin noch im Bette mehr warm zu werden. Aergerlich meinte der Gemahl, was übrigens längst die Höflinge zischelten, das sei ja gar keine Königin, das sei eine Nonne. So war es. In der Fastenzeit trug sie ein härenes Hemd unter dem Seidenkleid. Jede Abwesenheit des Königs benützte sie, um alles, was sie in ihrer Stellung an geistlichen Uebungen sich versagen mußte, nachzuholen. Jeder Priester, der bei Hofe erschien, erfuhr ihre Huld: er mochte bei Schnee, Kot oder Staub gekommen sein, sie wollte seine Füße waschen und trocknen, sie ihm den Becher kredenzen. So lange der geistliche Gast blieb, überließ sie die Hofgeschäfte ihren Vertrauten und widmete sich ausschließlich ihm. Erfreute sie gar der Bischof mit seinem Besuch, so war sie in einem Entzücken und immer traurig, wenn er dankerfüllt Abschied nahm. Zierte ein kostbares Linnen mit Schmuck von Gold und Edelsteinen ihr Schultern oder Haupt und ihre Dienerinnen priesen den Anzug, schickte sie sofort das Tuch als Altardecke in die nächste Kirche. Nie bemühte sie sich eifriger ihren Einfluß auf den König geltend zu machen, als wenn ein Verbrecher zum Tode verurteilt war; da bot sie ihren ganzen Liebreiz und alle Freunde auf, um die Begnadigung durchzusetzen. Dieses Leben hätte sie wohl in Demut weiter geführt, wäre nicht das Schreckliche geschehen, das alle Bande ehelichen Gehorsams in ihr zerriß. Neben ihr war ihr Bruder aufgewachsen; nun aber groß geworden, wollte er seinen Vetter Amalfried in Byzanz aufsuchen, und im Osten ebenfalls sein Glück machen. Radegunde bewog mit den zärtlichsten Bitten diesen letzten und liebsten Menschen aus der Heimat, sie doch nicht zu verlassen. Der Prinz blieb. Offenbar schien er nicht ungefährlich; er wurde ermordet. Nicht einmal in seinen letzten Zügen konnte die Schwester ihn sehen, nicht einmal dem Begräbnis konnte sie beiwohnen. Nun hielt sie aber auch nichts mehr von dem Schritt zurück, zu dem ihr ganzes Wesen sie antrieb. Unter einem Vorwande begab sie sich, 557, nach Noyon, dem Sitz des Bischofs Medard. Sie traf ihn in der Kathedrale, wo er eben Messe las; inständig bat sie ihn sogleich um die Weihe, da sie der Welt entsagen wolle. Medard, selbst ein Heiliger, hatte nicht den Mut, der Gattin des Königs den Schleier zu reichen; er setzte ihr in Erinnerung an die Vorschrift des Apostels auseinander, sie sei gebunden und dürfe die Ehe nicht lösen wollen. Er versuchte alles, ihre Einkleidung zu verhindern. Er war durch die Drohungen der Edelleute in Radegundens Gefolge eingeschüchtert. Die Hofleute waren von der Erklärung der Herrin aufs äußerste überrascht: der Bischof habe keinerlei Recht, die Königin geistlich zu machen, denn sie sei nicht eine beliebige Person, sondern gewissermaßen ein staatliches Versatzstück. Sie vermochten nicht an sich zu halten: vom Altar weg rissen sie den Bischof und zerrten ihn durch die Kirche. Unterdessen schlüpfte Radegunde in die Sakristei und daselbst in ein bereitgehaltenes Nonnenkleid, kehrte in die Kirche zurück, trat aufs neue vor den Bischof und machte ihm so deutliche Vorstellungen über seine Amtspflichten, redete ihm so scharf ins Gewissen, beschwor ihn so eindringlich bei dem höchsten Hirten, sie nicht durch seine Menschenfurcht zum verlorenen Schaf zu machen, daß er erschrocken nachgab. Er legte die Hand ihr auf das Haupt und weihte sie. Da nahm die fürstliche Nonne den goldenen Gürtel, der noch eben ihren Leib umfaßt hatte, brach ihn entzwei, warf die Stücke unter die Armen, nahm ihr Königsgewand, breitete es auf den Altar und legte ihre Juwelen darauf. Dann wallfahrtete sie nach Tours und Candes, an die Erinnerungsstätten des heiligen Martin und beschenkte mit ihrem Vermögen größtenteils Klöster und Bistümer. Vorerst ließ sie sich nun auf ihrer Besitzung Saix, zwischen Tours und Poitiers, nieder. Damals träumte ihr, sie sehe ein riesiges Roß, das die Gestalt eines Menschen habe, und auf allen Gliedern und Körperteilen säßen Leute, sie selber aber auf den Knieen des Uebermenschen und eine Stimme sprach zu ihr: Jetzt sitzest du noch auf dem Knie, bald wirst du an meiner Brust Platz finden. Aber noch war sie nicht in Sicherheit; es verlautete, Chlothar sei über ihre Flucht vom heftigsten Schmerz erfüllt und habe erklärt, er wolle nicht mehr leben, wenn er sie nicht wieder zum Weibe haben könne. In ihrer Herzensangst legte Radegunde sich noch härtere Bußübungen auf, als die, denen sie sich bisher schon unterzogen, und flehte Tag und Nacht zum Himmel um Schutz vor dem Gatten: lieber sterben, als wieder sein werden! Das letzte Stück ihres Schatzes einen reich verzierten goldenen Becher schickte sie in dieser Seelennot durch einen ihrer Vertrauten an einen frommen Einsiedler und bat ihn um seine Fürbitte, um Rat und um ein gröberes Bußgewand. Der Einsiedler ließ ihr zum Troste sagen, allerdings sei es des Königs Wille, sie wieder zum Weibe zu nehmen, aber Gott werde es nicht zulassen. Später als Radegunde nach Poitiers übergesiedelt war, kam Chlothar von seinem Sohn Sigibert begleitet, nach Tours, angeblich um dort sein Gebet zu verrichten, in Wahrheit, um Radegunde zu entführen. Diese hörte von der Gefahr und schrieb sofort an Bischof Germanus von Paris, der sich im Gefolge des Königs befand. Der wußte sich nicht anders zu helfen, als er fiel vor Chlothar nieder und bat ihn, Poitiers nicht zu betreten. Da endlich ging auch diesem schlechten und ausgeschämten Menschen eine Ahnung heiligen Lebens auf, gegen das er machtlos sei. Er warf sich seinerseits dem Bischof zu Füßen, sandte ihn nach Poitiers, um von ihr Verzeihung für alles zu erflehen, was er durch schlechte Ratgeber verleitet, gegen sie gesündigt habe. Er erhielt Verzeihung. Aber gesehen hat er die Heilige nie mehr. Unterdessen schritt der Bau ihres Frauenklosters rüstig vorwärts. Unter den Thoren von Poitiers führte sie, vom Bischof und vom Herzog der Stadt unterstützt, im Laufe mehrerer Jahre ein mächtiges Gebäude auf, das gleich einer Festung, von Mauern und Thürmen umgeben, im Notfall auch einer Belagerung trotzen konnte. Alle die reichen Be-

6 *

sitzungen, die sie zum Brautschatze und zur Morgengabe von ihrem Gemahl empfangen hatte, übertrug sie mit dessen Zustimmung ihrer neuen Stiftung, nur das ausgenommen, was sie bereits einem Mönchskloster in Tours ver= macht hatte. Endlich konnte das Nonnenstift eingeweiht werden. Feierlich zog Radegunde mit den Jungfrauen ein. Kopf an Kopf stand die Menge auf den Straßen von Poitiers, alle Dächer waren von Neugierigen oder Andächtigen besetzt. Radegunde hat das Kloster zeit ihres Lebens nie mehr verlassen. Sie blieb die Seele der Gemeinschaft, aber wollte nicht deren Haupt sein, sondern ernannte zur Aebtissin ein junges Mädchen namens Agnes, das sie von Kin= desbeinen an ganz in ihrer Denkweise erzogen hatte. Jeder Ehrenstellung im Kloster wußte sich die Stifterin zu entziehen. Nach Agnes wurde Dedimia Aebtissin, der Küche stand Felicitas vor und Pförtnerin war Erdegunde. Aller fremden Verpflichtungen frei konnte Radegunde nun endlich ein christ= liches Leben, wie sie es verstand, führen, still, dienstfertig, gottgeweiht, deutsche Frau im wälschen Lande. Sie vergaß, daß sie Gattin, daß sie Königin ge= wesen war; sie versammelte die Schwestern um sich und sprach zu ihnen: „Euch habe ich zu meinen Töchtern auserlesen, ihr seid meine Lichtsterne, ihr mein Leben, ihr meine Ruhe und mein ganzes Glück, ihr meine neue Pflanzung. Laßt uns nun das Leben im Diesseits so gestalten, daß wir uns einst im Jenseits seiner aufs neue freuen dürfen. Laßt uns mit ganzer Zu= versicht und mit der vollen Hingabe unserer Herzen dem Herrn dienen. Laßt uns ihn suchen in Ehrfurcht und Einfalt, damit wir vertrauensvoll ihm sagen können: Schenk uns, o Herr, nach deiner Verheißung, denn wir thaten nach deinem Befehl." Für die Erfüllung ihrer Forderungen ging sie dann selber mit einem Beispiel voran, in dem ihr Niemand folgen konnte: nicht nur, daß sie im Beten, im Psalmensingen, im Lesen und Auslegen der heiligen Schrift die erste und die letzte war, sie war von einer unerhörten Strenge und Un= barmherzigkeit gegen ihre Person. Seit der Einsegnung lebte sie nur noch vegetabilisch, aß aber auch Aepfel nicht und trank keine geistigen Getränke. Sie verschärfte dann im Kloster ihre Entsagung zu der strengen Lebensweise einer Klausnerin, aß nur Sonntags Brot, sonst ausschließlich Kräuterwurzeln und wilden Kohl, in rohem Zustande ohne Oel und Salz, und erlaubte sich nur zwei Gläser Wasser täglich. Ihr Lager bestand aus einer Streu von Asche, über die eine grobe härene Decke gebreitet war. Sie mutete sich alle Arbeit der Dienstboten zu. Wo sie etwas schmutzig sah, putzte sie und scheuerte sie. Gerade weil sie von hoher Geburt war, adelte sie in ihren Augen nie= brige Dienstleistung desto mehr. Sie trug Holz herbei auf ihren Armen, schürte die Glut im Herde mit Balg und Feuerzange, zog das Wasser aus dem Sod= brunnen selber herauf und verteilte es in die Gefäße. Dann schabte sie Rüben und wusch das Gemüse, überwachte die brodelnden Speisen in den Pfannen, hob die Kessel ab und zu, reinigte das Geschirr, sobald die Tafel aufgehoben war, und fegte dann die Küche rein, bis alles glänzte. Schliefen die Schwestern, dann wichste sie ihnen die Stiefel und stellte sie jeder einzelnen wieder vor das Bett, ja die abstoßendsten Geschäfte einer Haushaltung nahm sie für sich in Anspruch. Dabei erschöpfte sie sich gelegentlich bis zur Ohnmacht; doch auch, wenn sie auf den Boden hinfiel, nahm sie nie Schaden. Das war allerdings in ihrer Dienstwoche. Außerhalb dieser beschäftigte sie sich mit Krankenpflege und kannte darin ebenfalls keine Grenzen. Jeden Dienstag und Samstag empfing sie Arme und Kranke in dem Badehause des Klosters und badete, reinigte und kleidete sie eigenhändig; als sich einmal eine Wärterin die Bemerkung erlaubte, wenn Radegunde immerfort aussätzige Weiber umarme, werde sie bald niemand mehr küssen wollen, gab sie zur Antwort: „Das ist ja allerdings sehr schade, wenn du mich nicht mehr küssen wirst". Sie war unermüdlich die Kranken zu besuchen oder die heilsamen Säfte abzukochen und kehrte stets nüchtern in ihre Zelle zurück. Trotz all dieser harten Arbeit ergab sie sich noch den schonungslosesten Kasteiungen. In der Fastenzeit spannte sie ihren Hals und ihre Arme in drei breite Eisenringe und schnürte den bloßen Leib in ebensoviel Ketten ein, bis er blutete und sie fast zusammenbrach. Ja sie zwickte sich mit glühenden Eisen, um den brünstigen Geist zu Paaren zu treiben. Einer so heiligen und bescheidenen Frau konnte die Wundergabe nicht versagt sein. Bella, die Gattin eines hochgestellten Mannes namens Gislaad und eine Nonne suchten und fanden Heilung von ihrem Augenübel bei Radegunde. Ein Mädchen Namens Fraislebis in Saix, eine Leubilia und zwei Ungenannte, wovon die eine eines Sattlers Frau, wurden durch ihre Hilfe teuflische Besessenheit los. Dabei ging der böse Geist einmal durch .den Unterleib und das andere Mal durch das Ohr ab. An innern Krankheiten heilte sie einen Fall von Quartanfieber; ferner wurde ein kränkliches Mädchen, namens Goda, das überdies durch das viele Doktern medizinsiech geworden war, in Radegundens Behandlung gesund, ehe noch die Votivkerze von der Länge seines Körpers heruntergebrannt war; desgleichen heilte sie die Nonne Animia von der Wassersucht und den Steuerverwalter Domolenus von seinem Rachenleiden. Ein ihr ergebener Schiffer, in Lebensgefahr, stillte den Seesturm, indem er ihren Namen ausrief. Absinthusblätter, die sie auf der Brust getragen hatte, wurden ein wirksames Augenpflaster, und ein sterbendes Waisenkind kam auf ihrem Schoße, durch die Berührung mit ihrer Kutte, zu sich. Im Kreise der Schwestern war sie gewissermaßen Virtuosin im Wundertun: die Aebtissin benutzte die ihr untergebene Fürstin förmlich zu Vorstellungen, indem sie einmal, scherzweise, bei Strafe der Exkommunikation den

Termin von dreien Tagen zur Heilung einer Verrückten stellte, das andere
Mal die Wiederbelebung eines beim Versetzen verdörrten Lorbeerbaumes unter
Androhung des Entzugs der Speise gebieterisch forderte. Alle diese wunder=
baren Kräfte bezog Radegunde aus einer anderen Welt, wie sie ja bereits
mit ihrem ganzen Wesen vorzeitig im Himmel lebte. Als einmal eine der
Nonnen, die Dichterin war, zu Radegunde kam und ihr erfreut mitteilte, zwei
oder drei ihrer Lieder seien Volkslieder geworden und würden vor der Kloster=
mauer vom tanzenden Volk zum Saitenspiel gesungen, erkannte Radegunde
die Begabung an, die ihr gänzlich abgehe, den Sinn für weltliches Leben mit
der Hingabe an Gott zu vereinigen, jedoch nicht ohne beizufügen: „Ich habe
weiß Gott kein Ohr mehr für weltliche Gesänge".

Kaum drang noch hie und da ein Notschrei von den Bürgerkriegen in
ihre heilige Stille hinein. Dann schickte sie vielleicht ein mahnendes Wort zum
Frieden an die hadernden Könige und Großen, deren Gattin und Mutter sie
einst gewesen war. Tag für Tag aber betete sie mit den Nonnen für das Leben
ihres früheren Gemahls und ihrer Stiefsöhne. Die Insassen des Klosters,
deren Zahl schließlich bis auf zweihundert stieg, waren meistens vornehmer Ab=
kunft. Nicht alle nahmen es ernst mit ihrem Stande. Uebrigens war die
Klosterzucht für sie nicht übertrieben streng und nach der Regel des Nonnenklosters
von Arles eingerichtet, die indes nur die Morgenstunden von sechs bis acht Uhr
dem Studium der heiligen Schrift vorbehielt und Brettspiel und geistlichen
Herrenbesuch erlaubte. Radegunde selbst liebte es, bedeutende Männer an der
Tafel zu bewirten. Der liebste war ihr Venantius Fortunatus. Ein Priester
aus der Gegend von Treviso, machte er im Jahre 565 eines Gelübdes halber
eine Wallfahrt nach Tours. Er suchte Verkehr in jedem vornehmen gallischen
Hause, mochte es Bischofssitz oder Schloß sein, und vergalt die Gastfreund=
schaft, die er überall genoß, durch seine tadellosen Gelegenheitsgedichte. Zwi=
schen der Fürstin deutschen Blutes und ihm, dem graziösen Südländer, schlang
sich ein Band reiner und herzlicher Gefühle. Radegunde verwöhnte ihn mit
allerlei angenehmen kleinen Dingen, für die sie an ihm eine Schwäche entdeckt
hatte, setzte ihm heute Creme vor und briet ihm morgen einen fetten Hahn,
oder der Tisch war mit besonders schönen Blumen besetzt, wenn Fortunat der
Gast war. Umgekehrt verfaßte er für Radegunde Briefe und Gedichte, und
es ist ihm gelungen, das Vertrauen, das sie ihm schenkte, künstlerisch zu be=
wältigen. Sein schönstes Gedicht, betitelt „Thüringens Untergang" hat ihm
die erlauchte Freundin so sehr inspirirt, daß sie redend darin auftritt. Sie
hat als Kind ihren Vetter Amalfried geliebt, den Stammhalter des Geschlechtes,
den einzigen Sohn des letzten thüringischen Königs. Er war von seiner
Mutter, einer ostgothischen Prinzessin, nach Italien gerettet worden und dann

in den Hofdienst von Byzanz eingetreten. Man spürt es wohl, daß dieser verbannte Germanenfürst fern im Osten im Herzen der fränkischen Königin heimlich weiterlebte. An ihn muß Fortunat in ihrem Namen sein Gedicht richten, die schöne und tieftraurige Erinnerung an die gemeinsame Jugend, mit der brennenden Burg der Ahnen im Hintergrund. Ein späteres Gedicht an den selben galt dem Toten. In dieser dichterischen Vermittlung Fortunats fließt uns Frauenliebe in einer unübertroffenen Tiefe und Innigkeit zu.

Am 13. August 587 ist Radegunde gestorben. Ihr Andenken schien denen, die sie gekannt hatten, mit dem Lebensbilde Fortunats, so lobenswert es sei, doch nicht genügend gesichert zu sein. Deshalb gelangten die Aebtissin und alle Schwestern an eine Schriftstellerin in ihrer Mitte, namens Baudonivia, sie möchte doch das Leben Radegundens, das sie aus persönlichem Umgang genau kannte, nochmals beschreiben. Sie entsprach der Bitte in den ersten Jahren des siebenten Jahrhunderts, also etwa ein halbes Menschenalter, nach= dem die Heilige die Augen geschlossen hatte. Die Schreiberin spricht die Ab= sicht aus, Fortunats Mitteilungen zu ergänzen, da er selber gestehe, nicht voll= ständig zu sein. Sie giebt daher ihre Arbeit auch äußerlich in diesem Zu= sammenhang, als ein zweites Buch des Radegundenlebens; es verhält sich zu Fortunats Werk, wie Severs Dialoge zum Martinsleben oder das zweite Buch des Cäsariuslebens zum ersten. Inhaltlich ist diese neue Vita durch manche anschauliche intime und bezeichnende Züge der fortunatischen ebenbürtig; der schriftliche Niederschlag eines starken persönlichen Eindrucks, die littera= rische Befreiung von einem übermächtigen Bann. „Wiewohl ihre Predigten noch vorgelesen werden", sagt die Schreiberin, „so fehlt doch der süße Laut ihrer Stimme; denn welch ein Gesicht, welche Gestalt sie hatte, wer vermöchte es auszudrücken: Qual ist es, daran zu denken. Ihr Wandel war heilig, und süß und rein war ihr Anblick." Schriftstellerisch jedoch bleibt die Darstellung nicht auf der Höhe. Die Klosterfrau schreibt ein sehr schlechtes Latein voller Anakoluthe und barbarischer Ausdrücke und verproviantiert sich stilistisch über= dies wacker aus den Viten ihres Partners. So sehen wir denn zum Lobe der heiligen Radegunde den zierlichen Pegasus des letzten römischen Dichters einträchtig ins Joch gespannt mit dem schwerfälligen Ackergaul der fränkischen Mönchssprache.

Fünftes Kapitel.

Die Heiligengelehrsamkeit des Gregor von Tours.

Fortunat hat sich in seinen Heiligenleben nicht viel von der Memorie entfernt und sich dabei meist auf Gebieten bewegt, wo man ohne ein großes Wissen bei einigem Darstellungsgeschick wohl auskommen konnte. Er schrieb überhaupt auch diese Stücke, wie seine Gedichte, gelegentlich, aus Liebens= würdigkeit, der richtige Italiener. Die Gründlichkeit, deren es bedarf, um eine neue Gattung ins Leben zu rufen, mangelte ihm. Aber die ersten Ansätze zur außermartinischen, auf Forschung, nicht auf bloßer Erinnerung beruhenden Prosavita finden sich eben doch bei ihm. Er ist damit der Vorläufer eines Größeren geworden, der sich in seiner Bescheidenheit selber nur wie ein Nach= treter Fortunats vorkam.

An Gregor von Tours überrascht uns nun mit einem Schlage die ganz andere Art des Interesses an den Heiligen. Es ist, um es gleich bei dem wesentlichsten Merkmal zu fassen, das Interesse des geborenen Gelehrten. Der Stoff schwillt ins Unbegrenzte: statt eines halben Dutzend, das persönliche Be= kanntschaft oder andere private Beziehungen vermittelten, drängen sich nun aus den gesammelten Pergamenten und eingezogenen Erkundigungen hunderte von neuen Personen und Thatsachen ans Licht. Das individualisierende Ele= ment tritt vor dem statistischen in den Hintergrund. Wißbegier und Sammel= eifer decimieren die keineswegs fehlende Anekdotenpsychologie.

1.

Vor allem aber kommt nun endlich zu seinem Rechte, was wir bis jetzt immer wieder vermißten: die chronologische Auffassung der Heiligenfigur. Betrachten wir nun die spärlichen Mitteilungen, die Gregor über Sever hinaus zu Mar= tins Lebensgeschichte beibringt, ganz abgesehen davon, daß Gregor gelegentlich geradezu versucht, Martins Tod zum Ausgangspunkt einer eigenen national= fränkischen Zeitrechnung zu machen[a]), wobei er sich allerdings durch den An= satz 445 um nahezu fünfzig Jahre versieht. Er, der Bischof des fränkischen Cen= tralheiligtums, widmet seinem heiligen Vorgänger auf dem Stuhl von Tours im ersten Buche seiner Geschichte der Franken zunächst folgende vier Daten[b]): 1) Geburt Martins im elften Jahre Constantins, 2) Ankunft Martins in Gal= lien um das zwanzigste Jahr Constantins II, 3) Bischof von Tours im achten Jahre des Valens und Valentinian, 4) Martins Tod im zweiten Jahre des

---

Arkadius und Honorius. Nun ist allerdings das zweite Datum von vornherein
unbrauchbar, da Constantin II nur vier Jahre regierte; mit seinem zwanzigsten
Regierungsjahre ist jedenfalls das Jahr 355 gemeint. Aber abgesehen von
der Unrichtigkeit dieser Daten war es im Prinzip ein Fortschritt, für Mar=
tins Leben überhaupt einen chronologischen Ansatz zu versuchen, zumal bereits
zweihundert Jahre verstrichen waren und niemals ein solcher Versuch gemacht
worden war. Hand in Hand damit geht die bis auf den Tag sich erstreckende
genaue Bestimmung der Regierungszeit als Bischof: sechsundzwanzig Jahre
vier Monate und siebzehn Tage, gemäß Gregors Berechnungen aus den durch
den Kultus bestimmten Martinstagen vom elsten November und vierten Juli;
überdies beziffert Gregor Martins Lebensalter auf einundachtzig Jahre. Neben
diesen chronologischen Anstrengungen verrät sich Gregor von Tours auch durch
andere gelegentliche Beiträge zur Martinsgeschichte als geborenen Historiker,
so durch seinen Abriß einer Geschichte des Bistums Tours vor und nach Martin,
ferner durch seine allgemeinen Mitteilungen über die Christianisierung mit den
urkundlichen Belegen bischöflicher Briefe, über Martinsreliquiendienst, worüber
uns sonst nichts bekannt wäre, da der von Gregor citierte Brief des Pau=
linus uns verloren ist und schließlich durch die einigermaßen mildere Dar=
stellung von Martins Nachfolger Briccius, aus dessen wirklichem Verhältnis
zu Martin wir jedoch auch jetzt so wenig klug werden, als aus der Ursache
seiner Wahl zum Bischof. Er gibt außerdem einen knappen Auszug der An=
gaben Severs und betrachtet im übrigen ein Martinsleben nach Sever nichts
weniger mehr als für ein Bedürfnis. Seine dürftigen Notizen über Martin,
gelegentlich eingestreut, verleihen aber auch so dem Bilde Martins nach Sever
den zeitgeschichtlichen Rückgrat, den ihm jener sonst vortreffliche Schilderer
nicht gab und nicht geben konnte.

Gregors große und angeborene Liebe zu gelehrten Studien hat ihm mög=
lich gemacht, neben seinen ausgedehnten und gewissenhaft erfüllten Amtspflichten
eine ganze Reihe von Schriften abzufassen[1]). Seine Thätigkeit als Schrift=
steller erstreckt sich über die zwanzig Jahre von 574—593. Das erste war
ein Buch über die am Martinsgrabe geschehenen Wunder. Allem Anschein
nach hatte dieser Beginn von Gregors litterarischem Schaffen eine amtliche
Veranlassung. Im fünften Jahrhundert wurde im bischöflichen Kapitel von
Tours ein Register geführt, das die am heiligen Grabe geschehenen Wunder

<hr>

1) Max Bonnet, Le latin de Grégoire de Tours. Paris 1890. W. v. Giese=
brecht, Einleitung zu seiner Uebersetzung. 1851. V—XLVII. Rud. Koepke, Gregor
von Tours. Kleine Schriften. Berlin 1872. 289—325. Gabr. Monod, Étude critique
sur les sources de l'histoire mérovingienne. Partie I. Grégoire de Tours. Paris 1872.
W. Arndt und Br. Krusch in ihren Einleitungen zur Monumenta=Ausgabe. 1885.

verzeichnete. Wir sahen, daß zur Zeit des Bischofs Perpetuus diese Liste sechs=
zehn Nummern aufwies, die Paulinus von Perigueux zum sechsten Buche seines
Martinsgedichtes verarbeitet hat. Es lag somit für Gregor nahe, seinerseits
solch einen Wunderkatalog anzulegen. Schwerlich hat er selbst jedoch jenen
alten Index vorgefunden, sonst hätte er wohl kaum seine Zusammenstellung
Paulins poetischer Paraphrase entnommen, sondern die Quelle selbst zu Worte
kommen lassen. Dieses erste Buch der Martinswunder umfaßte vierzig Num=
mern. Es folgte bald darauf ein zweites mit fünfzig; vor dem dritten, das
dann deren sechzig zählte, fügte er jedoch ein Buch über die Julianswunder
in Brioude ein, gab um dieselbe Zeit eine Uebersetzung der Siebenschläfer aus
dem Syrischen, vor 587, und ebenso in dem Jahre 586/87 die Schrift vom
Ruhm der Märthrer; war er damit bereits halbwegs auf das Gebiet der
Biographie übergegangen, so begann er nun mit einzelnen Heiligenleben und
schilderte zunächst, seit 587, Emilianus und Bärchen, Senoch, Venantius und
Monegunde; dicht daran schließt sich die Schrift vom Ruhm der Bekenner
ohne den Prolog, noch im Jahr 587. Im Jahre 591 läßt die Abfassung
des Nicetiuslebens und im Jahre 592 die Abfassung des Leobarduslebens
ungefähr erkennen, worauf er dann die unterdessen im Martinsgrabe geschehenen
Wunder in einem vierten und letzten Buche der Martinsthaten zusammenfaßt,
591/593. Nun legt er auch die letzte Hand an die Väterleben und schließt
sie zu der so betitelten Sammlung zusammen, 593. Dann schrieb er noch die
Andreaswunder und, falls sie von ihm sind, die Thomaswunder. Nicht an=
setzen lassen sich der uns verlorene Psalmenkommentar und die merkwürdige
Abhandlung über den Lauf der Sterne. Die letzten Erzeugnisse seiner Feder
sind der Prolog zu den „Bekennern" und das zehnte Buch seiner Geschichte
der Franken, die, das läßt sich schließen, ihn neben seinen Heiligenschriften
her unablässig beschäftigt hat. Er konnte die letzte Feile nicht ansetzen, und so
liegt das Buch uns gewissermaßen unfertig vor, obschon es zu einem dem Ab=
schluß sehr nahen Grade der Ausführung gediehen ist. Das große Geschichts=
werk steht jedoch in keinem Gegensatz zu den Heiligenbüchern. Es ist durchaus
von demselben Geiste durchzogen; das gibt ihm erst seinen Stil, daß es auf
Schritt und Tritt seine Gläubigkeit nicht verhehlt. Nur moderne Engherzig=
keit kann darin einen Fehler sehen; eher wäre zu bedauern, daß der Verfasser
sich nicht noch enger an die Legende angeschlossen hat. Es ist ansprechend,
aber nicht durchaus geboten, die Entstehung des Werkes auf drei Hauptwürfe
zu verteilen, und so die erste Hauptmasse bis in die Mitte des fünften Buches
um 577, die zweite bis gegen das Ende des achten um 584/85 und den
Rest um 590/591 geschrieben sein zu lassen. Unter der Obhut der beiden
hohen Vorgänger auf dem Gebiet christlicher Chronologie Hieronymus und

Eusebius beginnt Gregor erst schematisch dürr und nähert sich dann mit immer reicherer Mitteilung seiner eigenen Zeit, wo die Fülle der Nachrichten schließlich eine bis zum Stillstand des zeitlichen Fortschritts sich ausdehnende Breite annimmt. Die vier ersten Bücher bilden einen Hintergrund; es besteht eine Entfernung zwischen ihnen und dem Autor, die er durch mehrfache Rekapitulationen und nachträgliche Berechnungen auszugleichen strebt. Vom fünften Buche an redet er als Augenzeuge und, mehr als das, als thätiger Teilnehmer, der bei der Entwicklung der Dinge sein Wort mitgesprochen und die Geschichte, die er nun beschrieb, in aller Schüchternheit ein bischen mit hatte machen helfen. Und nun fesselt er seine Leser in hohem Grade und hält sie in beständiger Spannung. Dasselbe gilt von den Heiligenschriften, sobald es der Leser fertig bringt, die dumpfe Atmosphäre, die Gregor hier mit seiner Zeit teilt, mitzuatmen. Oft unterbrochen und eine Arbeit an die andere tauschend, hat Gregor seinem ganzen Schriftstellerwerke, der Geschichte der Franken und den „Acht Büchern Wunder", wie er seine Heiligentraktate in ihrer Gesamtheit überschrieb, einen einheitlichen Geist und Stempel aufgeprägt. Im ganzen ist es eben dieser Geist, um dessentwillen wir uns mit Gregor als unserem wertvollsten Gewährsmanne beschäftigen.

Gregor war, wiewohl Hirt, nicht aufgeklärter als die Herde: er glaubte mit dem Volk und wünschte nicht mehr, als in allen Punkten dessen Inbrunst im Glauben und in der Verehrung zu teilen. Er betrieb das Studium der meist rohen, bäurischen Volksmenge, die das von ihm gehütete Heiligtum umdrängte, somit ja nicht etwa als kritischer Beobachter, sondern als deren gläubiges Organ. Vielleicht hat er sich auch von einem praktischen Interesse leiten lassen und schuf, um zur Erbauung und Bildung der zahlreichen Pilger beizutragen, eine Art Wallfahrtslitteratur. Jedenfalls schrieb er ausschließlich für erbauliche Zwecke: es schien ihm als Diener der katholischen Kirche geradezu geboten, „die geschichtliche Begebenheit, die zur kirchlichen Erbauung das ihre beitragen könne, kurz und einfach aufzusetzen, damit die Wunderkraft des Heiligen bekannter und so dessen Verehrung gefördert werde"[a]). Daß er ein barbarisches Latein schrieb, das auch das klare Bewußtsein von der eigenen Verwilderung nicht mehr zu säubern im Stande war, hat er selber offen eingestanden[b]); die Sprache, die bei einem Schriftsteller von Bedeutung immer dessen Wesen spiegelt, setzt sich bei ihm in der That aus Einflüssen der Itala und des gallischen Schönschreibers Apollinaris Sidonius zusammen[1]); aber so sehr er schriftstellerisch hoffnungsloser Epigone war, empfand er eben gerade

---

a) Gregor Martin II. 19.   b) Gregor Confess. praef.

1) M. Manitius, Zur Frankengeschichte Gregors von Tours. (Neues Archiv für ältere Deutsche Geschichtskunde. Bd. 21. 540—557).

im Hinblick auf das klassische Altertum seinen Beruf eines christlichen Schrift=
stellers als dem Gehalt nach wertvoller und fruchtbringender: „Unsere Pflicht
ist es", schreibt er[a]), „das zu schildern und zu sagen, was zur Erbauung der
Kirche des Herrn beiträgt und durch heilige Belehrung die ohnmächtigen Geister
zur Kenntnis des vollkommenen Glaubens befähigt. Hier handelt es sich nicht
darum, trügerische Fabeln zu erzählen oder die gottfeindliche Weisheit der
Philosophen zu befolgen, womit man leicht des Herrn Urteil herausfordern
und dem ewigen Tode verfallen könnte. Wenn ich von den Wundern der Hei=
ligen zu berichten willens bin, so wünsche ich wirklich nicht in diesem Netz
und Garn mich zu verfangen. Nicht Saturns Flucht, nicht Junos Zorn, nicht
Jupiters Ehebruch, nicht Neptuns Meineid, nicht des Aeolus Herrschaft, nicht
der Aeneiden Kriege sollen hier zur Sprache kommen, das alles ist ein Bau
auf Sand gebaut und dem Einsturz nahe, wofür wir nur Verachtung haben."
Immerhin steht Gregor dann doch nicht an, den durch Taubenflug geleiteten
Helden Hillidius mit dem römischen Konsul Marcus Valerius zu rechtfer=
tigen, der sich des Beistandes eines Raben erfreute[b]).

Die hagiographische Forschung Gregors verteilt sich auf ein doppeltes
Interesse: einmal gewissermaßen auf eine Besuchsstatistik begangener Wall=
fahrtsorte, namentlich der beiden berühmtesten des Frankenlandes, des Martins=
grabes in Tours, seinem Bischofssitze, und des Juliansgrabes bei Clermont,
seiner Vaterstadt; sodann auf die Lebensgeschichte der Heiligen, aber in der
summarischen Verkürzung des Einzelnen, wie es eine kompendiarische Samm=
lung mit sich bringt. Diese beiden Interessen erscheinen in Gregors Schriften
mit Uebergewicht bald des einen bald des andern gemischt. Jedenfalls aber
stellt sein Material eine Summe von Gelehrsamkeit dar, die eine Vergleichung
mit Kenntnissen, wie sie etwa Fortunats Viten voraussetzen, nicht zuläßt.
Diese Gelehrsamkeit hat sich Gregor auf die gewissenhafteste Weise erworben.
Betrifft sie Länder, die er nicht selbst besucht hatte, vor allem den Orient,
so hat er sich fleißig nach Lektüre umgethan. Für die Geographie des Orients,
namentlich die Topographie des Jordans und des toten Meeres, ist seine
Hauptquelle die Schrift des Theodosius „Das heilige Land". Ueber die in
den Jahren 536—552 unternommene katholische Mission unter den in Palä=
stina noch ansässigen Juden berichtet er nach Evagrius Scholastikus, während
er sich für die christliche Urzeit an Pseudomelito, Rufin, Johannes von An=
tiochien, Prudentius, Abbias, Modestus oder die apokryphen Akten hält. Da=
neben verwendet er, was er von lebenden Zeugnissen nur habhaft werden
kann, nimmt die von Pilgern heimgebrachten Merkwürdigkeiten in Augenschein
und verhört einen auf dem Taufplatz Christi getauften und geheilten Aus=

---

a) Gregor Martyr. praef.   b) Gregor, Julian. 7.

sätzigen aus Gallien sowie andere Aussätzige, die im Jordan oder in den Wassern von Livia gesund geworden waren[a]). Das kostbare Vorlesepult in der Cypriansbasilika von Karthago beschreibt er als eine Sehenswürdigkeit auf Grund genauer Nachrichten ausführlich[b]). Stand dagegen ein Gebiet in Frage, das ihm selber zugänglich war, so unterließ er nicht, an Ort und Stelle Erkundigungen einzuziehen: wenn er vor dem heiligen Grabhügel sein Gebet verrichtet hat, sieht er sich die Inschriften an und fragt den Wächter aus[c]). Offenbar hatte Gregors ganze Umgebung und nicht zum mindesten seine Verwandtschaft die Augen auf ihn gerichtet, voller Hoffnung, er werde der Geschichtsschreiber des nationalen und kirchlichen Lebens im jungen fränkischen Reiche werden. „Ich habe", sagt er[d]), „keine litterarischen Studien getrieben und mich keineswegs an gelehrter Lektüre der Weltlitteratur ausgebildet; aber ich gehorche dem beständigen Zuspruch des Vaters Avitus, Bischofs von Auvergne, der mich ermahnte, kirchliche Werke zu schreiben. Wenn auch die Dinge, die ich in seinen Predigten hörte oder die er mich zu lesen veranlaßte, mein Urteil nicht zu bilden vermochten, da ich ja nun einmal nicht zu beobachten verstehe, so ist er es doch gewesen, der mich erst in Davids Psalmen, dann in die Worte des Evangeliums, sowie in die Apostelgeschichte und in die Briefe einführte, und er brachte mir die Erkenntnis Jesu Christi bei." Einst nahm ihn sein Onkel Bischof Nicetius von Lyon in die dortige Heliuskrypta mit, und Gregor erzählt[e]): „Als ich mein Gebet gesprochen hatte, sah ich mir voll Bewunderung das Grabmal an, überdachte, was ich von den Verdiensten des Heiligen wußte, da fiel mir an der Wand eine Inschrift auf, und nun zog ich mündlich über die dort enthaltene Meldung noch nähere Erkundigungen ein." Ueber die Art, wie er zaghaft unter der Menge stehend und ihre Befangenheit teilend, sich fast wider seinen Willen entschließt, unter den Augenzeugen eines Wunders nun als deren Schriftsteller aufzutreten, belehrt uns vielleicht das erste Blatt, das er überhaupt beschrieben hat, auf das rührendste. Er sagt[f]): „Ich rufe den allmächtigen Gott zum Zeugen an, daß ich jüngst im Traume mitten in der Basilika des Herrn Martinus viele Sieche und mit den verschiedensten Krankheiten Behaftete gesund werden sah. Neben mir stand meine Mutter und sagte zu mir: ‚Was zauderst du, das aufzuschreiben, was du hier siehst?' Da sag ich: ‚Du weißt ja, wie ohnmächtig ich in den Wissenschaften bin; viel zu dumm und beschränkt, als daß ich es wagte, Thaten, die höchste Bewunderung verdienen, der Oeffentlichkeit zu übergeben. Wäre doch Severus da oder Paulinus noch am Leben oder käme Fortunat und schrieb es auf! Denn ich müßte nur unthätig mit dem Kiel in der Hand dasitzen,

<hr>

a) Gregor Martyr. 18. 19.   b) Gregor Martyr. 93.   c) Gregor Julian. 2, Martin IV. 30.   d) Gregor Patr. 2. praef.   e) Gregor Conf. 61.   f) Gregor Martin 1. praef.

wenn ich dies aufzuzeichnen unternähme.' ‚Weißt du denn nicht', versetzte die Mutter, ‚daß du weit und breit im Rufe eines Schriftgelehrten stehst. Versäume nicht, Hand anzulegen. Ein Verbrechen wäre es, schwiegest du.' So hab ich mich denn mit gemischten Gefühlen der Sache unterzogen. Schrecken und Furcht halten mich nieder. Aber in der Hoffnung auf Gottes Güte trete ich an die Aufgabe heran, zu der ich ermuntert werde. Warum sollte er es schließlich nicht auch durch meine Sprache geschehen lassen können, wie er ja einst auch in der Wüste aus dem harten Steine Wasser springen ließ und so den brennenden Durst des Volkes stillte. Oder er wird ein zweites Bileams= wunder geschehen lassen und aufs neue einem Esel den Mund aufthun, wenn er mir die Lippen öffnet und durch mich ungelehrten Menschen dieses ver= kündigen will."

Ein kritischer Beobachter war also Gregor nicht. Er hat sich niemals be= strebt, die geschehene Begebenheit von den vielen andern Daten und Ereignissen zu sichten, die sich der geschichtlichen Gestalt im Laufe der Zeit vorgelagert haben. Aber nie hat seine Eigenschaft als Gewährsmann unter seiner Einfalt und Treuherzigkeit zu leiden; denn sobald Sinn für sein naives Detail vor= handen ist, erscheint er in jeder Zeile interessant. Als echte Gelehrtennatur kommt er auch nicht dazu, alles was er weiß aus sich herauszusetzen: „Es würde mich zu weit führen, das viele, was ich von diesen Heiligen weiß, hier mitzuteilen. Das Gesagte wird, denk ich, genügen"[a]). Und bei Gelegenheit einer Reliquienüberführung vergißt er nicht anzubringen, daß der Genfersee vierundsiebzig Kilometer lang und siebenundzwanzig Kilometer breit sei[b]). Unvergleichlich wird Gregor jedoch durch das römisch=germanische Zwielicht, in dem er steht. Diese Dämmerung, die ihn umflort, hat einen doppelten Ur= sprung: von der untergehenden Antike und vom aufgehenden Mittelalter.

2.

In diesem Zusammenhang liegt uns nun aber ob, der Behandlung, die das Heiligenleben durch Gregor gefunden hat, nähere Aufmerksamkeit zuzu= wenden. Der Trieb, persönlichem Leben nachzuspüren, äußert sich in Gregors gesamtem Werke gleichmäßig. Auch in seiner Frankengeschichte findet sich eine ganze Reihe von Lebensabrissen bemerkenswerter Männer eingeflochten. Als Beispiel mag hier die Stelle über Agricola von Châlons angeführt werden[c]): „Um jene Zeit starb Agricola Bischof von Châlons, ein sehr gewandter und kluger Mann, senatorischer Abkunft. Er hat in jener Stadt viel gebaut, Häuser und auch eine Kirche, die er mit Säulen versah, mit Marmor ausstattete und einem Mosaik schmückte. Er lebte äußerst enthaltsam. Nie nahm er Frühstück

a) Gregor Martyr. 97.   b) Gregor Martyr. 75.   c) Gregor Hist. Fr. V. 45.

zu sich und begnügte sich mit der einen Hauptmahlzeit im Tage, zu der er sich so zeitig hinsetzte, daß er sich noch vor Sonnenuntergang davon erhob. Er war sehr leutselig und ein guter Redner. Er starb im achtundvierzigsten Jahre seiner Regierung als Bischof, dreiundachtzig Jahre alt. Ihm folgte Flavius, der Referendar König Gunthrams." Daran mag sich nun noch, ebenfalls beispielsweise, die Notiz über ein Original von Einsiedler anschließen, dessen Sonderbarkeit darin bestand, daß er sich seine Mahlzeiten in einem hölzernen Kessel kochte. „Ich erinnere mich", erzählt Gregor[a]), „vor Jahren gehört zu haben, es lebe irgendwo in einer Einöde Jemand, den ein Waldbruder aus der Nachbarschaft aus Verehrung aufsuchte, nicht ohne sogleich mit aller Liebe empfangen zu werden. Sie treten in die niedere Zelle, verrichten das Gebet und setzen sich. Nachdem sie sich lange vom Worte Gottes unterhalten hatten, erhebt sich der Greis von seinem Stühlchen, geht in sein Gärtchen und schneidet sich den Kohl zum Essen ab. Als das Feuer im Herde brennt, setzt er einen weitgebauchten hölzernen Kessel über die Flamme, füllt ihn mit Wasser, in dem dann der Kohl siedet, und schürt das Feuer so heftig, daß dieser zu glühen anfängt, genau wie wenn er von Eisen wäre. Mit Staunen nimmt der Gast es wahr und erkundigt sich, was es denn damit auf sich habe. Der Greis gab ihm zur Antwort: ‚Seit vielen Jahren wohne ich in dieser Einöde, immer aber habe ich auf göttliche Eingebung hin in diesem Kochtopf mir zur Kräftigung meines hinfälligen Leibes meine Speise zubereitet.' Wie gesagt, das hörte ich früher einmal. Nun aber sah ich neulich einen Abt, der den Einsiedler Ingenuus hieß und versicherte, er habe sich im Gebiete von Autun aufgehalten und öfters aus jenem Gefäße Kohl oder Kraut, die darin sotten, mit jenem herausgeholt. Ja er beschwor es mir mit einem Eide, er habe den Kochtopf über den Flammen mächtig glühen sehen und doch sei dessen Grund immer feucht gewesen, als werde er von Zeit zu Zeit genetzt."

An diese gelegentlich mitlaufenden biographischen Einschläge in Gregors Schriften mußte zunächst erinnert werden, um davon dasjenige Buch seines Mirakelwerkes deutlich zu unterscheiden, das sich nicht bloß beiläufig mit Heiligenleben beschäftigt, sondern eine Anzahl solcher zum ausschließlichen Inhalte hat. Gliedert sich damit Gregor nun im engeren Sinne der litterarhistorischen Entwicklung ein, der wir bis dahin nachgegangen sind, so springt auch das neue Moment in die Augen, daß seine Sammlung von zwanzig Heiligenleben in dieser Entwicklung darstellt. Es handelt sich um eine Kombination zweier bis jetzt getrennter Strömungen: einmal nahm er die Memorie auf, wie sie durch Severus geschaffen und durch Fortunat bis auf Gregors Zeit fortgeführt wurde; dann aber überwand er die Einseitigkeit einer nur an ein

[a] Gregor Confess. 96.

einziges Leben sich verlierenden Betrachtung durch eine ansehnliche Mehr=
zahl der geschilderten Leute. Damit griff er auf Rufin zurück und nannte
das Buch auch nach dessen Beispiel. Ueber die theoretische Abgrenzung
dieser Schrift von den übrigen hat er sich selber folgendermaßen verlauten
lassen[a]): „Eigentlich war meine Absicht, nur aufzuschreiben, was sich am Grabe
seliger Märtyrer und Bekenner Wunderbares ereignet hat. Da ich jedoch auch
solche kennen lernte, die das Verdienst eines seligen Wandels zum Himmel
erhob und deren Lebenslauf, wahrheitsgetreue Darstellung vorausgesetzt, mir
im Stande schien, zur Erbauung der Kirche beizutragen, nahm ich keinen An=
stoß, gelegentlich auch dergleichen niederzuschreiben, da ein Heiligenleben nicht
nur sich selbst darlegt, sondern auch die Zuhörer zur Nachfolge reizt. Habe
ich schon in einem früheren den Bekennern gewidmeten Buche bei einigen Hei=
ligen, wenn auch nur kurz, Züge aus ihrem Erdenleben eingeflochten, so will
ich jetzt diesem Gesichtspunkte breiteren Raum lassen und das Buch geradezu
‚Heiligenleben‘ betiteln.“

An dieser kleinen Sammlung von Lebensbildern entrollt sich uns ein
buntes und anschauliches Gemälde von der fränkischen Kirche bei ihrem Be=
ginn und im ersten Jahrhundert ihres Bestehens. Wir sehen einige charakter=
volle Vertreter sowohl bischöflichen als mönchischen Standes, meist aus der
Gegend des mittleren Gallien vor uns, durch einige treffende Anekdoten in
ihrem Wesen gezeichnet und hie und da durch Beziehung auf ein äußeres
zeitgenössisches Ereignis auch chronologisch genügend festgehalten. Jede Vita ist
mit einer erbaulichen Einleitung versehen und mit Kunstreden durchsetzt. In
den Ueberschriften heißen einige heilig, andere nicht; überdies unterscheidet
Gregor ebenda sechs Bischöfe von zehn Aebten, fünf Einsiedlern und einer
Nonne. Schon numerisch hat also das Mönchtum vor der Weltgeistlichkeit das
Uebergewicht.

Ein Zeitgenosse Martins von Tours kam, immerhin nach dessen Tode,
in das Kloster, das nahe der Martinskirche bestand. Er war seiner Braut
davongelaufen und hieß Venantius[b]). In der zweiten Hälfte des fünften
Jahrhunderts sodann wurden die Brüder Lupicinus und Romanus[c]) Väter
eines burgundischen Asketenvereins, der an den Westabhängen des Jura es
mit der Zeit auf drei Niederlassungen brachte. Lupicinus war verheiratet ge=
wesen, Romanus nicht. Nach dem Tode der Eltern richteten sie sich im Joux=
thale, auf der Grenze von Burgund und Alemannien im Bezirk der Stadt
Aventicum als Einsiedler ein. Auf dem Boden ausgestreckt beten, Psalmen
singen und sich von Kräuterwurzeln nähren, war ihr Tagewerk. Die Stein=
schläge, die in der Bergwildnis natürlich waren, faßten sie als Angriffe der

---

a) Gregor. Patr. praef.　　　　b) Gregor. Patr. 16.　　　　c) Gregor. Patr. 1.

Dämonen auf und zogen sich auf ernstliche Verwundungen hin sogar in die
bebaute Gegend zurück, bis eine arme Frau, die sie beherbergte, ihnen ihren
Mangel an Mut vorstellte und sie so zur dauernden Ansiedelung in den Wäl=
dern bewog. Durch Zuzug von Brüdern entstand zunächst das Kloster Condatis=
cone; man schlug eine Lichtung im Walde und baute den Boden an. Dann erfolgte
die Gründung einer Filiale noch auf altburgundischem Gebiete und schließlich
einer dritten Niederlassung im Waadtland. Die Oberleitung lag in der Hand
des Lupizinus. Er übte gegen sich selber die strengste Enthaltsamkeit; oft aß
er überhaupt nur alle drei Tage ein einziges Mal. Den Durst bekämpfte er,
indem er ein Gefäß mit eiskaltem Wasser in seine Hände nahm und so die
quälende Empfindung milderte, ohne ihr durch Trinken nachzugeben. So konnte
er gegen die ihm untergebenen Mönche ebenfalls streng auftreten und strafte
nicht nur böse Handlungen, sondern sogar schon böse Worte; auch längere
Gespräche und Begegnung mit Frauen sollten vermieden werden. Immerhin
konnte sich die zahlreiche Genossenschaft durch den Ertrag ihrer Feldarbeit nicht
erhalten; Lupizin bestritt das Notwendige aus einem geheimen Schatz, der
sich ihm irgendwo geöffnet hatte und jahrelang vorhielt. Doch blieb der Uebel=
stand nicht aus. Bei seiner Visitation des Nordklosters, das später nach
dem Bruder Romainmotier hieß, traf Lupizin um Mittag ein, als die
Mönche noch auf dem Felde waren und zu Hause eben gekocht wurde. Zu
seinem schmerzlichen Erstaunen gewahrte er da Vorbereitungen für eine Mahl=
zeit von mehreren Gängen, wobei allerlei Fischarten nicht fehlten. Rasch ent=
schlossen befahl er einen kupfernen Kessel mit siedendem Wasser über das Feuer
zu setzen, ließ Fisch und Kraut und Rüben hineinwerfen und den Absud vor=
setzen: „An dieser Suppe satt essen sollen sich die Brüder", sagte er, „das ist
Mönchsspeise und zieht nicht von der Beschäftigung mit Gott ab". Auf diese
Gewaltsverfügung hin traten zwölf Mönche aus, besannen sich aber nach einiger
Zeit eines bessern und kamen wieder. Während Lupizinus sich der Verwaltung
der drei Klöster annahm, zeichnete sich Romanus durch stillen Wandel und
gute Werke aus: er besuchte Kranke und betete sie gesund. Einst auf der
Wanderschaft wurde er von der Dunkelheit überrascht und gezwungen, in einem
Siechenhaus zu übernachten. Die neun Aussätzigen, die es bewohnten, ge=
währten ihm um so lieber Unterkunft, als er sofort warmes Wasser verlangte
und ihnen mit eigener Hand die Füße wusch. Dann ließ er ein großes Bett
herrichten, um mit ihnen allen gemeinsam zu schlafen. Während die Siechen
schlummerten, wachte Romanus und touchierte unter Psalmensingen die offenen
Eiterbeulen an der Seite eines von ihnen. Dieser erwachte, that seinem Nach=
bar desgleichen und schließlich alle unter einander, bis sie sich geheilt fühlten.
Als Romanus sah, daß sie alle eine neue, frische Haut bekommen hatten,

dankte er Gott und umarmte sie noch alle einmal zum Abschied. Lupizinus
seinerseits unterließ nicht, seiner Stiftung die Gunst des Staatsoberhauptes
zu gewinnen und begab sich in seinen alten Tagen nach Genf, wo der Königs=
bruder Chilperich Regent war. Der Prinz empfing den Abt an der Abend=
tafel. Lupizinus trat vor ihn, wie weiland Jakob vor Pharao getreten war.
Der Fürst wollte dem Kloster Ackerland und Weinberge anweisen; aber Lu=
pizin verschmähte Grundbesitz und erhielt nun das verbriefte Recht, jährlich
dreihundert Maß Korn, ebensoviel Wein und hundert Goldstücke zu beziehen.
Wenigstens entsprachen diese Einkünfte dem jährlichen Guthaben des Jura=
klosters an den königlichen Fiskus zu Gregors Zeit. Lupizin wollte mit seinem
Bruder eine beiden gemeinsame Grabstätte zum voraus vereinbaren. Romanus
aber machte dagegen geltend, er könne nicht in einem Kloster begraben werden,
da dann die Frauen keinen Zugang zu seinem Grabe hätten und doch zu er=
warten sei, daß zu der Ruhestätte eines bei Lebzeiten so erfolgreichen Wun=
derthäters sich eine lebhafte Wallfahrt entwickeln werde. Als er am 28. Fe=
bruar 460 starb, wurde er in der That zehn Meilen abseits auf einem kleinen
Berge bestattet, und bald erhob sich daselbst eine ansehnliche Kirche, der es
an Pilgerbesuch nicht fehlte. Lupizin dagegen starb erst am 21. März 480
und wurde in der Klosterkirche beigesetzt.

Gleichzeitig mit diesen Juramönchen lebte in der Auvergne der heilige
Abt Abraham[a]). Er stammte aus Mesopotamien. Im Begriff, die Mönchsko=
lonien der ägyptischen Wüste aufzusuchen, fiel er unterwegs in die Hände von
Heiden, wurde seines Glaubens wegen geschlagen und fünf Jahre lang in
eisernen Ketten gefangen gehalten. Dann zog es ihn nach dem Abendlande und
er ließ sich vor Clermont neben der Kirche von Saint Cirgues klösterlich
nieder. Er war Meister in den für einen Heiligen üblichen Wundern, als da
sind Dämonenaustreibung, Heilung von Blinden und andern Kranken und
besonders Weinvermehrung. Abraham, der zwischen 470 und 480 hochbetagt
starb und an der Stätte seiner Wirksamkeit sein Grab fand, stand auch bei
dem Herzog Victorius von Avern, dem Vasallen des westgotischen Königs
Eurich, in Gunsten, und der damalige Bischof der Stadt, Sidonius Apolli=
naris, geruhte dem frommen Mann die Grabschrift zu dichten. Nicht viel
jünger als die Juramönche und Abraham war ein anderer Lupizin[b]), vielleicht
zu Lubié im Bourbonischen. Er lebte in einer Ruine von Wasser und Brot und
gab Bescheid durch ein Fensterchen, dem ein linnenes Vorhängchen zur
Scheibe diente. Das Brot brachte man ihm alle drei Tage, das Wasser ließ
man ihm durch einen kleinen Kanal zufließen. Seine täglichen Psalmen sang
er stets mit einem zentnerschweren Felsblock auf dem Rücken und stützte sein

a) Gregor. Patr. 3. b) Gregor. Patr. 13.

Kinn auf das Ende des Stockes, wo er Dornenspitzen angebracht hatte. Da er lungenleidend und schon bei Jahren war, hustete er beständig Blutklumpen an die Mauer aus, deren Reste später als Amulette dienten. Ein Menschen= alter später erregte ein eingeborener Mönch namens Portian*) in einem Klo= ster bei Clermont Aufsehen. Hörigen Standes war es ihm erst nach mehreren vergeblichen Versuchen gelungen, in den Verband der Mönche aufgenommen zu werden. Doch gelangte er unter diesen zu solchem Ansehen, daß er später Abt wurde. Es gerieten ihm einige Thaten, worunter namentlich eine vor Sigiwalt, dem Minister König Theodorichs, geglückte Wundervorstellung die Freigebung von Gefangenen zur Folge hatte. Auch stand Portian mit Pro= tasius, einem Mönch im Kloster Combroude in telepathischem Rapport. Im Sommer, wenn sein Gaumen vor Hitze vollständig ausgedörrt war, hatte er überdies die komische Gewohnheit, Salz zu kauen, um damit sein Zahnfleisch anzufeuchten, während er ja dadurch seinen Durst ins Unerträgliche steigerte. Zur selben Zeit und ebenfalls in Clermont lebte der daselbst ebenfalls einge= borene Abt Martius b). Er legte Zellen in Berghöhlen an und schnitt die Bank und das Bett im Steine aus, über die dann nur die Kutte gelegt wurde. Er war so gutmütig, daß er einst einem Dieb, der im Klostergärtchen Obst und Gemüse stahl, sich aber nicht mehr zurechtfand, durch den Schaffner den Aus= weg zeigen und das weggeworfene unrechte Gut freundlich nachtragen ließ.

Im Bezirk von Bourges machte der Klausner Patroklus von sich reden. Er entstammte einer nicht adeligen, aber doch freien Familie. Mit zehn Jahren mußte er die Schafe hüten, während sein Bruder Anton studieren durfte, und als sie nun eines Tages am väterlichen Tische zusammensaßen, sagte Anton verächtlich: „Setze dich nicht so nah zu mir, du Bauer. Du bist ein Schaf= hirt, ich dagegen ein Gelehrter und somit ein Herr." Das schnitt dem guten Patroklus so tief ins Herz, daß er dem Hirtenstand Valet sagte und noch in die ABCschule ging, der er seinem Alter nach doch bereits entwachsen war. Dank seines Fleißes und bei seinem guten Gedächtnis hatte er seinen hochmütigen Bruder bald überholt und erhielt seine weitere Ausbildung bei Nunnio, einem Vertrauensmann König Childeberts von Paris. In die Heimat zurückgekehrt sollte er dem Willen seiner unterdessen verwitweten Mutter zufolge durchaus heiraten. Er entzog sich dieser Gefahr jedoch durch die Priesterweihe, die er sich von Arcadius Bischof von Bourges erteilen ließ. In seiner Stellung als Diakon verlor er sich so sehr in seinen privaten Bußübungen, daß er darüber die Hausordnung des Kapitels vernachlässigte und sich deswegen eine scharfe Rüge des Archidiakonen zuzog. Dadurch in seinem Hang zur Einsamkeit be= stärkt, verließ er Bourges, errichtete im Dorf Neris eine Kapelle, für die er

a) Gregor. Patr. 5.　　b) Gregor. Patr. 14.　　c) Gregor. Patr. 9. H. Fr. V. 10.

sich Martinsreliquien verschaffte, und eröffnete eine Kleinkinderschule. Daneben genügte er den Pflichten seines Heiligenstandes durch die übliche Behandlung der Siechen und Besessenen. Doch betrachtete er das nur als provisorische Station. Den Entschluß eines endgiltigen Aufenthaltes stellte er einem Orakel von beschriebenen Zetteln anheim, die er auf dem Altar niederlegte und nach drei durchgebeteten Nächten auf Geratewohl aufgriff. Seine Einrichtungen in Neris übergab er dann einer Gesellschaft gottesfürchtiger Jungfrauen zum Anwurf für ein Nonnenkloster, wanderte nur mit Karst und Hacke bepackt, ins Waldgebirge und baute sich eine Zelle in Moichant. Dort that er unter dem Landvolk Gutes, besonders an einer Frau Leubella während der Ruhr. Darnach errichtete er fünf Meilen von seiner Zelle entfernt ein Mannskloster und unterstellte es einem Abte, um selber nach wie vor sein beschauliches Le= ben führen zu können; nachdem er ihm achtzehn Jahre obgelegen hatte, starb er im Alter von achtzig Jahren. Der Oberpfarrer von Neris wollte den Leichnam mit Gewalt für den ehemaligen Wohnsitz des Heiligen in Anspruch nehmen, mußte ihn aber dessen Stiftung, dem Kloster Colombiers lassen, wo von den am Grabe Geheilten eine Namensliste geführt wurde. Der Abt Urs[a]) von Cahors gründete mehrere Klöster, zunächst drei in der Berri, nämlich zu Toiselay, Heugne und Pontigni, und überließ sie tüchtigen Vorgesetzten. Er errichtete ferner zu Sennevières in der Touraine eine Kapelle und ein Bet= haus, die er indes wieder einem Unterabt, dem Leubas übergab, um selber die Leitung des Klosters Loches am Indre zu übernehmen. Einer seiner Grund= sätze war, daß der Mönch nicht nur beten, sondern auch im Schweiße seines Angesichts sein eigenes Brot essen solle. Als praktische Natur ersetzte er die mühsamen Handmühlen durch eine Wassermühle, die er am Indre einrichtete; ein kleiner Mühlenbach mit steinernen Schleusen versehen, brachte das Wasser auf das große Mühlenrad und versetzte es in geschwinden Umlauf. Ein Gote namens Sichlar, Günstling König Alarichs II wollte über diese Erfindung die Hand schlagen; aber da die ganze wirtschaftliche Zukunft seines Klöster= verbandes auf diesem Vorrecht stand, wehrte sich Urs verzweifelt und schließ= lich mit Erfolg gegen diesen Eingriff in seine Rechte.

Ein sanfter Heiliger ist Friard von Nantes[b]). Er war ein frommer Bauer gewesen. Das Leben war ihm ein idyllischer Dienst Gottes in der Natur; wenn er in ein Wespennest griff oder hoch von einem Baume herunterfiel, sagte er rasch: „Unsere Hilfe steht im Namen des Herrn, der Himmel und Erde gemacht hat"; so kam er jedesmal mit heiler Haut davon. Er siedelte sich dann auf der Insel Besné an, erst begleitet von einem Abt Sabaudus, einem ehe= maligen Minister König Chlothars; dieser kehrte bald in sein Kloster zurück

a) Gregor. Patr. 18.   b) Gregor. Patr. 10.

und wurde später aus unbekannten Gründen ermordet. Doch behielt Friard
einen getreuen Zellennachbar in dem Diakon Sekundellus, hatte aber auch
mit diesem Freunde seine liebe Not; denn aus Ehrgeiz, seinerseits ein Hei=
liger zu werden, unternahm Sekundellus, ohne Friard etwas zu sagen, eine
Wundertour auf dem Festlande und hatte in der That mit seinen Kranken=
heilungen allen nur gewünschten Erfolg; aber da er selbst fühlte, daß es nicht
im rechten Geiste geschehen war, vertraute er sich Friard an, der ihm dann
als guter Seelsorger über schwere teuflische Anfechtungen hinweghalf. Friards
eigene Wunderkraft bewies sich mit Vorliebe in der Behandlung dürrer Bäume,
die unter seiner Gärtnerkunst wieder ausschlugen. Auf dem Todbette schickte
er zu Bischof Felix von Nantes und sagte ihm genau seine Sterbestunde an,
damit sich dieser spute und ihn vorher noch einmal besuche; der aber ließ
ihm sagen, es sei ihm eines Prozesses wegen unmöglich, schon so rasch hinüber
zu kommen; ob es denn mit dem Sterben so pressiere. Aus Rücksicht auf den
Freund schob daher Friard seinen Heimgang noch auf, und als Felix ziemlich
viel später endlich erschien, rief ihm Friard in seinen Fiebern entgegen: „Du
hast mich aber lange warten lassen, heiliger Bischof“. In Chartres lebte eine
heilige Frau Monegunde[a]), die nach dem Tode ihrer beiden Töchter ihrem
Mann aufsagte und Nonne wurde, erst im eigenen Hause, bis ihr das Dienst=
mädchen der nun eingeführten mageren Kost wegen davonlief und die Nach=
barinnen sich über sie Bemerkungen erlaubten; dann ging sie nach Tours ans
Martinsgrab. Schon unterwegs heilte sie in Soissons am Medardusfest ein
junges Mädchen und desgleichen wirkte sie in Tours, wo sie sich in einem
Kämmerchen eingemietet hatte. Da sie von sich reden machte, kam ihr Mann
herbeigereist und holte sie heim. Aber ihr Tagewerk blieb beten und fasten.
Sie kehrte bald nach Tours zurück, bezog ihre frühere Wohnung und sammelte
mit der Zeit einige Nonnen, nicht unter allzustrenger Regel, da unter anderm
erlaubt war, an Sonntagen Wein ins Wasser zu mischen. Sie blieb beschei=
den. Ein Gesuch um Heilung beschied sie dahin: „Warum denn ich? Warum
nicht Sankt Martin, wenn man an Ort und Stelle ist?“

    Von heiligen Zeitgenossen schildert Gregor ebenfalls einige des näheren.
Im Kloster Meallet in der Auvergne übertrieb Caluppan[b]) die Askese so sehr,
daß er zur Tagesarbeit zu geschwächt war und infolge dessen die Unzufrieden=
heit seines Vorgesetzten erregte, der ihm vorhielt: „Wer nicht arbeiten will,
soll auch nicht essen“. Als sich Caluppan so schlecht verstanden sah, siedelte er
sich als Eremit an einem fünfhundert Fuß hohen, einzelstehenden Felsen ein,
in einer Höhlung, die nur durch eine Leiter zugänglich war. In dem Bet=
häuschen, das er dort errichtete, ringelten sich ihm oft Schlangen um den

<hr>

a) Gregor. Patr. 19.   b) Gregor. Patr. 11.

Hals, und wenn er später nur unter Thränen dieser Anfechtungen gedachte, so geschah es nicht aus Ekel vor dem Reptil, sondern weil ja seit Paradieses= zeiten Schlangengestalt die irdische Erscheinungsform des Teufels war. Ca= luppan las und betete den ganzen Tag, selbst während seiner bescheidenen Mahl= zeit. Ab und an einmal, aber eben doch nur höchst selten, angelte er im Berg= bache und dann immer mit Glück. Seinen Brotbedarf lieferte ihm das Kloster; private Wein= und Brotspenden stellte er der Armenpflege anheim. Auch war ihm ein Bursche zu seiner Verfügung beigegeben, und als er eines Tages noch eine längst erbetete Quelle aufstach, fehlte ihm nichts mehr, zumal er nebenan sich ein Sammelbassin in den Fels höhlte, das zwei Maß Wasser aufnahm und ihn daher nie mehr in Verlegenheit geraten ließ. Bischof Avitus ging in Be= gleitung Gregors zu ihm hinauf und verlieh ihm die Diakonen= und Priester= weihe. Sonst ließ sich Caluppan vor Besuchen nicht sehen, sondern verkehrte mit ihnen nur durch ein Seitenfensterchen seiner Zelle, durch das hinaus er segnete und bekreuzte. Er starb fünfzig Jahre alt. Ein anderer Waldbruder der Auvergne, Emilian, hatte Eltern und Eigentum dahinten gelassen, zu Pionsat eine Lichtung geschlagen und darin ein Aeckerchen und einen Blumengarten an= gebaut. Er aß die Gemüse in unangemachtem Zustand. Außer den Tieren und Vögeln war er in der Wildnis das einzige lebende Wesen, bis ihm die Fü= gung einen Genossen zuführte. Sigiwald, der große Herr von Clermont, schickte einen seiner Knappen, der den deutschen Namen Bärchen trug, mit allen Hun= den in den Wald. Bald stob die Meute hinter einem mächtigen Eber her; doch verlief sich das Tier in den eingehegten Pflanzplatz bei Emilians Zelle. Die Hunde wagten nicht nachzudringen, indessen das Wildschwein sich ruhig vor der Schwelle der Hütte an die Sonne legte. Als Bärchen nachkam und erriet, daß etwas wunderbares im Spiel sein müsse, als zugleich Emilian zu ihm trat, ihn umarmte, ihn neben sich auf eine Bank zog und bei aller Ach= tung vor dem schmucken Knappenrocke ihm von dem größeren Herrn zu reden anfing, dessen Joch sanft und dessen Last leicht sei, als überdies die Bestie, zum Lamme geworden, sich während des Gespräches unbehelligt von bannen machte, da hatte sich im Innern des Jünglings bereits die Wandlung voll= zogen. Obwohl er seinen Dienst nicht verlassen konnte, paßte er, so sehr es nur immer anging, sein Laienleben geistlichen Grundsätzen an. Er unterbrach seine Nachtruhe dreimal, kniete vor sein Bett und betete. Singen war alles was er konnte; von den Buchstaben verstand er nichts. Doch legte er sich ein Heft zu, in das er die Inschriften über Heiligenbildern nachmalte, und wenn nun sein Herr geistlichen Besuch hatte, machte sich Bärchen verstohlen an jüngere Priester, ob sie nicht so gut wären, ihn über die Bedeutung der einzelnen

a) Gregor. Patr. 12.

Schriftzeichen aufzuklären. So eignete er sich Schrift und Lektüre des Alpha=
bets an, ohne jedoch sich noch auf ganze Wörter und ganze Sätze zu verstehen.
Nach Sigiwalds Tode hauste er sich bei Emilian ein und lernte in den zwei
oder drei Jahren, die er bei diesem zubrachte, den ganzen Psalter auswendig.
Von Seiten seiner Familie drohte ihm Lebensgefahr; sein Bruder wollte ihn
töten, wenn er nicht heirate. Dafür verbanden sich mit der Zeit immer mehr
Mönche dem alten und dem jungen Eremiten. Als Emilian neunzig Jahre
alt gestorben war und Bärchen die Leitung übernahm, entfaltete er ein außer=
gewöhnliches Geschick in der Gründung von Klöstern. Von Sigiwalds Tochter
Ranichilde ließ er sich den Hof von Vensat anweisen, vermachte diesen ausgedehnten
Grundbesitz seinen Mönchen, begab sich nach Tours, wo er Kapellen und zwei
Klöster gründete, verbrachte dann fünf Jahre in seinem Heimatkloster, kehrte
dann wieder nach Tours zurück, um in seinen dortigen Klöstern Aebte anzu=
stellen, und bezog schließlich endgiltig wieder die alte Waldhütte des seligen
Emilian. Von dort aus reformierte er das Kloster Menat, dessen Regel durch
die Nachlässigkeit des Abtes in Verfall geraten war. Als seine Grabstätte be=
zeichnete er zum voraus einen lauschigen Waldwinkel am Bache, wo er immer
eine Kapelle hatte bauen wollen und Kalk sowie Fundament längst bereit la=
gen. Der Abt sorgte für die Vollendung und ließ Bärchens irdische Reste,
die im Gewölbe seiner Zelle vorläufig untergebracht worden waren, zwei Jahre
später in allen Ehren nach dieser ihrer bleibenden Ruhestätte überführen. Im
Gebiete von Tours lebte damals auch Senoch, gebürtig aus Tiffauges bei
Poitiers; in den Mauerstücken einer alten Ruine erstellte er bequeme Woh=
nungen und restaurierte eine alte Kapelle, in der Sankt Martin einst gebetet
haben soll. Sie wurde von Eufronius von Tours geweiht, Senoch selbst zum
Diakonen an ihr eingesegnet. Leider bildete sich dieser zweifellos heilige Mann
zuviel auf sich selber ein, benahm sich geistlichen Mitbrüdern gegenüber hoch=
fahrend und trat besonders bei einem Besuch in der Heimat vor seinen Eltern
anmaßend auf, sodaß sich Gregor von Tours genötigt sah, ihm tüchtig ins
Gewissen zu reden. Reuig geworden setzte Senoch insofern aufs neue einen
Kopf auf, als er sich nun überhaupt einschließen und zeitlebens kein Menschen=
gesicht mehr sehen wollte. Das wäre sehr zu bedauern gewesen, weil er mit
seiner Heilthätigkeit ohne Zweifel viel Gutes that. Gregor brachte ihn dann
dazu, daß er sich nur während der Weihnachts= und Osterfasten der Welt ver=
schloß, im übrigen Teil des Jahres jedoch nach wie vor seine Audienzen er=
teilte. Er starb schon mit vierzig Jahren an einem dreitägigen Fieber. Gregor,
der herbeieilte, fand ihn bewußtlos; eine Stunde später war Senoch tot. Auf
den Boden von Tours war auch aus der Auvergne ein Heiliger bleibend

<hr>

a) Gregor. Patr. 15.

übergesiedelt, Leobard oder Lighard[a]). Sein Vater hatte ihn durch Berufung auf den nach der Bibel den Eltern schuldigen Gehorsam zur Ehe zwingen wollen, und so hatte denn der scheue Jüngling der Braut wider willen den Ring gereicht, den Kuß gegeben, den Schuh angezogen und was dieser Verlobungsbräuche mehr sind. Vater und Mutter starben, und als er eines Tages seinem Bruder Geschenke zu dessen bevorstehender Hochzeit überbringen wollte, fand er ihn vollständig betrunken. Da trieb es ihn von dannen; er übernachtete in einem Heuschober, und dort reifte in ihm der Entschluß, der Welt Valet zu sagen. Er bestellte sein Haus, ritt nach Tours, kräftigte sich daselbst in der Martinsbasilika, fuhr dann über die Loire und ergriff Besitz von einer Einzelzelle bei Marmoutiers, die durch den Wegzug des früheren Inhabers eben frei geworden war. Lighard erweiterte sie, indem er mit dem Pickel die Felswand tiefer aushieb. Dort lebte er nach Eremitenart, verlegte sich aber überdies auf die Herstellung von Pergament und beschrieb es dann. Er rief sich auch die Psalmen wieder ins Gedächtnis zurück, die er, seit er sie in der Kinderschule gelernt, wieder so gut wie vergessen hatte. Eines Tages verfiel er auf den übeln Gedanken, die Zelle zu wechseln; mit schwerem Herzen machte ihm Gregor klar, wie sehr dies mit den Väterleben und den Mönchsregeln in Widerspruch stehe. Im übrigen gefiel sich Lighard nicht, wie sonst manche seines Standes, in unechten Allüren, etwa überlangem Bart und Haar; vielmehr hatte er seine bestimmten Zeitpunkte, wo er sich scheren ließ. Er lebte zweiundzwanzig Jahre so, nicht ohne Wunder zu thun; sein Speichel heilte Eiterbeulen. Mit übermäßigem Fasten und, da er stets seine Zelle größer hauen wollte, mit harter Steinmetzenarbeit, hatte er sich zu viel zugemutet; eines Tages brach er zusammen und ließ rasch den Bischof rufen, der ihn mit dem letzten Segen versah. Aber sterben wollte er ohne Zuschauer; als er zwei Monate später, eines Sonntags im Dezember oder Januar 592, einen neuen Anfall erlitt, sagte er zu seinem Diener: „Geh und bereite mir Essen, ich fühle mich schwach“. „Es steht bereit, Herr!“ war die Antwort. „Dann geh und sieh ob der Gottesdienst zu Ende ist und die Leute aus der Messe kommen.“ Als jener wieder kam, lag sein Herr steif da und hatte die Augen für immer geschlossen.

Entfallen Gregors Lieblingsheilige schon der Mehrzahl nach auf das Mönchtum, so bilden die von ihm geschilderten Bischöfe keineswegs einen Gegensatz dazu; vielmehr sind sie in Gregors Augen überhaupt darum heilig, weil sie, wiewohl Kirchenfürsten, an der mönchischen Armut teilnahmen und damit das unheilige Element, das in dem Begriff des Weltklerus steckt, nach besten Thun und Gewissen auszugleichen suchten. Zunächst schildert er den heiligen

---

[a] Gregor. Patr. 20.

Jllidius oder Saint Allyre*), den Stadtheiligen seiner Heimat. Er weiß von
dem Vorleben und der Erhebung des Jllidius auf den Stuhl von Clermont
weiter nichts zu sagen, als daß diese durch Volkswahl erfolgt sei. Aus dem
Lebensgang fing er nur die Heilung der Kaiserstochter in Trier auf und
schweigt sogar darüber, ob Jllidius mit Martin von Tours in Beziehungen
gestanden habe. Es hatte sich eben mit dem besten Willen nichts mehr ermit=
teln lassen: alle Thaten, die Jllidius vor jenem Höhepunkt seines Lebens ver=
richtet habe, seien der Vergessenheit anheimgefallen. Um daher den berühmten
Mann vor dem Vorwurf, daß ihm nur ein einziges Wunder gelungen sei,
sicherzustellen, und andrerseits zu gewissenhaft, um nicht genügend begründete
Behauptungen vorzutragen, unternimmt Gregor eine Art Sekundärbeweis, in=
dem er von den Grabes= und Reliquienwundern des Jllidius mehrere auf
eigener Beobachtung fußende Angaben macht. Glücklicher ist er gegenüber den
andern von ihm geschilderten Bischöfen; da konnte seine Forschung überall an
lebendiges Andenken anknüpfen. Es handelt sich um fünf merovingische Prä=
laten aus der ersten Hälfte des sechsten Jahrhunderts und der östlichen Reichs=
hälfte, übrigens Männer, auf die Gregor in seiner Frankengeschichte wieder
zurückkommt. Im Jahre 515 war der bischöfliche Stuhl von Clermont Ferrand
durch den Tod des Eufrasius vakant geworden. Nun hielt sich damals in Ar=
vern Quintianus**) auf, ein gebürtiger Afrikaner, der zur Zeit des Goten=
krieges das Bistum Rhodez innegehabt, dann aber als angeblicher fränkischer
Spion hatte flüchten müssen. Eufrasius nahm ihn in Arvern nicht nur gast=
freundlich auf, sondern behandelte ihn ebenbürtig und schenkte ihm Häuser,
Aecker und Weinberge. „Das Vermögen unserer Kirche", sprach er, „ist groß
genug, uns beide zu erhalten." Auch der Bischof von Lyon gab ihm etliches
von der Besitzung, die seine Kirche zu Arvern hatte. Ihn wählte nun auch
die Gemeinde nach dem Ableben ihres Oberhirten zum Bischof; doch mußte
er es sich gefallen lassen, daß der Kandidat der römischen Aristokratie Apol=
linaris den Stuhl bestieg und ein Vierteljahr lang inne hatte. Dann schaffte
König Theodorich energisch Ordnung und sorgte dafür, daß Quintian alles
Kirchengut erhielt: „denn aus Liebe zu uns", sagte er, „ist er aus seiner
Stadt verbannt". Aber aufs neue wurde Quintian in Not und Bedrängnis
versetzt. Die alten römischen Familien, an der Spitze die Apollinaris, hatten
gegen die Franken zu den Goten gehalten und nun gegen Theodorich zu Childe=
bert. Auch richtige Anhänger der Regierung, wie Bischof Quintian, hatten
aufs schwerste zu leiden, namentlich unter den Ränken und Unterschlagungen
des Procul, eines Fiskalbeamten, der sich zum Priester hatte weihen lassen.
Dieser Procul, einer der gefährlichsten Frankenfeinde, entzog Quintian die

---

a) Gregor. Patr. 2.   b) Gregor. Patr. 4. H. Fr. II. 36. III. 2.

ganze Verwaltung des Kirchenvermögens und ließ ihm kaum den nötigen Lebensbedarf. Der Bischof aber pflegte, in Anspielung an das Pauluswort von Alexander dem Schmied, zu bemerken: „Procul der Zöllner hat mir viel Böses gethan, der Herr vergelte es ihm nach seinen Werken“. Was der Herr später dann auch gethan hat: Procul wurde bei Eroberung der Festung Vallore durch die Franken am Altar der Kirche auf jämmerliche Weise ermordet. Infolge einer Verschwörung des städtischen Adels mußte König Theuberich Arvern belagern. Da zog Bischof Quintian in der Stadt nachts unter Psalmengesang mit allem Volk der Mauer entlang und betete so laut, daß man es draußen hören konnte. Der König wollte eben stürmen lassen und hätte den Bischof in die Verbannung geschickt. Doch wurde er milder gesinnt und auch die Fürsprache des Herzogs Hilping bewog ihn, den Stadtbann bis zum achten Meilenstein als Freizone zu erklären, innerhalb der niemand ein Leides geschehen dürfe. In der Stadt galt der Bischof nach wie vor als das Haupt der Königspartei und war daher beständigen Angriffen von seiten der alten Römergeschlechter ausgesetzt. Hortensius, einer der Grafen, hatte Honoratus, einen Verwandten des Bischofs, ins Gefängnis geworfen. Als der Bischof daselbst nicht einmal vorgelassen wurde, ließ er sich, zum Gehen schon zu alt, vor den Palast des Grafen tragen und schüttelte den Staub von seinen Füßen mit den Worten: „Verflucht sei dieses Haus, auf immerdar verflucht seine Bewohner“. Alles Volk sagte: „Amen“. Da rief der Bischof aufs neue: „Ich verlange, Herr Gott, daß keiner dieses Geschlechtes jemals zur bischöflichen Würde gelange, weil es seinem Bischof nicht gehorcht hat.“ Dieser feierliche Fluch verhallte nicht kraftlos. Nach drei Tagen kam der Graf und bat um einen Ausgleich, zu dem Quintian gerne bereit war. Daneben war dieser Kirchenfürst als Schriftgelehrter, Armenfreund und Wunderthäter gleich ausgezeichnet. Obwohl er noch die ruhigere Zeit für seine Stadt anbrechen sah, überlebte er doch die peinlichen Zwischenfälle, zu denen auch ein in der Frankengeschichte[b]) erzählter demütigender Fußfall vor dem Beamten Litigius zu rechnen ist, nicht lange. Auch jetzt ging die Neigung der Bürgerschaft auf einen in der Stadt sich vorübergehend aufhaltenden Fremden, den Neffen des Priesters Impetratus, in dessen Hause er abzusteigen pflegte. Er hieß Gallus[*]) und lebte früher bei Clermont im Kloster Cournon als Mönch. Von Hause aus gehörte er dem höchsten gallischen Adel an, Sohn des Senators Georgius von Lyon und durch die Mutter Leucadia sogar Sprößling eines der Lyoner Märthyrer aus Mark Aurels Tagen. Als ihn aber der Vater mit einer Senatorstochter verheiraten wollte, floh er in Begleitung eines Dieners eben nach Cournon und bat den Abt um die Tonsur. Er fiel allgemein durch seine

---

a) Gregor. Patr. 6.   b) Gregor. H. Fr. III. 13.

schöne Stimme auf und um ihretwillen nahm ihn Quintian mit nach Cler=
mont, wo er bald nicht nur bei allem Volk, sondern auch bei König und Kö=
nigin in Gunst kam. Theuderich wählte ihn in jenen Ausschuß von jungen
Arverner Geistlichen, die zur Assistenz für den Kirchendienst nach Trier abge=
ordnet wurden, behielt ihn dann jedoch immer bei sich, so daß Gallus im
Gefolge des Königs bis nach Köln kam. Beim Ableben Quintians befand
er sich wieder in Arvern. Um dieselbe Zeit starb auch Aprunculus von
Trier; seine Gemeinde hatte ebenfalls ein Auge auf Gallus. Der Stichent=
scheid lag beim Könige. Als nun die Arverner Abordnung kam, um die üb=
lichen Simoniegebühren zu entrichten, fanden sie den Sinn des Königs schon
von sich aus ihnen geneigt, so daß schließlich das Zusammentreffen über die
für König und Stadt gemeinsame Freude an der Wahl zu einem Festgelage
auf Staatskosten führte. Gallus selbst pflegte auf gelegentliche Anspielungen
zu erwidern, er habe sich sein Bistum nicht mehr kosten lassen als eben das
Trinkgeld für den Koch beim Festessen. Der König ließ ihn durch zwei Bi=
schöfe in Arvern einführen. Indessen hatte die Kirche von Trier nach dem
abschlägigen Bescheid für Gallus einen ebenbürtigen Ersatz in Nicetius[a]) ge=
funden, offenbar auf den Vorschlag des Königs, der den freimütigen und un=
erschrockenen Charakter dieses Geistlichen, auch wenn er sich gegen die Willkür
des Fürsten oder seiner Hofleute richtete, aufrichtig schätzte. Das Volk be=
stätigte den königlichen Vorschlag. Eines Tages, als Nicetius auf dem bischöf=
lichen Stuhle saß und der Schriftverlesung zuhörte, spürte er einen starken
Druck in seinem Nacken, er drehte den Kopf nach rechts und links und als
es um ihn her süß roch, er aber niemanden sah, da wurde er inne, daß es
die bischöfliche Amtslast war, die ihn gedrückt hatte! Nach Theuderichs Tode
bekam auch der junge Theudebert den unabhängigen Sinn des Bischofs zu
fühlen. Eines Sonntags besuchte der König den Gottesdienst, ohne darauf zu
achten, daß in seinem Gefolge Exkommunizierte waren. Als die Bibellektion
nach dem alten Kanon vorgenommen und auch die Oblation der Hostie voll=
zogen war, sagte der Bischof vom Altar aus: „Die Kommunion kann nicht
erfolgen, ehe die Gebannten die Kirche verlassen haben." Als sich der König
dem widersetzte, bekam in der Volksmenge ein junger Höriger einen Anfall
und fing nun vor allen Leuten an, Sünden des Königs, von denen im Lande
herum verlautete, öffentlich zu rügen. Der König verlangte die Entfernung
des Verrückten, der Bischof bestand jedoch darauf, erst müßten die andern
hinaus. Da gab der König nach und die Messe konnte ohne weitere Störung
ihren Fortgang nehmen. Diese ungewöhnliche Festigkeit hat Nicetius nie ver=
lassen: „Es kostete mich nichts, für die Gerechtigkeit zu sterben", pflegte er

___
a) Gregor. Patr. 17.

zu ſagen. Er belegte mehr als einmal den König Chlothar mit dem Bann.
Als er dafür ins Exil wandern ſollte, alle Biſchöfe ſich dem Könige beugten
und die Seinen ihn im Stich ließen, ſagte er zu dem einzigen Getreuen, er
werde morgen wieder im Beſitze ſeiner Macht ſein; in der That kam tags
darauf ein Bote Sigiberts mit der Todesnachricht Chlothars und dem An=
ſuchen um die Freundſchaft des Biſchofs. Nicetius predigte alle Tage, faſtete
viel und beſuchte aus großem Andachtsbedürfnis tagsüber die verſchiedenen
Kirchen Triers, die Kapuze übers Haupt gezogen, um nicht gekannt zu ſein,
und nur von einem Diakon begleitet. Nicht zu verwechſeln mit dieſem Nice=
tius, der 566 ſtarb, iſt indeſſen ſein gleichzeitiger Namensvetter von Lyon.
Als Biſchof Sacerdos von Lyon in Paris krank wurde, war König Childebert
voller Rückſicht gegen ihn, kam zu ihm ans Bett und gewährte dem Sterbenden
die letzte Bitte: die Wahl ſeines Neffen zum Nachfolger. Der Prieſter Ba=
ſilius mußte unverzüglich nach Lyon reiſen und bei dem königlichen Grafen
Armentarius die nötigen Schritte thun. So wurde Nicetius*), der Sohn des
Florentius und der Artemia, Biſchof ſeiner Vaterſtadt. Er war in ſeiner Ju=
gend kränklich geweſen und erſt mit dreißig Jahren Prieſter geworden. Auch
dann arbeitete er nach wie vor als Handwerker. Seine Regierung als Biſchof
dauerte zweiundzwanzig Jahre. War Gregor dieſem Heiligen verwandt und
von jung auf um ihn geweſen und hatte namentlich die aufgeregten Tage der
Biſchofswahl des Nicetius als deſſen Diakon und Tiſchnachbar zur Linken
miterlebt und ſich damals die Serviette des Heiligen als Amulet zu Handen
genommen, war überdies ſchon Gallus von Clermont ſein Onkel, ſo konnte
er auch ſeinen eigenen Urgroßvater mit nicht weniger Recht unter den Heiligen
nennen. Biſchof Gregor von Langres[b]) hat ſich weiter nicht hervorgethan,
war aber ſein Lebenlang ein ſo tadelloſer Ehrenmann geweſen, daß noch ſein
Andenken genügte, um Chlothar ſofort zu Gunſten eines Mitglieds dieſer Fa=
milie umzuſtimmen[c]). Vierzig Jahre, 466—506, in der Stellung eines Grafen
von Autun, hatte er unbeugſam das Recht verwaltet und mit ſeiner Frau Ar=
menatria eine muſterhafte Ehe geführt. Ihr Tod veranlaßte ihn zum Ueber=
tritt in den geiſtlichen Stand: er ließ ſich zum Biſchof von Langres wählen.
Doch war Langres nur die Titelreſidenz, Biſchofsſtadt war thatſächlich Dijon.
Dort verbrachte Gregor die Nächte heimlich mit Pſalmenſingen in der an ſeine
Wohnung angrenzenden Taufkapelle. Sein inbrünſtiges Gebet hat ſeine Groß=
tochter, eben Gregors Mutter, da ſie, noch Mädchen, von den Aerzten aufge=
geben war, vom Tode errettet. Da er auf dem Wege nach Langres unter=
wegs ſtarb, aber in Dijon begraben zu ſein wünſchte, wurde der Leichnam
dahin übergeführt.

<hr>

a) Gregor. Patr. 8.   b) Gregor. Patr. 7.   c) Gregor. H. Fr. IV. 15.

„Die Väterleben" Gregors oder wie er die Schrift zu heißen vorzog, „das Leben der Väter"[a]) ist unsere wesentliche Quelle für die Kenntnis des merowingischen Mönchtums und auch seiner Einflüsse auf den Klerus vor der irischen Reform. Sie reicht zu seiner Geschichte nicht aus, ist aber die lebendige Illustration zu Hilfsmitteln theoretischer Natur, also den in Gallien befolgten Regeln vor Columban und Benedikt, etwa der des Makarius.

3.

Da Gregor ein einheitlicher sich gleichbleibender Schriftsteller ist und als Geschichtsschreiber den ursprünglichen Mirakelverfasser nicht verleugnet, so erübrigt noch, um ein rundes Bild zu erhalten, uns den Einfluß seiner hagiographischen Weltbetrachtung auf seine Auffassung der zeitgenössischen Geschichte zu vergegenwärtigen, nicht ohne gelegentliche Andeutung der Einseitigkeiten und Verzeichnungen in seiner Darstellung der leitenden Personen dieser Geschichte.

Chlodowech, mit fünfzehn Jahren König, war erst nur der kleine fränkische Gaukönig von Tournai an der Schelde. Aber 486 ergriff er Besitz vom letzten gallischen Römerland, erweiterte sein Gebiet bis an die Loire und verlegte seine Residenz westwärts, erst nach Soissons, später nach Paris. 491 besiegte er die Thoringer, 496 ein erstesmal die Alamannen, 507 die Westgoten und brachte im übrigen durch die schändlichsten Mittel die vielen kleinen Gaufürstentümer ebenfalls an sich, so daß er mit Ausnahme der von Burgund und den Westgoten noch besetzten Südostecke Gallien sein nannte. Nun zweifelte weder Gregor noch irgend sonst wer, diese Macht sei Chlodowech zugefallen, weil er sich auf den Namen des dreieinigen Gottes der katholischen Christenheit habe taufen lassen; schon Erzbischof Avitus von Vienne hatte dem Frankenkönig damals geschrieben[b]): „Bis jetzt war es das Glück, künftig aber wird es der aus der Taufwelle dir angespülte Wunderzauber sein, was dich zum Siege führt". Dieser Gesichtspunkt einer sozusagen magischen Begnadung von Gott gab für Chlodowechs Beurteilung den Ausschlag und lähmte die sittliche Entrüstung, der seine vielen Scheußlichkeiten bei einem braven Mann wie Gregor sonst doch vielleicht begegnet wären. Da dieser aber nie zum bewußten Schmeichler wird, sondern ehrlich die Wahrheit sagt, wo er sie weiß, entsteht ein merkwürdiges Nebeneinander von Eingeständnis und Verblendung. Unter dem grellen Licht, mit dem der Scheinwerfer des Panegyrikers die Gestalt Chlodowechs unnatürlich übergießt, ist doch das natürliche Licht der Begebenheit nicht ganz ausgetilgt. Zu Chlodowechs Verwandtenmorden sagt Gregor allerdings unglaublich erbaulich[c]): „Täglich streckte Gott seine Feinde unter seiner Hand zu Boden und mehrte ihm das Reich, weil er rechten Herzens vor Ihm wan-

a) Gregor. Patr. praef.   b) Avitus Ep. 46.   c) Gregor. Hist. Fr. II. 40.

delte und that was seinen Augen wohlgefiel". Als dagegen Chlodowech, der
Mörder aller seiner Vettern, auf dem Todbette cynisch genug war zu klagen,
ach daß er nun wie ein Fremdling unter Fremden stehe und ihm keiner der
Seinigen mehr Hilfe gewähren könne, da beugt Gregors Ehrlichkeit jeder Be-
schönigung vor mit der Bemerkung[a]): „Das sagte er aber ja nicht in einem
Anflug von Reue, sondern aus Hinterlist, ob sich vielleicht noch einer fände,
den er töten könne". In der Beurteilung von Chlodowechs Gattin hatte
Gregor gewiß nicht Unrecht, wenn er die weltgeschichtliche Bekehrung des Königs in erster Linie durch sie vorbereitet werden läßt. An Chrotechildens aufrichtigem und frommem Wesen ist nicht zu zweifeln. Aber er läßt sich dann
zu dem Märlein des Volksglaubens hinreißen, wonach König Gundobad ein
wutschnaubender Thrann gewesen wäre und seine Schwägerin hätte ertränken
lassen[b]), so daß dann später Chrotechilde ihre Söhne zum zweiten Zug der
Franken nach Burgund aufstiftete, um ihre Mutter zu rächen[c]). Vielmehr ist
König Chilperichs Witwe Caretene im Jahre 506 in einem Kloster bei Lyon
wenig über fünfzig Jahre alt eines natürlichen Todes verstorben[1]). Ihr verdankte Chrotechilde ihre katholische Erziehung und die Energie, am heidnischen
Hofe ihren Kindern ein Gleiches zu sichern. Für Mutter und Tochter ist
Chlodowechs Taufe jedenfalls die Erhörung jahrelanger heißer Gebete gewesen.
Durch seinen gläubigen Anschluß an die Volkssage hat sich Gregor um ein
Moment in der Bekehrungsgeschichte Chlodowechs gebracht, um den katholischen Rückhalt in der Familie der Frau. Davon abgesehen hat er den Einfluß
der Königin wohl richtig dargestellt: sie ließ Remigius kommen und gewiß
hat auch sie allen andern katholischen Einwirkungen den Zugang erleichtert[2]).

Unter Chlodowechs Nachfolgern ist sein Enkel Theudebert, der Sohn des
unehelichen, aber deshalb in den Erstgeburtsrechten in nichts geschmälerten
Theuderich, der bedeutendste Fürst der ganzen merowingischen Dynastie[3]). Der
Vater Theuderich charakterisiert sich in seiner Stellung zur Kirche genügend
mit jener einen Handlung, daß er zwar die unbefugten Einbrecher ins Kloster
von Saint-Ivoine bei Clermont zum Tode verurteilte, aber bei dieser Gelegenheit das Kloster gewissermaßen säkularisierte[d]). Sein Sohn dagegen stand
der Kirche vornehm und groß gegenüber. Ein Politiker im universalen Stile,
deutete er mit seinen Bestrebungen bereits die Stellung Deutschlands im Mittel-

---

a) Gregor. H. Fr. II. 42.   b) Gregor. H. Fr. II. 28.   c) Gregor. H. Fr. III. 6.
d) Gregor. Julian. 13.

1) Karl Binding, Das burgundisch-romanische Königreich von 443 bis 532.
Leipzig 1868. S. 111—128.   2) Godefroy Kurth, Sainte Clotilde. Paris 1897.
S. 23—64.   3) W. Schultze, Deutsche Geschichte von der Urzeit zu den Karo-
lingern. Stuttgart 1896. Bd. 2, S. 121. 122.

alter an, der erste deutsche Machthaber, der nicht bloß darauf ausging, ein Reich zu gründen oder ein schon gegründetes zu erweitern, sondern der geradezu die Weltmacht von römischen in germanische Hände zu übertragen, sich selbst an Stelle des Kaisers zu setzen gedachte. Und da der Grundgedanke seiner Politik darin bestand, sich daheim auf die Kirche zu stützen, so tritt uns bereits bei diesem Theudebert die Idee eines auf dem Bund mit der Kirche beruhenden Reiches deutscher Nation entgegen. Von solchen gewaltigen hochfliegenden Plänen dieses Königs hat nun der gute Gregor begreiflicher Weise nichts gespürt; daß der König der Kirche besondere, liebevolle Aufmerksamkeit widmete, bemerkte er wohl mit Freuden, aber warum das geschah, davon ahnte er nichts, so daß sein Urteil in eigentümlicher Weise zwar des Verständnisses ermangelt, aber dabei doch ziemlich richtig ist: „Theudebert", sagt er[a]), „zeigte sich als großen und durch alle Tugenden ausgezeichneten Fürsten". Hiebei ist wiederum, wie bei Chlodowech, der Privatcharakter des Königs panegyrisch entstellt; denn auch Theudebert war sinnlich, machtgierig und treulos. Aber er strebte hohen Zielen zu, und nach Edelmut sucht man bei ihm nicht vergebens. Noch bei Lebzeiten seines Vaters Theuderich erhielt er von diesem Befehl, den Sohn des eben ermordeten Sigivald umzubringen. Aber Theudebert wollte den Givalt nicht töten, da er ihn aus der Taufe gehoben hatte. Er zeigte ihm also den Brief mit dem Todesbefehl und forderte den Geächteten auf, außer Landes zu gehen, bis er selbst die Regierung angetreten und er sorglos zurückkehren könne. Theudeberts Stellung zur Kirche resumiert Gregor also: „Er regierte sein Reich mit Gerechtigkeit, ehrte die Priester, beschenkte die Kirchen, unterstützte die Armen und erwies vielen Leuten viele Wohlthaten voll frommer und milder Gesinnung. Alle Abgaben, die die Kirchen der Auvergne seinem Staatsschatz zu leisten hatten, erließ er ihnen in Gnaden." Des Näheren erzählt Gregor[b]), Bischof Desideratus von Verdun habe sich an den jungen König gewandt mit der Bitte um Unterstützung der wirtschaftlich vollständig hilflosen Bürger seiner Stadt; aus eigener Kasse konnte Desideratus nicht helfen, da ihm Theodorich sein Privatvermögen geraubt hatte. Es handelte sich um ein Anleihen mit gesetzlichen Zinsen. Die siebentausend Goldgulden, die der König gewährte und der Bischof unter die Bürger verteilte, verhalfen Verdun zu einem derartigen Aufschwung seines Geschäftslebens, daß der Wohlstand dieser Stadt fünfzig Jahre später sprichwörtlich war. Als aber der Bischof das Darlehen zurückerstatten wollte, verzichtete Theudebert auf sein Guthaben zu Gunsten der Armen.

Von Chlodowechs drei Söhnen aus seiner Ehe kam Chlodomer schon 524 in der Schlacht bei Vezeronce ums Leben[c]). Vor diesem zweiten Zug gen

---

a) Gregor. H. Fr. III. 25. b) Gregor. Hist. Fr. III. 34. c) Gregor. H. Fr. III. 6. 18.

Burgund ließ er den gefangenen Sigismund samt Frau und Kindern zu Coulmiers bei Orléans im Dorfbrunnen ertränken. Gregor bringt diese beiden Ereignisse in die Beziehung von Strafe und Schuld und weiß überdies, der heilige Abt Avitus von Micy habe vor der Unthat Chlodomer, falls er den Wehrlosen schone, den Sieg und, falls er ihn töte, den Untergang prophezeit gehabt, aber dieser habe ihn verlacht und gesagt: „Eine Dummheit wäre es, Feinde daheim zu lassen, wenn ich gegen andere zu Felde ziehe". Seine drei noch unmündigen Knaben Theovald, Gunthar und Chlodovald kamen zu Großmutter Chrotechilde nach Tours, und als diese sie einst mit nach Paris nahm, bemächtigten sich ihre Onkel ihrer und ermordeten die beiden älteren mit eigener Hand, weil die Mutter mit so großer Zärtlichkeit an den Söhnen ihres Erstgeborenen hing. Des jüngsten konnten sie nicht habhaft werden. Er war durch den Beistand mächtiger Männer ihnen entzogen worden. Später, herangewachsen, schnitt er sich mit eigener Hand die Locken ab und wurde Mönch. Das Kloster, das er zu Nogent bei Paris gegründet haben soll, hieß später nach ihm: Saint Cloud. König Childebert von Paris, der in seiner Eifersucht die Blutthat angezettelt hatte, sie aber im Augenblicke selbst davor zurück-schauernd zu hindern suchte, scheint von seinen Brüdern noch am ehesten edler Regungen fähig gewesen zu sein. An ihn hat sich denn auch das kirchliche Andenken am meisten angeschlossen. Namentlich die Bischofssitze der Bretagne und die Klöster in der Gegend von Le Mans haben einige hundert Jahre päter ihre Gründung und Förderung auf seine Gunst zurückgeführt. Da soll Vigor von Bajeux den eine Meile vor der Stadt gelegenen Druidenberg Phönus, wo er das Steinbild einer Göttin zertrümmert hatte, zum Bau einer Kirche geschenkt erhalten haben, desgleichen Markulf von Nantes die Insel Agna und Paul von Léon die Insel Bas,[a]) indessen Samson von Dol die Rechte des Territorialherrn gegen die Usurpationsgelüste Childeberts ver-fochten und mit seinem Schüler Maglorius die Mission auf die Kanalinseln Jersey und Guernsey ausgedehnt habe. Ja sogar um das noch entferntere Bistum Vaison soll sich Childebert durch die Bestätigung des Quinidius per-sönlich bekümmert haben[b]). Mehr Glauben, weil es sich dabei nicht um Grundbesitz handelt[c]), verdient wohl die Nachricht von Childeberts Verkehr mit Leobin von Chartres, den er öfters zu sich lud und 547 bei einem Brand in Paris, als das Feuer die über die Seinebrücke hinhängenden Häuser ergriff, mit der Leitung der Löscharbeiten betraute[d]). Höchst ver-dächtig sind jedoch die angeblichen Beziehungen, die Childebert zu den Ein-siedlerkolonien in der Maine unterhalten haben soll, ohne daß damit die Ge-

---

a) Vitae Vigoris, Marculfi. 15, 16. Paul. Leonens. 42. 40.   b) Vitae Samsonis. 52—59. Maglorii. 3. 14. 20. 26. 27.   c) Vita Quinidii. 5. 6.   d) Vita Leobini. 18. 19.

schichtlichkeit der betreffenden Eremiten wie des Deodatus, Eusicius, Baomirus, Rigomer und Saint Calais angezweifelt werden soll[a]). Unter diesen Namen findet sich bei Gregor nur von zweien eine Spur. Es wäre nämlich möglich, daß jener achtzigjährige Greis Deodat, der ihm aus persönlicher Erfahrung den Stoff zum Leben des anderen Lupizin lieferte[b]), der spätere Heilige gewesen wäre. Sicher dagegen weiß Gregor um Eusicius[c]). Diesen suchte Childebert vor dem Zuge nach Spanien auf und bot ihm fünfzig Goldstücke. „Wozu?“ fragte der Heilige, „ich brauche sie nicht und befasse mich auch nicht mit Armenpflege; mein Geschäft ist, Gott um Vergebung für meine Sünden zu bitten. Aber geh nur, du wirst den Sieg erlangen und alles wird dir zu Willen sein.“ Da gab der König das Gold den Armen und gelobte im Falle des Sieges über den Gebeinen des Eusicius einst eine Kirche zu stiften. Diesem Gelübde verdankte der spätere Ort Eusiciuszelle seine Entstehung. Aus dem siegreichen Feldzug gegen die Gothen hatte der König außer andern Kostbarkeiten allein an Kirchengerätschaften mitgebracht sechzig Kelche, fünfzehn Schüsseln und zwanzig Evangelienschreine, alles aus lauterem Gold, mit edeln Steinen besetzt. Er ließ diese Sachen nicht zerschlagen und zu Geld machen, sondern verschenkte alles an die Kirchen und Gotteshäuser der Heiligen[d]).

Nicht so glimpflich kam die Kirche bei König Chlothar weg. Er besaß noch mehr als seine Brüder die ungeschwächte Rasse des Merowingerblutes. Ein ganzes Drittel aller Kircheneinkünfte erhob er als Staatssteuer. Als aber der Bischof Injuriosus von Tours den Mut besaß, sich zu weigern und Chlothar ins Gesicht sagte, als König, der die Armen nähren sollte, sich vom Elend zu bereichern, sei schändlich, da wurde Chlothar angst, weil es der Bischof von Tours war und hinter ihm Sankt Martin stand; er milderte seine Verfügung und schickte Boten und Geschenke. Als aber das Jahr darauf Injuriosus starb, baute der König vor und sorgte für die Wahl eines gefügigeren Inhabers des Stuhles von Tours in der Person seines Haushofmeisters Baudnin[e]). Als er nach Childeberts Tode wieder das ganze und vermehrte Frankenreich in seiner Hand vereinigt hatte und unter den entsetzlichsten Frevelthaten alt geworden war, begab er sich im einundfünfzigsten Jahre seiner Herrschaft mit vielen Geschenken zu der Schwelle des heiligen Martin nach Tours. Hier ging er noch einmal alle die Handlungen, in denen er etwa möchte gesündigt haben, durch und flehte unter vielem Seufzen, der heilige Bekenner möge ihm Verzeihung vom Herrn erwirken und was er unbesonnen gefehlt habe, durch seine Vertretung wieder gut machen. Noch im selben Jahre 561 wurde er auf der Jagd im Forst von Cuise vom

---

a) Vitae Deodati 5, Eusicii, Baomiri, Rigomeri, Carileß 15—21. b) Gregor. Patr. 13. 3.
c) Gregor. Conf. 81.   d) Gregor. H. Fr. III. 10.   e) Gregor. H. Fr. IV. 2. 3.

Fieber befallen und sofort nach Compiegne gebracht. In seinen Fiebern sagte er immer wieder: „Weh! Wie groß muß der himmlische König sein, daß er so mächtige Könige so elend umkommen läßt." Seine vier Söhne brachten den toten Vater unter vielen Ehren nach Soissons und beerdigten ihn in der Kirche des heiligen Medard, die er selbst noch zu bauen begonnen hatte und die dann sein Sohn Sigibert prächtig vollendete[a]). Für das Christentum hatte Chlothar nur Verständnis gehabt, sofern es sich als Macht äußerte im Sinne dessen, was er, der rücksichtslose Gewalthaber unter Macht verstand: wenn der heilige Martin donnern oder brennen oder sterben ließ oder wenn ein Kirchenfürst wie Germanus von Paris ihm an solda= tischem Mut und an Unerschrockenheit überlegen dünkte. Chlothars Söhne stellten sich zur Kirche verschieden; doch hatte sich, ihnen allen gemeinsam, gegenüber den Zeiten ihres Großvaters Chlodowech das Niveau für die Be= ziehungen eines fränkischen Königs zu den Heiligen gänzlich verändert. Die anfangs noch sehr knapp bemessenen Herrscherrechte Chlodowechs gegenüber seinen Franken nahmen sich angesichts der militärischen Hierarchie der galli= schen Kirche kärglich aus. Das war nun anders geworden. Die monarchische Gewalt der Frankenkönige wuchs in Bälde mit der raschen Ausdehnung des Reiches. Die kirchliche Gegenbewegung war der allmähliche Zerfall der Metropolitangewalt und damit die Lockerung der festen Organisation, in der die Macht des katholischen Christentums bis jetzt beschlossen lag. Doch glich ein anderes Kräftepaar dieses Uebergewicht des Königtums fast ganz aus: die Könige hatten durch das Beispiel beständiger großartiger Stiftungen dem Episkopat und den Klöstern zu Reichtum, und da es sich um ausgedehnten Grundbesitz handelte, zu Macht verholfen, wenigstens mittelbar gewiß auf Kosten der eigenen Einkünfte und Interessen. Die unruhigen Verhältnisse, die sich aus den Reibungen dieser Kräfte ergaben, wurden jedoch insofern nicht staatsgefährlich, als die kirchlichen Zwecke nicht außerhalb des Reiches lagen. Die fränkische Kirche war Landeskirche; sie war so aufrichtig patriotisch und königlich, als die Krone gut kirchlich und katholisch war[1]). Doch bildet dieses nur die grundsätzliche Unterlage: beim einzelnen Herrscher schlug die Eigen= art durch, und da Gregor hier Zeitgenossen beschrieb, so ist jedes der vier Charakterbilder, wenn auch einseitig und sogar ungerecht, so doch scharf und ausdrucksvoll geraten.

Charibert von Paris regierte nur sechs Jahre und war ganz der Vater. „König Charibert", so faßt Gregor sein Urteil über ihn zusammen[b]), „haßte die Geistlichen, kümmerte sich nicht um die Kirchen, behandelte die Priester

---

a) Gregor. H. Fr. IV. 21.   b) Gregor. H. Fr. IV. 26. Martin. I. 29.

1) Albert Hauck, Kirchengeschichte Deutschlands. I. 125—158.

schlecht und folgte seinem Hang zu üppigem Leben." Seinen gehäuften Fre-
veln gegenüber rührte sich die Kirche nicht. Beförderungsintrigen der Bischöfe
nahmen sie ganz in Anspruch. Leontius von Bordeaux verstieß auf einer Versammlung der Provinzialbischöfe den Emerius von Saintes aus seinem Bistum, weil dieser nicht auf kirchlichem Wege zu seiner Würde gelangt sei. Dieser
hatte sich nämlich von König Chlothar einen Erlaß ausgewirkt, er solle, obwohl die Zustimmung seines damals abwesenden Metropoliten fehlte, doch
geweiht werden. Nun sandten die von Saintes eine Abordnung an den König,
an deren Spitze Heraklius, ein Priester von Bordeaux, eben der Kandidat
für den gewaltsam erledigten Bischofsstuhl, stand. Er stellte sich dem König
vor und sprach: „Sei gegrüßt, ruhmreicher König, der apostolische Stuhl
sendet deiner Hoheit reichsten Segen." Da sagte der König: „Bist du denn
nach Rom gegangen, daß du mir einen Gruß vom Papste bringst?" Der
Priester setzte ihm unter Windungen auseinander, er komme im Auftrage des
Erzbischofs von Bordeaux und dessen Provinzialmitbischöfen, um die Zustimmung des Königs für die Kassation einer unkanonischen Bischofswahl einzu-
holen. Als jedoch Charibert den Königswillen seines Vaters mißachtet sah,
brach der urgermanische Sippenstolz in ihm auf. Er knirschte mit den Zähnen
und hieß den Bittsteller hinausschaffen, auf einen mit Dornen gefüllten Lastwagen werfen und in die Verbannung stoßen. „Meinst du", rief er aus,
„von den Söhnen Chlothars sei keiner mehr übrig, der die Thaten des Vaters
aufrecht hält, da diese Kerle einen Bischof, den sein Wille eingesetzt hat, ohne
unsere Erlaubnis vertrieben haben." Er ließ den Emerius durch eine Delegation von Priestern wieder einsetzen und büßte den Leontius von Bordeaux
um tausend Goldgulden, die kleineren Bischöfe entsprechend ihrem Vermögen.
Als er nach dem Tode einer seiner Frauen sich herausnahm, ihre Schwester
zu heiraten, die Kirchengesetze dagegen die Ehe mit der Schwester der früheren
Gattin untersagen, wurde Charibert endlich, und nach mancherlei ungesühntem
Ehebruch schwerster Art aus diesem geringfügigen Grunde, von Bischof Germanus in den Bann gethan. Bischof Eufronius von Tours hatte den Besuch,
den er bei Hofe schuldete, immerfort aufgeschoben; auf die Vorstellungen seiner
Leute hin, ein weiterer Aufschub könne unangenehme Folgen haben, ließ er
den Reisewagen in Stand stellen und die Pferde anschirren, plötzlich jedoch
zog er diesen Befehl zurück, weil der König nicht mehr am Leben sei. Eufronius scheint fernfühlig gewesen zu sein und auf telepathischem Wege den
Hinschied Chariberts erfahren zu haben; später eintreffende Boten aus Paris
nannten die Todesstunde: es stimmte[a]).

Der andere der vier Brüder, der früh starb, Sigibert, ist nicht nur der

---

[a]) Gregor. Conf. 19.

beste von ihnen, sondern unter den Merowingern überhaupt eine rühmliche
Ausnahme gewesen. Er war, um es bürgerlich zu sagen, ein anständiger
Mensch. Die zügellose Weiberwirtschaft der andern mißfiel ihm. Statt auch
eine Magd zu heiraten, freite er die westgotische Prinzessin Brunichilde, die
seinetwegen katholisch wurde[a]). Aber nicht nur die eheliche Treue hat Sigibert gehalten, auch von der Simonie bewahrte er sich und sein Land, so lang
er lebte. Die Versuchung dazu trat an ihn heran besonders bei der Besetzung
des Stuhles von Clermont. Der Kandidat der städtischen Adelspartei kaufte
von den Juden viele Kostbarkeiten und schickte sie durch seinen Verwandten Beregi-
sil dem König, um so durch Bestechung zu gewinnen, was er Verdienste halber
nicht zu erwarten hatte. Der König hielt jedoch zu dem Archidiakon Avitus,
der ohne Versprechungen gemacht zu haben, siegreich aus der Wahl hervorgegangen war. Auch ein hohes Geldgeschenk des Grafen von Clermont, der
damit Aufschub der Entscheidung erwirken wollte, schlug Sigibert aus; ja er
umgab den rechtmäßigen Inhaber des Bistums nun auch mit seinem persönlichen
Wohlwollen und hielt ihn so hoch in Ehren, daß er sich nun seinerseits über
die Kirchenordnung hinwegsetzte und den Avitus in seiner Gegenwart zu weihen
befahl. „Ich möchte“, sagte er, „aus seiner Hand das geweihte Brot empfangen“. Ihm zu liebe geschah es, daß Avitus in Metz eingesegnet wurde
und nicht kanonischermaßen in seiner Provinz durch den Metropoliten[b]). Auch
sonst kehrte sich Sigibert nicht an die Forderungen der Kirche, falls sie seinen
politischen Willen im Wege standen. Er handelte nach dem Grundsatz, kein
Teil seines Reiches könne einem fremden Bischof angehören und erhob so die
Stadt Chateaudun zu einem eigenen Bistum, weil Chartres, zu dem sie gehörte, jenseits seiner Grenzen lag[c]). Die Sache der Heiligen besaß an ihm
einen ihrer besten Schirmherrn, weil er Recht und Treue übte, aber da gerade
dieser sein edler Sinn ihn mit Vorsicht von der landläufigen Frömmigkeit erfüllt haben mag, hat er sich aus den Geistlichen, sofern er nicht von Amts-
wegen mit Bischöfen zu thun hatte, nichts gemacht.

Chilperich war das gerade Gegenteil. Tugend ließ er Tugend sein und
versuchte sich dafür höchst selber in Theologie. Wie keiner seiner Brüder zum Herrscher begabt, fiel er leider als Privatmann schlecht aus. Was ihn so abscheulich
erscheinen läßt, ist das ekle Gemisch von tierischer Rohheit mit angelegentlichen
christlichen Interessen. Von irgend welchen Grundsätzen ist bei ihm keine
Spur zu entdecken, wie es überhaupt außerordentlich schwer hält, aus ihm
klug zu werden. Auch war er an sich vielleicht zunächst gar nicht so ver-
dorben gewesen und wurde es erst unter dem Einfluß seiner verworfenen, aber
überaus schlauen Gattin Fredegunde, die durch ihr Unmaß im Laster dem

---

a) Gregor. H. Fr. IV. 27. b) Gregor. H. Fr. IV. 35. c) Gregor. H. Fr. VII. 17.

Gatten förmlich zur Folie diente. Der sonst so milde und vorsichtige Gregor über=
schüttet ihn mit Haß und Verachtung[a]): „Der Nero und Herodes unserer Zeit
hauchte seine schwarze Seele aus." Zweifelsohne war Chilperich eine ausgesprochene
Regentennatur mit ungewöhnlichem politischem Scharfblick und nicht geringerer
Energie und Kraft im Interesse der Einheit und Ordnung des von ihm be=
herrschten Landes[1]). Freilich nichts weniger als ein Feldherr; alle seine per=
sönlichen Versuche in dieser Richtung mißrieten. Als Diplomat dagegen be=
saß er eine erstaunliche Gewandtheit, Allianzen, die gegen ihn geschlossen waren,
ohne Schwertstreich zu trennen, den eben noch drohenden Feind sich zu ver=
bünden. Auch die Interessen des Staates gegenüber den Ansprüchen der Kirche
wahrte er vielleicht unbefangener als irgend ein Merowinger. Die Gefahr,
die in dem Anwachsen des Besitzes der toten Hand liegt, hat er klar erkannt:
„Siehe, unser Schatz ist arm geblieben, unsere Reichtümer sind auf die Kirchen
übergegangen, fast nur die Bischöfe regieren; unser Ansehen ist dahin und auf
die Bischöfe der Städte übertragen". Er kassierte Testamente, die zu Gunsten
der Kirche errichtet waren, schritt streng ein, wenn sich die Geistlichkeit gesetz=
mäßigen Pflichten zu entziehen suchte und trieb von allen Kirchenleuten Bann=
buße ein, die ihrer Heerpflicht nicht genügen wollten. Gelegentlich ermög=
lichte er auch einer Nonne das Heiraten[b]). Aber wenn ein wirklich über=
legener Geist sich stets vor dem Mißbrauch seiner Uebermacht hüten wird, kennt
Chilperich in seiner Willkür gegen die Kirche keine Grenzen. Standesmäßige
Vorrechte der Geistlichkeit waren unter allen Umständen Luft für ihn. Ohne
sich im Geringsten um Gemeindewahl in irgend einer Form noch zu kümmern,
ernannte er fast alle Bischöfe und zwar mit wenigen Ausnahmen Laien, die
erst nach der Ernennung sich die Priesterweihe geben ließen, sodaß nur ganz
wenige Bistümer sich noch in den Händen von Theologen befanden. Synoden
durften nur zusammentreten, wenn er es wollte und dann wurden nicht kirch=
liche, sondern seine eigenen Angelegenheiten verhandelt. So hat sich Chil=
perich mit der Befreiung von der Kirche nicht begnügt, sondern· ist zu ihrer
Unterdrückung fortgeschritten. Seine ungewöhnliche Intelligenz erlaubte ihm,
sich auch zum geistigen Teile der kirchlichen Angelegenheiten unabhängig zu
verhalten. Aber hier erscheint er nicht als kühler Freidenker, der ge=
lassen über den Dingen steht, sondern als anmaßender Dillettant, der immer
alles besser weiß. Seine rationalistischen Zweifel an der Dreieinigkeit Gottes
entsprangen nicht eigenem Nachdenken, sondern wurden ihm durch einen spani=
schen Proselytenmacher eingeflößt; er wurde denn auch von Bischöfen, wie

---

a) Gregor. H. Fr. VI. 46.　　　b) Gregor. H. Fr. VI. 17.

1) W. Schultze, Deutsche Geschichte von der Urzeit zü den Karolingern. Bd. 2.
S. 148—51.

Gregor von Tours oder Salvius von Albi als Theologe überhaupt nicht ernst genommen, sondern als er sie zur Diskussion zwang, mit väterlicher Strenge ermahnt, die Hände von diesen Dingen zu lassen; weit entfernt, die Zunft= theologen auch nur im mindesten in Verlegenheit zu setzen, waren die Ver= nunftgründe noch weniger im Stande, den König selbst vor abergläubischen Vorstellungen zu emancipieren: er knirschte mit den Zähnen, weil Hilarius und Eusebius von Vercelli ihm in diesem Punkte zuwider seien und er sich also bescheiden müsse, um nicht die Rache der Heiligen im Himmel herauszu= fordern. Nicht vornehmer ist sein Verhalten im persönlichen Verkehr mit den Bischöfen: wenn er sie zur Tafel hatte, war sein Hauptspaß, beständig über seine Prälaten zu witzeln und einen um den andern an seinen Schwächen herzu= nehmen. Dennoch hielt er gelegentlich einen Kniefall vor denselben nicht unter seiner Würde, wenn das eben seinen Zwecken dienlich schien. Ueberhaupt war bei ihm von Geringschätzung der Religion an sich nicht die Rede, weil er sich in Person für ihren unübertrefflichen Träger hielt. Selbst geistliche Lieder und Meßgesänge hat er verfaßt; sie waren schlechterdings nicht zu gebrau= chen. Er schrieb auch zwei Bücher in Versen nach dem Muster des Se= dulius. Da er aber von der Quantität der Silben keine Ahnung hatte, hinkten seine Verse und paßten nicht ins Metrum. Er erfand neue Buch= staben, nämlich Θ für langes O, ψ für den Umlaut Ae, Z für „The“ und Δ für „Vi“; nicht nur sollte in allen Schulen des Reiches so unterrichtet, sondern auch die alten Handschriften mit Wimsstein rabiert und darnach um= geschrieben werden; doch habe er mit diesem orthographischen Experiment so wenig Glück gehabt, wie Kaiser Klaudius, der seiner Zeit dem Alphabeth ebenfalls drei neue Buchstaben hinzugefügt hatte[a]). Auch Chilperichs Eifer zur Belehrung der Juden, mit dem er teils einzelne persönlich zu überreden suchte, teils gewaltsame Massentaufen veranstaltete und dabei nach Kräften höchstselber zu Gevatter stand[b]), erklärt sich doch wohl am ehesten aus dem konfusen Eigendünkel des Königs. Wer an den bösen Blick glaubt und auch sonst den krassen Aberglauben der Zeit in keinem Stücke ernsthaft überwunden hat, darf bei aller scheinbaren Aehnlichkeit mit einem Aufklärer nicht ein Vor= läufer moderner Humanität heißen. Chilperich stellt das Stammestempera= ment der Merowinger in besonders intensiver Ausprägung dar: ungezähmte Sinne, Bildungstrieb im Stadium kindlicher Neugier und eine glückliche Hand in allen Unternehmungen realpolitischer Natur.

Von Chlothars Söhnen überlebte Gunthram die andern um Jahr= zehnte. War Charibert gegenüber der Kirche naiv brutal, Sigibert unab= hängig vornehm, Chilperich nichtswürdig schlau vorgegangen, so war Gun=

<hr>

a) Gregor. H. Fr. V. 44.   b) Gregor. H. Fr. VI. 17.

thram aufrichtig und herzlich fromm, wenn auch ein wenig im einfältigen Sinne des Wortes. Er hat mit seiner kirchlichen Devotion ernstgemacht und seine Handlungsweise im allgemeinen danach eingerichtet. Immerhin lebte auch er, wenigstens in jüngeren Jahren durchaus mit mannigfaltigen Zuge= ständnissen an die niederen Sitten der Zeit. Der gute König Gunthram, er= zählt Gregor in aller Unbefangenheit[a]), nahm zuerst Veranda, die Magd eines seiner Leute, als Beischläferin in sein Bett auf. Nachher heiratete er Mero= ketrude, eine französische Herzogstochter. Als sie seinem unehelichen Sohne nachstellte und deshalb vertrieben wurde, erhob er Austrichilde zum Weibe und als nach dem Tode Chariberts Theudechilde, eine seiner Gemahlinnen, sich ihm aus freien Stücken anbot, nahm er dieser fast alle ihre Schätze ab und schickte sie als Nonne ins Kloster. Seine Schwäger ließ er köpfen und zog ihre Güter für den Kronschatz ein. Der Tod seiner beiden Söhne war dann der schwere Schlag. Seitdem ging er in sich, und wenn er auch schwach genug war, seinem trotzigen Weibe den auf dem Todbett von ihr geforderten Eid zu halten und ihre Aerzte hinzurichten, so zeigt sich sein gutes Wesen an seiner rührenden Fürsorge für seine Neffen. Den steigenden Anmaßungen des Adels hielt er wacker stand, wenn es auch nicht ohne Demütigungen für ihn ablief. Er war auch charakterfest genug, sich von Fredegunde, für die er eine Schwäche hatte, sich nicht ganz umgarnen zu lassen[b]). Mit den Bischöfen stand er in herzlichem Verkehr. Am Martinsfest in Orleans sagte er an der Tafel zu ihnen: „Ich möchte morgen in meinem Hause euern Segen empfangen und bitte euch darum. Euer Eintritt wird mir Heil bringen; nichts übles wird mir fortan geschehen, wenn über mich in meiner Niedrigkeit die Worte eures Segens geflossen sind". Am andern Morgen, als der König die Stätten der Heiligen besuchte, um dort zu beten, kam er auch zur Avituskirche, wo die fremden Bischöfe einquartiert waren. Gregor von Tours ging ihm ent= gegen und bat ihn, daß er auf seinem Zimmer das gesegnete Brot des hei= ligen Martin brechen möchte. Der König trat gnädig ein, trank einen Becher, lud die Bischöfe wieder zur Tafel ein und ging fröhlich weiter. An diesem zweiten Festmahle, das der König den Teilnehmern des Reichskonzils gab, befahl er Gregor von Tours, er solle seinen Diakonen, der tags zuvor bei der Messe das Responsorium vortrug, nun wieder singen lassen und als dies geschehen war, wünschte er, jeder anwesende Bischof möge sich nun hören lassen unter dem Beistand der Geistlichen seiner Kirche, wenn es beliebe. So trat einer um den andern vor und sang so gut es ging vor dem Könige sein Responsorium als Tafelunterhaltung. Im weiteren Verlaufe der Mahlzeit

a) Gregor. H. Fr. IV. 25. 26.   b) Gregor. H. Fr. VII. 16, 17, 18, 21.   c) Gregor. H. Fr. VIII. 1—8.

wies der König auf eine schwere silberne Schüssel und sagte, er habe nur
diese und eine andere aus dem Schatze des Mummolus behalten; fünfzehn
habe er zerschlagen lassen und auch der Rest solle alles verteilt werden, um
die Not der Armen und der Kirchen zu lindern. Zum Schluß benützte Gregor
die gute Laune des Königs, um einige Edelleute, die wegen ihrer Partei=
gängerschaft mit dem Usurpator Gundoald seine höchste Ungnade erregt
hatten, wieder in Gunst zu setzen. Wohl besaß auch Gunthram ein gut Stück
merovingischen Jähzorns; aber klug beigebracht, führten geistliche Eigenschaften
bei ihm immer zum Ziele. Als der König gegenüber zwei Grafen unver=
söhnlich schien, nahte ihm Gregor mit den Worten: „Siehe, ich bin von
meinem Herrn als Bote zu dir gesandt und was soll ich dem, der mich ge=
sandt hat, antworten, wenn du mir keine Antwort erteilen willst". Da stutzte
Gunthram: „Und wer ist denn dieser dein Herr?" Gregor lächelte: „Der
heilige Martin hat mich gesandt." Darauf befahl der König, die Männer
ihm vorzustellen. Als sie vor ihn traten, warf er ihnen zwar ihre Treu=
losigkeit und ihren Eidbruch vor, nannte sie wiederholt schlaue Füchse, nahm
sie jedoch wieder in Gnaden an und gab ihnen die Güter, die ihnen entzogen
waren, zurück. Aehnlich erweichte er sich gegenüber einem Bischof, dem er
zürnte, für den aber dessen Mitbrüder Fürsprache einlegten. Auch sonst hat
Gunthram im Bann eines Heiligtums seinen Zorn besänftigt und Gnade für
Recht walten lassen; ja sogar einen Attentäter, der ihn in der Marcellus=
kirche zu Châlons hatte erstechen wollen, ließ er nicht hinrichten; denn er hielt
es für unrecht, einen zu töten, den man mit Gewalt aus einer Kirche ge=
schafft habe[a]). Nur den Juden gegenüber empfand Gunthram eine unüber=
windliche Abneigung; als sie sich in Orleans an der allgemeinen Huldigung
ostentativ beteiligt hatten, äußerte er bei Tisch: „Weh über dies Volk der
Juden; es ist schlecht und treulos und immerdar arglistigen Herzens. Darum
sang es mir heute Loblieder voll Schmeicheleien, damit ich die von den Christen
zerstörte Synagoge auf Staatskosten wieder bauen ließe. Aber der Herr will
dies nicht, und nimmer werd ich es thun." Alter und schwere Familienkata=
strophen hatten Gunthrams gutmütige Natur so zu verinnerlichen gewußt, daß
ihm mit dem Christentum persönlich ernst war und er sein Leben darnach ein=
richtete. Er gab Almosen in Fülle und hielt an im Gebet und im Wachen.
Während der Pestzeit überdachte er gleich einem guten Bischof die Mittel,
durch die dem Leiden des sündigen Volkes zu steuern sei: er richtete Bettage
ein und verbot, etwas anderes als Brot und Wasser zu sich zu nehmen. Er
selbst ging mit seinem Beispiel im Wachen und Beten allen voran. Was
Wunder, daß er dem einfachsten Volk für heilig galt. In gläubigen Kreisen

---

a) Gregor. H. Fr. IX. 3.

erzählte man sich, ein Weib, deren Sohn vom Viertagsfieber geplagt werde und schwer darnieder lag, habe sich im Volksgedränge dem König von hinten genähert und heimlich einige Franſen von ſeinem Königsmantel abgeriſſen, ſie in heißem Waſſer abgebrüht, ihrem Sohne eingegeben und mit dieſer Medizin ſofortige Heilung erzielt. Auch die böſen Geiſter, die ſich Gunthram unter= warfen und ſeinen Namen anriefen, konnten vor ſeinem Gericht nicht ſtand halten und bekannten ihre Frevelthaten.

Von dem andern, dem wirklich heiligen Mitgliede der Königsfamilie in jener Zeit, von der heiligen Radegunde in Poitiers, gibt Gregor kein rundes Lebensbild. Wozu Fortunat am Zeuge flicken? Dagegen teilt er wichtige Ur= kunden Radegundens zum Bau des Heiligenkreuzkloſters mit[a]) und ſchildert ſchlicht und ergreifend ſeinen Beſuch an ihrem Todbette[b]): „Mir war ſchwer ums Herz; ich hätte weinen müſſen, hätte ich nicht gewußt, daß Radegundens heilige Kraft uns bleiben werde".

Seine ganze Frankengeſchichte aber hat Gregor verfaßt, um zu zeigen, daß man nur durch die Fürbitte der Heiligen gerettet werden könne.

Sechſtes Kapitel.

Heiligenleben des ſiebenten Jahrhunderts.

Wie univerſal und vielſeitig der wackere Gregor von Tours bei aller Befangenheit geweſen war, zeigt ſich erſt bei einem Blick auf ſeine Nachfolger. Da iſt überhaupt nur hie und da einer, der ſich in beſcheidenem Maße als Forſcher erweiſt und mehr als einen Heiligen behandelt. Die übrigen bewegen ſich alle in den Schranken der Memorie. Doch da dies, wie wir ſahen, für unſer Wiſſen an ſich durchaus keine Einbuße bedeutet, können wir an dieſen ſpäteren Produkten um ſo weniger vorübergehen, als nun die ſociale Stellung der Heiligen ſich beträchtlich verſchoben hat und es ſich um Männer handelt, die an den großen zeitgeſchichtlichen Ereigniſſen einen bedeutenden Anteil nehmen. Nur zur kleineren Hälfte ſind ſie die ſtrengen Vertreter des alten mönchiſchen Heiligenideals; vielmehr nehmen manche von ihnen an den Welthändeln in einem Maße teil, das ihr Recht, ſich jenen hingebenden und gottesfürchtigen Geſtalten beizuzählen, doch etwas in Frage ſtellt.

1.

Schon unter den Frankenkönigen hatten ſich einige, ſo Charibert, beſon= ders aber Chilperich, als lateiniſche Schriftſteller verſucht. Und nun iſt es ein

<hr>

a) Gregor. H. Fr. IX. 39. 42.   b) Gregor. Conf. 104.

germanischer König, der zuerst nach Gregor als Verfasser eines Heiligenlebens auftritt. Sisebutus saß während der Jahre 612 bis 620 auf dem westgothi= schen Thron. Er war der Mäcen des berühmten Encyklopädisten Isidor von Sevilla und liebte es, aus seinem Palast oder aus dem Kriegslager diesem gelehrten Freunde gelegentlich lateinische Verse zu senden. Er war zudem ein eifriger Katholik, der die Arianer und Juden nicht nur haßte, sondern auch verfolgte. Wenn nun er den Namen des unglücklichen Bischofs Desiderius von Vienne litterarisch verewigte, so thut man wohl, von einem solchen Urheber alles, nur keine unparteiische Schilderung zu erwarten: in der That schreibt Sisebut, „um die Mitwelt anzuspornen und die Nachwelt zu erbauen". Alles Licht teilt er seinem Helden zu und dessen Feinden allen Schatten. Daß die Königin Brunichilde der gehässigsten Verleumdung anheimgefallen ist, darf man dem Verfasser um so weniger verzeihen, als die Königin eine westgothische Prin= zessin und zur Zeit, da der ihr verwandte Fürst schrieb, bereits ihrer tragi= schen Hinrichtung verfallen war. Mit mehr Recht mag ihr Urenkel Theude= rich II als dumm und falsch hingestellt sein. Im übrigen ist das Desiderius= leben, zumal wenn man die ungewöhnlichen Personalien des Schriftstellers gebührend in Anschlag bringt, eine höchst respektable und wertvolle Leistung; auch muß bedacht werden, daß Sisebut in seinen Erkundigungen auf Gerüchte und Aeußerungen der öffentlichen Meinung angewiesen war. Das Leben nun, das er uns schildert, hat folgenden Verlauf genommen[2]): Desiderius ent= stammte einem altgallischen Adelsgeschlecht. Er war dem geistlichen Stande bestimmt und wissenschaftlich gebildet, hatte auch Unterricht erteilt und mehr als einen Ruf auf einen Bischofssitz ausgeschlagen, als er höherem Drängen nachgebend den Stuhl von Vienne bestieg. Er wurde schöngeistiger Neigungen verdächtigt, schlimmer aber war die im Jahre 602 auf der Synode von Cha= lons gegen ihn erhobene Anklage, mit einer Edelfrau namens Justa sich ver= gangen zu haben. Wahrscheinlich handelte es sich um eine Hofintrige. De= siderius wurde nach der Insel Livisio verbannt. Bei seiner Absetzung war Brunichilde noch nicht beteiligt. Dagegen unterstützte sie auf das Betreiben des Aredius von Lyon die Wahl des Domnolus nach Vienne. Bald darauf wurde Brunichildens rechter Arm, der Majordomus Protadius zu Kiersy an der Oise, in einer Lagerrevolte des fränkischen Dienstadels ermordet. Um dieselbe Zeit starb Justa. Der junge König und seine Urgroßmutter erschracken und lenkten ein. Desiderius war mutig und unvorsichtig genug, die für ihn günstige Wen= dung zur Rückkehr zu benutzen. Doch überwarf er sich bald mit den königlichen

---

1) Felix Dahn, Könige der Germanen. V. 177—180.   2) Br. Krusch, Vor= rede zu seiner Ausgabe in Monumenta Germaniae historica. Script. rer. Merow. Tom. III. p. 620—626.

Machthabern. Wahrscheinlich hat auch diesmal wieder Aredius von Lyon ge=
hetzt. Das Urteil lautet auf Uebertretung des königlichen Bannes, auf Bruch
der Vasallentreue, also auf Hochverrat. Dafür war bei den Germanen Steini=
gung die übliche Strafe. Die Henker rissen ihn aus der Kirche. Es gelang
ihm den Steinen auszuweichen, dann wurde er mit einer Keule erschlagen, viel=
leicht am 23. Mai 607. An seinem Grabe stellten sich die üblichen Wunder ein.

Auch ein bischöflicher Kollege des Desiderius im Norden des Reichs hat
einen zeitgenössischen wenn auch anonymen Beschreiber seines Lebens gefunden.
Bischof Gaugerich von Cambrai[1]) ist Zeit seines Lebens nach keiner Seite hin
irgendwie hervorgetreten. Er wurde um die Mitte des sechsten Jahrhunderts
geboren, den Romanen Gaudentius und Austadiola, in dem alten Kastell Yvois
oder Ypsch, das an der Straße von Reims nach Trier liegt. Dort gab es
zu jener Zeit noch Heiden. Der Ort hatte jedoch seine Kirche und seinen
Priester, der zugleich einer Schule vorstand. Die kanonischen Satzungen for=
dern, daß der Bischof zeitweise seine Diözese bereise, um die für den geist=
lichen Beruf tauglichen Knaben auszuwählen und zu ordinieren. Auf einer
solchen Reise kam Bischof Magnerich von Trier auch nach Eposium. Unter den
Schülern wurde ihm Gaugerich als der für ein Kirchenamt geeignetste vor=
gestellt. Nicht bloß seine Kenntnisse und seine anhaltende Beschäftigung mit
der heiligen Schrift, auch seine Führung empfahlen ihn hiefür: auf das Glocken=
zeichen eilte er zuerst zur Kirche und wenn seine Mitschüler speisten, fastete
er oft, um seine Speise den Armen geben zu können. Hiezu kamen seine vor=
teilhaften äußeren Eigenschaften, insbesondere sein stets heiterer Gesichtsaus=
druck. Ganz von ihm eingenommen, weihte ihn der Bischof durch Auflegen
der Hände für den geistlichen Stand. Der Bischof versprach ihm die Diakonats=
weihe, wenn er bei seiner Wiederkehr den ganzen Psalter auswendig gelernt
hätte. Durch anhaltendes Studium bei Tag und Nacht erreichte Gaugerich sein
Ziel und wurde so Diakon. Unter der Regierung des austrasischen Königs
Childebert, dem Sohne Chilperichs und der Fredegunde, trat eine Vakanz
auf dem Bischofsstuhle in Cambrai ein. Von Klerus und Volk zum Bischof
ausersehen, wurde Gaugerich dem König zur Bestätigung vorgeschlagen. Auf
eine königliche Ordre hin erfolgte dann die feierliche Ordination durch den
Metropoliten Aegidius von Reims. Das Wunderbare tritt in diesem schlichten
Heiligenleben fast ganz zurück. Es handelt sich hauptsächlich um die Befreiung
von Gefangenen und Sklaven, denen auf das Gebot des Bischofs hin die Ketten
vom Leibe fallen. Seitdem das fünfte Konzil von Orléans im Jahre 549
die Fürsorge für die Gefangenen den Geistlichen zur besonderen Pflicht gemacht

---

1) Bruno Krusch, Das Leben des Bischofs Gaugerich von Cambrai. (Neues
Archiv 1890. Bd. 16. 227—234.)

hatte, sollten die Archidiakonen Sonntags die Kerker aufsuchen und die Bi=
schöfe den Gefangenen aus ihrer Kirche den Unterhalt gewähren. Die Bischöfe
begnügten sich aber bald nicht mehr mit einer Milderung des Loses dieser
Unglücklichen, sondern setzten ihren Ehrgeiz darein, sie ganz aus Ketten und
Banden zu befreien: Von einer Prüfung, ob diese Gefangenen die Freiheit
auch wirklich verdienen, ist nirgends die Rede. Man kann es daher Beamten,
wie Graf Waddo von Cambrai und dem Gefängnisaufseher Walchar nicht ver=
denken, wenn sie sich sträubten, den Bitten des Bischofs Gehör zu schenken.
Einst, wahrscheinlich nach dem Jahre 613, als Chlothar II zum zweitenmale
Herr von Paris geworden war, begab sich Gaugerich an dessen Hof nach
Chelles, wo er mit dem Majordomus Landerich zusammentraf. Auch dieser
hatte zwei Gefangene, die mit dem Tode bestraft werden sollten; durch das
Gebet Gaugerichs erhielten sie aber die Freiheit zurück; ebenso wurde durch
Gaugerichs Dazwischenkunft ein Trupp an den Händen gefesselter Sklaven frei=
gelassen, die ein Kaufmann zum Verkauf herumführte, zu Famars, südlich von
Valenciennes. Auffallender sind zwei andere Wunder, die dem Heiligen zudem
nicht in seiner Heimat gelungen sind. Als Gaugerich von König Chlothar an
das Grab des heiligen Martin zur Verteilung von Spenden an die Armen
nach Tours gesandt wurde, heilte er einen Blinden, der bereits dreißig Jahre
des Augenlichts beraubt war; das anderemal, als es einen Hof zu inspizieren
galt, den die Kirche von Cambrai im Perigord besaß, blieb der Stock des
Heiligen in der Kirche von Perigueux von selbst aufrecht stehen, als wäre er
mit Blei gefüllt. Da der Biograph keine fortlaufende Darstellung der bischöf=
lichen Thätigkeit Gaugerichs gibt, sondern nur seine vermeintlichen Wunder=
thaten schildert, konnte auch die Teilnahme des Bischofs an der Synode zu
Paris vom Jahre 614 oder 615 um so eher unerwähnt bleiben. Gaugerichs
Todestag ist der elfte August eines der Jahre von 623 bis 629. Neunund=
dreißig Jahre lang hatte er das Bistum verwaltet. Er wurde in der Kirche
des heiligen Medardus auf dem der Stadt benachbarten Berge bestattet. In
seinem Schlafgemache ließ sein Nachfolger Bertoald, ein Franke von Geburt,
sein eigenes Bett aufschlagen und dafür Gaugerichs Sterbebett in die Medardus=
kirche abführen. Als ihm aber nächtlicher Weile der Heilige erschien und ihn
verwarnte, stellte er schleunigst die alte Ordnung wieder her. In dem Schlaf=
gemach aber baute er einen Altar und dort mußten fortwährend Kleriker dem
Gottesdienste obliegen.

Obwohl diese alte Vita einen bestimmten Hinweis auf den Ort ihrer
Entstehung nicht enthält, so ist unzweifelhaft, daß sie einem Kleriker von Cam=
brai verdankt wird, denn der Verfasser kennt die Oertlichkeiten daselbst offen=
bar aus eigener Anschauung. Und wie er bei seinen Schilderungen stets die

alten merowingischen Einrichtungen, keine neueren Institutionen vor Augen hat, so zeigt auch die Sprache der Vita, daß sie sicher noch im siebenten Jahrhundert geschrieben ist; durch die Feile der karolingischen Schule ging die Schrift nicht. In ihrer rohen Form und ihrer gedrängten Kürze ist sie noch der Vertreter eines Heiligenlebens alter gallischer Manier. Von England waren unterdessen neue Heilige gekommen und alsdann aus Italien eine künstlichere Art, sie zu beschreiben.

2.

Ende der achtziger Jahre erschienen am Hofe König Gunthrams britische Mönche unter Führung des Columban[1]). Der König hoffte von ihnen Heilung der tief gesunkenen Kirchenzucht und stellte ihnen alle Gnaden in Aussicht, wenn sie nur blieben. Irgendwelche Landschenkung wollten sie nicht annehmen, doch stimmten sie zu, sich in der Bergeinsamkeit einzuhausen. In den Vogesen waren ihnen die Ruinen des Kastells Anagray wild und abgelegen genug. Als aber die Teilnehmerzahl überhandnahm, wurde in Luxeuil, acht Meilen entfernt, ein zweites Kloster gegründet mit der besonderen Bestimmung, Novizen aus der fränkischen Aristokratie aufzunehmen. Der Uebervölkerung des Mutterklosters sollte ein drittes steuern, das nach den dort entspringenden Quellen Fontaines hieß. Mit der Leitung der Filialen betraute Columban Brüder von zuverlässiger Gesinnung und stellte die gemeinsame Regel auf. Die Gründung fiel etwa ins Jahr 590.

Columban stammte aus Leinster in Irland. Ueber gelehrten Studien, die er betrieb, war der Drang zum Missionar in ihm erwacht. Seine Mutter wollte ihn nicht ziehen lassen und legte sich quer vor die Thürschwelle; da sprang er über sie hinweg und rief, sie werde ihn nie wieder sehen. Er begab sich zunächst behufs weiterer Ausbildung zu dem bibelkundigen Einsiedler Senilis und dann ins Kloster Banchor zu dem heiligen Comgall. Immer mehr erfüllte ihn dort das Christuswort: „Ich bin gekommen ein Feuer anzuzünden und wie wollt ich, es brennte schon“. Der geplanten überseeischen Expedition standen mannigfache Hindernisse im Wege. Endlich, im Alter von dreißig Jahren, brach er mit zwölf Gefährten auf. Das Schiff lief glücklich in der Bretagne an. Sie erholten sich erst an der Küste, dann drangen sie ins Innere Galliens ein und konnten sich da nun allerdings überzeugen, wie sehr der Kirche Zucht und Besserung notthat[a]).

Die Vogesenklöster wirkten sofort auf die Umgebung. Abt Caramsok

---

[a]) Jonas Columban. 7—11.

1) Felix Dahn, Urgeschichte der germanischen und romanischen Völker. Bd. III. 533—592.

aus Salicis sandte den Mönch Markulf nach Anagrat, um freundschaftliche Beziehungen herzustellen. Auch zur irischen Heimatsinsel sollten die Bande nicht abgerissen sein: doch war der dorthin gesandte Besuch Bruder Autiern's Gegenstand einer ernsten, tagelangen Erwägung von seiten Columbans. Von den andern Brüdern werden noch Somari, Gall, Cominin, Eunoch, Equanach und Gurgau genannt. Ein Laufbursche des Klosters hieß Domoalis. Es währte nicht lange, so traten auch der in Besançon residierende Herzog Waldalen und seine Frau Flavia mit Columban in Verkehr. Sie bestimmten den vom Heiligen ihnen erbeteten Sohn dem geistlichen Stande: es war der spätere Bischof Donatus von Besançon; ein zweiter Sohn Ramelan erbte die väterliche Herrschaft. Bei der Geburt dieser beiden Kinder stifteten die Eltern zwei Klöster, eins in der Stadt, das andere in Besançon, und unterstellten sie Columbans Regel; nach dem Tode des Gemahls gründete Flavia überdies ein Nonnenstift. Columban lebte viel in der Einsamkeit, oft verließ er das Kloster, nahm einen Band der Bibel auf seine Schulter und verbarg sich auf unbestimmte Zeit in einer Höhle. Wenn es harte Arbeit zu verrichten galt, zog er Handschuhe an. Als er sie einmal auf einem Stein vor dem Eßsaale liegen ließ, kam ein Rabe und trug sie ihm weg. Von Weltpriestern schloß sich ihm namentlich ein Dorfpfarrer namens Winnoch an, der Vater des späteren Abtes Bobolen von Bobbio. Andere, wie Chamnoald, der königliche Kaplan von Laon, belauschten den fremden Mönchsvater ehrfürchtig, ohne sich ihm zu nähern, wenn dieser in der Wildnis sich erging, mit den Tieren spielte und die Vögel und Eichhörnchen vom Aste auf seine Hand nahm, ja sie zärtlich in den Busenfalten seiner Kutte hegte[a]).

Aber dieses Idyll hielt nicht vor. Der Heilige selbst mag es nur in dem Bewußtsein genossen haben, daß es eines Tages vorbei sein werde und ein harter Kampf ihn auf den Plan rufe. „Laßt mich doch in meinen Wäldern schweigen", schrieb er 601 den Bischöfen nach Sens. In der Einsamkeit ist ihm die Kraft erwachsen, später, als es dann einmal zu reden galt, das harte, ungeschwächte, unversöhnliche Wort nicht zu scheuen. Längst hatte man in der Königsfamilie sich für den fremden Gottesmann interessiert. Er hatte Zeit gehabt, sich sein Verhalten zu überlegen; er konnte kommen sehen, was dann wirklich kam. Er scheint aber keineswegs von anfang an einem friedlichen Verhältnis abgeneigt gewesen zu sein. Wozu hätte er sonst den jungen König immer wieder empfangen und den Einladungen an den Hof Folge geleistet? Da, eines Tages im Jahre 607, machte er der Königin Brunichilde seinen Besuch auf ihrem Landsitz Boucheresse bei Autun. Als er an die Halle des Herrenhofes getreten war, führte ihm die greise Fürstin ihre Urenkel zu. Wie

---

a) Jonas Columban. 13—30.

er diese sieht, zuckt er zusammen und fragt, was er damit solle. „Es sind
die Söhne des Königs", versetzte Brunichilde, „Kräftige sie durch den Zauber
deines Segens." Da warf ihr Columban zu: „Wisse niemals werden die
Kinder da ein Königsszepter erben, denn es sind Hurenkinder." Damit hatte
er ja nun allerdings nur zu sehr Recht; die Lasterhaftigkeit der alten Merowinger hatte in ihren schwächlichen Nachkommen nun gar noch den widerlichen
Zuwachs erhalten, daß sie unnatürlich verfrüht auftrat. Theuderich war ein
Knabe von fünfzehn Jahren, als ihm ein Sohn und nicht einmal sein erster
geboren wurde. Zu weiterem Anstoße mußte dem Heiligen dienen, daß Bastarde
wie echte Söhne für der Erbfolge fähig galten. Brunichilde aber empfand nach dem fränkischen Verfassungs- und überdies dem merowingischen
Hausrecht, wonach uneheliche Königssprossen ohne weiteres folgefähig waren,
da nur das königliche Geblüt, die Abstammung vom Manne entschied. Der
Jüngling Theuderich, der mit seinen fleißigen Buhlschaften einen Hang zu
schwärmerischer Frömmigkeit verband und sich dem berühmten fremden Gottesmann in den Vogesen mit aller Demut zu nähern suchte, war von Columban
unbarmherzig gescholten worden: er solle nun das Buhlen lassen und nach
dem Genuß des Herzenstrostes einer rechtmäßigen Ehefrau trachten, auf daß
ihm von einer ehrbaren Königin königliche Nachkommenschaft erwachse. So
berechtigt diese Forderung gewiß war, im vorliegenden konkreten Falle verlangte sie fast unmögliches; denn Columban heischte nicht etwa bloß Besserung für die Zukunft; er sprach den bereits Geborenen das Erbrecht ab, und
das bedeutete einen geradezu unerhörten Eingriff in die nun seit hundert
Jahren niemals angefochtene Familientradition des Königshauses. Hiezu kam,
daß der Versuch, Theuderich standesgemäß zu verheiraten, scheiterte. Die Tochter
des gotischen Prätendenten Witterich, Herminberga, verlobte sich mit Theuderich und hatte auf ihrer Brautfahrt bereits die Residenz Chalons erreicht
als Brunichilde in letzter Stunde die Heirat hintertrieb, sei es aus Eifersucht
und um nicht durch eine Junge verdrängt zu werden, sei es in der begreiflichen Aufwallung ihres gothischen Königsblutes gegen die Tochter dessen, der
den rechtmäßigen, ihr noch verwandten Herrscher der Goten, Leova, gestürzt
und grausam ermordet hatte. Brunichildens ganze Hoffnung ruhte nun also
auf den beiden Knäblein, hinter deren Abkunft sie durchaus nichts unerhörtes
sah. Aber sicher spürte sie die Bedeutung des Augenblicks, als sie den mächtigen Volksheiligen für ihre Urenkel um den Segen bat. Spendete er ihnen
diesen Segen, so war vollends jedes Bedenken verscheucht, das etwa kirchlicherseits noch hätte erhoben werden können: ein Segen aus diesem Mund
und von diesen Händen ersetzte die mangelnde ehrliche Geburt. Columban
dagegen mag, er auch, nicht weniger die Krisis des Moments gespürt haben.

Ließ er sich jetzt bereit finden, so eröffnete er sich eine Machtstellung am Hofe und sicherte damit seinem Werke die Existenz im fränkischen Reiche, das die von ihm geplante Sittenzucht nötig hatte, nötig genug. Aber dann gab er zugleich preis, was eben gerade die Seele f e i n e s Werkes war, wodurch es sich von der doch auch nicht mangelnden einheimischen Bußbestrebungen unter= schied: die Strenge der sittlichen Forderung in souveräner Autonomie, ohne Seitenblick auf die Umstände und ohne Zugeständnis an die zufällige Kon= stellation der Stunde. Er fand den Mut, sich selber treu zu bleiben, den schwindelerregenden Mut, den durchbringenden Blick der Fürstin, der ihn um= warb, ihn anflehte, ihn beschwor, ihn bedrohte, diesen Blick auszuhalten, den Segen zu verweigern. Die Begegnung von Boucheresse bewies es wieder: es giebt freilich Fälle, wo das politisch Beste und ein reines Gewissen unvereinbar sind.

Als das verhängnisvolle Nein die Lippen des Heiligen verlassen hatte, durchflammte ein wütender Haß, wie sie dessen nur je fähig gewesen war, die Königin mit dem weißen Haare. Sie schickte die Kleinen hinaus. Die Auseinandersetzung unter vier Augen mag von beiden Seiten in der Erklä= rung unversöhnlicher Feindschaft bestanden haben. Die Schwelle krachte, so hieß es später, als der Gottesmann die königliche Halle verließ. Sofort traf die zürnende Königin Anstalten, die schottischen Klosterleute zu isolieren und ihnen jeden Einfluß abzuschneiden; sie verbot irgend einem von ihnen außer= halb der Grenzen die Durchreise zu gestatten, noch ihnen Unterkunft oder Al= mosen zu gewähren. Indessen suchte Columban sich des Königs zu versichern; schon meldeten sich bei dem jungen Monarchen Spuren der Entfremdung von dem bisher rückhaltlos verehrten Gottesmann, Spuren seiner Abhängigkeit von der Großmutter. Columban begab sich auf dessen Sommersitz Epoisse. Als er bei Sonnenuntergang dort eintraf, meldete man Theuderich, der Mann Gottes sei da, wolle aber die Häuser des Königs nicht betreten. Theuderich meinte, besser sei es den Mann Gottes durch angemessene Spenden zu ehren, als den Herrn durch Kränkung seiner Diener zum Zorne zu reizen. Er be= fiehlt daher, mit königlichem Luxus das Geeignete zu bereiten und dem Manne Gottes zu schicken. Man kommt also und bietet ihm die Bewirtung; da er aber in den Schüsseln und Bechern königliche Pracht sich entfalten sieht, fragt er wozu. Als jene sagten, es komme vom König, wies er es zurück und sprach: „Es steht geschrieben, die Geschenke der Gottlosen verwirft der Herr. Nicht ziemt es, den Mund der Diener Gottes zu besudeln durch die Speisen dessen, der diesem Diener den Zugang auch zu anderer Leute Wohnungen versperrt." Bei diesen Worten brachen alle Gefäße in Stücke, Wein und Most flossen auf den Boden, das andere ward einzeln zerstreut. Diese unerhörte Starrheit veranlaßt den König, noch einmal nachzugeben. Er eilt mit der Groß=

mutter in der Morgendämmerung zu ihm, bittet um Verzeihung und verspricht Abhilfe. Columban wird dadurch wenigstens zur Rückkehr in sein Kloster bewogen. Allein nicht lange werden die eiblichen Zusagen gehalten; nur allzubald bricht man sie. Die Bedrängnis der Klöster nimmt zu; der König kann den anstößigen Wandel nicht lassen. In einem bitterbösen Briefe stellt Kolumban gleichsam ein Ultimatum: entweder sofort endgiltige Besserung oder Exkommunikation. Nun bietet Brunichilde alles auf, um den Störefried kurzer Hand zu vernichten. Sie mahnt alle Großen, alle Höflinge, alle Vornehmen, des Königs Sinn gegen den Gottesmann zu verwirren, hetzt die Bischöfe auf, seine Religion herabzusetzen und die Ordensregel, die er für seine Mönche aufgestellt hatte, zu verdächtigen. Die Höflinge lassen sich überreden und empören den König wider Columban, der sich nun vor die Wahl gestellt sah, entweder auszuwandern oder sich einem Schiedsgericht zu unterziehen. Um das Maß voll zu machen, zwang Brunichilde den Enkel, Columban in Luxeuil selbst zur Rede zu stellen, warum er von der Gewohnheit der Landesbischöfe abfalle und warum er die Innenräume seiner Klöster für die Laien absperre. Auf diese Drohungen des Königs erwiderte Columban, kühn und starken Mutes wie er war, er habe nicht die Gewohnheit, Laien und Nichtreligiöse in die Wohnung der Diener Gottes treten zu lassen, hingegen habe er geeignete Gasträume. Hierauf erklärte der König bündig: „Willst du unsere Freigebigkeit und unsern Schutz länger genießen, so gewähre für Alle allgemeinen Zutritt." Aber ebenso bündig versetzte der Abt: „Willst du irgend an der bisherigen Regel rütteln, so werde ich eben weder deine Freigebigkeit noch deinen Schutz mehr annehmen." Da besann sich der König nicht länger und betrat rücksichtslos das Refektorium. Aber der Heilige begleitete diesen Gewaltakt mit so furchtbaren Protesten, daß der König den verbotenen Raum gleich wieder verließ. Die harten Worte machten Theuderich glauben, der Heilige habe ihn zum Blutvergießen reizen wollen: „Du hoffst", rief er aus, „ich werde dir zum Martyrium verhelfen, so dumm bin ich nicht. Aber da du doch immer etwas ganz besonderes haben mußt, wirst du besser thun, wieder hinzugehen, wo du hergekommen bist." Sofort brach das Gefolge des Königs einstimmig in den Ruf aus, sie wollten in diesen Landen Niemanden haben, der sich über andere erhaben dünke und sich hochmütig von ihnen abschließe. Columban erklärte, das Kloster nicht zu verlassen; man müsse ihn mit Gewalt hinauswerfen. Damit beauftragte der König einen Vornehmen names Baudulf, der dann also, nach des Fürsten Weggang, die Austreibung des Heiligen vornahm, zwanzig Jahre nach dessen Ankunft, und ihn bei Besançon internierte. Dort nahm sich der Heilige heraus, an des Königs Statt Verbrecher im Kerker gleich selbst zu begnadigen. Als Columban ferner sah, er werde in seiner

Verbannung nicht bewacht und von Niemanden belästigt, stieg er auf den die
Stadt und das Thal des Doubs überschauenden Berg, prüfte, ob man ihm
den Weg zu sperren trachte und da dies nicht der Fall war, ging er mitten
durch die Stadt mit den Seinigen wieder in sein Kloster zurück. So hatte
er eigenwillig den königlichen Bann gebrochen und den Zorn der alten Bruni=
childe und des Königs aufs neue und heftigste wider sich herauf beschworen.
Der frühere Exekutor Baudulf und außerdem Graf Berthari in Begleitung
der nötigen militärischen Mannschaft vollstrecken den königlichen Befehl, der
glimpflich auch dieses Mal nur auf Ausweisung lautete. Columban weigert
sich erst, das Land zu räumen, dann aber fordert er alle seine Mönche auf,
mit ihm das Kloster und Theuderichs Reich zu verlassen. Ragamund, der
Führer der Bewachung, hatte ihn bis Nantes zu begleiten. Aber die Eskorte,
die sie an die Grenze bringt, soll nur die Britten mitziehen lassen, die frän=
kischen Mönche dagegen im Lande festhalten. Mit Gewalt wurde Eustasius,
sein Schüler, der spätere Abt des Klosters, von seiner Seite gerissen. Die
Reise ging in sonderbarem Zickzack; über Besançon und Autun nach der Burg
Cavalo, wo ein königlicher Roßwart auf Columban ein Attentat versucht;
von da durch das Thal der Cure nach Auxerre; dort wendet sich der Heilige
plötzlich, in einer prophetischen Anwandlung an den Führer der Kolonne mit
den Worten: „Chlothar, den ihr jetzt verachtet, werdet ihr in drei Jahren
zum Herrn haben". Erstaunt fragte Ragamund: „Herr, weshalb sprichst du
solches zu mir", und erhielt zur Antwort: „Du wirst es schon erleben, wenn
du bis dann noch am Leben bist". Obschon nun Auxerre, die nördliche Höhe
von Orleans erreicht war, stieg man wieder tief südlich bis Nevers herab,
um hier die Loire auf Kähnen zu überschreiten. Dann geht es nach Orleans;
da der König ihnen verboten hat, die Stadt und wäre es auch nur, um deren
Kirchen zu betreten, lagern sie sehr traurig unter Zelten am Ufer der Loire.
Zwei Mönche werden in die Stadt geschickt, um an Vorräten das Notwendige
zu erlangen. Aus Furcht vor dem König wagte man nicht, ihnen etwas zu
schenken oder zu verkaufen. Auf dem Rückweg treffen sie auf der Straße die
syrische Frau eines blinden syrischen Kaufmanns. Die Fremde ergreift Mit=
leid mit den hier fremden Britten: „Kommt", spricht sie, „in das Haus eurer
Magd und nehmt, was ihr braucht. Bin doch auch ich eine Fremde aus des
fernen Ostens Sonne entstammt". Auch das Stadtvolk beschenkt nun heim=
lich die Mönche; offen wagten sie vor den begleitenden Wächtern nicht ihre
Sympathie zu bezeugen. Von Orleans fahren sie zu Schiff die Loire hinunter
bis Tours. Wider Willen muß die Besatzung Columbans Wunsch, das Mar=
tinsgrab zu besuchen, berücksichtigen und in Tours anlaufen. Nicht nur darf
Columban in St. Martin einen Tempelschlaf thun, er wird sogar von Bischof

Leopar zu Tisch geladen. Beim Essen fragt ihn der Bischof, warum er in die Heimat zurückkehre. Der Heilige antwortet: „Der Hund Theuderich hat mich von meinen Brüdern vertrieben". Dieser in jedem Fall ungebührliche Ausdruck veranlaßte einen fränkischen Edelmann, Unterthan des beschimpften Königs, obwohl mit Theudebert verwandt, zu dem demütig vorgebrachten Ein=wand, ob Milch trinken denn nicht besser sei als Wermut trinken. „Ich merke schon", gab der Heilige gereizt zurück: „Du willst wohl die Pflichten deines Treuverbandes König Theuderich gegenüber erfüllen". Jener erklärte, „ja: er habe den Unterthaneneid geleistet und werde ihn halten, so lang er lebe". Da fuhr der Heilige fort: „Nun, wenn du doch König Theuderich in Treupflicht verbunden bist, so wirst du ja froh sein, von mir als Gesandter zu deinem Freund und König geschickt zu werden. Bring ihm denn zu Ohren, er und seine Kinder werden in drei Jahren der Vernichtung verfallen sein; der Herr wird sein Geschlecht mit der Wurzel ausreißen". „Warum, o Mann Gottes redest du solches zu mir?" „Weil ich nicht verschweigen kann, was mir der Herr zu sagen auferlegt." Als dann Columban zu seinem Fahrzeug zurück=kehrte, fand er die Genossen sehr betrübt: in der Nacht waren alle Vorräte und alles Geld aus dem Schiff gestohlen worden. Sofort kehrte Columban in die Martinsbasilika zurück und machte dem Heiligen Vorwürfe, als handelte es sich um einen pflichtvergessenen Nachtwächter: „Nicht deshalb wahrlich habe ich zu deinen Ehren hier gewacht, damit du einstweilen mich und die meinen zu Schaden kommen lässest". Das gestohlene Gut findet sich wieder. Von Tours gelangen sie nach Nantes. Dem König gehorsam, will hier Bischof Sofronius zu gunsten der Reisenden weder schenken noch tauschen. Aber zwei fromme Frauen beschaffen hundert Maß Wein, hundert Maß Korn, hundert Maß Malz, zweihundert Maß Getreide und hundert Maß anderweitige Naturalien. Nun soll also der Heilige mit seinen Genossen nach Irland eskamotiert wer=den, der damit betraute Bischof und Graf Theudoald von Nantes lassen die Gesellschaft auf ein schottisches Handelsschiff bringen. Doch läuft es schon bei der Ausfahrt auf, und wird erst wieder flott, nachdem Columban mit den Gefährten und aller Habe wieder ans Land geschafft ist. Also, es war klar, Gott wollte nicht, daß Columban Frankenland verließ. Man wagte keine weiteren Verfügungen. Der Heilige war frei. Nach seinen eigenen Worten zu schließen, wäre Columbans Freiheit aber eben doch auch auf Flucht zurück=zuführen*). Er wandte sich zu dem Feind seines Verfolgers, zu König Chlo=thar. Dieser hatte schon gehört, mit wie vielen und wie schweren Unbilden Brunichilde und Theuderich den Mann Gottes heimgesucht hatten. Als er ihn erschaute, nahm er ihn auf wie ein Geschenk Gottes, bat ihn, sich in seinem

---

a) Columba Ep. 3. § 28.

9 *

Reiche niederzulassen, er werde ihm ganz zu Diensten sein. Columban lehnte ab: sei es, weil er die Pilgerschaft nun für die ihm zukommende Lebensform erkannte, sei es, weil er den Grund zu Streit zwischen Chlothar und Theuderich beseitigen wollte. Chlothar hielt ihn fest, so viele Tage er konnte, ließ sich von ihm wegen gewisser Mißbräuche schelten, die kaum an einem Königshofe fehlen, und gelobte alles nach seinem Befehle zu bessern. Während Columbans Anwesenheit bei Hofe brach zwischen Theuderich und Theudebert ein Grenzbereinigungsstreit aus, und beide baten durch Gesandte Chlothar um Hilfe. Dieser war geneigt sich einzumischen, bewahrte aber die Neutralität, als Columban riet, keinem beizustehen; in drei Jahren werde er beider Reich in Gewalt bekommen. Darauf zwang er den König, ihm behilflich zu sein, durch das Reich Theudeberts über die Alpen nach Italien zu gelangen. Chlothar ließ ihn zu Theudebert geleiten, über Paris und über Meaux. Hier nahm in ein Edler, Hagnerich, Theudeberts Gefolgsmann auf. Dieser übernahm es, den Heiligen bei Hofe gut einzuführen, der von König Chlothar mitgegebenen Flügeladjutanten bedürfe es nicht. Columban segnete sein ganzes Haus und weihte insbesondere das Töchterlein Burgundofara dem geistlichen Stande. Zu Cussy an der Marne wurde der Heilige von einem andern fränkischen Großen und dessen Gattin Aiga bewirtet, die ihm ihre Knaben Ado und Dado darbrachten. An Theudeberts Hofe wurde er mit Jubel und Ehrfurcht aufgenommen. Der König schlug ihm die Missionierung der heidnischen Alamannen vor. Columban wollte es auf den Versuch ankommen lassen und wählte die Gegend am Bodensee, da die Zeit der Bekehrung der Wenden und Slaven noch nicht gekommen sei. Dort hätte dann allerdings auch der Rückhalt am Frankentum, den der kühne Missionar noch in der Bodenseegegend gewiß beruhigend verspürte, aufgehört. Zu Bregenz störte er ein heiliges Biergelage, an dem Schwaben aus einer mächtigen Kufe Wodansminne tranken; in abergläubischer Scheu und aus Furcht vor dem Könige ließen die erschreckten Heiden diese Schändung ihres Opfers ungerächt: der fremde Zauberer habe einen starken Atemschnauf, meinten sie, kaum habe er von weitem gehaucht, so sei das Faß zersprungen und sei doch mit Reifen gebunden gewesen; offenbar war ein so gewaltiger Bläser eben doch stärker als ihr bisheriger Gott Wodan. Ganz unvorbereitet waren sie überdies nicht, denn unter diesen Götzenzechern saßen einige, die bereits getauft, aber wieder rückfällig geworden waren. Auch in diesem hintersten Winkel des großen fränkischen Reiches behielt Columban ein wachsames Auge auf die politischen Wirren jener Jahre. In einem Traumgesicht schaut er den ganzen Erdkreis so klein, wie die Schreiber ein Rund mit der Feder zu zeichnen pflegen. Auf die Nachricht von dem Siege Theuderichs über Theudebert verließ er Deutsch-

land und das Frankenreich; er wandte sich nach Italien. Der Langobarden=
könig Agilulf sagte ihm sofort alle Gnaden zu. Erst trat Columban in Mai=
land gegen die Arianer auf und erhielt dann die verfallene Peterskirche zu
Bobbio im Apennin zur Gründung eines Klosters angewiesen. Er versah die
Ruine mit einem neuen Dach und neuen Mauern. Einem durch Eustasius
von Luxeuil bestellten Ruf Chlothars II. schlug er aus. Er sei nun zu alt.
In der That starb er nach dem ersten Jahr zu Bobbio, im November 615[a]).

3.

Der Verfasser dieses Lebens des Columban ist Jonas von Susa, der be=
deutendste Heiligenschreiber des siebenten Jahrhunderts. Von Geburt ein Ita=
liäner, war er im Jahre 615 nach Columbans Tode in dessen Kloster zu
Bobbio eingetreten und hatte daselbst seine Beziehungen zum Frankenreich ge=
knüpft. Im Jahre 628 begleitete er den Abt Bertulf nach Rom, um für das
Kloster die Exemption vom Diöcesanbischof zu erwirken; aber noch vor Ber=
tulfs Tode verließ er Bobbio und begab sich nach Gallien. Nur gegen das
Versprechen, er werde Columbans Leben schreiben, ließen ihn die Mönche
überhaupt ziehen. In Gallien widmete sich Jonas unter Leitung des Amandus
der Mission der heidnischen Franken. Da er dabei meistens beschäftigt oder
unterwegs war, konnte er erst nach drei Jahren, etwa 640, die versprochene
Arbeit den Aebten Waldebert von Luxeuil und Bobolen von Bobbio über=
reichen. Jonas führte den Titel eines Abtes; wahrscheinlich aber hat er nie
ein Kloster regiert, sondern in herrschaftlichen Diensten gestanden, wahrschein=
lich als Beichtvater und Geschäftsträger der Königin Balthilde oder ihres
jungen Sohnes Chlothar III.; im Jahre 659 finden wir ihn im Auftrage
dieser Fürstin in Chalons.

Der bedenklichste Punkt in der Darstellung von Columbans Zeit und
Wirksamkeit durch Jonas ist die unwahre, gehässige Zeichnung der klugen und
energischen Königin=Regentin Brunichilde. Er, dem hierin sofort Fredegar
und alle andern folgten, hat den Leumund der merkwürdigen Frau so ent=
stellt, daß erst durch ehrliche Bemühungen in unseren Tagen eine gerechte
Beurteilung[1]) möglich wurde. Das übliche Visavis der gemeinen Stallmagd
Fredegunde ist von vornherein abzuweisen. Brunichilde war kein Engel, aber
noch weniger war sie eine Dirne. In ihrer kurzen Ehe mit Sigibert hat
sie dessen Treue nicht getäuscht und auch ihre phantastische Heirat mit Mero=
wech beschattet wohl ihre politische Klugheit in jungen Jahren, aber nicht ihre

---

a) Jonas, Columba, 31—36.

1) Godefroid Kurth, La reine Brunehaut. (Revue des questions historiques.
Bd. 50.)

Frauenehre. Selbst der Haß der mönchischen Gegner wagt erst für ihr Greisen=
alter die schon darum unglaubliche Verdächtigung ihres Wandels. In der
Politik hat sie unerlaubte Mittel nicht gescheut; aber nie ist sie, wie Fredegunde,
mit Gift und Dolch umgegangen. Mehrfach übt sie Milde und Großmut,
kauft in fränkische Kriegsgefangenschaft geratene Langobarden los, unterstützt
wohlthätige Anstalten, ist freigebig gegen die Kirche und die Armen. Als
Herrscherin wuchs sie zwar erst nach und nach in ihre Aufgabe hinein; dann
aber verfolgte sie immer energischer, immer bewußter ihr Ziel: gegenüber
einer zügellosen Interessenpolitik und einem Egoismus, dem nichts mehr heilig
war, die Sache des Staates, der Reichseinheit, des Rechts, des Königtums.
Da, während sie erst für den Sohn, dann für den Enkel und schließlich für
den Urenkel die Herrschaft führte und jahrzehntelang immer aufs neue, zu=
mal ohne eine verfassungsmäßige Sicherheit ihrer Frauenregentschaft, Kampf
und Kampf gegen den australischen Adel ausfocht, fuhr ihr nun auch noch der
hergelaufene Idealist in die Quere, als der ihr, von ihrem Standpunkt aus mit
Recht, Columban vorkam. Gleichgiltigkeit oder gar Feindschaft gegen die Kirche
darf man aber einer Brunichilde nicht vorwerfen, die Papst Gregor der Große zu
seiner wesentlichsten Mitarbeiterin in den kirchlichen Angelegenheiten ihres Reiches
herbeizog. Verblendung und niedere Parteileidenschaften hat die hohe Frau in
die Blutmegäre der Sage verwandelt und zwar aus bloßem Haß, daß ihre
staatsmännische Hand bei Lebzeiten die Kirche in so festen Zügeln gehalten hatte.

Dem Inhalte nach ist von Jonas Werken das Columbansleben weit=
aus das wichtigste. Obwohl es auf persönliche Erinnerung zurückgeht, ist
es doch nur mittelbare Memorie, insofern Jonas den Columban ja nicht
selber gekannt hat, aber eben doch in seinem ganzen Wesen durch ihn be=
stimmt war. Auch in den andern Schriften des Jonas tritt das Element
der Memorie in den Hintergrund. Er ist nämlich nach Gregor einer der
wenigen, die sich der Forschung widmen und mehr als eben ihren einen
Heiligen beschreiben. Dabei zeigt sich aber deutlich von wie geringer Sorte
diese damalige Art Forschung war. Auf der Reise nach Châlons rastete Jonas
einige Tage im Kloster des heiligen Johannes von Reomaus[1]). Die Mönche
baten den berühmten Hagiographen, ihnen niederzuschreiben, was sich über
das äußere Leben des heiligen Stifters sowie über seine geistige Entwicklung
durch seine Schüler bis auf ihre Tage in der Erinnerung erhalten hatte.
Jonas willfahrte dem Gesuch und widmete die Schrift dem Abt Hunna. Zu
dem Kloster hatte er keine anderen Beziehungen als die der eben genossenen
Gastfreundschaft. Er war somit auch dem lokalen Stoff ein Fremder; überdies

---

1) Bruno Krusch, Zwei Heiligenleben des Jonas von Susa. (Mitteilungen des
Instituts für österreichische Geschichtsforschung. XIV. 422.)

waren zweihundert Jahre seit der Geburt des Heiligen verflossen. Die mangelhafte Komposition und der dürftige Inhalt sind daher verständlich. Geboren war Johannes, nach Jonas, frommen Christen namens Hilarius und Quieta. Mit zwanzig Jahren faßte er den Entschluß, seine Heimat zu verlassen, und seinen religiösen Neigungen nachzugehen. Zuvor erbaute er jedoch ein kleines Oratorium in seinem Geburtsorte. Diesen Entschluß, sich in die Einsamkeit zurückzuziehen, setzt Jonas in die Zeit, als der Konsul Johannes unter kaiserlicher Hoheit Gallien regierte. Offenbar hat Jonas gar nicht an einen Jahreskonsul, sondern an einen hohen römischen Verwaltungsbeamten in Gallien, wahrscheinlich an den Consularis der Lugdunensis Prima gedacht. Die Begebenheit muß vor die Zeit fallen, da die Burgunder bis in diese Gegend vorgerückt waren, also vor das Jahr 457; aber mag nun auch uns die genaue Zeitangabe entzogen sein, so hat Jonas in seiner Weise sie doch gemacht und damit durch chronologische Eingliederung des Gegenstandes diese Lebensbeschreibung der Befangenheit der Memorie entzogen. Johannes zog sich damals in die gebirgige Gegend zwischen Armançon und Serain, zwei Nebenflüsse der Yonne zurück. Er gründete hier sieben Milien von der Burg Semur en-Auxois entfernt, das Kloster, das heute nach seinem Stifter Moutiers Saint Jean genannt wird. Von einem Brunnen daselbst ging die Sage, daß vor der Ankunft des Heiligen ein Drache darin hauste, dessen Tod er durch Gebet und energische Durchstöberung des Brunnens bewirkt haben soll. Schon bei dieser Handlung war er von Genossen begleitet. Nachdem er die Leitung des neugegründeten Klosters übernommen hatte, hielt er bei seinen Untergebenen streng auf die Beobachtung der Regel. Der Ruf des frommen Mannes veranlaßte eine Pilgerfahrt um die andere. Und auch in demselben Maße, wie die Schaar seiner Mönche wuchs, nahm sein Selbstvertrauen ab, und es schien ihm jetzt zuträglicher für sein Seelenheil zu sein, andern zu dienen als zu befehlen. Ueberdies war er selber noch nicht ausgebildet in der Strenge klösterlicher Disziplin; was er davon wußte, hatte er sich als Autodiktat aus der Lektüre oder mündlichen Berichten angeeignet. Aus Demut und dieser Studien halber begab sich Johannes in Begleitung von zwei Genossen in die damalige Musteranstalt für mönchisches Leben, das Kloster Lerinum, dem Honoratus vorstand. Unerkannt weilte er hier in strengem Gehorsam gegen seine Obern anderthalb Jahre. Da führte ein Zufall seine Entdeckung herbei. Ein Fremder, der zu Besuch kam, erkannte ihn unter den arbeitenden Mönchen und erzählte den staunenden Lerinern, wer der schlichte Mönch sei, der die niedrigsten Dienste that. Das Gerücht von dieser Begebenheit kam dem Bischof Gregor von Langres zu Ohren, zu dessen Diöcese das Kloster des Johannes gehörte. Er sandte Mönche aus diesem Kloster mit zwei Briefen nach

Lerinum: Honorat und dessen Mönche ersuchte er, der Rückkehr des Johannes nichts in den Weg zu legen und diesen forderte er auf, heimzukommen; der ernsten Mahnung seines Bischofs mußte der Heilige Folge leisten. Indessen kann diese auf den ersten Blick scheinbar glaubwürdige Episode so doch nicht stattgefunden haben, da Abt Honoratus von Lerinum und Bischof Gregor von Langres nicht Zeitgenossen, sondern etwa um ein Jahrhundert auseinander waren; davon abgesehen ist der Zug wahrscheinlich; denn da der größte Teil der Lebenszeit des Heiligen in das fünfte Jahrhundert fällt, so wird er wohl wie so viele andere Männer dieser Zeit ihre Ausbildung dort genossen haben. Nach seiner Rückkehr ließ sich Johannes wiederum die Leitung und Ausbildung seiner Mönche nach der Regel angelegen sein und wurde darin von einem Mönch namens Filomeris unterstützt. Die Regel, die der Heilige vor der Lerinenser-Periode befolgte, hatte Jonas nicht näher bezeichnet; jetzt nennt er den Verfasser Macarius. Die erste Sorge der Brüder war, den mit dichtem Gebüsch bewachsenen Boden urbar zu machen, damit er ihrem Unterhalte diene. Mit Aexten bewaffnet begaben sie sich in die Wälder, hieben sie nieder, rodeten das Land aus und erschlossen es der Kultur. Als sie einmal auf den Ruf des Seniors gehorsam ins Kloster zurückkehrten und aus Bequemlichkeit die Beile draußen liegen ließen, stahl diese ein Dieb, so daß sie hernach die unterbrochene Arbeit nicht fortzusetzen vermochten. Johannes, ungehalten über diese Ausrede, fahndete nach dem Dieb und nahm ihm die Beute ab. Die Arbeit trug ihre harten Früchte. Wohlgefüllte Speicher schützten nicht allein die Mönche vor Not, sondern gestatteten auch die Unterstützung der Nachbarn bei Mißernte. Die Besorgung der Feldwirtschaft blieb aber nach wie vor Sache der Mönche. Auch ein Bild aus dieser späteren Zeit führt uns Jonas vor. Es ist Erntezeit; die reife Saat harrt der Schnitter. Die Mönche begeben sich truppenweise auf die Felder, um die Frucht zu schneiden. Erst der Eintritt der Nacht setzt ihren Mühen ein Ziel. Die fleißigen Brüder kehren jetzt in das Kloster zurück; nur einer, Claudius, bleibt auf Befehl der Vorsteher die Nacht über als Wächter bei der Frucht. Auch er versinkt in Schlaf, aber mitten in der Nacht erwacht er und macht sich Sorgen, daß die ermatteten Genossen die Gebetsstunde verschlafen würden. Da sieht er plötzlich eine strahlende Kugel den Himmel erleuchten. Während er noch betäubt ist von dem Wunder, hört er, wie der Hahnenschrei den kommenden Tag verkündet und zugleich Glockenläuten die Brüder zum Gebete ruft. Am Morgen erzählt er dem Abte sein nächtliches Erlebnis. Aber dieser warnt ihn vor Ueberhebung. Kein sündiger Mensch sei wert, die himmlischen Vorgänge zu schauen. Die freie Natur zogen diese Mönche der Klosterzelle vor. Nach Art der alten Streiter pflegte Johannes dem Gebet

und Fasten im Walde obzuliegen, wo er dann mit den armen Leuten zu=
sammentraf, die sich Waldfrüchte für ihren Unterhalt suchten. Als seine
Mutter zum Kloster kam, um ihn nach langer Trennung wieder zu sehen,
schlug er ihr diesen Wunsch ab; um sie nicht allzusehr zu betrüben, zeigte
er sich ihr wenigstens von der Ferne; er ließ ihr aber ankündigen, sie würde
ihn in diesem Leben nicht mehr sehen. Wie ganz anders wurde Sequanus
empfangen, ein benachbarter Heiliger, der Gründer von Segestrum, heute
Saint Seine. Dem Sonderling hatte es beliebt, in stockfinsterer Nacht seinen
Besuch abzustatten. Heimlich betrat er die Kirche, um zu beten. Aber
Johannes erhielt durch göttliche Offenbarung Kenntnis von dessen Ankunft.
Er weckte einen Diener und ließ nun die Mönche durch Glockenschlag zu=
sammenrufen, daß die dem Ankömmling die Pflichten der Gastfreundschaft
erwiesen. Zur Messe war das Kloster des Johannes mit Andächtigen über=
füllt, da alle seine Predigt zu hören wünschten. Der Heilige pflegt aber
für die Laien besonders Messe zu lesen; denn er wünschte nicht, daß seine
Mönche durch den Lärm der Menge gestört würden. Die Laien hatten also
zunächst abzutreten und vor der Kirche zu warten. Das Kloster war ein
Asyl für Bedrückte und die letzte Hoffnung für Schwerkranke. Ein Sklave,
der einen Fehltritt begangen hatte, nahm die Vermittlung des Johannes in
Anspruch, um von seinem Herrn Verzeihung zu erlangen. Der Heilige setzte
auch einen Brief an diesen auf, aber seine Fürbitte wurde nur verächtlich
aufgenommen. Sonst waren es vornehmlich Kranke, die dem Kloster zu=
sprachen. Hatten sie dann durch den Heiligen ihre Gesundheit wieder er=
langt, so blieben sie wohl auch aus Dankbarkeit gegen ihren Retter im Kloster.
Auf der Rückkehr von dem Zuge nach Italien, den der hochstrebende König
Theudebert über die Alpen unternommen hatte, befand sich unter den bur=
gundischen Truppen ein Mann, der von heftigem Fieber geplagt wurde. Sein
Bruder eilte zu Johannes und erbat sich von ihm geweihte Eßwaren, er=
suchte auch den Heiligen, jenen in sein Gebet einzuschließen. Er erhielt ein
Brot und fünf Obstfrüchte; man gab sie dem ungeduldig harrenden Kranken
in drei Teilen mit Wein befeuchtet ein, und er genas zur Stunde. Das
letzte Wunder des Johannes fällt in die Zeit, da eine schwere Seuche ganz
Gallien verheerte. Ein Mann wird auf der Heimreise von Paris von der
Krankheit befallen, indem sich ein böses Geschwür bildet. Sobald er nach
Hause zurückgekehrt ist, läßt er sich Wasser aus dem Brunnen holen, den
der Heilige geweiht hatte. Ein Diener bringt ihm das gewünschte mit dem
Segen des Heiligen. Als er nun gläubig davon getrunken hatte, barst das
Geschwür und er erlangte seine Gesundheit wieder. Gemeint ist die Seuche
vom Jahre 543, die in Aegypten ihren Anfang nahm und sich über den

ganzen Erdkreis verbreitete. Johannes stand in großer Verehrung bei den fränkischen Königen und beim Adel. In weltliche Geschäfte mischte er sich aber nicht. Er starb im Alter von sage hundert und zwanzig Jahren am 28. Januar sei es 544, sei es eines der folgenden Jahre. Ueber den Schluß der Vita, die sich noch mit den Nachfolgern und der Translation der Ge=beine des heiligen Johannes beschäftigt, darf hier hinweg gegangen werden, und ebenso genügt für die übrigen Heiligenleben des Jonas eben die Er=wähnung. Es sind sozusagen drei Nachträge zum Columbansleben; denn es handelt sich um Eustasius von Luxeuil, Columbans Vertrauensmann seiner Stiftungen in den Vogesen, um Attala und Bertulf, Columbans Nachfolger in der Abtswürde zu Bobbio und um Burgundofara, das junge Mädchen, das durch ihn zur Nonne geweiht worden war.

Dagegen verlangt hier eine Schrift nähere Beachtung, die nicht durch die Ueberlieferung, wohl aber durch ihre Sprache in die Nähe des Jonas gerückt wird: das Leben des Vedastes von Arras. Sie tritt anonym auf und ist nicht in der alten merovingischen Schriftsprache, sondern in jenem gekünstelten Latein geschrieben, das durch Jonas von Susa in Gallien ein=geführt worden ist. Sämtliche Lieblingsausdrücke aus Jonas Schriften finden sich in dieser Vita wieder vor, der Sprachschatz ist der gleiche und fällt um so leichter ins Auge, als Jonas sich in seiner aus den verschiedensten Autoren zusammengestoppelten Sprache nicht frei bewegen konnte. Wie sollte nun aber der Italiener dazu kommen, das Leben eines Bischofs von Arras zu beschreiben? Es läßt sich indessen nachweisen, daß sich Jonas in der That in jener Gegend aufgehalten hat. Von Bobbio kommend schloß er sich dem heiligen Amandus an, der in der sumpfigen Niederung des Elno, im äußersten Norden des Landes sich angesiedelt hatte. Drei Jahre brachte Jonas da=selbst zu, und da nach der Art jener Missionare auch er für größere Exkur=sionen den Wasserweg auf der Scarpe und Schelde zu benutzen pflegte und Arras an der Scarpe liegt, so kann Jonas wohl gelegentlich mit seinem Kahne in diese Stadt gelangt sein. Da mag er dann gebeten worden sein, das Leben des Lokalheiligen aufzuzeichnen und wird seine Aufgabe als feder=fertiger Mann in kürzester Frist erledigt haben, wie er ja auch für das etwas längere Johannesleben nur wenige Tage gebraucht hat. Auch diese Schrift ist flüchtig hingeworfen und dürftig im Inhalt. Den kümmerlichen Stoff hat Jonas sich dadurch etwas erweitert, daß er Chlodowechs Alamannen=krieg in das Leben verflocht und daran einige Kombinationen wagte. Ueber den vierzigjährigen Episkopat weiß er nur eine einzige Anekdote zu berichten. Wer indes auch sonst immer außer Jonas etwa der Verfasser gewesen sein könnte, Berichte von Augenzeugen hat er sicher nicht benutzt und außer Gregor

auch keine schriftliche Quelle. Die Schrift spiegelt die Lokaltradition von
Arras und fixiert somit, was man sich zur Zeit des Verfassers über den
Heiligen daselbst erzählte. König Chlodowech, so hieß es, hatte in Rheims
dem Bischof Remigius den frommen Vedastes von Toul überlassen; dessen
Zelle wurde nun in Rheims mit Vorliebe von den Vornehmen besucht; man
liebte seinen sanften Mut und seine liebliche Rede. Remigius bestimmte ihn
einem größeren Berufe und schickte ihn in den unwirtlichen Westen; als Bi=
schof von Arras sollte Vedast die Bekehrung des fränkischen Volkes fördern.
Die Stadt, vor fünfzig Jahren durch Attilas Hunnen zerstört, lag noch in
Trümmern. Der neue Bischof nahm von einer Wüste Besitz. Als er zum
Stadtthor kam und eintreten wollte, wurde er angebettelt; er sagte, mit
irdischen Gütern sei er nicht gesegnet, aber er habe besseres zu geben. Die
zwei Bittsteller wollten jedoch mit Gewalt das Geld, das er auf sich trug,
abnötigen, sagten aber, als er wiederum seinen Ersatz für Gold und Silber
pries, sie wollten dem also verlieb nehmen. Da sprach er: „Wenn euer
Glaube meine Worte begleitet, so spendet die Gnade des Allmächtigen jedem
von euch die alte Gesundheit“. Nun legte er die Hände über die Augen des
einen, berührte die gelähmten Glieder des andern, machte das Zeichen des
Kreuzes, blickte aufwärts gen Himmel, sofort gewann der Blinde das Gesicht
der Lahme den Gang wieder und jauchzend gingen sie beide heim. So ge=
langte er zur Kirche und trat ein. Da sah er sie ungepflegt und durch die
Gleichgiltigkeit der heidnischen Bürger vernachläffigt, angefüllt mit Vipern
und befleckt durch Kot und Lagerstätten wilder Tiere. Auch viele Häuser
der Stadt waren unbewohnt und starrten vor Schmutz. In einem hauste
ein Bär. Vedast vertrieb ihn und verbannte ihn ein für allemal über das
Flüßchen Crinchon hinüber. Offenbar liegt doch hier die Sage von der
Neustiftung des Bistums Arras durch Vedast in populärer Fassung vor. Auch
über Vedasts politische Stellung mag mit der Lokalmemorie soweit getreu
berichtet sein, daß Vedast zum Hofe Chlodowechs rege und freundschaftliche
Beziehungen unterhielt, daß er dagegen mit Chlothar nur einmal gelegentlich
in Berührung kam, an drittem Orte beim Gastmahl eines Großen namens
Hozinus. Dort behandelt Vedast die Bierfässer nach Columbans Muster.
Ueber seine Missionsthätigkeit verlautet, eine Gesamtbekehrung der Franken
jener Gegend sei ihm nicht gelungen, dagegen hätte die Zahl der einzelnen
Konvertiten steigend zugenommen.

In Luxeuil entwickelte sich unter dem Einfluß des Jonas eine hagio=
graphische Thätigkeit bei den Mönchen, in die wir uns jedoch leider keinen
zusammenhängenden Einblick verschaffen können. Vielfach handelte es sich um
Ware von leichtfertigster und oberflächlichster Mache; so ist die Vita des

Agilus von Resbach [1]) wertloses Flickwerk. Die biographischen Thatsachen und Namen sind fast alle sei es dem Columbans= sei es dem Eustasiusleben entnommen; wirkliche Liebe zum Gegenstande verleugnet sich ja freilich nicht, aber da es sich um den Genossen eines schon beschriebenen Heiligen handelt, so glaubte sich der Schreiber weiterer Mühe möglichst überheben zu dürfen, und kopierte so viel ihm eben paßte; wenn er nur seinen Helden möglichst hoch hob. Seine Angaben verdienen daher auch da, wo sie selbständig scheinen nur geringen Glauben: wie leicht kann das scheinbar wahre eben nur unbewußte Kombination von Irrtümern des Verfassers sein; so seine Ab=ordnung an den Hof nach Boucheresse als Gesandter des Klosters, seine Missionsreise mit Eustasius zur Bekämpfung einer Häresie des Bonosus, die sie zu den Bojen oder gar den Bayern und dann wieder nach Metz führte. Harmlose Züge aus dem Klosterleben von Resbach mögen echter sein: einmal holte der Abt einen armen Aussätzigen, der in der Winternacht draußen jammerte, auf dem Rücken herein, und bei einer Kirchweih, da es an Wein gebrach, gelang ihm ein zweites Wunder von Cana, sodaß die Mönche mäßig, das Volk aber übers Maß fröhlich wurden.

Nicht alle Schülerarbeit von Luxeuil ist so gering ausgefallen. So schrieb der Mönch Bobolen, kaum schon vor Jonas, sondern später als Abt von Bobbio, ein gewissenhaftes Lebensbild des heiligen Germanus, des Stifters von Moutiers=Grandval im Jura [2]). Germanus stammte aus einem Trierer Adelsgeschlecht und stand in engen Beziehungen zu Bischof Arnulf von Metz. Nach einem Aufenthalt im Kloster zu Remiremont trat er dann in Luxeuil unter Abt Waldebert ein. Diesem hatte der elsäßische Herzog Gundonius einige entlegene Grundstücke im Jura angewiesen. Waldebert besichtigte sie in eigener Person und schickte zunächst den Fridwald, einen Genossen des Columba, um den Klosterbau ins Werk zu rufen; Abt aber wird Germanus und ihm zugleich das Gotteshaus von Sankt Ursitz unterstellt. Er über=nimmt die Obhut über die angrenzenden Thalschaften und ersetzt die alte Römerstraße von Pierre Pertuis, die über die Höhen gegen Glovelier hin=führte, durch die an der Felsenwand abgesprengte Straße, die bis auf den heutigen Tag der Birs entlang das Thal durchzieht. Die Unruhen im merovingischen Reich, die in jener Gegend ums Jahr 666 zu einem Herzogs=wechsel führten, und Einfälle heidnischer Alamannen zerstörten leider die Thätigkeit des edeln Abtes. Er selbst wird, auf der Rückreise vom Besuche bei seinem neuen Landesherrn mit seinem Gefährten Randoald erschlagen.

---

1) M. Büdinger, Zur Kritik altbahrischer Geschichte. (Wiener Sitzungsberichte. 1857. Bd. 23. S. 372—383.)　　2) Albert Burckhardt. Die Heiligen des Bis=tums Basel. (Basler Jahrbuch. 1889. S. 155—157.)

Die beiden Leichen wurden zuerst in die Kirche von St. Ursanne gebracht und dann in der Peterskirche des Klosters Münster beigesetzt.

Anhangsweise muß hier auch einer litterarischen Erscheinung gedacht werden, die ohne Heiligenleben zu sein, verwandten Inhalt hat und ohne sich über ihre Herkunft offen auszuweisen, wahrscheinlich auch in dem irischen Vogesenkloster zu Hause ist: das sogenannte hieronymische Märtyrerverzeichnis [1]). Es ist unverkennbar gallische Arbeit und in seiner ältesten Gestalt in den beiden Jahren 627/628 geschrieben worden.

Der Verfasser war weniger ein gelehrter, als ein sehr fleißiger und wißbegieriger Mann. Er benützte ein altes orientalisches, wahrscheinlich von einem Arianer abgefaßtes Martyrologium aus der zweiten Hälfte des vierten Jahrhunderts, das seinerseits auf der Martyriensammlung des Eusebius von Cäsarea beruhte. Für Afrika ist ein vorwandalischer Kalender benutzt, für Rom ein römischer, der während der Jahre 312 bis 422 geführt wurde. Im übrigen hat der Verfasser unermüdlich Namen und Festtage gesammelt und in die Kalendertabelle eingetragen, sodaß ein antiquarischer und ein currenter Teil zu unterscheiden ist oder, anders eingeschätzt, ein ausländischer und ein gallischer Teil. Durch die zunehmenden lokalen Einträge erhielt das Werk den überwiegend nationalen Anstrich, den es jetzt hat. Und auch dann noch scheidet es sich in zwei Exemplare, von denen das eine das Festverzeichnis von Luxeuil, das andere bei den Kirchen von Auxerre und Autun verbreitet und vervollständigt wurde; endlich scheint es auch nach Aquitanien gekommen und dort mit Zusätzen versehen worden zu sein. Mit Auxerre hat der Verfasser persönlich nichts zu thun, alles deutet darauf hin, daß er Mönch von Luxeuil war und dort geschrieben hat. Die bayrische Heilige Afra von Augsburg, die in römischer Zeit von ihrem nicht eben anständigen Berufe sich bekehrte und Märtyrerin geworden war, ist nicht weniger als viermal im Verzeichnis erwähnt. Wenn es mit der Missionsthätigkeit des Abtes Eustasius in Bayern seine Richtigkeit hat, so mag er ihren Kultus in Luxeuil eingeführt haben; denn ohne die Lechbrücke bei Augsburg zu überschreiten, konnte der burgundische Wandersmann Bayern nicht betreten. Sonst hat unsere Martyrologe nicht das leiseste Bedürfnis zu Notizen über das Leben seiner Heiligen. Das nackte Schema der Tabelle genügte ihm durchaus. Bei ihm handelt es sich nun also ausschließlich um gelehrte Systematik trockensten Stils, während ja gerade deren Verbindung mit der memorienhaften Anekdote das Werk Gregors so anziehend und so wertvoll macht.

---

1) Karl J. Neumann, Der römische Staat und Die allgemeine Kirche. Leipzig. 1890. S. 280—282. — Br. Krusch. Neues Archiv. 20. 1895. 437—440 und 24. 1898. 287—387.

4.

In jener Zeit, da die Macht der Dynastie zusehends zerbröckelte, kündet sich dasjenige der Adelsgeschlechter, das die Merowinger schließlich stürzen und ablösen sollte, auch dadurch als das moralisch höhere an, daß sein Stammvater der Gemeinschaft der Heiligen angehört. Arnulf von Metz ist von einem ihm untergebenen Mönche nach eigener Anschauung und Mitteilungen der Dienerschaft geschildert worden. Der Schreiber war freilich der merkwürdigen Doppelgestalt des Staatsmanns und Laien nicht gewachsen; ihn interessiert durchaus einseitig der Asket und der Wunderthäter, als der Arnulf gegen das Ende seiner Tage sowohl seine weltlichen als seine geistlichen Befugnisse vernachlässigte. In seiner Jugend hatte er sich unter den jungen Adeligen am Hofe durch sein intelligentes Wesen ausgezeichnet. Er füllte zunächst eine militärische Stellung aus, trat dann aber in die königliche Verwaltung und hatte schließlich sechs Grafschaften unter sich. Er war bereits Gatte und Vater, als die nähere Bekanntschaft mit dem heiligen Romarich ihn mitten am Hofe für das mönchische Ideal gewann. Im Begriff, in Lerinum einzutreten, nahm er die Wahl als Bischof von Metz an und legte auch seine weltlichen Aemter zunächst noch nicht nieder. Chlothar II. betraute ihn mit der Regierung Austrasiens unter der nominellen Herrschaft des noch minderjährigen Prinzen Dagobert. Dann aber hielt ihn kein König mehr. Er zog sich in seine Stiftung, Romarichs Kloster Remiremont oder Habendi, zurück und lebte dort Gott und den armen Leuten.

Das dann folgende Zeitalter der Königin Balthilde, an Heiligen nicht reicher als andere, hat für deren gleichzeitige Beschreibung jedoch mehr einzelne Kräfte aufgebracht, als bisher gewöhnlich gewesen war. Die Fürstin selbst ist zunächst von einer nicht übel berichteten geistlichen Zeitgenossin unter dem unmittelbaren Eindruck ihres Wandels kunstlos und treuherzig geschildert worden. Sie war eine angelsächsische Prinzessin, aber kriegsgefangen nach dem Festland verschlagen worden und unter das Gesinde des fränkischen Majordomus Erchinoald geraten. Dieser wollte sie heiraten; doch wußte sie sich den Bewerbungen des Witwers zu entziehen; ob sie dabei bereits in bewußter Absicht mit der glänzenderen künftigen Stellung rechnete oder ob die Heirat eine mehr oder weniger sachliche Kombination des Leiters der Politik Erchinoald war, Balthilde wurde die Gattin Chlodowechs II., dem sie drei Erben Chlothar, Childerich und Theuderich schenkte. Nach dem Tode des Königs im Jahre 657 führte sie für Chlothar die Regentschaft und förderte in dieser hohen Stellung die Kirche, konnte sich aber in den Hofintriguen nicht halten und wurde ins Kloster getrieben. Ihre Liebesthätigkeit galt

besonders den christlichen Sklaven; sie kaufte viele los, am liebsten Angel=
sachsen.   Sie lebte in Chelles als die niedrigste der Nonnen und starb an
einem Unterleibsleiden im Jahre 680.   Das andere von ihr gestiftete Kloster
war Corbie.   Als der von ihr daselbst eingesetzte Abt noch lebte, wurde ihr
Lebensbild wahrscheinlich in Chelles verfaßt nach dem Muster von Fortunats
Leben der Radegunde; später glättete ein etwas besserer Skribent das un=
beholfene Latein dieser Erinnerungen an die andere merowingische Königin,
die sich um ihre Krone noch den Heiligenschimmer hinzu erworben hatte.

Die bewegte Zeit nach ihrem Abschiede von der Welt wäre für uns
unaufgehellt ohne die Lebensbeschreibungen des Leodegar von Autun.   Von
diesem ist nun freilich weder die eine von einem Insassen des Klosters St.
Symphorian zu Autun, noch die andere von dem Abt Ursinus von Ligugé
verfaßt; beide stammen vielmehr aus dem neunten Jahrhundert, gehen aber
die eine als einfältige Kompilation, die andere als raffinierte Fälschung auf
eine alte zeitgenössische Quelle zurück, von der kürzlich ein Bruchstück gefunden
wurde 1).   Dieser ungenannte Augenzeuge schilderte eine Menge wichtiger
Staatsbegebenheiten und lokalgeschichtlicher Details aus den sechziger und
siebziger Jahren sehr ausführlich und packend; er verrät genaue Personen=
und Ortskenntnis.   Das Staats=, Kirchen= und Gerichtswesen ist ihm ver=
traut.   Er tritt mit Pathos für seinen Helden ein und schreibt offenbar in
höherem Auftrag.   Seine Darstellung ist eigenartig und enthebt sich der
strengen chronologischen Reihenfolge, indem er die Thatsachen pragmatisch
gruppiert und nachträgliche Ereignisse gelegentlich einfach vorwegnimmt, so=
bald sie ihm den faktischen Beweis für etwas eben erzähltes zu enthalten
scheinen 2).   Leodegar oder Saint Leger 3), vornehmer Leute Kind, war in der
königlichen Palastschule erzogen worden,   war dann behufs weiterer Ausbil=
dung zu seinem Onkel, dem Bischof Dedo von Poitiers gekommen und wurde
mit zwanzig Jahren Diakon.   In der Stellung eines Archidiakons zeichnete
er sich nicht nur durch Rednergabe, sondern auch durch Kenntnis des welt=
lichen Rechts aus und hielt als Richter wie als Lehrer die ganze Diözese
Poitiers in Frieden.   Danach oder daneben bekleidete er im Maxentiuskloster
bei Compiegne die Abtswürde.   Als guter Kopf blieb er bei Hofe nicht un=
beachtet, und gar sein persöhnliches Auftreten imponierte den großen Herren
geistlichen und weltlichen Standes vollends.   So brachte er es im Jahre 659
zum Bischof der königlichen Residenz Autun und· that sich nun als energischer

---

1) Bruno Krusch, Die älteste Vita Leudegarii. (Neues Archiv. Bd. 16. 1891.
S. 565—596.   2) Otto Laeger, Die Lebensbeschreibungen des heiligen Leudegar.
Programm des kgl. Realgymnasiums. Nordhausen. 1892. S. 4. 5. 18.   3) Felix
Dahn, Urgeschichte der germanischen und romanischen Völker. Bd. III. 681—695.

und scharfblickender Politiker auf. Aus Anlaß der Königswahl gerieten er und der allgewaltige Hausmeier Ebroin an einander. Ebroin war nicht gewöhnt, daß man ihm die Stirne bot. Ueberdies hatte Leodegar Burgund hinter sich, und der Majordomus stammte aus Neustrien. Er ließ daher die königliche Pfalz für Burgund sperren; da der Zutritt zum Hofe jedoch von höchster politischer Bedeutung und den Großen für den Betrieb ihrer Inte=reffen schlechterdings unumgänglich war, lag, wie in Geßlers aufgestecktem Hute, vielleicht in dem Verbot die Falle versteckt, gegen die Vornehmen, die das Verbot verletzen mußten oder aus Stolz verachteten, einen Vorwand zu gewinnen. Leodegar kehrte sich daran nicht: kaum war König Chlothar ge=storben, so eilte er mit seinen Anhängern in den Palast. Gegen Ebroins Kandidaten Theuderich, Chlothars dritten Bruder, erhob er Childerich auf den Thron. Durch die rücksichtslose Bestrafung der unbotmäßigen Junker hatte sich Ebroin viele Feinde geschaffen und war sogar einer Verschwörung gegen sein Leben auf die Spur gekommen. Jetzt entschied das Glück gegen ihn: die Mehrzahl der Edeln ließen den rechtmäßigen Thronfolger Theuderich fallen, konstituierten sich und erhoben Childerich von Austrasien zum König. Ebroins Anhang wurde zersprengt; er selbst stellte sich Childerich, verzichtete auf seine Habe und bat nur, sein Dasein im Kloster fristen zu dürfen. Sein Vermögen wurde infolge dessen geplündert und sein Leben, vor allem auf die Fürbitte Leodegars hin, ihm geschenkt. Er wurde nach Luxeuil geschickt. Auch Theuderich wurde geschoren und der Obhut des Abtes zu Saint Denis übergeben. In Burgund übernahm nun, ohne thatsächlich Majordomus zu sein, Leodegar als Leiter des Palastes die Regierung. Seine Politik be=deutete thatsächlich eine Kräftigung des Adels gegenüber der Krone, deren beste Stütze ein energischer Majordomus damals noch war. Die von Ebroin behauptete Machtstellung sollte unmöglich werden. Das Programm, das er Childerich unterbreitete, betraf lauter Punkte, die auf eine Beschränkung der Hausmeierschaft hinauslief: Ausschluß der Erblichkeit, Wechsel unter den Großen, ohne feste Amtsdauer, abhängig von der Adelsmehrheit; jeder Vor=nehme sollte womöglich einmal ans Ruder kommen. Dieser Bund mit dem Welt=adel war nicht nur vom Standpunkt der Königstreue aus bedenklich, er führte ihn, den Bischof, auch zu einem Gegensatz gegen die Kirche. Bischof Prajek=tus von Arvern, Saint Prix, hatte Streit mit dem Patricius Hektor von Marseille, weil dieser die Tochter einer frommen Arverner Dame Claudia geraubt hatte und nun nach dem Tode der Schwiegermutter deren Vergabungen an die Armen beim Könige anfocht. Leodegar nahm sich des Grafen an und setzte die förmliche Vorladung des Bischofs vor Königsgericht durch. Anfangs weigerte sich Saint Prix am Samstag vor Ostern in Rechtssachen Rede zu stehen, es sei auch gegen das Gesetz. Dann, als man ihn zwang, appellierte er aber sehr geschickt an die Königin Imnichild, deren hohem Schutz er hiemit die Interessen der Kirche anvertraue. Und als er nun gar erzählte, wie man ihn unter Bürgenzwang zu der auch sonst mühseligen Reise nach Autun genötigt habe und es sich herausstellte, daß dies hinter dem Rücken des Königs geschehen war, da hatte er gewonnen Spiel: König und Königin entschuldigen sich bei ihm, alle Bischöfe und Großen ersuchen ihn, die Ostervigilien zu halten und Messe zu lesen für das Heil des Königs und den Frieden der Kirche. Für Leodegar war das der Sturz. Er entflieht mit Hektor. Diesen läßt der König verfolgen, fangen und hinrichten. Auch Leodegar wird auf der Flucht ergriffen. In dem Gericht, das die Ersten des Palatiums über ihn hielten, wurde ihm geradezu, wenn auch wahrscheinlich mit Unrecht, ein Komplott gegen den König zur Last gelegt. Das Urteil lautete einstimmig auf lebenslängliche Klosterhaft. So kam er nun seinerseits nach Luxeuil zu Ebroin. Die alten Feinde mögen sich dort gefunden und vertragen haben. Nun hatte der austrasische Hausmeier Wulfoald, der durch Leodegars Maßnahmen gegen den Majordomat direkt betroffen gewesen war, in allen drei Reichen die Zügel in den Händen. Mit der Palastrevolution, die zu Childerichs Sturze führte, war dann aber auch die Macht dieses neuen Hausmeiers zu Ende. Leodegar und Ebroin langten vielleicht gemeinsam in Autun an. Ebroin mußte bereits in der folgenden Nacht wieder fliehen, indessen Leodegar für einige Zeit die herrschende Stellung in Burgund aufs neue besaß. Er entschloß sich nun mit Leudesius, dem andern Führer der Adelspartei, für Theuderich II., den er früher entthront hatte. Die Wirren im Lande waren unbeschreiblich. Und Ebroin gelang es, sich in Austrasien zu kräftigen; sein Einfall in Burgund war siegreich. Er ehrte seinen früheren Schützling, den jetzigen König, der vor ihm flüchtete, als seinen Herrn, tötete Leudesius und übernahm wieder seine Machtstellung von ehemals. Die Reihe kam nun an Leodegar, den alten Feind, den alten Unglücksgenossen. Ebroin ließ Autun durch zwei seiner Heerführer belagern. Der Bischof sah, daß er sich nicht halten konnte. Er verschrieb den aufgesammelten beträchtlichen Parteifonds für Kirchen und Armenzwecke, versöhnte sich mit seinen Feinden und kapitulierte, aber erst nach versuchtem Kampfe. An der Spitze der gesamten Geistlichkeit schritt er hinaus, unter Psallieren, mit den Kreuzen und allen Reliquien. Er wurde als Hochverräter geblendet, unter Klosterbann gestellt und später hingerichtet. Schlau, ehrgeizig, sonst aber kein schlechter Mensch ist er jedenfalls, sobald und solang er Politik trieb, ein kurioser Heiliger gewesen.

Zwei Weltheilige im besten Sinne sind dagegen Saint Eloi und Saint

Ouen, die im Verhältnis von Meister und Schüler stehend, mit ihrer Lebens=
zeit ziemlich ein ganzes Jahrhundert umspannen. Eligius [1]), keltischer Ab=
kunft, ist in Chatelat bei Limoges im Jahre 588 geboren. Sein Vater hieß
Eucherius, die Mutter Terrosia. Um seiner künstlerischen Anlagen willen
gab man ihn noch bei sehr jungen Jahren in Limoges dem Goldschmied Bobbon
in die Lehre; dieser Bobbon war königlich fränkischer Münzmeister. So
erlernte Eligius sowohl die Juwelier= als die Prägekunst. Er that sich dann
in Limoges selbständig auf, erwarb sich in der Stadt selbst und in der Um=
gegend ein Ansehen, das über jeden Zweifel erhaben war. Von Limoges
siedelte er nach Paris über und trat dort in Beziehungen mit einem Schatz=
meister Chlothars II., einem redlichen Manne. Bobbon benutzte die erste
Gelegenheit, die sich bot, seinen Schützling dem Könige vorzustellen. Der
Fürst war eben im Begriff, einen Thron mit Gold und Edelsteinen anfertigen
zu lassen, wußte aber nicht, wen er mit dem Auftrag betrauen sollte. Auf
Bobbons Empfehlung, daß einzig Eligius hiezu fähig sei, ließ Chlothar das
Gold und die Steine diesem einhändigen. Eligius führte das Werk mit der
größten Gewissenhaftigkeit aus. Der König wußte sich vor Erstaunen nicht
zu fassen; wie man denn nur mit so wenig Material so prächtiges habe
liefern können. Das kam daher, Eligius war ehrlich gewesen, während die
andern Handwerker jener Zeit es nicht anders wußten, als zu unterschlagen,
und nachher vorgaben, diese Einbuße sei beim Feilen und Einschmelzen nicht
zu vermeiden. Einen solchen Mann wußte Chlothar zu schätzen. Er machte
ihn zu seinem Minister und während dreier Regierungen vermochte sich Eli=
gius dieses Vertrauen seiner Landesherren zu bewahren. Eligius war ein
Mann von hohem Wuchs und blühender Gesichtsfarbe. Und nicht nur sah
er gut aus, er benahm sich auch fein. Er trug einen schönen Bart und
langes, wallendes Haar, er pflegte seine Hände, an denen namentlich die
feine Bildung der Finger auffiel; seine Gesichtszüge hatten etwas weiches,
evangelisches; sein Auge blickte klug und treu. Seit er am Hofe verkehrte,
richtete er auch sein äußeres Auftreten danach ein: er trug prächtige Kleider,
mit Gold und kostbaren Steinen, wie die großen Persönlichkeiten des Zeit=
alters. Später wurde er einfacher und ersetzte die kostbaren Stücke seiner
Garderobe durch bescheidenere, um die dadurch erzielte Ersparnis Armen und
Kranken zuzuhalten. Eligius war im damaligen Frankenreich ein hervorragen=
der Mann geworden, als Künstler wie als Staatsmann. 635 entsandte ihn
Dagobert I., um bei Judicaël, dem König der Bretonen einen heikeln Auf=
trag zu erfüllen, dessen er sich mit allem Geschick entledigte. Fünf Jahre

---

1) A. Bapst, La vie de Saint Eloi. (Révue archéologique. 1886. S. 208.)
H. Gaidoz, Saint Eloi. (Mélusine. 1896/97. 7. 8.)

später wurde er zum Priester geweiht und zum Bischof von Noyon erhoben. Von da an überwog bei ihm die geistliche Wirksamkeit. Namentlich machte er sich die Bekehrung der Friesen zur Aufgabe. Er starb zu Noyon im Geruch der Heiligkeit, in der Andreasnacht 659, einundsiebzig Jahre alt, unter der allgemeinen Teilnahme des ganzen Reiches und besonders auch der Königin Balthilde. Gleichzeitig mit Eloi's Erhebung zum Bischof von Noyon war dem Kanzler Dagoberts das Bistum Rouen zugefallen: es war Audoen, der Schüler des Eligius, der auch dessen Leben beschrieb. Dieser fand dann selber wieder einen Schilderer seines Leben. Von drei Edelleuten aus Soissons den Gebrüdern Ado, Dado und Rado war Ado Mönch, Rado ein hoher Finanzbeamter, Dado dagegen, eben unser Audoen, erst ebenfalls Höfling unter Chlothar II. und Dagobert, wobei er in den zwanziger Jahren Eligius kennen lernte. Auch ihn führte Neigung, Lebenswandel, königliche Gunst und der Einfluß des Meisters in die bischöfliche Laufbahn. Ums Jahr 640 war es, daß er in dieser Eigenschaft nach Rouen kam. Er unternahm große Reisen. Als er Spanien betrat, fiel zum ersten Mal seit sieben Jahren ein lauer Regen. Er wallfahrtete nach Rom. In Köln wirkte er auf den Frieden zwischen Neustrien und Austrasien hin. Auf der Heimreise stirbt er bei Paris 683 und wird feierlich nach Rouen überführt. Reliquien von ihm kommen nach England. Sein Lob singt überdies ein künstliches Akrostich in Kreuz= form, wahrscheinlich das Werk seines Amtsnachfolgers Ansbert[1]).

Endlich noch ein Missionarsleben. Der Mönch Baudemund aus dem Kloster Elnon bei Tournai schildert die Wirksamkeit seines Meisters Amandus[2]) fol= gendermaßen: er wurde zu Ende des sechsten Jahrhunderts in Aquitanien nahe der Meeresküste geboren und war vornehmer Abkunft. Als junger Mann trat er in das Kloster auf der Insel Oia, verzichtete in der Folge auf sein väterliches Erbe und ließ sich am Martinsgrabe von Tours zum Priester weihen. Dann übergiebt er sich Austregisöl und dessen Obersthelfer Sulpi= zius Pius; und verbringt dort in einer Zelle nicht weniger als fünfzehn Jahre. Vierunddreißig Jahre alt, reiste er nach Rom, später ein zweites Mal; dann widmet er sich endgiltig der Bekehrung der Heiden zunächst in belgischen Landen. Er verläßt sich bei dieser Bekehrung nicht auf seine Wunder= kraft, sondern ruft den austrasischen König an, die Taufe zwangsweise mittelst Königsbann durchzuführen. Nicht um selbst geschützt zu sein, drang er auf staatliche Mission der Heiden, sondern weil er Mitleid hatte mit ihrem Irrsal

---

1) Wilhelm Wattenbach, Ein gleichzeitiges Gedicht zum Preise des heiligen Au= doenus. (Neues Archiv. Bd. 14. 1880. S. 171/172. 2) Felix Dahn, Ur= geschichte der germanischen und romanischen Völker. Bd. III. S. 615—617, 629, 630, 657.

und wohl erkannte, wie wenig sein Märtyrertod auszurichten vermöge, wie viel dagegen die Staatsgewalt. Er erwirkte durch Bischof Aichar von Noyon Briefe und Bannbefehle von König Dagobert. Doch trotz des Königszwanges stieß er auf den härtesten Widerstand; er wurde immer wieder zurückgestoßen, ja sogar in die Schelde geworfen. Amand sucht bei dem fränkischen Grafen Dotto in Tournai, vor dessen Instanz Rechtshändel zu erledigen waren, einen notorischen Dieb vom Galgen freizubitten; aber da der Graf als pflichttreuer Beamter seine Schuldigkeit that und ungeachtet der humanen Einmischungen eines Unberufenen eben hängen ließ, wie das Gesetz es vorschrieb, sagt Baudemund von ihm, er sei grausamer gewesen als irgend ein reißendes wildes Tier. Dann sucht sich der todesmutige Amand, in der ausgesprochenen Absicht, zum Märtyrer zu werden, ein neues Missionsfeld bei den Slaven. Er drang über die Donau nach Baiern vor, kehrt dann aber zurück, nachdem er nur wenige getauft hatte und keinen weiteren Erfolg absah. Ohne die königliche Macht als Rückhalt war eben mit der Mission nichts. „Einstweilen“, heißt es weiter, „hatte sich König Dagobert mehr als recht war, der Frauenliebe ergeben. Vom Schmutz der Lüste einer Entzündung verfallen, bekam er keine Nachkommenschaft und betete zu Gott, er möge ihm einen Sohn geben, der ihm im Reiche folgen könne“. Nun hatte der Heilige früher den König wegen seiner Todsünden zur Rede gestellt und war deshalb verbannt worden. Als jedoch der ersehnte Thronfolger geboren wurde, veranlaßte der König eine Versöhnung in Clichy und nahm der Heilige nach einigen Einwänden die ihm zugemutete Pathenschaft an. Später wurde er, von diesem seinem Täufling König Sigibert III. und den Bischöfen gezwungen, den erledigten Stuhl von Mastricht wider Willen anzunehmen. Dort predigt er drei Jahre in einem Wanderleben, fordert aber auch diesmal durch seine schroffe unnachsichtliche Art vielfach den Widerspruch der andern Geistlichen heraus und warf ihnen schließlich das Bistum wieder vor die Füße. Er zog sich auf die Insel Calloo in der Scheldemündung zurück. Vergeblich hatte ihn sein Freund Papst Martin von diesem extremen Schritt abgemahnt und aufgefordert, den Widerstand durch Strafen zu brechen. Zugleich bittet der Papst den Heiligen, bei Sigibert Unterstützung des heiligen Stuhles gegen Byzanz zu erwirken, der erste Versuch eines Papstes mit Hilfe des Frankenstaats den Byzantinern als Haupt der ganzen abendländischen Christenheit entgegenzutreten. In diesen Jahren versuchte der Heilige ebenfalls vergeblich die Wasconen zu bekehren, also nun diesmal ganz anderswo, an der Südgrenze des Reiches, gegen die Pyrenäen hin. Erst wirkt er außerhalb des fränkischen Teiles von Wasconien, muß sich aber auch dann wieder aus Mangel an Erfolg ins Gebiet der Franken zurückziehen. Unermüdlich ist er im Gründen von Klöstern und kann es bis an sein Lebensende nicht überwinden, daß man Vogelschau trieb oder einen Baum als Idol anbetete. Ungebeugt starb er im Jahre 684.

Drei Jahre später erfocht der Hausmeier Pippin bei Tertri den entscheidenden Sieg, der in Wahrheit der Herrschaft der Merowinger ein Ende machte, wiewohl sie dem Scheine nach noch bis über die Mitte des folgenden Jahrhunderts im Regiment saßen. In der letzten Phase ihres Zeitalters hatte die Heiligenschreibung angefangen sich zu der litterarischen Industrie zu entwickeln, als die wir sie dann unter den Arnulfingern bald genug entfaltet finden. Die karolingische Schule für Hagiographie hat auf den Errungenschaften der merowingischen aufgebaut und stellt sie scheinbar weit in den Schatten; denn in ihr floriert das Interesse an der Vergangenheit, und so bevölkert sie denn kaltblütig den Merowingerstaat nachträglich mit Heiligen aller Art, die uns auf unserer Wanderung durch die gleichzeitigen Quellen gar nicht oder anders begegnet sind. Da echte Forschung damals nicht möglich ist, handelt es sich um Mißbrauch der Forschung, um Erfindung und Fälschung[1]). Die bescheidenen Machwerke der Merowinger Zeit dagegen sind durchweg ehrlich. Selbst beim hieronymischen Märtyrerverzeichnis ist die Unterschiebung des Kirchenvaters harmlos, da sie nur die Vorrede betrifft und den Inhalt in keiner Weise in Mitleidenschaft zieht. Bei aller Unzuverlässigkeit kann man also bei den beschriebenen Schriften von historischer Treue reden und sie deshalb schätzen, wie ja denn überhaupt das Frankenreich der Merowinger zwar höhere Bildung aber auch höhere Heuchelei nicht kennt, noch roh aber auch noch naiv ist.

———

Dritter Abschnitt.

Die Legende.

Erinnerung und Erkundigung erschöpfen indessen den Inhalt der Heiligenviten nicht. Ein wesentliches Element in ihrem Bestande wird von der Legende bestritten. Legende ist das uferlos flutende Weistum der Volksseele. Es hat doppelten Ursprung: entweder entquillt es der geschichtlichen Erinnerung, dann ist es Sage. Oder es entspringt der Naturanschauung, dann ist es Mythus. In den Vordergrund unserer Erwägungen drängt sich jedoch das Bewußtsein der Schwierigkeiten, dieses legendenhaften Wesens der Heili-

---

1) Bruno Krusch, La falsification des Vies de Saints Burgundois (in: Melanges Julien Havet. Paris. 1895. S. 40—56).

genvorstellung für unsere Erkenntnis überhaupt habhaft zu werden. Zumal nun auch die gebundene schriftliche Ueberlieferung der fließenden mündlichen nicht mehr auf dem Fuße folgt und somit, was bisher noch in den festen Formen der Litteraturgeschichte sich abspielte, sich nun für uns auflöst in ein schwer greifbares Nacheinander oft geradezu gestaltloser Gedankengebilde. In den folgenden markanten Beispielen, an denen die mannigfaltigen Erscheinungs= arten der Legende herausgeschält werden sollen, ist der Anteil von Mythus und Sage sehr ungleich, und dasselbe Mißverhältnis zeigt sich in geographi= scher Hinsicht, insofern das gallische Stammland von Mythenbildung und Teil= nahme der Heiligenlegende an ihr fast ganz frei blieb, während der verhält= nismäßig schmale Streifen der Alpen= und Rheingegenden davon wuchert. Bei den Franken selbst äußert sich der Trieb zur freien Gestaltung und zur Emanzipation der Phantasie von geschichtlichem Geschehen fast nur in der mehr oder weniger passiven Aufnahme des kirchlichen Sagenstromes, der sich von Rom aus über das fränkische Reich ergießt. Selbst bei zwei Haupthei= ligen des Frankenvolkes, wie Martin und Genovefa von Paris ist ein my= thischer Beisatz zwar da, aber durch die viel kräftigeren epischen Triebe fast gänzlich absorbiert. Und die heilige Radegunde hat das Volk von Poitiers nur ganz verstohlen mit einem alten Druidenstein in Verbindung bringen können.

Was an mythischen Bestandteilen im merowingischen Heiligenhimmel sich vorfindet, ist teils aus dem Orient hergezogen, wo die Amalgamierung vom Heidnischen ins Christliche vor angetretener Wanderung ins Abendland sich bereits restlos abgeschlossen hatte, oder sie hat sich, sofern ein solcher Austausch auf germanischem Boden stattfand, auf nicht fränkischem Gebiete, am ehesten bei den Alamannen oder den Friesen und Angelsachsen durchgesetzt. Ueberdies kommt die Schiebung in Betracht, die in den germanischen Göttervorstellungen selber vor sich ging. Einen germanischen Olymp hat es nie gegeben; jeder Stamm hatte seine Gottheiten, jeder seinen Glauben für sich. Nur der mächtige Him= melsgott in seinen beiden Gestalten des Tiuz und des Donaraz sowie seine Gemahlin Frijô haben im Glauben aller deutschen Stämme geherrscht, bis der lokale und untergeordnete Wind= und Totengott der Istvāonen, Wodan, im Laufe der Zeit sich universale Rechte usurpierte, den Tiuz aus dem Felde schlug und wenigstens in England und im Norden sich bleibend zum obersten der Götter erhob. Auch in Alamannien griff der Wodankult ein, ohne jedoch noch die Verehrung des älteren Kriegs= und Donnergottes verdrängt zu haben, als an der Spitze der fränkischen Reichsmission bereits eine dritte und in der Folge siegreiche Macht ins Feld rückte, eben die Heiligen der Merowinger.

Siebentes Kapitel.

Wanderheilige.

Fassen wir zunächst Heilige ins Auge, an denen der ursprüngliche Cha=
rakter der Legende unverändert zu Tage tritt, Heilige, deren Lebensgeschichte
keinerlei Spuren memorienhafter Erinnerung mehr aufweist, sondern in ein
oft überreiches Detail voll unverfolgter Anknüpfungen und unerwarteten Be=
ziehungen sich verbreitend, doch niemals die dürftigen und lückenhaften Leit=
linien des biographischen Verlaufes verbergen kann. Heilige dieser Art, wenn
man überhaupt weiß, woher sie stammen, sind meistens irgendwoher aus dem
Süden oder von Osten ins Abendland eingewandert. Auch im günstigsten
Falle mangeln ihrer Gestalt scharfe Umrisse, scheinen sie vielmehr unwirklich
zerflossen; oft genug ist in ihrer Ueberlieferung die Volkstradition überhaupt
an mehr als einem Punkte in ihrem Flusse aufgeschöpft, oft sogar von ein und
demselben Heiligen mehrmals, sodaß wir dann für denselben Namen verschie=
dene Gestalten antreffen, die sich unter einander kaum mehr ähnlich sehen.
Die reine, unberührte Form der Heiligenlegende liegt in ihrer Unform, in
der eigentümlich hypertrophischen, hundertgliedrigen Mißgestalt. Meistens
durch Amputationen auf ein historisch mehr oder weniger mögliches Lebens=
bild reduziert, aber auch dann nicht ohne hie und da einen unvernähten Riß,
hat sich diese Urnatur der Legende in seltenen Fällen unserer Einsicht noch in
ihrer kruden Mißförmigkeit erhalten, etwa als doppelgeschlechtiges Mannweib,
als Jungfrau mit dem Barte. Selbst jene Beschränkung der stofflichen Ueber=
fülle zu einer natürlichen und faßbaren Sagenfigur, formal gewiß ein Fort=
schritt, bedeutet doch immer zugleich eine Verarmung für den Ideengehalt der
Legende, die, sobald sie unbefangen bleibt, sich immer gespensterhaft zwischen
Himmel und Erde als ihrer Heimat in der Schwebe hält. Dort bedient sie sich
dann wohl menschlicher Erscheinungsarten, aber sie fühlt sich an sie nicht mehr
gebunden.

1.

Zur Zeit des Entscheidungskampfes zwischen Christentum und Heidentum
beherbergten Kleinasien und Syrien eine Anzahl Heiliger, von denen jeder
gewissermaßen auf die Wanderschaft ging, und das Abendland seinem Namen
unterworfen hat. Sie haben die Dunkelheit ihrer Lebensgeschichte mit einander
gemein, sowie Züge, die in die heidnische Götterwelt hinüberspielen. Deutlich
zeigt sich das am heiligen Christoph[a]). Er stammt aus dem Lande der

---

a) Vita Christoph. (Anal. Bolland. I. 121. X. 393).

Riesen, kam unter der Regierung des Königs Dagnus oder Decius von den Inseln nach der durchaus fabelhaften Stadt Samos in Lycien. Nach seiner Taufe erregte er in Syrien unter den Heiden Aufsehen, weil er statt eines menschlichen, den Kopf eines Hundes trug, und bekehrte Unzählige, weil sein eiserner Stab grüne Blätter trieb. Anderswo a) erscheint Christoph als äußerlich sehr ungeschlacht, dagegen spricht er, als er gefangen wird, ohne Unterricht plötzlich griechisch und verblüfft seine Häscher durch das Wunder des grünenden Stabes; erst dann erfolgt seine Taufe durch Bischof Babylus von Antiochien. In der bekannten germanischen Form dagegen ist Christoph, dem griechischen völlig ungleich, ein heidnischer Riese, der durch die Welt zog, einen stärkeren zu suchen, als er sei. Er diente dem Teufel, bis er ihn einem Kreuz ausweichen sah: der Herr des Kreuzes mußte also stärker sein. Durch einen Einsiedler belehrt, daß sich Christus Dienst in guten Werken äußere, läßt sich Christoph an einem Fluß nieder, um, zwölf Fuß hoch, wie er war, Wanderer über das Wasser zu tragen und thut es, bis er eines Tages unter der unscheinbaren, aber immer drückenderen Last des Christusknaben zusammenbricht. Die Verschiedenheit der Ueberlieferung ist jedoch nicht das einzige, was an Christophs Geschichte auffällt. Auch daß die Namen, die er trägt, mag er nun vor seiner Bekehrung Adokimos oder Reprobus oder Offerus geheißen haben, alle deutbar sind und eine Eigenschaft des Trägers ausdrücken, weist auf einen inneren Zusammenhang des Namens mit dem Leben hin; bei einer geschichtlichen Figur müßte dies ein Zufall sein, da der Mensch heißt, bevor er etwas ist, und somit eine Uebereinstimmung von Namen und Leben, wenn überhaupt dem Namen ein Sinn innewohnt, zu den großen Ausnahmen gehören wird. Aber noch mehr giebt an Christoph zu denken, daß er nicht nur in seiner Sage plötzlich einmal mit einem Hundskopf auftritt, sondern diesen Ersatz eines menschlichen Gesichtes auf alten griechischen Bildwerken wirklich zur Schau trägt[1]. Hier hat die christliche Sage einen Riß; wir sehen in die heidnische Mythologie hinein: einen Wolfs- und Hundskopf trug Anubis, der den jungen Sonnensohn Horos durch den Nil trägt[2]. Allerdings kann ein vereinzelter Zug nicht viel beweisen. Aber an der Gestalt des heiligen Georg läßt sich der Vergleich auf der ganzen Linie durchführen.

Die griechische Georgslegende erzählt, Kaiser Diokletian habe auf ein Apolloorakel hin alle seine Statthalter zu einem Rat wider die Christen zu-

---

a) Basilius Menolog. b) Vita Christoph. (Boll. 25. Juli). c) Vita Georgii (Bolland. 23. April).

1) Didron und Durand, Manuel d'iconographie chrétienne grecque et latine. Paris 1845. S. 325. Anm. 2) Wolfgang Menzel, Christliche Symbolik, Teil I. S. 114 ff.

sammenberufen. Damals lebte Georg, von vornehmen christlichen Eltern in Kappadocien. Er hat als Kind seinen Vater verloren und war dann mit der Mutter nach ihrer Heimat Palästina ausgewandert. Als schöner Jüng=ling trat er ins Heer ein und zeichnete sich in den Kriegen so aus, daß er Comes wurde. Zwanzig Jahre alt erbte er seine Mutter und begab sich mit seinem fürstlichen Vermögen an den Hof, um da sein Glück zu machen. Hier angekommen — wo, wird nicht gesagt — hörte Georg von der Verfolgung, die über seine Glaubensgenossen verhängt sei, verteilte sofort alle seine Reich=tümer unter die Armen und bekannte sich vor dem Kaiser als Christen. Er soll den Göttern opfern, bleibt standhaft und wird nun gemartert. Am ersten Tage stoßen ihn die Trabanten mit Speeren nach dem Kerker; ein Speer, der Georgs Körper berührt, wird wie Blei umgebogen. Dann werden ihm die Füße in den Block gespannt und ein schwerer Stein auf die Brust gelegt. Er lacht über so leichte Qualen. Am zweiten Tag wird er an ein großes mit Schwertern besetztes Rad gebunden und gepeinigt. Darauf liegt er wie schlafend da. Diokletian hält ihn für tot. Man bindet ihn los und siehe da, er ging heil von dannen. Georg wird nun in eine Grube mit frischgelöschtem Kalk geworfen: als der Kaiser nach dreien Tagen den Auftrag giebt, die Gebeine heimlich zu verscharren, findet man Georg in heiterer Hal=tung, im Gebet begriffen. Der Kaiser hält ihn für einen Zauberer und läßt ihn in glühenden Schuhen in den Kerker zurücklaufen. Als er am sechsten Tage aufrecht gehend vor dem Kaiser erscheint, gebietet dieser Georg mit Riemen aus Rindshaut so lange zu geißeln, bis das Fleisch in Stücken he=rabfällt. Auch tötliche Zaubertränke trinkt er, ohne Wirkung zu verspüren, aus. Nachdem er die Reihe der Marter bestanden hat, thut Georg drei Wunder: Athganasios fordert ihn auf, einen Toten zu erwecken; er thut es. Dann ruft er den gefallenen Ackerstier des Landsmanns Glykerios ins Leben zurück. Am achten Tage erscheint Georg zum letzten Gericht vor dem Kaiser; im Apollotempel beschwört er den bösen Geist, der in dem Götterbild wohnt, bis dieser sich als einen von Gott abgefallenen Engel bekannt; alle Götter=bilder stürzen auf die Erde und zertrümmern. Da fiel die Kaiserin Alexandra dem Heiligen zu Füßen; Diokletian ließ beide zur Hinrichtung abführen. Alexandra gab unterwegs den Geist auf, Georg aber ging Gott lobsingend auf den Richtplatz und wurde enthauptet; es war am 23. April.

In diesen griechischen Akten liegt nun aber eine von allerlei Rücksich=ten geleitete Ueberarbeitung der Georgssage vor. In älteren lateinischen Akten heißt es: der Teufel trieb Dacianus, den Kaiser der Perser, den Herrn über die vier Himmelsgegenden, daß er die zweiundsiebzig Könige der Erde, die unter ihm waren, zusammenrief und auf ihren Rat die Christen bedrängte.

Damals lebte der heilige Georg. Melitene in Kappadocien war sein Ge=
burtsort und der Schauplatz seines Martyriums. Hier hielt er mit einer
Witwe Haus. Die Marter, die er zu bestehen hatte, sind zahllos; genannt
werden die Folterbank, eiserne Zangen, das mit Schwertern besetzte Rad, die
an die Fußsohle angenagelten Schuhe; dann wird Georg in eine eiserne,
inwendig mit Nägeln besetzte Kiste geworfen, in den Abgrund gestürzt, mit
eisernen Hämmern geschlagen; eine schwere Säule wird auf ihn gelegt, ein
schwerer Stein auf sein Haupt gewälzt; er wird auf ein glühendes eisernes
Bett gedrückt und mit geschmolzenem Blei übergossen, dann in einen Brunnen
geworfen, mit vierzig glühenden Nägeln durchbohrt, in einen glühenden ehernen
Stier eingeschlossen, mit einem Stein um den Hals in den Brunnen geworfen:
diese Marter dauern sieben Jahre. Endlich verdarb Georg mit Arglist die
Zauberer der Heiden und brachte die Heiden selbst um; Vierzigtausendneun=
hundert Menschen aber bekehrten sich zum Christentum, darunter Alexandra,
die Kaiserin der Perser. Dacianus ließ beide enthaupten, eines Freitags den
24. April. Hierauf entführte ein feuriger Wirbelwind den Dacianus und
seine Genossen. Die Muhammedaner haben die folgende Fassung übernom=
men: Georgîs, der noch bei Lebzeiten der Apostel geboren war, wird von
Gott zu dem Könige von El=Maucîl geschickt, um ihn zur Annahme des
Christentums aufzufordern. Der König ließ ihn hinrichten. Gott aber rief
ihn wieder ins Leben zurück und schickte ihn ein zweites Mal; ein zweites
Mal getötet ward er von Gott wiederum auferweckt und ein drittes Mal
geschickt. Nun ließ ihn der König verbrennen und seine Asche in den Tigris
werfen. Darauf vertilgte Gott den König mit allen seinen Unterthanen. Die
alte abendländische Legende vom heiligen Georg ist in den Kreisen der Kirche
von Lyddadiospolis in Palestina entstanden. Dort erhob man den Anspruch,
Georgs Leichnam zu besitzen. Jedenfalls bestand dort ein besonders alter
Georgskultus. Deshalb unternimmt auch Georg, ehe er Märtyrer wird, in
den griechischen Akten einen Abstecher nach Palestina. Die noch ältere mor=
genländische Fassung muß davon unabhängig gewesen sein; sie läßt den Hei=
ligen verbrannt werden, sie kann mithin eine Beisetzung seiner Asche, aber
nimmermehr seines Leichnams gekannt haben. Georg hat nicht nur bei den
orientalischen Christen, sondern fast mehr noch bei den Mohammedanern eine
ausnehmende Verehrung genossen. Offenbar wurzelt sein islamischer Kultus
tief im Volksglauben und war nicht auszurotten. Wie ist das zu erklären,
wenn Georg weiter nichts wäre, als ein christlicher Heiliger?

Sein Geburts= und Todesland Kappadocien hilft uns auf die Spur. Es
war fast tausend Jahre vor dem Sieg des Christentums vollständig iranisiert.
Die alten Naturgottheiten wurden verdrängt, untergeordnet, verflüchtigt. Nur

wenigen Gottheiten gelang es, sich im Volksglauben dauernd zu behaupten und trotz der zoroastrischen Prinzipien immer mehr Terrain zu gewinnen und schließlich aller Orten in Bildern verehrt zu werden. Die vornehmsten dieser Götter sind Anâhitâ und Mithra. Kappadocien ist die Wiege des Mithradienstes in der Gestalt, die er im Abendlande genommen hat. Mithra ist das geschaffene, Alles durchdringende, alles belebende Licht, der Vertreter der Wahrheit, Gerechtigkeit und Treue; in später Zeit ist er mit der Sonne identifiziert und sein Kultus mit vielen fremden Bestandteilen versetzt worden. In der jüngsten Phase des Mithradienstes drängt sich die Aehnlichkeit mit Georg bis auf den einzelnen Zug auf: Mithra der Gott stammt von Menschen und ist ein König göttlichen Geschlechtes, Georg der Sohn vornehmer christlicher Eltern. Mithra der reiche Landesherr, schaltend über Gaben, schaltend über Fluren, Georg der Herr großer Schätze und eines reichen Erbes. Mithra war wohlgebildet, hoch, rein, lieblich, Georg ein schöner Jüngling. Mithra und Georg sind in voller Rüstung, die Hand an der Waffe. Mithras Wagen ziehen weiße Renner. Georg erscheint hoch zu Roß. Georgs Gegner ist der böse Dacianus, und Aji Dahâka oder Dehâk ist die verderbliche Ahrimansschlange und wird in der späteren Parsensage direkt zum Teufel, endlich wird er ganz vermenschlicht und in das iranische Thrannenideal verwandelt. Der Teufel, Ahriman, ist Dehâks Verführer und Ratgeber, genau dieselbe Rolle fällt dem Apollon bei Dacianus zu. Auf den alten Darstellungen schaut eine Frau im Königsgewande dem Kampfe Georgs zu: die Kaiserin Alexandra. Dem Mithra ist Anâhitâ als weibliche Gottheit häufig beigesellt. Sie heißt die große Königin und tritt auf wie eine Königin, trägt ein goldenes Uebergewand und ist bekleidet mit Pelzkleidern von dreißig Bibern. Der Name Alexandra, „die Männer Abwehrende" wäre eine passende Bezeichnung für die jungfräuliche Anâhitâ. Die spätere Georgssage kennt eine doppelte Herkunft der Alexandra, sie sei in Kappadocien geboren, zur Hälfte aber eine ‚Französin' gewesen. Das deutet auf Gallien im lateinischen und Galatia im griechischen Original. Versteht man darunter nun nicht das europäische, sondern das kleinasiatische Gallierland, wo Pessinus, der Hauptsitz des Kultus der Göttermutter liegt, so wäre Alexandra die Göttin, die in der That in Kappadocien als Anâhetâ und in Galatien als Magna Mater verehrt wurde. Was nun die Witwe betrifft, mit der Georg, als einem zweiten weiblichen Wesen, zusammengedacht ist, so bringt zwar der römische Synkretismus Mithra noch mit Aphrodite-Anâhitâ in Beziehung, aber da Mithra dort meist Sonnengott ist, in noch engere mit der Mondgöttin Selene-Isis, der Witwe des Osiris. In dem jüngeren Stadium der Georgssage hat die Witwe einen drei Monate alten Knaben, der an Händen und Füßen gelähmt und blind ist,

auf Georgs Fürbitte aber nicht nur den Gebrauch seiner Gliedmaßen wieder
erhält, sondern auch auf sein Geheiß in diesem frühen Alter geht und spricht.
Isis hat zum Sohn den Harpokrates; er ist stets als Kind dargestellt, un=
ausgebildet und schwach auf den Füßen; er legt den Mund auf den Finger:
die Geberde des Stillschweigens. Würde ihn ein Georg heilen, dann thäte
er eben das was der Sohn der Witwe thut: reden, gehen und anderes was
sonst die Kräfte eines Kindes übersteigt. Kehren wir zum Mithra in seiner
ältesten Auffassung zurück, so heißt er der mit silbernem Helm und goldenem
Panzer, der geschoßtötende, mächtige, tüchtige Dorfherr und Krieger, der auf
dem Schlachtfeld dasteht und die Reihen vernichtet. In den späteren Myste=
rien des Mithras war der erste Hauptgrad der eines Miles. Die Römer
hießen Mithras den Unbesiegten. Ebenso führt Georg der tapfere, siegreiche
Krieger das Beiwort eines Trophäenträgers. Mithra schützt seine Verehrer
in den Schlachten und läßt die Gegner an ihnen fruchtlos abprallen; und
so genoß er denn auch bei den römischen Soldaten eine außerordentliche Ver=
ehrung, die namentlich in den nördlichen Provinzen durch sehr viele Denk=
mäler bezeugt ist. Der Mithradienst wurde eine förmliche, kastenmäßig abge=
schlossene Kriegerreligion, die sich in verschiedene, an harte Prüfungen ge=
knüpfte Grade gliederte. Georg wurde dementsprechend der Schirmherr der
Kriegsleute, der Schutzpatron ritterlicher Orden. Mithra ist ein Reichtum,
Glück und Frieden spendender, liebevoller Gott; Georg ein Heiliger, der
seine unermeßlichen Schätze unter die Armen verteilt. Mithra schützt und
spendet Leben; Georg heilt Kranke und erweckt einen Toten. Einer verirrten
Kuh werden die Worte in den Mund gelegt: „Wann wird uns der Mann
zum Stalle bringen hinterherfahrend, Mithra der weitflurige? Wann wird
er uns hinbringen auf den Weg der Reinen, die in das Haus des bösen
Geistes der Verwesung geführte?“ Georg wird von dem armen Landmann,
dem sein Ackerstier gefallen war, angerufen und giebt dem Stiere das Leben
wieder. Mithra erscheint auf den römischen Kunstdarstellungen als Stiertöter;
aber der Mord stellt sich nur als fingiert heraus: „mit erhobenen Armen
fährt zur Unsterblichkeit hin Mithra der weitflurige vom glänzenden Garo=
Ninâna aus“; Mithra selbst verklärt sich zu einem neuen unsterblichen Leben,
und erst die spätere Einmischung physikalischer Spekulation läßt ihn dann den
Stier, das heißt die belebte Natur töten, wobei dann eben dieser Tod die
Keime zum neuen Frühling enthält. Mithra heißt der wachsame, in ihm ist
das Verständnis der reinen, weithin nützenden Lehre niedergelegt, als erster
Verkündiger mehrt er stark des heiligen Geistes Geschöpfe; Georg ist ein
treuer Anhänger der reinen Lehre Christi, er wird von Gott ausgeschickt,
diese dem Perserkaiser zu verkündigen; er bekehrt Tausende zum Evangelium.

Wenden wir den Blick auf die Marter, die Georg zu bestehen hatte, so ist an die allgemeine Vorstellung des Altertums zu erinnern, daß was die Mysten des Gottes zu bestehen haben, auch der Gott selbst bestanden hat. Und nun sind in den Prüfungen, die den Mysten des Mithra auferlegt wurden, die Marter des Heiligen und sein und seiner Anhänger Tod vollständig vorgebildet. Zum schlagenden Beweise dafür decken sich die Namen der beiden Hauptleute, die zuerst durch Gregors Beispiel bekehrt wurden und zuerst den Märtyrertod leiden, genau mit dem Namen zweier mythrischer Mystengrade: Anatolios, „der Morgenländer", entspricht dem fünften Grade Perses, Protoleon, „der Hauptlöwe", dem vierten Leo, anscheinend dem zweiten Hauptgrade. Ein alter Bericht erzählt: „Die Perser empfangen gewisse, den Mithras betreffende Weihen; Niemand aber kann seine Weihen empfangen, wenn er nicht alle Qualen durchgemacht und sich als unempfindlich gegen Schmerzen und fromm bewährt hat. Es sollen aber etwa achtzig Qualen sein, die der Einzuweihende stufenweise durchmachen muß, zum Beispiel zuerst tagelang durch vieles Wasser hindurch schwimmen; dann sich ins Feuer stürzen, dann in der Einöde verweilen und hungern, und anderes mehr, bis daß er, wie wir sagten, durch achtzig Qualen hindurchgegangen ist. Und dann zuletzt weihten sie ihn in die größeren Mysterien ein, wenn er am Leben geblieben war." Die achtzig Martertage sind dreifach verteilt: fünfzig Tage hungern, zwei Tage Geißelhiebe, achtundzwanzig Tage Frieren im Schnee und andere Qualen. Die drei Hauptprüfungen der Einzuweihenden sind die Feuerprobe, die Luftprobe und die Wasserprobe. Sie sind auf einem Bildwerk folgendermaßen dargestellt: nach dem Gesicht und über die ausgestreckte Hand eines knieenden Mannes wird eine Fackel mit einer ungeheuer großen Flamme hingehalten; um einen zweiten in wagrechter Stellung liegenden Mann herum, der auf der Erde hingestreckt ist oder in der Luft schwebt, bemerkt man sieben kleine Bälle, die wahrscheinlich die Stricke bedeuten, mit denen die Glieder des Leidenden angezogen wurden, auf einen dritten, einen nackten, zwischen zwei Rohrpflanzen stehenden Jüngling wird eine Schale ausgegossen. Bei Georg sind die drei Hauptmarter das Rad, die Grube mit frischgelöschtem Kalk und die Enthauptung oder wie die hierin wohl ursprüngliche islamische Fassung lautet, die Verbrennung. Die jüngste Gestalt der Georgssage schließt die Marter mit Rad und Grube, setzen wir auch hier die Verbrennung als erste, und statt der Grube den ebenfalls bezeugten Brunnen, so haben wir auch bei Georg Feuerprobe, Luftprobe, Wasserprobe. Es wird bezeugt, daß Georg in der Luft hing und von dem mit sieben Schwertern besetzten Rade zur Erde niedergelassen. Georgs dreimaligem Tode entspricht es, wenn gelegentlich von einem dreifältigen Mithras der Magier gesprochen wird. Die Martern des Heiligen bauern sieben Jahre oder sieben Tage, am achten wird er hingerichtet. Im Mithrakult galt die Siebenzahl für heilig; in seinen Mysterien kam eine Stiege von sieben Thoren vor, die aus sieben verschiedenen Metallen bestanden und nach den Planetengöttern der sieben Wochentage genannt waren; über der Stiege stand das höchste achte Thor. Die acht Thore stehen zu den acht Mystengraden und zu den achtzig Prüfungen in offenbarer Beziehung. Die Georgssage jüngster Fassung macht Dacianus, Georgs Peiniger, zu einem Diener der Planetengötter. Georgs Todestag, ein Freitag, war der Aphrodite heilig, der Vertrauten des Mithra. Die Feier der bedeutenderen mithrischen Sacra wurde im April abgehalten, auf dessen 23. oder 24. Tag Georgs Gedächtnis fällt. Die Identität Georgs mit Mithra erstreckt sich endlich bis auf den Namen. Mithra heißt schaltend über Fluren, nicht verletzend den Bauer, ja schlechtweg der ‚Dorfherr‘; Georgios bedeutet aber Mann der Landbauern. Somit ist sogar der Name des Heiligen nur die wörtliche Uebersetzung eines uralten Beinamens des Mithra. Der Mithrakult gehörte zu den lebensfähigsten des sinkenden Heidentums; heidnische Machthaber, wie Kaiser Julian, haben ihn als Schutz gegen das Christentum nach Kräften gefördert. Aber um eben jene Zeit arbeitete die Kirche dem Mithradienste planmäßig auf zwei verschiedenen Wegen entgegen. Einmal verlegte Papst Julius I. das Geburtsfest Christi auf den 25. Dezember, den „Geburtstag des Unbesiegten“. Sodann wurde der Kultus des heiligen Georg vorzugsweise begünstigt. Schon Constantin soll in Konstantinopel einen Heratempel durch eine Georgenkirche ersetzt und die Georgenkirche in Lyddabiospolis erbaut haben. So wurde der Mithradienst von der christlichen Kirche mehr und mehr untergraben und am Ende des vierten Jahrhunderts gewaltsam unterdrückt[1]).

Mithra wurde im vierten Jahrhundert auch in Gallien und am Rhein verehrt. Im fünften lassen sich die ersten Spuren des Georgskultes daselbst nachweisen. Wenn eine Anspielung in Fortunats Georgsgedicht diese Deutung gestattet, hat schon der Bischof Sidonius Apollinaris von Clermont, der 484 starb, einen Georgstempel gebaut[2]). Das Gedicht lautet:

Die Georgenkirche.

Stolz erhebt sich das Haus
Für Georg den heiligen Ritter.

---

a) Fortunat. Carm. II. 12.

1) A. von Gutschmid, die Sage vom heiligen Georg, als Beitrag zur iranischen Mythengeschichte. (Berichte über die Verhandlungen der königl. sächsischen Gesellschaft der Wissenschaften zu Leipzig. Philologisch-historische Klasse. 1861. S. 175—202.)

2) Fr. Görres, Ritter St. Georg. (Zeitschrift für wissenschaftliche Theologie. Jahrg. 30. 1887. S. 62.)

Dessen erhabener Ruf
    Drang bis in jegliche Welt.

Hungrig und durstig, gefesselt, erstarrt
    Und im Feuer geröstet.
Hat er nur Christum bekannt
    Streckt er gen Himmel sein Haupt.

Wohl liegt im Morgenlande
    Das Grab des gewaltigen Mannes.
Sieh, selbst im westlichen Teil
    Regt sich sein helfender Geist.

Also, Wandrer, vergiß der Gebete nicht
    Noch der Gelübbe.
Denn der verdiente Georg
    Schenkt was der Glaube sich wünscht.

Bischof Sidonius hat ihm
    In Demut den Tempel gestiftet.
Soll es der einzige sein,
    Den wir dem Heiligen weihn?

Hand in Hand mit dem Bau von Kirchen für Georg ging der Vertrieb seiner Reliquien[a]). Eine kleine hölzerne Betkapelle im Stadtbann von Limoges, das Eigentum einiger armer Cleriker, mußte sich von Pilgern welche zu erwerben, und ebenso besaß ein Dorf bei Le Mans Georgsreliquien. Fuß gefaßt hat indessen der Georgskult im merowingischen Frankreich nicht; immerhin deuten diese wenigen Spuren in der Diogonale von Südosten nach Nordwesten den geradesten Weg von Italien nach England an. Hatte die Macht des heiligen Martin einen fremden Allerweltsheiligen auf gallischem Boden sich nicht ansiedeln lassen, so fand Georg dafür das britische Inselreich zu seiner Aufnahme bereit und wurde was Martin für Frankreich war, nun für England: Nationalheiliger. Dabei verlor er jedoch seine Herkunft von einem orientalischen Gotte vollständig und ging ganz in germanischen Vorstellungen auf. Der englische Georg hat nichts mehr vom Mithra an sich; er hat sich zum Wodan verwandelt[1]). Das will heißen: er ist hier wie dort wirklich

---

a) Gregor. Glor. Martyr. 100.

1) A. Kuhn, Wodan. (Haupts Zeitschrift für deutsches Altertum. 1845. Bb. V. S. 472—494.

heimisch gewesen oder geworden. Im merowingischen Frankenreiche dagegen hat er sich nur auf der Durchreise aufgehalten.

2.

Von Georgs kleinasiatischen und syrischen Gefährten, Nikolaus, Christoph, Theodor, Moritz und wer sie sonst sein mögen, sind im Laufe der Zeiten alle nach Westen gewandert. Indes liegt schon die Ankunft Christophs jenseits der merowingischen Zeit. Gar Nikolaus, der verkappte Poseidon, hat sich erst im elften Jahrhundert im Abendland eingestellt. Beide Heilige haben dann diese Verzögerung durch ihre beispiellose Popularität wieder wett gemacht. Blasius und Erasmus, die ebenfalls dem späteren Mittelalter angehören, halten sich mehr im Hintergrunde. Und so bleiben Moritz und Theodor mit Cyricus und Sergius als die einzigen übrig, von denen sich Spuren schon vom fünften Jahrhundert an im merowingischen Reiche vorfinden. Von ihnen wird demnächst in einem andern Zusammenhang zu reden sein. Jetzt hat uns ein weiteres Stück kleinasiatischer Heiligenlegende zu beschäftigen, das nicht auf dem Wege der Reliquienverehrung, sondern ausschließlich durch gelehrte Mitteilung nach dem alten Frankenreiche kam und in dieser Eigenschaft von uns bereits erwähnt wurde. Die Legende von den Sieben Schläfern hat bei unserm Gregor etwa folgenden Wortlaut[a]): Der böse Kaiser Decius ließ in Ephesus ein Heidenopfer abhalten und die Christen abfangen. Aber selbst in der unerhörten Verfolgung blieben Viele dem Glauben treu. Es waren auch sieben edle Jünglinge, die hießen Achillides, Diomedes, Eugenius, Stephanus, Probatius, Sabbatius und Cyriacus. Sie waren Diener im Palaste des Kaisers und wurden nun diesem denunciert. Er gab ihnen eine Gnadenfrist. Diese benutzten sie, um erst noch viel Gutes zu thun, dann stiegen sie hinauf in die Höhle, die auf dem Berge Anchilus lag. Dort wollten sie sich im Gebete auf das Martyrium vorbereiten. Diomedes, der jüngste unter ihnen, aber zugleich der gewandteste und klügste, war ihr Bote in der Stadt, wo er unerkannt im Gewand eines Bettlers ihre Geschäfte verrichtete. Eines Tages brachte er auch mit wenigen Broten die Nachricht mit herauf, der Kaiser sei nun zurückgekehrt und sie müßten nun alle opfern oder sterben. Da erschracken, seufzten, weinten und beteten sie zu Gott. Diomedes aber richtete das Mahl und ermunterte sie zu essen. So setzten sie sich zur Abendzeit mitten in der Höhle nieder und speisten. Da sie so traurig beieinandersaßen und miteinander sprachen, entschliefen sie sanft, denn ihre Augen waren ihnen durch den Kummer schwer geworden. Langsam ging ihr Schlaf in Tod über. Ohne es zu merken, gaben sie auf der Erde liegend

---

a) Gregor. De septem dormentium. ed. B. Krusch Anal. Boll. (1893). S. 371—387.

ihre Seelen in die Hände Gottes. Das Geld jedoch, das sie mit sich genommen hatten, lag ihnen zur Seite. Am andern Morgen ließ Decius nach den Jünglingen forschen und ihre Väter verhaften. Diese aber verleugneten ihre Söhne und verrieten ihren Zufluchtsort. Da befahl der Kaiser, den Eingang der Höhle mit Steinen zu verbauen und sie so lebendig zu begraben. Zwei Vertraute des Kaisers, Theodorus und Rufinus, selber heimlich Christen, beschlossen wenigstens das Andenken der unglücklichen Jünglinge zu retten, ihr Schicksal auf bleierne Tafeln aufzuzeichnen, diese in ein ehernes Kästchen zu legen und es dann wohlversiegelt unter den Steinen der Höhlenmauer zu verbergen. Alles das geschah so. Bald darauf starb Kaiser Decius und sein ganzes Geschlecht. Es folgte ein Kaiser um den andern, bis Theodosius, des Arkadius Sohn, den Thron bestieg. Im achtunddreißigsten Jahre dieses Fürsten erhob sich eine Bewegung gegen die Auferstehung der Toten, durch die sich sogar der Kaiser selbst verwirren ließ. Da beschloß der barmherzige Gott, der nicht will, daß die Frommen auf Irrwege geraten, ein Wunder zu thun, um das Geheimnis der Auferstehung allen zu offenbaren. Er gab es daher dem damaligen Besitzer des Höhlenbergs, namens Adolius, ein, einen Stall für sein Vieh zu bauen. So wälzten denn seine Knechte und Arbeiter die Steine, die den Eingang der Höhle verschlossen, fort, um damit das Gebäude aufzuführen. Nun flößte Gott den Heiligen in der Höhle neues Leben ein. Sie erwachten, setzten sich aufrecht und begrüßten einander wie gewohnt, ohne eine Ahnung, daß sie so lange tot gelegen hatten: ihre Kleider waren noch wie zuvor und sie selber frisch und blühend. Sie glaubten vom Abend zum Morgen geschlafen zu haben, und waren in Angst und Sorge, Kaiser Decius werde sie nun suchen lassen. Nochmals mußte ihr Schaffner Diomedes erzählen, was er gestern in der Stadt vernommen habe: sie müßten entweder opfern oder gemartert werden. Da sagte Achillides: Wohlan Brüder, laßt uns bereit sein vor den Richterstuhl Christi zu treten ohne Furcht vor dem Urteil des sterblichen Kaisers. Doch du, Diomedes, gehe zur Stadt, damit du uns Speise schaffest. Nimm Geld mit und kaufe viele Brote; denn wenige nur brachtest du gestern und wir sind sehr hungrig. Da machte sich Diomedes früh auf den Weg und nahm Geld mit sich von sehr alter Prägung, denn sie hatten fast zweihundert Jahre lang geschlafen. Es war eben Tag geworden, als er aus der Höhle trat. Als er Steine davor liegen sah, stutzte er und wußte es sich nicht zu erklären. Zitternd stieg er vom Berge herab, voll Sorge, erkannt und vor Decius geführt zu werden. Als er an das Stadtthor kam, gewahrte er zu seinem größten Erstaunen ein Kreuz darauf. Er wandte sich zu einem anderen Thore und sah dasselbe Zeichen. Er ging von einem zum andern und fand auf allen Thoren das Kreuz; auch sonst

war alles anders. Als er wieder beim ersten Thore angelangt war, sagte
er: „Wie geht das zu? Gestern abend verehrte man nur im verborgenen
das heilige Kreuz und heute prangt es öffentlich auf den Thoren der Stadt?
Träume ich oder bin ich vom Verstande?" Doch machte ihm der Anblick
des Kreuzes Mut, er betrat die Stadt. Zu seiner neuen Verwunderung
hörte er nun um sich herum beim Namen Jesu Christi schwören: noch gestern
wagte Niemand Christus zu bekennen. War es denn überhaupt Ephesus;
alle Gebäude sind anders. Er fragt einen Mann, wie die Stadt heiße. Der
sagte: Ephesus. Da dachte Diomedes: Ich muß von Sinnen sein, und wollte
schnell die Brote kaufen und zu seinen Genossen zurückkehren. Als er die
Bäcker zahlte, steckten sie die Köpfe zusammen und sprachen leise miteinander.
Diomedes meinte, er sei erkannt und werde nun ausgeliefert. Verwirrt fragte
er: Wo bleiben die Brote, ich gab das Geld? Da faßten ihn jene an und
raunten ihm zu: Du hast den Schatz der alten Könige gefunden. Teil ihn
mit uns, so verraten wir dich nicht und liefern dich nicht aus. Diomedes
wußte nicht was sagen. Da legten sie ihm einen Strick um den Hals und
schleppten ihn durch die Straßen mitten in die Stadt. Auf die Kunde, daß
Jemand ergriffen sei, der einen Schatz gefunden habe, sammelte sich eine
Menge Leute um ihn. Sie schauten ihm ins Gesicht und sagten: „Dieser
Mensch ist ein Fremdling, wir haben ihn nie gesehen". Diomedes aber schaute
unter ihnen nach einem Verwandten oder einem Freund aus, fand aber Nie=
mand und stand wie wahnsinnig da. Das Gerücht kam auch dem Bischof
und dem Statthalter zu Ohren; sofort befahlen sie, den Jüngling mit seinem
Gelde zu ihnen zu führen. Als er herbeigeschleppt wurde und wie ein Toller
ringsum schaute, lachte das Volk. Er glaubte, nun vor Decius zu kommen,
kam aber zur Kirche. Bischof und Statthalter nahmen die alte Münze, be=
trachteten sie erstaunt und erkundigten sich nach dem Schatze. Er erwiderte:
„Wahrlich, ich habe niemals einen Schatz gefunden. Vielmehr entnahm ich
das Geld dem Säckel meiner Eltern; sein Gepräge ist das dieser Stadt.
Weh mir, ich weiß nicht, was meinem Verstande zugestoßen ist". Der Statt=
halter fuhr im Verhör fort: „Von wannen bist du?" „Aus dieser Stadt",
versetzte Diomedes, „wenn dies Ephesus ist". „Wer sind deine Eltern? Ist
denn Niemand, der dich kennt und Zeugnis für dich ablegen kann?" Diomedes
nannte seine Eltern, seine Brüder; Niemand kannte sie. Darauf zieh ihn
der Statthalter Lügen. Diomedes wußte keine Antwort mehr und schwieg.
Die einen sagten: „Er ist verrückt". Andere: „Er verstellt sich, um der Ge=
fahr zu entgehen". Der Statthalter jedoch sprach: „Wie sollen wir dir
glauben, es sei Geld aus dem Vermögen deiner Eltern, da Prägung und
Aufschrift der Münze zweihundert Jahre alt sind, ehe noch Decius regierte,

und dem heutigen Kurs so gar nicht gleichen. Wie sollen deine Eltern vor
so langer Zeit gelebt haben, da du selbst noch ein Jüngling bist. Wir lassen
uns nicht zum besten haben. Entweder gestehst du, wo der Schatz ist, den du
gefunden hast, oder du gehst ins Gefängnis und wirst gefoltert". Da fiel
Diomedes auf sein Antlitz und sprach: „Eins nur, bitte ich, sagt mir, und
ihr sollt alles erfahren, was ich auf dem Herzen habe! wo ist denn Kaiser
Decius?" Da sagte der Bischof: „Mein Sohn, es ist heute Niemand in diesem
Land, der Kaiser Decius hieße, der ist vielmehr schon vor vielen Jahren gestorben". „O Herr", rief Diomedes aus, „darum erfaßt mich Staunen und
glaubt ihr meinem Worte nicht; folgt mir doch in die Höhle des Berges
Anchilus, so will ich euch meine Gefährten zeigen. Von ihnen könnt ihr erfahren, was ich sage, sei wahr; wir sind vor Kaiser Decius geflohen, der
gestern Abend hier angekommen ist — wenn dies also wirklich Ephesus ist."
Da ging dem Bischof allmählich auf, Gott wolle ihnen durch diesen Jüngling
etwas offenbaren. Er machte sich auf mit dem Statthalter, den Vornehmen
der Stadt und einer Menge Volkes; Diomedes führte; sie stiegen zur Höhle
hinan. Und da der Bischof und die mit ihm waren in die Höhle traten,
fand er am Eingang zwischen den Steinen das eherne Kästchen, das mit zwei
silbernen Siegeln verschlossen war. Er öffnete es vor allem Volke und fand
zwei bleierne Tafeln darin. Die nahm er heraus und las, und als er gelesen
hatte, wunderten sich alle sehr und lobten Gott mit lauter Stimme. Sie
sahen die Heiligen in der Höhle sitzen, ihr Antlitz wie Rosenlicht. Und alle
fielen ihnen zu Füßen, beteten sie an und dankten Gott, daß ihnen vergönnt
sei, ein solches Wunder zu schauen. Darauf erzählten die heiligen Märtyrer
alles, was zur Zeit des Decius geschehen war. Sofort schickten Bischof und
Statthalter einen Brief an den Kaiser: „Möge Deine Majestät geruhen, eilig
hieher zu kommen. Du wirst dann die Wahrheit der einstigen Auferstehung
erkennen". Darüber empfand Theodosius große Freude, er machte sich mit
zahlreichem Gefolge von Konstantinopel auf und wurde von sämtlichen Be-
wohnern der Stadt Ephesus feierlich empfangen. Alsbald begab er sich von
dem Bischof, dem Statthalter und den Vornehmen geführt zur Höhle, wo ihm
die Heiligen mit ihrem strahlenden Antlitz entgegenkamen. Er trat ein, fiel
vor ihnen nieder, umarmte sie dann und weinte an ihren Busen. „So schaue
ich euer Antlitz", sprach er, „als ob ich meinen Herrn Jesum Christum sehe,
da er den Lazarus aus seinem Grabe erweckte; ich danke ihm, daß er mich
in der Hoffnung auf die Auferstehung nicht getäuscht hat". Darauf sagte
Achillides zum Kaiser: „Gleichwie das Kind im Leibe seiner Mutter lebt und
nicht Freude empfindet noch Leid, so haben auch wir gelebt ohne Empfindung
im Schlafe liegend". Hierauf legten die Jünglinge vor aller Augen ihre

Häupter nieder auf die Erde, entschliefen und gaben ihren Geist auf nach dem Befehle Gottes. Da warf sich der Kaiser über ihre Leiber, weinte, küßte sie und breitete sein Gewand über sie aus. Dann befahl er, daß sieben goldene Schreine für ihre Leiber gemacht würden. Aber nachts im Traume erschienen die Jünglinge und sprachen zu ihm: „Aus dem Staube werden wir auferstehen und nicht aus dem Golde. Laß uns in der Höhle ruhen, bis uns Gott wieder rufen wird". Darauf befahl der Kaiser, ihr Gewölbe mit Gold und kostbaren Steinen zu schmücken und ließ sie dort ruhen, bis auf den heutigen Tag. Doch über ihrer Höhle wurde eine große Kirche gebaut. Ein Concil fand statt, und zum Gedächtnis ward ein herrliches Fest gefeiert.

Diese Legende mit ihrer ergreifenden Schönheit ist überdies reich an einer Fülle religionsgeschichtlicher Anknüpfungen[1]). Am nächsten liegt die Sage vom langen Schlaf[a]). Kein geringerer als Aristoteles spricht in seiner Physik davon; wenn unsere Denkthätigkeit ruhe, dann entschwinde uns die Zeit unbemerkt, wie denen, die bei den Heroen in Sardes schlafen. Wenn jene erwachten, werde ihnen das jetzt mit der vorigen Zeit eins scheinen. Sein Scholiast Simplicius deutet jene Stelle dahin, jene Heroen, neun an der Zahl, seien Söhne des Herakles von den Töchtern des Thestius, die unversehrt, Schlummernden gleich, auf Sardinien liegen sollen. Ein anderer Scholiast Philogonus denkt an die Inkubation zur Heilung von Krankheiten; gerade in den Heiligtümern Aeskulaps fand dieser Tempelschlaf statt. Mit den Thestiaden gilt Jolaus als der Pflanzer Sardiniens, er ist aber zugleich ein libophönizischer Gott, der den Herakles vom Tode weckt und mit Aeskulap zu identifizieren ist. Der Aeskulap der Phönizier gesellt sich unter dem Namen Esmun als achter zu den sieben Kabiren. Sie sind die sieben Planetengötter und Esmun gilt als der Himmelskreis. Eine andere Mythe des Alterthums[b]) erzählt von dem Hirtenknaben Epimenides von Kreta, er sei von seinem Vater ausgeschickt worden, ein verlorenes Schaf zu suchen; er legte sich in einer Höhle nieder und schlief dort siebenundfünfzig Jahre. Er glaubte nur kurze Zeit geschlafen zu haben, suchte aber vergeblich nach dem Schafe und fand dann zu Hause alles verändert. Sein jüngerer Bruder, nun ein Greis, erkannte ihn kaum wieder. In ganz Griechenland sprach man nun von dem langen Schlaf in der Höhle als einem Zeichen, daß Epimenides ein Liebling der Götter sei. Zur örtlichen Fixierung solcher Sagen mag es gelegentlich nicht an lokalen Anhaltspunkten gefehlt haben: gerade in Sardinien gibt es halbkreisförmige Monolithgruppen von fünf, sieben und neun

---

a) Aristot. φυσικη ἀκροασις IV. 11.　　　　b) Diogen. Laert. De vitis I. 10.

1) John Koch. Die Siebenschläferlegende, ihr Ursprung und ihre Verbreitung. Eine mythologisch-litteraturgeschichtliche Studie. Leipzig. 1883.

Grabsteinen, in deren Mitte sich ein die andern überragender Kegel erhebt. Aber diese Sagen vom langen Schlaf oder wenigstens vom Verschwinden des Zeitbewußtseins kommen doch bei zu verschiedenen Kulturvölkern vor, um sie einem unter ihnen als Eigentum zuzusprechen. Der chinesische Roman Yukiao=Li erzählt: Zwei Jünglinge gingen aus, Heilkräuter zu suchen, und aßen von einem Pfirsichbaum. Da erschienen zwei Frauen von göttlicher Schönheit, mit denen vermählten sie sich. Als sie endlich zu ihrem Dorfe zurückkehrten, waren hundert Jahre verflossen. Ein Drama desselben Stoffes fügt hinzu: Die Fichten, die der eine von ihnen gepflanzt hatte, waren zu hohen Bäumen geworden; in seinem Hause wohnte sein Enkel; heimatlos mußten sie von bannen ziehen. In den indischen Puratana heißt es, König Raitwata sei zu Brahma gegangen, dort lauscht er einem himmlischen Liede und als er nun seine Angelegenheit vortragen will, teilt ihm Brahma lächelnd mit, seitdem seien zwanzig Menschenalter verflossen. Bei den Indern begegnet man überdies der Vorstellung, unter dem Kuß himmlischer Frauen verrinnen asketischen Einsiedlern Jahrhunderte wie ein Augenblick. Die arabische Dichtung erzählt von Mohammeds Himmelfahrt, er sei vom Engel Gabriel in einer Nacht durch alle sieben Himmel geführt worden, eine Reise, die sonst Millionen Jahre in Anspruch nehmen würde. Doch als er zurückkehrt, findet er sein Bett noch warm. In Tausend und eine Nacht bezweifelt der Sultan von Aegypten die Wahrheit dieser Legende. Da läßt ihn der Scheich, Schaha=bebbin seinen Kopf in eine Wasserkufe tauchen; in diesem Augenblick durch=lebt der König sieben Jahre voll abenteuerlicher Schicksale. Der Talmund wiederum berichtet folgendes: Chone Hamagel wunderte sich oft über die Psalmstelle: Wenn der Herr die Gefangenen erlösen wird, werden wir sein wie die Träumenden. Schläft denn Jemand siebenzig Jahre träu=mend? rief er aus. Eines Tages, auf einer Reise, sah er einen Mann beschäftigt, einen Brotbaum zu pflanzen. Da sagte er: Es ist bekannt, daß ein solcher Baum erst nach siebzig Jahren Früchte trägt; weißt Du denn auch, daß Du noch siebzig Jahre lebst? Der Mann erwiderte: Ich habe Johannisbrotbäume vorgefunden, und so wie meine Vorfahren für mich ge=pflanzt haben, will ich für meine Nachkommen pflanzen. Nach diesem Ge=spräche setzte sich Chone in der Nähe des Baumes nieder und aß, hier schlief er ein und bald darauf zog sich ein Felsen um ihn herum, unter welchem er siebzig Jahre ungesehen in den Armen des Schlafes ruhte. Nachdem er wieder erwacht war, sah er einen Mann Früchte pflücken von dem Baume, der vor seinem Einschlafen gepflanzt worden war. Er fragte den Unbekannten, und erhielt den Bescheid: sein Großvater habe den Baum gepflanzt. Da sagte Chone: Ich habe gewiß siebzig Jahre geschlafen.

Er ging in sein Haus und fragte nach seinem Sohne, erhielt aber die Ant=
wort, dieser lebe nicht, dessen Sohn nur sei da. Er gab sich zu erkennen,
fand aber keinen Glauben und begab sich ins Gemeindehaus. Dort ging es
ihm aber nicht besser. Das Leben wurde ihm zuwider. Er sehnte sich nach
dem Tode, bald darauf starb er denn auch. In der bestimmteren Gestalt des
Schlafes in einer Berghöhle findet sich die Sage im germanischen Norden.
Bekannt genug ist sie in der Form vom Kaiser Barbarossa im Kyffhäuser
oder von Tannhäuser im Hänselberge bei Frau Holde. Aber auch in ano=
nymer Bescheidenheit tritt sie auf. Ein Schäfer flüchtet sich vor dem Regen
in eine Höhle bei der Wettenburg am Main und verfällt dort in einen Schlaf,
der sieben mal sieben Jahre dauert. Zwei Bauern gehen in eine Höhle bei
Trier um sich vor dem Unwetter zu schützen und verschlafen dort hundert
Jahre. Auf dem Dom zu Lübeck schlief einer in einer Lucke sieben Jahre
und kam dann wieder wohl und munter zum Vorschein. Ein Totengräber
bewirtet einen Toten, der Tote erwidert die Einladung; als der Totengräber
nach Hause kommt, sind sechshundert Jahre vergangen. Ein Fuhrmann im
thüringischen Singerberge, von einem eisgrauen Männchen bewirtet und über
Nacht beherbergt, verschläft hundert Jahre. Eine halbe Stunde Tanz bei den
schottischen Elfen war in Wirklichkeit ein Jahr. Zwei Musikanten, die dabei
vorgeigen müssen, verspielen die Zeit vom Urgroßvater auf den Urenkel. In
Schweden ritt ein Bräutigam aus und wurde von den Elfen in den Wald
gelockt. Er tanzt mit ihnen eine Stunde, doch waren vierzig Jahre vergangen
und seine Braut vor Gram gestorben. In späteren, deutschen Sagen wird
das Vergessen der Zeit durch einen Aufenthalt im Paradiese motiviert, so
beim Mönch von Heisterbach. Die Sagen vom Höhlenschlaf ruhen auf mythischem
Untergrunde. Dem Schlaf der Götter und Heroen wird eine unendlich lange
Zeit beigemessen. Wer nun auf Erden seine Gedanken vom irdischen abwendet,
und nur über göttliches nachsinnt, verspürt den Hauch der Ewigkeit und ver=
bringt lange Zeiträume träumend wie wenige Stunden.

Woher nun aber die Siebenzahl in der ephesinischen Legende? Nahe
liegt der Hinweis auf die jüdische Sage von den sieben Brüdern, die sich in
der Bedrückung der Juden durch Antiochus Epiphanes vornahmen, unter keinen
Umständen unreines zu essen, sondern lieber zu sterben. Gewiß liegt da eine
Verwandtschaft vor, aber kaum eine Abhängigkeit[1]). Man wird sagen dürfen,
die geschichtlich verbürgte Standhaftigkeit der Gläubigen gegenüber den Zu=
mutungen des Tyrannen habe beidemal unter dem Einfluß der sakralen Sieben=
zahl und vielleicht beidemal unter dem Einfluß fremder Sagen die poetische

____

1) Alfred Bertholet. Zu Jesaja 53. Ein Erklärungsversuch. Freiburg i. Br.
1899. S. 25.

Verdichtung erfahren, als die sich jene Episode des zweiten Makkabäerbuchs gegenüber einer unbestimmteren Angabe des zuverlässigeren ersten herausstellt[a]). Im Falle einer Abhängigkeit, der ja nicht ausgeschlossen ist, wäre immerhin eine solche Einwirkung nicht die einzige, die von dem Martyrium der sieben Brüder im Makkabäerbuch auf altchristliche Stoffe ausgeübt wurde. Sicher stehen die Akten der Symphorosa und die Akten der Felicitas unter ihrem Einfluß. Leidensgeschichten zweier Mütter, deren jede sieben Söhne hat und mit ihnen das Martyrium erleidet[1]). Die Legende von Ephesus bietet in= dessen Anlaß zu weiteren Beobachtungen. Auch hier heißt der Kaiser ge= legentlich statt Decius Dacianus, wie in der Georgslegende, eine erste Hand= habe zur mythischen Deutung. Ferner haben wir es mit einem Höhlen= oder Grottenkultus zu thun. Vielleicht hat die Siebenschläfergrotte in heidnischer Zeit einen Kultus der Magna mater beherbergt, in welcher Gestalt auch immer es mag gewesen sein, als Selene=Astarte, Kybele, Artemis, Proserpina, De= meter oder Hekate. Nun wird aber Rhea=Kybele wie auch Demeter oder Persephone von Korybanten oder Daktylen bedient, die ihrerseits oft mit den Kabiren verwechselt und daher mit jenen zusammen verehrt werden und zwar auch in Grotten, so in der Zerinthiahöhle auf Samothrake. Mit den Kabiren aber stehen die sardischen Schläfer als Brüder des Aeskulap in einem Ver= wandtschaftsverhältnis. In den Heiligtümern Aeskulaps wurden ferner Täfel= chen und Denksäulen niedergelegt, auf denen die Geschichte von Krankenheilungen verzeichnet stand — bei den Siebenschläfern die Bleitafeln, die zum Ueber= fluß in arabischen Berichten zu Säulen geworden sind! Die Siebenschläfer sind überdies schöne Jünglinge von vornehmer Abkunft; die Kabiren traten in der griechischen Vorstellungswelt den Dioskuren an die Seite, Idealbilder rüstiger, freudiger Jugend. Diomedes der klügste und schönste unter den Siebenschläfern und ihr Führer fordert zum Vergleich mit Aeskulap heraus, der bei den Phöniziern als schönster der Götter galt. Endlich die morgen= ländische Gestalt der Siebenschläfersage, die sich sowohl in dem um 520 oder 530 verfaßten Pilgerreiseführer des Theodosius als auch im Koran[b]) findet, gesellt den Sieben noch einen Hund bei, der sich den Jünglingen auf der Flucht anschloß, und sich durch Steinwürfe und Verstümmelungen nicht vertreiben ließ, sondern sich an den Eingang der Höhle legte, dann auch mit ihnen ins Paradies kam und ihrer Verehrung ebenfalls teilhaftig wurde und mit ihnen schlief: „Achte warens mit dem Hunde"[2]). Diese Hundepisode lautet verdichtet[3]):

---

a) 2 Macc. 7. 1 Macc. 1. 62.   b) Sure 18. 8—24.

1) E. Egli, Altchristliche Studien. Zürich. 1887. S. 91. . 2) J. W. Göthe. „Siebenschläfer". West=östlicher Diwan. 3) Fr. Rückert, im Damentaschenbuch aus dem Jahre 1822. S. 139.

Ein Hündlein, das einst Wache that bei Schäfern,
Ging in die Höhl' ein mit den Siebenschläfern.
Und als sie drinnen Zeit und Welt verschlafen,
Verschlief es auch den niedern Dienst bei Schafen.
Und als im Himmel ihnen ward die Krone,
Ward es zu einem Leu'n an Gottes Throne.

Nun spielt im Kultus Aeskulaps und der Kabiren der Hund in der That eine Rolle. Aeskulap wurde, da er als Kind ausgesetzt worden war, von einem Hunde bewacht und in Epidauros war ein Hund neben seinem Bilde dargestellt. In der Kabirengrotte auf Samothrake wurden Hundeopfer dargebracht. Im Orient und in den Mittelmeerländern wurden, wenn der Hundsstern Sirius aufging, Hunde unter Martern getötet: Ende Juli; in der That fällt der Siebenschläfertag in diese Zeit: in der römischen Kirche auf den 27. Juli; in der griechischen auf den 4. August. Und dann ging der Sirius in den Löwen über! Kabiren und Siebenschläfer wurden beide als Beschützer der Schiffe verehrt. Wie einst die Phönizier Kabirenbilder an Bord mit sich führten, so schreiben noch heute türkische Handelsschiffe, da den Mohammedanern die Nachbildung lebender Wesen verboten ist, wenigstens die Namen der Siebenschläfer auf den Stern ihrer Fahrzeuge. Im Abend=land verbreitete sich die Legende während des Mittelalters ohne große Ver=änderung. Sie war eben nicht auf den geheimnisvollen Wegen der Volks=überlieferung zu den Germanen gewandert, sondern litterarisch dahin verpflanzt worden. Trotzdem ihre Behandlung durch die Schriftsteller nicht nachgelassen hat, schlug sie im Volke selbst nicht tiefere Wurzeln. Es fehlten die Re=liquen.

Immerhin erzählte man sich im Kloster Marmoutiers bei Tours, viel=leicht schon zur Zeit der Merowinger oder nicht viel später, folgendes^a): in den Tagen der Kaiser Diokletian und Maximian, als das römische Reich auf dem Niedergang begriffen war, lag die Oberherrschaft über die Hunnen in der Hand eines tapfern Königs namens Florus. Nach zehn Jahren einer glücklichen Regentschaft wurde Florus von Maximian angegriffen, besiegt und gefangen nach Rom geführt mit seinen beiden Brüdern Martin und Annarus. Nach Ablauf eines halben Jahres setzte ihn der Kaiser wieder in seine Herrschaft ein, beraubte ihn aber der Einkünfte und festen Plätze; ebenso ließ er ihn eidlich versichern, daß sein Sohn ihm nur als Statthalter und nicht als König nachfolgen werde. Als jedoch dann Konstantin der Macht Maximians ein Ende bereitete, sandten Florus seinen ältesten Sohn zum neuen

<hr>

a) Pseudo-Gregor. Historia septem Dormentium majoris monasterii. Epist. ad Sulpic. Se-verum Biturig. [ed. H. L. Bordier. IV. 104—124].

Kaiser, der ihn liebgewann, mit seiner Nichte vermählte und zum Tribunen erhob. Dieser Sohn hatte zunächst Florus geheißen, war dann aber, als ihn Bischof Paulus von Konstantinopel taufte, Martin genannt worden. Nach dem Tode seines Vaters, Florus des Aelteren, verwaltete er dessen Herrschaft. Sein junger Sohn wurde von Kaiser Julian nach Gallien mit genommen; aber er zog es vor, Gott zu dienen: in der That, er war der heilige Martin. Als er seine Tribunenzeit absolviert hatte, blieb er noch zwei Jahre wider seinen Willen unter den Waffen, nahm dann aber seinen Abschied und unterstellte sich dem heiligen Hilarius von Poitiers. Eine göttliche Offenbarung veranlaßte ihn, seine Verwandten wieder aufzusuchen, um sie zu bekehren. Und wirklich gelang ihm die Bekehrung namentlich seiner sieben Vettern Clemens, Primus, Laetus, Theodor, Gaudens, Quiriacus und Innocens. Sie verkauften ihre Güter, ließen ihre Sklaven frei und widmeten sich ausschließlich dem Studium und dem Gebete. Bald heilten sie Kranke und wurden vom Volk als Propheten verehrt. Auf die Kunde von Martins Berühmtheit in Tours holten sie erst seinen Segen zu einer Wallfahrt nach dem gelobten Lande. Dann kamen sie mit Reliquien beladen wieder zu ihm zurück und erhielten von ihm, um den Rest ihres Lebens gottgefällig zu verbringen, eine Höhle angewiesen. In dieser Höhle lebten sie sechzehn Jahre vor und noch fünfundzwanzig Jahre nach Martins Tode. Als sie zu sterben kamen, da erfüllte sich, was ihnen der Heilige die Nacht zuvor verkündigt hatte: sie starben schmerzlos und lagen im Tode da, als schliefen sie. Rosenlicht schimmerte auf ihrem Antlitz und keine Spur von Verwesung zeigte sich während der sieben Tage, da sie unbeerdigt in ihrer Zelle für die Verehrung der andrängenden Menge ausgestellt wurden; vielmehr war die Grotte während dieser Zeit von einem unendlich süßen Wohlgeruch erfüllt. Darauf ließ Bischof Briccius die Bestattung vornehmen. Zweifelsohne steht die Turoneser Sage unter dem Einfluß der von Gregor veröffentlichten kleinasiatischen Legende; aber es läßt sich nicht ermitteln, inwiefern der Niederschlag nicht ebendoch örtlich veranlaßt war, etwa so, daß sie einem obskuren Grottenkultus an der Loire aufhelfen mußte.

3.

Versetzen wir uns nun auf den Boden germanischer Mythenbildung. Sankt Kümmernis gehört noch heute zu den verbreitetsten Heiligen[1]). Die Gestalt, die diese Sage jetzt hat, gehört dem jüngsten Mittelalter an. Ihr

---

1) K. Rehorn, Der heilige Kummernus, oder die heilige Wilgefortis. Ein Beitrag zur Geschichte und Deutung eines alten Kultus (Germania. Vierteljahrsschrift für deutsche Altertumskunde. Wien, 1887. Bd. 32. S. 461—480).

zufolge war Kümmernis die Tochter eines heidnischen Königs in Niederland, nach andern in Portugal. Sie selbst hatte sich heimlich dem Christentum angeschlossen. Als sie auf Befehl ihres Vaters einen heidnischen Prinzen zum Manne nehmen sollte, bat sie Gott, er möge doch ihre wunderbare Schönheit derart entstellen, daß alle Männer sich mit Abscheu von ihr wenden müßten. Ihr Gebet wurde erhört und zur Stunde wuchs ihr ein mächtiger Bart. Darauf wurde sie als eine Zauberin angeklagt und auf Befehl des erzürnten Vaters gekreuzigt. Als sie nun in Todesqualen am Kreuze hing, kam ein armer Geiger des Weges, wurde von Mitleid ergriffen und spielte ihr zum Troste das Kreuzlied; zum Dank warf sie ihm einen ihrer goldenen Schuhe herab. Der Geiger sollte darauf als Dieb gerichtet werden. Als man ihn zum Richtplatz führte, bat er um die Gunst, nochmals vor der Gekreuzigten spielen zu dürfen; es wurde ihm gestattet: ein Wunder geschah, denn sie ließ auch den andern Schuh fallen und der Arme war gerettet.

Nur in seltenen Fällen weist jedoch die Kümmernislegende diese greifbaren Umrisse und diesen Zusammenhang ihrer einzelnen Bestandteile auf. Viel öfter treffen wir sie nur bruchstückweise und bis zur Unkenntlichkeit verschwommen an. Wie sehr die Heilige in beständigem Fluß und Wechsel begriffen ist, geht schon aus der Menge ihrer Namen hervor: Heilige Wilgefortis, Liberata, Sankt Gehülfe, Sankt Hilfe, Sankt Hülfe, Eutropia, Regenfledis, Ontkomer, sogar männlich „der heilige Kummernuß", ja einzelne Bilder tragen geradezu die Aufschrift „Salvator mundi". Eine feste Handhabe für die Ordnung der unzähligen Kultusspuren geben in diesem Wirrsal nur die Attribute, die, wenn auch nicht vollzählig, so doch mehr oder weniger regelmäßig immer wiederkehren; denn die rätselhafte Heilige hat Verehrung genossen in einem Umfang, der auch unter den vornehmen Heiligen so leicht seinesgleichen nicht hat. Vielmehr rückt Sankt Kümmernis allein schon dadurch auf gleiche Linie mit einer bedeutenden heidnischen Gottheit. Unter allen Umständen muß man die Dunkelheit und Unverständlichkeit dieser Heiligenfigur mit in Kauf nehmen als ihre wesentliche Eigenschaft. Die volkstümliche Vorstellung von Kümmernis ist uns fast ausschließlich kultisch vermittelt, weshalb denn auch die plastischen Darstellungen vor den litterarischen an Zahl und Wert beträchtlich überwiegen.

Alle Anzeichen deuten darauf hin, den Sitz des Kümmernisdienstes in dem deutschen Alpengebiet, also in der Schweiz, in Vorarlberg, Tirol und Steiermark und dem Rhein entlang zu vermuten. Seit undenklichen Zeiten scheint er dort heimisch gewesen zu sein. Durch die Langobarden kam er nach Oberitalien. Das berühmte volto Santo zu San Martino in Lucca und die Verehrung des heiligen Fredian in derselben Stadt stellen seinen Kultus außer

Zweifel. Durch wandernde germanische Elemente verbreitete sich später dann der Kümmerniskultus auch in Frankreich und Spanien, ohne sich jedoch im Ausland eigentlich einzubürgern.

Das älteste Kümmernisbild stammt aus dem achten oder neunten Jahrhundert und steht in einer Nische der Kirche von Oberwinterthur. Es zeigt unzweifelhaft einen Mann, einen König; auf dem Haupte die dreizackige Krone; das Gesicht ist ernst, von einem starken Barte eingerahmt, der Blick offen und geradeaus gerichtet. Die Arme sind ausgebreitet und bis zu den Handgelenken bekleidet; die Hände stecken in starken Handschuhen. Das Gewand, ein einfacher bis fast zu den Knöcheln reichender Rock ist um die Hüften zusammengehalten durch einen Gürtel, dessen Ende lang herabfällt; auf der Brust, dicht über dem Gürtel ein einfaches kreuzförmiges Zeichen. Beide Füße stehen fest auf; der eine beschuht, der andere entblößt und der Schuh steht vor ihm auf der Erde. Zur Seite kniet eine männliche Gestalt, die den einen Arm erhoben hält. Von einem Kreuze hinter der Königsgestalt ist nichts zu erblicken, die Hände tragen also auch keine Spur einer Nagelung. Diesem Bilde sehr nahe verwandt ist ein jüngeres auf einem Diptychon des dreizehnten Jahrhunderts. Gesichtsausdruck, Krone, Gürtel, Kreuzeszeichen sind dieselben. Von einem Kreuzesstamme ist auch hier nichts angedeutet: dagegen ruhen die Arme auf einem Querbalken. Ob die Hände angenagelt sind, bleibt ungewiß; die Füße stehen auf einem mächtigen Block; der eine Schuh ist ausgezogen und steht unterhalb des Fußes, die knieende Figur führt in der Hand eine Laute. Wiederum einer jüngeren Zeit anzugehören scheint das Bild zu Saalfeld an der Wasserkapelle, die im Fluß steht. Die Krone zeigt mehr Zacken; der Gesichtsausdruck ist zwar immer noch ernst und schmerzlos, aber weniger königlich; der Blick ist frei. Der Gürtel umschließt wiederum den langen einfachen Rock, das Kreuzeszeichen im Gürtel ist verschwunden; dafür befindet sich auf der Brust ein rhombischer Zierrat. Ueber das Haupt ragt der Kreuzesstamm; die beiden Hände reichen zum Querbalken empor; die Nagelung scheint angedeutet. Die Füße, deren einer den nebenstehenden Schuh abgestreift hat, stehen fest auf felsigem Boden, die knieende Figur hält wiederum die Laute in Händen. Merkwürdig ist die Inschrift: Salvator mundi 1516, die sich auch auf dem etwas jüngeren und dem Saalfelder ähnlichen Bilde zu Ettersdorf vorfindet. Dagegen verrät der belgische Kummernis eine entschiedene Weiterbildung. Das Kreuz ist vollständig ausgebildet; die Hände sind angenagelt; dagegen hängen die Füße völlig frei ohne Nagelung noch Schemel. Das Haupt, das schon in Ettersdorf leicht geneigt ist, sinkt nun auf die Brust und ist nicht nur von einer mehrzackigen Krone, sondern auch von einem Nimbus umgeben. Um den Hals legt sich ein Geschmeide

als breite Borte, die auf der Brust in Blattform schließt. Wiederum hält der
Gürtel das Gewand zusammen. Der Kreuzesstamm steigt hinter einem Altar
auf, wo zu Füßen des Gekreuzigten neben dem einen abgestreiften Schuh ein
Becher steht. An den Stufen des Altars kniet ein Geiger. Als bei der Darstellung
des gekreuzigten Christus, seit der Mitte des dreizehnten Jahrhunderts, nicht
nur der Gesichtsausdruck, sondern auch die ganze Figur mit allen Zeichen des
Schmerzes sich erfüllte, ging das „bekümmerte" Aussehen auch auf die Kümmer=
nisbilder über. Die nächste Hypostase vertritt ein Bild zu Prag, das im
siebzehnten Jahrhundert ein Kaufmann aus Belgien gestiftet hat. Der Ueber=
gang ist ein gewaltiger, denn am Kreuze haftet unverkennbar eine Frau.
Da die beiden auf das Jahr 1516 gezeichneten noch durchaus männlich sind,
das Prager Bild aber nachweislich erst 1684 gestiftet wurde, muß der weib=
liche Typus in der Zwischenzeit sich ausgebildet haben. Dafür ist das be=
kümmerte Aussehen wieder verschwunden; die weibliche Heilige trägt nicht
nur die Krone und den Purpurmantel, sondern sogar die Gloriolen. Ihr
bärtiges Antlitz ist durchaus heiter; der Gürtel fehlt nicht auf ihrer reichen
Gewandung; die Hände sind angenagelt, dagegen stehen die Füße fest auf
einem Block, neben welchem der eine abgestreifte Schuh liegt. Der Becher ist
verschwunden, der Geiger geblieben. Ueberblicken wir nun diese einzelnen
Bildtypen, so treten für die Kümmernisdarstellung folgende Momente zu
Tage: die Heilige war ursprünglich ein Mann, das Kreuz, an das der Hei=
lige später geheftet erscheint, fehlt bei den alten Bildern gänzlich, mit der
Zeit erscheint es angedeutet, aber nicht durchgeführt; dementsprechend führt
sich die Nagelung der Hände erst allmählich ein. Die Nagelung der Füße
dagegen unterbleibt und schützt mit dem allen Bildern gemeinsamen Gürtel
Kummernis vor der Verwechslung mit dem gekreuzigten Christus. Der Geiger
der späteren Bilder und modernen Dichtungen[1]) war ursprünglich nur ein
Betender, ein Bettler. Und wie der Heilige den einen Schuh fallen ließ, so
berichtet die nordische Sage von manchem Götterbilde, es habe gnädig einen
Ring vom Finger, einen Schuh vom Fuße fallen lassen.

Irgendwie näher auf die spätere weibliche Phase des Kummernus und
deren wechselnde Namen einzugehen, würde uns allzuweit von unserer Auf=
gabe abführen. Dagegen schlägt es in unser Gebiet ein, dem Ursprung
dieses seltsamen Kultus ein wenig nachzuspüren. Der oder die heilige Kum=
mernus wird zunächst angerufen in jeder Not des ganzen Volkes, also in
Kriegsgefahr, Trockenheit, Ueberschwemmung, Theuerung, Mißwachs und Epi=
demie. Insbesondere ist der Zwitterheilige sodann Schutzpatron des Ackerbaus;

---

1) Justinus Kerner, „Der Geiger zu Gmünd". — Guido Görres, „Der arme
Spielmann".

das Bild steht darum meist in Feldkapellen; auch auf Bäckeröfen prangt es häufig. Doch schließt dieser allgemeine Schutz persönliche Anliegen nicht aus, besonders leidender Frauen in Eheangelegenheiten; das Kummernisbild findet sich daher in der Schlafkammer über dem Ehebett. Dann beschützt und geleitet er Reisende, deshalb seine Kapelle an Kreuzwegen, und ebenso geleitet er, wenigstens in späterer Zeit, die Toten auf ihrer letzten Fahrt. Das kann kein unmächtiger gewesen sein, der das Saatfeld in gleicher Weise segnet wie den Ehestand, der die Gefahren abwendet, sowohl von der Feldfrucht, wie von dem Glück des Hauses; dieser Herr über Leben und Tod kann nur ein Herrscher gewesen sein, der Himmlischen einer. Nur bei einem Urgewaltigen kann das Volk seit grauer Vorzeit in seiner Not Trost und Hilfe gesucht haben. Da, mit einem Mal, erkennen wir die gekrönte, bärtige, königlich blickende Riesengestalt: wahrhaftig, es ist der Donnergott selbst. Hoch aufgerichtet, mit ausgebreiteten Armen dem Beter zu seinen Füßen Hilfe verheißend, steht er da, ausgerüstet mit allen Zeichen der Kraft; seine Hüften umschlingt der Stärkegürtel, indem der kurze Stil des Hammers steckt, seine Hände sind in die Eisenhandschuhe gehüllt, er legt sie an, sobald er auszieht, die Riesen niederzuschmettern. Warum heißt dann aber dieser verkleidete Heidengott nach seiner Taufe Kummernus? Eine stichhaltige Erklärung des Wortes, vielleicht am ehesten aus einem entlegenen Dialekt zu erwarten, liegt noch nicht vor. Um sich mit Bekanntem zu behelfen, kann man immerhin sagen, daß die uns geläufige, abstrakte Bedeutung von „Kummer" keineswegs die ursprüngliche ist; noch heute bezeichnet das Volk am Rhein mit diesem Wort den Schutt und spricht vom „Kümmern" der Rebberge; bei Gregor von Tours bedeuten „Cumbri", eine Flußeindämmung, und da mag denn beiläufig an das Kummernusbild der Wasserkapelle mitten in der Saale bei Saalfeld erinnert sein, sowie an den italienischen Kummernus, den heiligen Fredian von Lucca, der bei einer Ueberschwemmung des Wassers durch ein Wunder zum Meere ablenkt. Wenn ferner in der Rechtssprache Kummer der Ausdruck für Haft ist, so verrät sich auch da der ursprüngliche konkrete Sinn eines Hindernisses um aufzuhalten und zu hemmen. Endlich war zu Anfang des vierzehnten Jahrhunderts die Bezeichnung „zum Kummer" als Hausname in Gebrauch. Es ist aber niemals Sitte gewesen, ein Haus nach einem Abstraktum zu nennen, da die bildliche Darstellung des Namens wichtiger war als der Name selbst. Das Bild „zum Kummer" war zweifellos ein göttliches in menschlicher Gestalt und stellte den mächtigen Helfer in der Not dar, der der Bedrängnis einen Damm entgegensetzt und ihr ein Ende macht. Es bleibt ohne Belang, ob der Helfer männlich oder weiblich ist; der männliche Artikel scheint auf einen männlichen Helfer zu deuten, wogegen der spätere

Tausch mit „Kümmernis" auf den Uebergang in eine weibliche Helferin schließen läßt. Wie sehr man indessen noch von dem männlichen Geschlechte überzeugt war, auch nachdem die Bezeichnung Kummernis sich schon eingebürgert hatte, beweist die klare Aufschrift des Bildes in Rankwil in Vorarlberg: „Sanktus Kummernus". Ebenso steht vor dem Dorfe Ruedeswill westlich von Luzern ein kleines Bethaus in der Ehre des heiligen Märtyrers und Bischofs Kummernus.

Zur selben Zeit, da Bonifatius in Deutschland die Bäume und Bilder Donars zu stürzen unternahm, mag in den angelsächsischen Missionskolonien der Niederlande die Vorstellung von einem Heiligen gehegt worden sein, der den Kriegs- und Donnergott auch in der Ideenwelt der Heiden verdrängen sollte. In Belgien finden sich noch heute uralte Kultstätten des Kummernus zu Brüssel, Mecheln und bei Dieppe. Von dem Niederland ist dann der Heilige rheinaufwärts gezogen, und ließ sich namentlich in Mainz nieder. Nicht weniger als fünf seiner Bilder finden sich an verschiedenen Orten der hessischen Rheinpfalz, die von dem mächtigen Donnersberge beherrscht wird. Die Anfänge des eigentlichen Kultus fielen also in das Ende der Merowingerzeit, in die erste Hälfte des achten Jahrhunderts. Aber nur die Anfänge des Kultus, in seiner christlichen Umprägung. Der eigentliche Kern dieses Dienstes ist so alt wie die germanische Götterwelt, und während sie am Unterrhein bereits zum heiligen „Kummer" beteten, opferten die Alamannen im Vorland der Alpen noch dem Donar. Und doch sah das Bild des einen dem Bild des andern zum Verwechseln ähnlich. Es war ein und dasselbe Bild.

Achtes Kapitel.

Ortsheilige.

Bei mythischen Heiligen, wie Mithra-Georg oder Donar-Kummernus, liegt die Natur der Legende in der Eigenschaft unstet zu wandern, überall und nirgends zu Hause zu sein. Nun kennt die Legende jedoch andere Heilige, die zwar nicht weniger einer geschichtlichen Unterlage entbehren, aber insofern doch weit eher scheinen gelebt zu haben, da sich ihr Andenken an bestimmte Orte knüpft. Es handelt sich dann entweder um den örtlichen Niederschlag einer Wanderlegende oder um die Umtaufe einer Gaugottheit mit begrenzter Machtsphäre.

1.

1. In alten Saturninsakten fand Gregor von Tours folgenden Passus[a]): „Unter dem Konsulat des Decius und Gratus begann gemäß einer zuverlässigen Erinnerung die Regierung des Saturninus als ersten Bischofs der Stadt Toulouse?" Seinerseits fügt Gregor eine Mitteilung bei, die eine solche Aufrichtung bischöflicher Sitze in Gallien um 250 zur Siebenzahl erweitert und als Erfolg einer von Rom aus organisierten gallischen Mission darstellt: „Zur Zeit des Decius wurden sieben Bischöfe ordiniert und zur Predigt nach Gallien abgesandt, wie die Historie der Passion des heiligen Märtyrers Saturninus erzählt". Folgt das angeführte Zitat, worauf Gregor fortfährt: „Diese Abgesandten waren in Tours Bischof Gatian, in Arles Bischof Trophimus, in Narbonne Bischof Paulus, in Toulouse Bischof Saturninus, in Paris Bischof Dionysius; in Arvernum Bischof Stremonius; in Limoges Bischof Martialis". Es entsprach dem kirchlichen Bedürfnis, alte und angesehene Bischofssitze mit dem Namen irgend eines Gründers zu versehen. Wenn möglich sollte es ein Märtyrer sein. Aber schließlich wenn es überhaupt nur ein Name war. Welche Gestaltungen dieser Trieb annehmen konnte, zeigt sich am lehrreichsten bei Dionysius von Paris. Gregor also nennt einen ersten Bischof dieser Stadt mit einer doppelten Ergänzung, daß er in der Mitte des dritten Jahrhunderts gelebt habe und von Rom gekommen sei. Auch hier wird Gregor wenigstens scheinbar von Fortunat unterstützt. Denn dessen Gedicht auf Dionysius ist wahrscheinlich pseudepigraph; es hat folgenden Inhalt[b]): das Christenvolk soll mit lauter Stimme und von Herzen den mutigen und treuen Streiter besingen, den Märtyrer Dionys, der dem Himmelsfürsten nachfolgte. Abgesandt durch Clemens, den Oberpriester von Rom, kam er von dieser Stadt zu uns, auf daß der Same des göttlichen Wortes in Gallien Früchte trage. Er hat den heiligen Bau errichtet, er hat den Glauben der Taufe gelehrt; aber die Verblendung der Zuhörer will nichts vom Geschenk des Lichtes wissen. Als der heilige Oberpriester sich anschickte, das Volk dem Irrtum zu entreißen, während er die Hoffnung des Heiles predigte, mußte er die Qualen des Todes über sich ergehen lassen. Er wird von den Heiden gefangen, er, der die Christusaltäre lieb hatte; aus Liebe für so viel Ruhm, erträgt er willig die Folterungen. Nun mangelte nur eins; sein Leben für seinen König hinzugeben. Der Oberpriester, der Gott im Tempel heilige Opfer darbrachte, vergoß sein köstliches Blut und wurde selbst zum Opferlamm. Glücklich der Märtyrer, der durch seine fromme Wunde und durch seine Todesqualen die himmlische Palme erwarb, der durch seinen Tod den Tod zermalmt hat. Er besitzt nun

---

a) Gregor, H. Fr. I. 30.   b) Fortun. Carm. spur. (Leo) 6.

das Königreich des Himmels." Als ferner Fortunat, diesmal der echte, an Leontius von Bordeaux anläßlich einer von diesem restaurierten Dionysius= kirche im Jahre 541 ein Gedicht richtet, wird darin das Martyrium des Heiligen des näheren als Enthauptung bezeichnet[a]). Die wenigen Thatsachen, die durch den Schleier der vielen zerflossenen Verse hindurch zu erkennen sind, berühren sich nahe mit alten Dionysiusakten, die Fortunat ebenfalls mit Un= recht zugeschrieben wurden[b]). Der Verfasser sagt, daß er diese Akten weniger auf Grund schriftlicher Quellen, als auf Grund vertrauenswerter älterer Er= zählungen von Mund zu Mund aufgezeichnet habe zum Zweck gottesdienstlicher Vorlesung, ferner erfahren wir hier von einer Dionysiuskirche in Paris, die der Heilige selber errichtet habe, und von einer prächtigen Basilika, die nach seinem Tode über dem Grabe der heiligen Märtyrer an Stelle eines von Catulla ihnen gestifteten Mausoleums mit großen Kosten errichtet worden sei. Auch werden die Bewohner von Paris in den Akten als Germanen bezeichnet und Andeutungen nicht unterlassen, die auf eine nähere Bekanntschaft mit der kirchlichen Topographie von Paris und Umgebung schließen lassen. Aber in einem wesentlichen Punkte bedeuten diese Akten eine beträchtliche Verschiebung des durch Gregor und die Saturninspassion bezeichneten ursprünglichen Stand= punktes. Die Zeit der Handlung ist nun nämlich vom dritten Jahrhundert ins erste verlegt. Saturnin von Toulouse und Paul von Narbonne werden zwar noch verschämt an die Zeit herangedrückt „nach dem heilbringenden Leiden unseres Herrn Jesu Christi, dessen Auferstehung, dessen Himmelfahrt und der darauffolgenden Missionspredigt der Apostel an alle Völker". Dionysius aber wird unverblümt durch Clemens von Rom, dem Nachfolger des Petrus, mit der Mission betraut. Ja aber kannte denn das Neue Testament einen Dio= nysius, auf den diese Angabe Anwendung fände? Darauf weiß bereits ein Gedicht des Bischofs Eugen von Toledo ungefähr aus dem Jahre 620 Ant= wort; es lautet: „Himmelsbürger ruft Beifall zu der fröhlichen Weltfackel, die von Himmelshöhen hernieder die Gnade dieses Tages bestrahlt. Der hervorragende Glaube des Märtyrers, das Heiligenleben des Priesters, des edeln Dionys — sie haben heute die Palme empfangen. Das Diadem des himmlischen Königs hat sich auf dem Areopag von Athen eine schimmernde Perle auserlesen — den Philosophen Dionys. Auf Pauli Stimme hin hat der Glaube der Gläubigen einen Spiegel erhalten und der den das Heiden= tum für sein Bollwerk ansah, wurde zum Sturmwidder, der an es Bresche legte. Leuchtend von wunderbarer Lehre, erhellte er Griechenland, und von da kam der erhabene Lehrer nach Rom. Auf Befehl des Clemens, des Macht=

---

a) Fortun. carm. I. 11. v. 14.   b) Pseudo-Fortun. passio Dionys. Rustic. et Eleuther. (Krusch) 3—7. 13. 16. 27—31.

habers von Rom kam er nach Gallien, wo er, einer strahlenden Sonne gleich, leuchtete durch den Glanz seiner Wunder und seines Wortes. Endlich hat er den Dämon besiegt, hat er den heiligen Bau aufgerichtet, da erdulbete er die gräulichsten Qualen; sein Haupt fällt. Er fährt gen Himmel. Gruß Dir, o Vater, der du den Himmel erworben! Gruß Dir Heiliger, der du auf die Erde zu Besuch kommst. Die jährliche Wiederkehr deines Festes gilt deiner Gegenwart. Bringe, bester Priester, unsere Seufzer und unsere Gebete dar; stärke unsern Glauben, o Märtyrer Gottes, und verleihe uns einen besseren Lebenswandel. Leite mit deinem Beistand unsere gebrechlichen Fahrzeuge durch das Meer dieser Welt, und fällt die Leibeshülle von uns, dann nimm uns, Heiliger, mit Rücksicht auf". Aus Dionys von Paris ist Dionys vom Areopag geworden. Niemand weiß wie. Und alsobald sind auch jene klementinischen Akten durch areopagitische ersetzt. Hier haben wir die Legende aus zweiter Hand; der Verfasser gibt eine Ueberarbeitung der klementinischen Akten, indem er die Auszüge daraus zugleich mit neuen Angaben versetzt; diese umfassen im allgemeinen folgende Punkte: die Bekehrung Dionys des Areopagiten durch Paulus und seine Ankunft in Rom nach dem Martyrium der Apostel, die Namen dreier seiner Missionskollegen Marcellus von Spanien, Saturnin von Aquitanien und Lucian von Beauvais, der Name des Domitian, die Rede des einen Scharfrichters samt der Antwort des Dionys und seiner beiden Gefährten, und das Wunder, daß Dionys nach seiner Enthauptung seinen Kopf in den Händen trug. Diese Akten stammen wahrscheinlich aus dem achten Jahrhundert, und haben nicht nur dem Patriarchen Methodius von Constantinopel und Alcuin vorgelegen, als sie um 800 jeder auf Dionys dichteten, sondern auch dem Abt Hilduin von St. Denys, als er im Jahre 835 auf den Wunsch Ludwigs des Frommen seine Akten des Areopagiten Dionysius verfaßte, eben das Werk, das den Dionys dem abendländischen Mittelalter erschlossen hat [1]). Rechnet man hinzu, daß dieselbe Umtaufe im Morgenland einem anonymen mystischen Schriftsteller des fünften Jahrhunderts zu Theil geworden war, der nun mit seinem litterarischen Inventar zum Bischof von Paris stieß, nicht zu vergessen das gesteigerte Interesse, das im elften Jahrhundert der erbitterte Streit der beiden Klöster Emeran und St. Denis um die Reliquen des Heiligen an den Tag legte [2]), so haben wir das elementare Anwachsen der Tradition aus unscheinbaren Anfängen zu einer Macht an einem besonders instruktiven Beispiel beobachtet.

Im Kleinen mag sich ähnliches oft genug ereignet haben; namentlich die

---

1) Fr. Arbellot, Étude sur les origines chrétiennes de la Gaule. Part. I. St. Denys de Paris. 1890. S. 16—72. 2) R. Koepke, Einleitung zur Translatio Dionysii (Pertz. Monum. script. XI. 343—351).

sachte Verschiebung eines mehr oder weniger historischen Namens des vierten
oder dritten Jahrhunderts ins erste kehrt fast mit der Häufigkeit einer Regel
wieder. Sie zeigt sich bei Trophimus von Arles überdies in einer neuen
Verbindung; sonst verfolgte der römische Legendenstrom, der sich über Gallien
verbreitete, weiter keinen Zweck, als die Traditionen der einzelnen Bistümer
zu adeln. Bei Trophimus dagegen, dessen Legende im zweiten Jahrzehnt des
fünften Jahrhunderts durch Patroklus, den damaligen Bischof von Arles in
Umlauf gesetzt wurde, gibt sich zugleich die Tendenz kund, dadurch die Macht
des gallischen Episkopats zu stärken, was indessen bei der Stellung von Arles
als dem Vorort unter den gallischen Metropolen jener Zeit natürlich erscheint.
Papst Zosimus schreibt im Jahre 417 unter anderem[a]): „Die Metropole Arles
hat keinerlei Anspruch auf ein Vorrecht, da ja doch von Rom aus Trophimus
als Oberhaupt in diese Stadt gesandt wurde. Er bezeichnet die Quelle, aus
der die Glaubenskanäle durch ganz Gallien gespeist wurden". Und im Jahre
450 heißt es in einer Eingabe der in Arles unter Erzbischof Ravennius ver-
sammelten Bischöfe[b]): „In ganz Gallien ist es bekannt, aber auch der Heiligen
Römischen Kirche wird es nicht unbekannt sein, daß unter den gallischen Städten
Arles zuerst den Sendling des Apostels Petrus, den heiligen Trophimus, als
Priester in sich aufgenommen zu haben, das Verdienst hat und von da aus
das Gut des Glaubens und der Religion mitteilte." Solche Stellen sind
von Bedeutung, um zu zeigen, wie früh schon, in der ersten Hälfte des
fünften Jahrhunderts schon, in Gallien die römische und apostolische Gründungssage von Bistümern heimisch war. Zu welchem Umfang und zu welcher Kühn-
heit sie sich mit der Zeit auswuchs, zeigt nach der Merowingerzeit ein Blick
auf die Gründungssagen der rheinischen Bistümer. Maternus, der dreifache
Bischof von Köln, Tongern und Trier, war ein naher Verwandter Jesu, ja
war niemand anders, als der Jüngling zu Nain. Mainz knüpfte seinen Ursprung an den Paulusschüler Crescens[c]), der nach der biblischen Nachricht
sich nach Galatien gewendet hatte und infolge dessen für Gallien und Zube-
hör in Anspruch genommen wurde. Metz will durch den Petrusschüler Clemens,
Toul durch den Maternusgefährten Mansuetus, einen geborenen Schotten,
gegründet sein, und Verdun glaubte sich den Dionysiusschüler Santinus erinnern
zu dürfen, nachdem er zuvor in Chartres und Meaux Bischof gewesen sei[1]).
Aber auch von diesen späten und kräftigsten Beispielen abgesehen, haben
fast alle größeren fränkischen Bischofssitze sich nicht begnügt, die Listen ihrer
früheren Regenten sei es ganz, sei es bruchstückweise anzufertigen oder für
die Lebensbeschreibung der Hervorragenden unter ihnen zu sorgen: sie haben

a) Zosimus Ep. 1 (cf. 3. 5).   b) Ep. Arela. gen. 12.   c) 2 Tim. 4. 10.

1) Fr. Rettberg, Kirchengeschichte Deutschlands, Göttingen, 1846. I, 73—94.

es sich angelegen sein lassen, dem Stuhle eine möglichst apostolische Gründung zu verschaffen, indem man von den missionierenden Aposteln oder Apostel= schülern einen am betreffenden Orte sich vorübergehend oder bleibend aufhalten ließ. Narbonne berief sich auf Paulus, Avignon auf Rufus, dieser ist wie Trophimus aus dem dritten Jahrhundert zu der neutestamentlichen Person heraufgerückt, deren Namen er trägt. Ob für Linus von Besançon schon in dieser frühen Zeit der Versuch gemacht wurde, zu dem der Name veran= lassen konnte, weiß man nicht. Dagegen beanspruchen sogar Namen ohne biblischen Klang, wie Fronto von Perigueux oder Martialis von Limoges und andere Bürgerrecht in der Apostelzeit [1]). Verzichtet man aber auf ein so hohes Alter des Patrons und begnügt sich mit einem Märtyrer der deciani= schen Zeit oder gar mit einem undatierten Namen, so findet sich wohl schwerlich ein älteres fränkisches Bistum, das damit nicht aufwarten kann.

2.

Sehen wir uns nun aber das Phänomen der Legendenlokalisierung an einem glücklichen Beispiel näher an. Es gibt einen heiligen Moritz im Morgenland und einen heiligen Moritz im Abendland, Moritz von Apamäa und Moritz von Agaunum. Nach allem, was wir nun im allgemeinen über die Legende wissen, insbesondere über ihre Eigenschaft, sich zu verpflanzen und zu über= tragen, erwächst uns die Verpflichtung nachzuspüren, ob sich nicht zwischen beiden Sagen ein Zusammenhang erkennen lasse. Der syrische Moritz teilt nun allerdings in hohem Maße mit seinen orientalischen Leidensgefährten Georg, Christoph und den andern, den empfindlichen Mangel einer deutlichen Lebensgeschichte; seine Gestalt ist vor armseligem Inhalt und erbaulichem Dunst kaum festzuhalten. Immerhin springt an ihm ein greifbarer Unter= schied von den andern sofort deutlich in die Augen; er tritt nämlich nicht allein auf, sondern an der Spitze einer Kriegerschaar von siebzig Soldaten. Sie heißen die Märtyrer von Apamäa. Wegen ihres christlichen Bekennt= nisses vor den Richterstuhl des Kaisers gezogen, lassen sie sich ihrer mili= tärischen Ehrenzeichen berauben; die Qualen, die sie dann zu bestehen haben, sind dreitägiges Gefängnis mit Halseisen, Geißelung mit rohen Ochsenziemern, schließlich entweder Enthauptung oder Flammentod oder verschärfte Kreuzigung. Von den sonst ungenannten Soldaten des Moritz treten drei mit Namen auf: sein Sohn heißt Photinus, der „Leuchtende", die beiden andern Theodor und Philippus. Gegen die Walliser Lokalsage gehalten, weist diese orientalische Fassung im allgemeinen drei gemeinsame Punkte auf: hier wie dort leidet

---

1) S. Narbey. Supplément pour des Vies de Saints de l'Époque Mérovingienne. I. Paris. 1899. Tabelle. 611—615.

eine Kriegsschaar, hier wie dort heißt der Führer Moritz, hier wie dort ist Kaiser Maximian der Verfolger.

Ein unvergeßliches Ereignis noch aus der vorchristlichen Aera kann mit seinem die Jahrhunderte beherrschenden Andenken die keltischen Bewohner des Rhonethals zur Aufnahme der morgenländischen Moritzlegende besonders zubereitet haben [1]). Im Herbst des Jahres 57 vor Christi Geburt entsandte Julius Cäsar [a]) den Legaten Servius Galba mit der zwölften Legion und einer Abteilung Kavallerie, im Ganzen mit etwa dreitausend sechshundert Mann Fußvolk und drei- bis vierhundert Reitern ins Wallis, um die Verkehrsstraße über den großen Bernhard für den italienischen Handel zu öffnen. Galba rückt vom See her ein, unterwirft die Nantuaten um St. Maurice, die Veragrer um Martigny und die Seduner um Sitten. Die Bevölkerung stellt Geißeln. Die Rückzugs- und Verbindungslinien zu sichern, legt Galba zwei Cohorten zu den Nantuaten nach Agaunum. Er selbst bezieht mit dem Gros der Legion die große Ortschaft Oktodurum als Winterquartier, am Schlüssel des Passes. Er ließ sich auf dem linken Ufer der Dranse nieder. Aber er hat sich noch nicht eingerichtet, so bricht schon der Aufstand los. Die Hauptmacht des Feindes sammelte sich auf den westlichen Bergen und drohte die Römer von ihren Verbindungen abzuschneiden. In Galbas Kriegsrat ging die Meinung der Hauptleute der Mehrzahl nach dahin, das unvollendete Lager wenn immer möglich zu halten, und nur im Fall der äußersten Not es samt dem Gepäck preiszugeben und sich durchzuschlagen. Schon hatten die Kelten das Lager umgangen und griffen vom Berg und vom Süden her an. Die dort kommandierenden Offiziere, der Centurio Publius Sextius Baculus und der Kriegstribun Gajus Volusenus, meldeten Galba, sie könnten vor der Uebermacht nicht lange stand halten, schon fülle der Feind die Graben und durchbreche den Wall, die Munition gehe aus, die Wallbesatzung sei am Ermatten. Sie rieten zu einem Ausfall mit gesamter Macht. Galba nahm den Vorschlag an. Der Ausfall geschah mit großer Heftigkeit. Aus allen vier Thoren brachen die Truppen aus, und zugleich griff die Wallbesatzung von den Reserven unterstützt den Feind frontal an. Die Reiterei rückte an dem am wenigsten bedrohten gegen die Dranse gelegenen Thor aus, schwenkte rechts um, rollte den rechten südlichen Flügel der Kelten auf und warf ihn auf die westliche Hauptmacht zurück. Hinter der Reiterei war eine Cohorte Infanterie ausgezogen, hatte aber das Lager links umschritten und verlegte nun den Abzug thalabwärts, indem sie zugleich dem Feind in die linke Flanke

---

a) Julius Caesar, De Bello Gallico. 3. 1—6.

1) Emil Egli, Kirchengeschichte der Schweiz bis auf Karl d. Gr. Zürich 1893. S. 21—33, und daselbst das Gutachten von E. Rothpletz S. 133—145.

fiel. Von allen Seiten umzingelt verloren die Kelten den Kopf. Wer zu fliehen vermochte, floh in die Berge hinauf, und kein Versuch wurde gemacht, oben trotz der günstig überhöhenden Stellung Stand zu fassen. Der Kampf hatte früh am Morgen begonnen und sechs Stunden gedauert. Galba will das Waffenglück nicht weiter auf die Probe stellen; von Feinden rings umgeben, in seinen Verbindungen bedroht und ohne genügende Vorräte für den Winter brennt er Oktodurum nieder und tritt den Rückmarsch ins römische Gallien an. Indessen war ein Teil der Kelten auch von der Flucht in die Berge abgeschnitten und konnte sich nur noch thalabwärts retten. Unterwegs schloß sich die Thalbevölkerung, Männer und Frauen der Flucht an. Verfolgt wurden sie von den Reitern und einigen Kohorten. Nun hatten aber auf die Kunde vom entsponnenen Kampfe, die bei dem geordneten ständigen Verkehr zwischen den beiden Lagern sogleich nach Agaunum geleitet worden war, die beiden dort liegenden Kohorten sich in Marsch gesetzt und vor dem Engpaß unweit von Agaunum sich entwickelt, um jedem Befehle Galbas sofort folgen zu können. Ihnen liefen die flüchtigen Gallier in die Arme. Als sie rings umklammert keinerlei Rettung sahen, massierten sie sich auf einen Hügel, eine Viertelstunde von Agaunum entfernt, und ließen sich ohne jede Gegenwehr bis auf den letzten Mann niedermetzeln. Es ist nicht das einzige Beispiel, daß Germanen oder Kelten nach tapferem aber erfolglosem Kampfe widerstandslos mit fatalistischer Indolenz den Tod an sich herankommen ließen. Die Zahl der bei Oktodurum Erschlagenen, die von Agaunum wohl eingerechnet, beziffert Cäsar auf zehntausend. Im Gedächtnis des Walliser Volkes blieb nun aber weniger die verlorene Schlacht haften, als die erbarmungslose Niedermetzlung einer ganzen großen Menschenschaar, ohne daß sich einer wehrte oder einer mit dem Leben davonkam.

An der Spitze der katholischen Geistlichkeit im Wallis stand am Ende des vierten Jahrhunderts einer der tüchtigsten kleineren Prälaten seiner Zeit, der Bischof von Sitten. Er hieß Theodor. Das ist wichtig zu wissen, weil der Heilige dieses Namens ebenfalls dem syrisch-kleinasiatischen Sagenkreis angehörte und sich gewissermaßen als schwächere Kopie des heiligen Georg ausweist: auch er war von vornehmer Abkunft und als Christ geboren, auch er wurde nach den abenteuerlichsten Folterqualen unter Licinius seines Bekenntnisses wegen in seiner Heimat Bithynien enthauptet; auch er wird abgebildet mit einem Speer oder Schwert, einen Drachen zu seinen Füßen oder als Ritter in voller Rüstung. Der erste uns bekannte geschichtliche Träger seines Namens im Abendlande ist eben jener Bischof von Sitten, der 381 auf dem dritten Concil in Aquileja und 390 auf einer Kirchenversammlung in Mailand anwesend war. Da nun die Inhaberschaft eines

Heiligennamens seitens eines Kirchenfürsten, zumal die erstmalige, gewiß auch die Verehrung des Patrons in irgend einer Form in sich schloß, so ist die Beziehung dieses Bischofs zu einem fernen Sagenkreise nachgewiesen, dem Theodor sowohl wie Moritz angehörten. Aber diesem selben Bischof von Sitten schreibt die Lokaltradition die Hebung der Reliquien von Agaunum zu. Er war somit durch seinen Namenspatron an der Verehrung der morgenländischen Kriegsheiligen und durch sein Amt an der erforderlichen Umwertung des Kultus der heidnischen Märtyrerschaar persönlich beteiligt. Auch ohne bewußte kluge Berechnung, nur infolge höherer Schwellung seiner Gefühle kann sich in seiner Brust die Verschmelzung der fremden christlichen Sagen mit der einheimischen heidnischen vollzogen haben. Zu dieser Kombination hat die morgenländische Wandersage den Namen des Anführers und der Truppenabteilung, sowie die Thatsache und Zeit des Todesleidens einer ganzen Kriegerschaar für Christus, die Walliser Lokalerinnerung dagegen den massenhaften Charakter des Martyriums und den Verzicht auf Widerstand beigesteuert. In welcher Fassung die Erzählung vom Heldentod der Märtyrer von Agaunum zuerst in Umlauf gesetzt wurde, entzieht sich unserer Kenntnis. Jedenfalls hat es sich um die Thatsache gehandelt: Unter Diokletian und Maximian litt zu Agaunum die Thebäerlegion nebst ihren Anführern dem Primicerius Mauritius, dem Compiductor Exsuperius und dem Senator militum Candidus. In der Mitte des fünften Jahrhunderts, also etwa zwei Menschenalter nach der Konzeption wurde dann dieser Kern durch Bischof Eucherius von Lyon (450—455) schriftstellerisch bearbeitet: Er habe, sagt er in deren Begleitschreiben, die Passion seiner Märtyrer geschrieben aus Furcht, es möchte mit der Zeit ein so großes Martyrium aus dem Gedächtnis der Menschen verschwinden. Er habe sich nach möglichst guten Gewährsmännern umgesehen und sich schließlich an die gehalten, denen Bischof Isaak von Genf das Ereignis auf Grund von Mitteilungen Theodors von Sitten genau erzählt hatte. Eucherius hat sich die ihm nur knapp überlieferte Begebenheit mit erlaubter Freiheit zurecht gelegt: Die Thebäerlegion lagerte in Agaunum Die Vernichtung einer ganzen Legion setzt ansehnliche andere Truppenmassen voraus. Eine solche Truppenansammlung hatte zur Zeit einer großen Verfolgung keinen andern Zweck, als die Christen zu vertilgen. Ein so unerhörter Strafakt konnte nur auf ausdrücklichen Befehl des Kaisers geschehen. Im Abendlande konnte das Oberhaupt kein anderes sein, als Kaiser Maximian; dem milden Cäsar Constantius war eine solche Unthat nicht zuzutrauen. Befanden sich aber die Thebäer in der Nähe des Kaisers, so waren sie eine „legio palatina" und hießen als solche Thebäer. Da Maximians Haupt-

<hr>

a) Eucher. Agaun. Martyr. 8.   b) Eucher. Ep. ad Salvium (Wotke).

quartier Mailand war, so brauchte es einen Marsch von acht Tagen, bis er Agaunum erreichte. Wurde die Legion ermordet, so mußte sie vorher rebellisch gewesen sein; denn nur rebellische Truppen wurden in schweren Fällen mit Decimation bestraft. Die Exekution geschieht in drei Anläufen, zweimaliger Enthauptung des zehnten Mannes und folgender Vernichtung des Restes — dreimalige Blutzeugen der göttlichen Dreieinigkeit, für die in einer besonderen Eingabe an den Kaiser ausdrücklich Zeugnis abgelegt wird. Nach der zweiten Decimierung halten die genannten drei christlichen Offiziere schöne Reden an die Soldaten, auszuharren, ja die Waffen abzulegen und sich wehrlos hinschlachten zu lassen[1]): „gleich dem Schaf, das seinen Mund nicht aufthut, überlassen sie sich wie eine Herde von Schafen des Herrn den hereinbrechenden Wölfen; die Erde öffnet sich den sterbenden Leibern, es fließen die Ströme des kostbaren Blutes. Das Volk der Heiligen hat über der Hoffnung des Zukünftigen das Zeitliche verachtet und preist nun bereits, wie wir glauben, als engelgleiche Legion mit jenen Legionen im Himmel den Herrn Gott der Heerschaaren"[a]).

Neben dieser Darstellung der Walliser Sage fehlt es nicht an allerlei gelegentlichen Zeugnissen. Der Name Mauricius kommt in der Kirchenprovinz Vienne schon im fünften Jahrhundert auf dem Grabstein eines Kindes vor. Eine andere Grabschrift von der Rhonemündung, aus dem Jahre 521 spricht vom 22. September als dem Jahrestag der Märtyrer von Agaunum. Und im Jahre 515 hielt der Erzbischof Avitus von Vienne zu Agaunum die Weiherede. Er knüpft an die verlesene Passion der Märtyrer an: es sei die Lobeserhebung des glückseligen Heeres, aus dessen seligster Schar niemand verloren ging, während niemand entkommen sei; denn über den ungerechten Tod des Heiligen habe gleichsam die Gerechtigkeit des Loses entschieden: zweimal sei es über die sanftmütige Schlachtordnung ausgeworfen worden und dann seien mit den Opfern der zweimaligen Decimierung auch die übrigen als Erwählte versammelt worden. Endlich singt dann auch in der zweiten Hälfte des sechsten Jahrhunderts Venantius Fortunatus den Lobpreis des Moritz und seiner Gefährten:

Als sie Heeresgewalt überfiel,

Die Christus verehrten,

Als auf sie eindrang der Tod

Wie ein gewaltiger Sturm,

---

a) Eucher. Agaun. Martyr. 5.

1) Fr. Stolle. Das Martyrium der thebaischen Legion. Breslau. 1891. S. 69—71.

Scheuchte die Kälte zurück
    Vor den inneren Gluten der Seele.
Denn in dem eisigen Thal
    Wärmte der Glaube das Herz.

Du o heiliger Moritz,
    Du Führer der herrlichen Kriegsschaar,
Zogest nicht du Legion
    Tapferer Männer Dir nach,

Daß sie legten die Schwerter beiseit
    Und gehorchten dem Paulus?
Sterben aus christlicher Pflicht,
    Schöneres gibt es wohl nicht.

3.

Es ist nicht gerechtfertigt die Sage vom heiligen Moritz und seinen Genossen ohne weiteres mit der Sage von der thebäischen Legion auf gleiche Linie zu stellen. Jene heißen, falls nicht überhaupt nur der Name ihres Anführers figuriert, durchweg die Märtyrer von Agaunum, während man unter der thebäischen Legion auch den mannigfachen Legendenzuwachs mit einbegreift, der sich an die Wallisersage aufgeschlossen und seinen Quellpunkt auf deutschem Gebiet wahrscheinlich überhaupt nicht in der Alpengegend, sondern in Köln hat. Dieser Sagenanhang ist zum Teil sehr alt; schon bei Eucherius folgt dem Massen-Martyrium die Erzählung von dem Einzelmärtyrer Viktor, einem ausgedienten Veteranen, der nicht zur Legion gehört. Auf einer Reise begriffen, trifft er zufällig auf die Soldaten, die über die Beute der Märtyrer vergnügt beim Schmause lagern; er verschmäht die Einladung anzunehmen, bekennt sich als Christ und wird niedergemacht. Ferner werden Ursus und Viktor erwähnt, Genossen der Legion, die zu Solothurn gelitten haben sollen. Des Veteranen Viktor wird nun zwar in der Grabschrift des zweiten Abtes von Agaunum zu Anfang des sechsten Jahrhunderts neben dem Hauptmartyrium besonders gedacht; aber Ursus und Viktor, die nach Solothurn entkommen, öffnen doch eben eine spätere Sagenschicht, da noch Avitus in seiner Weiherede ausdrücklich niemand entrinnen läßt. Wahrscheinlich sind diese Ergänzungen von anderwärts leidenden Thebäern ursprünglich selbständige Sagen, die aber unter ähnlichen Umständen entstanden sein können und sich daher aus Verwandtschaft anschlossen. Sucht auch ein Ereignis wie der Untergang der wehrlosen Kelten vor Agaunum seinesgleichen, so ähneln ihm

doch vielleicht kleinere Vorfälle, die auch bei der bekannten Toleranz der
Germanen gegen die römische Kultur gewiß nie ganz gefehlt haben; es ist
nicht anzunehmen, daß sich bei einer Begegnung zwei so verschiedenen Kultur=
mächte, wie die germanischen Kindervölker und das verlebte römische Reich
es waren, ohne akute Zusammenstöße aneinander ausgetauscht hätten. Auch
wo große Katastrophen fehlten, hielten alltägliche Episoden das Volksgemüt
in Erregung. Was davon für die religiöse Vorstellungswelt abfiel, mag sich
doch vielfach hinter Gestalten geflüchtet haben, wie wir sie jetzt dem Walliser
Märtyrerheer zugeteilt sehen. Dagegen ist es nun von Belang, festzustellen,
daß eben auch Sagenfiguren ganz anderen Ursprungs sich unbefangen dem
Geleite der thebäischen Legion angeschlossen haben. Eine junge Christin
namens Verena, deren Vettern in der Legion dienten, verblieb nach dem
Abmarsch des Heeres gen Helvetien als Krankenpflegerin in Mailand, besuchte
dann aber die Gräber der ihrigen zu Martinach und Solothurn und hielt
sich von da an bis an ihr Lebensende in der Schweiz auf. Sehen wir uns
jedoch diese Verena näher an, so erkennen wir in ihr in der That eine
junge Christin, die vor Zeiten eine alamannische Gaugöttin gewesen ist[1]).

Urkundlich bezeugt sind Verenareliquien zwar erst am Ende des drei=
zehnten Jahrhunderts, dagegen berichtet die 1005 verfaßte Ortslegende von
Zurzach, schon im neunten Jahrhundert seien sie von ihrer ursprünglichen
Ruhestätte in der Moritzkapelle am Rheinufer in die Marienkirche versetzt
worden, die dann zur Stiftskirche erhoben wurde. Die Ausdehnung des
Verenenkultus hat seine Grenzen ungefähr an den Marken des Konstanzer
Bistums, das, der größten eines, vom Gotthardt bis über den Neckar
und von Kempten bis gegen Straßburg reichte. Auf Schweizer Boden be=
saß die Heilige in folgenden Ortschaften Weihkirchen oder Altäre: im Bis=
tum Chur zu Niederurnen und Wesen, im Bistum Konstanz eine in Klein=
basel, eine in Schaffhauser Gebiet, neun im Thurgauischen, zwei im Sankt
Gallischen, zwei im Zürcher und eine im Zuger Lande. Ihre eigentliche
Heimat jedoch war der Aargau, und ihre Residenz das Städtchen Zurzach am
Rhein. Merkwürdig ist jedoch, daß sowohl im Bistum Basel, als im Bis=
tum Sitten Verena nicht verehrt wurde trotz der Beziehungen ihrer Legende
zu Agaunum und Solothurn. Wenn auch die am linken Aareufer gelegene
Einsiedelei nach Verena heißt, so feiert doch die solothurnische Kirche den
Verenentag ebensowenig, als die des Wallis, die vielmehr am 1. September
einen ihrer alten Bischöfe, den heiligen Egidius verehrt. Somit ist Verena
ursprünglich mit der Thebäerlegende nicht verschwistert gewesen und auf dem

---

1) E. L. Rochholz, Drei Gaugöttinnen als Deutsche Kirchenheilige. Leipzig.
1870. S. 93—157.

Gebiete von Kleinburgund überhaupt nie verehrt worden. Sie ist eine Ala=
mannin und hat ihre kirchliche Reception ausschließlich dem Konstanzer Sprengel
zu verdanken. Wohl hatte man über ihrem ersten Grabe dem heiligen Moritz
und seinen Legionären die Kapelle zu Aufburg erbaut und über ihrer späteren
Gruft in der Marienkirche den Thebäern Altäre errichtet; wohl wurde sie
dem Frauenheer der heiligen Ursula beigesellt; aber sie mußte sich dem ihr
zugemuteten fremden Heiligengewimmel heimlich zu entziehen und sich in der
Einsamkeit, an den Waldquellen und Gebirgsströmen vom gläubigen Volke
wie eine Göttin aufsuchen zu lassen.

Alljährlich am Verenentage lassen die Müller im aargauischen Siebthale
die Mühlsteine schärfen und die Mühlbäche putzen. Sie ist die Patronin aller
Wassergewerke, also der Müller, Schiffer und Fischer. Als die Heilige noch bei
Solothurn in ihrem Felsenthale wohnte, schleuderte der Teufel einen Felsen
gegen ihre Wohnung, jenen ungeheuern erratischen Block, der daselbst oberhalb des
Daches der Zelle zu sehen ist und die Krallenspur des Bösen zur Schau trägt.
Eine friedlichere Wohnstätte aufzusuchen, nahm Verena einen Mühlstein, der
an der Aare zur Verladung lag, fuhr auf diesem den Fluß hinab durchs
Aargau und landete auf einer Insel beim Fischerdorfe Koblenz, in dessen
Nähe die Aare in den Rhein mündet. Das Patronat über die Müller und der
Attribut des schwimmenden Mühlsteins enthüllt uns aber, näher untersucht,
den heidnischen Kern des Verenakultus, der im Grunde eben nur der Kultus
der Liebesgöttin ist. Seit Alters wird, wie manche andere Bezeichnung aus dem
Betrieb des Ackerbaus, auch Mahlen auf die geschlechtlichen Beziehungen über=
tragen. Es mag immerhin an eine unverfängliche Stelle im Volkslied erinnert sein:

> Dort hoch auf jenem Berge
> Da geht ein Mühlenrad,
> Das mahlet nichts als Liebe,
> Die Nacht bis an den Tag.

In den ältesten deutschen Sagen ist der Ort für Liebesabenteuer stets
die Mühle; sie lassen berühmte Gestalten wie den Landpfleger Pilatus
oder Karl den Großen in einer Mühle außerehelich erzeugt sein. Als Korn=
und Mühlengöttin erweist sich nun aber die heilige Verena in ihrer Legende
oft genug. Dem Schwesternhause, das die Heilige zu Solothurn gegründet
hatte, brachte ein Hungerjahr bittere Not, bis eines Morgens eine Reihe
Säckchen Mehl von unbekannter Hand vor die Thüre gestellt wurde. Verena
wird, wie übrigens viele andere Heilige auch, abgebildet, wie sie Brot und
Wein überbringt. Als Dienstmagd eines Priesters in Zurzach hatte sich
Verena die tägliche Nahrung abgebrochen, um die benachbarten Siechen zu
speisen. Darüber wird sie eines Unterschleifs verdächtigt, der argwöhnische

Priester tritt ihr plötzlich in den Weg; doch siehe! der Wein ist nun in Lauge, und die mitgenommenen Brotschnitte in einen Kamm verwandelt; beides ist zur Reinigung der Aussätzigen bestimmt. Daher kommt es, daß die Verena-bilder bald Waschkanne und Kamm, bald Weinkrug und Brotgipfel in der Hand haben. Da das Krüglein der Heiligen ursprünglich steinern war, kann es auch ein Trockenmaß bedeutet haben, weil Steinkrüge in jener Zeit auch Kornviertel vorstellen. Wie tief übrigens die Verenaverehrung ins öffentliche Leben eingriff, zeigen einige obrigkeitliche Vorschriften und landwirtschaftliche Regeln, die sich an den ersten September knüpfen. Der Verenatag begann den Herbst und war damit ein allgemeiner Zins-, Frist- und Verfalltag; an ihm ging die Jagd auf und erfolgte die amtliche Visitation der Weinkeller. Die Bauernregel für Verenatag lautet: An diesem Tage ist alles Obst reif und der Fruchtstil abgetrocknet. Da geht auch der Krautskopf mit sich zu Rate, ob er von diesem Tag an noch wachsen wolle. Das Vesperbrot wird nun nicht mehr aufs Feld gebracht. Die Hausarbeiten bei Licht, die Kilt-abende und Liebesnächte begannen dann, um mit Mariä Verkündigung, am 25. März, wieder zu Ende zu gehen.

Doch fehlen auch unmittelbare Anzeichen nicht, daß Liebe und werben-des Leben unter Verenens besonderem Schutze stand. Schon in alten Fürsten-sagen des zehnten Jahrhunderts ist es unsere Heilige, die den Kindersegen verleiht. Sowohl der Burgunderherzog Konrad und seine Frau Machtilde, als auch der Alamannenherzog Heriman und seine Gemahlin werden auf eine nach Zurzach unternommene Wallfahrt hin mit männlicher Nachkom-menschaft gesegnet. Meistens ist diese Wunderwirkung jedoch therapeutisch vermittelt, am ehesten durch eine Heilquelle. Im Verenabad, in den Bädern von Baden gilt es dafür, wie schon Heinrich Pantaleon bezeugt: „wann eine unfruchtbare Frau darinnen bade und einen Fuß in das Loch stoße, daß das Wasser herfür quillet, es werde Sankt Verena bei Gott erwerben, daß sie fruchtbar werde". Die Vorstellung von den Kinderbrunnen ist allgemein ver-breitet und überall lokalisiert, ob nun die ungeborenen und die früh wieder verstorbenen Kleinen dann um Frau Holle oder um die albanesische Geburts-göttin Ora oder sonst ein Wünschelweib oder ob sie um die Mutter Gottes oder Sankt Verena herumsitzen und mit Honig und Erdbeeren aufgenährt werden. Eine Anspielung daran mag auch in der an sich nebensächlichen Thatsache erkannt werden, daß die beiden zürcherischen Verenakirchen, auf Ufenau und zu Stäfa, Wasserkirchen sind und daß das kleine Nonnenkloster der Schwestern von Konstanz in der Stadt Zürich zu Sankt Verena in Brunngassen hieß. Im Aargau und Umgegend besitzt außer dem bereits genannten Baden der Achenberg zwischen Zurzach und Klingnau eine romantisch in einer

Schlucht gelegene heilkräftige Verenaquelle, mit benachbarter Waldkapelle, wo
jeden Samstag Messe gelesen und im Monat Mai eine Feldprozession und
ein Jahrmarkt abgehalten wird, desgleichen beherbergt das Dorf Buttisholz
beim Sempachersee eine Quelle namens Verenaloch oder auch Goldloch, weil wer
ehemals in der Abenddämmerung mit abgewandtem Gesichte die Hand in dieses
Wasser tauchte, aus einer weiblichen Hand ein Goldstück empfing. Endlich
war am Fuße des Jurapasses Schafmatt schon seit ältester Zeit ein Bad
in Betrieb, gegenüber dessen Hauptquelle das Verenawasser entsprang. Auch
es hieß, wie übrigens auch der Sprudel im Freibad zu Baden, Verenaloch.
Vor der Stadt Zug an der Straße nach Aegeri stand neben der Verena=
kapelle das Verenabrünnlein. Als Kinderspenderin muß Verena auch Herrin
der Ehebündnisse sein. Unter den ihr kirchlich geopferten Gegenständen
nimmt das Brautkrönlein den ersten Platz ein. Die katholischen Landmädchen
zwischen der unteren Aare und dem Rheine tragen bei besonderen kirchlichen
oder weltlichen Festanlässen das „Tschäppelein“. Dieser krönleinartige Kopf=
schmuck besteht aus einem mit Seidenblumen und Goldflintern reich umsponnenen
Drahtgeflechte, das sich sanft über den Scheitel hin wölbt, oder statt dessen
ein Sammtkäppchen, oben napfförmig abgerundet und mit Korallen gestickt; es
ist so winzig, daß es oben mittelst eines Seidenfadens über das Haar ge=
bunden werden muß. Ist nun in der Landschaft von Leuggern ein Mädchen
getraut, so hat sie ans Verenagrab nach Zurzach zu wallfahrten und hier am
Grabgitter ihr Tschäppelein aufzuhängen; es ist ein Dank dafür, unter die
Haube gekommen zu sein. Aber auch von den Reliquien ist der Gürtel, mit
dem einst das Verenabild an der Hüfte umfangen war, ein weiteres nicht
zu mißdeutendes Zeichen, daß die Heilige Ehen und Geburten beschirmte.

Verena hatte sich in Zurzach aus Liebe zum Nächsten den niederen Dien=
sten einer Wäscherin und Badefrau unterzogen; dort ist sie nicht nur zur
Ortsheiligen, sondern förmlich zum Ortsgeiste geworden und heißt die weiße
Frau. Das mitten im Marktflecken stehende Haus zum weißen Rößli ist ihr
Aufenthalt. Aus dessen Vorhöflein schreitet um Mitternacht vor hohen Fest=
tagen eine stattliche schneeweiße Frau hervor und begiebt sich zum mittleren
Brunnen auf dem Marktplatze. Hier spült sie ihr Weißzeug sorgfältig und
kehrt stolzen Ganges in den Vorhof zurück. Die ‚Vier Gotteshöfe‘ in der
aargauischen Gemeinde Reckingen waren ein Mannslehen von vier Bauern=
geschlechtern daselbst, die dem Stifte Zurzach nicht nur Zehnten und Bodenzins
der achtzig Morgen zu entrichten, sondern auch die Unterhaltung der dazu
gehörenden Antoniuskapelle zu bestreiten und für den Meßpriester den Meß=
wein zu liefern hatte. Aus dem vierstöckigen Meierhaus nun, erzählt man,
kommt zu gewissen Zeiten nachts ein Füllen gelaufen, umtrabt das Gebäude,

wird zusehends größer und ist mit einem Male wieder unsichtbar. Niemals erblicken Frauen das Füllen, sie sehen vielmehr, wie eine weißgekleidete Frau das Haus umwandelt, an jeder der vier Ecken bedächtig stehen bleibt und hierauf in die Antoniuskapelle verschwindet. Offenbar mußte dem im Dienste Verenas stehenden Priester ein Dienstroß zu seinen Amtsverrichtungen gestellt werden, wie ja schon die heidnische Geburtshelferin Frau Holle zu Pferde ist und Frauen, die vor der Geburt stehen, einen Schimmel Hafer aus ihrer Schürze zu geben pflegen. Ebenso haften der Verena aus Anlaß ihres Kammes allerlei wunderbare kosmetische Eigenschaften an, das Tobel=Vereneli im Tobelhölzli bei Baden ist ein uraltes Weibchen, das an einer schönen Quelle sitzt und sich das Haar kämmt. Verena verleiht dem ihr folgsamen Mädchen das schöne Haupthaar. Am Verenentag ist es im untersten Aargau durchgehends katholische Sitte, die Kinder frisch zu kleiden, wie es sonst nur um Neujahr oder Ostern geschieht. Dann werden auch die Kinderköpfe tüchtig gewaschen und dem jüngsten Mädchen der erste Zopf geflochten. Ueber Warzen hauche man im Namen der Dreieinigkeit und spreche dreimal: Frene, Frene, Dorre weg. Im allgemeinen ist die christliche Entgötterung der heidnischen Hilfs= und Heilgöttin zur demütigen Grauen Schwester gelungen; an einigen Zügen indessen zeigt sie noch die rohe, derb zu fahrende Gewaltthätigkeit der mythischen Riesenjungfrau. Je mehr man den Verenasagen ins Gebirge hinein nachgeht, desto mehr erwächst ein Uebermaß barbarischer, leidenschaftlicher Körperstärke. Nach Verena heißt eine Alp bei Mittenwald und eine andere am Silveretta; am namhaftesten ist jedoch das weithin schimmernde Firnfeld des Glärnisch genannt Vrenelis Gärtli. So reicht also vielleicht der Kultus der Verena, in der wir im allgemeinen eine alamannische Frau Holle sehen dürfen, noch hinter die Anfänge geschichtlicher Erinnerung in die unorganische primitive Steinzeit zurück. Der erratische Block, aus dem Verena die Neugeborenen hervorholen läßt, der Mühlstein, auf dem sie wilde Ströme befährt, die Felsklüfte, Hochalpen und Gletscher, die ihren Namen tragen, die heißen Sprudel, die sie aus dem Boden stampft, deuten immerhin auf uralte Kultreste, die bei der Ansiedelung der Alamannen von dem Dienst ihrer Feld= und Liebesgöttin aufgenommen wurden.

Noch steht uns aber eine weitere wertvolle Auskunft offen, nämlich Verenas Name. Immer und immer wieder hat der Volksmund Frau Verena und Frau Venus harmlos miteinander verwechselt. Es liegt nahe, in dieser doppelnamigen Frau Vrena=Venus die Göttin Freja zu erkennen. In der That belehrt uns die Sprachforschung, daß die verschiedenen Namen für eine weibliche Gottheit, eddisch Freyen, niederdeutsch Freen und Frin, oberdeutsch Vren nur landschaftlich unterschiedene Namensformen sind. Im späten

Mittelalter ist auch die letzte Konsequenz dieser Gleichstellung mit Venus ge=
zogen: Verena ist zur Patronin der öffentlichen Dirnen geworden; in der
Malzgasse zu Basel, die nach Verlegung des Siechenhauses Dirnenquartier
war, hieß das Frauenhaus sowohl Verenen= als Venushaus; in Zurzach war
es Sitte geworden, daß der Landvogt von Baden, so oft er zur Eröffnung
des Jahrmarktes einritt, unter der Linde mit einer fahrenden Dirne einen
Tanz um den Baum thun mußte. Dieser Baum stand nahe bei der Moritz=
kapelle an dem Platz, wo zu Verenas Zeiten das Siechenhaus und neben
diesem das offene Frauenhaus gestanden haben soll. So steht also Verena
sogar mit der Unsitte des sogenannten „Metzentanzes" in verblümter Verbindung.

Ein scharfumrissenes Bild der heiligen Verena zumal in früherer Zeit
läßt sich nicht gewinnen. Sie war, als rechtes Volks= und Naturkind, viel
zu scheu, um sich anders als verstohlen an die Oeffentlichkeit zu wagen. Es
hat auch lange genug gedauert, bis sie kirchlich recipiert war. Der eigentliche
Gauheilige der Diöcese war der alte Bischof Pelagius von Windisch=Konstanz,
während in einer vielleicht beispiellosen Naivität Verena sich ihre Verkleidung
kaum recht angezogen hat. Daß sie ein „altheidnisch Wassergötzli" sei, sagte man
sich schon im vorigen Jahrhundert. Für unsere heutige Erkenntnis ist sie
wohl die einzige Heilige, die ohne Umtaufe mit ihrem heidnischen Namen in
den Himmel kam, wohlverstanden ohne Vermittlung eines wirklich gelebten
Menschenlebens, wie Gertrud, Walpurgis oder Notburga.

Neuntes Kapitel.

Geschichtsheilige.

Nicht immer handelte es sich um ein Wurzelschlagen von oben herab aus
einem stammlos über der Erde hängenden Gewebe: geschichtliche Gestalten konnten
sich umgekehrt zur Legende verflüchtigen. Daß historisches Andenken zur Sage
verdunstet, ist ja nun allerdings allbekannt, dagegen erregt es unser besonderes
Interesse, wenn Heilige, über deren Erdenleben wir unterrichtet sind, ins
überirdische hinaufwachsen und ihr Gedächtnis mit den Mythen vereinigen.
Dann verhält sich also das geschichtliche Andenken zur Legende nicht mehr
ausschließlich empfangend; es erweist sich selber als wirksam und beweglich,
in dem nun der Kirchenheilige von dem christlichen in einen interreligiösen
Himmel übersiedelt und mit den Heidengöttern, die er einst stürzte, auf
freundschaftlichem Fuße lebt. Mag er dann auch noch so sehr Wandlungen
unterworfen sein, das Neue und Wesentliche für uns ist, daß es diesen ins Reich
der Phantasie versetzten einst auf Erden wirklich gegeben hat.

1.

Die heilige Genovefa von Paris hat gelebt und ist in der damaligen St. Peters= oder Apostel=, später dann nach ihr benannten Kirche beigesetzt. Im sechsten Jahrhundert war ihr Grab ein besuchter und wegen außerordent= licher Wunder berühmter Wallfahrtsort[a]). Soviel läßt sich aus alter und zuverlässiger Quelle sicher feststellen.

Anders verhält es sich mit dem Schriftstück, das sich als ihr wahrhaftes von einem Zeitgenossen verfaßtes Lebensbild ausdrücklich anpreist. Es be= steht nicht aus einer fortlaufenden Lebensgeschichte, sondern aus einzelnen Episoden, denen jeder Zusammenhang fehlt. Der Inhalt ist folgender: Geno= vefa war in dem Pfarrdorfe Nanterre, ungefähr sieben Meilen von Paris, geboren. Ihre Eltern hießen Severus und Gerontia. Entscheidend für die Zukunft des Mädchens war sein Zusammentreffen mit dem Bischof Germanus von Auxerre. Als dieser sich zusammen mit Lupus von Troyes auf der Reise nach Britannien befand, um daselbst den Pelagianismus zu bekämpfen, führte ihn der Weg durch Nanterre. Mitten aus der Menge heraus, die seines Segens harrte, sah er im Geiste die hochherzige Genovefa. Er ließ sie kommen, beglückwünschte die Eltern zu ihrer Tochter und prophezeite, sie werde groß vor dem Herrn und vielen ein bewundernswürdiges Vorbild sein; bei ihrer Geburt hätten die Engel im Himmel große Freude gehabt. Auf sein Zureden verspricht ihm das Mädchen, sich weihen zu lassen. Zum An= denken hängt der Bischof ihr eine eherne Münze mit dem Zeichen des Kreuzes um den Hals: er fand sie gerade auf der Erde. Einige Tage später an einem Feste ging die Mutter zur Kirche, während sie der Tochter befahl, das Haus zu hüten. Diese verlangt schreiend und weinend, ebenfalls den Gottesdienst besuchen zu dürfen. Die Mutter aber blieb bei ihrem Ge= bote und züchtigte das Mädchen, wurde aber sogleich mit Blindheit bestraft. Erst nach zwei und drei viertel Jahren erlangte Gerontia durch Wasser, das die Tochter vom Brunnen geholt hatte, das Augenlicht wieder. Die Weihe der Genovefa vollzog Bischof Vilicus. Obwohl weit ältere Mäd= chen zur Stelle waren, wurde sie doch zuerst geweiht. Nach dem Tode ihrer Eltern zog sie zu ihrer Pathin nach Paris. Der zweite Abschnitt in dem Leben der Genovefa wird wiederum eingeleitet, durch eine Begegnung mit dem Bischof Germanus. Dieser war auf einer neuen Reise nach Britannien be= griffen, als er sich in Paris nach seinem Schützling erkundigte. Obwohl das Volk sie herabsetzte, ließ er sich nicht abhalten, die Herberge der Genovefa zu betreten. Er fand sie in großer Betrübnis und den Boden ganz feucht

a) Gregor. Conf. 89. H. Fr. II. 45.

von ihren Thränen. Nachdem er die Leute über den göttlichen Beruf der Jungfrau aufgeklärt und sie ihnen anbefohlen hatte, setzte er seine Reise fort. Seitdem tritt Genovefa bei den öffentlichen Angelegenheiten von Paris in den Vordergrund. Als das Gerücht ging, Attila sei in Gallien eingefallen, und die Bürger ihr Eigentum in andere sichere Städte überführen wollten, redete die Jungfrau davon ab, denn gerade die angeblich sicheren Städte würden die Feinde verwüsten, Paris aber würde verschont bleiben. Zugleich berief Genovefa die Pariserinnen zusammen, um mit ihnen unter Fasten, Gebet und Nachtwachen die drohende Gefahr abzuwenden. Diese folgten ihr; die Männer jedoch waren weniger gehorsam. Unwillig über die falsche Prophetin, die sie hinderte, ihre Habe in Sicherheit zu bringen, nahmen sie eine drohende Haltung gegen jene an. Da erscheint der Archidiakon von Auxerre in Paris, weil Germanus der Genovefa ein so herrliches Zeugnis gegeben habe. Er beruhigte die Pariser durch den Hinweis auf die Prophezeiung seines Bischofs und überbrachte der Jungfrau Geschenke, die ihr Germanus hinterlassen hatte. Beides beschwichtigte die Bürger, so daß sie jetzt ihre Feindseligkeiten aufgaben. Ja fürwahr, Genovefa, die Retterin von Paris steht Martin und Anian nicht nach, von denen jener bei Worms eine Schlacht verhindert und dieser Orléans vor den Hunnen gerettet hat! Mit Liebe und Verehrung hing sie an dem Dorfe Catuliacus, der Grabstätte des Dionysius. Zu Ehren dieses Heiligen beabsichtigte sie eine Basilika zu bauen, aber es fehlten ihr die Mittel. Als ihr die Presbyter gewohnter Maßen aufwarteten, mangelte es auch ihnen an Kalk. Genovefa, vom heiligen Geiste erfüllt, prophezeite ihnen jedoch, sie würden auf der Brücke der Stadt zwei Schweinehirten treffen, von denen der eine sich rühmte, beim Aufsuchen einer gebärenden Sau einen Kalkofen von wunderbarer Größe gefunden zu haben, der andere einen gleichen unter einem entwurzelten Baume. So stand dem Ausbau der Basilika nichts mehr im Wege. Große Verlegenheit trat jedoch ein, als den beim Bau beschäftigten Zimmerleuten der Trunk ausging. Der Priester Genesius befahl der Genovefa, die Handwerker aufzumuntern, bis er selbst aus der Stadt neues Getränk geholt hätte. Genovefa aber half sich einfacher. Sie bekreuzigte unter Gebeten die Kufe und füllte sie damit ohne weiteres bis zum Rande. Bis zum Ende des Baues hielt der Trunk vor, sodaß die Zimmerleute sich davon gütlich thaten. Der Frankenkönig Childerich war zwar Heide, aber Genovefa verehrte und liebte er ganz unaussprechlich. Damit diese nicht die zum Tode verurteilten Gefangenen befreite, ließ er einst das Stadtthor hinter ihr schließen, als sie Paris verließ. Durch gute Freunde von der Absicht des Königs unterrichtet, kehrte die Jungfrau sogleich zur Befreiung der Unglücklichen zurück. Kein kleines Schauspiel war es für das verwunderte Volk,

wie sich das Stadtthor unter ihren Händen ohne Schlüssel öffnete. Beim König
setzte sie ohne Weiteres die Begnadigung der Verurteilten durch. Ihr Ruf
war sogar schon bis in den Orient gedrungen. Der Säulenheilige Symeon
von Antiochien soll sich bei durchreisenden Kaufleuten nach Genovefa erkundigt
und sie unter ehrfurchtsvollem Gruße haben bitten lassen, seiner in ihren Ge=
beten zu gedenken. Genovefa war häufig auf Reisen. In Laon heilte sie
ein gelähmtes Mädchen. Sehr oft weilte sie in Meaux, hier schloß sich ihr
Cilinia an, die schon Braut war, aber überwältigt von Genovefas Wesen diese
um die Weihe bat. Empört eilte ihr Bräutigam nach Meaux. Die beiden
Jungfrauen eilten in die Kirche und schlossen sich im Baptisterium ein. So
konnte Cilinia bis zu ihrem Ende ihre Keuschheit bewahren. Ein lahmes
Mädchen aus ihrem Gesinde, das sie der Genovefa zuführte, heilte diese durch
Berührung mit den Händen. In Meaux kurierte Genovefa ferner einen Mann,
der an Armschwund litt, in einer halben Stunde. Die Heilige war in der
Umgegend dieser Stadt begütert. Bei der Ernte war sie selbst mit auf ihren
Feldern und sah von ihrem Zelte aus den Schnittern zu. Als einmal plötz=
licher Regen und Sturm die Arbeit zu stören drohte, warf sie sich zu Boden
und begann unter heißen Thränen zu beten. O Wunder! Alle Felder im Um=
kreise benetzte der Regen, aber Saat und Schnitter der Genovefa erreichte
kein Tropfen. Kranke aus Meaux suchten sie in Paris auf. Ein Defensor
Frunimius aus dieser Stadt, der seit vier Jahren krank war, erlangte, als sie
seine Ohren mit der Hand berührt und bekreuzigt hatte, das Gehör wieder.
Eine wahre Odyssee bestand die heilige Jungfrau während der Belagerung
von Paris durch die Franken. Zehn Jahre lagen sie vor der Stadt. Ge=
novefa begab sich zu Schiffe nach Arcis=sur=Aube, um Getreide zu besorgen.
Als sie an den Ort gekommen war, wo ein Baum in der Seine die Schiff=
fahrt hinderte, brach er auf das Gebet der Genovefa von selbst entzwei, und
zwei Ungeheuer von verschiedener Farbe zeigten sich, deren entsetzlicher Geruch
noch fast zwei Stunden die Schiffer belästigte. Später soll hier kein Schiff=
bruch mehr vorgekommen sein. In Arcis heilte sie die gelähmte Frau des
Tribunen Passivus. Von hier ging die Reise nach Troyes, wo sie ebenfalls
durch Wunderkuren glänzte. Da es zwischen diesen beiden Orten eine Fluß=
verbindung nicht gab, mußte die Heilige von Arcis aus den Landweg einge=
schlagen haben. Jedenfalls kaufte sie das Getreide, um Paris zu verprovian=
tieren, in Troyes; denn dies war ja der Zweck dieser Reise. Auf dem Rück=
wege hielt sie sich einige Tage in Arcis auf. Hier gab ihr, was doch ja nicht
zu verschweigen ist, die Frau des Tribunen, die sie auf der Hinreise geheilt
hatte, das Geleite bis aus Schiff. Die Wasserfahrt war wiederum nicht un=
gefährlich. Es erhob sich ein starker Wind, der die Schiffe mit dem Getreide

zwischen Felsen und Bäumen schwer gefährdete. Genovefa bat Christus mit erhobenen Händen um seine Hilfe, und sofort konnten die Schiffe ihren Kurs weiter verfolgen. So rettete Gott elf Schiffe. Der Priester Bessus lobte den Herrn und alle stimmten das Celeuma an, den Schiffergesang! In Paris verteilte Genovefa das Getreide nach der Dürftigkeit. Wer aber zu arm war, es selbst zu backen, erhielt von ihr Brot. Eine andere Reise führte sie nach Orleans. Hier heilte sie ein totkrankes Mädchen Claudia, die Tochter des Fraterna, und erlangte die Freilassung eines schuldigen Dieners, dessen Herr erst mit einem gefährlichen Fieber bestraft werden mußte, ehe er ihrer Bitte Gehör schenkte. Von hier fuhr sie auf der Loire nach Tours. Auch auf dieser Wasserreise beschäftigte sie sich hauptsächlich mit der Heilung von Besessenen. Ein Trupp dieser Armen, der aus der Martinskirche kam, begegnete ihr schon beim Hafen. Die bösen Geister schrieen, sie würden zwischen Martin und Genovefa durch Flammen verzehrt, und bekannten sich schuldig, ihr die Gefahr auf der Loire bereitet zu haben. Bei einer Fahrt auf der Seine trat ein Unwetter ein, sodaß das Schiff vom Winde gepeitscht und von Wellen fast bedeckt wurde. Als aber Genovefa die Augen zum Himmel gewandt mit erhobenen Händen Gott um Hilfe bat, änderte das Wetter sich sogleich. Für eine Nonne war nun Genovefa doch ein bißchen viel auf Reisen. Von Epiphanien bis zum Gründonnerstag jedoch schloß sie sich allein in ihre Zelle ein und brachte mit Gebeten und Vigilien ihre Zeit zu. Eine Frau, die gern wissen wollte, was Genovefa in der Zelle trieb, büßte ihre Neugierde mit Verlust des Augenlichts. Als aber am Schlusse der Fasten die Heilige ihre Zelle verließ, machte sie die Unglückliche durch Gebet und Bekreuzigung wieder sehend. In ihrer Zelle brachte sie auch einen Knaben wieder zum Leben, der in einen Brunnen gefallen war und drei Stunden darin gelegen hatte. Dieser erhielt bei der Taufe den Namen Cellumeris, weil er in der Zelle der Genovefa sein Leben wieder erlangt hatte! Genovefa erreichte das hohe Alter von über achtzig Jahren und wurde am dritten Januar beigesetzt. Ueber ihren Tod und das ehrenvolle Begräbnis zieht es der Verfasser vor, zu schweigen, weil er Kürze liebe! Dafür erwähnt er zwei Wunder an ihrem Grabe. Ein Knabe Prudens wurde dort vom Stein geheilt, und ein Gothe, dem beide Hände gelähmt waren, weil er am Sonntag gearbeitet hatte, verließ gesund das über dem Grabe erbaute Oratorium, nachdem er die Nacht vorher dort gebetet hatte. Der rauhe Krieger König Chlodowech ruhmwürdigen Angedenkens hat oft aus Liebe zu ihr Gefangene, ja auf ihre Fürsprache hin sogar schwere Verbrecher losgegeben. Ihr zu Ehren hat er den Bau einer Basilika begonnen, die nach seinem Tode die durchlauchtige Königin Chlodechilde vollendete. Mit der Kirche ist ein dreifacher Porticus verbunden und

Gemälde schmücken sie, die die Thaten der Patriarchen, Propheten, Märtyrer und Bekenner darstellen. So weit das „Leben der Genovefa" [1].

Nach des Verfassers eigener und ausdrücklicher Angabe wäre die Schrift achtzehn Jahre nach dem Tode der Heiligen geschrieben, also gegen das Jahr 520. Gleichwohl deutet er nirgends an, daß er Genovefa persönlich gekannt habe. Gesehen hat er nur eine Reliquie von ihr, das Oelfläschchen, mit dem sie ihre Wunderkuren verrichtete. Ebenso sind seine Miteilungen an sich keineswegs derart, daß sie ihrer Natur nach Glauben erwecken. Es mangelt durchaus das solide Gerüst, das in einer wirklich auf persönliche Erinnerung zurückgreifenden Memorie auch bei dem zweifelhaftesten Detail nie fehlen wird. Fleischstücke ohne Skelett geben keinen Körper und auch die ausgetiftelten Anekdoten bringen kein glaubwürdiges Lebensbild zu Stande, wenn es im Uebrigen an einem straffen innern Zusammenhang gebricht. Ueberdies sind dem Verfasser einige schwere Versehen passiert, so wenn er Arcis am Aube zwischen Paris und Troyes gelegen sein läßt. Am bedenklichsten aber ist es, daß er sich für einen jüngeren Zeitgenossen seiner Heldin ausgiebt, während er nachweislich sich an Schriftstellern des ausgehenden sechsten Jahrhunderts genährt und nach andern untrüglichen Anzeichen überhaupt erst im achten Jahrhundert gelebt hat. Er ist also, litterarisch gewertet, einer von den frommen Fälschern, die zu Anfang der karolingischen Zeit im Frankenreich massenhaft zu werden pflegen, und zwar ist er der geriebenen einer. Ob er jedoch den Inhalt insgesamt rundweg erfunden hat, ist eine andere Frage. Vielleicht thut man ihm auch mit dieser Vermutung noch zu viel Ehre an. Selbst wenn das Genovefagrab nur ein städtisches Heiligtum war und von auswärts sich keines großen Zuspruchs erfreut haben sollte, es war doch die heimatliche und centrale Kultstätte des Volkes von Paris und Umgebung. Und ein Wallfahrtsort dieses Ranges kann schwerlich ohne seine eigene Sage geblieben sein, ohne eine so oder anders fixierte Darstellung dessen, was an diesem Orte eigentlich geglaubt und verehrt wurde. Wenn auch nur in mündlicher oder schriftlich rudimentärer Form mag der Verfasser die wichtigsten Anhaltspunkte für seine Mitteilungen also vorgefunden, dann aber allerdings in einer unverantwortlichen Weise für seine Zwecke benutzt und vergewaltigt haben. Aber auch seine Unverfrorenheit vermochte seinem Stoffe den ihm anhaftenden Reiz nicht vollständig zu benehmen; zeigen sich doch an der Genovefa von Paris Züge reiner Heiligenlegende, die, auf der Erfahrung des Volkes beruhend, dann eben auch sein Erzeugnis und sein Eigentum zu heißen das Recht haben. Genovefa ist vor allen Dingen Korn- und Flußheilige genau

---

1) Bruno Krusch, Die Fälschung der Vita Genovefae. (Neues Archiv der Gesellschaft für ältere deutsche Geschichtskunde. Bd. 18. Heft 1. 1892. S. 9—50.)

wie Verena. Ihre Herrschaft über die Elemente giebt ihrem Bilde seinen eigentlichen Charakter: sie sorgt für sichere Schiffahrt und wendet das drohende Gewitter von der Ernte ab. Wenn immer möglich, geht sie auf Reisen und ist Nonne nur, so scheint es fast, um diesem Postulat einer Heiligen wenigstens durch das Minimum der Askese während der Fastenzeit nachzukommen. Im Uebrigen tritt sie sehr mann=weiblich und riesenjungfräulich auf, wenn sie, als wäre sie mindestens Maire von Paris, die Stadt während der Belage=rung im großen Stile verproviantiert, wenn sie ferner dem für sie schwärmen=den Frankenkönig mir nichts, dir nichts schwere Verbrecher frei verlangt, wenn sie endlich jede unbeträchtliche Regung eines andern Willens selbst des mütterlichen, oder einen Anflug harmloser Neugier im Handumdrehen mit den denkbar härtesten Körperstrafen zu rächen pflegt. Sie enthüllt sich damit als die echte Schwester von Verena, der Gauheiligen des Aarethales, hinter der sich eine ehemalige Stammesgöttin der Alamannen verborgen hat. Alles drängt darauf hin, in Genovefa, der fränkischen Nationalheiligen, das christ=liche Nachbild der weiblichen Gottheit zu erkennen, die, reiselustig wie sie ge=blieben ist, einst die Franken auf ihren Zügen begleitete und darnach bei den Saliern um oder in Paris sich niedergelassen hat. Ein großer Unterschied bleibt jedoch zwischen der Alamannenfreia und der fränkischen Walküre. Während Verena nur schlecht verschleiert unter die christlichen Heiligen gegangen ist, unterzog sich die Frankengöttin einer eigentlichen Seelenwanderung, indem sie sich mit einer geschichtlichen Heiligen verband. Von dieser wissen wir freilich nicht mehr, als daß sie gelebt hat und gestorben ist; aber für unsern Fall ist es alles, was wir zu wissen brauchen. Höchstens sind in die Legende vereinzelte für uns nun nicht mehr unterscheidbare Züge aus dem bescheidenen Leben der Nonne mit untergelaufen. Ein leiser Zweifel läßt sich ja aller=dings angesichts der Dürftigkeit dieser Angabe nicht unterdrücken; es wäre ja schließlich denkbar, daß die fränkische Königskirche, über Genovefas Grabe er=richtet, eben nur den ehemals heidnischen, vielleicht von Nanterre in die Stadt verpflanzten Kult der fränkischen Freja für das Christentum mit Beschlag belegen sollte. Doch dürfen wir nicht klüger sein wollen, als unser Ge=währsmann und nehmen daher an, eine gottesfürchtige als heilig verehrte Frau, die obwohl vorfränkische Christin, doch einen deutschen Namen trug, liege auf dem nach ihr benannten alten Stadthügel von Paris begraben mit dem Schicksal, ihr eigenes anspruchsloses Andenken an die Vorstellungen von einer germanischen Göttin verloren zu haben.

Anhangsweise muß hier auch der deutschen Genovefasage des späteren Mittelalters gedacht werden. Die Pfalzgräfin Genovefa von Brabant[1]) hat

---

1) Douhet, Dictionnaire des légendes du christianisme. 1855. (Migne, Troi-

mit der viel ältern französischen Namensschwester nur eben diesen Namen
gemein. Aber in Dingen der Legende bedeutet das bereits halbe Verwandt=
schaft. Als Kind einer so viel späteren Zeit nimmt diese andere Genovefa
eben an dem neuen Typus weiblicher Heiligen teil, der in der Blütezeit
mittelalterlicher Dichtkunst in Westeuropa sich ausgebildet hat. Die mythischen
Anflüge verblassen und machen einem menschlichen Ideale Platz. So trägt
denn diese späte Genovefa keine Spuren vom übermenschlichen Hünenweibe
mehr an sich; sie ist der Gemeinschaft der Heidengöttin entrückt, zum rühren=
den Urbild der verfolgten weiblichen Unschuld erniedrigt oder erhoben, wie
man es nun nehmen will.

Die merowingische Zeit hat dann gegen ihr Ende hin eine andere Hei=
lige hervorgebracht, an der sich die Verbindung einer geschichtlichen Persön=
lichkeit mit einer weiblichen Gestalt aus der germanischen Götterwelt weit
deutlicher erkennen läßt, als an der so gut wie unbekannten Genovefa von
Paris: Gertrud, ein edles Mädchen aus dem fränkischen Großengeschlecht der
Arnulfinger, dem Stammhause der karolingischen Dynastie. Sie wurde im
Jahre 626 geboren. Ihr Vater war der erste Pippin, die Mutter hieß Itta.
König Dagobert wollte sie mit dem Sohne des Herzogs von Austrasien ver=
loben, sie widersetzte sich aber. Dann starb ihr Vater, als sie vierzehn Jahre
alt war. So zur Wittwe und Waise geworden, suchten Mutter wie Tochter
in gottgefälligem Werk und Wandel ihren Trost, indem Itta auf den Rat
des Bischofs Amandus das Kloster von Nivelles gründete, Gertrud dagegen
den Schleier nahm und der mütterlichen Stiftung als deren erste Aebtissin
vorstand. Sie faßte ihren Beruf ernst auf und studierte Theologie, soweit es
nur immer in ihren Kräften stand; und zwar setzte sie sich dabei ebenso mit
der römischen als mit der irischen Schule auseinander. Im Jahre 652 starb
ihre Mutter im Alter von sechzig Jahren zu Nivelles und wurde daselbst in
der Peterskirche beigesetzt. Da fand Gertrud, sie werde durch die Klosterleitung
zu sehr in Anspruch genommen und betraute mit den häuslichen Geschäften
Nonnen, mit den öffentlichen Mönche. Sie selbst widmete sich von nun an
ausschließlich ihrer eigenen geistigen Bildung und brachte es zu einer fast
wörtlichen Kenntnis der ganzen Bibel, sowie zu einer ungewöhnlichen Fertig=
keit der allegorischen Auslegung. Daneben ließ sie Kirchen und andere Ge=
bäude zu geistlichem Zweck errichten und war immer bei der Hand, wo es
galt, die Not der Armut zu lindern. Als ihr Leben zur Neige ging, be=
fragte sie Mönche und Nonnen um ihre Wünsche in betreff der künftigen
Aebtissin und setzte dann ihre Nichte Wulfetrude, die Tochter des Majordo=

nus Grimoald, die sie sich herangezogen hatte, im Dezember 658 in ihre Nachfolge ein. Drei Monate später, als sie sich in der Härte der geistlichen Uebungen nichts nachgelassen hatte, ließ sie einen fremden Mönch im Kloster zu Fosses anfragen, wann sie sterben werde. Die Prognose auf den mor= genden Tag traf zu. Sie starb, erst dreiundbreißig Jahre alt, in der sechsten Stunde, an einem Sonntag. An einem Mönche von Nivelles fand sie einen zeitgenössischen und zuverlässigen Verfasser ihres Lebensbildes, einer Memorie im besten Sinn; denn er kann sich auf ihm zu teil gewordene persönliche Mitteilungen der Heiligen berufen und hat auch ältere Thatsachen, wie die Weigerung der Heirat, von unantastbaren Gewährsmännern bezogen. Er schrieb ums Jahr 670. Neben dieser litterarischen Verewigung sorgten die am Grabe und sonstwo durch Gertrud bewirkten Wunderthaten für den Ruhm ihres Namens, dessen Verehrung namentlich bei den Mainfranken und bei den Friesen früh in Aufschwung kam und nach den besten Quellen mit den An= fängen des Christentums im eigentlichen Deutschland aufs engste verknüpft ist.

Die hochgeborene Klosterfrau trug indessen den heidnischen Namen einer germanischen Walküre. Keretrud ist die Speerjungfrau, die den Gegner im Waffenkampfe niedertritt; noch heute bezeichnet das Wort Trude die den Schläfer auf die Brust tretende Nachtmare, den im Traum reitenden Alp; der Trude ist der fünfeckige Trudenfuß eigen, dessen Mißgestalt aus dem Schwanenfuße der geflügelten Walküre entstanden ist. Außer der im Na= men gewährten Disposition zur Aufnahme heidnischen Inhaltes lag wohl auch eine zweite, lokal und kultisch vermittelte vor. Vielleicht war Nivelles, dessen alte Bezeichnung Nivialcha durch merowingische Münzen festgestellt ist, ein wichtiges Heiligtum etwa der Nehelennia, der deutschen Isis mit dem keltischen Namen. Diese Göttin hatte das Schiff zu ihrem Symbol, und in der That hat das Trinkgeschirr, mit dem Gertrud abgebildet wird, die Gestalt eines Schiffes. Außerdem sieht man sie in den Darstellungen ge= legentlich spinnen, auf einem Wagen fahren, ja selbst zu Pferde. In der Abtei zu Nivelles, wo sonst ihr wunderthätiges Sterbebette kirchlich verwendet wurde, wird nun ihr Wagen aufbewahrt. Auch Gertruds Beziehungen zur Natur deuten auf mythische Züge. Der 17. März ist Gertrudentag und zu= gleich Frühlingsanfang. Ihre Vögel, der Specht und der Kuckuck, sind Früh= lingsvorboten. Ebenso hat die Schnecke, das Tier der Jahresfruchtbarkeit und der Lebensdauer, in Gertruds Dienst gestanden, und ihr besonderes Ge= folgstier, die Maus, zieht am Gertrudentag vom Haus aufs Feld. Aber die nächtlich wühlende Maus kündet mit ihrem Erscheinen nicht blos die Reife der Saat, sondern auch Mißwachs, Seuche und Tod an; Gertrud selbst wird Allerseelenherrin; auch sie erscheint als weiße Frau, ja sogar als weiße Maus.

Nach älterem Kirchenglauben haben die Abgeschiedenen ihre erste Station bei Sankt Gertrud und zwar nehmen die den Körper verlassenden Seelen die Gestalt von Mäusen an. Um den Scheidenden eine gute Herberge jenseits zu sichern, trank man ‚Gertrudenminne‘, wie man einst aus der Kufe das gesottene Bier zu Wodans oder Frejas Liebe trank. Die der Kornmaus dargebrachten Ernteopfer leben noch heute in der ‚Mäusenudel‘ nach. Dieses Mehlmäuslein, das die oberdeutsche Bäuerin mit dem ersten Frühlingsbeginn anfertigt, ist in Butter um ein Salbeiblatt gebackener Eierteig, aus dem der Blattstiel gleich einem Mausschwänzchen vorsteht.

2.

Genovefa und Gertrud sind, als Geschichtsheilige, doch Ortsheilige. Sie sind dort verehrt worden, wo sie gelebt haben; höchstens wäre möglich, daß sich ihr Andenken einem bereits bestehenden heidnischen Kultus gefügt hat. Jedenfalls hat sich der Uebergang vom geschichtlichen zum mythischen Namensträger auf dem Platz vollzogen, ohne daß der Wechsel zugleich von einer Verpflanzung begleitet war. Anders bei Sankt Oswald. Er ist Wanderheiliger und doch eine geschichtlich scharf umrissene Persönlichkeit.

Oswald, der Sohn König Ethelfrids von Northumbrien, wurde im Jahre 604 geboren. Als nach des Vaters Tode Edwin sich der Krone bemächtigte, mußte sich Oswald mit seinen Brüdern zu den Schotten flüchten. Dort nimmt er das Christentum an. Nach Northumbrien zurückgerufen, besiegte Oswald bei Deniesburna den König Kedwalla, bemächtigte sich der Herrschaft im Jahre 635 und brachte es dahin, daß sich das ganze Brittenvolk taufen ließ. Er suchte das durch Eanfred und Osric wieder eingeführte Heidentum mit aller Macht zu verdrängen und gründete ein Bistum auf Lindesfarn, einem Eilande an der Küste von Northumbrien. Der Schotte Aidan, Oswalds Lehrer, ward als Bischof berufen. Im Jahre 636 vermählte sich Oswald mit der Tochter des westsächsischen Königs, die samt ihrem Vater von dem Priester Birin in Oswalds Gegenwart kurz vorher getauft worden war. Sie gebar Oswalden im Jahre 637 einen Sohn Ethelwald. Bald darauf verheerte eine Seuche Northumbrien. Der fromme König betrachtete dies als eine Strafe eigener Sünden, weinte und betete. Bald wurde er selbst von Krankheit ergriffen und war dem Tode nahe. Da erhob er seine Augen gen Himmel, und regte seine Lippen, als ob er mit jemanden spreche. Als er sich erholt hatte, versicherte er hellleuchtende Engel gesehen zu haben, von denen ihm drei die Palme des Märtyrertums verhießen. Auch Tod und Todesstunde hatten sie ihm bezeichnet. Seit dieser Stunde lebte Oswald noch frömmer als vorher, theilte reichlich Almosen aus, bereute seine Sünden und gelobte nebst seiner Gattin jeder Weltfreude zu entsagen. Am fünften August 642 fiel Oswald, erst achtunddreißig Jahre alt, im Kampfe gegen Penda, den König der heidnischen Mercier. Die Schlacht war bei Maserfeld geschlagen. Oswald wurde als Märtyrer verehrt. Auf seinem Grabe geschahen Wunder.

Dieser geschichtliche Oswald hatte Anspruch auf einen doppelten Nachruhm; denn er war Held und Märtyrer zugleich. Kirche und Vaterland mußten ihm in gleichem Maße dankbar sein. Ein König, der von der Bedeutung des Christentums durchdrungen ist, sucht es in seinem Reiche zu verbreiten und fällt im Kampfe für seinen Glauben auf dem Schlachtfeld. Das Andenken an ihn hat sich demnach begreiflicherweise gespalten; die eine Hälfte ist in der nationalen Heldensage, die andere in der kirchlichen Heiligenlegende aufgegangen. Jene hat zum Merkmal abenteuerliche Seefahrten, diese einen Raben. Es gab eine alte, für sich bestehende Sage von einer gefahrvollen und zauberhaften Brautwerbung; der Held wurde von den Verwandten seiner Frau umgebracht. Diese Sage fand in verschiedenen deutschen Stämmen Liebhaber: bei den Gothen war es Otnit, bei den Franken der hörnerne Siegfried, bei den Angelsachsen Oswald. Und dann erst bemächtigten sich die Normannen der Sage und versahen sie mit der großen Meerfahrt, die aus ihrem eigenen Leben entlehnt war. So entstand im zwölften Jahrhundert das Gedicht von Sankt Oswald [1]). Obwohl diese Bestandteile alle in andere Länder deuten, ist die eigentliche Heimat der Oswaldlegende doch sozusagen ausschließlich Deutschland; außerhalb ist sie kaum bekannt. Aber diese Popularität ruht auf kirchlicher Unterlage, insofern Oswald seit den ältesten Zeiten im deutschen Alpengebiet ein vielgefeierter Heiliger war. Besonders in Tirol ist er eine Art Stammpatron geworden, und zwar schon frühe. Spuren von alten Oswaldgotteshäusern deuten bis an die Grenze der Merowingerzeit zurück. Durch die ständige Verbindung zwischen jenen Gegenden und dem brittischen Inselreich in jener Zeit ist die überraschend schnelle Verpflanzung des Kultus binnen eines Jahrhunderts nicht unverständlich, um so weniger, sobald sich nun auch hier die Ueberzeugung beigesellt, daß der neue christliche Dienst einen alten heidnischen abzulösen hatte. Von den tirolischen Oswaldheiligtümern ist die Kapelle am Ifinger weitaus das berühmteste. Hoch an diesem Granitgebirge, wo jede Vegetation schon endet, liegt ein kleines von allen Seiten umschlossenes Thal; seine Bildung deutet auf einen ehemaligen Gebirgssee. Die ärmliche Kapelle, die dort steht, ist gewöhnlich geschlossen und wird nur geöffnet, um die jährlichen Pilgerzüge aus Hafling oder Schönna zu em-

---

1) Mone, Anzeiger für Kunde der teutschen Vorzeit. Jahrgang 4. 1835. S. 420/421.

pfangen. Das Volk lebt des Glaubens, droben im Bergthale, in den Fels=
klüften und nah dem ewigen Schnee, spende Oswald seine Gnade am liebsten.
Wo jetzt die Kapelle steht, erzählt man sich, wurde vor Alters in den dichten
Alpenrosenhecken von Hirten Oswald Bild gefunden; man trug es nach Schönna
hinunter und stellte es in der dortigen Kirche auf. Doch siehe, kaum war
die Nacht angebrochen, so stieg Sankt Oswald leuchtend aus der ge=
schlossenen Kirche empor und ritt dem Ifinger zu, wo man ihn tags darauf
wieder unter den Alpenrosen fand. Später bekam das Bild seinen Standort
in der alten Kirche Katharina in der Schart zu Hafling, wo es sich noch
heute befindet und nur mit den Prozessionen jedesmal in die Kapelle hinauf=
getragen wird. Es ist eine meterhohe Statue: ein König hoch zu Roß, auf
seinem Scepter ein Rabe. Eine alte Freske im Dorfe Tartsch gibt den hei=
ligen König zu Fuß, in der rechten das Scepter, in der linken einen Auf=
satz, darauf ein Rabe, den Ring im Schnabel. Dieses Bild zeigt den üb=
lichen fast auf allen Darstellungen wiederkehrenden Oswaldtypus zum ersten=
mal. Im Mund des Volkes heißt der Heilige ‚Oswald‘, ‚Aswald‘, ‚Dans=
wald‘, ‚Uanswald‘, ‚Gaswald‘ und, als der mächtigste ‚Wetterherr‘, heißt er
denn auch häufig schlechtweg so. Vorzüglich der Hagel liegt in seiner Hand.
Leicht ist er beleidigt und rächt sich an den Saaten. Die Bauern wissen
wohl, warum sie jedes Jahr zu ihm hinaufgehen; so oft sie es nicht thaten,
schlug er ihnen alles Getreide zusammen. Statteten sie ihm aber ihren Be=
such ab, so war auch er freundlich. „Ja, ja“, sagten sie dann, „den Kindern
und den Heiligen ist nicht gut etwas versprechen, sie mahnen einen immer.“
Ein anderer Gebrauch eröffnet uns in das Wesen des Oswalddienstes noch
einen tieferen Blick. Wenn in Niederbayern Roggen oder Weizen ganz ab=
geschnitten ist, bleibt auf dem letzten Acker der letzte Büschel stehen, am lieb=
sten in der Nähe des Weges, wo er von den Vorübergehenden gesehen wer=
den kann. In die Mitte dieses Büschels wird ein Stab gepflanzt, dann
werden die stehen gebliebenen Aehren mit noch andern abgeschnittenen so um
den Stock gebunden, daß eine menschenähnliche Figur daraus wird. Die
stehen gebliebenen und beigebrachten Aehren mit dazwischen gesteckten Feld=
blumen werden so gebunden, daß Kopf und Hals entsteht. Dabei sind
je drei Halme zusammengeflochten; mehrere dieser Zöpfe zusammengenom=
men bilden die Arme der Figur, die beide Hände auf die Hüften stützt.
Ein Gürtel trennt den obern Teil des Körpers von dem untern; das
lange Kleid bilden die stehen gebliebenen Halme. Diese Figur heißt man:
„Der Aoswald“. Während die Bursche den Aoswald machen, sammeln die Mäd=
chen die schönsten Feldblumen und schmücken ihn damit. Dann knien alle im
Kreis herum und beten: „Heiliger Aoswald, wir danken Dir, daß das Ge=

treibe wieder gewachsen ist und daß wir uns nicht geschnitten haben." Nach dem Gebete wird nun dem Aoswald ein Walzer getanzt, wenn möglich zum Schall einer Klarinette oder Schwegelpfeife. In einigen Gegenden Nieder=bayerns wird der Aoswald nicht mehr mit dieser Sorgfalt gemacht. Die Schnitter lassen einige Aehren stehen, binden sie zusammen und schmücken sie mit Blumen. Sie knien herum und verrichten ein Dankgebet. Einige ma=chen mit der rechten Hand, ohne die linke zu gebrauchen, aus den drei stehen=gebliebenen Halmen einen Knoten und zieren ihn mit Blumen. Man sagt dabei: „Das ist für den Aoswald". Der Aoswald ist aber allgemein auch unter der Bezeichnung Nothalm bekannt. Alle diese und ähnliche Gebräuche sind nichts anderes als uralte Dankopfer, die dem Oswald, als dem Herrn der Feldfrüchte, dargebracht werden. Auch Oswaldsquellen fehlen nicht. Der Jungbrunnen bei Sankt Oswald macht frisch und gesund, heißt es im Tirol. Ein sehr begangener Wallfahrtsort ist das Oswaldsbrünnlein im bayrischen Walde; eine andere Lokalsage erzählt: Heidenheim, Anhausen und Heilbronn wurden von drei Geschwistern erbaut, Heidenheim von der heiligen Wal=purgis, Anhausen vom heiligen Oswald, Heilbronn vom heiligen Willibald. Diese drei Heiligen reisten miteinander und hatten einen Esel bei sich, der die Quellen fand. Oswalds Tier dagegen ist der Rabe, sein unzertrennlicher Begleiter. Die Alpenrosen, in denen einst sein Bild verborgen war, heißen in Tirol Donnerrosen oder Oswaldsstauden.

Es gibt keine zweite Gestalt der Heiligenlegende, an der der ver=kappte Wodan deutlicher und unmittelbarer zu Tage tritt, als an Os=wald. Er war auch durch Name und Stand auf das allergünstigste für diese Verkleidung eingerichtet. Das englische Oswald entspricht dem hochdeutschen Answalt. Der geschichtliche Held hieß somit das, was Wodan war: Walter der Asen. Und außerdem war jener das, als was dieser gedacht wurde: ein König. Die Identität beider Gestalten in der Legende läßt sich an einigen Berührungspunkten deutlich feststellen. Nach dem Volksglauben muß Oswald einen Raben um sich haben; der Rabe der Oswaldlegende ist ein weiser Vogel, er ist der Ratgeber des Königs, er wird als kluger Werber ausgesandt, ohne ihn kann der König das Angestrebte nicht erreichen. Der Rabe sitzt Oswald entweder auf dem Szepter oder auf einer Schulter. Auch dem Wodan saßen zwei Raben auf den Schultern und waren auch ihm Boten und Ratgeber. Er sendet sie jeden Tag aus, die Zeit zu erforschen, sie bringen ihm Kunde und raunen ihm ins Ohr, was sie gesehen und gehört haben. Durch die Raben wird Wodan erst allwissend und daher auch kurzweg Rabengott genannt. Die Oswaldquellen führt die Legende auf einen Schwertstoß in die Steinwand zurück, worauf der dicke Wasserstrahl hervorgerauscht sei und die mythische

Eigenschaft besaß, ein Jungbrunnen zu sein. Die Gleichheit Oswalds und Wodans offenbart sich nun unzweifelhaft an ihrer Herrschaft über das Wetter; die verehrte Wodansgarbe ist, um den Untergang zu überdauern, zum Oswaldsopfer geworden. Und als der alte Asenkönig, der einst im Thal verehrt wurde, dem Gott der Christen weichen mußte, flüchtete er sich aus der Niederung in die Abgeschiedenheit der Berge. Oben in der Einsamkeit bestand sein Dienst fort. Wodans Bild wurde in den Alpenrosen gefunden und sollte künftig Oswalds Bild im Thale sein. Aber aus der Kirche von Schönna ritt er nachts lichtstrahlend fort, wie er auch sonst oft den Ritt in dunkler Nacht liebte, als Schimmelritter, als Hackelberg, als himmlischer Fuhrmann oder als Rodensteiner [1]). Ob nun aber diese Verbindung mit Wodan sich schon in Eng= land eingestellt hat, oder erst in Oswalds zweiter Heimat in Tirol und Baiern, wer vermöchte das bei der unsteten Natur aller in Betracht kommenden Be= standteile noch heute zu entscheiden. Und ebensowenig wird noch zu wissen sein, ob Wodan, dessen Bild in Oswald sich immerhin unverkennbar ausprägt, ohne Konkurrenz in dieser christlichen Verkleidung verborgen ist. Es mag erinnert werden, daß der Oswald eigene Zug der Milde eine Eigenschaft des älteren Himmelsgottes ist und daß auch die Verehrung seitens der Schnitter auf jenen deutet. Doch kann gerade diese Uebertragung eben durch die Ver= mittlung der Wodansvorstellnng erfolgt sein.

3.

Kehren wir von den Grenzländern im Osten nach Frankreich zurück, so finden sich da keinerlei mythische Wucherungen der Heiligenlegende. Nicht etwa weil es den Franken an Phantasie und Einbildungskraft mangelte. Aber sie schöpfen entweder aus der Geschichte, aus ihrer eigenen Vergangenheit, so in der Nibelungensage, die in ältester Gestalt bei ihnen entstand, oder sofern sie mythische Stoffe aufnehmen, aus der neuerschlossenen Kultur und übernah= men jene in dichterisch abgeleiteter Form vom Bestande der antiken Poesie, so in der Sage von Wieland dem Schmied. Zu mythischer Produktion aber findet sich bei ihnen nirgends die leichteste Anwandlung. Sie waren zu sehr rea= listisch, zu sehr ein Volk der That, um sich beschaulich an die Natur zu ver= lieren. Die Lust zum fabulieren, die bei ihnen, dem jungen lebensfrischen Volke, nicht fehlte, war ausschließlich episch beschaffen; keine alte Göttersage ist auf geschichtliche Verhältnisse übertragen, alles bleibt auf menschlichem Boden [2]).

---

1) Ignaz von Zingerle, Die Oswaldlegende und ihre Beziehung zur deutschen Mythologie. Stuttgart und München. 1856. S. 3—6, 70—101.   2) W. Golther, Die Wielandsage und die Wanderung der fränkischen Heldensage. (Germania. Vier= teljahrsschrift für deutsche Altertumskunde. Bd. 34. 1889. S. 449—460.)

Und so entspricht es denn nur diesem fränkischen Stammescharakter, wenn auch ihre Heiligenlegende in keinem organischen Zusammenhang mit dem heidnischen Götterglauben steht. Die Fortbildungen über die geschichtliche Ueberlieferung hinaus, ohne die eine inbrünstige Verehrung heiliger Dinge undenkbar ist, verliefen daher durchaus im Bezirke der Wirklichkeit. Berührungen mit der Götterwelt, sei es der eingeborenen keltischen oder der durch die Franken importierten germanischen, waren nicht zu vermeiden, da ja die Heiligen eben jene Götter verdrängen und ersetzen sollten: so haben wir an der Genofeva von Paris unverkennbare Spuren des Mythus wahrgenommen und werden solche noch deutlicher beim heiligen Julian wiederfinden. Aber trotz alledem handelt es sich höchstens um einen Austausch an der Grenze. Dem Wesen nach bleibt die fränkische Heiligensage der Göttersage fremd, wie nun an den fränkischen Volksvorstellungen von Sankt Martin des näheren erwiesen werden soll, allerdings nur zur Ausnahme an alten Zeugnissen; im ganzen handelt es sich um mittelalterliche Anschauungen, die aber bei dem Beharrungsvermögen gerade der Volksgedanken und -Gebräuche recht wohl weit höher hinaufreichen mögen, als sich heute noch bestimmen läßt.

Der französische Martin unterscheidet sich von dem geschichtlichen zunächst nur durch die Steigerung und Erweiterung der Lebensgeschichte, ohne sich sprunghaft davon zu entfernen oder die Erzählung in einer ganz anderen Vorstellungswelt fortzusetzen. Ihre Bereicherung der Martinsgeschichte über die Memorie und die Gregorische Forschung hinaus besteht zunächst nur in einigen ergänzenden Episoden, die, wenn man nicht näher zusieht, Wahrscheinlichkeits halber eben so gut geschehen sein können[1]). Im zwölften Jahrhundert wurde von Tours aus die Sage in Umlauf gesetzt, Martin habe auf der Rückreise von Rom über den großen Bernhard dem Kloster Saint Maurice im Wallis einen Besuch abgestattet, und da keinerlei Reliquien mehr erhältlich waren, haben auf sein Gebet hin die Blumen des ehemaligen Schlachtfeldes plötzlich rosaroten Tau von dem einst blutgetränkten Boden aufgesogen; den habe Martin in Phiolen gesammelt und von diesen kostbaren Reliquien ein Fläschchen in Tours, ein anderes in Angers und ein drittes in Candes deponiert, ferner dehnte sich das Missionsgebiet, das geschichtlich als Martins Wirkungskreis bezeugt ist und außer wenigen Reisen nach Nordosten die Marken der Diözöse Tours kaum überschritt, in der Sage beträchtlich aus. Von Italien nach seiner späteren Heimat im Herzen Galliens und von hier nach Trier — diese beiden Reisen, zweimal unternommen, sind indessen nach Severus die einzigen, die ihn nach seiner Bekehrung aus der Touraine hinausgeführt haben. In

---

1) A. Lecoy de la Marche, St. Martin. Tours. 1881. S. 633—654.

Paris, wo wir ihn einmal finden, kann er sich auf dem Wege nach Trier aufgehalten haben. Dem gegenüber will es nun aber die spätere franzöfische Sage nicht anderes haben, als daß Martin nicht etwa nur durch seinen Einfluß nach seinem Tode sondern durch seine Anwesenheit schon bei Lebzeiten der Apostel von ganz Gallien gewesen sei. Am ehesten mag Martin noch in den seine Diöcese unmittelbar nördlich begrenzenden Landschaften, in der Vendôme und in der Umgegend von Chartres wirklich missioniert haben. Aber schon für seine Anwesenheit in der Maine und Le Mans selbst fehlen sichere Spuren und gar in der Normandie ist er nie auch nur entfernt gewesen, mögen nun die Lokalsagen dieser Gegenden davon soviel berichten als sie wollen. Ob dann die vielfach eine fortlaufende Linie bildende Reise von Martinsortschaften in der Richtung von Paris nach Reims und von Reims nach Trier durch Luxemburg, mit irgendwelchem Andenken an die von Martin eingehaltene Reiseroute zusammengebracht werden dürfen, muß ebenfalls dahingestellt bleiben. In Flandern erhebt das Dorf Phalempie bei Lille und ebenso Cysoing den Anspruch, von Martin bekehrt worden zu sein. Ueberdies geriet in Belgien dann Martins Andenken mit dem angeblich im Jahre 276 verstorbenen durchaus sagenhaften Bischof Martin von Tongern in Collision. Besser steht es vielleicht mit den Behauptungen der südöstlich von Tours gelegenen Teile Galliens, da wenigstens für die Auvergne der sorgfältige Gregor Martins Besuch am Grab der Vitalina in Arthonne bei Riom berichtet[a]). Durch Savoyen und Burgund kann er ferner auf der Reise von Italien her, gekommen sein; ganz unglaublich dagegen ist seine angebliche Missionsarbeit in der Centralschweiz. Nicht weniger begierig auf den Ruhm von Martins Anwesenheit erwies sich Südfrankreich, wofür jedoch höchstens Vienne in der Grabschrift einer Christin einen einigermaßen prüfenswerten Anhaltspunkt aufzuweisen in der Lage ist. Ja sogar das Concil von Saragossa im Jahre 380 soll Martin besucht haben, und wäre dann also sogar in Spanien gewesen. In allen diesen Bestrebungen, Martins irdische Wirksamkeit überall da nachträglich zu lokalisieren, wo seine Verehrung in Blüte stand, erkennen wir eine parallele Erscheinung zu den Gründungssagen fränkischer Bistümer und können daher von Legendenzügen reden, die von Tours aus sich mehr oder weniger durch ganz Frankreich erstreckt und die Lokaltraditionen, wo sich nur irgend eine Disposition fand, für Martin in Beschlag genommen haben. Die Folge davon war nichts geringeres als die Erhebung Martins zum Nationalheiligen Frankreichs. Selber ein alter Kriegsmann, wurde er nun vor allem der Patron der französischen Waffen. Schon die merowingischen Könige ließen sich Martins Mantel in die Schlacht nachtragen. Später wurde er der Herr der Reiter und der

---

a) Gregor. Confess. 5.

Reisenden; an der Thür einer Martinskapelle, an der man vorbeiritt, eines der Hufeisen als Votivgeschenk anzunageln, war ein verbreiteter Brauch. Hatten diese Seiten von Martins heiliger Schutzherrschaft noch in Martins Lebensgeschichte ihren unverkennbaren Rückhalt, und ist es auch durch die Mantelepisode des fernern genügend begründet. wenn Schneider und Tuchhändler des Mittelalters ihre Gilde in Martins Obhut befahlen, so findet dagegen sein Patronat über die Gastwirte und jede Art von Weingewerk keine einleuchtende biographische Erklärung. Immerhin ist diese Beziehung alt; schon im sechsten Jahrhundert verehrte man bei Tours einen Weinstock als von Martin gepflanzt [a]), und wandte sich ein armer, durstiger Fährmann, der an Epiphanien nicht hatte, woran sich gütlich thun, an Martin mit den Worten [b]): „O heiliger Martin, verschaffe mir doch heute zum Festtag ein Glas Wein, damit ich nicht allein nüchtern zu bleiben brauche, wenn die andern sich's schmecken lassen“. Die Pariser Genossenschaft der Weinleute führte den heiligen Martin in ihrem Schilde mit den Spezialattributen des Schlüssels und der Glocke. „Zum großen Sankt Martin“ nannte sich in gewissen Gegenden Frankreichs jedes andere Wirtshaus. Aber auch der Gunst der Gäste erfreute sich Martin, an so ziemlich allen Wechselfällen eines fröhlichen Zechers ist sein Name im französischen hangen geblieben; sich etwas leckeres zu Gemüte führen heißt faire la Saint-Martin; über den Durst trinken martiner, der Rausch le mal de Saint Martin. Daß diese französische Vorstellung unter Einwirkung der germanischen Martinslust entstanden ist, sei es nun durch Entlehnung, sei es durch Einwirkung des deutschen Elements im fränkisch-französischen Blut, mag angenommen werden. Doch war dies immerhin nur der Martin der städtischen Gilden. Sankt Martin, wie sich ihn im alten Frankreich die Bauern aus der freischaltenden Einbildungskraft des Volkes herausdachten, ist vor allem, was er auf Erden in der That gewesen war, der unermüdliche Arbeiter, der nicht Rast noch Ruhe kennt. Immer befindet er sich unterwegs, und immer hat er es eilig, bald bindet er sein Pferd an einem alten halbzugeschneiten Glockenturm an, bald läßt er den Fuhrmann, der ihn führt, so rasend von dannen fahren, daß Wagen und Räder in Stücke gehen. Besonders populär wurden dann der Esel und der Stock des Heiligen. Schon der spätesten Merowingerzeit mag folgende Sage angehören [c]): einst wallfahrteten Sankt Martin von Tours und Sankt Maximin von Trier einträchtig zusammen nach Rom. Martin ist gegangen Speise zu kaufen, und Maximin, der den Esel seines Freundes hüten sollte, war eingeschlafen. „Wo ist unser Esel hingekommen?“ fragte Martin, als er zurückkam. Es stellte sich heraus, daß ein Bär jenen gefressen hatte. Man ließ nun den Bären kommen und hielt ihm eine Strafpredigt:

---

a) Gregor Confess. 10.　　　b) Gregor Mart. II. 10.　　　c) Vita Maximin. Trier.

„Da du so dumm warst, diesen armen Esel, der unser Gepäck trug, aufzu=
fressen, wirst du nun so gut sein, und ihn ablösen." Wohl oder übel mußte
die Bestie gehorchen und trug ihnen ihr Reisebündel geduldig nach Rom. An der
Martinsquelle von Rieuil[a]) erzählte man sicher schon im sechsten Jahrhundert,
hier habe der Heilige einst zu seinen Lebzeiten, einen Mann getroffen, der
Wasser in einem kleinen Kruge trug. Martin bat ihn seinen Esel zu tränken,
damit er weiter reiten könne; jener aber ließ ihn hart an, er solle zu dem
Sodbrunnen gehen und selber schöpfen. Eine Frau jedoch, eine zweite Re=
bekka, entsprach dem Anliegen. Um diese zu belohnen, betete der Heilige an
eben dieser Stelle eine lebendige Quelle aus dem Boden. Und bei dieser
Quelle wird ein Stein aufbewahrt, wo sich der Huf des Esels eingedrückt hat
auf dem der Heilige ritt. Unzählig sind nun aber die Steine, da der Heilige mit
seinem Holzschuh die Fußspur eingedrückt hat, damals als er vor dem Teufel
flüchtend in einem gewaltigen Sprunge über ein ganzes Thal hinwegsetzte.
Zweifellos sind es alte Druidensteine, die diese Umbeutung erfahren haben;
einige darunter dienen noch heute den Bauern zum Versammlungsorte, andere
sind Schlupfwinkel für allerlei Hexenkünste geworden. Am besten kommt aber
der leitende Gedanke von Martins Wirksamkeit, der gewaltige titanenhafte
Ringkampf mit dem Teufel in der Sage der Insel Yen zum Ausdruck. Der
Heilige verlangte vom Teufel, er solle ihm eine Brücke schlagen, vom Festland
bis zur Insel auf die Entfernung einer Nachtreise, fünfzehn Meilen lang, damit
er trockenen Fußes hinüber könne. Um sich Martin auf diese Weise zu ver=
pflichten, wälzt der Teufel, alle Felsblöcke der Umgegend, deren er habhaft
werden kann, ins Meer; beim Tagesgrauen bemerkt er jedoch, daß eine un=
besiegbare Gewalt ihm zur Vollendung des Werkes im Wege stand. Um auf
jene Martinsquellen zurückzukommen, so zählen sie im Lande herum nach Hun=
derten. Die meisten sind jedoch nicht durch bloßes Gebet entstanden, sondern
mit dem Stocke Martins aus dem Boden geklopft. Dieser Stock ist so sprich=
wörtlich geworden, daß er durch den Namen Martins allein bezeichnet wird:
‚Par mon martin!' war ein Kraftausdruck der Jeanne b'Arc und bedeutete:
„Bei meinem Stecken!" „Martin bâton!" findet sich bei La Fontaine ge=
sagt. Vielleicht schwingt auch hier eine dem Heiligen ursprünglich fremde my=
thische Beziehung mit, die im Namen Martin, das heißt „kleiner Mars", an=
gedeutet sein kann, uns aber unerklärlich bleibt. Ebenso mögen bei der Cap=
paprozession in Tours oder andern fränkischen Martinsgebräuchen Göttervor=
stellungen hineinspielen. Aber nicht nur da, sondern auch bei Martins Wirk=
samkeit als Wetterheiliger, von der anderswo zu reden ist, kann es sich im=
mer nur um mehr oder weniger starke Entlehnungen und Berührungen, aber

---

a) Greg. Mart. IV. 31.

ja nicht um wesentliche Eigenschaften handeln. Dem Kern nach ist der franzözische Martin eine Verklärung des geschichtlichen Martin und somit reine Sage.

Ganz anders der deutsche Martin, wie er hauptsächlich dem Rhein entlang verehrt wurde und dem englischen Georg an die Seite trat. Da haben sich nicht die geschichtlichen Ansätze episch ausgefasert und verzweigt, vielmehr hat ein dem geschichtlichen vollständig heterogenes Element, ein Mythus, dem historischen Stamm aufgepfropft, an diesem ganz andere Früchte gezeitigt. Im allgemeinen wird man immer noch von dem Wodans=Charakter des deutschen Martin reden dürfen, sobald man im Auge behält, daß der Allerweltsheilige hie und da auch Züge schon des älteren Himmelsgottes an sich haben könnte. Leider ist nun aber Wodan in seiner christlichen Maske im einzelnen durchaus nicht deutlich, sowenig an der Thatsache dieser seltsamen Verkleidung noch zu zweifeln ist. Es mag hier nur ganz im allgemeinen der Berührungen gedacht werden[1]). Die Verschmelzung lag um so näher als beide, der Gott und der Heilige, von sich aus mit Mantel, Roß und Schwert gedacht wurden. Das mythische Herbstpferd heißt Martinspferd, auch sein Huf drückt sich im Steine ab, der gewaltige Mantel Martinsmantel, der wilde Jäger Junker Märten, die wilde Jagd Martinsgestämpe. Man trank Martinsminne und brannte Martinsfeuer; man sprach·von Martinsgerte und Martinshammer. Mythisch ist auch der Martinsvogel auf dessen Gesang und Flug man achtete, aber ja nicht zu verwechseln mit der Martinsgans. Sie bildet mit dem Martinshorn und dem Martinswein die Martinslust, die deutliche Fortsetzung der alten Opferschmäuse. Eine symbolische oder historische Bedeutung dürfte bei der Wahl der Gans nicht zu suchen sein; die Gans gedeiht um den Martinstag herum am besten, und deutsche Gänse waren schon bei den Römern so berühmt, daß Plinius den deutschen Namen dafür kannte, so gab sie den besten Schmaus ab. Und der gütige Gott Wodan, der zur Zeit der kürzesten Tage die Armen und Kinder besucht und beschenkt, heißt keineswegs nur Klaus oder Ruprecht, sondern in Bayern Pelzmartle, in Schwaben Pelzmärte und in Norddeutschland das Martinsmännchen. Auch wurde die Adventszeit früher allgemein sechs Wochen vor Weihnachten begonnen, sodaß der erste Sonntag im Advent gleich auf den Martinstag fiel; infolgedessen hießen auch die mit dem Advent verbundenen Fasten Carême de St. Martin. Noch jetzt schließt das bäuerliche Jahr mit dem Martinstage, bis zu dem alle Pachtungen gehn. Martini war überdies einer der drei Termine für die großen Volksversammlungen, die so-

---

1) Karl Simrock, Mythologie. 507—594; Martinslieder, herausgegeben von Karl Simrock. Bonn. 1846. S. XXI. Elard Hugo Meyer, Germanische Mythologie. 1891. S. 254—257. Heino Pfannenschmid, Germanische Erntefeste. Hannover. 1878. S. 193—243.

genannten ungebotenen Gerichte. Es sei nochmals hervorgehoben, daß der=
gleichen mythische Beziehungen zu Martin versteckt oder offen auch auf außer=
deutschem Boden anzutreffen sind; dennoch wird man, solange eine genauere
Untersuchung noch aussteht, an dem Unterschied festhalten und von einem fran=
zösischen und von einem deutschen als von einem epischen und einem mythischen
Martin reden dürfen. Martin genoß ja während des Mittelalters im west=
lichen Abendland eine beispiellose Verehrung, mit der nur eben noch Petrus
und die Muttergottes es aufnahmen, sodaß auf einer so ausgedehnten Kul=
tusfläche fast notwendig die Eigenart einer ganzen Rasse zu ihrem Rechte ge=
langen mußte. Am Ende des Mittelalters gilt mehr als je das Wort Gre=
gors, Martin sei der Spezialheilige der ganzen Welt[a]). Als aber am elften
November 1483 das Tags zuvor geborene Söhnchen des Bergmanns Luther
zu Eisleben Martin getauft wurde, war den katholischen Heiligen ihr ge=
fährlichster Feind erstanden. Zwar hat sich der Namenspatron seiner Sym=
pathie erfreut: „Solch Ding sollt man aus den Legenden der Heiligen klauben
als in der Historia von Sankt Martino steht"[1]). Aber Luthers Werk bedeu=
tete darum für die Kirchenheiligen das Ende der Weltherrschaft, weil sich die
Protestanten des polytheistischen Wesens der Heiligenverehrung bewußt wurden:
„Den einzelnen Heiligen sind bestimmte Geschäfte übertragen, wie daß Anna
Reichtümer spende, Sebastian vor der Pest helfe, Valentin die Fallsucht heile,
Georg die Ritter beschütze. Solche Meinungen sind aus heidnischen Vorbildern
entstanden. Denn so meinten die Römer, daß Juno reich mache, Febris das
Fieber abhalte und Pollux den Ritter verteidige[2])". Hatte das Christentum
die Götter entfernt, so zerschlug die Reformation mit den heiligen Bildern
deren nachträgliche Verkleidungen. Damit zerbrach sie die hauptsächlichsten Stützen
der dynamischen Welterklärung, ohne jedoch die nun langsam erstehende mecha=
nische Auffassung der Dinge sich anzueignen, die den Menschen in Versuchung
führt, nicht nur ohne Götter, sondern auch ohne Gott zu leben.

---

a) Gregor Mart. IV. prol.

1) Aus den Tischreden. Bel H. Weingarten, Art. Martin von Tours (Real=
encyklopädie für protestantische Theologie und Kirche ², 9, 1881. S. 372.   2) Aus
der Apologie der Augsburger Confession. Bei Karl Hase, Handbuch der protestan=
tischen Polemik ⁴. Leipzig 1878. S. 306.

Zweites Buch.

Das Heiligengrab.

Die Heiligenleben sind nun aber nur die eine Seite der auf uns gelangten Ueberlieferung. Die andere, wie sie denn überhaupt niemals gelehrter Natur war, tritt dem Besucher von Frankreich auf Schritt und Tritt im öffentlichen Leben entgegen und ist so trivialer Art, daß heute kaum Jemand mehr an ihre ursprüngliche Bedeutung zu denken sich bemüßigt fühlt: Place Saint Martin, Boulevard Saint Germain, Porte Saint Denis, Bibliotheque Sainte Genevieve. Es handelt sich dabei um die säkularisierten Reste eines sepulkralen Andenkens, das dem schriftstellerischen Andenken zur Seite ging, wenn nicht gar vielfach, als die primäre Instanz, ihm zur Grundlage diente. Von einander unabhängig sind die beiden Formen der Tradition jedenfalls nicht gewesen. Da aber hier und dort die Heiligen zu einem guten Teil ganz andere sind, geht schon daraus hervor, daß die kultische Ueberlieferung sich nicht vollkommen deckt mit der litterarischen, sondern bei einem halben Zusammenhang mit ihr zur andern Hälfte eigene Wege geht.

Als Organisation ist das kultische Andenken allerdings ein Werk des Priesterstandes; aber der Substanz nach haben wir es hier durchaus mit einer naiven Schöpfung der Volksseele zu thun. An sich ist das Material ausgedehnter und schwerer zu überschauen, als der in zahlreichen, aber immerhin zählbaren zeitgenössischen Viten vorliegende litterarische Traditionsstoff; und doch wird die Darstellung der wesentlichen Erscheinungsformen des Heiligenkultus sich ungefähr auf die Hälfte des Umfanges zusammendrängen lassen, den die Schilderung der merowingischen Heiligenschreibung für sich in Anspruch nahm. Hiefür ist der hauptsächliche Grund folgender: dort galt es immer aufs neue Rücksicht zu nehmen auf originale persönliche Art mit all der Verästung und komplizierten Linienführung eigenen Lebens, die in der kurzen Spanne zwischen Geburt und Tod immer wieder neu und immer wieder anders war; und damit nicht genug, galt es dann noch dem Auswachsen persönlichen Andenkens ins Riesenhafte und Mythische nachzugehen, der Teilnahme armseliger Einzelleben an den kolossalen Naturgestaltungen ganzer Völker. Auf dem Gebiete, das wir nun betreten, wird uns ja teilweise ähnliches begegnen; aber das wird dann nur ein Hinübergreifen, ein partielles Sichdecken sein. Der Unterschied ist weit beträchtlicher als die Uebereinstimmung, und in dieser Differenz liegt das entscheidende Wesen. Nicht auf frommen Vorstellungen ruht hier das Schwergewicht, sondern auf frommen Handlungen. Und während die Ansätze

zu Kristallisationen der Vorstellungen zwar dort nicht fehlen, aber stets aus=
einandergespült werden durch das beständig zuströmende originale Leben, das,
wenn auch noch so bescheiden, aus jeder wirklichen Heiligenexistenz quoll, so
stehen hier breit und beherrschend nicht individuelle Mächte im Vordergrunde,
sondern Gattungen, Typen. Gewiß fehlte das Persönliche nicht, aber es fehlte
als primäre, aus eigener Wurzel bezogene Triebkraft und spielt sich statt dessen
nur parasitenhaft auf der Rinde der Gattung ab. Nicht das Moment der
Entwicklung, sondern das Moment der Stetigkeit überwiegt nun.

Nie ist in der abendländischen Geschichte eine ganze Volksmasse religiös
so imprägniert gewesen, wie die Franken unter den Merowingern, sobald
wohlverstanden von dem normalen Volksleben im Staate die Rede ist, nicht
von momentanen Impulsen wie den Kreuzzügen oder der Reformation, und
sobald ferner ‚religiös‘ unter Verzicht auf den sittlichen Gehalt lediglich die
Furcht vor Gott bedeutet. Um dem Wesen eines solchen enormen und form=
losen Klumpens von Religiosität mit unserer Erkenntnis beizukommen, haben
wir den Stoff unter drei Stichbegriffe verteilt: Name, Kraft und Wunder.
Volkstümlich ausgedrückt, handelt es sich bei dieser Einteilung um die Schale,
um den Kern und um die Wirkung des Kernes auf den, der ihn verschluckt hat.

Unsere Quelle ist nun fast ausschließlich Gregor von Tours in seinen
acht Büchern der Mirakel. An Vollständigkeit darf uns hier nicht so viel
gelegen sein, als an einer möglichst typischen Einsicht in den Sachverhalt; und
da wird man sich zweimal besinnen, ehe man irgend eines der andern keines=
wegs seltenen Zeugnisse in die Nähe einer Aussage Gregors erhebt. Er
bedient uns hier mit der andern Seite seiner hagiographischen Qualitäten,
ein Unterschied, dessen er sich wohlverstanden selber bewußt ist; spricht er doch
gelegentlich ausdrücklich von einer Differenz zwischen dem Andenken an die
historische Person und dem Kultus an ihrem Grabe*).

Vierter Abschnitt.

Der Name.

Aus dem Frankenreich der Merowinger sind uns etwa zweihundert Gottes=
häuser bekannt, die den Namen eines christlichen Heiligen tragen. Die durch
diese Kirchennamen repräsentierte Heiligenversammlung stellt sich äußerst bunt
dar; von den christlichen Urheiligen bis zum kleinen Lokalmärtyrer sind zu=
gewanderte und einheimische Selige in gemeinsamer Verehrung vertreten. Und
nicht etwa so, daß in abgeteilten Bezirken hier Fremde und dort Landes=

---

a) Gregor Conf. 35.

bürger hausten, sondern gemischt und gekreuzt zwischen Morgenländern ein Kelte und zwischen Germanen ein Kind des Südens. Der nationale Charakter der alten fränkischen Landeskirche verrät sich indessen auch hier. Das Gros ihrer Heiligen ist eben doch autochthon, was in diesem Fall freilich weniger besagen will, sie seien eingeboren, als sie seien in der heimischen Erde bestattet. Diese Heiligengräber gruppieren sich um eine Metropole, die deren mehrere enthält und diese wieder werden überragt von dem Reichsheiligtum in Tours. Nicht nur unter sich, sondern auch mit dem Auslande unterhielten diese Kultusstätten einen lebhaften Verkehr, der sich teils als Reliquientausch, teils als Missionspropaganda äußerte.

Zehntes Kapitel.

Die Grundheiligen.

Frankreich hatte im sechsten Jahrhundert noch elf kirchliche Provinzen[1]).

Die Hauptstadt der „Ersten Lyoner" beherbergte in ihrem römischen Mauerring nur eine Johannisbasilika, in deren Krypta Irenäus mit den Märtyrern Epipodius und Alexander beigesetzt war. Westlich oder südlich der Römerstadt lag das Mausoleum einer heiligen Frau. Außen am Stadtbann erhob sich die Nicetiusbasilika zwischen Saône und Rhone, die erst den Aposteln geweiht gewesen war. Die Lage der Helius= und Marienkirche ist nicht mehr zu bestimmen. Auf einer heute mit dem Lande verbundenen, damals von beiden Strömen bei ihrem Zusammenfluß gebildeten Insel im Osten des römischen Lyon stand die mächtige Märtyrerkirche von Ainay. Eine Stunde oberhalb lag ein Kloster auf der Insel Barbara in der Saône. Auf der Südgrenze gegen Vienne zu befand sich das Symphorianskloster von Ozon, und ihm diametral entgegengesetzt in der Nordostecke am Jura das uns bereits bekannte Kloster des Romanus, das damals noch nach Eugendus und später nach Bischof Claudius hieß. Lyons kultischer Sagenkreis enthielt folgende Anekdoten*). In der Irenäuskrypta strahlt bisweilen ein heller Schein. Die Krypta des Helius barg ein schönes Grabmal dieses Lyoner Bischofs aus der decianischen Verfolgung. Im Raume war inschriftlich über der Eingangsthüre das die Nacht nach der Beisetzung von einem Heiden begangene Sacrilegium erwähnt. Gregors Verwandter, Bischof Nicetius oder Nizier, zollte diesem seinem Vorgänger besondere Verehrung. Er selber erwies sich

a) Gregor Martyr. 49. Conf. 60—64.

1) Auguste Longnon, Géographie de la Gaule au VIe siècle. Paris. 1878. S. 180—611.

dann, noch nicht einmal im Grabe, schon bei seinem Leichenzug wunderkräftig; ein blinder Knabe ließ sich, einer inneren Stimme folgend, durch die Schaar weiß gekleideter Kleriker hindurch unter den wandelnden Sarg stoßen; dort rief er den Heiligen an und erlangte das Augenlicht. In der Stadtkirche zeigte man einen Evangelienschrein, eine Schale und einen Kelch, die einst Kaiser Leo als Dank für die durch einen Lyoner Obersthelfer bewirkte Heilung seiner besessenen Tochter gestiftet hatte; die Gegenstände waren aus reinstem Golde gewesen und mit echten Juwelen besetzt; aber leider hatte der Ueberbringer in der Alpengegend bei einem Goldschmid übernachtet, der ihm bei Gewinnteilung Ersetzung echter Bestandteile durch Imitationen vorschlug; nur den Kelch ließ er unberührt, weil dort die Edelsteine stärker als blos mit Golddrähten befestigt waren. Die Strafe war, daß beide, bei der Rückkehr des Boten, nachts im einstürzenden Zimmer erschlagen wurden. Von jener unbekannten Frau, die vor der Stadtmauer begraben lag, hieß es, sie habe den Schuh des Märtyrers Epipodius aufgefangen, als er ihm auf dem Gange zum Richtplatz vom Fuße fiel. In der Marienkirche hatte von einem kinderlosen adeligen Ehepaar, das die Kirche zum Erben seiner Güter einsetzte, der verstorbene Gatte sein Grab, an dem die noch lebende Gemahlin täglich ihre Andacht verrichtete. Nördlich von Lyon lagerte sich das Gebiet der ihm unterstellten Bistümer. In Autun war der Kirchhof ein Sammelpunkt von Heiligtümern[a]), nicht nur enthielt er ein Massengrab von Heiligen, sondern auch die Mausoleen dreier Stadtbischöfe, nämlich des Reticius, des Cassianus und sogar des Simplizius, trotzdem diesem, allerdings mit Unrecht, Ehebruch nachgeredet wurde. Zum Grab des Reticius, das abseits lag, ging die Geschichte um, seine Gattin, die schon vor seiner Bischofswahl starb, habe ihn beschworen, einst an ihrer Seite zu ruhen, und als nun viele Jahre später der Bischof die seiner Stellung entsprechende Ruhestätte finden sollte, verrichtete die Totenbahre das in solchen Fällen übliche Beharrungswunder, bis man begriff. Der Hauptheilige von Autun war allerdings der Lokalmärtyrer Symphorian aus der Zeit der Lyoner Verfolgung; seine Basilika war am Ende des fünften Jahrhunderts von dem Priester und späteren Bischof Eufronius errichtet worden und lag eine kleine halbe Stunde nördlich der Stadt[b]). Dijon, die thatsächliche Residenz des Namensbistums Langres, besaß das Benignusgrab, über dem seine Hauptkirche errichtet war; sie enthielt überdies die Gräber des Senators Hilarius, seiner Frau Quieta und einer ebenfalls frommen Dame namens Florida, wozu dann noch als weitere dort ruhende Notabilität Tranquillus hinzukommt[c]). Durch einen Höhenzug getrennt, bereits im Seinegebiet, lagen die beiden Klöster Reomatis und Saint

a) Gregor Conf. 72—75.   b) Gregor Martyr. 51. H. Fr. II. 15.   c) Gregor Conf. 41—43.

Seine; der Stifter des einen, der heilige Abt Johannes von Tonnerre, war in einer benachbarten Pfarrkirche begraben, während das Grab des heiligen Sequanus sich in dessen Abtei befindet[a]). Einen Tagemarsch nordnordwestlich von Reomatis erreichte man die Festung Tonnerre, wo ein durch Martin von Tours geheilter Priester seiner Zeit eine Kapelle errichtet hatte. Topographisch die Abrundung des Erzbistums Lyon bildet die Diöcese Châlons. Das Hauptheiligtum Sankt Marcellus zu Ehren eines der Sage nach aus Lyon stammenden Märtyrers, zu dessen Verherrlichung namentlich König Gunthram beitrug, lag eine halbe Stunde vor der Stadt jenseits der Saône. Ein Heiligengrab war ferner das des Bischofs Silvester. Sieben Wegstunden südwestlich lag das Kloster Gourdon mit dem einst nach Châlons verlangten, aber zunächst nicht herausgegebenen Leichnam des Klausners Desideratus, der bei Lebzeiten besonders Zahnweh geheilt hatte. Und eine kleine Tagereise von Châlons südlich gen Macon hin fand sich an der Saône die Festung Tournus mit der Grabeskirche des Märtyrers Valerianus[b]). Von Macon erwähnt Gregor kein Heiligtum, dagegen von Besançon, das kirchlich den höchst unwirtlichen alamannischen Osten berührte. Die den Märtyrern aus Caracallas Zeit gewidmete Basilika Sankt Ferreolus und Ferrucio liegt eine schwache halbe Stunde westlich von der Stadt, heute das Dorf Saint Fergeux[c]). Im südlichsten Winkel des ansehnlichen Diöcesangebietes finden sich die beiden Juraklöster, die einst von Saint Oyand de Joux aus gegründet worden waren, Sankt Lupicin, der indessen nicht dort bestattet ist, und das zehn Meilen von Saint Claude gelegene nach dem daselbst ruhenden Romanus genannte St. Romain-de-Roche. Im kirchlichen Zusammenhang mit Lyon, eher als mit Vienne, ist hier auch das einzige damals ansehnliche Heiligtum auf Schweizerboden zu nennen, Saint Maurice mit seinen Heiligen von Agaunum, deren Namen und Andenken auch der daselbst nachträglich noch bestattete königliche Heilige, Sigismund von Burgund, nicht zu entthronen vermochte[d]).

Aus der „Zweiten Lyoner“ Provinz, der Normandie, mit der kirchlichen Hauptstadt Rouen sind uns keine Heiligengräber näher bekannt, um so mehr dagegen aus der „Dritten“, deren Metropole Tours war. Von den fünfzehn Kirchen des Stadtbannes, die Gregor erwähnt, entfallen indessen nur drei auf Lokalheilige, wenn man von Sankt Martin absieht und wenn man ferner die von Gregor nach Julian von Brioude geheißenen Turoner Kirche[e]) nicht rechnet. Martins Vorläufer im Amte, Litorius, der zweite Bischof von Tours, der auch die Kathedrale in der Stadt erbaute, besaß, wahrscheinlich eine Viertelstunde westlich von der Stadtmauer entfernt, sein eigenes Heiligtum[f]), ebenso

<hr>

a) Gregor Conf. 85 (interpol.) 86.   b) Gregor Martyr. 52. 53. Conf. 84. 85.   c) Gregor Martyr. 70.   d) Gregor Martyr. 74. 75.   e) Gregor Julian. 34.   f) Gregor II. Fr. X. 31. 2.

zwei Lokalheilige, die Gregor in seinen Väterleben näher beschrieb: Venan=
tius[a]), der sich kurz nach Martins Tode, in Tours in einem nahe bei der
Martinskirche schon vorhandenen Kloster niederließ und Monegunde[b]), bei der es
sich wahrscheinlich um das von ihr gestiftete Nonnenkloster handelt. Diesen
drei Bethäusern, die zwar alle außerhalb des damaligen, aber noch innerhalb
des heutigen Stadtringes lagen, reihen sich eine Anzahl anderer in der zu
Tours gehörigen Landschaft gelegener Lokalheiligtümer an[c]). Unter dem Na=
men der heiligen Papola[d]) tritt in der fränkischen Heiligensage die als Mönch
verkleidet im Mannskloster lebende Nonne auf, die im Orient Marina heißt.
Die Papolakapelle lag irgendwo im Diöcesangebiet von Tours. Das lang
unbekannte Grab irgend eines verschollenen auswärtigen Bischofs Benignus[e])
wurde dadurch entdeckt, daß ein Landmann den im Gestrüpp liegenden Sar=
kophagdeckel ahnungslos zum Grabstein für seinen verstorbenen Sohn ver=
wendete und sich dadurch nächtlicherweile die energischen Reklamationen des
fremden Heiligen zuzog. Hat man es schon hier mit einer nachträglichen kirch=
lichen Reception eines alten der Volksverehrung sich erfreuenden Grabes zu
thun, so noch mehr bei dem ebenfalls im Dorngeheg versteckten Grabe der
„Beiden Jungfern"[f]), die sich nachts mit Erscheinungen an verschiedene Leute
wandten, um sich eine anständige Bergung ihrer Ueberreste zu verschaffen, und
so auch an den Bauer, auf dessen Land sie lagen: „Länger halten wir es ohne
Dach einfach nicht mehr aus; übrigens wäre es zum Besten des Grundbe=
sitzers, wenn er die Dornenhecke artig zurichten und der Regengüsse wegen
für ein Dach sorgen wollte." Als nun der Bauer sein möglichstes that, war
ihm doch sonst mit Tod innert Jahresfrist gedroht worden, und er dann zu
Eufronius von Tours ging, mit der Bitte, Hochwürden möchten nun so gut
sein und das Grab zu weihen kommen, versetzte dieser: „Lieber Sohn, ich
bin steinalt und heuer macht's draußen kälter als ein anderes Frühjahr, es
gießt und windet und die Bäche sind angeschwollen; du kannst wirklich nicht
verlangen, daß ich mich zu euch hinausbemühe." Bekümmert ging der Land=
mann von dannen. Nachts aber erschienen die beiden Jungfrauen dem Bischof
und weinten ihm vor, so daß er sich daraufhin schleunig auf den Weg machte.
Er hatte sich die Gesichtszüge und den Gang der Beiden genau gemerkt: beide
waren weißer als Schnee und die kleinere nur an Gestalt nicht an Verdienst
geringer. Auch wie sie hießen, hatten sie ihm gesagt: Maura und Britta. Was
diese beiden nachträglich selig gesprochenen Nonnen einst in ihrem Erdenleben
trieben, ja ob das Grab überhaupt zwei und zwar zwei weibliche Leichname
enthielt, wissen wir ebensowenig, wie ob der ebenfalls eines Tages zu Maillé

a) Gregor Conf. 15.   b) Gregor Conf. 24.   c) Gregor Conf. 4—25.   d) Gregor Conf. 16.
e) Gregor Conf. 17.   f) Gregor Conf. 18.

entdeckte Solemnis[a]) mit seinen Erdentagen irgendwie seine spätere Sanktifi=
kation rechtfertigt und er der Bischof von Chartres dieses Namens wirklich
gewesen ist. Dagegen genießen die übrigen Lokalheiligen der Turoneser Land=
schaft im Kultus nur den durch ihre frühere Heiligenlaufbahn ehrlich erwor=
benen Lohn ihrer irdischen Wirksamkeit: der Martinsjünger Maximus[b]), oder
Saint Mesme Johannes aus der Bretagne[c]) und Senoch[d]). Von den Tours
unterstellten namentlich die Bretagne erfüllenden Bistümern nennt Gregor nur
wenige Kirchen die Lokalheiligen gewidmet sind: in Le Mans Bischof Vikto=
rius[e]), in Angers Bischof Albin, Saint Aubin[f]); in Rennes Bischof Melanius
Saint Melaine[g]) und in Nantes Bischof Similian, wo überdies auch zwei Lo=
kalmärtyrer Donatian und Rogatian schon zu Chlodowechs Zeiten ihre Kirche
gehabt haben sollen[h]).

Die „Vierte Lyoner" stellt sich dar in dem sehr umfangreichen Erzbistum
Sens, dessen Metropole Gregor jedoch nirgends erwähnt. Auch von Char=
tres nennt er weder die Stadt selbst noch das damals doch wohl schon frei=
lich ohne den Heiligenleib bestehende Kloster Avituszelle. Für Auxerre ver=
zeichnet er immerhin das Grab des Germanus[i]), der am 31. Juli 448 in
Ravenna gestorben, aber nach zwei Monaten in die Heimat überführt worden
war. Ausführlicher wird Gregor erst für Troyes: in der Stadt lagen die
Lupuskirche[k]) und vielleicht eine Kirche des Nicetius von Lyon[l]) außerhalb
dagegen die große Patroklusbasilika[m]); erst war es nur eine kleine Kapelle
mit einem einzigen Priester gewesen, als jedoch eine schriftliche Patroklusvita
aufkam, hob sich der Kultus so sehr, daß ein geräumiges Gotteshaus an die
Stelle treten mußte. In Orleans standen zwei Kirchen, Saint Aignan, wo
der Bischof Namatius im Jahre 587 begraben wurde[n]), und die Grabeskirche
des Einsiedlers Avitus von Mich[o]). Das mit Kirchen schon in jener Zeit
begüterte Paris hat indessen nur eine einzige ausdrücklich Lokalheiligen ge=
widmete Stätte besessen; denn wenn die spätere Genovefakirche offiziell noch
nach Sankt Peter[p]) und Saint Germain noch nach Sankt Vincenz[q]) hieß, so
blieb nur jenes von der „Stadt" als ein in ihr gelegenes „Dorf" unter=
schiedene Stück Paris übrig, wo Bischof Marcellus[r]) und die Nonne Cres=
centia[s]) in ihren eigenen Gotteshäusern ruhten. Im heutigen Saint Denis
brach sich schon zu Gregors Zeiten der Name des Dionysius[t]) Bahn als des
Lokalmärtyrers und ersten Bischofs von Paris. Saint Cloud mit dem

a) Gregor Conf. 21.   b) Gregor Conf. 22.   c) Gregor Conf. 23.   d) Gregor Conf. 25.
e) Gregor Conf. 55.   f) Gregor Conf. 94.   g) Gregor Conf. 54.   h) Gregor Martyr. 59.   i) Gre-
gor Conf. 40.   k) Gregor Conf. 66.   l) Gregor Patr. VIII. 8.   m) Gregor Martyr. 63.   n) Gre-
gor H. Fr. IX. 18.   o) Gregor H. Fr. VIII. 2. Conf. 97.   p) Gregor Conf. 89.   q) Gregor
H. Fr. V. 7. VIII. 33. Conf. 88.   r) Gregor Conf. 87.   s) Gregor Conf. 103.   t) Gregor
Martyr. 71. H. Fr. V. 35.

Grabe Chlodovalds kam erst später auf; es hieß damals noch Novigentum[a]).

　Die „Erste Belgische“ ist Gregor in hagiographischer Hinsicht ziemlich unbekannt geblieben. In Trier nennt er mit Namen nur die Maximinskirche[b]) die auch das Nicetiusgrab enthielt; für Köln die Kirche der fünfzig Soldaten der thebäischen Legion; da es hieß, sie hätten an Ort und Stelle gelitten, sonstige Beziehungen der Sage jedoch nicht erwähnt sind, so haben wir es mit einem von Agaunum unabhängigen ungefähr gleichzeitigen Kölner Lokalniederschlag der Thebäerlegende im Abendland zu thun; diese Kirche, später St. Gereon, war als Bauwerk mit Mosaiken so verschwenderisch ausgestattet, daß das Volk nur von den ‚Goldheiligen‘ sprach, wenn es die kölnischen Thebäer meinte[c]). Für Tongern-Maastricht nennt Gregor das Servatiusgrab, bei der Brücke an der Straße, die nach Gallien führt[d]). Etwas besser war es mit Gregors Kenntnissen in der „Zweiten Belgischen“ bestellt. Für Reims nennt er außer der Remigiuskirche[e]) die Basilika der beiden Lokalmärtyrer Timotheus und Apollinaris[f]) und hebt sie als Stiftung einer devoten Privatperson hervor; für Soissons sodann die Grabeskirche des Bischofs Medardus[g]); ob Crispus und Crispinianus, denen die andere große Kirche der Stadt geweiht[h]) war, Lokalmärtyrer sind muß dahingestellt bleiben; dagegen war Lupentius oder Saint Louvent[i]) einer, dem das Hauptheiligtum von Châlons-sur-Marne gehörte während der alte Bischof und spätere Stadtpatron Memmius oder Saint Menge[k]), ebenfalls außerhalb der Mauern seine Kirche hatte; Gregor hat sie besucht. Saint Louvent, um dies nachzutragen, war übrigens ein Zeitgenosse Gregors: er wirkte als Abt von Saint Privat de Mende, bis ihn im Jahre 584 der Graf Innocenz von Gévaudan wegen Majestätsbeleidigung verklagte und sich Lupentius vor der Königin Brunichilde zu verantworten hatte. Obwohl es ihm nun gelungen war, sich zu rechtfertigen, verfolgte ihn der Graf von neuem und internierte ihn auf seinem Landsitz Ponthion. Der Heilige entkam auch dieses Mal und war eben wieder seßhaft geworden, wenigstens provisorisch in einem Zelte, das er an einem Flusse aufschlug. Da fahndete der Graf zum drittenmal auf ihn und diesmal war es des Heiligen Tod: er kam um seinen Kopf, der in einem mit Steinen beschwerten Sack dem Wasser übergeben wurde, wie auch der Rumpf. Beides gelangte jedoch ans Ufer der Marne und wurde dort im gemeinsamen Grabe bestattet, wo alsdann die Wunderkraft und Heiligenschein nicht lange auf sich warten ließen. Von den vielen Bistümern im Nordwesten der Provinz Arras, Noyon, Cambrai, Tournay, Beauvais, Amiens und den andern,

---

a) Gregor H. Fr. X. 28.　　b) Gregor Conf. 91. 92.　　c) Gregor Martyr. 61.　　d) Gregor Conf. 71.　　e) Gregor H. Fr. IX. 14, X. 19. Conf. 78.　　f) Gregor Martyr. 54.　　g) Gregor H. Fr. IV. 19. 21. 51. V. 3.　　h) Gregor H. Fr. V. 35. IX. 9.　　i) Gregor H. Fr. VI. 37. k) Gregor Conf. 65.

enthält uns Gregor leider Kultusnachrichten jeder Art vor. Immerhin verzeichnet er für Vermandun das Grab des Quintinus, Saint Quentin[a]).

Reichlicher ist ihm die Kunde für die südliche Reichshälfte zugeflossen. In der Viennischen allerdings erwähnt er nur die Ferreoluskirche bei Vienne, die er selber besucht hat[b]); in der „Arelatense" dagegen nicht allein die Genesiuskirche der Hauptstadt auf dem rechten Rhoneufer[c]), sondern auch den Bischof Marcell von Die, ferner[d]) Sankt Viktor, den Lokalmärtyrer von Marseille[e]), einen gleichen von Aix, namens Metrias[f]) und sodann den Bischof Maximus von Riez[g]), endlich zwei Heiligtümer in Embrun, das eine über dem Grabe des Bischofs Marcellin[h]) und das andere über dem der Lokalmärtyrer Nazarius und Celsus[i]). In oder bei Nizza wurde der Klausner Hospizius verehrt[k]).

In der „Ersten Aquitanischen" besaß die Metropole Bourges ihren Apostel in Ursinus; doch hat er nach Gregor ein ursprüngliches Heiligtum nicht besessen, sondern wurde nach Jahr und Tag von dem Kirchhof, wo sich von den andern Gräbern das seinige nicht unterschied, in die außerhalb der Stadt liegende Symphorianskirche überführt, der er mit der Zeit seinen Namen aufzwang[l]). Auch das Grab des 580 verstorbenen Bischofs Felix von Bourges wurde zur Kultstätte[m]); der Senatorssohn Lusor oder Saint Ludre wurde verehrt, weil er in den Taufkleidern gestorben war; sein von Gregor bewundertes Grabmal angeblich aus parischem Marmor[n]) findet sich noch heute in der Krypta der Dorfkirche von Deols. Auf ein Gelübde König Childeberts ging die Basilika des heiligen Eusicius zurück; dieser Einsiedler war auf dem spanischen Zuge des Königs im Jahre 531 von diesem über den Ausgang befragt worden und hatte Glück verheißen. Als ihm der Erfolg Recht gab, wurde seine bescheidene Zelle in der That vom König in eine Basilika verwandelt, mit der Bestimmung, einst auch den Heiligenleib zu beherbergen; die Cleriker von Sankt Eusicius trieben Bienenzucht[o]). Von einem andern Eremiten der Diöcese Bourges, Marianus[p]), erzählt Gregor, er habe nur von wilden Früchten gelebt, es sei denn, daß ihm gutherzige Leute Honig brachten oder er selbst welchen in den Wäldern fand. Eines Tages wurde er vermißt; man fand ihn tot unter einem Apfelbaum, brachte ihn in das Dorf Evaux und bestattete ihn dort in der Kirche, wo auch jährlich sein Fest begangen wird.

In Clermont-Ferrand, dem alten Arvernum war Gregor besonders gut über Kirchen und Kapellen von Stadt und Umgegend unterrichtet, weil er dort aufgewachsen war; in der Stadt sind es ein Dutzend Gotteshäuser und in der

---

a) Gregor Conf. 72.   b) Gregor Jul. 1. 2.   c) Gregor Martyr. 67. 68.   d) Gregor Conf. 70.   e) Gregor Martyr. 76. H. Fr. IX. 22.   f) Gregor Conf. 70.   g) Gregor Conf. 62.   h) Gregor Conf. 68.   i) Gregor Martyr. 46.   k) Gregor Conf. 79.   l) Gregor Conf. 95.   m) Gregor Conf. 100.   n) Gregor Conf. 90.   o) Gregor Conf. 81.   p) Gregor Conf. 80.

Landschaft gegen zwanzig Kirchspiele; von diesen gehen folgende auf genuinen Lokaldienst zurück: ein Alexandergrab[a]), das sich indessen nicht auf die Dauer als Kultstätte halten konnte, das Grab eines Priesters Amabilis[b]) von Riom, eine von Mutter und Schwester des Sidonius Apollinaris gestiftete mehr prunk= volle als solide Kirche des Antolianus[c]), eines Lokalmärtyrers der ältesten Zeit; auch dessen Kollegen Cassius und Viktorinus kamen nicht zu kurz[c]); ihre Kirche verwahrt überdies den Leib der heiligen Georgia, einer Bürgerin von Arvern[d]). Der Stadtpatron Illidius oder Saint=Allyre hatte seine Crypta nahe vor der Stadt, mußte aber sein Grab mit seinem Archidiakonen Justus teilen[e]), weshalb denn auch bei dieser Doppelladung besonders viele Wunder geschahen. Der heilige Gallus indessen, Gregors Onkel, hatte zwar ein wunder= thätiges Grab, aber die Kirche, wo er bestattet war, hieß nach wie vor nach dem heiligen Lorenz[f]). Die an Saint Allyre anstoßende Veneranduskirche barg nicht nur den Leichnam des 380 verstorbenen Stadtbischofs, nach dem sie hieß, sie war überhaupt das Kollektivmausoleum von Arvern und enthielt zahllose Grabmäler, von denen Gregor indessen nur das der Gulla des Liminius und des Nepotian mit Namen nennt[g]). Endlich wurde ein altes Volksheiligtum, das „Grab der beiden Liebenden“, kirchlicherseits mit der Legende legitimiert, sie hätten sich obwohl verheiratet nie berührt, deshalb hätten sich nach dem Tode die beiden Gräber wunderbar vereinigt[h]). In der Provinz ist Sankt Julian von Brioude nicht nur der berühmteste Wallfahrtsort der Landschaft, sondern es erhebt sich neben Sankt Martin von Tours überhaupt zur Be= deutung eines, wenn auch kleineren Landesheiligtums[i]). Eine Viertelstunde davon lag Saint Ferreol de Brioude; das Heiligtum des Arverner Ferreolus[k]). Eine halbe Stunde südöstlich von Arvern lag das Grab des Abtes Martius[l]); im nördlichsten Teile der Provinz hieß mit der Zeit das Kloster Mirandense nach seinem früheren Abt dem heiligen Portianus, Saint Pourcain, er hatte dem Stifte zur Zeit des „Sacco“ der Auvergne durch König Theuderich vor= gestanden und damals diesen Fürsten in seinem Feldlager aufgesucht; sein Grab war von den Gläubigen begangen worden[m]). Nahe dabei in Trezelle lag das Grab des Lupizin; zu Gregors Zeit stand es noch in Verehrung[n]), ist aber seit= dem verschollen. In Thiers wurde das Grab eines einheimischen Märtyrers namens Genesius aufgestöbert und von Bischof Avitus mit einer Basilika aus= gestattet[o]). Von den übrigen Diöcesen des Erzbistums Bourges erfreute sich namentlich Le Gevaudan eines originalen Wallfahrtsortes in der auf Berges=

---

a) Gregor Conf. 35.   b) Gregor Conf. 32.   c) Gregor H. Fr. I. 31. Martyr. 64.
d) Gregor Conf. 33.   e) Gregor H. Fr. I. 40. Patr. 3 8.   f) Gregor H. Fr. II. 20. Patr. 6 7.
g) Gregor Conf. 34—36.   h) Gregor Conf. 31.   i) Gregor Jul. 1. 4. 5. 7.   k) Gregor Jul.
3. 25.   l) Gregor Patr. 14.   m) Gregor Patr. 5.   n) Gregor Patr. 13.   o) Gregor Martyr. 66.

höhe gelegenen Eremitage Saint Privat: dort war dieser einheimische Bischof als er sich einsamen Bußübungen hingab, von den Alamannen erschlagen worden[a]. Im Gebiet von Albi lag die Gruft des Märtyrers Amarandus, in dessen Nähe überdies dann ein von fern herbeigereister Verehrer des Heiligen, der afrikanische Bischof Eugen, eines der Opfer in der Verfolgung des Hunerich ebenfalls bestattet wurde und ein Stück Verehrung mit abbekam[b]. In Limoges barg die Hauptkirche nicht nur die Ueberreste des Diöcesanapostels Martial, sondern auch seiner beiden Begleiter, der Priester Alpinian und Stratoclian[c]. Zu Limoges war ferner der Eremit Junian auch in seinem Grabe noch sehr populär[d]. Im benachbarten Dorfe Brives-la-Gaillarbe wurde ein heiliger Martin, ein Schüler des von Tours, verehrt[e]. Ebenso hieß das von Arebius gestiftete und geleitete Kloster in der Folge Saint Yrieix, was ebenfalls kultische Beziehungen zum Gründer voraussetzt[f]: in diesem Kloster befolgte man nicht nur die Cassians-, sondern auch die Basiliusregel, und Pelagia, die Mutter des Abtes, machte den Mönchen die Haushaltung, dafür wurde sie dann auch als Heilige verehrt[g]. In Toulouse war der Diözesanapostel Saturnin, Saint Sernin, Märtyrer und erster Bischof der Stadt, Schutzpatron der Hauptkirche[h].

Die „Zweite Aquitanische" ist von allen Provinzen vielleicht die mit Lokalheiligen am meisten bevölkerte. Zu Bordeaux hatte der ehemalige Bischof Severin[i] seine Grabstätte vor der Stadt. In Blaye, am Ufer der Garonne, lag das Grab des Bekenners Romanus[k]. Das Dorf Bouillac enthielt ein rechtes Volksheiligtum, das Grab zweier Priester von denen man nicht einmal den Namen wußte[l]. In Agens hatte der Lokalmärtyrer Caprasius seine Basilika[m]. In Angoulême lag das Kloster Saint Cybar, die Stätte der Wirksamkeit und später auch die letzte Ruhestätte des Einsiedlers Eparchius[n]. Saintes beherbergte nicht weniger als vier einheimische Heilige: den Lokalmärtyrer Eutropius[o], die Stadtbischöfe Trojanus[p] und Bibianus[q] und das Grabmal eines frommen Ehepaares, das in den weißen Taufkleidern gestorben war[r]. In Sainter Gebiet befand sich das Grab des Abtes Martin von Saintes ebenfalls eines Schülers des von Tours[s]. Poitiers war berühmt durch das Grab seines Bischofs Hilarius; das unvergängliche Andenken des großen gallischen Kirchenvaters und Lehrers des heiligen Martin sicherte dem Heiligtum seine Reputation, vermochte es aber nicht als Wallfahrtsort auf die Höhe von Tours und Brioude zu erheben. Vor der

---

a) Gregor H. Fr. I. 32. X. 29.　　b) Gregor Martyr. 56. 57.　　c) Gregor Conf. 27. d) Gregor Conf. 101.　e) Gregor H. Fr. VII. 10.　f) Gregor Conf. 9.　g) Gregor H. Fr. X. 39. Conf. 102.　h) Gregor Martyr. 47. H. Fr. I. 28. VI. 12.　i) Gregor Conf. 44.　k) Gregor Conf. 45.　l) Gregor Conf. 46.　m) Gregor H. Fr. VI. 12.　n) Gregor Conf. 99. o) Gregor Martyr. 55.　p) Gregor Conf. 58.　q) Gregor Conf. 57.　r) Gregor Conf. 59 s) Gregor-Conf. 56.

Hilariusbasilika befand sich das Grab des Bischofs Theomastus der seinen Amtssitz Mouzon mit dem Asyl in Poitiers vertauscht hatte[a]). In Rézé, einem Dorf der Poitou gegen Nantes hin hatte ein Täufling des Hilarius, namens Lupianus seinen Kultus: auch er war im Taufkleid gestorben[b]). Eine Tagreise südlich von Bouillé lag das Kloster Saint Maixent[c]) so geheißen nach dem Einsiedler Maxentius, der im Gothenkriege Chlodowechs eine Rolle spielte. In Périgueux wurde der Abt Cyprian[d]) der allgemeinen Verehrung teilhaftig. In Couserans war der erste Bischof Valerius[e]) seit alters verehrt und seit der Mitte des sechsten Jahrhunderts im Besitz einer Basilika. Tarbes besaß drei berühmte Lokalgräber Severus von Bigorre[f]), Justin von Sexuanus und Similin von Tarbes[g]).

In der „Narbonensis" endlich ist nur Sankt Baudilus[h]) von Nîmes zu verzeichnen.

Ein resumierender Rückblick auf unsere Wanderung unter Gregors Führung läßt uns unterscheiden zwischen eminent kirchlichen Lokalheiligen, wie es namentlich Bischöfe und Cleriker, aber auch einzelne Aebte waren, und zwischen Volksheiligen, zu denen die Märtyrer, Mönche und die nachträglich recipierten heidnischen Heiligtümer zu rechnen sind. Unter den Märtyrern stehen die drei Opfer aus dem Alamannenzug des Herzogs Chrok vom Jahr 265 in der vordersten Reihe. Allerdings sind Gregors Kenntnisse ungleichmäßig und oft nur ganz ungefähr; eine systematische Aufnahme würde seine Ergebnisse vielfach ergänzt und wohl auch gelegentlich berichtigt haben. In alledem macht sich eben die Einseitigkeit und Befangenheit der Memorienschreibung gewissermaßen im Grundsatz geltend. Dies zugegeben staunt man aber immer wieder über Gregors Genauigkeit im Bereiche dessen, was ihm wirklich zugänglich war, so vermerkt er ausdrücklich den Mangel einer kultischen Verehrung bei Stremonius und bei Liminius von Arvern, obwohl doch bei jenem das Grab nicht nur bekannt, sondern sogar mit Wundererscheinungen gewürdigt und von diesem eine Lebensbeschreibung im Gebrauch der Gemeinde war[i]). Um über die Unzulänglichkeit unserer kultischen Rundschau nicht zu täuschen, sei erinnert, daß ja Gregor überhaupt nur die erste Hälfte der Merowingerzeit erlebte; für die andere vermissen wir Angaben vom Werte der seinigen. Wohl kann ja der Bestand von Heiligtümern wie die Zelle Galls beim Bodensee oder der des Ursiz, Saint Ursanne, im Jura für das siebente Jahrhundert mit Bestimmtheit angenommen werden; aber die ausdrücklichen Nachrichten hierüber sind eben sehr viel jünger. Von Grundheiligen endlich durfte anläßlich der

---

a) Gregor Conf. 52. b) Gregor Conf. 53. c) Gregor H. Fr. II. 37. d) Gregor Conf. 98. e) Gregor Conf. 83. f) Gregor Conf. 49. 50. g) Gregor Conf. 48. h) Gregor Martyr. 77. i) Gregor Conf. 29. 35.

lokalen Kultstätten darum gesprochen werden, weil auch im alten Frankreich wie anderswo stets, der Stamm der öffentlichen Religion im Oertlichen wurzelt.

Elftes Kapitel.

Das Reichsheiligtum.

An all den Kirchen und Kapellen, über die wir soeben einen Blick geworfen haben, spielte sich die Verehrung des Heiligen ungefähr in denselben Formen ab. Im allgemeinen hat sich nur hie und da über charakteristische Einzelheiten ein Wort mit eingeschlichen. Uns ein Gesamtbild von dem kultischen Leben an einer merowingischen Heiligenstätte zu verschaffen, ist nur an den zwei großen Wallfahrtsorten möglich, Sankt Martin von Tours und Sankt Julian von Brioude. Und auch hier entfällt das Uebergewicht durchaus auf das Reichsheiligtum in Tours.

Beginnen wir mit dem Kraftzentrum, um das herum sich im Lauf der Jahre sowohl die Martinsgebäude als die Martinsgebräuche angesetzt haben. Die Ueberreste des Bischofs waren nur mit List und unter dem Schutze der Nacht von Candes, dem Todesorte, nach Tours gebracht und so den keineswegs unberechtigten Ansprüchen derer von Poitiers entwendet worden. Die Wandlung, die sich für Martins Anhänger mit seinem Hinschiebe vollzog, findet ihren treffenden Ausdruck in dem Wort des Sulpizius Severus[a]): „Ich habe den Trost meines Lebens verloren, aber dafür einen Schutzpatron gefunden; denn nun ist er den Aposteln und Propheten beigesellt und hat, um es mit Verlaub aller Heiligen zu sagen, in der Schaar der Gerechten seinesgleichen nicht. Wenn er auch eines natürlichen Todes verstarb, so ist er doch in allen Einzelheiten seines Lebens ein Märtyrer gewesen. Laßt uns also, wo die eigene Kraft versagt, unsern Lohn in der Fürbitte Martins finden. War das Begräbnis wirklich ein Leichenbegängnis? War es nicht vielmehr ein Triumphzug? Mögen jene mit den gefesselten Gefangenen vor dem Wagen immerhin die Welt besiegt haben, der Leib Martins wurde von solchen geleitet, die unter seiner Führung die Welt überwanden. Jenen klatschte der Unverstand der Völker und eine bethörte Menge Beifall; Martin aber wird mit Gottespsalmen gefeiert, und Himmelslieder werden ihm gesungen." Der heilige Leib wurde nicht in der Stadtkirche beigesetzt, wo doch Martin selber die Ueberreste seiner Vorgänger Gatian und Litorius einst untergebracht hatte; es kann recht wohl eine Verfügung des Toten im Spiele gewesen sein, als man ihn mitten unter den anderen Leuten auf dem Friedhof vor der Stadt

---

a) Sever. Ep. 2. 8. 9. 16. Ep. 3. 21.

begrub. Die Kapelle, die sein Nachfolger Briccius über dem Grabe erbaute, versah ihren Dienst etwa ein halbes Jahrhundert hindurch. Dann wurde sie von Bischof Perpetuus abgebrochen und durch eine regelrechte große Basilika ersetzt. Einmal der Erde übergeben, sind Martins Gebeine in ihrer Ruhe die ganze Merowinger Zeit hindurch nicht gestört worden. Eine Translation in eine andere Kirche hat damals nicht stattgefunden. Die Gebäude wechselten über derselben Stelle. Nur während der Restaurationsarbeiten ließ Perpetuus den Sarg in der Gevierung der neuen Kirche unterbringen[a]). Perpetuus darf überhaupt als der Begründer des Martinskultus in Tours gelten, insofern er die bisherige Lokalverehrung durch organisatorisches Geschick zu einem einzigartigen und ausnehmend reichen heiligen Betrieb hinaufsteigerte. Als am 4. Juli 473 die einbalsamierte Martinsmumie in dem neuen Grabmonument untergebracht war, das der Bischof gemäß seinen Intentionen hatte errichten lassen, wurde das Denkmal mit einer prächtigen Marmorplatte zugedeckt, die Bischof Euphronius von Autun zu diesem Zwecke brechen ließ und Perpetuus übersandte. Diesen kostbaren Deckel schützte zu Gregors Zeit ein nicht weniger wertvoller gestickter Teppich mit Fransen[b]). Im siebenten Jahrhundert versah dann der heilige Eligius, damals noch berühmter Goldschmid, im Auftrage König Dagoberts die Platte mit Goldverzierungen und edelm Steinbesatz. Das Grab war von einem Baldachin überragt, der mit Vorhängen versehen war[c]). Die Füße des heiligen Martin waren gen Osten und zugleich gegen die Halle gekehrt; „zu des Heiligen Füßen“ bezeichnet somit das Atrium, das die Absis abschloß. Man gelangte in diesen reservierten Raum hinten, am Ende der großen Säulenhalle. Er war durch eine Anzahl Lampen erhellt, und um das Grabmal herum brannten eine Menge Kerzen, deren Bedienung einem besonderen Tempelhüter oblag. Als Nebenreliquie stand hier überdies der alte gleichfalls steinerne Martinssarg ausgestellt, der durch das Perpetuusmonument außer Dienst gesetzt war und von Saint Eloi dann ebenfalls passend verziert wurde. Dieser ganze von Perpetuus einmal so eingerichtete Raum erlitt keinerlei Veränderungen, bis in die Mitte des neunten Jahrhunderts, wo der Martinsleichnam vor den einbrechenden Normannen geflüchtet werden mußte. Heute sind von diesem alten Martinsgrabe nur noch formlose Mauerreste übrig. Mannigfaltiger waren die Wechselfälle der Martinsbasilika als ganzem Gebäude. Die erste Kapelle über dem Grab war von Briccius nur eben errichtet worden, um das Heiligtum unter Dach zu bringen. Immerhin hatte das Tabernakel sechs oder sieben Jahrzehnte vorgehalten, und seine hübsche, hölzerne Schutzdecke wurde beim

---

a) Gregor Martin. I. 6.   b) Gregor Martin IV. 43.   c) Gregor Mart. II. 50. 60.

Bau der Peter= und Paulskirche wieder verwendet ᵃ). Vor allem waren es praktische Rücksichten, die Bischof Perpetuus zu dem Neubau bewogen. Die kleine „Zelle“ war, zumal an großen Festtagen, dem Zudrang der Pilger längst nicht mehr gewachsen. Aber es gereicht dem Prälaten zum Ruhme, daß er sich diese Amtspflicht zu einer persönlichen Ehrensache werden ließ und selber im Besitz eines ausgedehnten Vermögens an Grund und Boden, einen beträchtlichen Teil seines Reichtums mit den Baukosten aufzehrte. Die Bevölkerung von Tours that das ihre, indem sie, zur Beförderung der schweren Marmorsäulen an Ort und Stelle, freiwillige Arbeitskräfte zur Verfügung stellte ᵇ). Ueber den Grund= und Aufriß sind uns folgende Angaben erhalten: Länge hundertsechzig Fuß, Breite sechzig Fuß und Höhe fünfundvierzig Fuß. Die Decke wurde von hundertundzwanzig Säulen getragen. Der Altarraum hatte drei Thüren und zweiunddreißig Fenster, das Schiff fünf Thüren und zwanzig Fenster. Die Wände waren mit Marmor vertäfelt und mit Edel= steinen und Mosaiken besetzt, sodaß der Arverner Dichter Bischof Sidonius Apollinaris ᶜ) von einem zweiten Tempel Salomos singen zu dürfen meinte. Die Arbeiten dauerten sieben Jahre. Am 4. Juli 472, also noch ein Men= schenalter vor der fränkischen Eroberung, wurde das neue Heiligtum in Ge= genwart einer glänzenden Festversammlung eingeweiht. Diese Angaben Gregors sind, soweit sie den Bau betreffen, durch die archäologischen Nachgrabungen in der Weise erläutert worden, daß die Kirche in zwei Teile zerfiel, das hundert Fuß lange Schiff und den sechzig Fuß langen Altar oder Grabesraum mit der Absis. Ueber diesem erhob sich das laternenförmige Gehäuse, das in einen Glockenturm auslief. Die vielen Säulen des Schiffes verteilen sich wahrscheinlicher, wenn man Doppelreihen annimmt ¹). Die Kirche hielt in= dessen nicht ewig, wie der Panegyriker von Arvern es haben wollte, sondern wurde von mehreren Feuersbrünsten heimgesucht, trotzdem ihre steinerne Kon= struktion diesem Schicksal eher zu trotzen schien, als die hölzernen Pfarrkirchen, von denen in jenen barbarischen Zeitläuften fast alle einmal und manche öfters einem Brande zum Opfer fielen. Herzog Williachar, der Gegenschwächer König Chlothars, vor dem er das Asylrecht zu Sankt Martin in Anspruch nahm, legte Feuer an das Heiligtum. Diese Brunst vom Jahre 558 zerstörte die oberen Partien; das Jahr darauf ordnete Chlothar gemeinsam mit Bischof Eufronius die Restauration an; die Basilika erhielt nun ein Zinndach ᵈ). Ein zweiter Brand fiel kurz vor Gregors Amtsführung, der dann die beschädigten

a) Gregor II. Fr. II. 14.　　b) Gregor Martin I. 2.　　c) Sidon. Apollin. Ep. IV. 18.
d) Gregor II. Fr. IV. 20.

1) Jules Quicherat, Restitution de la Basilique de Saint Martin de Tours. Paris. 1869.

Dekorationen ausbessern und an den Wänden von einheimischen Künstlern
Szenen aus Martins Leben malen ließ [a]). Ueber eine neue Ausstattung
durch König Dagobert ist näheres nicht bekannt. Jedenfalls aber lockte nicht
zum wenigsten dieses Martinsheiligtum mit seinem funkelnden Metalldach,
seiner vergoldeten Turmspitze und seinen legendarischen Schätzen später dann
die Sarracenen ins Innere Frankreichs.

Nur beiläufig mag hier erwähnt werden, daß Sankt Martin von Tours
mehr als bloß Kirche ein eigentliches Stift war. Die ursprüngliche Ein=
richtung des Kapitels war durchaus klösterlich. Die Mönche wohnten in einem
weiten Kreuzgang, der südlich an die Basilika anstieß und bei den Um=
bauten nicht verlegt wurde. Die Regel von Marmoutiers wurde im siebenten
Jahrhundert durch die Benedikts ersetzt. Unter den Privilegien, deren sich
die Abtei früh erfreute, steht obenan das Münzrecht. Es soll sogar auf eine
Verfügung Chlodowechs zurückgehen. Die Martinsmünzen der Merowingerzeit
tragen ein bediademtes Mannshaupt. Ob das Monopol auf den Fährendienst
über die Loire bei Hochwasser ebenfalls so alt ist, wissen wir nicht. Ueber
die mancherlei Anstalten, sei es zur Armenverpflegung, sei es zum Schutze
Geächteter, sei es zur Aufnahme hoher Gäste unter den Pilgern, des längern
zu handeln, ist nicht hier der Ort. Genug, Sankt Martin von Tours war die
Zentralstätte für alles, was unter der Herrschaft der Merowinger im alten
Frankreich an gutem und hohem Streben vorhanden war. Was Wunder,
daß das Heiligtum von den fränkischen Königen an entscheidenden Wende=
punkten aufgesucht wurde. Als Chlodowech von Kaiser Anastasius die Insignien
eines römischen Konsuls verliehen bekam, legte er sich Tunica, Chlamis und
Diadem in der Martinsbasilika um; dann stieg er zu Pferde und ritt in
feierlichem Zuge in die Stadt ein, wobei er Münzen unter das Volk streute [b]).
Chrotechilde zog sich für die dreißig Jahre, da sie den Gatten überlebte, nach
Tours als Pensionärin, des Martinsgrabes zurück und wirkte dort mit ihrer
Fürbitte für den Frieden unter ihren Söhnen [c]). Diesen Respekt haben alle
ihre Nachkommen fast ohne Ausnahme empfunden. Die Königin Ultrogotha,
die Gattin Childeberts I., brachte ergriffen eine Nacht am Grabe zu bis zur
Frühmesse, und Jugoberga, die Witwe Chariberts, bedachte die Kirche in ihrem
Testamente [d]). Und als eine königliche Gesandtschaft aus Spanien gebührend
geehrt werden sollte, wurden ihre katholischen Mitglieder Gäste zu Sankt
Martin [e]). Auch war es Sitte, sich nach Sankt Martin gleichsam für eine
Art Kurgebrauch zu begeben. Mehrfach bemerken wir solche Gäste aus den
oberen Ständen, die zum Teil von fernher kommen, um in Tours Heilung

<hr>

a) Gregor H. Fr. X. 31. Fortunat. Carm. X. 6. b) Gregor H. Fr. II. 38. c) Gregor
H. Fr. II. 43. III. 28. d) Gregor Mart. I. 12. H. Fr. IX. 26. e) Gregor Mart. III. 8.

zu suchen: so Charegisel, erst Referendar, später Domesticus König Chlo=
thars[a]), und Mummola, die Gattin des Tribunen Animius[b]); besonders aber
waren es geistliche Herren; Germanus von Paris brachte seinen Diakon und
späteren Nachfolger Ragnimod, der dort von seiner Ruhr geheilt wurde[c]).
Ein anderer Bischof gab sogar einen seiner Hörigen in Pflege[d]). Aber auch
Auswärtige bürgerlichen Standes ermöglichten sich einen längeren Aufenthalt
in Tours: Gondetrude von Vermandois und ein Ehepaar aus dem Dorfe
Trezel in der Auvergne[e]). Der eigentliche Zudrang erfolgte jedoch an den
großen Martinsfesten; da kam der gemeine grobe Mann zu Fuß, zu Pferde,
oder falls er gelähmt war, auf dem Ochsenkarren[f]). Und als Leudulf ein
junger Höriger mit seinem lahmen Fuße, den er heilen lassen wollte, vor Tours
gehinkt kam und beim zehnten Meilenstein nicht mehr weiter konnte, jammerte
er den an ihm vorbeitreibenden Festbesuchern solange zu, bis ihn einer unter
ihnen auf seinen Wagen nahm[g]).

Kein fränkisches Heiligtum hat Sankt Martin von Tours den Rang ab=
gelaufen, wenigstens im sechsten und siebenten Jahrhundert nicht. Aber Sankt
Julian von Brioude durfte sich immerhin sehen lassen. Das ursprüngliche
Juliansmausoleum daselbst war von einer fremden, vielleicht spanischen Dame,
deren Gemahl in Ketten lag, auf ihrer Durchreise nach Trier gelobt und auf
die Freilassung des Gatten hin, die genau in der Stunde des Gelübdes er=
folgt war, stilvoll gestiftet worden[h]). Der große Zuspruch der Gläubigen
machte jedoch später die Erweiterung des kleinen Bethauses zu einer regel=
rechten Basilika notwendig[i]). Die Gründungssage erzählt, Julian, aus Vienne
gebürtig und Jünger des heiligen Ferreolus, habe sich ins Arvernische be=
begeben, um von seiner Familie nicht am Martyrium gehindert zu werden,
das er dann auch in dem Götzenhaine zu Brioude erlitt; er wurde enthauptet,
der Rumpf blieb zu Brioude, der Kopf kam nach Vienne und die selige Seele
in den Himmel[k]). Obwohl es sich um einen alten Kultus handelte, war man
über den Todestag des Heiligen noch im fünften Jahrhundert im Ungewissen,
bis Bischof Germanus von Auxerre eigens zu diesem Zwecke nach Brioude
kam und durch eine gottesdienstliche Veranstaltung die feierliche Eingebung
des 28. August herbeiführte[l]). Der Augenblick, da am Festtage bei der Ver=
lesung des ‚Leidens‘ der Name des Heiligen dem Lektor über die Lippen kam,
galt für ein wunderbares Geschehnis besonders geeignet[m]).

Erst im eigentlichen Mittelalter verlor Sankt Martin von Tours seinen
Charakter als Reichsheiligtum einigermaßen an die Abtei Saint Denis, deren

a) Gregor Mart. I. 25.   b) Gregor Mart. II. 11.   c) Gregor Mart. II. 12.   d) Gregor
Mart. IV. 27.   e) Gregor Mart. II. 9. 10.   f) Gregor Mart. II. 47.   g) Gregor Mart. IV. 40.
h) Gregor Julian. 4.   i) Gregor Julian. 9.   k) Gregor Julian. 1.   l) Gregor Julian. 29.
m) Gregor Julian. 16.

Gründung hier zu erzählen ist[1]). Längst war im Dorfe Catulliacus an der alten Römerstraße ein kegel= oder pyramidenförmiges Denkmal verehrt worden, das Grab des Dionys, des ersten Bischofs von Paris. Später er= hob sich eine Basilika darüber, deren Altar eben in dem Grabmal bestand. In dieser Dionysiuskirche war Prinz Dagobert, der Sohn König Chilperichs, bestattet. Spätestens in den ersten Monaten des Jahres 625, als Chlothar II. noch regierte, gründete sein Sohn, Dagobert, König von Austrasien, zu Ehren des heiligen Dionysius östlich von dessen Grabeskirche die Abtei Saint=Denis= de=l'Etree und ließ am Dienstag, den 22. April 626 die Gebeine von ihrer ersten Ruhestätte in die neue Stiftung überführen. Die Abtei nahm einen raschen Aufschwung. Schon zahlreiche merowingische Urkunden beschäftigen sich mit ihr, und in der Folge ist sie die Gruft fast aller französischen Könige geworden.

Zwölftes Kapitel.

Missionen und Translationen.

Den Grundheiligen trat eine Anzahl importierter Heiliger an die Seite, von denen die einen überhaupt aus dem Ausland stammten, die anderen von ihrer ursprünglichen Kultstätte aus in die Nachbarschaft oder in die weitere Heimat gelangten. Zwei Arten der Ausbreitung sind hiebei festzustellen, der Weg der Missionspredigt und der solidere der Reliquienübertragung. In noch heidnischen Gebieten gingen sie Hand in Hand, indem die Mission das Terrain für den Heiligen gewann und die Reliquie es ein für alle mal mit Beschlag belegte. In kirchlichen Gegenden dagegen, zumal in Bischofsstädten, wo es sich also um Eroberung neuen Gebietes nicht handeln konnte, ersetzte das Streben nach Kraftzuwachs den nun hinfällig gewordenen Drang nach Aus= dehnung. Je mehr Heilige eine Stadt besaß, desto stärker war sie. Im übrigen trugen frommer Sammeleifer von privater Seite und ein mehr oder weniger naiver Handel mit heiligen Versatzstücken zur Abrundung des mero= wingischen „Allerheiligen" bei.

1.

Wieder kann die Verbreitung des Heiligennamens am besten bei Martin beobachtet werden. Tours und Umgebung besaßen zunächst vier namhafte Martinsheiligtümer; im Gegensatz zu der großen Grabeskirche, der Sepul= kralstätte, drei Memorialorte, wo der Heilige sich bei Lebzeiten aufgehalten

---

1) Julien Havet, Questions mérovingiennes. V. Les origines de Saint-Denis. (Oeuvres. 1896. Tom. I. S. 216—217.)

und dadurch den Platz für den späteren Kultus präpariert hatte, die Martins=
zelle bei der Stadtkirche innerhalb des Mauerrings von Tours[a]) von der
Sulpizius Severus in der That gesprochen hat, sodann sein Kloster Mar=
moutiers[b]) und endlich die Zelle in Candes, wo er starb und mit der Zeit
eine Martinsbasilika erstand. Wenn man auch, an diesem dritten Orte, den
Leichnam nicht hatte behalten dürfen, so besaß man dort doch außer einer
Kristallschale sein Sterbebett, das, einmal von dem Leichnam imprägniert,
dann dieselben Qualitäten aufwies, wie das Grab[c]). Von kleineren Memorial=
orten nennt Gregor als Dörfer, wo Martin Kirchen gegründet habe, Langeais,
Sonnais, Amboise, Chisseau, Saint Martin de Tournon und Candes[d]); ferner
wurde das Gatiansgrab durch die Erinnerung, daß Martin einst dort gebetet
hatte, größerer Verehrung teilhaftig, ebenso das Grab der Klausnerin Vita=
lina[e]). Die folgende Uebersicht[1]) über die alten Martinskirchen geht, sofern
sie sich nicht gelegentlich auf Gregor oder eine Inschrift stützen kann, auf
späte sagenhafte Berichte zurück und sei darum hier ausdrücklich dafür aus=
gegeben, jedoch auch nicht gänzlich unterlassen, weil sie vielleicht im Detail,
aber kaum in der Hauptsache irreleiten wird. In Glanfenil wurde im Jahre
543 durch Sankt Maurus die erste Martinskirche der Diöcese Angers er=
richtet, desgleichen Ende des sechsten Jahrhunderts durch Bischof Badegisel zu
Pontliene[f]) die hervorragendste der Diöcese Le Mans; im Jahre 616 ver=
macht Bischof Bertrand von Le Mans in seinem Testament diesem Martins=
heiligtum wie auch der Viktorius= oder Peterskirche je fünf Goldstücke[2]). Die
von Vendôme ersetzte ein älteres aus dem vierten Jahrhundert stammendes
Gotteshaus. Die von Chartres hieß auch nach Briccius. Die von Orléans
galt als Stiftung König Chlodewechs an Euspizius und Maximin. In Autun
hatte Königin Brunichilde ihrem Patron im Jahre 599 eine mit Marmor=
säulen, Edelholz und Mosaiken ausgestattete Kirche gestiftet, für die sie die
Glückwünsche und Privilegien Papst Gregors des Großen empfing. In der
Franche Comté war die Martinsmission namentlich von Columban betrieben
worden. Nicht nur seine eigenen Klöster Luxenil und Annagray, sondern auch
Schülerkolonien wie das Deicolusklösterchen Lure in Burgund unterstanden
Martin; älter war die Martinskirche zu Cavaillon, die aus dem sechsten
Jahrhundert stammt[g]). Ebenso gehörten Martin die drei Hauptabteien der

<hr>

a) Gregor H. Fr. X. 31. 19.   b) Gregor Patr. 20. Martin I. 2. II. 30.   c) Gregor
Mart. II. 48. III. 22. IV. 10. H. Fr. VIII. 40.   d) Gregor H. Fr. X. 31.   e) Gregor
Conf. 4. 5.   f) Gregor Mart. III. 35.   g) Gregor. Mart. III. 60.

1) Lecoy de la Marche, Saint Martin. Tours. 1881. S. 539—594.   2) Jules
Havet, Questions mérovingiennes. VII. Les Actes des Evêques du Mans (in:
Oeuvres. 1896 Tom. I. 376. 377).

Diöcese Lyon Ainay, L'Isle de Barbe, Savigny und ihre Ableger. Im Wallis, bei Saint Maurice, auf der Stelle des alten Oktodurum, hat Theuderich II. das von ihm gestiftete Nonnenkloster nach Martin geheißen und dadurch den späteren Ortsnamen Martigny veranlaßt. Zu Limoges hatte der Martinsschwärmer Aridius eine eigentliche Martinskirche nicht eingerichtet[a]); das Kloster dieses Namens will vielmehr erst von Alicius, dem Bruder des Eligius an Stelle des elterlichen Hauses gegründet worden sein[1]). Poitou konnte sich rühmen, in Ligugé das erste von Martin in Gallien errichtete Kloster zu besitzen. Zu Saintes gründete im Jahre 589 Bischof Palladius eine Martinsbasilika[b]). Bourges besaß zu Gregors Zeit ein oder zwei Martins=bethäuser[c]). Die Gironde wurde früh mit Martinskirchen bereichert, jedoch geschah das nicht ohne in Marsas und anderen Ortschaften eine ältere Peters=mission zu kreuzen[d]). In Bordeaux stiftete Bischof Leontius, der Gegner König Chariberts, das Martinsheiligtum und zwar im Judenviertel; auch Gregor erzählt[e]), ein Priester sei von einem Juden auf der Schwelle dieser Kirche noch vom Besuch des Heiligen abspenstig gemacht worden. In Aquitanien führt sich die Martinskirche von Auch auf eine Stiftung Chlodowechs im Gothenkriege zurück. In Arles gehörte Martin das eine Seitenschiff der von Cäsarius gegründeten Kirche, aber außerdem noch eine Zelle und ein Kloster.

In der nördlichen Reichshälfte ist Martins Verehrung nicht geringer. Zu Paris war zwar die alte Martinskapelle, errichtet an dem Orte, wo er den Aussätzigen geheilt hatte, früh in Verfall geraten, weil sie zu primitiv fast nur aus Flechtwerk bestand und wohl einmal auf wunderbare Weise einem Stadtbrand, aber nicht der langsamen Unbill der Zeit stand zu halten ver=mochte. Von Dauer blieb dagegen die spätere Basilika Saint Martin des Champs[f]). Alt und durch Beziehungen des Turoner Bischofs zu seinem Kollegen Viktrizius vielleicht historisch erklärt ist der Kult Martins in der Diöcese Rouen. Seine dortige Kirche war aus Holz und lag außerhalb der Stadtmauer; in der Landschaft sind noch die Ortschaften Martin=Eglise, Saint Martin=Le Gaillard, Saint Martin de Foucarmont und Martigny Zeugen für die frühe Verehrung. Saint Martin de Seez will im Jahre 560 ge=gründet sein. Zu Amiens war die Kapelle zu Erinnerung an die Episode von dem halbierten Mantel im sechsten Jahrhundert von Nonnen bedient[g]).

---

a) Gregor Conf. 9. b) Gregor Mart. IV. 8. c) Gregor II. Fr. VII. 42. Conf. 79.
d) Gregor Mart. III. 33. e) Gregor. Mart. III. 50. f) Gregor H. Fr. VI. 0. VIII. 33.
g) Gregor Mart. I. 17.

1) Vergl. L. de Nussac, Saint Eloi. Ses résidences en Limousin. Bulletin de la Société historique. Corrèze. Bd. 19. S. 309—339.

In Laon und Reims lagen die Martinskapellen vor der Stadt. Eine Memorialkapelle besaß Tonnere bei Langres. Martin soll dort einem alten Priester den lahmen Fuß geheilt haben, ohne erkannt zu sein[a]). In Verdun war die Andreaskirche mit Martin kombiniert worden, weil Bischof Agirich in der zweiten Hälfte des sechsten Jahrhunderts seinen Leuten die Wallfahrt nach Tours abnehmen wollte. In den Ardennen stammt Saint Martin d'Jvoy, von den Reliquien, die der Einsiedler Wulfilach aus Tours brachte[b]). Im Elsaß besitzt Colmar die bedeutendste alte Martinskultstätte.

2.

Das alles betrifft den Vertrieb des Andenkens an den Nationalheiligen im Reiche selbst. Aber die Rolle, die er bei der Ausbreitung seines Namens über die Grenzen hinaus übernahm, ist fast noch mehr dazu angethan, ihn als fränkischen Reichsapostel ins Licht zu setzen. Von ausländischen Martinskirchen im Süden nennt Gregor eine nicht näher bezeichnete italienische und eine zweite in Ravenna[c]), auf der iberischen Halbinsel das Martinskloster zwischen Saguntum und Carthagena in Spanien[d]) und die Martinskirche in Portugal[e]). In Belgien sind Liege und Tournai die Centren des ausgedehnten Martinskultus; doch ist hier zu erinnern, daß ein gleichnamiger Lokalkultus, der sich auf den älteren und ganz sagenhaften Bischof Martin von Tongern bezog, in den universalen des Reichsmartin aufgegangen und also in ihm enthalten sein mag. Die ebenfalls nicht geringe Verbreitung des Namens in Holland ist auf die angelsächsische Mission zurückzuführen, die ihn entweder vom Reiche entlehnte oder, was nicht ausgeschlossen ist, von den Inseln herüberbrachte; wahrscheinlich war Martin eben schon im siebenten Jahrhundert drüben verehrt; seine ansehnlichste Kirche, Saint-Martin-Le-Grand in London, wird auf König Witfred von Kent ums Jahr 700 zurückgeführt. Ist dies und diese ganze Martinsausbreitung auf der nördlichen Reichsgrenze nun aber nur spärlich aufgehellt und muß auch von vornherein zugegeben werden, daß wir im einzelnen für die östlichen Gebiete nicht besser unterrichtet sind, so tritt doch bei der Martinsmission am Oberrhein und unter den Alemannen, Schwaben und Thüringen ein neues merkwürdiges Moment in den Kreis unserer Kenntnis ein. Sie war nämlich Reichsmission[1]). Der im Jahre 580 verstorbene, aus Ungarn stammende Erzbischof Martin von Bracara in Portugal rühmt dem Heiligen von Tours in einem Gedichte nach: „Mancherlei wilde Völker ge

---

a) Gregor Conf. 11.   b) Gregor H. Fr. VIII. 15.   c) Gregor Mart. I. 14. 15.   d) Gregor Conf. 12.   e) Gregor Mart. I. 11. IV. 7.

1) Gustav Bossert in: Würtembergische Kirchengeschichte. Herausgegeben vom Calwer Verlagsverein. 1893. S. 10—21.

winnst du unter Christi mildem Bund. Alamannen, Sachsen, Thüringer, Ungarn, Rugier, Slaven, Naren, Sarmaten, Daten, Ostgoten, Franken, Burgunder, Dacier und Alanen freuen sich unter deiner Führung Gott erkannt zu haben. Deine Wunderzeichen bewundernd, hat der Sueve gelernt, auf welchem Wege er wandeln soll". Mag nun bei den meisten der aufgezählten Völkerschaften die Martinsmission nur in der Einbildung des begeisterten Jüngers stattgefunden haben, kann auch ferner nicht ohne einiges Recht vermutet werden, das katholische Christentum habe in Thüringen bereits viel früher Fuß gefaßt[1]), so trifft obige Mitteilung auf die Alamannen um so mehr zu, als auch aus einer byzantinischen Quelle ähnliches verlautet. Als sich unter der Regierung König Theudeberts das Bistum Augsburg von dem Metropolitanverband mit Aquileja loslöste und an die fränkische Kirche anschloß, muß die Kirche in Alamannien wenigstens in den Grundlagen von Regierungs wegen organisiert gewesen sein; damit hängen auch die wahrscheinlich ebenfalls im im sechsten Jahrhundert erfolgten Bistumsverschiebungen von Windisch nach Konstanz und von Augst nach Basel zusammen. In Windisch nun weihte noch Bischof Ursinus die von ihm erbaute Kirche dem heiligen Martin; die betreffende Inschrift ist erhalten. Weitere Spuren leiten aber auf die Annahme, diese Martinsmission sei nicht bischöflichen, sondern direkt königlichen Ursprungs gewesen. Kolumbans Missionsreise zeigt im allgemeinen, daß die Missionierung Alamanniens von einem fränkischen König angeregt wurde, und spätere Erinnerung nennt König Dagobert als den eifrigsten und erfolgreichsten Förderer dieser Bekehrung auf amtlichem Wege, als der er für die Friesen durch zeitgenössische Berichte beglaubigt ist. Sachliche Schlüsse gestatten noch tiefere Folgerungen. Das den Alamannen abgenommene, von Franken besiedelte Land wurde als Krongut betrachtet. Die Ansiedler hatten dem Könige die Osterstufe zu entrichten. In Ostfranken hießen die amtlichen Sammelstellen Königshöfe, ein noch heute häufiger Ortsname. Aber diese Plätze wurden nicht nur befestigt, sie erhielten auch Kirchen. Diese waren nun, wie sich noch für eine große Anzahl Dörfer nachweisen läßt, Martinskirchen. In Alamannien geschah dasselbe. Der Dienst des heiligen Martin kam mächtig empor, zumal allem nach die Kirche nicht nur im Krongut, sondern auch auf den alten römischen Niederlassungen, ja überhaupt so ziemlich jede Unterpfarrei nach Martin zu heißen kam. Vielleicht sind überhaupt die Martinskirchen der meisten Rheinstädte von Chur bis gegen Aachen, und nicht die betreffenden Kathedralen daselbst, die Centren des ältesten Stadtbildes gewesen, wie das

---

1) P. Joerres, Chronologische und religionswissenschaftliche Untersuchungen über das Leben der heiligen Radegunde und ihrer Verwandten. Ahrweiler. 1896.

zum Beispiel für Basel außer Zweifel steht[1]).

3.

Werfen wir nun noch einen Blick auf andere Missionen, zunächst im Reiche selbst. Von einheimischen Heiligen kommt, um auch hier bei der Autorität Gregors zu bleiben, Julian von Brioude im Hinblick auf kultische Ausbreitung Martin am nächsten. Seine ältesten Filialen finden sich zu Tours[a]), Saintes[b]), Limoges[c]), Reims[d]) und Paris[e]); auch Saint Julien Bibracensis[f]) und zu Pernay[g]), sowie Saint Julien in Correze und Saint Julien de l'Escau fußen auf frühen Spuren. Andere bekanntere Ableger von Grundheiligen sind Saturnin in Tours[h]) und in der Baucluse, Symphorian in Bourges[i]) und in Thiers[k]). Die nach Germanus geheißenen Kirchen zu Lembron und zu Tours[l]) gehören, erstere sicher, die zweite wahrscheinlich, dem älteren, dem von Auxerre. Eine kleine Ortschaft wie Thiers besaß, neben der Symphorianskirche, noch eine dem Genesius von Arles gewidmete. Merkwürdiger zu wissen wäre jedoch, was für Grundheilige gleich Martin zu Heidenmissionen verwendet wurden; sein ehemaliger „böser Geist" Briccius tritt später einträchtig mit ihm als Kapellen= patron am Rhein und in Ostfranken auf. Und von Poitiers scheint geradezu unter dem Namen des Hilarius eine natürlich bescheidenere Parallelmission nach Alamannien gewandert zu sein. Diese Annahme entspringt vor allem dem Bestreben, Sankt Fridolin gerecht zu werden. Die historisch unbrauchbare Fridolinsvita des sogenannten Balther ist vielleicht die Zusammenschweißung zweier Heiligensagen[2]). Die eine, die Gründungssage des Stiftes Säckingen, das sich auf einen aus dem lothringischen Schottenkloster Helera oder Sankt Avold stammenden Mönch unsicheren Namens, Fridold oder Fridoald, zurück= führte; er war erst im Birsthale thätig gewesen, hatte dann aber nach An= kunft des Germanus sich einen Wirkungskreis am Rhein gesucht. Säckingen besaß aber eine Heiligenkreuzkirche. Das deutet nach Poitiers, dem Herd der eigentlichen Fridolinsage. Fridolin hieß ein Hauptförderer des Hilariuskultus daselbst. Doch thut seine Sage vielleicht des guten zu viel, wenn sie ihn zum Zeitgenossen König Chlodowechs stempelt. Aber darin mag sie recht haben, daß dieser Fridolin nicht nur sich um Bau und Umbau der Hilariusstätten zu Poitiers verbient machte, sondern auch eben die Hilariusmission mit seinem

---

a) Gregor Jul. 35.   b) Gregor Jul. 47.   c) Gregor Jul. 41.   d) Gregor Jul. 32. e) Gregor H. Fr. VI. 17. IX. 6.   f) Gregor Jul. 48.   g) Gregor Jul. 50.   h) Gregor. Patr. 2 s. Conf. 20.   i) Gregor Conf. 79.   k) Gregor Martyr. 51.   l) Gregor II. Fr. II. 20. Martyr. 67.

1) Johannes Bernoulli, Die Kirchgemeinden Basels vor der Reformation (Basler Jahrbuch. 1894. S. 222).   2) Albert Burckhardt, Die Heiligen des Bisthums Basel (Basler Jahrbuch. 1889. S. 166. 167).

Beispiel anregte. Er griff zum Wanderstab, hängte sich die Reliquienkapsel um und wirkte für den Namen seines Patrons von Lothringen bis nach Rätien; wenigstens läßt die Vita eine Hilariuskirche in Lothringen, eine zweite in den Vogesen, eine dritte in Straßburg, und schließlich gar noch eine in Chur von ihm gegründet werden. So wären denn Hilarius und Martin, wie sie in der That die christlichen Grundheiligen des alten Frankreich in des Wortes tiefstem Sinne gewesen sind, auch nach ihrem Erdenleben auf gemeinsamer Wanderschaft zu Missionszwecken ins Gebiet des Elsaßes und der Schweiz gelangt. Dort hat sich ihnen mit der Zeit noch Remigius angeschlossen, gewiß ebenfalls ein hervorragender fränkischer Grundheiliger. Doch handelt es sich für seine Mission um spätere Spuren. Diese organisierten Missionen zur Bekehrung der Germanenstämme im Osten gingen aus dem Herzen des Frankenreichs hervor; Tours, Reims, Soissons, Paris erscheinen als die Herde; denn außer den genannten finden wir auch sonst eine Reihe von Grundheiligen speziell aus Neustrien, zwar nicht mit ganzen Missionen, aber mit einzelnen Kirchen im eroberten Lande vertreten; Antolian von Clermont in Plattenhardt, Medardus von Soissons in Ostdorf, Lupus von Troyes in Wilflingen. Der Eifer zur Ausbreitung des Christentums äußerte sich in Alamannien geradezu fieberhaft, zumal gewiß alsbald private oder lokale Unternehmung mit der staatlichen Initiative wetteiferte. Wenn sich zum Beispiel in der Altstadt Rottweil eine Kirche des Pelagius, des Grundheiligen der Diöcese Windisch-Constanz findet, so deutet das auf eine ähnliche Lokalmission, wie etwa im Reiche selbst, in der Diöcese Châlons, vom Lupentiusgrabe aus der Marne entlang nicht weniger als zwölf Couventkirchen erstanden.

4.

In den kultischen Tauschverkehr einheimischer Namen mischte sich indessen die Reliquieneinfuhr aus dem Orient, aus Italien und aus Spanien. Wo es sich nicht um Namen handelt, die im Neuen Testament stehen, sind durchweg Märtyrer gemeint. Aus dem orientalischen Heiligenkonvent der diokletianischen Verfolgung haben sich vier in der fränkischen Kirche schon im sechsten Jahrhundert angesiedelt, Georg mit einigen Gotteshäusern in der Auvergne, bei Limoges und bei Le Mans[a]), Moriz außer in Agaunum mit der Stadtkirche in Tours[b]), wo er, immerhin durch Agaunensische Reliquien, geradezu Titelpatron war, dann noch Cyricus, Saint Cirgue, mit einer Kirche in Arvern und Sergius mit einer nicht näher bezeichneten Kirche[c]). Die Cyricusreliquien hatte entweder der Abt Abraham aus dem Morgenlande

---

a) Gregor Martyr. 100. b) Gregor II. Fr. X. 31. c) Gregor H. Fr. VII. 31. Martyr. 96.

gebracht oder, falls das Kloster schon vorher bestand und bereits in diesem Besitze war, haben offenbar die entsprechenden Verbindungen Abraham gerade nach Clermont geführt[a]). Italien lieferte zunächst seinen erlauchtesten Märtyrer, den heiligen Laurentius. Die ihm gewidmete Kirche in Paris wurde schon zur Zeit Childeberts von Mönchen unter dem Vorsteher Domnolus bedient und lag an einem Arm der Seine[b]); die Lorenzkirche zu Clermont beherbergte den Leib des Bischofs Gallus; sie lag südlich der Stadt[c]). Die übrigen italienischen Märtyrer, die so früh in Frankreich Verehrung fanden, stammen aus Oberitalien, dessen Metropole Mailand auch sein Heiligenpaar Gervasius und Protasius zur Verfügung stellte und im alten Tours an ausgezeichneter Stelle innerhalb des Mauerrings verehrt sehen durfte; Martin selbst hatte diese Reliquien seiner Zeit mitgebracht[d]). Der andere Mailänder Nero=Märtyrer, der Knabe Nazarius, besaß bei Nantes an der Loire Kirche und Kloster[e]), während die Nazariusreliquien zu Embrun von den Einwohnern als antochton in Anspruch genommen wurden. Aus Spanien kam der Diokletiansmärtyrer Felix von Girone und wurde zu Narbonne schon im fünften[f]) Jahrhundert verehrt; doch tritt er hinter seinem Landsmann, dem berühmteren Diokletiansmärtyrer Vincenz von Saragossa zurück[g]). Dieser war der Primarpatron von Saint Germain des Prés in Paris, wo der Stifter, König Childebert I, Bischof Germanus von Paris und ein Prinz begraben liegen[h]). Er besaß überdies zu Tours eine in der zweiten Hälfte des sechsten Jahrhunderts ihm erbaute Kirche[i]) und eine bei Agen, wo man bereits sich fragte, ob er am Ende nicht hier, auf gallischem Boden, das Martyrium erlitten habe[k]). Auch sonst fehlen Anzeichen nicht, daß sich Vincenz vollständig im Frankenreich eingebürgert und auch die letzte Spur des Ausländers verloren habe: nimmt er doch, gleich einem Grundheiligen, an der Germanenmission im Osten teil, wie seine Kirchen in Schwenningen, Fronhofen und Grunbach beweisen.

5.

Unter den im Frankenreich importierten Heiligennamen sind die Urheiligen nicht nur zahlreich vertreten, sie sind auch wichtig wegen mancher Eigentümlichkeit, die es noch kurz zu erwähnen gilt. Johannes der Täufer ist schon im sechsten Jahrhundert in der fränkischen Kirche populär. Er nahm insofern eine eigenartige Stellung ein, als seine Heiligtümer, vielleicht um den Vorläufer auch symbolisch anzudeuten, fast ausnahmslos nicht selbständige

---

a) Gregor H. Fr. II. 21. Patr. 3. 1.   b) Gregor H. Fr. VI. 9. 25.   c) Gregor H. Fr. II. 20. Patr. 6. 7.   d) Gregor H. Fr. X. 31. 5. 12. Martyr. 46.   e) Gregor Martyr. 60.
f) Gregor Martyr. 91.   g) Gregor Martyr. 89.   h) Gregor H. Fr. IV. 20. V. 7. VIII. 10, 23.
i) Gregor H. Fr. X. 31. 18.   k) Gregor H. Fr. VII. 35. Martyr. 104.

Bauten, sondern kleinere Dependenzgebäude der Kathedralen oder anderer Hauptkirchen sind, von denen sie allerdings manchmal eine gewisse Entfernung trennte. Baptisterium, ihre geläufige Bezeichnung, heißt gewiß nicht nur Tauf=kapelle, sondern gewiß ebenso wohl Täuferkapelle und wenn dort auch in der That vorzugsweise die Taufen stattfanden, so steht das mit dem Schutzpatron wohl am ehesten in dem Zusammenhang, daß man unter der Obhut dessen, der den Heiland getauft habe, auch die weiteren Taufen vornehmen wollte.

Am lehrreichsten stellen sich die den Täufer betreffenden Heiligtümer im alten Tours dar[a]). Dort stand vor alters in der Stadtkirche das Baptisterium. Ob=schon es nun durch den Brand 561 nicht zerstört wurde, erbaute man da=neben ein neues mit Johannes= und Sergiusreliquien. Dann aber besaß auch die vor den Mauern gelegene Martinskirche eine Johanneskapelle vor ihrem Eingang, wie jene ja auch sonst, ohne Kathedrale zu sein, den Rang eines Münsters einnahm. In Dijon stieß die Täuferkapelle an die bischöfliche Wohnung an und hieß bald so, bald Johanneskirche[b]). Doch konnten unab=hängig vom Taufgebrauche Johanneskirchen, dann also nicht Baptisterien, auf dem üblichen Wege, nämlich durch die betreffenden Reliquien entstehen, so die zu Bazas[c]), während umgekehrt diese Reliquien nicht zwingend den Namen im Gefolge hatten; in Maurienne ließ König Gunthram für Johannesreliquien ein Gotteshaus bauen mit dem Zwecke, sie dort zu bergen, zugleich aber ver=fügte er, diese Kirche nicht nach Johannes, sondern nach dem heiligen Psychius zu heißen[d]).

In Tours stand überdies eine vierte Kirche in Beziehung auf den Täufer, indem sie gemeinsam ihm und der Maria gewidmet war, ebenfalls vor den Thoren, in unmittelbarer Nähe von Sankt Martin[e]). Daneben besaß Tours innerhalb der Mauern eine nur der Maria gewidmete Kirche[f]), die ihrerseits wieder von der Stadtkirche zu unterscheiden ist, so daß in dieser ältesten Zeit in Frankreich Notre Dame und Kathedrale noch nicht ohne weiteres zusammen=fallen. Drei alte Marienkirchen finden wir in Lyon, Poitiers und Toulouse[g]). Von der ersten ist jede Spur verschwunden; die zweite, Pfarr= und Begräbnis=kirche des Frauenklosters vom heiligen Kreuz, hieß später nach ihrer Erbauerin Radegunde, und die dritte, an der alten Stadtgrenze unweit der Garonne, jetzt Notre Dame de la Dourade, hieß so nach einem vergoldeten Mutter=gottesmosaik, das dort verehrt wurde. Keine echte Urkunde eines merowingischen Königs nennt eine Nur=Marienkirche. Erst um die Mitte des achten Jahr=hunderts werden sie häufiger, indessen Maria bei mehrnamigen Kirchen schon

---

a) Gregor H. Fr. X. 31.　　b) Gregor Patr. 7.　　c) Gregor Martyr. 12.　　d) Vita Tigris 3.
e) Gregor Martyr. 19.　　f) Gregor H. Fr. X. 31.　　g) Gregor Conf. 64. H. Fr. IX. 42. H. Fr. VII. 10.

früh an erster Stelle figuriert.

Noch seltener finden sich Heiligtümer, die ausdrücklich Christus geweiht sind. Erst am Ende der Merowinger Zeit tauchen die ersten Erlöserkirchen auf: Sankt Salvator in der Provence, in der Diöcese Bourges und in Tegern=see[a]). Früher, aber nur vereinzelt, finden sich Kirchen, die nach dem vor=nehmsten Christusattribut, dem heiligen Kreuz heißen, die erste und berühmteste bleibt die von Poitiers. Die Radegunde des siebenten Jahrhunderts, Königin Balthilde, baute in Chelles eine gleiche, und überdies enthielt die dortige Georgsbasilika in der Seitennische rechter Hand einen Heiligen=Kreuz=Altar[b]). Auch in Metz stand um 600 eine Kirche dieses Namens[c]), und selbst die von Säckingen könnte schon aus dieser früheren Zeit stammen[d]).

Von den zwölf Aposteln steht natürlich auch hier obenan Petrus. In Paris gründeten Chlodowech und seine Gemahlin die Peterskirche, in der sie dann auch nebst ihrer Tochter Chlotilde und den beiden ermordeten Enkeln begraben lagen. Diese Kirche hieß genauer „Heiligenapostelkirche", war also Peter und Paul gewidmet[e]). Sie enthielt das Stadtheiligtum, das Geno=vefagrab. Auch die Peterskirchen von Rouen und Tours nahmen später die einstige Protektion der Königin Chrotechilde in Anspruch[f]). Doch war die Peter= und Paulskirche oder auch nur Peterskirche in Tours älter, da sie der Martinsrestaurator Perpetuus errichtet hat[g]). Die Johanneskirche in Lyon, die eine Krypta mit mehreren Gräbern besaß, also kaum eine Taufkapelle gewesen sein wird, könnte dem Evangelisten gewidmet sein[h]), angesichts der Beziehungen der Stadt zum Johannesschüler Polykarp, dessen Tag übrigens in der fränkischen Kirche gefeiert wurde[i]), keine unwahrscheinliche Annahme; nachweisbar sind Kirchen für Johannes den Evangelisten sonst frühstens vom siebenten Jahrhundert an. Arvern besaß eine Andreaskirche; sie wurde im Pestjahre 563 gestiftet[k]). Die größte Verehrung von allen Urheiligen genoß aber damals keiner von den genannten, sondern dem Interesse am Martyrium entsprechend der Erzmärtyrer Stephan. Die älteste Stephanskirche war wohl die von Tours, die schon Ende des sechsten Jahrhunderts als von den Alt=vordern errichtet galt[l]); sie lag nur wenige Schritte vor der Stadtmauer. Die andere große Stephanskirche, die in Arvern, war uns Jahr 460, von der Witwe eines Bischofs errichtet worden und beherbergte später den Quin=tiansleib[m]).

Gleich den Grundheiligen haben auch die Urheiligen ihren Anteil an der

a) Chlodowech II. Diplom. spur. (Pertz) 62; Childerich II. Diplom. spur. (Pertz) 68; Passio Quirini Tegernseensis (Krusch) 5. 9.   b) Vita Balthildis (Krusch) 16. 18.   c) Vita Arnulfi 10. d) Vita Fridolini.   e) Vita Chrotech. 11. 13.   f) Gregor H. Fr. II. 43; III. 11. 19; IV. 1; Conf. 89.   g) Gregor H. Fr. X. 31. 6.   h) Gregor Martyr. 49.   i) Gregor Martyr. 85. k) Gregor H. Fr. IV. 31.   l) Gregor Martyr. 33.   m) Gregor H. Fr. II. 17. Patr. 5. 4.

staatlichen Mission im heidnischen Osten. In ihrem Gefolge erscheinen hier überdies der Erzengel Michael[a]) und der Apostelschüler Clemens[b]). Beide werden zwar schon bei Gregor als Heilige angerufen und Michael mit Martin in Verbindung gebracht; von ihren Kirchen dagegen verlautet bei ihm noch nichts. Die Michaelskirchen sind meistens' Adjudanten der Martinskirchen: offenbar handelte es sich darum, nicht nur den Donar, sondern auch Tiuz durch einen Gottesritter zu ersetzen, und so rief man den Michael herbei, da ja Georg im Frankenreich bleibend nicht Fuß gefaßt hat. Mit den Martins- und Michaelskirchen erscheinen die Stephanskirchen fast in regelmäßiger Verbindung, wobei dann auch noch mit den Baptisterien der Täufer zu seinem Rechte gelangte. Begleitet war Stephan des öfteren eben von Clemens, der jedoch nicht direkt aus Rom, sondern aus Nordfrankreich zugewandert kam.

Damit sei die dürftige Skizze über die merowingischen Kirchen im Grundriß ihrer Ausbreitung abgeschlossen. Zur vollständigen Lösung der Aufgabe müßten nicht nur alle Quellen, Urkunden und Briefe inbegriffen, sondern vor allem auch archäologische Hilfsmittel in ausgedehnterem Maße zugezogen werden.

<h2 style="text-align:center">Fünfter Abschnitt.</h2>

<h2 style="text-align:center">Die Kraft.</h2>

Nur meine man nicht, diese fränkischen Heiligengräber als Sammelpunkte besserer und höherer Triebe im Volk seien eine vereinzelte Erscheinung; ist doch das Zentrum der griechisch-römischen Kultur, die antike Stadt, aus dem Gräberkultus überhaupt hervorgegangen[1]). Dabei ist klar, daß einer Verehrung, die Ursache solcher Wirkungen wurde, nicht der bloße leere Name zu Grunde lag. Bemühen wir uns nun um die Erkenntnis jener Kraft, die nach heutiger Schätzung zwar imaginär, aber für die Empfindung der damaligen Welt mit aller nur denkbaren Realität wirkte, so bekommen wir unseren Gegenstand bei seinem eigentlichen Wesen zu fassen. Gerade was uns am meisten fremd bleibt an der Kirche des alten Frankenreiches, macht ihre Seele aus, die Abwesenheit von jeder, aber auch von jeder philosophischen Anschauung der Dinge, dafür überall das Dasein eines naiven, begrifflich unverarbeiteten, rohstofflichen Wunderglaubens. Diesen, der uns bereits auf Schritt und Tritt begegnete, gilt es nun systematisch ins Auge zu fassen und darzustellen. Zunächst allerdings handelt es sich erst um seine Voraus-

<hr>

a) Gregor H. Fr. VI. 29. Mart. I. 9.   b) Gregor Mart. 35.

1) Fustel de Coulange, La cité antique.

ſetzung und Veranlaſſung, nämlich um jene Stücke Stein, Holz oder menſch=
licher Gebeine, die man inbrünſtig küßte und nur in den Schauern innerſter
Erhebung zu berühren wagte, um jene Plätze, wo man Gott in ſeinen Heiligen
fürchtete, wohlverſtanden fürchtete in des Wortes eigenſter Bedeutung von
Angſt und Schrecken, und um jene armſeligen Andenken, die der Einzelne
dem Heiligen wegſtahl, um ſeinen Segen auch fern vom Tempel nahe zu
haben, eine Scholle vom Hügel, einen Spahn vom Schreine, eine Priſe vom
Pulver des Denkſteins.

Dreizehntes Kapitel.

Die Reliquie.

Der Kraftherd des fränkiſchen Wunderglaubens iſt irgend ein handgreif=
liches Ueberbleibſel des verehrten Heiligen, meiſtens der ganze Leichnam; von
Stammheiligen wurden einzelne Gliedmaßen oder Theile der Kleidung offen=
bar nicht abgegeben. Die Gewinnung und Ueberführung heiliger Inventar=
ſtücke bilden Höhepunkte im religiöſen Leben des Volkes, und allerlei merk=
würdige Eigenſchaften wurden den Reliquien zugedacht.

1.

Ausländiſche Reliquien nehmen eine beſondere Stellung ein. Sie galten
mehr, weil ſie von draußen und von fernher kamen. Wohl waren ſie, da
es ſich meiſtens um Andenken an Urheilige handelt, auch aus dogmatiſchen
Erwägungen beſonders gut angeſchrieben; aber eher noch wertete ſie dasſelbe
inſtinktive Gefühl höher, das heutzutage etwa frembländiſche Erzeug=
niſſe von vornherein beſſer veranſchlägt, als einheimiſche. In der ſüd=
galliſchen Stadt Bazas erzählte man, in den Tagen Johannes des Täufers
ſei eine franzöſiſche Dame in Jeruſalem geweſen und habe deſſen Hinrichtung
beigewohnt und vom Täuferblute ein Fläſchchen voll aufgeſchöpft, dasſelbe
Fläſchchen, das nun auf dem Altar der Johanneskirche ſtehe[a]. Eine andere
Täuferreliquie in der Provence war der Johannesdaumen zu Maurienne.
Eine Frau, deren Namen Gregor nicht nennt, die aber der Ortsſage zufolge
Tigris hieß, hatte ſich dieſes Unterpfand am Johannesgrab in Sebaſte durch
ihren unbeugſamen Eigenwillen zu verſchaffen gewußt und in einer goldenen
Kapſel nach Hauſe gebracht. Die Biſchöfe von Turin, Ax und Bellay voll=
zogen in drei Vigilien an Ort und Stelle die dreimalige feierliche Abſpaltung
eines Partikelchens von dieſem Daumen[b]. Marienreliquien, die jedoch nicht

---

a) Gregor Martyr. 11.   b) Gregor Martyr. 13.

näher bezeichnet werden, besaß die Kirche von Marias[a]). Von kleinen Christus=
reliquien, der Lanze, dem Essigschwamm, der Dornenkrone, der Martersäule, so=
wie vom ungenähten Rock, wußte man, jene befanden sich zu Jerusalem, dieser in
der Erzengelkirche von Galatz bei Konstantinopel. Das Kreuz Christi hatte die
Kaiserin Helene in Jerusalem aufgespürt; zu gleicher Zeit wurden die vier
Nägel, mit denen der Erlöser angeheftet gewesen war, gefunden. Sie waren
aus besonders edelm Metall. Zwei davon kamen als Leukstangen in den
Galazaum des kaiserlichen Gespanns, gemäß dem Worte heiliger Schrift: „Das
Heiligtum des Herrn wird dem Pferde ins Maul gelegt[b]).“ Der dritte Nagel
fiel ins Meer und der vierte fand im Kopfschmuck der Kolossalstatue Con=
stantins Verwendung[c]). Ins Abendland gelangte indessen nichts von alledem,
bis Radegunde ums Jahr 560 auf dem Wege diplomatischer Unterhand=
lung mit dem Hofe von Byzanz einen Splitter vom heiligen Kreuz erwarb.
Ebenso kamen einige Apostelreliquien nach Poitiers, dann sandte Radegunde
zum Zweck weiterer Funde eine zweite Gesandtschaft unter Leitung des Prie=
sters Reovalis nach Jerusalem ab. Diese Erwerbungen wurden in einem
silbernen Schrein gemeinsam verwahrt[d]); ein Stückchen vom heiligen Kreuz
besaß übrigens auch Sankt Martin von Tours zugleich mit Täuferreliquien[e]).
Von Apostelreliquien hegte die Kirche von Agde eine des heiligen Andreas[f]),
während bei einem kombinierten Reliquienimport aus Rom auch Erinnerungs=
stücke an Zwölfapostel und an Paulus mit nach Gallien kamen[g]). Im Ganzen
gehörte ein Unterpfand von einem Urheiligen in den fränkischen Kirchen zu
den großen Seltenheiten. Fremde Reliquien waren gemeinhin im Vertrieb,
italienische und spanische, unter Namen, nach denen wir meistens schon die
jene beherbergenden Kirchen geheißen fanden. Bekannte römische waren die
von Lorenz, Pankraz, Chrysanthus und Daria und der Eunuchen der Kaiserin
Constantia Johannes und Paulus[g]); daran schließen sich die Bologneser Agri=
cola und Vitalis[h]); Reliquien des Spaniers Vincenz sind ausdrücklich ver=
merkt für die Dorfkirchen Ceré und Orbigny bei Tours und Bessay in der
Poitou[i]). Bei fremden Reliquien ist im allgemeinen zu merken, daß der Heiligen=
name lediglich Aufschrift und gewöhnlich von keiner Legende begleitet ist. An=
sätze zu einer solchen sind meistens verdrängt durch die Erfolge, die der Ueber=
bringer der Reliquie zu berichten wußte. Denn damals galt ja eben solch
ein armseliges Stück nicht für etwas Totes, es konnte oft sehr lebendig werden,
und wer damit reiste, mochte unter Umständen wohl etwas erleben.

Erzählungen dieser Art gewinnen aber an Umfang und Bedeutung, wenn

---

a) Gregor Martyr. 8.   b) Zach. 14. 20.   c) Gregor Martyr. 5—7.   d) Gregor Martyr.
8. H. Fr. III. 7. IX. 40. Baudonivia Radegunde 16. 20.   e) Gregor Martyr. 14.   f) Gregor Martyr. 78.   g) Martyr. 82.   h) Gregor Martyr. 43.   i) Gregor Martyr. 89.

es sich um einheimische Größen handelt. Von Germanus von Auxerre aller=
dings, der am 31. Juli 448 in Ravenna starb, berichtet Gregor nur die
Thatsache der Ueberführung, sein Leib sei nach sechzig Jahren gehoben, nach
der Stadt Auxerre gebracht und dort begraben worden[a]). Dagegen haben
die Julians= und Martinsreliquien auch ihre kleinen Geschichten an sich. In
der Ferreoluskrypta zu Vienne war folgende Inschrift angebracht:

   Doppeltes Pfand:
     Das Haupt Julians und Ferreolus Leichnam,
   Christushelden selb zweit,
     Birgt diese Halle getreu.

Seiner Gewohnheit gemäß zog Gregor, als er das las, nähere Erkundi=
gungen ein; da erzählte der Wächter: Die Ferreoluskirche lag früher am
Rhoneufer, aber da die Säulenhalle des Eingangs der Willkür des Flusses
zu sehr ausgesetzt war, kam Bischof Mamertus auf den weisen Gedanken,
mehr landeinwärts, wo es sicherer sei, eine neue ebenso große und schönere
Kirche zu bauen. Zur feierlichen Translation der Reliquien war eine statt=
liche Zahl Geistlicher und Mönche zusammengekommen; während ihrer Gebete
wurde die Ausgrabung vorgenommen. In einer gewissen Tiefe angelangt,
stieß man auf drei Gräber; welches gehörte nun dem Heiligen? Jemand in
der Versammlung erinnerte, seit alters gehe die Sage im Volk, im Ferreolus=
grabe befinde sich auch das Haupt des Märtyrers Julian. Da ließ der Bischof
die Anwesenden zum Gebet auf die Knie fallen, indes er selbst sich anschickte,
die Gräber eins ums andere zu öffnen. In den beiden ersten lag nur ein
Mensch allein, im dritten dagegen fehlte dem noch nicht verwesten Leichnam
der Kopf, indes unter dem Arm ein Männerhaupt lag. Da rief der Bischof
voller Freude: „Das ist ja der Leib des Ferreolus, und jetzt da, das Haupt
Julians!", worauf sich unter Psalmengesang und dem Beifall des Volkes die
Ueberführung vollzog[b]).

Bei einheimischen Heiligen, wenigstens bei den großen unter ihnen, deren
Andenken stark genug gewesen war, um durchzuhalten, ergab sich aus diesem
Umstande von selbst eine neue Art Reliquie. Neben Gegenständen, die ihren
Wert aus den Beziehungen zum heiligen Leichnam schöpften, meldeten sich nun
andere als ebenbürtig an, weil sich der Heilige einst bei Lebzeiten mit ihnen
zu schaffen gemacht habe. Sankt Martin verfügte über eine ganze Anzahl
solcher sakraler Andenken: der Stein, wo er einst gesessen, die Kapelle, wo
er zu beten pflegte, den Altar, wo er Messe celebrierte, den Baum, den
er hatte sich aufrichten heißen, die Rebe, die er eigenhändig gesetzt, der
Brunnen, den er selber gegraben hatte[c]). Diese Memorialreliquien, obwohl

a) Gregor Conf. 40. b) Gregor Jul. 2. c) Gregor Mart. I. 18. II. 39. Conf. 6. 7. 8. 10.

sie ihrem Wesen nach eben nur sehr selten vorkommen konnten, standen an
Kraft den Sepulkralreliquien in nichts nach. Als der Priester Leon nichts
ahnend jenen Martinsstein versetzte, um sich sein eigenes Grabmal vorzu=
bereiten, befiel ihn ein Schüttelfrost und belehrte ihn eines bessern. Der
Martinsbaum in Neuilly hatte längst keine Rinde mehr; fromme Leute hatten
ihn kahl geschält, um sich von dem Kork heilkräftigen Thee zu kochen. Von
der Kapelle zu Martigny bei Tours ging ja allerdings die Rede, vor hundert
und aber hundert Jahren habe Sankt Martin dort gebetet; aber weiter hatte
man davon kein Aufheben gemacht. Unzählige Male war Abt Günther un=
behindert und ohne sich Gedanken zu machen an dem Heiligtum einfach vor=
beigeritten. Da, am Tage seiner Wahl zum Bischof von Tours, brachte er
plötzlich sein Pferd nicht mehr vom Fleck; mitten auf dem Wege blieb es steif
stehen, den Kopf der Kapelle zugekehrt. Er haut es mit den Absätzen, preßt
es zwischen die Schenkel, sticht es mit dem Stachel; als wär es ehern, rührt es
sich nicht. Bis dem Bischof aufging, was für eine Bewandtnis es damit
am Ende haben könne, und er abstieg und es mit einem Gebete versuchte —
alsobald konnte er weiter reiten. Am Altar der Kapelle von Siran, der
durch eine ehemalige Berührung von Martins Händen noch insbesondere ge=
heiligt war, wachte einst ein Gelähmter die Nacht durch, in der Hand eine
brennende Kerze so hoch wie er selbst; bei Tagesanbruch vermochte er von
dannen zu gehen. Aridius von Limoges, ein passionierter Sammler von
heiligen Dingen, stellte auch Versuche an mit einer Traube von Martins selbst
gepflanzter Rebe. Er genoß einige wenige Beeren und machte den Rest dann
in ein Glas Wasser ein. Einige Zeit darauf, als ihn ein Mensch berief, der
an Mundfäulnis litt, wusch er mit dem Traubenwasser die Mundhöhle aus
und mit Erfolg. Noch nach vier Jahren waren die Beeren dieser Martins=
traube vollkommen grün geblieben, ohne daß das Wasser im Glase gewechselt
worden wäre. Und gar mit Wasser aus dem von Martin gegrabenen Brunnen,
mit dem Aridius Fieberkranke besprengte, erzielte er die überraschendsten
Wirkungen[a]). Ebenso heilkräftig war das Wasser aus der Saphirschale in
Candes, die Kaiser Maximus einst Martin zum Geschenk gemacht hatte[b]). Das
bedeutendste Martinsandenken dieser Art war jedoch sein Sterbebett in Candes.
Auch dort geschahen Heilungen[c]) und wurden Spähne abgespalten. Die Me=
morialreliquie hat sich somit als ebenbürtig legitimiert, aber dieser Legitimation
insofern doch bedurft, als eben schon der Name „Reliquie" auf ein Ueber=
bleibsel vom Heiligenleichnam hindeutet. Unter Umständen kann einmal auch
eine Spezialität direkt auf die Begriffsgrenze zu liegen kommen: so wurden
bei der Hinrichtung des Märtyrers Symphorian von Autun drei Steinchen

<hr>

a) Gregor Mart. II. 39.   b) Gregor Mart. IV. 10.   c) Gregor Mart. II. 19. 21.

von seinem Blut bespritzt, die infolge dessen für die Verehrung aufgehoben wurden*). Da war das Steinchen heilig, weil es von der Berührung des Heiligen imprägniert war. Und doch war der beim Todesstreich verspritzte Blutstropfen auch schon ein Stück Leichnam.

2.

Die Hauptsache an der Reliquie ist jedoch nicht, woher sie stammt oder wo sie zustande kam, sondern wie stark sie ist und was sie auszurichten vermag. Und hiefür war das üblichste und weitverbreitete Merkmal die Eigenschaft verschollener Reliquien, Aufmerksamkeit auf sich zu ziehen und sich entdecken zu lassen. Der Märtyrer Quintin von Verenand, Saint Quentin, kam dadurch ans Tageslicht, daß eine blinde Frau, eine fleißige Kirchgängerin eines Tages einen Leichnam entdeckte, der irgendwo im Wasser lag, und als nun die Frau daraufhin sehend wurde, war der Beweis erbracht, mit wem man es zu thun habe[b]). Ebenso war das Grab des Märtyrers Eutropius verschollen, weil es nicht in geweihter Erde lag und auch sonst niemals Verehrung empfangen hatte. Als dann Bischof Palladius, der Förderer des einheimischen Heiligenkults, zu Ende des sechsten Jahrhunderts in die neu erbaute Eutropiuskirche auch den Leib des Heiligen überführen ließ, diente eine Narbe am Totenschädel, die auf den tödlichen Axthieb hinwies, zum Ausweis[c]). Ebenso unbekannt war auch das Grab des heiligen Mallosus von Xanten geblieben, obwohl er im Geruche des Märtyrers stand und sogar schon eine eigene Kapelle hatte. Und nun baute ihm gar noch Bischof Ebregisel von Köln eine große Basilika in der Hoffnung, Gott werde die Offenbarung der Reliquien zulassen. Später wandelte er ein Stück dieser Basilika in eine Absis um und verband so die anstoßende alte Mallosuskapelle mit der neuen großen Kirche. Nun fehlte nur noch der Heiligenleib. Bald darauf hatte ein Diakon zu Metz ein Traumgesicht, indem ihm die Ruhestätte des Märtyrers kund wurde, und als er dann zu Ebregisel kam und sich von ihm auf den Platz führen ließ, sagte er zu diesem, ohne doch den Ort näher zu kennen: „Grabe hier, und du wirst den Heiligenleib finden, in der Mitte des Absis". Als sie sieben Fuß gegraben hatten, stieg ein lebhafter Wohlgeruch auf und der Bischof rief: „Ich hoffe, Christus werde mir seinen Märtyrer zeigen, auf diesen Wohlgeruch hin". Die Ausgrabung wurde fortgesetzt; in der That stieß man auf den Heiligenleib, der Bischof nahm ihn in Augenschein und fand ihn unverwest. Da stimmte er das Gloria an, unter Assistenz der ganzen Priesterschaft. Nach dem Gesange wurde der Heilige in die Basilika hinaufgebracht und dort mit

---

a) Gregor Martyr. 51.   b) Gregor Martyr. 72.   c) Gregor Martyr. 55.

allen gebührenden Ehren behandelt[a]). Eine Kirche galt nun einmal erst für
im höheren Sinn vollendet, wenn sie auch Reliquien von ihrem Namenspatron
beherbergte. Im Fall, daß dieser nicht erst noch zu entdecken war, verschaffte
man sich womöglich welche von einer bekannten Bezugsquelle. So sandte
Palladius von Saintes für seine dortige eben errichtete Martinskirche um
Martinsreliquien nach Tours, und bereits zwei oder drei Monate darauf erhielt Gregor schriftlichen Bericht von zahlreichen Heilungen, die durch sein
Geschenk bewirkt worden waren[b]).

Die häufigste Gelegenheit für Reliquien, sich zu äußern, ergab sich bei
Translationen auf größere Strecken, sowie im Augenblick, da sie an ihrem
neuen Aufenthalt geborgen wurden. Als die geistliche Gesandtschaft des Bischofs
Leudowald von Avrenches mit den in Tours geholten Martinsreliquien den
heimischen Stadtbezirk betrat, küßte ein Gelähmter inbrünstig den Saum des
Bahrtuches, und als er sich besser fühlte, rief er: „So handelst du also in
der That, o du heiliger Bekenner; nicht genügt es dir, dein eigenes Haus
zu schmücken; du stattest nun auch mit erschrecklichen Kraftthaten sogar Gegenden aus, die dein Fuß bei Lebzeiten nie betrat"[c]). Ein Geistlicher der
Kirche von Cambrai hatte mit Martinsreliquien den Heimweg angetreten und
überschritt eben die Loire an einer seichten Stelle, als ein Gewitter losbrach:
aber da fingen, gleichsam als elektrisches Gegenspiel zu den Blitzen, die beiden
heiligen Lanzenspitzen in den Händen seiner Kinder, die sie trugen, zu glühen
an und dienten als Laternen[d]). Der Bote König Gunthrams, der gegen kostbare Geschenke im Kloster Agaunum Reliquien eingetauscht hatte und bei der
Rückfahrt auf dem Genfersee von einem lebensgefährlichen Sturm überrascht
wurde, brauchte nur das Reliquienkästchen, das er auf sich trug, gegen die
anrollenden Wogen zu halten und dabei zugleich die heiligen Märtyrer herzlich anzurufen, so war auch schon die Gefahr vorüber[e]). Einst war ein Schiff
eben im Begriff, einen morgenländischen Hafen anzulaufen, als in einer vom
Meere abgelegenen Kirche der selben Stadt ein Besessener plötzlich rief, es
komme. Und als es vor Anker ging, rannte er es zu begrüßen, warf sich
auf den Boden und regte sich so sehr auf, daß aus Mund und Nase der
Ausbruch von Eiter erfolgte, der ihm Erleichterung brachte. Davon in Kenntnis
gesetzt, veranstaltete der Bischof eine Prozession an den Landungsplatz. Der
Schiffsherr, seinerseits auf dem Laufenden, brach vor Freude in Thränen aus:
er habe doch nichts an Bord als ein bischen Staub vom Grabe des heiligen
Julian[f]). Ein ander Mal fiel es auf, daß die vom Priester Nannin aus
Vibrac überführten Juliansreliquien eine Heilung Schlags Mittag herbei-

---

a) Gregor Martyr. 62.   b) Gregor Mart. IV. 8.   c) Gregor Mart. II. 36.   d) Gregor
Mart. I. 10.   e) Gregor Martyr. 75.   f) Gregor Jul. 33.

führten^a). Daß die Reliquien Feuer sprühen, ist in Gregors Augen eine so allgemeine Thatsache, daß er ihr eine besondere Betrachtung widmet: auch Abt Bärchen war beim Celebrieren der Vigilien in der Martinsbasilika von Tours von einem Feuerglob überrascht worden, der über den auf dem Altar vereinigten Reliquien aufstieg[b]). Umgekehrt vermögen Reliquien Feuer auszuhalten, ohne zu verbrennen[c]). Aber freilich damit eine Pergamentrolle in einem brennenden Strohsack nicht weiteren Schaden nimmt, dazu bedurfte es nicht erst des Martinslebens des Sulpicius Severus, das Gregor, indem er ihm diese Feuerprobe nachrühmt, in den Rang einer Reliquie erhebt[d]). Unter andern wunderbaren Qualitäten zeichnet sich die Eigenschaft der Stephansreliquien aus, an Stelle des vergessenen Schlüssels den Schrein zu öffnen[e]). Uebrigens konnte die Kraft der einzelnen Reliquie größer oder geringer sein, je nach dem Zeitpunkt. Im Stadium der Installation, wenn die Reliquie noch neu, also die Verehrung noch warm war, ließ sich eine Zahl von Heilungen wahrnehmen, die für eine gelagerte Reliquie ungewöhnlich wäre[f]). Ebenso verständlich ist es, daß sich bei Reliquienkombination deren Kräfte summieren. Die Verbindung eines alten Heiligen wie Julian mit einem jungen fast zeitgenössischen wie Nicetius von Lyon wird von Gregor ausdrücklich als doch ebenso gerechtfertigt hingestellt, wie eine Association von Julian etwa mit Johannes und Martin es sei[g]). Die Macht der Reliquien tritt besonders anschaulich in Gregors eigenen Erlebnissen zu Tage. Bei der Einweihung seiner bischöflichen Privatkapelle, zu der er einen ehemaligen Vorratsraum des Bischofs Eufronius durch hübsche Ausstattung hatte umwandeln lassen, wurde während der Vigilien erst der Altar in üblicher Weise eingesegnet. Dann holte man in der Kirche drüben die dort deponierten Hausreliquien bester Marke, Martin, Saturnin, Julian und Saint Allyre, in feierlichem Zuge herüber, beim Fackelschein, der sich an den Metallkreuzen widerspiegelte: anwesend war der ganze Klerus in den linnenen Chorgewändern, außerdem die Honoratioren der Stadt und eine Menge Volkes. Hoch erhoben trug Gregor die Heiligtümer, die in Seide und Parfum gebettet waren, über die Schwelle. In diesem Augenblick ging solch ein heller Schein durch den Raum, daß mehrere genötigt waren, die Augen zu schließen. Die Versammlung lag auf den Knieen in großer Furcht; aber der Bischof rief ihnen zu: „Fürchtet euch nicht; was ihr seht ist die Allmacht der Heiligen. Besinnt euch doch an die Stelle im Martinsleben, da dem Haupt des Heiligen, als er am Altar die Weihworte sprach, eine Feuerkugel entstieg und gen Himmel fuhr. Warum erschrecken! Mit seinen heiligen Reliquien hat er selbst bei uns Einkehr ge

---

a) Gregor Jul. 48.　　b) Greor Conf. 58.　　c) Gregor Martyr. 18. 51.　　d) Gregor Mart. III. 42.　　e) Gregor Martyr. 33.　　f) Gregor Jul. 49.　　g) Gregor Jul. 50.

halten". Da löste sich die Beklemmung der Anwesenden, und sie stimmten den Lobgesang an: „Gesegnet sei, der da kommt im Namen des Herrn. Gott der Herr hat uns erleuchtet [a])". Um jene Zeit war Gregor auch einmal wieder in seiner Heimat zu Besuch und nahm sich am Juliansfest, dem 28. August 573, einige Fäden einer Franse an der Grabesdecke mit. Als nun in Tours Mönche eine Juliansbasilika errichteten, bei ihren geringen Mitteln eine schöne That, und zu Gregor kamen mit der Bitte, ihnen doch die Reliquien zu überlassen, nahm er heimlich den Schrein und beeilte sich, sie in der Dämmerung nach Sankt Martin hinauszutragen. Ein frommer Mann stand in einiger Ent=fernung, als der Bischof eintrat, und versicherte ihn Tags darauf, er habe einen Feuerball auf das Gebäude sich niedersenken und im Innern der Kirche verschwinden sehen. Die Nacht verbrachten sie in der Martinskirche, indem sie die Juliansreliquie auf dem Martinsaltar ruhen ließen und begaben sich bei Tagesanbruch in die zu weihende Kirche mit dem Heiligtum, auf das nun zur Julianskraft noch die Martinskraft übergegangen war. Wenigstens warf sich ihnen ein Besessener unter schrecklichen Geberden entgegen; blutiger Schaum quoll aus seinem aufgerissenen Munde und er schrie: „Warum, o Martin, ver=bindest du dich mit Julian? Warum rufst du ihn in diese Gegenden? Ist denn deine Anwesenheit für sich allein nicht Pein genug? Warum rufst du einen dir ebenbürtigen Heiligen herbei, um unsere Qualen zu steigern? Warum denn? Warum peinigst du uns so im Bunde mit Julian"? [b]).

3.

Ueberall wurzelt die den Reliquien beigelegte Kraft in der Vorstellung, man habe in einem solchen heiligen Teilchen den ganzen Heiligen in Person eingekapselt vor sich. Dadurch wird die Kraftpsychologie der Reliquie mit einer Reihe individueller Züge ausgestattet, als hätte man es mit einem leib=haftigen Menschen zu thun. Es bilden sich im Umgang mit der Reliquie so=zusagen gewisse Anstandsformen aus, die man nur bei Strafe unbeachtet ließ. Unlautere Hände durften sie nicht anfassen; die Reliquien waren empfindlich. Noch eher griff man unversehrt in die Flamme, als daß man jene ohne Schaden berührte; um sicher zu gehen, wählte man am besten ein junges unbescholtenes Mädchen, hing ihm das Reliquientäschchen um den Hals und ließ es die Kost=barkeit an ihren Bestimmungsort tragen [c]). Doch war es gewagt, Reliquien überhaupt an Laien auszuhändigen. Die Timotheus= und Apollinarisasche in Rheims wurde vom Priester teilweise endlich einer Frau überlassen, weil sie ihn so dringend darum bat. Aber als er am andern Morgen weiter reiten wollte, brachte er sein Pferd nicht von der Stelle und fühlte sich selber in

a) Gregor. Conf. 20.   b) Gregor Jul. 34.   c) Gregor Martyr. 30.

allen Gliedern bleischwer; so sah er sich genötigt, das Häufchen Heiligenasche
zurückzunehmen, womit auch die Störung in der That alsobald beseitigt war[a]).
Reliquien in einem Privathause beherbergen konnte zu schlimmen Erfahrungen
führen. So waren die Ueberreste des von einem Stier zu Tode geschleisten
Märthrers Saturnin von Toulouse einst auf Reisen; in Brioude übernachteten
ihre Träger bei einem armen Mann, und als sie ihm anvertrauten, was sie
mit sich führten, gedachte dieser es besonders gut zu machen, und schloß das
Kästchen über Nacht in seinen Kornspeicher ein. Die nächste Nacht hatte er
einen Traum des Inhalts: bleibe nicht länger an diesem Orte, seit er durch
die Reliquien des Märthrers Saturnin geheiligt ist. Er aber in seinem
Bauernverstande kehrte sich daran nicht, bis er und seine Frau krank und
immer kränker wurden; schließlich mußte man das Haus abbrechen und eine
Kapelle an die Stelle setzen. Auch als einmal ein königlicher Beamter namens
Plato im Kloster Pavilly der Diöcese Rouen, dessen Abt ihm kein Neujahrs=
geschenk gemacht hatte, sich auch nur dem Gedanken hingab, die Kapelle
mit den Saturninsreliquien würde kein übles Jagdquartier für König Chlothar
zugleich mit Pferdestall abgeben, starb er bereits nach drei Tagen. Und die
zu Pssac geraubten Reliquien desselben Heiligen brachten vier der Räuber
direkt ums Leben, der fünfte wurde blind und blieb es, bis er das entweihte
Gut herausgab[b]).

Damit hing zusammen, daß gewisse Reliquien besonders auf gewisse
Eigenschaften der Kirchgänger reagieren, also sozusagen ein bestimmtes Tem=
perament aufweisen, so sind die Marien= und Johanneskirche in Tours, die
Marcelluskirche in Chalons und das Stephansblut im Altar der Kirche
von Bourges, sowie Julian von Brioude und Eugen von Albi Mein=
eidigen verhängnisvoll[c]), während Viktor von Marseille besonders auf
Besessenheit gewirkt zu haben scheint[d]). Auch sonst tritt im Verkehr mit
Reliquien das Moment eines Umgangs mit Personen deutlich heraus. Das
Grab des Beniguus in Dijon war zwar von Alters her Gegenstand der Volks=
verehrung; kirchlicherseits aber wurde es gemieden, da man es im Verdacht
hatte, es sei ein Heidengrab. Einst hatte ein Bauer dort eine Kerze stehen
lassen oder jedenfalls sie vergessen zu löschen; ein Kind sah es und wollte sie
holen, wurde aber durch eine ungewöhnlich große Schlange abgeschreckt, die
sich um die Kerze ringelte; es versuchte es wieder und wieder; die Schlange
wich nicht. Als dieses und ähnliches dem Bischof Gregor von Langres zu Ohren
kam, verschärfte er sein Verbot, jenes Grab zu verehren. Aber eines Nachts
offenbarte sich ihm der selige Märthrer und sagte: „Was thust du? Nicht

a) Gregor Martyr. 54.	b) Gregor Martyr. 47. 65.	c) Gregor Martyr. 19. 83. 52. 57.
Jul. 19. 39.	d) Gregor Martyr. 76.

nur achtest du mich selbst gering, du mißachtest auch meine Verehrer. Laß
das, ich bitte dich, besorge mir vielmehr möglichst rasch ein Obdach". Von
dieser Offenbarung betroffen, begab sich der Bischof zu dem Heiligengrabe
und bat unter Thränen um Verzeihung für seine Unwissenheit[a]). Der Mär=
tyrer Antolian in Clermont bewies Rücksicht für seine heiligen Kollegen,
deren umliegende Gräber anläßlich eines prunkvollen Baues seines Mausoleums
übel mitgenommen wurden. „Weh mir", rief er aus, „den man auf Kosten
seiner Brüder ehren will. Ich darf die Vollendung meines Grabmals nicht
zulassen". In der That fiel bald darauf in jener Kirche das Gerüst, das
man errichtet hatte, ein, da es ungeschickt an den Säulen angebracht worden
war. Der Zusammenbruch der über dem Altar erfolgte und mächtig Staub
aufwirbelte, verursachte keinen weiteren Schaden, denn er erfolgte während
der Frühstückspause der Maurer. Aber man ließ es sich gesagt sein und ging
mit den Gebeinen, die anläßlich der Grabungen zum Vorschein kamen und
auf einem Haufen lagen, nunmehr manierlich um[b]). In der Champagne bei
Reims kehrte ein Priester heim mit Juliansreliquien, die er für eine neue
Kirche dieses Heiligen war holen gegangen. Eben arbeiteten Landleute auf
dem Felde. Da schrie einer von ihnen plötzlich: „Ach da naht ja der heilige
Julian! Wahrhaftig er mit seiner Kraft und seinem Glanz! Auf, Genossen,
von den Ochsen weg, von den Karren weg, auf alle zusammen, ihm entgegen!"
Diese begriffen ihn nicht und schauten ihn stumpfsinnig an. Er blieb in seiner
Aufregung mit seinem Holzschuh erst in der Furche hangen, fällt auf die Erde
hin, klatscht dabei in die Hände und wieder auf und davon auf den Priester
los, der Psalmen singend seiner Wege geht. „Warum, o Heiliger", schrie
der Verrückte schon von weitem, „warum quälst du mich so? Warum, glor=
reicher Märtyrer, brennst du mich so? Warum kommst du in ein Land, das
dir gar nicht gehört? Warum durchwanderst du unseren Wohnort?" Unter=
dessen hatte der Priester das Wandertabernakel aufgeschlagen und der Besessene,
platt auf den Boden hingestreckt, betete die Reliquien an[c]). Ein anderer Ver=
rückter schrie in der Christnacht vor der Martinsbasilika von Tours, als Gregor
mit der Geistlichkeit eben von der Kathedrale her auf sie zugegangen kam: „Um=
sonst naht ihr der Schwelle Martins, ohne Erfolg betretet ihr seinen Tempel;
wegen eurer zahllosen Verbrechen hat er euch verlassen; er verabscheut euch,
und nun ist er in Rom und thut dort Wunder; dort richtet er jetzt den
Schritt der Lahmen her und begegnet auch andern Krankheiten mit seiner
Gewalt". Und nicht nur das niedere Volk, sondern auch die kirchlichen Würden=
träger gerieten in große Furcht, der heilige Martin möchte sie am Ende
wirklich verlassen haben. Der Bischof vergoß heiße Thränen; alle lagen auf

---

a) Gregor Martyr. 50.   b) Gregor Martyr. 64.   c) Gregor Jul. 82.

den Knieen und erbeteten die Gegenwart des heiligen Bekenners, die sich dann
auch alsobald in einer besonders auffallenden Lahmenheilung kundgab[a]. Ist
schon bei dieser Geschichte die Vorstellung augenscheinlich die, daß der Heilige
zwar in der Reliquie verkörpert, aber doch nicht an sie gebannt sei, so tritt
die Unabhängigkeit von dem Unterpfand noch deutlicher an der folgenden
Geschichte zu Tage. In Bordeaux pflegte eine fromme Alte die Lampen in
den Kirchen der Heiligen mit Oel zu speisen, und befand sich denn auch eines
Sonntag abends zu diesem Behuf in der Peterskirche. Sie stieg in die Krypta
hinunter, um dort die Lampen anzuzünden. Dort verweilte sie so lange, daß
sie nicht bemerkte, wie hinter ihr die Eingangsthüre verschlossen wurde. Es
half ihr nichts, zu rufen; ihre Stimme war zu schwach. So ergab sie sich
denn in den Gedanken hier zu übernachten und beschloß, den Aufenthalt zur
Buße für ihre Sünden auszunutzen. Da, um Mitternacht, sah sie plötzlich
die Thüren offen stehen und die ganze Kirche hell erleuchtet. Ein Sängerchor
wandelte durch die Halle. Als aber das Gloria verklungen war, hörte die
Frau wie die Männer sich beschwerten: „Der heilige Levit Stephan läßt auf
sich warten. Schon sollten wir in den andern Kirchen sein. Aber wir können
uns nicht wegbegeben, ohne ihn erwartet zu haben". Während sie immer
wieder darauf zurückkamen, stand plötzlich ein Mann in einem weißen Kleide
da; die Menge grüßte ihn ehrfurchtsvoll: „Sei uns gepriesen, sehr heiliger
Levit Stephan". Dieser verbeugte sich, verrichtete sein Gebet, und auf die
Frage, warum er sich bei seinem Besuch der heiligen Stätten etwas verspätet
habe, erwiderte er: „Auf dem Meer war ein Schiff in Gefahr unterzugehen.
Dort rief man mich an, ich rannte hin, erlöste es, und da bin ich nun. Daß
ihr euch von der Wahrheit meiner Worte überzeugt, seht nur, wie hier noch
mein Gewand von Meerwasser trieft." Die Frau merkte sich die Stelle, und
als die Versammlung auseinander gegangen war und die Thüren sich hinter
ihnen von selbst geschlossen hatten, ging sie hin und wischte sorgfältig die
Tropfen auf dem Fußboden auf. Bischof Bertram nahm das Taschentuch
dann in Verwahrung und erzielte Heilungen damit[b].

Doch konnte sich bei einem derartigen Individualisieren der Reliquie
auch die Kehrseite fühlbar machen. Im Dorfe Tornes bei Le Mans, das
zu Sankt Martin gehörte, wurde eine Blinde sehend, und da in der Kirche
auch Peter= und Paulsreliquien zugegen waren, so konnte man zweifeln, wo=
hin sie ihren Dank zu spenden habe. Die Frau selbst freilich beharrte darauf,
sie sei durch Martin gesund geworden. Und für die Theologen löste sich das
Problem dann doch dahin auf, schließlich wirke ja hinter den Wunderthaten
der verschiedenen Heiligen doch immer die eine Kraft Gottes[c].

<hr>

a) Gregor Mart. II. 25.   b) Gregor Martyr. 33.   c) Gregor Mart. IV. 12.

Vierzehntes Kapitel.

Der heilige Ort.

Auch in dem fränkischen Christentum ist der Begriff der Heiligkeit nicht in erster Linie ethischer, sondern kultischer Natur. Heilig ist, was dem Heiligen gehört. Aus diesem Grundsatz ergeben sich die beiden Haupteigenschaften des Heiligen: seine Güte und sein Zorn. Wer vertrauensvoll im Falle der Not seine Zuflucht an der Heiligenstätte sucht, den liebt der Heilige; wer sich da= gegen an der Kirchenhabe vergreift oder den Heiligen sonst belästigt oder be= leidigt, den haßt er. Da er sich zudem gegenüber den Herren der Erde und selbst dem Mächtigsten unter ihnen von vornherein und ausnahmslos als den stärkeren und überlegenen erweist, so bedeutet bei ihm Liebe zugleich Schutz und Zorn zugleich Vernichtung.

1.

Man fand es aber doch ratsam, dem Heiligen eine kräftige Tempelpolizei zur Verfügung zu halten. Am Juliansfeste betrachtete ein Mann aus dem Volke noch längere Zeit nach dem Gottesdienste die Kostbarkeiten rings herum, sah aber ein, daß er jetzt doch nicht unbeachtet stehlen könne, und verbarg sich darum in einem Winkel. Als es dunkel war, machte er sich an den un= gitterten Hauptaltar, entwendet ihm ein mit Edelsteinen besetztes Kreuz, reißt zugleich Gardinen und Vorhänge von der Wand herunter und schnürt sie in ein Bündel zusammen, lädt es auf den Kopf, nimmt dann das Kreuz, das er auf den Boden geworfen hat, in die Hand und will von dannen, kann aber nicht hinaus; da legt er sich an dem früheren Schlupfwinkel schlafen, indem er das Bündel als Kissen unter den Kopf nimmt. Um Mitternacht nun, als die Wächterpatrouille ihre übliche Runde macht, fiel ihnen zuerst ein Lichtglanz wie von einem Sterne auf; es war einer von den Edelsteinen am Kreuze, der aufblitzte. Sie holte nun eine Kerze und fanden den Tempel= dieb schlafend. Er wurde verhaftet und bekannte am Morgen früh; er sei unzählige Male in der Kirche herumgegangen, aber ohne einen Ausweg zu finden [a]). Von allen fränkischen Heiligen war es insbesondere Julian, der immer wieder und in jeder Form mit Eingriffen in seinen Besitz zu thun hatte: der eigentliche Raub= und Raufheilige. Jenes selbe Altarkreuz, das zwar nur vergoldet, aber rundum vergoldet war, wurde von einem Ruchlosen gestohlen, weil er meinte, es sei ganz aus Gold. Als er es aber in seinem Busen barg und er ein Stück weit gegangen war, drückte es ihn so sehr, daß

---

a) Gregor Jul. 20.

er es kaum hätte noch weiter wegtragen können. Er hielt daher für klüger,
es dem Heiligen gleich wieder zurück zu erstatten[a]). Wenn der Heilige sich
nicht selber half, so konnte er immer auf irgend eine Unterstützung seitens
eines Gläubigen rechnen. Nach der Heldenthat des Hillidius stahlen vier
Flüchtige eine Schale und eine Urne. Die Schalen teilten sie in vier Stücke;
die Urne dagegen überreichten sie König Gundobad, um sich seiner Gunst zu
versichern. Die Klugheit der Königin Caretene rettete das Kirchengerät; sie
machte dem Fürsten klar, er werde doch nicht die Gunst des Heiligen aufs
Spiel setzen wollen, um eines leichten Gewinnes willen[b]). Sigiwald, der mächtige
Graf von Arvern, ließ sich in der Auvergne allerlei Unebenheiten gegenüber
fremdem Besitz zu Schulden kommen. Unter dem Schein eines Tauschhandels
schlug er auch seine Hand über ein Grundstück, das einst Bischof Tetradius
von Bourges der Julianskirche vermacht hatte. Aber drei Monate später ver=
fiel er einer Entkräftung und hütete das Bett. Seine Frau, die hierüber
sehr traurig war, wurde indessen von einem Priester belehrt, ihr Mann
werde gesund sein, sobald er eine Ortsveränderung vornehme. In der That
ging es Sigiwald wieder gut, kaum war er von seiner Villa wieder wegge=
zogen[c]). Auch der Grundbesitz des Heiligen war vor frecher Bubenhand nicht
sicher. Ein Schäfer namens Ingenuus, Nachbar des Kirchengutes, verrückte
die Grenzmark. Der Priester von Sankt Julian schickte einige Diakone und
ließ ihm zu verstehen geben, er habe davon abzulassen. Aber Ingenuus holte
seinen Pfeilbogen und trieb die geistlichen Unterhändler in die Flucht. In der
nächsten Juliansmesse wurde er zu Brioude vom Blitz getötet[d]). Eine weitere
Gewaltthat ließ sich Graf Beccon zu Schulden kommen. Eines Tages, als
er seinen Jagdfalken steigen ließ, verflog sich der Vogel. Um jene Zeit fing
der Schenkjunge von Sankt Julian einen anderen herrenlosen Falken. Sofort
erklärte Beccon, es sei seiner, der Junge habe ihn ihm gestohlen. Der Jüngling
wurde ergriffen, eingesteckt, und der Graf machte Miene, ihn hängen zu lassen.
Da eilte der Priester tiefbetrübt zum Juliansgrabe, öffnete seufzend die Schreine
und versuchte es mit zehn Goldstücken, die er dem Grafen durch zuverlässige
Freunde anbot. Der aber lachte ihnen ins Gesicht und verlangte ein Lösegeld
von dreißig Gulden. Er erhielt es. Aber Julian vergaß die Beschimpfung
nicht, und als beim nächsten Jahresfeste auch der Graf den Gottesdienst be=
suchte und der Vorleser der Passion zum ersten Mal den Namen des Heiligen
aussprach, brach der böse Mann an einem Schlaganfall zusammen und mußte
nach Hause getragen werden. Obwohl er der Kirche dann alles schenken ließ,
was er in jenem Augenblick an Gold und köstlichen Stoffen an sich getragen
hatte und später noch viele andere Geschenke beifügte, so erlangte er doch bis

---

a) Gregor Jul. 43.   b) Gregor Jul. 8.   c) Gregor Jul. 14.   d) Gregor Jul. 15.

zu seinem Tode den Gebrauch seiner Sinne nicht wieder[a]). Ein abtrünniger Priester, der in die Staatsverwaltung übergetreten war und sich seitens seiner Vorgesetzten mit Vollmacht versehen hatte, besichtigte die Schafherden, die auf den Bergen sömmerten, und stahl unter dem Vorwand der schuldigen Steuer die Widder eben der Herde, die im Namen des Heiligen gehalten wurde, zum Entsetzen der Hirten. „Rühre doch ja diese Widder nicht an?“ riefen sie ihm zu. Er aber grinste höhnisch, indem er die Tiere von hinnen trieb: „Unsinn! Seit wann ißt denn Julian Hammelbraten?“ Als er das nächste Mal Juliansgebiet betrat und am Grabe betete, befiel ihn der Fieberbrand, dem er erlag[b]). In den Juliansvigilien ließ sich Jemand einfallen, das Pferd eines Festbesuchers, das draußen stand, zu besteigen und damit davonzureiten. Er ritt die ganze Nacht, und als es dämmerte, dachte er: „So, nun werde ich wohl so meine dreißig Meilen von der Juliansbasilika entfernt, also vor Entdeckung sicher und bald zu Hause sein.“ Aber mit Nichten. Als er die Gegend näher unterscheiden konnte, befand er sich nach wie vor in der Nähe des Fleckens von dem er ausgeritten war, und Leute liefen hin und her. Da zog er denn doch vor, abzusteigen, und den Gaul in aller Stille da wieder anzubinden, wo er ihn losgebunden hatte[c]). So gnädig diesmal Julian gegen den Dieb sich verhielt, so freundlich half er bei einem andern Pferdediebstahl dem Bestohlenen. Ein frommer Mann, der zum Feste gekommen war und die ganzen Vigilien mitgemacht hatte, konnte am Morgen sein Pferd nicht finden. Im Quartier, wo er es eingestellt hatte, war es nicht mehr, und als während zweier Tage keine Nachfrage helfen wollte, ging er hin und klagte sein Leid dem Heiligen: „O Heiliger, ich bin zu deinem Tempel gekommen, um dirs in aller Armut zu geben, wie ichs habe. Ich veruntreute nichts und beging auch sonst nichts Unrechtes. Warum bin ich aber dann um mein Gut gekommen? Gieb es mir bitte zurück. Ich kann es nicht entbehren.“ Und siehe, kaum hatte er unter Thränen so gebetet und trat aus der Kirche, da sah er schon von weitem Jemanden, der sein Roß hielt. Eben hatte man es eingefangen[d]).

Außer Julian hatten auch kleinere Heilige sich besonders im Süden gegen allerlei Zumutungen zu wehren. Der Andreaskirche zu Agde nahm Graf Gomachar eines Tages ein Stück Land weg. Bischof Leo ging alsobald hin und machte dem Grafen Vorstellungen, aber ohne Erfolg; es war eben kein Katholik. Erst als er das Fieber und überdies Gewissensbisse bekam, ließ er den Bischof um Fürbitte ersuchen, er wolle das Land dann zurückgeben. Als es ihm aber auf das Gebet des Bischofs hin wirklich besser ging, sagte er zu den Seinen: „Bilden sich diese Römlinge nicht ein, ich sei krank gewesen, weil ich ihr Land wegnahm! Es war ja doch ein rein natür-

---

a) Gregor Jul. 16.   b) Gregor Jul. 17.   c) Gregor Jul. 18.   d) Gregor Jul. 21.

licher Vorgang. Bei meinen Lebzeiten soll das Land nicht ihnen gehören". Er ließ es wieder besetzen. Wieder kam der Bischof und riet ihm, die Rache Gottes nicht herauszufordern, erhielt aber zur Antwort: „Halt's Maul, alter Mümmler, sonst laß ich dich auf einen Esel binden und durch die Stadt treiben, damit die Leute etwas zum Lachen haben". Da ging der Bischof hin, verbrachte eine Nacht in der Kirche in gesteigertem Gebet, am Morgen aber zerschlug er alle Lampen mit einer Ruthe, die er in der Hand hatte und erklärte: „Hier wird kein Licht mehr angezündet, bis Gott an seinen Feinden gerächt ist". Wieder wurde der Ketzer vom Fieber befallen, wieder ließ er zum Bischof schicken und versprach zum gestohlenen Landstrich einen andern gleich großen, wenn er gesund werde. Der Bischof aber erklärte, er h a b e gebetet, und ließ sich auch auf neue Anträge nicht mehr ein. Da kam der kranke Sünder auf einem Wagen angefahren und sagte dem geistlichen Herrn: „Da ich dir doch das Doppelte zurückerstatten will, kann deine Heilig= keit wohl ein Wort für mich einlegen". Jener widersetzte sich; der Graf befahl, ihn in die Kirche zu treiben. Der Bischof betrat den heiligen Raum; in diesem Augenblick starb der gottlose Mann, und die Kirche kam wieder zu ihrer Sache[a]). In der Nazariuskirche zu Nantes brachte einst ein frommer Mann einen schön verzierten Gürtel, der mit schwerem Golde gefüllt war, und legte ihn auf dem Altare nieder mit der Bitte, der Heilige möge ihm dafür in seinen Geschäften behilflich sein. Kaum war er weg, so kam der Britannengraf Waroch mit einem Kameraden und hatten es auf das Weih= geschenk abgesehen. Er erzwang sich den Geldbeutel durch fürchterliche Droh= ungen vom Priester, dann ließ er sein Pferd in die Kirchenhalle führen, um bort aufzusitzen, ein neues schweres Vergehen. Aber beim Hinausreiten stieß sein Kopf am Querbalken an, sodaß er rückwärts mit zerschmettertem Schädel vom Pferde sank und starb[b]). Als König Sigibert in Paris einzog und die Vorstädte teilweise einäschern ließ, begab sich einer seiner hohen Offiziere nach der Dionysiuskirche, nicht um zu beten, sondern um von dort irgend etwas mit heimzunehmen. Die Thüren standen offen und Niemand hinderte ihn, die prachtvolle gestickte Grabesdecke mit dem Gold und Steinbesatz zu ent= wenden. Dafür fiel ihm aber dann sein Leibdiener, der zweihundert Gold= stücke seines Vermögens am Halse hangen hatte, durch einen Fehltritt beim Besteigen des Schiffs ins Wasser und verschwand mit samt dem Geld auf Nimmerwiedersehen; auch jener starb, trotzdem er den Raub zurücktrug, innert Jahresfrist. Ein anderer, der auf demselben heiligen Grabe die darüber auf= gehängte goldene Taube mit seiner Lanze abhängen wollte, glitt mit den Füßen aus, strauchelte über das aufstehende Bord des Grabes und fiel an einer so

---

a) Gregor Martyr. 78.   b) Gregor Martyr. 80.

unglücklichen Stelle in seine Lanze hinein, daß er tot aufgehoben wurde[a]). Einige harmlosere Fälle von bestraftem oder gesühntem Diebstahl werden in Verbindung mit andern Heiligen erzählt. Die Kirche von Yzeures bei Tours, deren Patron nicht genannt wird, enttäuschte einen nächtlichen Einbrecher, weil er die Wertsachen zu gut verschlossen und daher nichts von Belang zu stehlen fand. „Nun gut", sagte er, „so will ich doch wenigstens einige Kirchenfenster einschlagen; wenn ich das Blei der Fenster einschmelze, so kann ich damit immerhin zu einigem Gelde kommen". Gesagt, gethan. Aber als er die Blei= stücke zu Hause in den Tiegel warf und drei Tage lang Schmelzversuche an= stellte, brachte er nur einige Kügelchen zustande, die er dann vorbeiziehenden Händlern verkaufte. Zugleich erwarb er sich den Aussatz dazu, der ihn jedes Jahr am Tag des Diebstahls mit einer unerträglichen Augenentzündung heim= suchte[b]). Ein Bäuerlein, das nur von seiner Hände Arbeit lebte, indem es nämlich mit seinem Pfluge zu Acker fuhr, kam eines Abends müde heim und kümmerte sich weiter nicht mehr um seine beiden Ochsen, sondern ließ sie weiden und zog sich in seine Hütte zurück. Am andern Morgen waren die Ochsen gestohlen. Der arme Mann sucht sie überall, in Wald und Feld, ja auf den Bergen; er kann nicht die geringste Spur entdecken. Weinend und klagend kehrt er zu Frau und Kindern zurück: „Weh mir! Denn ohne meine Ochsen müßt ihr dieses Jahr verhungern". Aber ein Gebet am Grabe des heiligen Felix von Nola verhilft ihm zu seinem Eigentum zurück[c]). Der Dio= kletiansmärtyrer Sergius stand im Rufe, das ihm anvertraute Gut vor ungerechten Händen besonders gut zu verwahren. Es war einmal eine arme alte Frau, die hatte nur eben noch einige Hühner, die sie der Kirche im Not= fall zur Verfügung stellte. Einst, als aus Anlaß des Festes der Zulauf be= sonders groß war, kamen zwei Männer, die bereits im Hinkommen auf die Hühnchen ein Auge geworfen hatten, und stahlen eins, schnitten ihm Kopf und Beine ab, rupften es und setzten es mit einem Topf Wasser übers Feuer, um es zu sieden. Das Wasser kochte und brodelte, allein das gestohlene Fleisch wurde nicht weicher. Das Wasser verdampfte, dem Hühnchen fiel es nicht ein, zarter zu werden. Oft betasteten sie es und versuchten, die Nägel einzukrallen, sie fanden es nur immer härter. Indessen rückten die Gäste an. Man deckt den Tisch, legt schneeweiße Leinen auf und sogar einen aus Federn gewobenen Tischläufer. Die Platte, die das Gericht aufnehmen sollte, ist so rein gewaschen wie möglich. Da, durch ein noch nicht dagewesenes Wunder, hat sich das Brathuhn versteinert; geniert mußte man vom Tisch aufstehen zur großen Be= schämung der Gastgeber und zur großen Enttäuschung der Gäste[d]).

a) Gregor Martyr. 71.   b) Gregor Martyr. 58.   c) Gregor Martyr. 103.   d) Gregor Martyr. 96.

Dagegen hatte Martin von Tours, gewissermaßen als Dank für seine große Nachsicht und Milde, unter Diebstahl seltener zu leiden: einmal freilich wurde auch seine Grabeskirche erbrochen und ausgeplündert. Ferner ließ König Charibert sich von gewissenlosen Ratgebern verleiten, die Martinsgüter von Nazelles mit Beschlag zu belegen und dort Marställe für sein Gestüte einzurichten. Kaum waren aber die Pferde dort untergebracht, so brach die Sucht unter ihnen aus, und als der König kein Einsehen haben wollte, starb er selber kurz darauf[a].

2.

Eine weitere Folge der Verehrung des heiligen Ortes stellt sich sodann in wohlthätigen Einrichtungen dar, die man heute unter christlicher Liebesthätigkeit zusammen zu fassen pflegt. Schon an der Armenmatrikel zu Sankt Martin in Tours tritt es deutlich zu Tage, daß das Bewußtsein, im Bannkreis des Heiligen, in dem von ihm durchwalteten Raum zu wirken und zu leben, die eigentliche Triebkraft der Pfleger und der Trost der dort Verpflegten ausmacht. Täglich wurden milde Gaben im Kreuzgang der Kirche abgegeben, weil es eine der Eigenschaften der Heiligen sei, ein solches Pfrundhaus mittelst der Liebesgaben der Gläubigen zu erhalten. Die dort aufgenommenen Hausarmen, die als Matrikelleute von den übrigen Armen unterschieden wurden[b], durften tagsüber an den Kirchenthüren um ein Almosen betteln; doch blieb immer einer als Portier zurück, um die eingehenden Spenden entgegenzunehmen. Freilich kam es dann einmal vor, daß ein Ungetreuer das Pförtneramt versah und einen ihm abgelieferten Drittelgoldgulden für sich behielt. Doch war bereits die Kunde von einer schönen Einnahme herumgeboten worden, und als die Armen um die sechste Stunde von ihren Ausgängen heimkehrten, die milde Gabe, die Martin ihnen wieder gesandt habe, zu empfangen, schwor jener, „bei diesem heiligen Orte und allen Tugenden Sankt Martins", ein Pfennig sei alles, was eingelaufen sei; da brach er auch schon vom Schlage gerührt zusammen[c]. Die Julianskirche in Tours, sowie die Martinszelle von Candes hatten jede eine eigene Matrikel[d]. Die Vorsteherin der weiblichen Abteilung dieser letzteren Armenkongregation, war die Matrone Remigia, während Vinastis den Männern daselbst für Nahrung sorgte; ein solches freiwillig übernommenes Liebesamt wurde gewöhnlich von Laien bekleidet, die ein eigenes Leiden in die Nähe des Heiligen geführt hatte[e]. Da das Obdach natürlich nur einer beschränkten Anzahl Aufnahme zu gewähren erlaubte, wurden die, deren Anmeldung angenommen war, in eine Liste eingetragen, und danach hieß dann die ganze Anstalt Matrikel. Ohne eigentlich

---

a Gregor H. Fr. VI. 10. Mart. I. 29.　　b) Gregor H. Fr. VII. 29.　　c) Gregor Mart. I. 31.
d) Gregor Jul. 38.　　e) Gregor Mart. II. 22. 23.

ein Spital zu sein, war sie doch eben vor allem auch Aufnahmeort für Ge=
brechliche und Krüppel jeder Art*); auch ein armer Taubstummer fand dort
Unterkunft, der von seinen Brüdern um sein väterliches Erbe beschlichen worden
war, und derweil er nicht reden konnte, ein Klapperinstrument erfand, um
die Vorübergehenden auf sich aufmerksam zu machen[b]).

Größeren Umfang nahm ein anderes Liebeswerk an, die Patronage der
Gefangenen. Es mag in jenen unabläſſigen Kriegsläuften einem bringenden
Bedürfnis der Nächstenliebe entsprochen haben. Auch hier sind alle derartigen
Unternehmungen aufs innigste mit einem Heiligennamen verknüpft, wenn es
gleich die Natur der Sache mit sich brachte, daß wenigstens nicht alle Hilfe
auf Kirchenboden vor sich ging und daß hier mehr dem unmittelbaren Ein=
greifen zugeschoben wurde, als grundsätzlichen Verfügungen. Ein Schelm kam
mehrfacher Diebstähle wegen an den Galgen. Als letzte Gunst bat er, noch
beten zu dürfen und warf sich mit seinen auf den Rücken gebundenen Händen
leidenschaftlich auf die Erde, indem er den Namen Martins anrief. Dann
wurde er aufgeknüpft und die Soldaten zogen ab. Er bewegte noch immer
seine Lippen zum Versuche, ob er nicht doch noch den Namen Martins aus=
sprechen könne; auch fielen bereits die Fesseln von Händen und Füßen; aber
hängen blieb er zwei Tage lang, bis von ungefähr eine Nonne des Weges
kam und ihn noch lebend vom Galgen hob. Nach Sankt Martin überführt,
antwortete er auf allgemeines Befragen, wie er denn überhaupt nun noch
am Leben sei: „Der heilige Martin hat mich dem Tode entrissen und hierher
gebracht. Aber es fehlte wahrhaftig nur noch wenig"[c]). In Tours lagen
vier Mann in Ketten und durften nichts zu essen bekommen. Da thaten sie
sich zusammen und flehten einträchtig zu Sankt Martin, dessen Fest eben da=
mals war, um Befreiung. Der Stock, in dem ihre Füße eingezwängt wa=
ren, that sich auf, die Ketten fielen ihnen ab. Sofort liefen sie davon,
rissen die Thüre auf und begaben sich in die Kirche des Heiligen[d]). Und war
die Gefangenschaft gar noch gegen das Recht, so half Martin um so sicherer.
Ein junges Mädchen, Tochter freigelassener Eltern, wurde durch die Söhne
ihres früheren Herrn noch zur Leibeigenschaft angehalten. Als sie daraufhin
kurzer Hand den Dienst aufsagte, wurde sie in Ketten gelegt. Da weinte sie
nun, daß sie nicht auch ans Martinsfest gehen könne. Alsobald konnte sie
die Füße vom Stock frei machen, und als sie, nach der Kirche eilend, über
die Schwelle trat, fielen ihr auch die Ketten von den Händen[e]). Ebenso
wurde ein Mann, der zahlungsunfähig geworden war, von seinem Gläubiger
nicht nur eingesteckt, sondern auch über die Maßen hart behandelt. „Ver=

a) Gregor Mart. III. 14.   b) Gregor Mart. III. 23.   c) Gregor Mart. I. 21.   d) Gregor Mart. II. 85.   e) Gregor Mart. III. 41.

hungern laß ich dich", rief jener ihm zu, „damit sich's die andern gesagt sein lassen". Unterdessen wurden draußen auf dem Wege nach Soissons Martins= reliquien unter Gesang vorübergetragen, sogleich wurde der Gefangene frei und konnte zur Kirche gehen[a]). Ein ander Mal galt Martins Gnade wieder zwei Gehenkten. Der erste, ein Höriger des Bürgers Genitor von Tours, war eines leichten Diebstahls wegen verurteilt und flehte auf dem Wege zum Richtplatz insgeheim: „Befreie mich, heiliger Bekenner Martin, von der drohenden Gefahr". Als er gehenkt und allein gelassen war, erhob sich ein Wind, und er hörte eine Stimme sagen: „Laßt uns ihn frei machen". Und siehe da, der Galgen, an dem er hing, wurde mit einer großen Scholle Erde umgelegt wie ein entwurzelter Baum. Der zweite hatte allerdings viel auf dem Gewissen, aber er hatte Buße gethan und wurde nun dennoch gehenkt. Doch riß der Strick. Er wurde noch einmal gehenkt. Da kam der Abt des be= nachbarten Klosters, eilte zum Grafen, der drei Meilen entfernt war und bat den Verurteilten frei[b]). Ein Gefangener hatte in Tours bereits eine Zeit lang gesessen und sollte nun auf Befehl des Richters nach dem andern Loire= ufer deportiert werden. Auf dem Fährschiff war es den Wächtern plötzlich, als schlage sie Jemand auf den Kopf, sie stürzten; der Gefangene, der wohl wußte, daß ihm Martin half, konnte sich frei machen und die Kirche gewinnen[c]). Auch sonst erfuhren Gefangene immer wieder Martins hilfreiche Hand[d]). Und in Reims durfte sich Gregor, als er zum Besuche König Childeberts II. dort ein= traf, von einem Gefängniswärter zu seinem himmlischen Herrn aufrichtig gra= tulieren lassen: da solle er nur hinsehen; die Dielenbretter seien mit Quader= steinen beschwert und die Thür mit einem eisernen Riegel und mit einem eisernen Schloß verrammelt gewesen, und doch seien die Gefangenen mit Martins Hilfe durch das Dach entkommen![e])

Martin war nur der Hauptpatron der Gefangenen; auch andere Heilige nahmen sich ihrer an. Julian befreite einen auf Fürbitte von dessen Frau[f]), Saint Quentin einen Gehenkten vom Galgen auf die Fürbitte eines mit= leidigen Priesters[g]), und die Viktormesse in Mailand galt als Freinacht für die Gefangenen zur Flucht[h]). Aus alledem dürfen wir auf ausgedehnte An= sprüche der damaligen Geistlichkeit schließen, für Gefangene einzutreten und einen Druck zu Gunsten ihrer Begnadigung auszuüben. Gewiß hatte das Uebelstände zur Folge, wenn schließlich jeder Geistliche oder wenigstens jeder Bischof und Abt die weltliche Gerechtigkeit in ihrem Lauf aufhalten konnte. Aber man vergesse nicht, wie damals das Recht gerade von den weltlichen

---

a) Gregor Mart. III. 47.   b) Gregor Mart. III. 53.   c) Gregor Mart. IV. 16.   d) Gregor Mart. IV. 35. 41.   e) Gregor Mart. IV. 26.   f) Gregor Jul. 4.   g) Gregor Martyr. 72.   h) Gregor Martyr. 44.

Machthabern, die seine Hüter sein sollten, mit Füßen getreten wurde. Wenn die merowingischen Könige zum Mord ihre Zuflucht nahmen, aus purem Belieben ohne vorhergegangenes gerichtliches Verfahren und dabei dreist auf ein ihnen zustehendes „Recht" pochten[1]), so mag man sich in jener Zeit der allgemeinen Willkür doch die Priester noch eher gefallen lassen, die gelegentlich eine verdiente Kerkerhaft oder eine gesetzmäßige Hinrichtung gewaltsam hintertrieben. Und gar wenn es in der seinen unaufbringlichen Weise unseres Gregor geschah: er kam eben von Sankt Martin zurück, da stürzte sich auf dem Petersplatz ein Gefangener vom Pferde hinunter zu seinen Füßen, erklärte ihm, er fühle sich unschuldig, worauf der Bischof mit dem begleitenden Gerichtsbeamten sprach und der Gefangene auf der Stelle frei gegeben wurde[a]).

3.

Uebrigens flüchteten die glücklichen Gefangenen, denen der Heilige die Ketten abgestreift hatte, nicht aus bloßer Dankbarkeit in die Kirche, kaum waren sie frei. Sie wußten, daß ihnen dort keine weltliche Macht etwas anhaben durfte.

Das Asylrecht schränkte die Befugnisse der Staatsgewalt in erheblichem Grade ein. Der Schutz des kirchlichen Asyls schwächte die Friedlosigkeit regelmäßig. Die Acht oder Friedlosigkeit vernichtete allerdings die gesamte Rechtssphäre dessen, der ihr verfiel. Er konnte von Jedermann bußlos verwundet und erschlagen werden. Er verlor die Rechte der Sippe und der Familie; denn er hörte auf, Geschlechtsgenosse, Ehemann und Vater zu sein, sobaß sein Weib als Witwe, seine Kinder als Waisen behandelt wurden. Ueberdies bedeutet die Acht Verfolgung, öffentlich gebotene Verfolgung. Als Feind allen Volkes durfte der Friedlose nicht nur, sondern sollte er von jedermann verfolgt und getötet werden. Floh nun ein Geächteter in die Kirche, so konnte seine Auslieferung nur unter Zusicherung des Lebens und der Glieder erfolgen. Die fränkische Gesetzgebung ersetzte in solchem Falle Acht durch Verbannung[2]).

In selteneren Fällen floh auch eine ganze Volksmenge in die Behausung des Heiligen; im Kriege kam es gewöhnlich vor, daß beim Ueberfall eines Dorfes die Kirche von flüchtigem Volk und dessen Fahrhabe besetzt war[b]). Auch konnte die Zufluchtsstätte in den kleinen Rechtshändeln des Tages täglich von kleinen Leuten aufgesucht werden, und auch den gewöhnlichen Bürger schützte

---

a) Gregor Mart. IV. 35.　　b) Gregor Mart. 104. Jul 13.

1) M. Prou, Examen de quelques passages de Grégoire de Tours, relatifs à l'application de la peine de mort (in: Etudes historiques du moyen âge, didiées à Gabriel Monod. S. 1—9).　　2) Heinr. Brunner, Abspaltungen der Friedlosigkeit (Zeitschrift der Savignystiftung für Rechtsgeschichte. Bb. 11. 1890. S. 66. 81).

dann der Heilige vor Gewaltthat[a]). Aber seine eigentliche, große, geschicht=
liche Rolle spielte das Asylrecht in den Kämpfen der mächtigen Herren! Bald
war der eine Feind hilflos in der Kirche, bald der andere[b]). Welche Schau=
spiele des heißen, des wildesten Lebens trugen sich zu, wenn da die Leiden=
schaften auf dem Gipfel der Erregung aneinander schlugen! Daß dann der
Heilige schließlich wenig mehr bei dem Handel zu sagen hatte und sein Schutz
mehr durchbrochen als beachtet wurde, wie hätte das anders sein können! Die
Priesterschaft that bei solchen Auftritten eben ihre Pflicht, suchte zu dämpfen
und zu mildern, soviel als möglich war, nicht ohne sich dabei mutig allerlei
unangenehmen Zwischenfällen auszusetzen. So sehr es nur immer anging,
gönnte man dann dem Heiligen das Wort zu einer Manifestation; als nach
dem Tode Sigiberts Graf Ruccolen an der Spitze der Leute von Le Mans
vor Tours erschien und mit sofortiger Einäscherung von Sankt Martin drohte,
falls nicht die in der Kirche verborgenen Flüchtlinge von den Diakonen heraus=
gebracht wurden, da wurde mit großer Genugthuung bemerkt, daß in dem
Augenblick, da Gregor mit der ganzen Geistlichkeit um Abwendung dieser
Gefahr betete, eine zwölf Jahre lang gelähmte Frau sich wieder aufrichten
konnte[c]). Doch was vermochten in derartigen Momenten solche episodischen
Heiligenzüge vor dem rücksichtslosen und brutalen Gebahren der profanen Welt.

Statt aller weiteren theoretischen Erwägungen sei hier von den pracht=
vollen Schilderungen dieser Art aus der Frankengeschichte die erregendste und
schönste als Beispiel mitgeteilt. Als Eberulf vernahm, daß ein für alle mal
an Königsmördern ein Exempel statuiert werden solle, flüchtete er in die
Martinskirche nach Tours. Da es nun erforderlich schien, ihn hier zu be=
wachen, ergriffen die von Orléans und die von Blois die günstige Gelegenheit
und bezogen abwechselnd die Wache. Nach vierzehn Tagen kehrten sie dann
mit vieler Beute zurück, indem sie, man denke, mitten im Frieden und im
eigenen Lande, Zugvieh, Schafe und was sie wegbringen konnten, mit sich
nahmen. Die aber dem heiligen Martin Vieh entführten, gerieten unter sich
selbst in Händel und erstachen sich gegenseitig. Die Tiere wurden darauf
zurückgegeben. Indessen teilten sich verschiedene Leute in Eberulfs Güter; sein
Gold, sein Silber und die Kostbarkeiten fielen der öffentlichen Plünderung
anheim. Was ihm von Krongut übertragen gewesen war, wurde für den
Staatsschatz eingezogen, seine Pferde=, Schweine= und Rinderherden konfisziert.
In seinem Haus, das er widerrechtlich vom Kircheneigentum sich angeeignet
hatte und das man nun voll Getreide, Wein und Schinken fand, ließ man
nur noch die nackten Wände zurück. Das war gerechte Vergeltung; denn
als er noch in Freiheit war, ließ er seine Pferde und Schafe auf die

a) Gregor Jul. 10.   b) Gregor II. Fr. III. 17. IV. 18. Mart. I. 23.   c) Gregor Mart. II. 27.

Saatfelder und in die Weinberge der armen Leute treiben, und wenn sie, deren saure Arbeit er zu Grunde richtete, ihr eigenes Vieh hinausführten, ließ er sie sogleich von seinen Leuten niederhauen. Besonders aufsässig war er den Verwaltern der Hauptkirche, eignete sich durch einen Scheinkauf widerrechtlich von ihren Gütern an, ja er vollführte in der Vorhalle der Martinsbasilika Mordthaten, stellte dort Saufgelage an und warf einen Priester, der ihm keinen Wein mehr geben wollte, da er schon betrunken war, auf eine Bank nieder und traktierte ihn mit seinen Fäusten derart, daß dieser verschieden wäre, wenn ihn nicht die Aerzte durch Schröpfköpfe gerettet hätten. Statt im Asyl Martins manierlich zu werden, überhäufte er Gregor mit Vorwürfen und gelobte, wenn er jemals wieder beim Könige in Gnaden angenommen sei, werde er alles rächen, was er erdulde. Er hielt, aus Furcht vor dem Könige, sein Nachtlager in der Sakristei der Martinskirche, und wenn der Priester mit den Schlüsseln fortgegangen war und die übrigen Pforten verschlossen hatte, kamen durch die Thüre der Sakristei die Töchter des Eberulf mit seinen andern Kindern in die Kirche, sahen sich die Wandgemälde an und kramten im Schmuck des heiligen Grabmals herum, was den Brüdern sehr anstößig war. Als der Priester dies in Erfahrung gebracht hatte, schlug er Nägel an der Thüre ein und schob die Riegel von innen vor. Da Eberulf nach seinem Abendessen, schon vom Wein trunken, dies bemerkte und Gregor mit seinen Klerikern in der Kirche eben Psalmen sang, brach jener wütend herein und überhäufte den Bischof mit seinen Schimpfreden. Fluchend warf er ihm vor, man verwehre ihm den Zutritt zu den Franzen der heiligen Grabdecke, deren Berührung ihn bei einem Ueberfall schützen sollte. Mit freundlichen Worten suchte ihn Gregor zu beruhigen, und als der gute Zuspruch nichts gegen den Wütenden vermochte, schwieg er still. Da wandte jener seine Flut von Schmähungen gegen einen Priester und geberdete sich wie verrückt, sodaß die Geistlichkeit, um weiteres Aergernis zu vermeiden, die Vesper abbrach und die Kirche verließ. Indessen schickte der König Gunthram einen gewissen Claudius ab und sprach: „Wenn du dich aufmachst, den Eberulf aus der Kirche schaffst und entweder mit dem Schwerte erlegst oder mir in Banden bringst, so will ich dich zu einem reichen Manne machen; aber nimm dich in Acht und füge ja der heiligen Kirche keinen Schaden zu. Da eilte jener, verwegen und habgierig, wie er war, zuerst nach Paris, denn sein Weib war aus dem Gebiete von Meaux, und trachtete darnach, wie er die Königin Fredegunde sprechen könne. „Wenn ich sie spreche", meinte er, „werde ich auch von ihr einen hübschen Lohn gewinnen; denn ich weiß, sie ist Eberulf gram". Auch kam er wirklich zu ihr und erhielt sofort große Geschenke und viele Versprechungen überdies, wenn er Eberulf aus der Kirche schaffe und

töte oder liſtig in Banden ſchlage oder ihn auch in der Vorhalle der Kirche
ſelbſt niederſtoße. Darauf kehrte er nach der Burg Dun zurück und forderte
hier den Grafen auf, ihm dreihundert Mann zu geben; ſeinem Vorgeben
nach um die Thore der Stadt Tours zu bewachen, in Wahrheit um mit
ihrer Hilfe Eberulf zu töten. Und während der Graf der Burg die Leute
noch aufbot, zog Claudius ſelbſt gegen Tours. Auf dem Wege aber fing
er nach der Sitte der Franken an, auf Vorbedeutungen zu achten; doch meinte
er, ſie ſeien ihm ungünſtig. Zugleich fragte er auch bei vielen an, ob die
Macht des heiligen Martin ſich neuerdings an Wortbrüchigen kund gegeben
habe, und ob einen ſofort die Rache ereile, wenn man denen, die ihre Hoffnung
auf den Heiligen ſetzten, Leid anthue. Ohne die Leute von Chateau Dun ab=
zuwarten, begab er ſich ſofort zu der heiligen Kirche, machte ſich an Eberulf
und hob an, ihm zu beteuern und ihm bei allen Heiligen und der Wunder=
kraft des ſeligen Biſchofs, an deſſen Grabe ſie ſtänden, zu ſchwören, Niemand
werde ihm treulicher in ſeinen Sachen beiſtehen als er, ſo könne er ſeine
Händel mit dem Könige leicht zu einem guten Ende führen. Sich ſelbſt ſagte
er: „Fange ich ihn nicht durch falſche Schwüre, ſo bekomme ich ihn nicht
in meine Gewalt“. In der That faßte Eberulf auf die vielen Eide, in der
Kirche, im Säulengange und an andern heiligen Stellen Vertrauen. Er ſelbſt
hatte die Sakriſtei mit einer Wohnung in dem an die Kirche anſtoßenden
Gebäude vertauſcht. Dort zechten er und Claudius mit einigen Bürgern von
Tours. Nach dem Mahl gingen er und Claudius in der Vorhalle auf und
nieder und gelobten ſich unter Eidſchwüren Liebe und Treue. Plötzlich ſagte
Claudius: „Ich möchte wohl noch einen Trunk in deiner Wohnung thun,
falls du ſüß gewürzte Weine haſt oder die Güte haben ſollteſt, einen ſtarken
Wein zu beſchaffen.“ Eberulf freute ſich: daran fehle es nicht; und er ſchickte
ſeine Diener aus, einen nach dem andern, ſtärkere Weine zu holen, italieniſche
Weine. Als nun Claudius ihn allein und von ſeinen Dienern verlaſſen ſah,
hob er ſeine Hand gegen die Kirche auf und ſprach: „Hochheiliger Martin,
laß mich bald mein Weib und meine Kinder wieder ſehen“. Der entſcheidende
Augenblick war da. Der Elende wollte hier in der Vorhalle morden, fürchtete
aber doch die Macht des heiligen Biſchofs. Da griff einer unter den Dienern
des Claudius, ein handfeſter Menſch, zu, packte Eberulf von hinten mit kräftigen
Armen, bog ihm die Bruſt zurück und hielt ihn ſo zum Todesſtoße bereit.
Claudius zog das Schwert aus dem Wehrgehänge und holte aus. Aber auch
Eberulf hatte ſeine Waffe entblößen können und war zum Stoße fertig. Als
nun Claudius die Rechte erhob und ihm einen Hieb in die Bruſt verſetzte,
ſtieß auch er behende ihm die Spitze des Schwertes in die Achſelhöhle, zog
das Schwert wieder an ſich, holte abermals aus und hieb Claudius den Daumen

ab. Darauf eilten dessen Diener mit Schwertern herbei und verwundeten Eberulf des weiteren. Er suchte ihren Händen zu entwischen und zu fliehen, obwohl er schon ganz entkräftet war. Da entwanden sie ihm das Schwert, versetzten ihm einen tüchtigen Schlag auf den Kopf, das Gehirn spritzte heraus, er brach zusammen und war tot. Vom Heiligen verdiente er nicht gerettet zu werden; denn er hatte sich niemals darauf verstanden, ihn gläubig um Beistand anzurufen. Claudius jedoch eilte voll Furcht zu der Zelle des Abtes und verlangte Schutz. Der Abt hatte Bedenken. Da rief Claudius: „Ein ungeheures Verbrechen ist begangen und kommst du uns nicht zu Hilfe, so sind wir verloren". Bei diesen Worten stürmten die Diener Eberulfs mit Schwertern und Lanzen heran, und da sie die Thüre verriegelt fanden, schlugen sie die Glasscheiben der Zelle ein, warfen ihre Lanzen durch die Fenster in der Wand und durchbohrten Claudius, der schon halb entseelt war, mit dem Speere. Seine Diener aber verkrochen sich hinter der Thüre und unter die Betten. Den Abt nahmen zwei Geistliche in die Mitte und zwischen den Spitzen der Schwerter kam er nur mit Mühe und Not lebend von dannen. Die Thüren wurden geöffnet; die Masse der Kämpfenden drang herein. Auch machten sich einige von den Hausarmen der Kirche und den andern Almosenempfängern daran, das Dach der Zelle abzureißen, da hier eine solche Greuelthat geschehen war. Besessene und armes Volk liefen mit Steinen und Knütteln herbei um die Beschimpfung der Kirche zu rächen. Die Flüchtlinge wurden aus ihrem Versteck hervorgezogen und grausam erschlagen. Der Fuß= boden der Zelle schwamm in Blut. Ihre Leichname wurden herausgeschleppt und blieben nackt und bloß auf der kalten Erde liegen. Die Mörder aber entwischten während der Nacht mit der Beute. Als dieser unerhörte Skandal sich zutrug, war der Bischof eben sechs deutsche Meilen weit über Land ge= gangen. Auch der König geriet bei der Nachricht in gewaltigen Zorn, be= ruhigte sich aber, als er genaue Kunde erhielt. Eberulfs bewegliche und un= bewegliche Habe und was dieser von seinen Vorfahren ererbt hatte, schenkte der König seinen Getreuen. Das Weib des Unglücklichen fiel arm und bloß der Martinskirche zur Last[a]).

Fünfzehntes Kapitel.

Amulet und Fluidum.

1.

Gab es auch unzählige Reliquien und war noch obendrein der einzelnen ein ansehnlicher Bannkreis umgeschrieben, in dem sie selbst auf Entfernung

---

a) Gregor H. Fr. VII. 21. 22. 29.

wirkte, so war doch dem unersättlichen Verlangen der Leute nach dem Bei=
stand der Heiligen noch nicht genug gethan. Für Fälle, wo ein Kirchgang
zu umständlich war, besaß man Angebinde vom Heiligen für den Hausgebrauch.
Das konnten einfach Reliquien sein oder Teile von solchen, die mit dem pro=
faneren Zweck dann auch die Prätension fallen und eine Berührung mit dem
Alltagsmenschen geschehen ließen. Immerhin fanden sich diese zu Amuleten
erniedrigten Reliquien doch nur selten, in den Händen von Priviligierten, vor.
Am nächsten lag es, Reliquien einer Hauskapelle bei gelegentlichem Bedarf
vorübergehend als Amulet zu verwenden. Ein Bürger von Saintes, Carde=
gisel mit dem Uebernamen Gyson, lud Gregor zu sich ein und führte ihn in
den Betsal seiner Mutter, dessen Altar Martinspfänder enthielt: „Vor drei
Jahren“, erzählte der Herr, „als mein Junge hier noch an der Mutterbrust
lag, wurde er krank und nahm keine Nahrung. Tagelang ging es so. Am
sechsten legten wir ihn auf den Altar. Ich konnte es nicht mehr aushalten
und sagte meiner Frau, ich ginge über die Zeit weg, sie sollte den Kleinen
dann begraben. Das Kind lag bis zum Abend. Plötzlich drehte es sich dann
und rief: „Wo bist du, Schwesterchen“. Nach Kinderart rief es der Mutter
so. Sie nahm es auf den Arm und es ließ sich von ihr stillen. Und so
bald es trank, wurde ihm besser*)“. Ein ander Mal, als Gregor sich in
Reims befand und in der Sakristei auf den Bischof wartete, stellte sich ihm
der Referendar des verstorbenen Sigibert vor, Siggon, der an einem Ohr
gar nicht und am andern schlecht hörte. Dieser hatte den Bischof von Tours
kaum verlassen und ein paar Schritte in der Kirche gethan, so bekam er Ohren=
brausen und hörte wieder. Er kehrte zu Gregor zurück um sich zu bedanken,
drei Tage lang habe er an dem Ohr nichts mehr gehört; aber über dem
Gespräche habe er es sich lösen gespürt. Da gestand ihm Gregor, er sei
verwegen genug, Martinsreliquien auf sich zu führen; ihnen gebühre also der
Dank des Geheilten b). Gregors Mutter besaß Reliquien des Euseb von Ver=
celli. Einst an einem Winterabend hatte sie bis tief in die Nacht hinein am
Kamin in fröhlicher Gesellschaft gesessen. Die Dienstboten waren bereits schlafen
gegangen, und sie selbst legte sich dann hin, ohne auf das große, noch glühende
Holzscheit weiter acht zu geben. Da stiegen denn einzelne Gluten in die Höhe
und steckten das Deckengetäfel in Brand; wunderbarerweise, und daran waren
eben die in der Nähe befindlichen Reliquien schuld, drangen die Flammen
nicht der Höhe zu durch das Gebälk, sondern hingen wie kleine Feuerflocken
harmlos dort oben und liefen der Einfassung entlang, ohne Schaden anzu=
richten. Die Mutter erwachte, rief das Gesinde, und der Hausbrand wurde
mit Wasser gelöscht c). Es war nicht das einzige Erlebnis dieser Art in

a) Gregor Mart. III. 51.   b) Gregor Mart. III. 17.   c) Gregor Conf. 3.

Gregors Familie. Vom verstorbenen Vater her wurde ein goldenes Etui mit anonymer Heiligenasche hoch in Ehren gehalten; er hatte es sich als junger Mensch verschafft, als er eben verheiratet von Theudeberts Standesoffizieren zum Kriegsdienst ausgehoben wurde. Er dankte ihnen sein Leben, sowie manche Bewahrung vor Diebsgefahr und Wetterschaden, ja auch vor der Anfechtung der eigenen Sinne. Nach seinem Tode trug sie die Witwe, an einem Halsband über der Brust. Zur Erntezeit, als es mit einem Male kalt wurde und die Schnitter unvorsichtig ein Strohfeuer ansteckten, das um sich griff und die umliegenden Garbenhaufen bedrohte, fuhr die Mutter auf das Rufen hin vom Tisch auf und streckte ihr Amulet nach dem Feuer hin, daraufhin erlosch es alsbald. Später bekam Gregor diese Leibreliquien und verscheuchte auf einem Ritt von Burgund in die Auvergne ein aufsteigendes Gewitter damit[a]). Aber eben nur reiche Leute konnten sich diese echten Heiligenpfänder als Lebens= versicherung überhaupt gönnen.

Dem Volk war deshalb die Vergünstigung des Amuletes keineswegs er= schwert, da die Mitteilbarkeit der Reliquienkraft unerschöpflich war und die übertragene der ursprünglichen in der Wirkung nicht nachstand. Hatte erst ein= mal eine Reliquie einen Raum mit ihrem heiligen Fluidum von Grund aus durchdrungen, so konnten an dem so imprägnierten Orte ungezählte Amulete gewonnen werden. „Von dem Grabsteinpulver oder dem Kerzenwachs eines solchen Ortes sich etwas mitzunehmen, befähigt zu Kraftthaten, die unablässig geschehen sind, oder noch geschehen und die kein Mensch auf der Welt auf= zuzählen im Stande ist[b])“ — in diesen Worten Gregors spricht es sich aus, daß vom Heiligengrab aus ein unversieglicher Strom von Kräften nicht nur, sondern auch von neuen Kräftequellen seinen Anfang nahm. Auch der geringe Mann war in den Stand gesetzt, sich sein Amulet selbst zu bereiten und einen Behälter der Heiligenkraft in seiner nächsten Nähe zu führen. Der populärste Bezugsort dafür waren nun eben die Heiligengrabsteine, an denen man sich nur etwas Pulver abzuschaben brauchte, um zu haben, was man wünschte. Weil dieses Grabsteinpulver so leicht herzustellen war, stand es im Vorder= grunde aller Heiligenangebinde; überdies hatte es vor andern Amuleten noch die Eigenschaft voraus, daß es meistens mit Wein oder Wasser angemacht innerlich genommen und somit noch obendrein des Zutrauens teilhaftig wurde, das kranke Leute einem Medikament entgegenbringen. Wie man damals von einer solchen Prise Staubes dachte, muß gerade darum deutlich werden, weil uns diese Wertschätzung heute so unglaublich scheint; und so sei denn die Lobes= erhebung, die Gregor dem Grabsteinpulver widmet, im Wortlaut mitgeteilt: „O unbeschreibliche Mixtur! ruft er aus[c])“, „unaussprechliche Spezerei, Gegen=

a) Gregor Martyr. 83.   b) Gregor Mart. I. 28.   c) Gregor Mart. III. 60.

gift, über alles Lob erhaben!" Himmlisches Abführmittel, wenn ich mich des
Ausdrucks bedienen darf, das alle ärztlichen Rezepte in den Schatten stellt,
jedes Arom an süßem Duft übertrifft und stärker ist als alle Essenzen, das
den Unterleib reinigt wie Skammoniensaft, die Lunge wie Ysop und den Kopf
wie Bertramswurz, aber eben nicht allein die siechen Glieder wiederherstellt,
sondern, was viel mehr wert ist, die Flecken vom Gewissen hinwegwäscht!"
Neben dem Steinpulver fand das Wachs, das auf den Gräbern von den
Votivkerzen vertropft war, oder Reste dieser Kerzen selbst den meisten Anklang.
Wachs konnte selbst zwar nicht eingenommen werden, dagegen wurde die Docht-
asche pulverisiert und auf dieselbe Weise als Medikament verwendet[a]. Wenn
solche Amulete gewonnen wurden, wirkten sie anfangs etwa auch noch mit der
drückenden Kraft der Vollreliquie. „Geh zur Kirche des seligen Julian", sagte
Aridius zu einem Priester, „bete dort und ersuche dann die Kirchenhüter dir
ein wenig Wachs oder Grabesstaub zu verabfolgen". Als dieser sie empfangen
hatte, wurden ihm plötzlich die Glieder schwer, er brach fast zusammen; doch
ermunterte er sich ohne Schwierigkeit und konnte seines Weges gehen. Ein
starker Kraftleiter war auch der Vorhang über dem heiligen Grab. Er besitzt eine den Reliquien vollkommen ebenbürtige Heilkraft[b], er heilt Kopfweh
bei bloßer Berührung[c], ein einzelner ihm entzogener Faden, in Kreuzesform
aufgelegt, vertreibt Bauchschmerzen[d]. Desgleichen wirkte das Tuch, das eine
Reliquie einhüllte[e]. Das Linnen, in dem Marienreliquien geborgen waren,
verbrannte so wenig als der heilige Inhalt. Die Seidendecke, in der ein
Stück heiliges Kreuz eingewickelt gewesen war, ließ Gregor abbrühen und das
Wasser als Heiltrank verwenden[f]. Aber wie auch hier die Steigerung des
Amulets zum Medikament stattfand, so konnte umgekehrt die genossene Hostie
gelegentlich als Amulet wirken; die Geschichte ist zu bezeichnend, um nicht nacherzählt zu werden; sie ereignete sich zu Gregors Jugendzeit in seiner Heimat.
Ein allein reisender Priester bat an der Hütte eines armen Mannes um ein
Nachtquartier. Nach Clerikerbrauch unterbrach er seinen Schlaf gegen Morgen,
um sein Gebet zu verrichten. Um dieselbe Stunde, kurz vor Tagesanbruch, war
aber auch schon der Bauer aufgestanden, um mit seinem Ochsenkarren ins Holz
zu fahren. Doch wollte er den gewohnten Frühimbiß, den ihm seine Frau
vorsetzte, diesmal nicht einnehmen, ohne daß der geistliche Herr ihm sein
Brot geweiht hätte. Als das geschehen war und er das Sakrament empfangen
hatte, fuhr er von bannen. Noch war es nicht hell geworden, so kam er an
die Schiffbrücke, stieg ab und führte Gespann und Wagen hinüber. Auf der
Flußmitte hörte er plötzlich jemanden sagen: „Ertränk ihn, ertränk ihn, spute

<hr>

a) Gregor Martin II. 2. III. 50.   b) Gregor Martin II. 50.   c) Gregor Martin II. 60.
d) Gregor Mart. IV. 1.   e) Gregor Jul. 42.   f) Gregor Martyr. 5. 18.

dich!" und darauf jemanden antworten: „Ich wollte schon. Aber etwas Heiliges steht mir an ihm entgegen. Er hat das Sakrament empfangen, mußt du wissen". Der Bauer vermochte niemanden zu sehen; er begriff, wer gemeint war, bekreuzte sich, dankte Gott, machte, daß er weiter kam, und gelangte heil ans jenseitige Ufer[a]). Und dann war auch sonst alles und jedes, was nur von ferne über die Ausrede verfügte, mit dem Heiligen in Berührung gewesen zu sein, auch wunderthätiger Kräfte fähig. Das Oel, das der Priester Aribius bei seiner Anwesenheit in einem mit Martinsreliquien versehenen Raum auf sich trug, bewirkte unzählige Heilungen[b]).

Ueberhaupt darf man, wie immer bei Volksvorstellungen, sich über die nachträgliche Unbestimmtheit in der scheinbar sachgemäßen Gruppierung nicht wundern. Im Bewußtsein des Volkes war die beobachtete Einteilung nicht vorhanden: Reliquie war jeder Sitz heiliger Kräfte, ob sie nun original oder abgeleitet waren, und so kennt Gregor denn auch keine besondere Bezeichnung für das, was wir als Amulet oder Medaille von der Reliquie unterschieden haben. Momentane Kombinationen und Einfälle bereicherten die allgemein umrissenen Typen oft noch durch die sonderbarsten Beispiele. Gegen kranke Füße versuchte ein bretonischer Graf Fußbäder in einem als Wanne benutzten silbernen Altargefäß, vor dessen Größe, nebenbei gesagt, uns die Möglichkeit einer derartigen Verwendung nicht geringe Achtung einflößen mag; auf diesen famosen Gedanken war einer aus dem Gesinde geraten, nachdem sein Herr all sein Gut für die Rechnungen der Aerzte aufgebracht hatte. Aber die Profanation bekam dem Grafen schlecht; die Schmerzen nahmen zu und hinderten ihn nun vollends am Gebrauch seiner Füße zum Gehen. Derselben Manipulation soll sich ein Herzog der Longobarden mit dem gleichen Mißerfolg unterzogen haben[c]). Wo indessen der Anstand nicht auf dem Spiele stand, konnten wohl Kirchengerätschaften ohne Nachteil zum Zweck der Uebertragung des Fluidums zu Hilfe genommen werden. Bei einer Pferdekrankheit im Bezirk Bordeaux impfte man die Tiere, indem man ihnen den Bart des Schlüssels der Domänenkapelle auf das Fell brannte; die Erkrankten wurden gesund, die Gesunden erkrankten nicht[d]). Ein ander Mal errang das Amulet landwirtschaftliche Erfolge, indem ein mit dem Wachs von Martinskerzen bestrichener Fruchtbaum vom Hagelschlag verschont blieb[e]). Die Dehnbarkeit des Begriffs kannte eben keine Grenzen; war kein Grabsteinpulver zu haben, so that schließlich ja auch eine Prise Staubes vom Fußboden der Kirche denselben Dienst[f]).

Das Amulet war auf würdelose Aufführung ebenso empfindlich, wie die

---

a) Gregor Conf. 30.   b) Gregor Conf. 9.   c) Gregor Martyr. 84.   d) Gregor Mart. III. 33.   e) Gregor Mart. I. 84.   f) Gregor Mart. IV. 25.

Reliquie selbst und rächte pietätlose Behandlung. Nunnius, der Steuereinnehmer der Königin Theudechilde, meinte es zwar redlich, machte aber nach Soldatenart keine Umstände, auch dem Heiligen gegenüber nicht. Als er vor dem Grabe des Germanus von Auxerre von einem langen Gebete aufstand, zog er einfach vom Leder und schlug mit seinem Säbel auf den Grabstein los, immerhin erst, nachdem er sich vergewissert hatte, es sehe niemand zu. Ein kleines Stück Stein war abgesprungen; als er aber das Amulet zu sich steckte, wurde er erzsteif und konnte kein Glied mehr rühren, bis er Buße that und sein frivol erworbenes Gut als Reliquie einer Kirche in Verschluß zu geben gelobte[a]). Daß das nicht genügend in Ehren gehaltene Amulet schadet, erfuhr auch einer von Gregors Leibeigenen. In einer Anwandlung von Verehrung für Martin und durch seinen Herrn Gregor in seiner Absicht ermuntert, nahm er einen Spahn vom Holz des Bettes in Candes, auf dem Sankt Martin gestorben war, und hob es in seiner Wohnung auf, daß es ihm Heil bringe. Aber die Aufmerksamkeit muß nachgelassen haben und das Amulet unter gewöhnlichen Hauskram geraten sein, plötzlich wurde die ganze Familie krank. Gregor dachte gleich, was etwa schuld sein möchte, und richtig, in einem schrecklichen Traumgesicht bekam der Knecht zu hören: „Der Holzspahn vom Bette des Herrn Martin, auf den du nicht genügend Acht gibst, ist die Ursache deiner Leiden. Uebergib ihn lieber dem Diakon Gregor, daß er ihn bei sich verwahre". Und von dem Augenblick an, da der heilige Spahn an einem ihm gebührenden Orte untergebracht war, wurde der Hörige und sein ganzes Haus gesund[b]).

Nun sei der Kreislauf unserer Beobachtungen abgeschlossen durch zwei Fälle, die zeigen, wie ein an sich durchaus profaner Gegenstand lediglich durch Aufnahme des heiligen Fluidums schließlich zur Vollreliquie werden kann. Motharius, ein Bürger von Tours, im Begriff an den Hof zu reisen, setzte seine Reisezehrung, Brot und Wein, am Heiligengrabe aus, und als er dann unterwegs bei Gastfreunden abstieg, schrie die Frau des Hauses, die schwermüthig war, angesichts seines Gepäcks: „Warum verfolgst du uns, o Heiliger! Warum quälst du uns, Diener Gottes!" Als ihr aber Wein und Brot vermischt eingegeben wurde, bekam sie einen Blutsturz, der sie von dem bösen Geist befreite; ebenso half dasselbe heilige Medikament einer Frau vom Fieber[c]). Was jedoch hier mehr als ein zufälliger Vorfall erscheint, tritt anderswo als beabsichtigter und alsdann gelungener Versuch auf, für eine echte Reliquie Martins, einen ebenso kräftigen Ersatz herzustellen. Es handelte sich freilich auch um nichts geringeres als um den Uebertritt des suevischen Königshauses zum Katholizismus, wozu die Krankheit des Königssohnes die Veranlassung

<hr>

a) Gregor Conf. 40.   b) Gregor Mart. I. 35.   c) Gregor Mart. IV. 21.

gab. Der König fragte seine Umgebung: „Sagt doch, welcher Religion ge=
hört schon jener Martin an in gallischen Landen, von dessen Heilerfolgen
man schon so viel spricht?" Dann versuchte er es mit großen Weihgeschenken,
so viel Gold und Silber als der Kranke selbst wog, ließ er nach Tours
bringen. Aber die Genesung geriet nur halb. Da baute er Sankt Martin
eine Kirche, und stellte seine Bekehrung in Aussicht, wenn er nur eine Martins=
reliquie erwerben könnte. Nun bot man seiner zweiten Gesandtschaft in Tours
die üblichen und als wirksam bekannten Heiligennunterpfänder an. Aber sie
hatten den Eigensinn, sich ihr Amulet selbst anzufertigen und baten um die
Erlaubnis, eigene Gegenstände auf das Grab legen zu dürfen und diese dann,
falls die Füllung gelinge, mit nach Hause zu nehmen. So deponierten sie
ein Stück Seidenstoff auf dem Grabaltar und beteten die ganze Nacht hindurch.
Am andern Morgen legten sie, nach einem auch zu Rom am Grab der Apostel
üblichen Verfahren, es auf die Wage, und siehe da! der Pfundstein in der
Gewichtschale hob sich alsbald so hoch in die Luft, als die Stange überhaupt
drehbar war; so schwer war der Stoff von der Gnade des Heiligen ge=
worden.

2.

Aber selbst mit allen nur erdenklichen Ableitungen auf fremde Stoffe
war dem heiligen Fluidum seine letzte Schranke noch nicht gesetzt. Wir müssen
zu der Beobachtung fortschreiten, daß für eine solche Anschauung der Dinge
eben auch das, was wir Geist nennen, etwas stoffliches war. Der Verkehr
des fränkischen Christen mit Gott ging rein materiell vor sich durch Gebet,
Kreuzeszeichen und Anrufung des heiligen Namens. Sie wirken nicht anders
als Reliquien und sind in der That weiter nichts, als Kraftsurrogate in Ab=
wesenheit eines massiven Kraftherdes; während sonst bei einer großen Feuer=
brunst mit Reliquien vorgegangen wird, betete in einem ähnlichen Fall das
zu Bordeaux versammelte Volk zu Martin und erzielte auch so den Still=
stand der Flamme[b]). Vom Kreuzeszeichen sagt Gregor: „Bekreuzt man flink
und ohne sich zu besinnen Stirn und Brust mit diesem heiligen Zeichen, so
vermag man dem Uebel als Märtyrer entgegen zu treten; haben doch die
Märtyrer selbst, mit denen Gott kämpfte und triumphierte, ihre glorreichen
Siege nicht anders davon getragen, als durch den Beistand Gottes und das
Kreuzeszeichen, aber ja nicht durch ihre eigenen Kräfte"[c]). Der Heiligen=
name, besonders wenn er bei der Festverlesung der Vita zum ersten Mal
über die Lippen des Vorlesers tritt, löst ungemein leicht Wundervorgänge
unter den Zuhörern aus! Hiezu kommt die grobsinnliche Behandlung des

<hr>

a) Gregor Mart. I. 11.   b) Gregor Mart. IV. 47.   c) Gregor Martyr. 106.

Bibelstudiums. Wenn man gegen die Arianer und Juden so viel Bibelstellen als möglich ins Feld führte und sich weiter um dialektische Künste nicht kümmerte, so geschah das eben in erster Linie im Glauben an die Amulettkraft des Bibelspruchs. Noch deutlicher tritt das beim Schriftorakel zu tage, dem sogenannten „Däumeln“. Ein Beispiel. Im Jahre 557 belagerte Chlothars jüngster Sohn Chramm, der sich wider seinen Vater ein erstes Mal empörte, Châlons und schlug sein Lager vor Dijon auf. Da flehten die Geistlichen dieser Stadt zu Gott, er möge ihnen enthüllen, welchen Ausgang es mit Chramm haben werde. Sie legten, der damaligen Sitte gemäß, noch drei Bücher auf den Altar, die Propheten, den Apostel und die Evangelien, und nun sollte ein Jeder, was er zuerst aufschlüge, auch bei der Messe lesen. Das Orakel lautete bei den Propheten: „Warum hat er Herlinge gebracht, da ich wartete, daß er Trauben brächte“ —; beim Apostel: „Werden sie sagen: Es ist Friede, es hat keine Gefahr, so wird sie das Verderben schnell überfallen“ —; beim Herrn im Evangelium: „Und wer diese meine Rede höret und thut sie nicht, der ist einem thörichten Manne gleich, der sein Haus auf den Sand baute“. Chramm aber kam bis zu den Kirchen vor dem Thor, Sankt Benignus und Sankt Johann, wurde dort von Tetricius empfangen und mit dem Abendmahl versehen; aber die Erlaubnis, Dijon zu betreten, wurde ihm auf das ungünstige Orakel hin nicht erteilt[a]).

Heilig sein heißt also, mit Himmelskraft geladen sein. Die Gesinnung des Trägers konnte an dem objektiven Gehalt des Heiligtums nichts ändern. Deshalb hat es seine besonderen Schwierigkeiten auf sich, Gaukler und Schwindler, die mit heiligen Gegenständen Unfug trieben, zu überführen und zu entlarven. Des charakteristischen Hintergrundes wegen, den unsere bisherigen Ausführungen dadurch erhalten, fügen wir hier eine längere Schilderung Gregors im Wortlaut ein: „Es kam ein großer Betrüger nach Tours, der Viele durch seine Arglist täuschte. Er trug einen Rock ohne Aermel und darüber einen Mantel von Baumwolle, in der Hand führte er ein Kreuz, von dem Fläschchen herabhingen; diese Fläschchen enthielten nach seiner Angabe heiliges Oel. Er gab vor, er komme aus Spanien und bringe die Reliquien der hochheiligen Märtyrer Vincentius und Felix. Da es aber bereits Abend war, als er zu der Kirche des heiligen Martin kam und wir schon beim Mahle saßen, schickte er zu uns und sprach: „Man empfange die heiligen Reliquien“. Da es aber schon zu spät war, ließ ich ihm sagen: „Man lasse die heiligen Reliquien auf dem Altare ruhen, bis wir am Morgen zu ihrem Empfang ausziehen“. Aber schon beim Anbruch der Dämmerung erhob er sich und zog, ohne uns zu erwarten, mit seinem Kreuze ein und trat in unsere

<hr>

a) Gregor H. Fr. IV. 16.

Zelle. Ich war ganz erstaunt und verwundert über sein unbesonnenes Ver=
fahren und fragte ihn, was dies bedeuten solle. Er antwortete mir hoch=
mütig und mit stolzem Tone: „Du hättest mir einen besseren Empfang bereiten
sollen. Aber ich werde es König Chilperich hinterbringen; er wird die Ge=
ringschätzung, mit der ich behandelt bin, ahnden". Darauf ging er in die
Kapelle und sprach, mich hintansetzend, den ersten, zweiten und dritten Spruch
der Agende, begann selbst das Gebet und brachte es zum Schluß, erhob wie=
derum sein Kreuz und ging von dannen. Seine Rede war ungebildet, seine
Aussprache garstig, breit und häßlich, auch ging kein vernünftiges Wort aus
seinem Munde. Er kam bis nach Paris. Es wurden aber gerade zu dieser
Zeit die öffentlichen Bettage gefeiert, die vor dem heiligen Tage der Himmelfahrt abgehalten zu werden pflegen. Als nun Bischof Ragnemond mit
seiner Gemeinde feierlich aufzog und die heiligen Stellen der Stadt besuchte,
kam dieser Mensch mit seinem Kreuz an und zeigte sich dem Volke in seiner
ungewöhnlichen Tracht. Es sammelte sich alsbald um ihn ketzerisches Ge=
sindel und Weiber niederen Standes. So bildete er sich ein Gefolge und
wollte mit dieser seiner Schaar ebenfalls an den heiligen Stätten Umzug
halten. Der Bischof sandte aber, als er dies sah, seinen Archidiakon zu ihm
und sprach: „bringst du Reliquien der Heiligen, so lege sie für einige Zeit
in einer Kirche nieder und feiere die heiligen Tage mit uns, ist aber das
Fest vorüber, so magst du deiner Straße weiter ziehn". Doch er achtete dessen,
was ihm der Archidiakon meldete, nicht, sondern stieß vielmehr Schmähungen
und Verwünschungen gegen den Bischof aus. Da nun der Bischof merkte,
es sei ein Volksverführer, ließ er ihn in eine Zelle sperren. Und als man
die Sachen untersuchte, die er bei sich hatte, fand man einen großen Sack,
der war mit Wurzeln unterschiedlicher Kräuter angefüllt, auch waren Maul=
wurfszähne, Mäuseknochen, Bärenklauen und Bärenfett darin. Da dies nun
augenscheinlich Zaubermittel waren, ließ man es alles in den Fluß werfen,
nahm ihm sein Kreuz und verbannte ihn aus dem Gebiet der Stadt Paris. Dennoch
ließ dieser Mensch abermals sich ein anderes Kreuz machen und fing sein altes
Treiben wieder an; da nahm ihn der Archidiakon fest, ließ ihn mit Ketten
binden und in den Kerker werfen. Zu dieser Zeit kam ich selbst nach Paris
und hatte meine Herberge bei der Kirche des heiligen Märtyrers Julianus.
Und in der folgenden Nacht brach jener Bösewicht aus seinem Kerker und
flüchtete sich, noch mit Ketten geschlossen, zu der genannten Kirche des
heiligen Julianus, wo er gerade an der Stelle niedersank, wo ich mich auf=
zustellen pflegte; von Müdigkeit und Wein überwältigt schlief er dort ein.
Wir wußten nicht was geschehen war, und als wir uns um Mitternacht er=
hoben, den Gottesdienst zu halten, fanden wir ihn dort schnarchend. Es ging

aber ein solcher Gestank von ihm aus, daß der Gestank aller Cloaken und
Abtritte nichts dagegen ist und wir vor Gestank nicht in die heilige Kirche
treten konnten. Es hielt sich daher einer der Geistlichen die Nase zu, trat
an ihn heran und suchte ihn aufzuwecken, aber umsonst, so betrunken war
der Bösewicht. Darauf traten vier Geistliche heran, packten ihn mit den
Händen und warfen ihn in einen Winkel der Kirche. Wir holten Wasser,
wuschen den Boden ab und streuten wohlriechende Kräuter darauf, dann erst
traten wir ein, um die Gebete abzuhalten. Aber auch trotz unseres Singens
wachte er nicht eher auf, als bis der Tag anbrach und die Sonne höher am
Himmel emporstieg. Darauf überlieferte ich ihn dem Bischof unter der Bedingung, daß ihm kein Leid geschehe, weil er nämlich in der Kirche gefunden
worden war. Als aber die Bischöfe in der Stadt zusammen kamen und ich
beim Mahle dies erzählte, befahlen wir ihn vorzuführen, um ihm Vorstellungen zu machen. Als er nun vor uns stand und der Bischof Amelius von
Tarbes seine Augen erhob, erkannte er in ihm einen seiner Diener, der entlaufen war; da gab man ihn unter der Bedingung, daß ihm kein Leid geschehe, zurück, und er nahm ihn mit sich in seine Heimat. Sieben Jahre
später zeigte sich in der Stadt Tours ein anderer großer Betrüger mit Namen
Desiderius, der vorgab, er sei etwas Großes und könne viele Wunder thun.
Auch rühmte er sich, es liefen Boten zwischen ihm und den Aposteln Petrus
und Paulus hin und her. Da ich nicht in der Stadt war, strömte viel ge-
meines Volk ihm zu, und sie brachten ihm Blinde und Kranke. Er aber
suchte sie nicht durch frommes Gottvertrauen zu heilen, sondern vielmehr durch
Höllentrug und List zu verderben. Die gichtbrüchig oder sonst gebrechlich waren,
ließ er mit Gewalt ausrecken, gleich als ob er die, für deren Heilung die göttliche Wunderkraft versage, aus seiner eigenen Macht herstellen könnte. Es ergriffen nämlich einige seiner Diener die Hände der Menschen, andere die
Füße und zogen sie nach verschiedenen Richtungen so stark, als müßten die
Sehnen reißen. Wurden sie nicht geheilt, so ließ er sie für tot liegen. Viele
kamen durch diese Marter um das Leben. Ja der Bösewicht war unver-
schämt genug, zu behaupten, Sankt Martin sei weniger als er und sich den
Aposteln an die Seite zu stellen. Wenn einer auch in weiter Ferne und im Geheimen ihm etwas Böses nachgesagt hatte, warf er ihm dies vor der Menge
sofort vor und sprach: „Dies und das hat jener Mensch von mir gesagt, das
meine Heiligkeit verunglimpft". Das konnten ihm nur die bösen Geister verraten haben. Er trug eine Kapuze und einen Rock von Ziegenhaaren; vor
den Augen der Menschen war er enthaltsam in Speise und Trank, im Geheimen aber, wenn er in die Herberge kam, stopfte er sich so voll, daß der
Aufwärter nicht so viel bringen konnte, als er verlangte. Als jedoch seine

Betrügerei entdeckt und von den Unsrigen an den Tag gebracht war, wurde er aus dem Stadtgebiet verwiesen. Wir haben auch in der Folge nicht in Erfahrung gebracht, wohin er gekommen ist. Er pflegte aber zusagen, er sei ein Bürger der Stadt Bordeaux. So giebt es viele solche Verführer, die nicht ablassen, das unwissende Volk in Irrtum zu verlocken*)."

Und doch ist mit Gregors Schilderungen der tiefste Punkt der grobsinn= lichen Auffassung dieser Dinge und des naiven Glaubens, den sie voraussetzt, keineswegs erreicht. Zu Ende der Merowinger Zeit nehmen sie gelegent= lich geradezu groteske Formen an. Der Pippin dem Mittleren gleichgestellte Führer des austrasischen Heerbanns, Martin, wurde von Abgesandten seines Feindes Ebroin auf meuchlerische Weise gemordet. Die Boten waren zwei hohe Geistliche, Aegilbert Bischof von Paris und Reolus Bischof von Reims. Sie sicherten ihm Leben und freies Geleite zu und schlugen ihn dann tot. Ihre schweren Eide waren doch nicht bindend. Man hatte aus dem Reli= quienkasten, auf den geschworen wurde, vorher die heiligen Knochen heraus= genommen*)! Eine andere sprechende Begebenheit war harmloser in ihren Folgen. Ihre Träger kamen auch nicht aus Paris, sondern aus Oberbayern. Die Gründer der Salvatorkirche von Tegernsee sandten Knechte nach Rom, um Reliquien des Märtyrers Quirinus zu holen. Sie brachten dem Papst allerlei Geschenke und erschlugen noch obendrein ein Heer ihm unangenehmer Heiden, das Rom belagerte. Und doch gab ihnen dieser nur mit schwerem Herzen den kostbaren Schatz, den sie haben wollten. Er verschloß den Schrein mit seinem Siegel und verbot. es zu erbrechen. Unterwegs als sie auf dem Apennin rasteten und wahrscheinlich über den Durst getrunken hatten, frag= ten sie sich: „Warum hat er uns eigentlich verboten, den Sarg zu öffnen"? Schließlich wollten sie wissen, was sie schleppen mußten, und machten auf. Alsobald Feuer und Blitz und Donner! Der heilige Vater hatte sie näm= lich nicht zum Besten gehalten b).

Sechster Abschnitt.

Das Wunder.

In der fränkischen Volksreligion, wie in der vormodernen Vulgärreli= gion überhaupt, tritt das Wunder nicht auf als übernatürliche Durchbrechung der Naturgesetze; es wird gar nicht als vereinzeltes erstaunliches Ereignis gewertet, sondern als die aus ihrem Zusammenhange heraus selbstverständliche Funktion einer zweiten, höheren Welt, die ihren eigenen Gang geht und ihre

---

a) Gregor H. Fr. IX. 6.   b) Gesta Francor. 46.   c) Passio Quirini (Krusch) 7.

eigene Sprache spricht. Gregor kann daher, ohne sich zu widersprechen, den von ihm erzählten Wundern nachrühmen, sie seien gegen die Natur geschehen und doch nicht gegen die Vernunft. Wir dürfen uns nicht begnügen, die Realität geschildert zu haben, die dem Reliquienglauben innewohnte; es gilt auch von jener Wunderwelt selbst ein Bild zu entwerfen, wie sie denen, die an sie glaubten, erschien und wie sie auf sie wirkte. Kam aber das Wunder weit weniger als einzelnes Faktum in Betracht, vielmehr als Sauerteig der gesamten Anschauungsweise gegenüber der Welt und den Dingen, so begreifen wir, warum uns die diesen Wunderglauben vermittelnden Schriften so schwer verständlich, ja uns kaum mehr zugänglich sind. Mit der zwingenden Macht einer Logik löste eben der Heiligenglaube spielend Gedankenverbindungen aus, die für uns absurd sind, ihm aber durch die höhere, durch die Wunderver= nunft von vornherein zulässig schienen. Bekam ein Heiliger, ein lebender oder ein toter, mit Wein oder Oel zu thun, so wäre es umgekehrt verwun= derlich, wenn Oel und Wein sich dann n i c h t vermehrt hätten: denn dann wäre es ja eben kein Heiliger, sondern ein gewöhnlicher Mensch gewesen; die Folgerung, daß diese wunderbare Vermehrung stattgefunden habe, stellte sich in Folge dessen als etwas ganz selbstverständliches ohne weiteres ein. Und darin liegt weitaus die Hauptschwierigkeit, auf die ein historisches Ver= ständnis des Heiligenglaubens stößt. Mit dem einzelnen Wundervorgang, so= bald er scharf umrissen vorliegt, kann man zur Not fertig werden; aber völlig labyrinthisch wird die Gewalt des Wunders durch solche geheime subcutane Schiebungen und Verknüpfungen. Sie machen die Heiligenlitteratur zu jenem Nebellande, wo auch der Kundige sich nie sicher auskennen wird.

Sechzehntes Kapitel.

Die Erscheinung.

War der Heilige „von der Tiefe seines Grabes aus"[a]) so wirksam, daß er durch die Reliquie die Kirche und durch das Amulet das Privathaus durchdrang, so müßte es befremden, sähen wir ihn halt machen und fänden nicht auch draußen in der Natur Spuren seiner Wirksamkeit. In der That, auch über Wolken, Luft und Winde herrschten die Heiligen; Feuerflammen waren ihre Diener. Und doch durften nicht ohne weiteres Naturwunder, die mit Heiligen in Beziehung stehen, auf den Einfluß der Reliquie zurück= geführt werden, obwohl eine derartige Einwirkung dabei auch eine Rolle spielt. Vielmehr stehen wir hier nun nicht mehr auf dem Boden der kultischen Ver=

<hr>

a) Gregor Mart. III. 60.

ehrung, sondern auf dem Boden der mythischen Anschauung. Aber deßhalb
besteht, was von dem Mangel einer mythischen Begabung bei den Franken
verlautet, doch zurecht. Die Franken waren ein Volk der That; über ihrem
rastlosen Eifer in Dingen der staatlichen Ausbreitung und Einrichtung kamen
ihnen die poetischen und träumerischen Eigenschaften ihrer politisch nicht so
glücklichen Bruderstämme abhanden. Sie hatten hiefür einfach keine Zeit.
Wo also andere Germanen schöpferisch waren, verhielten sie sich passiv und
ließen sich eben gefallen, was ihnen in dieser Hinsicht zufiel. Waren sie
jedoch in Dingen der höheren, genialen Legende im besten Fall Banausen, so
ging es im Bereich des niederen Aberglaubens, der stets zu den vitalen Funk=
tionen eines naiven Volks gehört, bei den Franken mindestens so lebhaft
zu, wie anderswo. Solche niedere Mythologie entsprang nun keineswegs
einer Naturanschauung, aber auch nicht dem Seelenkult, sondern wurzelt in
den mannigfachen Erlebnissen, die der Mensch aus seinem Traumleben be=
zieht. Wurde nun dieser Aberglaube von der christlichen Kirche bekämpft
und sollte durch den Heiligenglauben ersetzt werden, so nahm die Lage folgende
Gestalt an: die Welt war von außermenschlichen Mächten erfüllt; diese ge=
hörten zwei verschiedenen Lagern an, es gab gute Geister und gab böse Geister.
Und wenn nun auch die Teufel und Kobolde sich keineswegs aus Feld und
Wald verscheuchen ließen, so breitete sich doch die Befugnis der Heiligen über
alle Bezirke der Natur aus. Für uns, die wir nun nachträglich in das alles
hineinblicken, nehmen sich die christlichen Heiligen durchaus als die Störefriede
und gewaltthätigen Eindringlinge aus, vor deren rücksichtslosem Auftreten
die früheren Inhaber der Naturgewalt erschrocken auseinanderstoben. Und
die Kraftherde, von denen aus der gewöhnliche Lauf der Dinge tagtäglich
ins Wunderbare und Fabelhafte abgelenkt wurde, waren allerdings die Kirchen
und Heiligenkapellen[1]).

1.

Obschon sich die fränkischen Heiligen weitaus in den meisten Fällen mit
dem kleinen Spuck in Feld und Haus abzufinden hatten, so ragen doch ihre
beiden Führer Martin und Julian in die Regionen der Lüfte hinan und
weisen deutliche Ansätze zu fester mythischer Gestaltung auf. Und nicht etwa so,
daß sie beide allein mit gemeinsamen Eigenschaften dastünden; vielmehr ver=
anlaßt gerade die durchaus gegensätzliche Art in ihrem Verhalten zum Wetter,
individuelle Züge daran hervorzuheben.

---

1) Georg Osterhage, Bemerkungen zu Gregor von Tours kleineren Schriften.
(Wissenschaftliche Beilage des Humboldtschen Gymnasiums zu Berlin. Ostern 1895.)

Als König Theuderich Arvern belagerte und die Umgegend von seinen Soldaten heimgesucht war, flüchteten die Bewohner sich und ihre Habe in die Julianskirche. Einer der Soldaten öffnete aber das Kirchenfenster, stieg ein und entriegelte die verrammelte Thür; seine Kameraden drangen nach, führten Leute und fahrendes Gut hinaus und teilten alles unter sich auf. Der König verurteilte die Tempelschänder zum Tode. Als aber jener Rädelsführer sich aus dem Staube machte, sandte Sankt Julian den feurigen Strahl vom Himmel, der ihn erschlug. Sei es um den Leichnam anständig zu bedecken, sei es um die Seele des Uebelthäters an die Stelle zu bannen und somit unschädlich zu machen, häufte man Steine auf ihn; aber auch das ehrliche Begräbnis sollte ihm versagt sein; denn wieder wurde unter Donner und Blitz von elementaren Gewalten der Steinhügel auseinander gerissen, sodaß die Leiche auch der dürftigsten Bestattung entbehrte[a]). Desgleichen widerfuhr einem andern Feinde des Heiligen. Als der einmal in Geschäften nach Brioude kam und sich vor dem Grabmal auf den Boden warf, befiel ihn sofort ein Fieber und gleich so stark, daß er nicht mehr aufstehen konnte. Endlich sagten seine Diener zu ihm: „Was ist dir nur heute? Sonst bist du doch mit Beten rasch zu Ende". Er mußte weggetragen und ins nächste Haus gebracht werden. Dort auf dem Bette gestand er, der Heilige verbrenne ihn inwendig mit Feuer und gestand warum. Mit schwacher Stimme bat er, man möge Wasser über ihn gießen. Als das geschah, zischte von seinem Körper eine Dampfwolke auf wie von einem Ofen; seine Gliedmaßen wurden schwarz und die Anwesenden konnten den übeln Geruch kaum ertragen, der von dem Körper ausging[b]). Betrugen sich aber die Gläubigen sittsam, so wendete Julian seine Obmacht zu ihren Gunsten und ließ bei einem starken Wettersturm den Blitz zu einem Kirchenfenster ein über sein eigenes Grab hin zum andern Fenster wieder hinausfahren, ohne daß den Betern auch nur das leiseste geschah. Draußen zündete dann der Blitz einen Heustock an und erschlug mehrere Haupt Vieh[c]).

Gegenüber Julian, dem aggressiven Gewitterheiligen, dem der Blitz als Waffe zu Gebote stand, ist Martin der Schutzheilige vor Feuer- und Wetterschaden. Kerzenwachs aus der Martinsbasilika löscht einen Brand und schützt gegen Hagel. Ein Gefäß mit Martinsgrabsteinpulver erweckt einen Gegenwind und schützt das Wohnhaus der Kirche vor der Feuersbrunst; desgleichen kann der Bischof von Tours, nachdem alles Wasserspritzen nichts half, ein brennendes Haus löschen, einfach indem er ein goldenes Kreuz mit Martinsreliquien, das er auf sich trug, in die Höhe hält[d]). Ebenso stillt Martin

---

a) Gregor Jul. 13. b) Gregor Jul. 17. c) Gregor Jul. 27. d) Gregor Mart. IV. 32.

die Stürme auf der See und auf Strömen und schützt so als Windheiliger
vor Wassernot[a]). Ein ander Mal jedoch, als er durch eine rechtzeitige Ueber=
schwemmung der Loire eine Eroberung von Tours verhindert, schützt er durch
Wasser[b]). Ueberhaupt ist er Schutzherr vor jeglicher Gefahr. Als Ammonius,
der ‚Agent‘ der Martinsbasilika in angeheitertem Zustand beim Nachhause=
gehen einen Rain hinunterfällt, ruft er, während er, wie es heißt, „ohne
Flügel hinunterflog“, Martin an; so wird sein Sturz durch die Baumäste,
gemildert und schadlos gemacht[c]). Und wenn gelegentlich auch einmal ein
gewisser Desiderius von Arvern Martin offensive Eigenschaften zuschrieb, in=
dem er sich beklagte, Martin habe ihm sein Haus angezündet, nun so war das
eben ein Besessener, der so sprach[d]). Vielmehr gilt von den beiden Haupthei=
ligen, denen Herrschaft über die Elemente zustand, die Regel fast ohne Aus=
nahme, daß Julian damit angreift, während Martin davor schützt.

Zur Erklärung darf man die verschiedene Herkunft der beiden zu Hilfe
nehmen. Julian ist durchaus sagenhaft; es ist wahrscheinlich, daß überhaupt
der Mars= und Merkurdienst, der in Brioude seine besondere Stätte hatte[e]),
aus Gegensatz dem dortigen Julianskult seinen Inhalt gab und Sankt Julian
seine außergewöhnliche Popularität von jener Volksgewohnheit aus heidnischer
Zeit her bezog, daß er somit eigentlich zu dem allem nichts als seinen Namen
beigetragen, seine Qualität eines Sturmheiligen dagegen eben einfach von
Merkur=Wodan übernommen hat[1]). Jedenfalls ist Mars=Merkur eine lücken=
lose Umschreibung für Wodan, insofern Mars die Einzelemente des Kriegs=
helden und Merkur die ursprünglichen Wodanseigenschaften eines Wind= und
Totengottes wiedergibt. Ob freilich bei Martin wirklich die Erinnerung an
sein Lebenswerk und die darin bekundete Hingebung den milden Charakter
seines kultischen Andenkens bestimmte, wird durchaus nicht ohne Vorbehalt
zu behaupten sein; vielmehr muß auch bei ihm an den verwandten Zug in
der germanischen Mythologie hingewiesen werden, an die hilfreiche Güte, mit
dem sie Wodan und seinen Vorläufer, den großen Himmelsgott, bedenkt.

Sonst aber soll man sich wie gesagt hüten, das Arbeitsfeld der fränki=
schen Heiligen in den Regionen des oberen Mythus zu suchen. Sie flogen
nicht weit aus und flogen nicht hoch; ihr praktisches Wesen und ihr Ver=
ständnis für die Anliegen des Werktags machte sie jedoch zu Freunden des
kleinen Mannes. Dann aber handelt es sich auch bei Wind, Feuer und Wasser
gar nicht mehr um das physikalische Element, das sie darstellen. Am ehesten
noch wirkt das Feuer rein elementar. Wind und Wasser jedoch kommen vor

---

a) Gregor Mart. I. 9. II. 17. b) Gregor Mart. II. 27. c) Gregor Mart. I. 20. d) Gregor Mart. II. 20. e) Gregor Jul. 5.

1) Roscher, Hermes als Windgott. Leipzig. 1878. S. 104.

18 *

allem als die Behausungen neidiger und bösartiger Wichte in Betracht. Freilich, als der Klausner Hospizius in Villefranche bei Nizza gestorben war, nahm ein beim Begräbnis anwesender Andächtiger eine Hand voll Erde vom Grabhügel und mischte sie unter rohe Asche, die er mit sich führte. Er wollte nach Lerinum, bestieg aber ein Schiff, das direkt nach Marseille fuhr und die Insel nicht anlief. Auf der Höhe von Lerinum stand nun das Schiff, ein jüdisches Kauffahrteischiff, plötzlich still, obwohl der Wind alle Segel schwellte. Die Juden wußten sich vor Staunen nicht zu fassen; da sagte jener: „Ich führe Reliquien des seligen Hospizius mit mir und wünsche in Lerinum auszusteigen. Ich getraute mich nicht, dies zu sagen; nun aber weiß ich, daß Wunderkraft euer Schiff aufhält, solange ihr euch nicht bequemt, mich ans Land zu setzen". Wohl oder übel entschlossen sich jene, den Curs zu ändern, und kaum hatten sie die Segel umgestellt, so hob sich die Lähmung des Windes, und als der Passagier glücklich in Lerinum gelandet war, hinderte nichts mehr das Schiff am freien Lauf seiner Bestimmung zu [a]). Sonst aber verschmäht es selbst der große gute Martin nicht, gegen den Windzauber boshafter Luftgeister gnädig beizustehn. Ein Bürger von Bajeux hatte zu viel Wein getrunken und wurde nun gar noch auf dem Heimweg von einem Wirbelwind so stark umnebelt, daß er vom Pferde fiel und von den Seinen bewußtlos aufgehoben wurde. Dann aber befiel ihn Tobsucht; er mußte gefesselt werden, zweifelsohne von dem bösen Wicht besessen, der in der Windhose haust. Nach langer Kurzeit in der Martinsbasilika ging er gesund von dannen [b]). In zwei andern Fällen waren von einer Windhose Ueberfallene blind geworden [c]). Martin half sowohl dem Knaben aus Limoges, als dem überseeischen Fremdling; jener war zwölf Jahre blind gewesen, dann bewirkte der inbrünstige Besuch beim Grabe plötzlich den Blutaustritt aus den Augen, der ihn heilte, während dieser, bereits drei Jahre blind, noch vier Jahre im Heiligtum zubringen mußte, bis er endlich sah. Sowohl das Kind eines Knechtes in Anjou, das auf der Straße spielte, als auch ein junges Mädchen von Tours Namens Viliogundis waren beim Tanzspiel durch aufgewirbelten Staub um das Sehvermögen gekommen, sie fanden es jedoch wieder bei dem Heiligen [d]). Hier verhält sich Martin überall schützend, indem er den Schaden des heimtückischen Dämons, der in der Windhose spuckt, wett zu machen weiß.

Wie der Wind, so das Wasser. Doch stellt sich dieses von vornherein in zwei Formen dar, deren eine, die Quelle, schon von alters her als wohlthätiger Zufluchtsort aufgesucht wurde, während Fluß, See und Meer ausschließlich

----

a) Gregor Conf. 95.   b) Gregor Mart. II. 53.   c) Gregor Mart. III. 16. 20.   d) Gregor Mart. IV. 17. 18.

Sitze böser Gewalten waren. Beiden aber, und das ist die Hauptsache, wohnten
Geister inne. Orientalische Sagen bilden eine Art Vorspiel.   Zwar darf beim
Jordan, dem heiligen Strome der Christen, von einem Flußgott keine Rede sein;
aber dem Wasser war doch so viel Urteil und Willenskraft eigen, daß beim
üblichen Volksbad an Epiphanien es vor den Füßen eines verbrecherischen
Weibes wegfloh, durch diesen Entzug der Sühne Argwohn erregte und so die
achtfache Kindsmörderin zum Geständnis zwang[a]).   Ebenso entzieht sich das
Taufwasser im Wunderbecken von Osser einem Diebe[b]).   Desgleichen fließt
das Meer am Clemenstage an der Stelle drei Meilen weit vom Lande zu=
rück, wo der heilige Clemens mit einem Anker am Halse ins Meer geworfen
worden war[c]). In Brioude entsprang eine glänzende, reiche Warmquelle an
eben dem Orte, wo Julian enthauptet worden war[d]).   Sie war heilsam gegen
Sonnenstich und Fieber selbst in schweren Fällen[e]).   Auch sie hatte der un=
ermüdliche Aridius aufgesucht und eine kleine Flasche voll daraus geschöpft; be=
vor er nach Hause kam, war das Wasser in allen seinen Eigenschaften zu
Balsam geworden[f]).   Derselbe Aridius von Limoges fand ja auch das Wasser
eines Brunnens heilkräftig, den der heilige Martin gegraben hatte; und
wie Sankt Martin einst aus dürrem Erdreich eine Quelle herausgebetet hatte,
so vollbringt er seit seiner Erhöhung immerfort solche Quellenwunder.   Bei
Limoges war durch bösen Zauber eine nützliche viel ausgeschöpfte Quelle ver=
schwunden und entsprang dann wieder mitten in einem Sumpfe, wo kein
Mensch sich ihrer bedienen konnte.   Da ging man mit Clemensreliquien zu
Werke, und die gaben ihr den alten Ursprung wieder[g]).   Indes steht weniger
die Wohlthat der Quellenerweckung als der Schutz gegen Gefahr bei den Be=
ziehungen der Heiligen zum Großwasser im Vordergrunde.   Zu Ostern wollte
eine Fähre bei Tours Wallfahrer über die Loire setzen, da kommt der Wind=
dämon einhergefahren; das Fahrzeug schlägt um.   Aber Martin rettet alle,
da sie alle zu ihm flehen[h]).   Als gefährdete Girondeschiffer von der Mitte
des Stromes aus die ängstlich erspähte Kirche des heiligen Romanus zu Blaye
endlich am Ufer erblicken, sind sie auch schon außer Gefahr[i]).   Ein Kaufmann
aus Trier erzählte der Aebtissin Agnes aus Poitiers, er sei zum Salzhandel
mit einem Schiffe in Metz gewesen, und habe an der Moselbrücke Abends
sich in seinen Kahn schlafen gelegt und dazu gesagt: „Herr Martin, dir em=
pfehl ich mich selbst, meine Säcke und das Schiff“.   Am andern Morgen
erwachte er in Trier; das Fahrzeug hatte führerlos abwärts getrieben und
weder an den hochgehenden Fluten noch an den felsigen Uferklippen Schaden

---

a) Gregor Martyr. 87.   b) Gregor Martyr. 25.   c) Gregor Martyr. 35.   d) Gregor
Jul. 3.   e) Gregor Jul. 25. 26.   f) Gregor Jul. 40.   g) Gregor Martyr. 36.   h) Gregor
Mart. I. 2.   i) Gregor Conf. 45.

gelitten ª). Auch an jenen Bauern ist hier wieder zu erinnern, der einen Cleriker bei sich über Nacht hatte und ihn am andern Tage bat, sein Morgen= brot zu segnen. Da er geweihte Speise im Leibe hatte, konnten ihm dann auch, als er über die Schiffbrücke fuhr, die ihm auflauernden Flußgespenster zu ihrem Leidwesen nichts anhaben. Flußheiliger war auch Genesius von Arles. Er hatte einst bei Lebzeiten die Rhone durchschwommen und wurde, als eine Schiffbrücke weggerissen worden war, von den Bedrohten mit Erfolg um Hilfe angerufen ᵇ). Einen fast theoretischen Ausdruck findet diese An= schauung von der Notwendigkeit des Heiligenschutzes gegenüber den Wasser= geistern in einem Wort, das dem heiligen Andreas in den Mund gelegt wird: „Der Feind des Menschengeschlechts haust überall, ob nun auf dem Bade= platz oder auf dem schiffbaren Flusse" ᶜ).

Andere kleinere Heilige verstanden sich auf Regen= und Schneewunder. Als Bischof Namacius von Arvern die Agricola= und Vitalisreliquien, die er sich aus Bologna hatte besorgen lassen, in feierlicher Prozession ein= holte, zog sich eine Wetterwolke zusammen, und ein Platzregen ging mit größter Heftigkeit nieder; eine Jucharte im Umkreis der Reliquien dagegen fiel nicht ein einziger Tropfen und zwar bewegte sich dieser Freibezirk mit der Prozession von der Stelle ᵈ). Zu Utrecht blieb das Servatiusgrab un= berührt, als es eines Nachts haushoch schneite ᵉ).

2.

Nicht nur die Elemente, auch das organische Leben auf der Erde er= schienen dem Naturmenschen begeistet. Unter Umständen schrieb man schon dem Stein eine Seele zu; jedenfalls aber den Pflanzen sagte man ein geister= haftes Wesen nach, einen Dämon, dessen Leben an das Leben der Pflanze gebunden war; mit ihr wird er geboren, mit ihr stirbt er. In ihr hat er seinen gewöhnlichen Aufenthalt, sie ist gleichsam sein Körper, und doch er= scheint er vielfach auch außer ihr in Thier= und Menschengestalt und bewegt sich in Freiheit neben ihr ¹). Wie sehr nun der fränkische Heiligenkult auch auf dieses volkstümliche Bedürfnis eintrat, zeigt die große Rolle, die in ihm das Floramirakel spielt.

Wie manchem Heiligen, gleichviel ob hoch oder niedrig ist ein Pflanzen= wunder eigen; schlug ja doch schon die Dornenkrone Christi täglich neu aus und sproßte am Sockel der Christusstatue, die ihm das blutflüssige Weib zu

---

a) Gregor Mart. IV. 29.　　b) Gregor Martyr. 68.　　c) Gregor Andr. 27.　　d) Gregor Martyr. 43.　　e) Gregor Conf. 71.

1) Wilhelm Mannhardt, Wald= und Feldkulte. Berlin 1875. Bd. 1. Der Baumkultus. S. 4.

Cäsarea Philippi errichtet hatte, ein Kraut mit der Eigenschaft der Mantel=
franjen Christi, nur schon bei bloßer Berührung zu heilen[a]). Als Florentian
der Major Domus König Childeberts als Gesandter bei König Miro von
Spanien weilte, erzählte ihm dieser den Vorfall selber[b]). Zu der Martins=
kirche dort führt eine Weinlaube hin, und als der König einst zur Kirche
ging, mahnte er seine Leute noch ausdrücklich: „Rührt mir ja keine der Trauben
an; sie gehören Sankt Martin“. Aber sein Hofnarr dachte hinter ihm her=
tänzelnd: „Was scheert mich das, sobald sie mir schmecken“. Bitter büßte
er; seine Hand erstarrte, und er kam auch seelisch so herunter, daß er sich
selbst mit keinen Witzen und Possenkünsten mehr aufhelfen konnte. Erst des
Königs heißes inbrünstiges Gebet vor dem Altar verlieh ihm die Gesundheit
wieder. In der Julianskirche zu Brioude hörte der Tempelhüter Urbanus
eines Nachts ein Geräusch, als öffne sich die Thüre und nach dem Verlauf
einiger Stunden ein anderes, diesmal, als werde die Thüre geschlossen. Er
stand auf, machte Licht und ging zum Heiligengrabe. Was bekam er da zu
sehen? Die Steinplatten des Grabes waren mit schimmernden Rosen über=
streut, großen, roten Rosen von ungewöhnlich starkem Duft. Sie waren frisch
gepflückt; sie mußten in der Stunde selbst gebrochen worden sein. Ehrfurchts=
voll sammelte der Sakristan die Blumen, brachte sie in Sicherheit und ver=
wandte sie zur Heilung von Gebrechen. Einen Besessenen aus Tours, der in
Brioude zu Besuch war, purgierte der Rosenabsutt von seinem Dämon[c]).
Die Laurentiuskirche in der italienischen Burg Brionas besaß einen wunder=
baren Balken in ihrem Dachgerüst, der bei der Reparatur als zu kurz sich
erwies und dann auf das heiße Gebet des Priesters vom Patron mit eigener
Hand berührt und verlängert worden war. Ein Spahn von diesem Holze
half vom Zahnweh[d]). Bei der Beerdigung des Bischofs Gallus in der Lauren=
tiuskirche von Arvern bemächtigte sich die Nonne Meratina einer Erdscholle
und hegte sie in ihrem Garten so lange mit Begießen, bis es Rasen gab;
auch dieses Gras war heilkräftig. Eine der Blumenspenden auf dem Grabe
des Gallus heilte unter anderem den Vorsänger und nachmaligen Presbyter
Valentinus[e]). In Arles wurde der Maulbeerbaum, unter dem Sankt Gene=
sius geköpft worden war, von den zudringlichen Gläubigen zum Stumpf
abgeplündert[f]). Ein anderer heiliger Genesius, der von Bigorre in den
Pyrenäen, hatte bei Lebzeiten einen dürren Kastanienbaum[g]) zum Blühen ge=
bracht, und seit er im Himmel war, freute sich das Volk auf seinen Tag,
weil dann am Grabstein eine gepflückte verwelkte Lilie und ihr nach beliebige
andere welke Blumen neu aufblühten. Offenbar war diese Art Blumen=

---

a) Gregor Martyr. 6. 20. b) Gregor Martin IV. 7. c) Gregor Julian 46. d) Gregor
Martyr. 41. e) Gregor Patr. 6 7. f) Gregor Martyr. 67. g) Gregor Martyr. 73.

wunder lokale Spezialität; denn auch auf dem Severusgrab des angrenzenden
Tarbes blieb das Jahr durch eine dürre Lilie liegen, um dann am Tage des
Heiligen sich zu verjüngen[a]). Ebenso erbetete sich das Volk von Merida alljährlich am Tag der heiligen Eulalia, dem zehnten Dezember, daß ihre drei
Bäume von unbekannter Art vor aller Augen wunderbar erblühten[b]). Auf
dem Baudiliusgrab zu Nimes stand ein Lorbeer; er hatte sich durch die
Wand gebrochen, die Krone wuchs im Freien weiter[c]). In Embrun lagen
unbekannt irgendwo heilige Leichen; der kleine Mann, der zufällig im Besitz
des Aeckerchens war, machte mit dem dort wachsenden einzigen Bäumchen die
besten Geschäfte, weil jeder Kranke, er mochte leiden an was er wollte, unfehlbar gesund wurde, sobald er von den Birnen aß. So wurden die Reliquien entdeckt, das Gärtchen expropriiert, der Birnbaum umgehauen, eine
Kirche auf dem Platz errichtet, und dem jammernden Besitzer blieb nichts
übrig, als sich scheeren zu lassen, um von nun an der Kirche Priester zu sein[d]).
Mit Salbeiblättern vom Grabe des Ferreolus und Ferrucio in Besançon
heilte die Schwester Gregor's ihren schwerkranken Mann[e]), während das
Tranquillusmoos von Dijon, wie dieser unser Gewährsmann selbst erprobte,
den Pustelausschlag an den Händen vertrieb[f]). Bei Chinon grub der Verwalter einer ehemaligen Einsiedelei die aus einem selbst gepflanzten Baum
des verstorbenen Heiligen gezimmerte Ruhebank ein, um sie nicht der Profanation auszusetzen; im Frühling wuchsen an der Stelle Sträucher von fünf
bis sechs Fuß Höhe[g]).

So bot für den auszurottenden heidnischen Baumkultus der Heiligenkultus mannigfaltigen Ersatz.

3.

Tiere werden von den Heiligen meist zu Botendiensten verwendet, oder
erweisen sich sonst als deren Organe, wobei immer mehr oder weniger die
Vorstellung mit unterläuft, eine ehemalige Menschenseele walte im Tiere. Als
die Burgunder Brioude eroberten und sich Hillidius von Le Velay auf sie
warf, umflatterte ihn immerfort eine weiße Taube und reizte und führte ihn
so lange, bis er die Tempelräuber hinausgetrieben hatte[h]). Bei Thiers fanden
Kühe das verborgene Grab des heiligen Genesius[i]). Wie oft wurden nicht
Reiter, einfach weil ihre Pferde nicht weiter wollten, dazu gezwungen, bei
einer Kapelle abzusteigen und zu beten[k]). Ein Weinpanscher war reich geworden; da kam ein Falke entriß ihm das Geld mit der roten Börse und

<hr>

a) Gregor Conf. 50.　　b) Gregor Martyr. 90.　　c) Gregor Martyr. 77.　　d) Gregor
Martyr. 46.　e) Gregor Martyr. 70.　f) Gregor Conf. 43.　g) Gregor Conf. 23.　h) Gregor
Julian 7.　i) Gregor Martyr. 66.　k) Gregor Martyr. 54. Conf. 32.

warf es in die Saône ᵃ). Abgesehen von solchen gelegentlichen Mittlerdiensten macht sich der Einfluß des Heiligen im Tierreiche auch um seiner selbst willen geltend. Alle Tiere verlieren ihre Wildheit, wenn sie in Brioude in die Basilika des heiligen Julian geführt werden; Gregor von Tours berichtet es als seine eigene Beobachtung, wie die wildesten Stiere dann zu Lämmern wurden ᵇ). In Auch kehrten wild gewordene Bienen, als der heilige Martin angerufen wurde, sofort in den Garten des Besitzers zurück, und das gewonnene Wachs erwies sich wie es scheint heilkräftig gegen Rückenschmerzen ᶜ). Ein Dieb der Immenkörbe aus dem Nonnenkloster von Amiens erfuhr der Bienen Rache, die ihm indessen von aufgestörten unheiligen Bienen wohl genau in gleicher Weise widerfahren wäre ᵈ). Gegen Viehseuche holte Jemand Oel aus den Lampen der Martinsbasilika, bestrich sich damit den Finger und zeichnete dann an Stirn und Rücken die kranken Tiere mit dem Kreuzeszeichen; ja er machte eine Salbe und strich sie ihnen ein, mit vollem Erfolge ᵉ). Endlich darf auch an die unverletzliche Tempelheerde des heiligen Julian erinnert ᶠ) und zugleich auf die weißen Rosse Wodans hingewiesen werden, die von den alten Deut=schen auf Staatskosten in Hainen nur zu göttlichem Dienste gehegt wurden ¹).

In der Vorstellung jener Zeit war es von den Tieren zu den Wer=wölfen und anderem Gespensterspuk nicht weit. Wenn nun aber die bösen Geister den Menschen nicht bloß plagen, sondern ihm sogar zu Gesichte kommen, so bleibt auch der Heilige nicht mit allerhand Verkleidungen zurück oder hinter=läßt wenigstens Spuren, er sei persönlich dagewesen. Die beiden Greise, die den Leichnam des heiligen Julian bestatteten werden wieder zu Jünglingen ᵍ), in=dessen ein Bürger von Orleans, der am Avitusfeste arbeiten geht, weil ja doch der gefeierte Heilige einmal selbst Handwerker gewesen sei, mit umge=drehtem Hals das Gesicht zur Erde gekehrt in seinem Weinberg aufgefunden wird ʰ). Aus der Basilika des heiligen Felix zu Narbonne hatte ein Dieb ein Pack mit kostbaren Sachen gestohlen. Unterwegs gesellt sich ein Mann zu ihm, dem er Vertrauen schenkt und den Schatz zeigt; ja er schlägt ihm vor, die Sachen zu verkaufen und halbpart zu teilen. Der Fremde sagt, er habe in verschiedenen Gegenden viele Freunde und selbst ein großes, zum Verbergen geeignetes Haus; dort solle er die Schätze wenigstens vorerst de=ponieren. Arglos folgt ihm der Dieb, ohne es zu merken, wieder in die Basilika und giebt somit die entwendeten Kostbarkeiten eben dort ab, wo sie herkommen. In diesem Augenblick ist sein Begleiter verschwunden ⁱ). In solchen

---

a) Gregor Conf. 110.   b) Gregor Julian 31.   c) Gregor Mart. IV. 16.   d) Gregor Mart. I. 17.   e) Gregor Mart. III. 18.   f) Gregor Jul. 17.   g) Gregor Jul. 1. 4.   h) Gregor Conf. 97.   i) Gregor Martyr. 91.

1) Wolfgang Golther, Germanische Mythologie. Leipzig 1895. S. 203.

Fällen muß es noch offen bleiben, ob der Heilige selbst die Verkleidung übernom=
men hat oder ob er sich eines Zwischenträgers bediente. Um zu den unzweifel=
haften eigenen Manifestationen des Heiligen überzugehen, muß zunächst der
populären Sehenswürdigkeiten gedacht werden, wo sich das Andenken buch=
stäblich versteinert hat. An der Martinsquelle bei Ligugé befand sich ein
Stein, der die Hufspur des weiland von Martin gerittenen Esels bewahrte,
während bei Dijon, in Blei gefaßt, die Fußabdrücke des heiligen Benignus
reichlich mit Wein und Mostspenden bedacht wurden[a]). Immerhin haben
solche antiquarische Zeichen hinter aktuellen, lebendigen zurückzutreten. Der
Heilige machte seine Einwirkung auf die verschiedenste Weise geltend; zunächst
rein als Kraftäußerung: der heilige Helius hält in Lyon einen Leichenräuber
nicht nur so lange an seinem Grabe fest, bis Leute nahten, sondern bis der
Richter dem Strafwürdigen wenigstens das Leben geschenkt hatte[b]). Nice=
tius von Lyon läßt das Dach einstürzen, auf dem ihn sein früherer Diakon
lästert[c]). Ebenso äußert Sankt Vincenz in Toulouse, ohne persönlich zu er=
scheinen, lediglich seine Kraft, als er zu Wahrung seiner Würde, einen in
der Kirche begrabenen Verbrecher Antoninus zweimal mit samt dem Sarkophag
nächtlicherweile an die Luft setzt[d]). Eine Steigerung zeigt sich bereits in
mehr oder weniger bestimmten Gesichts= und Gehörwahrnehmungen. Auditionen
sind seltener, kommen aber vor. So hörte eine schwerbekümmerte Mutter,
die sich über den Tod ihres Sohnes nicht trösten konnte, zur Linderung ihres
Schmerzes seine Stimme im Chor der Mönche von Agaunum mitklingen[e]).
Ebenso vernahm man in der Dorfkirche von Bouliac bei Bordeaux im Psalmen=
gesang des Klerus auch die mitwirkenden Stimmen zweier Priester, die einst
in großer Heiligkeit gelebt hatten und einander gegenüber begraben lagen[f]).
Während des Leichenbegängnisses des Nicetius von Lyon hörte ein blinder
Knabe jemanden ihm ins Ohr flüstern: „Schlüpfe unter den Sarg während
er einhergetragen wird, so wirst du gesund". Er fragte seinen Führer, wer
mit ihm spreche, dieser aber sah niemanden. Dennoch meldete sich die Stimme
ein zweites und ein drittes Mal[g]). Als ein Lahmer, der nachts vor der Ju=
liansbasilika in Brioude auf einem Wagen lag, diese plötzlich von innen her=
aus erleuchtet sah und aus der Halle vielstimmigen Gesang erklingen hörte,
fühlte er sich darob gesunden[h]). Lichtwunder sind zahllos. Am Grabe des
Stremonius in der Basilika von Issoire sieht Bischof Cautinus von Clermont,
dessen Kammer an die Kirche stieß, helles Licht und eine Menge weiß ge=
kleideter Kerzenträger und Sänger[i]). Nantes hatte zu Chlodowechs Zeiten

---

a) Gregor Mart. IV. 31. Martyr. 50.   b) Gregor H. Fr. IV. 30.   c) Gregor Conf. 61.
d) Gregor Martyr. 88.   e) Gregor Martyr. 75.   f) Gregor Conf. 46.   g) Gregor Conf. 60.
h) Gregor Jul. 42.   i) Gregor Conf. 29.

eine Belagerung auszuhalten, und als sie sechzig Tage gedauert hatte, schie=
nen dem Volk in mitternächtiger Stunde auf einmal Männer in weißen
Kleidern, Kerzen in der Hand, aus der Kirche der Märtyrer Rogatian
und Donatian zu kommen; zur gleichen Zeit kam ein zweiter gleicher Chor
zur Similianskirche heraus. Sie begegneten sich und begrüßten sich, bete=
ten gemeinsam und dann ging jede Schaar wieder den Weg zurück, den sie
gekommen war. Alsobald wurde die feindliche Phalanx von einem solchen
Schrecken ergriffen, daß sie sofort das Feld räumte. Diese Vision war
nämlich dem Höchstkommandierenden namens Chillon begegnet. Er war
noch Heide, ließ sich aber darauf hin sofort taufen[a]). Eine ähnliche Licht=
erscheinung mit ähnlicher Wirkung wollte die Stadt Vazas während ihrer
Belagerung durch die Hunnen erlebt haben. Allerdings durchzog der Bischof der
Stadt jede Nacht die Straßen mit einem Bittgang. Aber im feindlichen
Lager bemerkte man Schaaren weißgekleideter Leute, die auf der Stadtmauer
entlang zogen unter Psalmengesang und Kerzenbeleuchtung. „Sind die Menschen
verrückt?“ rief der König aus. „Sie, die Belagerten, machen sich über uns
lustig und feiern zum Voraus einen Triumphzug.“ Er ließ in der Stadt
Vorstellungen erheben. Aber man begriff nicht, worauf er anspielte; denn
auf den Mauern war, daß man wußte, Niemand zugegen gewesen. Eine
zweite ähnliche Erscheinung bewog ihn, die Belagerung aufzuheben: „Wenn
diese Leute nichts von dem bemerkten, was mir erschien, so folgt daraus,
daß ihr Gott sie beschützt“[b]). Daß ein Heiliger bei Reliquienkombination
sich dann thatsächlich in Person zu den andern Genossen gesellt, sahen wir
früher; die Vorstellung an sich grenzte ans Visionäre und wuchs sich bei der
geringsten Steigerung zur Vision aus. Deshalb haben wir das schönste Bei=
spiel von einem förmlichen Heiligenkonzil für hieher aufgespart; Gregor er=
zählt wörtlich: Die Besessenen die zum Grabe kommen, geben oft genug Be=
schimpfungen von sich gegen den Heiligen Gottes, weil er andere Heilige zu
seinem Namensfest einlade: „Warum, o Julian, rufst du Fremde herbei?
Da ist der Ungar Martin, unser beständiger Feind, der drei Tote aus unseren
Schlupfwinkeln zurückgeholt hat. Da ist Privat von Gevaudan, der seine
Schafe nicht den Barbaren überließ, wie es in unserem Sinne stand. Da
ist Ferreol von Vienne, dein Genosse, den du uns zur Strafe sendest und
den andern zum Schutz. Was brauchst du den Symphorian von Autun,
den Saturnin von Toulouse? Du hast geradezu ein Konzil von Heiligen ver=
sammelt; Qualen der Hölle verursacht es uns“. In dem sie diese Dinge
vorbrachten, malten sie so anschaulich die Heiligen den Menschen vor Augen, daß

---

a) Gregor Martyr. 50.   b) Gregor Martyr. 13.

Niemand deren Gegenwart an Ort und Stelle mehr bezweifelte[a]). Noch intimer gestaltete sich das Verhältnis zur andern Welt, sobald es nicht beim Anschauen blieb, sondern ein wirklicher Verkehr sich einstellte, zumal wenn dazu die Initiative von oben ergriffen wurde. In Autun befand sich ein Kirchhof neben der Stephansbasilika. Zwei nächtliche Beter hörten in dieser Kirche Gesang und sahen übernatürliches Licht. Einer der Sänger naht sich ihnen und sagt: „Ihr thut schweres Unrecht unsere nächtlichen Zusammenkünfte zu belauschen. Wenn ihr nicht sofort geht, so müßt ihr sterben". Der eine ließ es sich gesagt sein; der andere, der blieb, starb wenige Tage später[b]). Als Bischof Trojan von Saintes in Begleitung eines Subdiakons die heiligen Stätten der Umgegend besuchte, erschien ihm ein großer Lichtglobus gleichsam vom Himmel herab; der Bischof ließ seinen Diener zurück und näherte sich dem Licht, das seinerseits auf ihn zukam; dann bückte er sich zur Erde und sagte: „Segne mich, bitte, seliger Priester!" Jener antwortete: „Segne du mich, Priester Gottes Trojan!" Darauf küßten sie sich, sprachen miteinander und unterhielten sich lange. Aus der Ferne sah der Subdiakon wie angedonnert zu und sah, wie das Licht auf demselben Wege wie es gekommen war, wieder verschwand. Als der Bischof zurückkam, sagte er: „Dir will ich's sagen, du darfst es aber nicht weiter sagen. Den heiligen Martin von Tours habe ich gesehen; er selbst hat mit mir gesprochen. Hüte dich, die Geheimnisse Gottes auszuplaudern"[c]).

4.

Alle diese Geschichten, so eigenartig sie zum Teil sind, entstanden nur unter dem Bann einer Vorstellung, der Vorstellung von der Macht des Heiligengrabes. Sie waren durchweg durch eine psychische Ursache hervorgerufen. Nun fehlen aber auch einzelne Beispiele nicht, daß eine solche Vorstellung in seltenen Fällen auch geradezu durch eine physische Reizung hervorgerufen wurde. Damit betreten wir ein außerordentlich interessantes Gebiet der vergleichenden Religionsforschung[1]). Von Alters her ersuchte man auf unnormalem Wege Erkenntnis zu gewinnen, die auf normalem nicht erhältlich war. Die verbreitetste wirksamste und interessanteste Art dieser Versuche ist das merkwürdige psychologische Phänomen, das man in seinen verschiedenen Erscheinungsformen unter dem Begriff der Kristallschauung zusammenfaßt. Das Gesichtsbild wird auf

---

a) Gregor Jul. 30.   b) Gregor Conf. 72.   c) Gregor Conf. 58.

1) Andrew Lang, The making of Religion. London 1898. S. 90—112. ‚Crystal visions, savage and civilised.'

mannigfache Weise hervorgerufen, meistens durch das Anstarren von Wasser in einem Glasgefäß, so bei den Indianern, bei den Afrikanern von Fez und nach einem von Augustin aufbehaltenen Zeugnis Varros auch bei Römern. Die Maoris gebrauchen zum selben Zweck Blutstropfen, die Egypter Tinte, und wilde Stämme in Australien eine polierte Steinkugel. In allen Erdteilen finden sich Spuren dieses von primitiven Religionen gehandhabten Phänomens; doch wurde es als eine der unzähligen Formen des Aberglaubens so lange nicht weiter beachtet, bis eine englische Dame auf Grund von Selbstexperimenten es methodisch untersuchte und der gesicherten wissenschaftlichen Erkenntnis die Thatsache einverleibte, daß vollständig gesunde Leute, die entsprechende Veranlagung vorausgesetzt, in Glaskugeln lebende Landschaften oder sich bewegende menschliche Figuren wirklich erblicken[1]). In der alten Kulturwelt findet sich diese psychische Fähigkeit in den Händen von Zauberern und Aerzten ausgebeutet, und schon die ersten christlichen Synoden bekämpften die Krystallschauer, da ja doch unter den Specularii gewiß niemand anders zu verstehen sein wird, als eben diese Spiegelwahrsager. Nun belehrt uns aber Gregor, wie so mancher andere sei auch dieser heidnische Brauch von der Kirche zweckmäßig übernommen und entweder wie in Bethlehem zur Unterstützung einer lokalen Wallfahrtssage oder wie in Bazas zur handgreiflichen Illustration des Trinitätsdogmas verwendet worden. Nicht als kirchliche Institution, sondern als unwillkürliche private Wahrnehmung erweist sich der dritte Fall, wo ein durch das Glasgefäß der Hostie hervorgerufenes Hellgesicht in naiver und unklarer Form vorlag und dann die den Umständen entsprechende nächstliegende Auslegung erfuhr. Diese drei Vorfälle erzählt Gregor in folgender Weise.

In Bethlehem wurde ein großer Sodbrunnen gezeigt, an dem die Jungfrau Maria Wasser geschöpft haben soll. Wer öfters hineinsieht, kann dort ein Wunder sehen, nämlich den Stern, der einst den Weisen erschien; aber nur die Herzensreinen werden dessen gewürdigt. Wenn die Gläubigen nahen und sich über den Rand hinbücken, werden ihre Häupter mit einem Leintuch bedeckt. Wer nun verdienstlich genug ist, der sieht den Stern an der einen Wand des Brunnens auftauchen und über das Wasser hinwandern und an der andern Wand verschwinden, genau wie sich am Himmel die Sterne wirklich bewegen. Und obwohl viele hinsehen, wird er doch nur von denen erblickt, die den besonderen Sinn dafür haben. Gregor kannte einige Pilger, denen die Schauung geglückt war, und sein Diakon berichtete ihm, ihrer fünfe

---

a) August. Civit. Dei. III. 457.

1) Miss X (Miss Goodrich), Recent experiments in crystal vision. (Society for Psychical Research. Proceedings. 1889. Vol. 5. S. 486—521.)

hätten sie zusammen geschaut, aber nur zwei davon hätten es wirklich ge=
sehen[a]). Da in diesem unserm ersten Fall allerdings immer von vornherein
der Stern geschaut werden soll und somit die Spontaneität der Vision durch
die Lokaltradition unterbunden ist, könnte man zur Not auch bloß an ein
gelegentliches blitzartiges Aufzucken des ruhigen Brunnenspiegels aus der oder
jener natürlichen Ursache denken; doch scheint die Art des Berichtes bei Gre=
gor dagegen zu sprechen. Keinerlei Zweifel dieser Art dürfte jedoch gegen=
über dem zweiten und dritten Beispiel möglich sein: in Bazas fielen von der
Höhe der Kirche auf den Altar drei kristallhelle Tropfen nieder, die sich zu
einer Perle vereinigten. Man sah darin ein Symbol der heiligen Dreifal=
tigkeit, ließ die Kristallperle in ein kostbares kreuzförmiges Gestell aus rei=
nem Golde fassen und bot sie dem Volke zur Adoration dar. Von den Be=
schauern sahen sie nun die Unschuldigen hell und die Schuldigen dunkel, so
lautet der Bericht[b]); wir dürfen die Worte, ohne sie irgendwie zu vergewal=
tigen, getrost dahin umschreiben, daß die Schaustellung der unverwandt be=
trachteten Glaskugel eben die dafür Empfänglichen in den der Krhstallschauung
eigenen hellsehenden Zustand versetzte, während die Unempfänglichen eben nicht
‚hell‘, sondern nur ‚dunkel‘, das heißt gewöhnlich sahen und keine Verände=
rung ihres Wahrnehmungsvermögens erfuhren. Als drittes erzählt Gregor,
er habe als junger Mensch einmal dem Gottesdienst in einem Dorfe bei Cler=
mont beigewohnt; der Diakon, der das Hoftiegefäß zum Altare bringen sollte,
stand im Rufe, sich fleischlich vergangen zu haben. Deshalb ließ sich das hei=
lige Gefäß von dem Unreinen nicht berühren; es schwebte in der Luft vor
ihm her zum Altare. Das Wunder wurde jedoch nicht von allen Anwesen=
den, sondern nur von vier Personen wahrgenommen, einem Priester und drei
Frauen, unter denen sich auch Gregors Mutter befand. „Ich war damals
bei dieser Festlichkeit anwesend“, erzählt Gregor, „aber dies zu schauen ward
ich nicht gewürdigt[c]).“

Dieses fremdartige Phänomen der Anwendung von Hallucination im
Kultus scheint übrigens im Orient noch hie und da sich ereignet zu haben.
Der Marienbrunnen zu Bethlehem ist wohl der berühmteste, aber kaum der
einzige Visionswasserspiegel gewesen. Auch in der Isidorskirche auf der Insel
Scio soll ein Licht wie eine brennende Kerze von den Gläubigen öfters ge=
sehen worden sein; Gregor kannte einen Priester, der bestätigte dieses Licht
vom Rande des Sodbrunnens aus öfters betrachtet zu haben[d]). Auch brauchte
es ja nicht eine Wasserfläche zu sein; so ging von dem heiligen Grabe in
Jerusalem die Rede, oft erstrahlten einzelne seiner Schollen auf ganz natür=

---

a) Gregor Martyr. 1.   b) Gregor Martyr. 12.   c) Gregor Martyr. 85.   d) Gregor
Martyr. 101.

liche Weise[a]). Im Abendlande findet sich außer dem Kristalltropfenkreuz in Bazas keine Spur von dem Dasein einer derartigen kirchlichen Institution. Da jedoch die natürliche Reaktion der hiefür Empfänglichen gegebenen Falles auch hier die Erscheinung herbeigeführt haben, so mag Kristallvision ab und an vorgekommen, dann aber einfach als Lichtwunder dargestellt und daher für uns nicht mehr erkennbar sein. Schon vom heiligen Martin wird er= zählt, beim Celebrieren des Meßopfers habe seine Hand zu strahlen ange= fangen; auf Kristallvision weist dabei der Umstand, daß auch dort unter den Zuschauern zwei Parteien sich bildeten; die einen beteuerten, das Wunder mit ihren eigenen Augen wirklich gesehen zu haben, die andern ebenso ent= schieden, sie hätten nichts gesehen[b]).

Siebenzehntes Kapitel.

Die Heilung.

Eine übernatürliche Erscheinung an sich interessierte damals jedoch nicht so sehr, wie die wunderbare Heilung von irgend einer Not oder Krankheit. Dann erst zeigte sich der Heilige in seiner ganzen auch dem Einzelnen fühl= baren Macht. Sie war Probe und endgiltiger Beweis des Wunders. Hören wir darüber den Bischof von Tours: „Die Wunder, die unser Herr Gott durch den seligen Martin, seinen einst im Fleisch wandelnden Diener ins Werk zu setzen geruhte, läßt er täglich zur Stärkung des Vertrauens der Gläubigen sich wiederholen; denn jetzt stattet er dessen Grabhügel genau mit denselben Kraftthaten aus, die jener ausführte, als er auf Erden war. Wer wird nun noch an den früheren Wundern zweifeln, wenn er die Gnadenge= schenke der gegenwärtigen Zeichen sich mitteilen sieht, wenn er sieht, wie Lahme sich aufrichten, Blinde das Augenlicht wieder finden, die Geister von den Besessenen ausfahren und jede andere Art von Krankheit durch die Mittler= schaft des Heiligen geheilt wird"[c]).

1.

Gregor war von Natur nicht ohne Anlagen, dem volkstümlichen Wunder= glauben, an dem er nun selbst in so reichem Maße teilnahm, kritisch gegen= über zu treten. Er, der unermüdliche Mirakelsammler, kann gelegentlich eine rein natürliche Anschauung einer Krankheit zur Schau tragen. Die

---

a) Gregor Martyr. 6.   b) Sever Dial. I b 2, II. 10.   c) Gregor Mart. I praef.

große Epidemie vom Jahre 580 schildert er nicht viel anders, als es etwa
ein gefühlvoller Beobachter heute thun würde: „Es hatten aber, die an dieser
ansteckenden Ruhr litten, unter Erbrechen heftiges Fieber und einen gewaltigen
Nierenschmerz, auch Kopf und Genick wurde ihnen schwer, und ihr Auswurf
war von gelber oder mindestens grüner Farbe. Die gewöhnlichen Leute
nannten die Krankheit innere Blattern, und nicht unzutreffend; denn wenn
an den Schultern oder Schenkeln Schröpfköpfe gesetzt wurden, kamen Blasen
heraus und brachen auf. Durch das Auslaufen des Eiters wurden viele
geheilt. Aber auch Kräuter, die man sonst als Gegengift braucht, halfen als
Trank eingegeben sehr Vielen. Die Krankheit brach im Monat August aus,
zuerst unter den Kindern und raffte viele hinweg. Wir verloren die süßen,
teuren Kleinen, die wir auf unserm Schoß gehegt, in unsern Armen gewiegt,
denen wir mit eigener Hand Speise gereicht und sie mit ängstlicher Sorge
genährt hatten; aber wir trockneten unsere Thränen und sprachen mit dem
heiligen Hiob: ‚Der Herr hat es gegeben, der Herr hat es genommen, der
Name des Herrn sei gelobt‘ᵃ).“

Als Vorsteher der Kirche von Tours und unermüdlicher Beobachter des
Heilung suchenden Volkes erwarb sich Gregor zum mindesten eine sehr große
Erfahrung und einen geübten Blick für die Beurteilung eines Krankheitsfalles.
Einzelne seiner klinischen Schilderungen überraschen durch die Schärfe der
Anschauung. Eine Pest beschreibt er so: „Die Bevölkerung von Tours war
von einer ansteckenden Krankheit heimgesucht. Diese Krankheit bestand darin,
daß der Kranke von heftigem Fieber ergriffen, ganz von Beulen und Bläschen
bedeckt war. Die Beulen waren weiß und hart, ohne jede Weichheit, es
wäre denn im Stadium des höchsten Schmerzes. Reif geworden, platzten
sie und begannen auszufließen; dann klebten die Kleider am Leibe und der
Schmerz nahm beträchtlich zu“ᵇ). Die Dyssenterie schildert er als Krank=
heit, deren Merkmal in unsichtbaren Bläschen bestehe ᶜ). Sehr genau hat er
sich einen Kranken angesehen, der an einer Wandergeschwulst litt: „Ein an
schwerem Fieber Erkrankter gab aus dem Munde eine giftige Flüssigkeit von
sich und hatte heftigen Durchfall. Das Gift tobte in seinem Körper; der
Kranke bekam in der Schamgegend eine Geschwulst, die auf unglaubliche Weise
zu wandern begann und dann sichtbar bis zum Fuße niederstieg. Sie war
so groß wie ein Gänseei. Vom Fuße stieg sie wieder aufwärts; ihr Durch=
gang durch die Lenden und Arme war von außerordentlichen Schmerzen begleitet,
dann stieg sie in den Kopf; von dort begab sie sich auf der andern Seite
wieder nach der Fußgegend, kehrte dort aufs neue um und fand sich zu der
Stelle zurück, von wo sie ausgegangen war. Während ihrer Wanderungen

---

a) Gregor II. Fr. V. 34.   b) Gregor Mart. III. 34.   c) Gregor Mart. II. 51.

durch alle Glieder wußte der Unglückliche nicht, was er mit sich thun und anfangen sollte; er konnte nur aufschreien und weinen. In der That, es war ein Anblick zum Erbarmen, solche Schmerzen, die sich eines armen Menschen= leibes bemächtigt hatten" [a]). Einmal ist sogar das Schwinden des Wahr= nehmungsvermögens nicht auf dämonische Besessenheit zurückgeführt, sondern einfach als Gehirnkrankheit aufgefaßt; das Gift aus dem Hautausschlag habe sich auf den Geist geschlagen [b]). Gut beobachtet ist auch der folgende Fall: „ein Pariser Schneidergeselle, der von der schwarzen Sucht, das heißt von einer Ansammlung erhitzten Blutes, befallen war und in Folge davon am Fieber erkrankte, hatte den ganzen Leib von Bläschen überzogen, so daß einige ihn geradezu für aussätzig hielten. Zu gleicher Zeit litt er an außerordent= lichen Schmerzen und konnte mit dem einen Auge so wenig sehn wie mit dem andern" [c]). Die Dauer der Krisis bei einer Besessenenheilung wird auf zwei Stunden angegeben [d]), und in der Bezeichnung der Krankheit äußert sich gelegentlich das ärztliche Bewußtsein: nach der Bauernsprache sei es das „fallende Weh", weil man dabei umfalle; der medizinische Fachausdruck da= gegen laute Epilepsie [e]).

Obschon es also an einer Anzahl elementarwissenschaftlicher Momente nicht fehlte, deuten nur schon Gregors eigene Gefühle bei Unwohlsein [f]), ja sogar wenn ihm nur eine Fischgräte im Halse stecken blieb [g]), darauf hin, wie für ihn die wirksame Hebung körperlichen Uebelbefindens nicht Sache einer Kunst, sondern einfach des Glaubens an den Heiligen war. Auch was sich in dieser Richtung bei ihm an Gelehrsamkeit bemerken läßt, weist nicht auf irgend welche ärztliche Schulung; die zuverlässigsten Verhaltungsmaßregeln zur Krankenpflege schienen ihm die zu sein, die man aus den Träumen be= zog [h]).

2.

Stellen wir kurz die verschiedenen Krankheiten zusammen, die am Heiligen= grabe Heilung suchten und nach dem Dafürhalten der Zeit auch fanden, so besteht das Hauptkontingent aus Gliederkranken, sei es nun aus solchen, die ihre Glieder nicht mehr hatten, Krüppeln, oder aus solchen, die sie nicht ge= brauchen konnten, Lahmen. Gregor veranschaulicht sie uns in folgenden Be= schreibungen: Ein junger Mann, namens Sekurus, hatte von Mutterleib an eine Hand und einen Fuß verschrumpft und war auch im übrigen an allen seinen Gliedern so entstellt, daß er als Mißgeburt galt. Er war hörigen

---

a) Gregor Mart. II. 52.   b) Gregor Mart. I. 33.   c) Gregor Mart. II. 58.   d) Gregor Mart. II 37.   e) Gregor Mart. II. 18.   f) Gregor Julian. 24. 25.   g) Gregor Mart. III. 1. h) Gregor Conf. 39.

Standes. Als seine Herren sahen, er habe während sieben Jahren nichts
geleistet, nahmen sie ihn auf den Arm und brachten ihn ans Heiligengrab,
damit er wenigstens von Wohlthätern ernährt werde, er, der von seiner Hände
Arbeit nicht leben konnte[a]). Ein Kind, wohnhaft in Tours, war in Folge
einer langen und heftigen Krankheit an allen Gliedern geschwächt und konnte,
als das Fieber geschwunden war, keinen Schritt mehr gehen. Seine Beine
waren ineinander gewunden und konnten nicht getrennt werden[b]). Jemanden
war die Hand so geschrumpft, daß die Nägel in die Innenfläche hineinwuchsen
und infolge dessen beständige Eiterung stattfand[c]). Ein Diakon zu Poitiers
versicherte, er habe sein Bein durch die Hinterlist eines bösen Geistes verloren[d]). Gregors Mutter hatte von der Geburt dieses ihres Sohnes her
als Rest der Kindswehen noch immer ein plötzliches Reißen im Beinmuskel
beibehalten, wie wenn ein Nagel in den Fuß getrieben würde. Der Schmerz
war an einem Punkt so konzentriert, daß meistenteils die Kranke davon in
Ohnmacht fiel. Die einzige Linderung brachte die Ofenwärme, wenn man
das Bein längere Zeit dicht ans brennende Kamin hielt; nahm man dann an
der gichtigen Stelle eine Salbung vor, so hörte der Schmerz ebenfalls für
einige Zeit auf[e]). Theoba, die Tochter des Priesters Wiliachar, litt ebenfalls häufig an geschwollenen Füßen; schließlich verlor sie den Gebrauch des
einen vollständig und mußte hinken[f]). Unter dem Gesinde eines der Kirchen-
güter war einer, der ging gebückt, wie wenn seine Hüfte entzwei wäre. Gegen
die Erde zugekrümmt, konnte er sich durchaus nicht mehr aufrichten[g]). Ganz
eigentümlich stand es aber um Gundulf von Tours, einen Jugendgespielen
des Prinzen Günther und Pagen bei dessen Vater König Chlothar. Im Auftrag eben dieses Fürsten stieg er eines Tages auf einen Baum, um reifes
Obst zu pflücken, fiel aber herunter, weil der Ast brach; sein Fuß schlug an
einem Stein auf, seitdem hinkte er. Manches Jahr später, als er seinem
Pferde die Ferse in die Weichen schlug und es stürzte und ihn abwarf, kam
Gundulf um seinen andern Fuß. Er ließ sich nach Sankt Martin bringen.
Ueber dem Gebete verschwand die Quetschung; er erhob sich geheilt vom
Kirchenpflaster. Aber nun hinkte er freilich noch immer am andern Fuße,
und das nun seit dreißig Jahren. Da überschlug er die Menge seiner Sünden
und beschloß sich scheeren zu lassen und unter die Diener Martins zu gehen.
Eine königliche Urkunde gestattete ihm, bei Lebzeiten alle seine Güter Sankt
Martin zu verschreiben. Kaum war er in den geistlichen Stand eingetreten,
so verlängerte sich sein Fuß, der über dem Knochenbruch eingegangen war,
wieder zur normalen Länge. Seitdem konnte der Mann, der sich ehedem

---

a) Gregor Mart. I. 40.   b) Gregor Mart. III. 6.   c) Gregor Mart. III. 7.   d) Gregor
Mart. III. 9.   e) Gregor Mart. III. 10.   f) Gregor Mart. III. 13.   g) Gregor Mart. III. 14.

nur mühsam auf zwei Diener gestützt von der Stelle bewegte, wieder gehen wie er wollte[a]). Noch wäre mancher Fall körperlicher Gebrechlichkeit zu erwähnen: Chariwald, der einer einseitigen Körperlähmung wegen ein ganzes Jahr in Heiligtum verbrachte[b]), der Gelähmte, der auf seiner Matraze von Bourges auf einem Wagen nach Sankt Martin transportiert wurde[c]), Malulf, Bürger von Tours, der sich von einer grausamen Krankheit angefallen zu Bett legte und kaum atmen konnte und dessen Hände und Füße im Verlauf dieses Uebels einschrumpften, sodaß er fünf Jahre lang daran zu leiden hatte[d]), das kleine Kind, das an allen seinen Gliedern und Sinnen abstarb, daß der Athem die einzige Bewegung in seinem Körper war[d]). Doch wollen wir nun zu den Blinden übergehen.

Augenkrankheit kommt in jener Zeit und Gegend auffallend oft vor. Unter den Medizinern der späten Römerzeit bilden die Augenärzte eine eigene Zunft von Spezialisten, deren Bestehen durch die vielen aufgefundenen Gildenstempel erwiesen wird. Die römischen Augenärzte diesseits der Alpen waren meistens Freigelassene. Sie folgten gewöhnlich den Militärstationen in Germanien, Gallien, Belgien und der Bretagne. Ihre Kur bestand zumeist in Anwendung von Salben, die sie selbst zubereiteten und verkauften; das waren weiche Pomaden oder Pasten, die in einem Förmchen zu Stangen oder Plättchen gepreßt wurden und dann eben den Siegelstein des Fabrikanten aufgedrückt erhielten. Diese viereckigen Etiketten nannten den Namen des Arztes, seine Instrumente, seine Heilkräuter und die Krankheiten, auf die er sich verstand. Zur operativen Behandlung des entzündeten Auges wurde das Penicill angewendet, offenbar ein an einem Stäbchen befestigter kleiner Schwamm oder Wattebausch, mit dem man die eiterigen Ausflüsse aus der wunden Stelle ausdrückte[1]). Martin von Tours vollführte in dem kranken Auge seines Jüngers Paulin eine Incision mit diesem Instrument[e]). Die vielen Blindenkuren dagegen, die an seinem Grabe stattfanden, scheinen ohne Beihilfe derartiger Fachmittel rein nur durch psychische Einwirkung erfolgt zu sein. Die Krankheitsbilder, die Gregor von den Augenleiden entwirft, deuten auf Triefaugen, harmlosere Entzündungen, aber auch auf Staar und schwere Verletzungen. Die typische Formel einer Blindenheilung lautet: „Ein Blinder, der lange Zeit des Augenlichtes beraubt war, kam zum Feste. Er verrichtete sein Ge-

---

a) Gregor Mart. III. 15.   b) Gregor Mart. I. 27.   c) Gregor Mart. III. 40.   d) Gregor Mart. III. 44.   e) Sever. Mart. 19.

1) Jules Sichel, Nouveau recueil des pierres d'oculistes Romains, Paris 1866. C. L. Grotefend, Die Stempel der römischen Augenärzte. Hannover. 1867. S. 33. A. Héron de Villefosse et H. Thédenat. Cachets d'oculistes romains. Paris-Tours 1882. S. 47—50.

bet und erlangte, während er sich vor dem Grabmal aufhielt, plötzlich die Sehkraft wieder"[a]). Damit ist nun freilich alles gesagt und nichts gesagt. Doch gewinnt durch andere gelegentliche Mitteilungen solch ein Bericht an Deutlichkeit, vor allem auch dadurch, daß unter der Hand zu verstehen gegeben wird, einige der sogenannt Blinden und dann wieder sehend Gewordenen hätten ein Minimum von Sehvermögen nie ganz eingebüßt gehabt[b]). Ein Landmann aus der Touraine hatte das Augenlicht auf chronischem Wege verloren durch eine jahrelange Entzündung, an die sich Staar und Lähmung der Augendeckel anschlossen, und da er nicht mehr sah, stieß er noch gar an einen hervorstehenden Holzspahn an, so daß ihm das eine Auge überhaupt ausfloß[c]). Ein erblindeter Diakon aus Chalons wollte erst Gregor gegenüber nicht recht mit der Sprache herausrücken, dann aber erzählte er: „Es sind sieben Monate her, daß es zur Frühmesse läutete und ich mich zur Kirche begab. Unterwegs stieß ich auf einen Freund; wir umarmten und küßten uns, und ich fing an mich zu erkundigen, wie es bei ihm zu Hause stehe. Schließlich versäumte ich den Kirchgang und setzte mich mit dem Bekannten zu einem Glase Wein. Als er sich empfohlen hatte, schlossen sich meine Augen und die Lider blieben kleben, sodaß ich sie nicht mehr öffnen konnte"[d]).

Eine eigene Stellung nahmen die Irren ein. Im ganzen Altertum wurde an ihrem Zustande weniger die körperliche Erkrankung empfunden, als die Besessenheit von einem bösen Geiste, in der ja die Krankheit bestand. Wer aber ein außermenschliches Wesen beherbergte, und wenn es auch ein schlechtes war, wurde dadurch eben doch übernatürlicher Eigenschaften fähig. Die Besessenen kamen sozusagen als entartete Seher in Betracht und verfügten namentlich über ein sehr ausgeprägtes Witterungsvermögen gegenüber der nahenden Heiligengewalt. Bei Reliquientransporten oder Reliquienfunden, wenn die Gesunden sich entweder unwissend oder ratlos zeigten, wurde ihnen gewöhnlich durch die jäh hervorbrechenden Aufschlüsse von Wahnsinnigen aus der Verlegenheit geholfen. Die sprechendste Anekdote dafür hängt mit der Entdeckung des Solennisgrabes bei Tours zusammen. In der Kirche des Klosters von Maillé schienen zwar Sonntag für Sonntag an einer bestimmten Stelle kleine Lichtflämmchen, sodaß das Landvolk ringsum wußte, es sei hier etwas göttliches im Spiel. Sobald aber zwei Besessene jene Martinskirche betraten, klatschten sie in die Hände, schrieen und sprachen: „Hier ruht der hochselige Solennis in einer verborgenen Krypta. Grabt das Grab doch auf, ihr Freunde Gottes. Wenn ihr es gefunden, so bedeckt es mit Schleiern, zündet Fackeln an und spendet ihm die Verehrung, die ihr ihm schuldet. Es

a) Gregor Mart. III. 5. Cf. III. 48.   b) Gregor Mart. III. 57. Jul. 37.   c) Gregor Mart. II. 41.   d) Gregor Mart. III. 38.

kommt dem Land zu gute, wenn ihr unsere Anweisung beherzigt". Bei diesen
Worten schickten sie sich an, unter lautem Geschrei die Erde mit ihren Finger=
nägeln aufzureißen; darauf hin kamen dann die Leute mit den Werkzeugen
und nahmen die Ausgrabung vor[a]. Um nun zu den geheilten Besessenen
überzugehen, so hatte namentlich einer, namens Paul, im Rufe gestanden,
eine ganze Legion Dämonen zu beherbergen. In einem Anfall stürzte er
sich einst von dem Gerüst, das bei der Martins Camera aufgerichtet war,
wurde aber dank Martins Wunderkraft nur sänftiglich auf das Pflaster ab=
gesetzt, ohne ein Glied zu brechen[b]. Ein anderer namens Landulf, aus der
Gegend von Vienne, war lange vom Dämon der Mondsucht geplagt, der ihn
auf die Erde riß, wo der Mann dann schäumte und wie tot dalag. Doch
war er ruhiger, solange er im Atrium von Sankt Martin sich aufhielt.
Sobald er einen Schritt hinaus that, bedrohten ihn die Geister mit klirrenden
Waffen. Er hörte sie schimpfen und sagen: „Martin, dem du anliegst, kann
nichts für dich thun, weil er unserer Botmäßigkeit unterstellt ist". Aber
er blieb unbeweglich, nur immer das Zeichen des Kreuzes schlagend, sodaß
die Geister sich schließlich durch die dünne Luft mit schrecklichem Geräusch
davon machten[c]. Auch die Trunksucht galt in ihren vorgeschrittenen Stadien
als Besessenheit. Besonders in der Gegend von Bajeux trank man einen
bösen Wein [1]. Ein weinschwacher Bürger dieser Stadt gelobte dem heiligen
Martin jährlich seinen Besuch, nachdem ihm ein erster Aufenthalt am Heiligen=
grabe geholfen hatte. Er ließ sich sogar in den geistlichen Stand aufnehmen.
Nach vier Jahren jedoch verfiel er wieder dem Trinken bis zur Tobsucht,
wurde gefesselt nach Sankt Martin gebracht, wo ihn eine Kur von sechs
Monaten abermals heilte. Als er sich dann neuerdings nicht hielt, sondern
ins Trinken zurückfiel, verkam er in diesem Laster[d]. Auch starke psychische
Zufälle, die aber weiter nicht auf Dämoneneinwirkung zurückgeführt werden,
kommen vor. So lebte ein einfacher, gutgearter Mensch in Montlouis bei
Tours jung verheiratet. Als er neben seiner Frau ruhte, ergriff ihn plötz=
lich mitten in der Nacht eine unerklärliche Angst; er springt aus dem Bett,
irrt zitternd im ganzen Hause herum und verliert die Sprache. Durch Zeichen
gibt er seiner Frau zu verstehen, er wolle nach Sankt Martin gebracht werden.
Eine Kur von sechs Monaten gibt auch ihm die Gesundheit wieder[b]. Schon
bei den kleinen Alltagsleiden begann der Bezirk des Wunderbaren. Die Gattin
des Tribunen Animus, Mummola, hatte eines Nacht durch einen plötzlichen

a) Gregor Conf. 20.   b) Gregor Mart. II.   c) Gregor Mart. II. 18.   d) Gregor
Mart. II. 53.   e) Gregor Mart. III. 54.

1) Léopold Delisle, Etude sur la condition de la classe agricole en Normandie.   S. 418—470.

Schrecken den Gebrauch des einen Fußes verloren; ob sie sich ihn nun mit einem Fehltritt verstaucht hatte, oder ob eine vorübergehende Lähmung eingetreten sei, wird nicht gesagt; vielleicht war der Fuß überhaupt nur recht= schaffen ‚eingeschlafen‘. Sie ließ sich nach Sankt Martin tragen, hielt den ganzen Rest der Nacht hindurch eine Votivkerze in der Hand, indes Gregor mit seinen Klerikern die Vigilien sang. Bei Tagesanbruch, als das Zeichen zur Matutin erschallte, trat sie auf den gebrechlichen Fuß auf; da war alle Schwäche geschwunden; die Frau konnte ohne jede Stütze nach Hause gehen. Schließlich begab man sich zum Heiligen selbst in Fällen, wo es sich um nichts weiter, als um eine kindliche Unart handelt. Eine Frau von Tours war in großer Sorge, weil ihr Mädchen immer nicht sprechen wollte. End= lich nahm sie das Kind mit in die Basilika, betete lange, zündete dann ein Rauchzäpfchen an und fragte die Kleine, ob der Weihrauch nicht wohl rieche. Das Kind sagte: „Wohl!“ Da wusch die beglückte Mutter dem Töchterchen den Mund mit geweihtem Wasser aus und fragte, ob es nicht wohl schmecke. Wieder sagte das Kind: „Wohl!“ a) Das nannte man dann die Heilung eines stummen Mädchens. An innern Krankheiten werden genannt Magen= übel, Brechreiz, Darmblutungen b), auch Gelenkrheumatismus scheint vorge= kommen zu sein c). Solche Kranke lagen dann meistens zugleich am Fieber darnieder. Ueber dessen Behandlung verlautet nur allgemein, Fieberkranke seien, wenn das Fieber besonders schlimm in ihnen wütete, den Tag über zwischen den Altar und das Heiligengrab gestellt worden; abends erhielten sie dann die mit Grabsteinpulver angemachte Mixtur, und beständig gab es solche, denen es darauf hin besser ging d). Wie muß es am Martinsgrabe erst bei einer Epidemie ausgesehen haben! Vielleicht war der geweihte Raum dann überhaupt für hochgestellte Patienten reserviert. Wenigstens wurde bei einer derartigen Gelegenheit die sterbende Gräfin Eborin daselbst in Behand= lung genommen und durch Abwaschungen mit Osterreinigungswasser geheilt e). In Italien flüchtete man, wie Fortunat Gregor aus eigener Anschauung ver= sicherte, bei einer Blatternepidemie stets in die nächste Martinskirche f). Hin= sichtlich der Seuchen mag noch eins erwogen sein. Das Fieber wurde als Feuerwirkung im Körper aufgefaßt, und da Feuer, das höchste und reinste der Elemente, nicht Sitz niederer Dämonen sein konnte, ist Fieber, das Gegenteil von dämonischer Besessenheit, vielmehr ein Zuchtmittel in der Hand des Heiligen. Julian heizt seine Feinde wie einen Backofen g), und sogar von dem sonst milden Martin klagt ein Fieberkranker, er verbrenne ihn. Schon in der

---

a) Gregor Mart. II. 38. b) Gregor Mart. III. 62. c) Gregor Mart. III. 36. d) Gre= gor Mart. I. 38. e) Gregor Mart. III. 34. f) Gregor Mart. I. 13. g) Gregor Jul. 14. 16.

römischen Medizinersprache hieß eine Pestart geradezu das „heilige Feuer" [1]. Indem aber der Heilige seinen eigentlichen Beruf als Krankheitsstiller verläßt und zum Krankheitserreger wird, sinkt er darum doch nicht auf die Stufe der Dämonen, da das von ihm verhängte Leiden als Strafe und Läuterung sittliche Zwecke verfolgt, während die Dämonen den Menschen aus Schadenfreude quälen.

3.

Die am Heiligengrabe befolgte therapeutische Behandlung ist schwerlich von jeder vernünftigen hygienischen Einsicht im heutigen Sinne verlassen gewesen: so wurde im Falle hochgradiger nervöser Erregung Entzug von Alkohol und Fleisch angeordnet; vier Monate lang ausschließlich vegetabilisches Regime führte dann die Heilung herbei [a]. Bei Verdauungsstörungen ließ man drei Tage fasten, bis der Appetit sich von selbst meldete und reizte ihn dann zugleich mit etwas Wein [b]. Gegen Bauchschmerzen wandte sogar ein Mann wie Gregor erst einige Bäder und warme Aufschläge an, und erst als es nach sechs Tagen nicht besser wurde, fiel es ihm ein, sich an Sankt Martin zu wenden [c]. Auch rechnete man die Frist zur Heilung nicht kleinlich nach; es durfte Jahre lang dauern und, wenn nötig, eins ums andere, nicht alles auf ein Mal: drei Jahre blind, dann vier Jahre in der Basilika und dann erst geheilt [d], oder zunächst gerade Glieder und dann gesunde Augen [e], oder nach sechs Jahren wird die lahme Hand gebrauchsfähig und nach weiteren zwei Jahren das Auge sehend [f].

Doch sind dies nur matte Spuren, daß es damals denn doch auch schon ein wenig zuging, wie bei uns. Davon abgesehen hüllt sich das Heilverfahren überall in eine dicke Kruste abergläubischer Praxis. Das Hauptgewicht lag auf der ausgedehnten Amuletbehandlung. Aerztliches Eingreifen des Priesters kam vor, aber als Ausnahme; es mußte schon ein hervorragender Mann sein, der sich eine derartige Vermittlung der Heiligenkraft zutrauen durfte; ein Aridius von Limoges: am Martinsfest des Jahres nahm er eine gelähmte Frau vor, die acht Jahre erfolglos in der Vorhalle der Martinskirche auf dem Schiebwagen gelegen hatte, und touchierte ihren Gliedern das Kreuzeszeichen auf, nicht ohne selbst den heilkräftigen Strom zu spüren, der durch seine Hand hindurch auf die Kranke übergeströmt sei [g]. Sonst aber galt es

---

a) Gregor Mart. IV. 44.   b) Gregor Mart. III. 30.   c) Gregor Mart. IV. 1.   d) Gregor Mart. III. 20.   e) Gregor Mart. IV. 19.   f) Gregor Mart. II. 3.   g) Gregor Mart. IV. 6.

1) Heinrich Haeser, Lehrbuch der Geschichte der Medizin und der Volkskrankheiten. Jena. Bd. III. 1882. S. 89.

als ein erstes Erfordernis, der Hilfe des Heiligen durch ärztliche Weisheit in keiner Weise vorzugreifen. Eine Zungen= und Lippengeschwulst an ihm selber schätzte Gregor als eine Folge allzu heftigen Blutandranges ein; aber er that nichts, um ihn durch ein natürliches Mittel, etwa durch Schröpfen zu vermindern, sondern er ging hin, leckte das Grabgeländer ab, küßte den Tempelvorhang und hatte seitdem nie mehr an diesem Uebel zu leiden[a]). Am wirksamsten erwies sich das Einnehmen von Amuletstoffen, obenan des Grabsteinpulvers. Es' war die Allerweltsmedizin, stillte Fieber[b]), half gegen die Ruhr[c]), trieb Bandwürmer ab[d]); wenn es pur widerstand, dem gab man es mit Wein angemacht[e]). Auf Reisen führte Gregor stets eine Schachtel davon auf sich[f]). Aber auch das Abwaschwasser von der Osterreinigung des Grabaltars[g]) und Salbung mit dem Oel der Kirchenlampen[h]) wirkte heilsam. Die Kraftsphäre dieser heiligen Essenzen war unbeschränkt. Weihwasser und Lampenöl gemischt heilten an einer Seuche erkranktes Vieh[i]), während zum Grabsteinpulver sogar ein königlicher Kanzler mit Erfolg seine Zuflucht nahm[k]). Zur Steigerung der Wirkung verfiel man gelegentlich selbst auf kombinierte Amuletbehandlung, indem Grabsteinpulver innerlich und Franjen der Grabsteindecke als Halsumschlag verwendet wurden[l]).

In den beiden fränkischen Hauptheiligtümern stellt sich nun aber noch eine höchst merkwürdige Einrichtung dar, die geradezu als das Substrat der bisher kurz geschilderten Heilpraxis betrachtet werden darf. Neben dem Armenhaus, der sogenannten Matrikel, finden wir räumlich davon wohl kaum unterschieden, ein regelrechtes Hospital. Aber wir würden irre gehn, wenn wir es für eine Heilanstalt in dem uns gewöhnlichen sanitarischen oder humanitären Sinne hielten. Vielmehr müssen wir an die uralte antike Sitte des Tempelschlafs erinnern, und an die ihr zu Grunde liegende Vorstellung von einer heilsamen Inkubation der Gottheit gegenüber dem Schläfer. Von der Julianszelle in Brioude wird erzählt, ein Weib namens Fedamia, das vollständig gelähmt und verwachsen war, sei von den Verwandten nach der Basilika gebracht worden, um dort wenigstens mit Betteln ihren Unterhalt zu erwerben. Als sie nun nach achtzehn Jahren Krankheit während einer Sonntagsnacht in dem an die Kirche anstoßenden Säulengange „dekubierte" und indessen das Volk die hochheiligen Vigilien sang, wurde sie in ihrem Halbschlummer von einem Mann durch eine Vision angefaßt und zur Rede gestellt, warum sie nicht gleich den andern dem nächtlichen Gottesdienste beiwohne. Sie antwortete, sie sei an allen Gliedern lahm und könne keinen Schritt thun. Da unter=

---

a) Gregor Mart. IV. 2.   b) Gregor Mart. IV. 83.   c) Gregor Mart. IV. 9.   d) Gregor Mart. III. 59.   e) Gregor Mart. III. 12.   f) Gregor Mart. III. 43.   g) Gregor Mart. II. 51.   h) Gregor Mart. I. 15.   i) Gregor Mart. III. 18.   k) Gregor Mart. IV. 28. l) Gregor Mart. IV. 43.

ſtützte ſie der Mann und führte ſie bis an das Heiligengrab. Dort ange=
langt ergoß ſie ſich, immer fort ſchlafend, im Gebete aus und ihr war, es
falle eine förmliche Kettenlaſt ihr von den Gliedern. Und als die Ketten
klirrend zu Boden fielen, erwachte ſie von dem Geräuſch und fühlte ſich mit einem
Mal geneſen. Alſo ſtand ſie vom Bett auf und ſchritt zum Erſtaunen aller An=
weſenden laut dankſagend in die Kirche. Später liebte ſie es, wenn ſie die Heilung
erzählte, beim Aeußeren des Mannes zu verweilen, der ihr erſchienen war:
es ſei ein Rieſe geweſen, mit glänzendem Kleide, mit vornehmem Gebahren,
er habe freundlich gelächelt; ſein langes blondes Lockenhaar habe freilich auch
einige graue enthalten; frei ſei er einhergeſchritten, hell habe ſeine Stimme
geklungen; ſeiner Anrede hätte niemand widerſtanden und ſeine Haut habe
wie Lilien geſchimmert; aus Tauſenden heraus wolle ſie ihn wieder er=
kennen, auf den erſten Blick. Kurzum, die Schilderung wollte kein Ende
nehmen. Darauf hin erſchien es denn doch dieſem und jenem nicht ganz un=
möglich, es könnte ihr der ſelige Märtyrer erſchienen ſein[a]). Ein gewiſſer
Anagildus, der taubſtumm war und blind dazu, lag auch in der Säulenhalle
von Sankt Julian in Brioude; als er ein volles Jahr vor dem heiligen
Tempel „dekubiert“ hatte, wurde er endlich von der Heilkraft des ſeligen
Märtyrers heimgeſucht[b]). Zu Sankt Martin in Tours wurden noch öfters,
wenn auch nicht immer an ſo charakteriſtiſchen Fällen, Tempelſchlaf bemerkt.
Ein Taubſtummer, namens Theodomundus, kam täglich zum Tempel, kniete
nieder zum Gebete, indem er indes nur die Lippen bewegte, aber ſo inbrünſtig,
daß er während ſeiner ſtummen Worte meiſtens weinte; im übrigen bettelte
er mit den andern Armen, dies drei Jahre lang. Eines Tages ſtellte er
ſich aus Liebe zu Gott getrieben, vor den heiligen Altar und ſtand da,
Augen und Hände zum Himmel erhoben. Da brach aus ſeinem Munde ein
Blutſtrom mit Eiter. Er ſpie ihn auf die Erde, holte tief Athem und huſtete
blutende Körper aus, ſodaß man hätte meinen ſollen, ſie ſeien ihm mit einem
Inſtrument in der Kehle ausgeſchnitten worden. Auch hing ihm nun der
Schleim in blutdurchſetzten Fäden von den Mundwinkeln. Da wurden die
Banden des Trommelfells und des Kehlkopfes plötzlich gelöſt; wieder erhob er
Augen und Hände zum Himmel·und brach, des Sprechens noch unkundig, immer=
hin in die Worte aus: „Ich danke dir vielmals, hochſeliger Herr Martin“.
Die Königin Chrotechilde intereſſierte ſich für dieſe Heilung; ſie nahm ſich
des armen Jünglings an und ließ ihn in einer Schule unterrichten. Er
zeichnete ſich dort durch ſein gutes Gedächtnis aus und konnte den ganzen
Pſalter auswendig[c]). Später wurde er Prieſter und lebte noch lange im

---

a) Gregor Jul. 9.　　b) Gregor Jul. 12.　　c) Gregor Mart. I. 7.

Dienste von Sankt Martin. Ein Referendar König Chlothachars, Charigisel, der an Händen und Füßen die Gliedersucht hatte, gebrauchte während zweier bis dreier Monate die Dekubationskur; nach Ablauf dieser Zeit wurde er vom seligen Kirchenherrn heimgesucht und erlangte an seinen schwachen Gliedern aufs neue die Gesundheit. Später war er königlicher Kammerherr und bedachte sowohl die Bürgerschaft von Tours als die Diener der Martinsbasilika mit reichen Wohlthaten [a]). Veranus, der Sklave eines Gregor unterstellten Geistlichen, der seinem Herrn besonders in Verwaltungsgeschäften an die Hand ging, wurde wahrscheinlich wegen der Feuchtigkeit seines Amtsstübchens von Gicht befallen und konnte nicht mehr gehen. Ein ganzes Jahr waren die Schmerzen sehr stark und dehnten sich immer weiter aus; schließlich war die Lähmung ziemlich allgemein. Da entschloß sich sein Herr, den das Schicksal seines Hörigen bekümmerte, zur Tempelkur, ließ ihn nach Sankt Martin bringen, that ein Gelübde und sprach: „Wenn du ihn heilst, frömmster Herr Martin, so will ich ihn noch am Tage selbst frei geben; dann soll er die Tonsur erhalten und deinem Dienste gewidmet sein". Der Sklave wurde nun also dem Heiligen zu Füßen gelegt, und als er fünf Tage daselbst ohne sich zu rühren gelegen hatte, wurde er am sechsten Tage vom hypnotischen Schlaf befallen; im Schlummer hatte er die Vision, als ob ihm in seinem Bett ein Mann den Fuß strecke. Er fuhr auf und konnte alle Glieder rühren. Nun empfing er also Freiheit und Tonsur und gehörte zu Gregors Zeiten der niederen Geistlichkeit von Sankt Martin an [b]). Ein junges Mädchen namens Chrodechilde, das nach dem Tode ihres Vaters auf einem Grundstück bei Le Mans lebte, wurde blind. Auf Befehl König Chilperichs und noch zu Lebzeiten der heiligen Radegunde, trat sie ins Nonnenkloster zu Poitiers ein und wurde von jener selber nach dem Schrein hingeführt, der die heilige Kreuzreliquie birgt, dann nahm sie an den Vigilien teil. Als die Nonnen morgens die Kirche verließen, blieb sie noch auf dem Boden ausgestreckt liegen und schlief ein. Da, im Traum, war ihr, jemand thue ihr die Augen auf, das eine sei bereits geheilt und auch im andern spüre sie etwas, und plötzlich wachte sie über dem Geräusch einer sich öffnenden Thüre auf, und sah nun in der That mit dem einen Auge wieder. Diesmal war es also nicht eine Vision, sondern einfach die Nähe der Reliquie ohne Gesichtsvermittelung gewesen, was den hypnotischen Schlaf herbeiführte [c]). Das gewöhnliche bleibt jedoch die Erscheinung eines Greisen im Traum, der dann „alle Glieder in sanfter Handauflegung touchiert" [d]). Auch wird angegeben, der Patient werde von dem mediumistischen Trancezustand plötzlich, unerwartet, zu seinem großen

---

a) Gregor Mart. I. 25.   b) Gregor Mart. II. 4.   c) Gregor Martyr. 5.   d) Gregor Mart. II. 31.

Schrecken, überfallen und etwas über zwei Stunden darin fest gehalten a). Trat die Heilung nicht am Grabe ein, so konnte ausnahmsweise der hypnotische Schlaf auch verspätet ausbrechen, wenn der Kranke den heiligen Ort bereits wieder verlassen hatte. So war eine Frau mit steifgewordenen Fingern von Tours unverrichteter Sache abgezogen, ohne aber sich in ihrem Glauben an die Heilung beirren zu lassen; im ersten Nachtquartier, am Ufer des Cher, als sie Gott unter Thränen dafür dankte, daß sie wenigstens noch am Leben sei und ans Martinsgrab habe gelangen dürfen und daraufhin einschlief, empfing sie die Heimsuchung des Mannes „mit den Haaren weiß wie Schwanenpelz, im Purpurmantel, in den Händen ein Kreuz"; er öffnete ihr sachte die Hand; sie erwachte: das Blut floß ihr von der Hand; die verbogenen Finger waren nun gerade. Anderseits konnte sich unter Umständen eine derartige heilsame Inkubation sogar von der voraufgegangenen Imprägnierung am heiligen Ort dispensieren. Alpinus, Graf von Tours, wurde jahraus, jahrein von einem Fußleiden geplagt und verlor über den Schmerzen sogar den Schlaf. Aber mitten in seinen Leiden hörte er nicht auf, Martin um Hilfe anzurufen. Da versank er unversehens in Schlummer. Ihm nun, dem königlichen Beamten erschien der Heilige in Soldatenuniform. Mit freundlicher Miene kam er auf ihn zu, lächelte und machte das Kreuzeszeichen über dem kranken Fuße. Sofort war jeder Schmerz verschwunden, und gesund konnte der Graf sein Bett verlassen b).

Endlich noch einige Geschichten, die zeigten, mit wie mancherlei Umständen solch eine Krankengeschichte auch damals verbunden war. Aquilinus, der mit seinem Vater in den Wäldern jagen ging, wurde plötzlich von einem Schrecken befallen. Es war ein Herzanfall, der ihn fast von Sinnen brachte. Seine Eltern glaubten natürlich an diabolische Besessenheit und nahmen nach Bauernbrauch ihre Zuflucht zu Zauberern und Quacksalbern mit ihren Angehenken und Tränken. Als es aber nichts half, suchten sie bei Sankt Martin Hilfe und sprachen: „Der kann die Nachstellungen zu nichte machen; sie kommen von einem Schattengott, der in einer falschen Religion verehrt wird". So brachten sie also den Verstörten an das Martinsgrab, wo er es seinem Gebet an Inbrunst nicht fehlen ließ. Der Schrecken hob sich von hinnen; sein Verstand kam ihm wieder. Er kehrte nicht mehr zu seinen Eltern zurück, sondern blieb zu Sankt Martin c). Gregors Onkel, Bischof Gallus von Clermont, pflegte oft zum Juliansheiligtum nach Brioude zu gehen, und einst im Sommer, als er der Hitze wegen die Schuhe auszog, und barfuß ging, trat er sich einen Dorn tief in den Fuß. Er bat den Heiligen um Hilfe und vollendete schwer hinkend den Weg zu dessen Grabe. In der dritten

a) Gregor Mart. II. 33.   b) Gregor Mart. I. 24.   c) Gregor Mart. I. 26.

Nacht empfand er die heftigsten Schmerzen; er wirft sich an der geweihten
Stätte hin und geht dann schlafen. Als er aufwacht, ist das Geschwür aus=
gelaufen, er sieht den Dorn nicht mehr und sucht ihn in seinem Lager, bis
er ihn hat, und noch als Bischof pflegte er im engeren Kreise gerne die
Narbe zu zeigen, das Zeichen der ihm zu teil gewordenen Juliansheimsuch=
ung [a]). Ein Mädchen, das vor ungesundem Thränenandrang fast blind ge=
worden war, wurde von seinem Vater nach Tours gebracht. Dieser, über=
dies ein freigebiger Mann, ließ den Pfründern von Sankt Martin zu essen
und zu trinken geben. Während nun die Matrikelleute regaliert wurden,
schrie das junge Mädchen plötzlich, es bekomme heftigen Kopfschmerz und
wünsche zu schlafen. Als es dies gethan und auch das Freimahl zu Ende
war, brachte man das Mädchen vor den Altar, wo alsobald der Thränen=
strom versiegte und die Augen klar wurden [b]). Ein blindes Mädchen von
Lisieux war zu Tours nicht sehend geworden, trotzdem es die Augen inbrünstig
am Vorhang gerieben hatte, aber es hörte nicht auf zu beten und zu hoffen.
Als es bei seinen Eltern auf dem Schiff stand, um heimzukehren, strich es
sich plötzlich übers Gesicht und sagte dann: „Ist das dort die Martinskirche [c])?“
Auch konnte das Zusammentreffen mehrerer Kundgebungen zu belebten Szenen
führen. So war eine Frau von ihrer Gliederlähmung geheilt worden, legte
sich nun aber aufs neue vor die Martinsschwelle und wollte so lange da
liegen bleiben, bis sie auch das Gesicht wieder erlangt habe. In diesem
Augenblick schrieen einige Verrückte, sie würden gepeinigt, der heilige Martin
sei nahe [d]).

4.

Ob auch nur in einem dieser unzähligen Fälle Heilung wirklich einge=
treten sei, dürfen wir in dieser Bestimmtheit von Ja oder Nein nicht wissen
wollen; denn ärztliche Diagnosen des Krankheitsbefundes liegen nicht vor.
Gregor interessierte es wenig, an was nun gerade der Kranke litt. Erst
der geifernde Wutausbruch des Tobsüchtigen, der jähe Blutaustritt aus dem
erblindenden Auge, der mark= und beinerschütternde Schrei des aufs äußerste
gesteigerten Schmerzes erwecken seine nähere Aufmerksamkeit, zumal er ja in
der Krisis weniger den Höhepunkt der Krankheit fürchtet, als den Eintritt
der Heilung begrüßt. Ueber die Art, wie die Krankheits= und Heilungsbe=
richte aufgezeichnet worden sind, gesteht er: „Die von mir erzählten That=
sachen brauchen nicht unglaubwürdig zu scheinen, weil nicht alle Personen mit
Namen aufgeführt werden. Das kommt daher, daß sie von dannen gehen,

---

a) Gregor Jul. 23.   b) Gregor Jul. 37.   c) Gregor Mart. II. 54.   d) Gregor Mart.
III. 39.

sobald der Heilige Gottes ihnen die Gesundheit wieder geschenkt hat und manch=
mal geschieht das in größter Heimlichkeit; niemand ist dann sozusagen dabei
gewesen. Wenn verlautet, die Wunderkraft des heiligen Bischofs sei wieder
erschienen, dann lassen wir die Tempelhüter kommen und nehmen Kenntnis
von dem, was sich zugetragen hat; doch sind sie nicht immer in der Lage,
Namen zu nennen; bei den Fällen jedoch, die wir selber sehen und unter=
suchen konnten, geben wir gewöhnlich gleich die Namen mit an ᵃ)." Aber
um das Urteil über diese Krankenheilungen deutlich abzugrenzen, gibt uns
doch Gregor den Maßstab gelegentlich selber in die Hand; er erzählt von
einem verwachsenen Tagelöhner, der auch nach der „Heilung" seine Arbeit
nicht wieder aufnehmen konnte, sondern nur immer am Heiligengrabe selbst
sich gesund fühlte ᵇ). Wenn aber damit der Heilungsprozeß auf das Gebiet
der subjektiven Gefühle verlegt wird, und somit von Wundern im Sinn über=
natürlichen Geschehens zu reden keine Veranlassung besteht, so liegt andrer=
seits doch auch keine Notwendigkeit vor, eine ganze Reihe rätselhafter und
höchst verwunderlicher Vorgänge in Abrede zu stellen, besonders heute nicht
mehr, wo die Forschung gewisse, auf rein nervösem Wege entstandene orga=
nische Veränderungen im Körper, Katalepsen, nicht nur als mögliche That=
sache unumwunden zugesteht, sondern wo auch die Erscheinungsformen solcher
seelisch=leiblichen Zustände immer mannigfacher und reichhaltiger in den Be=
reich experimenteller Beobachtung sich eindrängen¹). Wer das genügend be=
denkt, wird einem berichterstattenden Augenzeugen wie Gregor im weitesten Um=
fang freie Hand lassen dürfen, ohne seiner eigenen gewissenhaften und kritischen
Abwägung das mindeste zu vergeben. Ueberdies räumt auch heute gelegent=
lich ein ehrlicher Arzt von selber ein, seine Heilerfolge seien zum größeren
Teil nicht auf seine Kunst, sondern auf das ihm vom Kranken entgegenge=
brachte Vertrauen zurückzuführen. In einem nicht zu unterschätzenden Maße
ist es also der Glaube, der wirklich zur Gesundung helfen, zur nicht einge=
bildeten, sondern thatsächlichen Heilung bedeutend beitragen kann.

Ueber das Sankt Martin und seinen Mitheiligen gewidmete Maß von
Glaubenskraft und Glaubensinbrunst wird man sich nun aber nicht leicht
übertriebenen Vorstellungen hingeben können. Wenn die Hilfebedürftigen „den
Füßen des Heiligen" nahten, befanden sie sich meistens in ungeheuchelter,
hochgradiger Aufregung, vergossen Thränen und gaben sich leidenschaftlichen
Gebeten hin. Man mag die Heilungsanekdoten beliebig aufgreifen, es wird
kaum eine sich finden, wo nicht der Glaube des Geheilten hervorgehoben,

---

ᵃ) Gregor Mart. III. 45.　　ᵇ) Gregor Mart. I. 22.

1) Travaux du laboratoire de Psychologie de la Clinique à la Salpetrière.
Pierre Janet. Nevroses et idées fixes. Paris. 1898.

dagegen manche, wo dieser Glaube geradezu als Ursache der Heilung hinge=
stellt wird a). Dabei öffnet sich uns oft ein Blick in soziale Verhältnisse, die
durch ihre Aermlichkeit auf ein gesteigertes Verlangen nach Heilung und auf
eine gesteigerte Dankbarkeit schließen lassen; so bei jenem Krüppel Baudulf
von Gennes, der vom Heiligen geheilt zu werden wünschte, um seinem armen
Vater nicht länger zur Last fallen zu müssen, sondern selber sein Brot ver=
dienen zu können b). Selbst wenn im Falle von Unmündigkeit die nötige Fähig=
keit zum Glauben eben nicht vorhanden ist, kann das kranke Kind gerettet
werden, weil der Vater glaubt c). Seine Rückwirkung hatte dieser starke
Glaube in der Vorstellung, daß die Heilung für den Genesungsmoment die
persönliche Mitleidenschaft des Heiligen in sich schließe. Der Prokurator Placidus
in Ravenna, der daselbst im Martinsnonnenkloster dekubierte, hielt den Hei=
ligen ab, nach Gallien zurückzukehren d). Ein Lahmer zweifelt nicht, daß
seine Schmerzen eine Kraftwirkung Martins sind, und schreit: „O Martin,
um Gesundheit habe ich Dich angerufen, nicht um Qualen" e). Auch im Fall
einer unbestreitbaren Berührung mit einem biblischen Wunder ist die Anek=
dote bei Gregor deswegen durchaus nicht als Kopie und somit als erfunden
zu betrachten; wenn eine Frau von Clermont beim Küssen der Altarfransen
plötzlich vom Blutfluß geheilt wird, so braucht der Einfluß der evangelischen
Erzählung durchaus nicht in der erst nachträglichen Bildung des Geschichtchens
zu bestehen, vielmehr kann jene Frau durch ihren unerschütterlichen Glauben
an die Parallele zwischen ihr und dem Weib im Evangelium sich in der That
gesund suggeriert haben f).

Wer wird es der fränkischen Kirche verargen wollen, daß sie aus dieser
ihrer wirksamsten und volkstümlichsten Funktion nach Kräften Kapital schlug?
Zunächst indem sie die Heilungen zu einer Art Reklame benützte. Zwar mag
es seine natürlichen Gründe haben, daß an den großen Festen auch die meisten
Heilungen vorkamen; bei ungewöhnlichem Zudrang wurden eben auch mehr Lei=
dende gesund. Aber es wird doch wohl auch etwas nachgeholfen worden sein.
Uebrigens schon an den hohen Festtagen des Kirchenjahres überhaupt wurden
Heilerfolge besonders bemerkt, für Weihnacht und Epiphanien g) wie für
Palmsonntag und Grünbonnerstag h). Aber die Martinsfeste, das Mitte
November, wie das Anfangs Juli, durften sich eben doch weitaus der meisten
Wunder rühmen, für das Julifest 589 werden zwölf Lahme, drei Blinde,
fünf Besessene und eine lahme Frau als Heiltriumph erwähnt i), für das
Julifest des Jahres zuvor ein Krüppel, eine blinde Frau und drei Besessene k).

<hr>

a) Gregor. Mart. I. 19. III. 11. 21. 25. 26. 32. IV. 30.   b) Gregor Mart. IV. 14.   c) Gregor Mart. IV. 3.   d) Gregor Mart. I. 16.   e) Gregor Mart. II. 26.   f) Gregor Mart. II. 10.
g) Gregor Mart. II. 25. 26.   h) Gregor Mart. II. 28. 33.   i) Gregor Mart. IV. 6.   k) Gregor Mart. IV. 4.

Da die großen Heiligenmessen stets einige Tage umfaßten, wird der Zeit=
punkt auch näher bestimmt: Heilung am dritten[a]), am vierten Tage[b]), in der
Festnacht[c]) oder der Heilungsprozeß habe genau die drei Festtage ausgefüllt[d]).
Oder es wird ein auffälliges Zusammentreffen bei gemeinsamen Heilungen
hervorgehoben: zwei Blinde mit genau denselben Spezialsymptomen der Krank=
heit und genau derselben Spezialart der Heilung[e]), oder der Lahme von An=
gerre, der Lahme von Orleans und der Lahme von Bourges[f]). Namentlich
aber pflegen der Höhepunkt der Messe oder der Augenblick, wo der Vorleser
das Heiligenleben zu lesen beginnt, sowie der Moment der Reliquieninstalla=
tion die Heilung zum Austrag zu bringen[g]). Auch zu Ehren eines Besuches
von Belang, etwa eines fremden Bischofs, konnte sich das Wunder ereignen[h]).

Und bei der Reklame ließ man es nicht bewenden. Unter der Hand
bedeuteten diese Kurerfolge für die Kirche einen nicht zu unterschätzenden
Machtzuschuß. Was lag denn auch für eine dankbare Seele näher, als auf
die Heilung hin sich dem Heiligen zu verschreiben und in den geistlichen Stand
einzutreten; wie oft kam das vor![i]) Bedenklicher waren die auf Grund der
Heilung erzwungenen Freilassungen vom hörigen Stande, weil es sich da um
einen kirchlichen Uebergriff auf das Gebiet des Rechts handelte; gewöhnlich
wurde unter Berufung auf die Heilung der Loskauf durch Kirchenmittel durch=
gesetzt[k]). Die näheren Umstände machten zwar philantropische Beweggründe
in den Vordergrund rücken. Der Besitzer einer Sklavin wurde durch deren
Heilung bewogen, sie zum halben Preise freizugeben und unter der ent=
sprechenden Einbuße eine andere Sklavin zu kaufen[l]); oder, eine widerrecht=
lich verkaufte Frau, hieß es, ist krank geworden, um dann in Tours mit der
Gesundheit auch die Freiheit ihres Standes wieder zurück zu erlangen[m]); oder
eine Frau von Poitiers wurde kirchlicherseits losgekauft, weil sie trotz der
Heilung arbeitsunfähig war[n]); ja man konnte auf den Einwand hin, hin=
weisen, ein Krüppel, der sich unter den Bettlern aufgehalten hatte, sei nach
seiner Heilung auf seinen Wunsch hin, frei entlassen, das Wunder also nicht
in eigennütziger Weise ausgebeutet worden[o]). Die Priesterweihe wurde sogar
von Geheilten nur aus Dankbarkeit übernommen; ohne sich weiter irgendwie
verpflichtet zu haben, kehrte er nach Hause zurück[p]). Das alles ist schön und
gut und mag im einzelnen Fall durchaus richtig sein. Aber im allgemeinen
steht doch unbestreitbar als Thatsache da, daß gerade unter Berufung auf
Heilungen die Kirche die Sphäre ihres Einflusses beständig zu erweitern

a) Gregor Mart. III. 2.   b) Gregor Mart. II. 55.   c) Gregor Mart. II. 42.   d) Gregor
Mart. IV. 5.   e) Gregor Mart. II. 29.   f) Gregor Mart. II. 5—7.   g) Gregor Mart. II. 13. 14.
III. 85. 49. Jul. 47.   h) Gregor Mart. II. 44. IV. 18.   i) Gregor Mart. II. 9. III. 19. IV. 26.
k) Gregor Mart. II. 30.   l) Gregor Mart. II. 57.   m) Gregor Mart. II. 59.   n) Gregor
Mart. III. 46.   o) Gregor Mart. IV. 42.   p) Gregor. Mart. II. 33.

trachtete. Sie deckten ihr den Rücken, all diese Armen, Kranken, Gefangenen und Unfreien, die sie nährte, kleidete, gesund machte und losgab. Aber während durch das Asylrecht und die Gefangenpatronage nur die Strafrechts=pflege beeinflußt, also nur ein vorübergehender Rechtsakt sistiert wurde, griff eine zur Gewohnheit werdende kirchliche Auslösung von Hörigen tiefer, weil sie einem permanenten Druck auf einen zurechtbestehenden sozialen Zustand gleichkam.

Alles in allem ging es somit menschlich zu, auch bei den Heilungen. Aber diese Eigenschaft des Heiligengrabes als eines Kurortes wirft doch ein außerordentlich merkwürdiges Licht auf die religiösen Vorgänge in der Volks=psyche, zumal bei den alten Franken, wo Treu und Glauben zu Gott und seinen Heiligen noch nicht an schamlosem Priesterbetrug und der stumpfen Gleichgiltigkeit der Menge zu Schanden wurden.

<h3>Achtzehntes Kapitel.</h3>

<h2>Der Glaube.</h2>

Der Glaube des fränkischen Volkes unter der Herrschaft der Merowinger ist ein Religionsgebilde, dessen Eigenart in der vollständigen Abwesenheit dog=matischer Produktion besteht. Die Vulgärreligion liegt entblößt da, ohne ideologischen Ueberbau. Das Studium des Volksglaubens konnte also hier vor sich gehen, ohne durch die Komplikationen behindert zu sein, die sich bei einem Nebeneinander von höherer und niederer Theologie unfehlbar einstellen. Doch ist das nicht der einzige Vorzug dieser Epoche. Auch ihre Frische und Beweglichkeit suchten ihresgleichen in der Kirchengeschichte; wo sonst nicht ohne Recht von Versteifung und Verknöcherung in Gewohnheiten und Formeln gesprochen wird, ist es hier eine durchaus junge und lebendige Religion, die sich mit Reliquienverehrung zufrieden gab.

Die mannigfachen Bestandteile dieser Religion, die es im folgenden noch kurz aufzuzeigen gilt, lassen sich nicht einheitlich ableiten. Aber die beiden Hauptbegriffe, die uns im Verlauf unserer Untersuchung immer wieder be=gegnet sind, dürfen als ausreichende Wurzeln des fränkischen Volksglaubens gelten: der Wunderglaube und der Heiligenglaube. Das Wunder bestimmt die fränkische Religionswelt stofflich, indem es ihr Leiblichkeit verleiht und ihre Atmosphäre bildet, der Heilige dagegen bestimmt sie vital, indem sie ihre eigentlichen Lebensfunktionen von ihm bezieht. Erst wenn diesen beiden lei=tenden Gedanken der gebührende Vorrang eingeräumt ist, dürfen die üblichen Fragen laut werden nach dem Verhältnis der Religion zum Welterkennen und zur Sittlichkeit.

1.

Nehmen wir zunächst den Glauben im weiten, umfassenden Sinn als Weltanschauung. In seinem gelehrten Werke „Der Sternenlauf" entrollt Gregor folgendes Weltbild[1]): „Die meisten Philosophen haben sieben Weltwunder beschrieben. Ich für mein Teil möchte mit einiger Abweichung ebenfalls sieben, wenn auch nicht ganz dieselben aufzählen: erstens die Arche Noahs; zweitens Babel und seine Schanzen; drittens der Tempel Salomos, seine Säulenhallen, sein Altar, seine Cherubinen, seine Bildsäulen, sein gepflasterter Boden und seine Thore; viertens das Grab der Perserkönige; fünftens der Koloß von Rhodus; sechstens das Theater von Heraklea; siebentens der Leuchtturm von Alexandrien. Diesen Erden- und Menschenwundern gegenüber stehen sieben Himmels- und Gotteswunder, von denen einige den Zweck haben, die Macht Gottes darzulegen, so die Sonne, der Mond, die Sterne, der Phönix, oder den Sündern das Höllenfeuer vor Augen zu führen: so der Aetna sowie der heiße Sprudel zu Grenoble. Diese Wunder werden so lange zurecht bestehen, bis dem Herrn die Auflösung der Welt beliebt. Erstens Ebbe und Flut im Meere; zweitens die Befruchtung des in die Erde gelegten Samenkornes, das Sankt Paul der Auferstehung unseres Leibes vergleicht; drittens der Phönix, der sich selbst auf seinem Nest verbrennt und dann aus seiner Asche aufersteht, auffallendes Vorbild eben der Auferstehung, die unsern Leib erwartet; viertens der Aetna; fünftens die Feuerquelle von Grenoble, die an der Hand nicht brennt und doch Kerzen und Dochte anzündet. Ein gewisser Hilarius hat hierüber ein Gedicht gemacht, in dem er nachweist, daß die ewigen Flammen unsern Leib noch verschonen, um ihn dann zu verzehren nach dem jüngsten Gericht, wenn er sich der Sünde überlassen hat; sechstens der befruchtende Lauf der Sonne; siebentens der Mond, den wir zunehmen und abnehmen sehen, dann die Sterne die im Osten auf und im Westen niedersteigen, die nördlichen bewegen sich in einer Kreisbahn statt einen gradlinigen Lauf zu befolgen, während die andern in der Mitte des Himmels stehen. Die einen sind das ganze Jahr sichtbar, die andern bloß einige Monate. Mit Gottes Erlaubnis will ich nun über den Lauf der Gestirne berichten für die, die nichts davon wissen, und soweit meine eigene Kenntnis dieser Dinge reicht. Ich werde die Benennungen, die ihnen Virgil und andere Dichter geben, bei Seite lassen und mich an die Namen halten, die sie in der Bauernsprache erhalten haben, oder an die, die durch die Stellung der Sterne selbst nahe gelegt werden, wie

---

1) H. L. Bordier, Les livres des miracles de Grégoire de Tours. Paris. 1864. Tom. 4. S. 6—8.

Kreuz, Sichel und andere. Mit diesen Zeilen verfolgte ich überhaupt keinen
wissenschaftlichen Zweck noch kann es mir einfallen, die Zukunft zu erforschen;
wohl aber will ich nachweisen, wie ein Tageslauf auf vernünftige Weise
mit Gottes Lob auszufüllen ist, zu welchen Stunden nämlich der sich in der
Nacht zum Gebet erheben soll, der mit Sorgfalt Gottesdienst halten will."
Hierauf macht Gregor allerhand illustrierte Angaben von astronomischen Be=
obachtungen rudimentärster Art, wie viele Stunden jeder Monat täglich Sonne
hat, desgleichen wie viele Stunden jeder Monat nächtlich Mondschein hat. Der
Mond geht im Sommer denselben Weg, den die Sonne im Winter gegangen
ist und umgekehrt. Gregor gibt sodann mit roter Tinte die Stellung einiger
Sternbilder am Himmel an und verweilt besonders bei den Kometen: Ein
Haarstern zeigt sich nicht zu jeder Zeit, sondern nur etwa beim Tode eines
Königs oder während eines Landesunglücks. Wenn sein buschiges Haupt mit
einem strahlenden Diadem erscheint, ist das die Anzeige eines Todesfalls in
der königlichen Familie. Ueberwiegt dagegen der rötliche Degen und tritt
der Kopfstern zurück, so deutet es auf ein Landesunglück. So war es bei
der Pest, die in der Auvergne wütete, und so kurz vor dem Tode König
Sigiberts. Dann erläutert Gregor die Zeichen, an denen ein frommer Sinn
den Gläubigen den Augenblick angebe, wo man sich für den Gottesdienst
erheben soll. Er beginnt dabei nicht wie üblich im Monat März oder am
Neujahrstag, weil die Zusammenstellung, die man im Monat März beobachte,
bereits in einem andern Monat zustandekomme. Im September also ersteht
der große Stern, der Rotstern, mit dem kleinen, der ihm vorausgeht. Gregor
gibt die Psalmen an, die beim Aufgang dieses Sternes anzustimmen sind,
ebenso im Augenblick, da die ‚Sichel', der Orion, an demselben Orte ange=
langt ist, wo die Sonne am Tage um fünf Uhr steht; schließlich im Augenblick,
da die ‚Traube' aufgeht. Dementsprechend gibt Gregor für jeden folgenden
Monat die Nachtpsalmen an sowie den dreifachen Zeitpunkt für die nächt=
lichen Vigilien. Gregors Weltanschauung und mit ihm die des fränkischen Volkes
ist somit robust religiös, unphilosophisch religiös. Der Erkenntnistrieb gibt
sich mit der Anerkennung von zweimal sieben Weltwundern zufrieden, und
alles, was sich der Beobachtung ungesucht aufdrängt, unterstellt sich dem prak=
tischen Bedürfnis, für die Verehrung Gottes eine möglichst geregelte, sozusagen
naturgemäße Aeußerung zu finden.

Nehmen wir sodann Glauben im engeren Sinn als dogmatisches Be=
kenntnis, so ergibt sich auch hier ein unkompliziertes, primitives Ideenbild,
das positiv durch die orthodoxen Symbole und negativ durch die beiden Gegen=
sätze des Arianismus und des Judentums bestimmt wird. Die negative Be=
stimmung tritt viel schärfer ins Licht, weil es sich um einen realen konfessio=

nellen Haß gegen Andersgläubige handelt. Eine Katholikin, die einen Ketzer zum Mann hatte, erhielt den Besuch eines streng katholischen Priesters. Da sagte sie zu ihrem Mann: „Wenn du mich lieb hast, so soll Freude im Hause sein, wir wollen ihm ein Essen geben, das sich sehen lassen darf". Der Mann hatte nichts dagegen; als aber nun noch ein arianischer Priester ihn besuchte, rief er fröhlich: „Desto besser. Zwei Pfaffen aufs Mal, für jeden Glauben einen". Bei Tische saßen die Arianer rechts, das katholische Paar links, die Frau auf einem Stühlchen neben dem Sessel des Priesters. Der Gatte raunte dem Ketzer zu: „Nun wollen wir auf Kosten dieses rö= mischen Priesters uns lustig machen. Sobald eine Schüssel auf den Tisch kommt, so mache rasch das Zeichen des Kreuzes drüber, und während der Andere traurig dasitzt und zusieht und nicht essen darf, wollen wir uns güt= lich thun". Jener erwiderte, er sei einverstanden. Zuerst kam Gemüse; der Ketzer machte sein Kreuz und bediente sich. Die Frau verwahrte sich gegen diese Beleidigung ihres Priesters. Dieser erhielt nun seine eigene neue Portion, aber beim zweiten und dritten Gang gefiel sich der Ketzer in denselben Witzen. Als nun als viertes Gericht eine Casserole mit einer brennenden Fruchtomelette kam, Rühreier, etwas Mehl, Dattelschnitze und entsteinte Oliven, und der Arianer sie wieder ohne weiteres herunterschlang, verbrannte er sich elend den Magen, stieß einen Seufzer aus seinem qualmenden Munde und gab mit einem schreck= lichen Geräusch alsobald seinen Geist auf. Man trug ihn vom Tisch in ein Grab und deckte Erde darüber. Da rieb sich der katholische Priester die Hände: „Gott hat seine Diener gerächt". Und zum Gastgeber sich wendend: „So. Nun wünsche ich zu essen"[a]). Ein ander Mal kamen zwei Geistliche, ein Rechtgläubiger und ein Ketzer überein, es auf ein Gottesurteil ankommen zu lassen, da sie sich sonst nicht einigen konnten. Aber auch der Orthodoxe hatte Angst. Er schmierte sich den Arm, mit dem er den Ring aus dem kochenden Wasser holen sollte, mit Oel ein, lief von einem Heiligengrab zum andern, begab sich aber um drei Uhr auf den Markt, wo es an Schaulustigen nicht fehlte. Jeder von den beiden wollte höflicherweise dem Andern den Vortritt lassen; schließlich mußte der Diakon heran und entblößte zitternd seinen Arm. Da erhob der Gegner ein Geschrei und wollte nicht gelten lassen, daß jener sich gesalbt habe; das sei Magie, die Sache sei null und nichtig. Während sie nun aber stritten, kam ein italienischer Diakon aus Ravenna des Weges, und als er vernahm, um was es sich handle, machte er rasch seinen Arm frei und fuhr in den Kessel. Ueber eine Stunde lang hatte er im Wasser zu tasten und zu suchen, weil der Ring so klein und leicht war, daß er immer wieder entwischte, und immerfort wurde unter dem Kessel

---

a) Gregor Martyr. 79.

schieden. Da trat gerade ein Jude ein, namens Priskus, mit dem der König viel verkehrte; von ihm pflegte er die kostbaren Sachen zu kaufen. Chilperich nahm ihn freundlich beim Kraushaar und wandte sich an den Bischof mit den Worten: „Bischof, komm; hier gibt's etwas zu bekehren". Der Jude aber sträubte sich. Da sprach der König: „O über diesen harten Kopf und dieses allezeit ungläubige Geschlecht, das es nicht begreift, daß der Sohn Gottes ihm verheißen ist durch die Stimmen seiner Propheten, das es nicht einsieht, daß die Geheimnisse der Kirche in seinen Opfern vorgebildet sind". Als er solches sprach, sagte der Jude: „Gott bedarf weder eines Weibes noch eines Sohnes; auch läßt er keinen neben sich herrschen, wie er durch Moses spricht: Seht ihr nun, daß ich allein es bin und kein Gott neben mir ist? Ich kann töten und lebendig machen, ich kann schlagen und kann heilen". Da sagte der König: „Gott hat aus seinem Schooße geistiger Weise den ewigen Sohn gezeugt, der Zeit nach nicht jünger, der Macht nach nicht minder, denn der, von dem er spricht: Aus deinem Schooße habe ich dich gezeugt vor dem Morgen= stern. Diesen den vor der Zeit geborenen, sandte er in den letzten Zeiten als Hei= land in die Welt, wie der Prophet spricht: Er sandte sein Wort und errettete sie. Wenn du aber meinst, daß er nicht selbst zeuge, so höre deinen Propheten, der da spricht aus dem Munde des Herrn: „Sollte ich andere lassen die Mutter brechen und selbst nicht auch gebären? Dies sagt er von dem Volke, das durch den Glauben zu ihm neu geboren wird". Darauf erwiderte der Jude: „Konnte wohl Gott Mensch, konnte er vom Weibe geboren, konnte er geschlagen und zum Tode verurteilt werden?" Da der König hierauf nichts zu sagen wußte, mischte sich Gregor ein und sprach: „daß der Herr, der Sohn Gottes, Mensch wurde, geschah nicht weil es für ihn, sondern weil es für uns notwendig war; denn den von der Sünde gefesselten und der Gewalt des Teufels unterworfenen Menschen hätte er nicht erlösen können, ohne menschliche Gestalt anzunehmen. Ich will mich nicht berufen auf die Evangelien und den Apostel, denen du nicht glaubst, sondern auf deine heiligen Schriften, daß ich dich mit deinen eigenen Waffen schlage, wie man liest, daß einst David den Goliath tötete". Und nun tritt Gregor, meistens an Hand der hiefür althergebrachten Schriftstellen, den Weisagungsbeweis an für Christi Person und Werk. Darauf erwiderte der Jude: „Wie kann es für Gott eine Notwendigkeit geben, solches zu leiden". Gregor antwortete: „Ich habe dir schon gesagt, Gott schuf den Menschen ohne Sünde, aber durch die List der Schlange ward er verführt und übertrat Gottes Gebot. Deshalb ward er aus dem Paradiese vertrieben und ihm die Mühen der Welt auf= erlegt. Aber durch den Tod Christi, des eingeborenen Gottes, ist er mit Gott dem Vater wiederum versöhnt worden". Der Jude sagte: „Hätte Gott denn nicht Propheten oder Apoſtel ſenden können, die den Menſchen auf den Pfad des Heils zurückführten, ohne ſich ſelbſt zum Fleiſche herabzulaſſen?" Wieder ließ Gregor eine lange gelehrte Antwort ergehen, aber der unglück= liche Jude wurde nicht zum Glauben bewogen. Da wandte ſich der König an den Biſchof und bat ihn um den Segen. „Ich werde zu dir ſprechen", ſagte er, „was Jakob zum Engel des Herrn ſprach, der mit ihm redete: Ich laſſe dich nicht, du ſegneſt mich denn". Nach dem Segen verabſchiedete ſich Gregor und der König ſtieg zu Pferde[a]).

Man begreift, daß der Jude unbekehrt von dannen ging; er dachte dog= matiſch ſchärfer als der gute Gregor. Auch in Streitgeſprächen mit Arianern ſiegte dieſer durch ſein männliches entſchiedenes Auftreten, aber nicht durch die Wucht ſeiner Gründe, ſo reſpektabel auch ſeine bei dieſen Anläſſen ſich bekundende Bibelbekenntnis ſich ausnahm[b]). Mit demſelben ſchönen Pathos ſtellt er an die Spitze ſeiner Schriften ſein orthodoxes Bekenntnis von der vollen Gottheit Chriſti[c]). Wohl iſt auch ihm Chriſtus der Endzweck des Lebens. Aber Erlöſung und Reinigung durch Chriſti Blut ſind ihm Neben= ſache. Chriſtus hat ſich bei ſeinem Tode überhaupt paſſiv verhalten; in Gregors Augen war Chriſti Leiden keine That Chriſti; es war ein an ihm begangenes Verbrechen. Die Auferſtehung dagegen, ſie zeigte ihn in ſeinem Weſen, als den Oberwunderthäter, als den Siegeshelden und himmliſchen Herrſcher. Und hier konnte eine nationale Auffaſſung des Chriſtentums ein= ſetzen, die Chriſtus als Herzog und das fränkiſche Volk als ſeine Dienſtmannen anſah. Das war dann aber kein Chriſtuschriſtentum mehr, ſondern eben das fränkiſche Heiligenchriſtentum[1]). Mochte man auch gelegentlich verſichern, alle Wunder der Heiligen gehörten Chriſtus, ſeien göttliche Thaten und unter= ſtünden Gott[d]), es war trotz alledem etwas anderes und kräftig eigenes, das ſich der theologiſchen Religionspraxis als untheologiſches Volkschriſtentum ent= gegenſetzte. Und die Theologie ſah ſich gezwungen, halt zu machen; an Kraft, ſich aufzumachen und auszubreiten, hat es ihr gerade damals nicht gefehlt, denn am Mittelmeerrande des alten Gallien hatte ſich die Diskuſſion der abendländiſchen Theologie geſammelt und, als Beweis ihrer Tüchtigkeit, das apoſtoliſche Symbol hervorgebracht. Eine geradezu elementare Macht muß alſo das ſich ihr entgegenſtemmende Bedürfnis nach einem undogmatiſchen Volksglauben geweſen ſein; infolge von Sankt Martins Verbreitung des Chriſtentums im galliſchen Lande war es nun überall aus der Erde geſtiegen. Gregor ſpricht von Chriſtus als dem Einwohner der Heiligen[e]): ja, aber

a) Gregor H. Fr. VI. 5.   b) Gregor H. Fr. V. 43. VI. 40.   c) Gregor H. Fr. I.
d) Gregor Martyr. 83. Mart. III. 8. H. Fr. VI. 6. VIII. 14. 16.   e) Gregor Comm. Ps. 5.

1) Albert Hauck, Kirchengeſchichte Deutſchlands. I. Leipzig 1887. S. 193—200.

es handelte sich um das Erdgeschoß im Himmel; wozu mühsames Treppen=
steigen in spekulativen Hochbauten? Wenn man nur unter Dach war!

2.

Zerlegt man das Christentum des fränkischen Volkes in seine einzelnen
Bestandteile, so findet sich wohl nicht das kleinste Bruchstück, das in dem Maaße
neu wäre, sich nicht anderswo schon vorzufinden. Lediglich auf ihre
Substanz hin geprüft, bleibt diese merowingische Heiligenreligion durch=
aus ein Gebilde zweiter Hand. Wenn Gregor mit seiner Heiligengelehrsamkeit
von morgenländischen und römischen Quellen und Vorbildern abhängig war,
so ist das keineswegs zufällig, sondern deutet für seinen Gegenstand, die
fränkische Volksreligion, auf dasselbe Verhältnis zum Auslande. Alles darin
ist auswärts bereits da, also Import oder Imitation. Da es sich immerhin
um Christentum handelt, wird freilich der Zusammenhang mit dem Mutter=
land Palästina natürlich. Aber dieses Verhältnis zum Urchristentum zeigt so
sehr allenthalben das byzantinische Gepräge, daß dieses rege Interesse am
Evangelischen sich schon gänzlich in der Vermummung des orientalischen Vulgär=
christentums darstellt. Suchen wir uns kurz zu vergegenwärtigen, was man
den Franken vom apostolischen Zeitalter etwa beibrachte. Die Person Christi
wurde weniger durch die Predigt als durch die bildliche Darstellung vermittelt:
„Der Glaube, der sich uns rein erhalten hat bis auf den heutigen Tag“,
schreibt Gregor[a], „steigert die Liebe zu Christus so sehr, daß die Gläubigen,
denen sein Gesetz ins Herz gegraben ist, auch sein Bild vor Augen haben
wollen zum Andenken an seine Verdienste, vermittelst von Gemälden, die sie
in ihren Kirchen und in ihren Häusern aufhängen“. Als das Urbild galt die
Christusstatue, die das blutflüssige Weib aus Dankbarkeit in Paneas gestiftet
habe. Gregor ließ sich von mehreren Augenzeugen berichten, das Gesicht
des Bildwerks glänze[b]. Von Jerusalem aus hat man Christusamulete durch
die ganze Welt hin versandt: um die Martersäule gespannte Schnüre, besonders
aber kleine Erdtorten, die aus einer angefeuchteten Scholle des heiligen Grabes
zurecht geknetet und dann gedörrt wurden[c]. Das Urchristentum stand nach
Gregor unter Leitung der Zwölfapostel und der Jungfrau Maria; der im
Orient eben erblühte Marienkult findet hier seinen ersten Wiederhall. Gregor
ist der erste Schriftsteller, der von der Auferstehung der Maria und ihrer
leiblichen Erhebung aus dem Grabe ins Paradies zu sagen weiß[d]; von ihren
Wundern berichtet er, sie habe das nach ihr geheißene Kloster in Jerusalem
von Nahrungsnot befreit[e]; auch habe Kaiser Konstantin ihr eine prächtige

---

a) Gregor Martyr. 22.   b) Gregor Martyr. 21.   c) Gregor Martyr. 7.   d) Gregor
Martyr. 4.   e) Gregor Martyr. 11.

Basilika mit Säulengängen errichtet[a]). Unter den Aposteln tritt Gregor auf
sieben näher ein: Jakobus, der Bruder des Herrn habe sich sein Grab am
Oelberg selber bereitet und übrigens schon vorher Zacharias und Simeon
darin bestattet gehabt[b]); Petrus habe aus Demut die Gewohnheit angenommen,
seinen Scheitel kahl zu scheeren; in Rom zeige man noch zwei ausgehöhlte
Steine an der Stelle, wo er mit Sankt Paul im Gebet gegen Simon Magus
auf den Knien gelegen habe; das dort sich sammelnde Regenwasser heile. Die
Peterskirche des Vatikan sei von vier Kolonnaden getragen, sechsundneunzig
Säulen, mit den vier Altarsäulen hundert im Ganzen, nicht gerechnet die
vier, die den Grabesbaldachin tragen. Wer am Petersgrabe, das unter dem
Hauptaltar liegt, beten will, öffnet das Gitter, naht sich dem Grabe und hat
seinen Kopf durch ein Guckfenster zu strecken. Bei der Gewinnung des Peters=
amuletes ist es Sitte, den Seidenlappen vor= und nachher zu wägen, um mit
der Gewichtsdifferenz die Echtheit des Glaubens zu beweisen. Andere nehmen
den Gitterschlüssel mit sich und lassen zum Ersatz einen goldenen zurück[c]).
Sankt Paul wurde in Rom enthauptet, auf den Tag ein Jahr nach dem
Martyrium Sankt Peters. Aus seiner Leiche floß Milch und Wasser; warum
denn nicht Milch, bei ihm, der die ungläubigen Völker im Schooße trug und
zur Welt brachte, sie aufzog mit Geistesmilch bis zum Genuß der festen Speise
heiliger Schrift? Nach seinem Tode, um wenigstens ein Wunder von ihm
zu nennen, hielt er einen vom Teufel verführten Menschen ab, sich das Leben
zu nehmen[d]). Der Evangelist Johannes, der Busenjünger des Herrn, stieg
lebendig ins Grab hinein und befahl, ihn mit Erde zuzudecken. Noch heute
scheidet sein Grabmal eine Art weißen Mannas aus; dieses Mehl wird als
Arznei durch die ganze Welt versendet. Noch zeigt man in Ephesus auf
einem Berge eine Burgruine mit vier Mauern ohne Dach; dort schrieb er
sein Evangelium und bat Gott, doch nicht regnen zu lassen, bis er damit zu
Ende sei, und so fällt denn bis zum heutigen Tage dort kein Regen und zeigt
sich keine Wolke. In Ephesus ruht auch Maria Magdalena ohne jedes
Gewand, in ihrem Grabe[e]). Am Tage des Apostels Andreas quillt nicht
nur Mannamehl, sondern auch Oel mit Nektarduft aus dessen Grabe zu Patras,
wo er gekreuzigt wurde. Das Maß dieser Festernte gibt das Orakel ab für
den Felderertrag des ganzen Jahres. In eben dieser Andreaskirche brauchte
Mummolus, der als Gesandter König Theudeberts zu Kaiser Justinian nach
Konstantinopel kam, den Tempelschlaf gegen Blasensteine; nachdem er an seinem
Aufkommen verzweifelnd bereits sein Testament gemacht und mit Siegel und
Unterschrift hatte versehen lassen, hatte er sich nach einem tüchtigen Arzte er=

---

a) Gregor Martyr. 8.   b) Gregor Martyr. 26.   c) Gregor Martyr. 27.   d) Gregor Martyr. 28.   e) Gregor Martyr. 29.

kundigt und zur Antwort erhalten, warum er es denn nicht mit dem himm=
lischen Arzte versuche. So ließ er sich denn an das Andreasgrab bringen
und lag dort auf dem Kirchenpflaster gebettet, als er um Mitternacht, da
alles schlief, plötzlich das Bedürfnis empfand, sein Wasser zu lösen. Er
stieß daher einen seiner Sklaven an, verlangte mit schwacher Stimme ein
Geschirr und gab nun unter großer Anstrengung einen so stattlichen Stein
von sich, daß es ein ordentliches Geräusch gab, als er in das Gefäß fiel.
Schmerzen und Fieber hörten auf; der Herr konnte gesund und wohl das
Schiff zur Heimfahrt besteigen[a]). Der Apostel Thomas erlitt das Martyrium
in Indien. Später wurde er nach Edessa in Syrien überführt und dort
bestattet; doch erhob sich über seiner früheren Ruhestätte in Indien ein Kloster
mit einer prächtigen Kirche; ihr „ewiges Licht“ genießt den Vorzug, daß es
nie gespiesen zu werden braucht, und nie auslöscht; das weiß Gregor von
einem gewissen Theodor, der dort war. Andrerseits verdient die Thomasmesse
von Edessa wegen des ungewöhnlichen Zudrangs Erwähnung: von überallher
finden sich dort Leute um zu beten und Geschäfte zu machen; dreißig Tage
lang kann jedermann kaufen und verkaufen ohne Steuer zahlen zu müssen,
den ganzen Monat März hindurch; dann stechen auch die Insekten nicht, und
das Wasser, das man sonst hundert Fuß tief aus dem Boden herauspumpen
muß, reicht nun bis wenige Fuß unter die Oberfläche. Sind aber die Fest=
tage vorüber, so meldet sich das Ungeziefer wieder, werden die Steuern ein=
getrieben, erreichen die Brunnen den üblichen Tiefstand; zu gleicher Zeit gießt
dann auf Gottes Befehl ein Platzregen herab und reinigt das gesamte Revier
um den Tempel herum von dem Schmutz und all den Ueberbleibseln, die
durch die Massen der Festbesucher veranlaßt waren[b]). Bartholomäus hatte
ebenfalls in Indien gewirkt und dort sein Grab gefunden. Nach Jahr und
Tag wurde aus Anlaß einer Christenverfolgung sein Sarkophag von Heiden
ausgegraben und in einem Bleisarg dem Meere übergeben, indem sie sagten:
„Nun wird er uns doch die Bevölkerung nicht mehr aufwiegeln“. Aber die
Meereswellen ließen die köstliche Fracht nicht untergehen, sondern trugen sie
auf wunderbaren Wegen nach den liparischen Inseln[c]). Von Stephanus da=
gegen weiß Gregor keine orientalische, sondern nur fränkische Traditionen
anzugeben[d]). Auch für die nachapostolische Zeit fehlt es nicht an morgen=
ländischen Sagen. Von der schönsten, der Siebenschläferlegende, hat Gregor
neben seiner wörtlichen Uebersetzung der syrischen Passion noch einen Auszug
der Geschichte folgen lassen[e]). Außer den im fränkischen Reich durch Reli=
quien vertretenen heiligen Georg[f]) und Sergius[g]) nennt er im Zusammen=

---

a) Gregor Martyr. 30.   b) Gregor Martyr. 31.   c) Gregor Martyr. 33.   d) Gregor
Martyr. 35.   e) Gregor Martyr. 94.   f) Gregor Martyr. 100.   g) Gregor Martyr. 96.

hang außerdem die Aerzte Cosmas und Damian[a]), Phokas[b]), Domitius[c]), Isidor von Scio[d]) und Polyeuktes. Des letzteren Kirche in Konstantinopel mit ihrem von der Matrone Julia gestifteten Goldbach reagierte speziell auf Meineidige; war auch damit die Eigenschaft einiger fränkischer Kirchen vorgebildet[e]), so legen ferner die achtundvierzig Märtyrer von Armenien die Vermutung nahe, die Zählung der genau ebenso starken Märtyrerschaar von Lyon beeinflußt zu haben, deren historische Bestandteile bei Euseb Gregor im übrigen in Rechnung bringt[f]). Endlich erzählte man sich im Frankenreich auch von dem wunderbaren Asketen Simeon, der in einer Kirche zu Antiochien auf einer Säule lebte und so frauenscheu war, daß er nicht einmal seiner eigenen Mutter erlaubte, ihn anzusehen[g]): in diesen beiden Zügen fand er gemäßigte Nachahmer auf gallischem Boden.

Aber was wollen solche Einzelheiten noch besagen, wo die Thatsache der Abhängigkeit und Nachahmung, Gesamterscheinung gegen Gesamterscheinung gehalten, sich so unabweislich überzeugend aufdrängt. Des öftern muß es natürlich eine offene Frage bleiben, in wie weit nun wieder das morgenländische Gut durch römische Hände gegangen war. Für einzelne Urheilige wie Peter und Paul liegt ja der römische Ursprung der Legende auf der Hand. Hiezu kommen jedoch nur einige wenige Heiligensagen lateinischer Färbung. Die merkwürdigste darunter ist der italienische Schulmeister Cassianus, der von seinen Schulkindern mit den Schiefertafeln tot geschlagen und mit den Kielfedern tot gestochen wird[h]); hier wie auch sonst[i]) gelegentlich hält sich Gregor an Prudentius. Die Sage jedoch von dem sich liebenden Märtyrerpaare Chrysanthus und Daria hat Gregor aus alten Akten, die Anekdote von dem in ihrer Katakombe versuchten Diebstahl dagegen wohl aus mündlichen Berichten[k]). Nicht zu den Märtyrern, sondern zu den Bischöfen gehört von seinen italienischen Heiligen Paulin von Nola[l]). Im Unterschied etwa zu Euseb von Vercelli, der für ihn vor allem kultisch in Betracht kommt[m]), schildert Gregor jenen seinem Erdenleben nach, nicht in seinen posthumen Wirkungen. Viel wichtiger ist, daß in Italien sich im sechsten Jahrhundert dieselbe Gestaltung der Dinge vollzog, wie in Gallien. Der römische Gregor faßt gleich seinem fränkischen Namensvetter in seinem persönlichen Glauben eine ganze Entwicklung zusammen, und vergleicht man sie beide, so besteht der allerdings fundamentale Unterschied wohl nur in dem Dasein und dem Mangel einer höheren Theologie, die, wo vorhanden, durch ihre Probleme den christlichen Materialismus zu einem Kampf zwischen den Engeln und

---

a) Gregor Martyr. 97. b) Gregor Martyr. 98. c) Gregor Martyr. 99. d) Gregor Martyr. 101. e) Gregor Martyr. 95. f) Gregor Martyr. 48. 49. g) Gregor Conf. 26. h) Gregor Martyr. 42. i) Gregor Martyr. 40. k) Gregor Martyr. 38. l) Gregor Conf. 108. m) Gregor Conf. 3.

dem Teufel abdämpfte, dagegen, wo sie fehlte, die nur unzureichend maskierte Götterwelt der Heiligen friedlich gewähren ließ. In diesem Mangel einer augustinischen Fragestellung reichen sich dann eben das byzantinische und das fränkische Christentum die Hand: es herrscht zwischen ihnen ein Einvernehmen über Rom hinweg; ein Heiligenglaube der von höherer Theologie überhaupt nicht geniert wurde, fühlte sich bewundernd zu der Theologie hingezogen, die selbstvergessen ihre höheren Interessen an einen solchen Heiligenglauben verlor. Doch war die Liebe der fränkischen Kirche zu Byzanz gewissermaßen eine Liebe ohne Einwilligung der Eltern; der römische Einfluß blieb unbedingt maßgebend. Es hat sich in der fränkischen Kirche kein Gegensatz zu Rom auszubilden vermocht, in dem man die siegreiche Werbung des Orients erkennen könnte; nur sofern die römische Erlaubnis nicht gefährdet schien, ist byzantinisches Gut zu den Franken gedrungen. Daraus erklärt sich dann auch die prinzipielle Stellung, die das fränkische Christentum zu den Reliquien einnahm. Morgenland und Abendland empfanden in einem wesentlichen Punkte unversöhnlich verschieden; im Osten gestattet man die Zerstückelung der Leiber, in Rom war sie streng verboten[1]). In diesem Hauptpunkte hält man sich nun bei den Franken durchaus auf die römische Seite; wenigstens ist nirgend von einer Zerstreuung der Glieder eine Spur wahrzunehmen. Dagegen sieht man dem Morgenlande unverfängliche Dinge wie Tempelschlaf und Krystallvision oder löbliche Einrichtungen wie die Xenodochien ab[2]). Auch in den Bildern hätte man es gerne nachgeahmt; aber der Respekt vor römischer Gesinnung ließ diesen Gelüsten nur geringen Raum; wenige fränkische Kirchen hatten Bilder[a]), und von diesen mußte zum Beispiel der Christus in der Kirche von Narbonne bezeichnenderweise mit einem Leintuch verhängt werden[b]). Endlich machte die Stellung der fränkischen Heiligen eine Verwendung der Engel durchaus überflüssig: indessen fing man vereinzelt an, statt zu den Heiligen auch zu den Engeln zu beten[c]), und der Wunderthäter unter den drei Erzengeln Gregors des Großen, Michael, taucht bei Gregor von Tours erst schüchtern, aber bald darauf ebenbürtig unter den fränkischen Heiligen als ihresgleichen auf.

Doch bedeutet der Versuch beinahe einen Widerspruch in sich selbst, in der fränkischen Heiligenverehrung römische Bestandteile und Parallelen noch insbesondere nachweisen zu wollen. Ist sie doch selber ihrem eigentlichen Wesen nach ganz und ohne Rest römisch. Damit greifen wir zu Ende unserer

---

a) Gregor Martyr. 64.　　d) Gregor Martyr. 22.　　c) Gregor Conf. 1.

1) F. Kattenbusch, Lehrbuch der vergleichenden Confessionskunde. I. Freiburg i/Br. 1892. S. 466.　　2) Heinrich Häser, Geschichte christlicher Krankenpflege und Pflegerschaften. Berlin. 1857. S. 13—19.

Darstellung wieder auf deren Anfang zurück. An einigen römischen Heiligen=
viten aus der vorfränkischen Zeit haben wir den Hauptimpuls für die
Entstehung der fränkischen Heiligenwelt erkennen lernen in der lebensvollen
Erinnerung an die Wirksamkeit bedeutender Mönchsbischöfe aus dem Ende
des vierten bis zu Anfang des sechsten Jahrhunderts. Allen voran Sankt
Martin. Auch uns, die wir seinem Einfluß doch gänzlich entrückt sind, ist
er ein Rätsel geblieben. Die merkwürdige Combination eines stahlharten
Willens und eines kindlich weichen Herzens reichen zur Erklärung seiner
wunderbaren Erscheinung nicht aus. Wir mußten ihn als Visionär gelten
lassen, ihm eine uns fremde, unbekannte Welt einräumen, aus der er nach
einem außerkörperlichen Zwischenleben Seelen wieder in ihre Körper zurück=
rief, verschollene Geister zur Rede stellte, Engel empfing und namentlich immer
und immer wieder den Teufel auf sich einstürmen sah. Eine ekstatische Ader
wirkte auch in seinen bedeutenden Zeitgenossen: Ambrosius von Mailand nahm
durch Verzückung an Martins Begräbnis teil, und Severin von Köln, —
sein Erzdiakon hatte es auf Tag und Stunde hin notiert — hörte in Mar=
tins Todesstunde einen himmlischen Chor singen[a]. Als aber auf dieses starke,
produktive Geschlecht ein epigonenhaftes rezeptives folgte, erwies es sich der
Ahnen würdig, indem es zu münzen verstand, was jene gruben. Die frän=
kische Kirche stand im ersten Jahrhundert ihres Bestehens vor der Aufgabe,
die von starken und ungewöhnlichen Naturen ausgegangene Anregung in eine
Organisation umzusetzen, deren Betrieb auch mit mittelmäßigen und alltäg=
lichen Kräften ohne Schädigung des Gehaltes von statten gehen konnte. Sie
hat diese Aufgabe gelöst, glänzend gelöst.

Zunächst dadurch, daß sie das Andenken des verstorbenen Heiligen kul=
tisch zu bannen verstand und den im Tode allerdings geschwundenen aktiven
Einfluß der heiligen Person halbwegs durch den mit der Verehrung gegebenen
passiven zu ersetzen wußte. Die Heiligsprechung entsprach noch durchaus der
Quintessenz des hinterlassenen Andenkens: genoß ein Heiliger bei Lebzeiten
das Vertrauen des Volkes, so sicherte man ihm diesen Besuch, auch wenn
er tot war. Doch gab es Ausnahmen: der Lebenswandel von einst konnte
gegenüber den dem Leichnam gespendeten Ehren zu Zweifeln berechtigen; dann
fehlt es aber auch an der schuldigen Rechenschaft nicht; Für und Wider werden
gewissenhaft abgewogen, und ein Ueberwiegen der Vorteile hat dann zu der
übrigens noch rein naiven, nicht gesetzlich regulierten Canonisation geführt.
So geschah es mit Sankt Sigismund. Er hat, sagte man sich, allerdings
seinen Sohn töten lassen; aber er that Buße zu Agaunum, stiftete dort den täg=
lichen Kirchengesang, bereicherte die Abtei sowohl mit Mobilien als mit In=

a) Gregor Mart. I. 4. 5.

mobilien; dann wurde er ja doch auf grausame Weise ermordet und eben in
Agaunum beigesetzt, das Hauptzeichen aber, daß er der Gemeinschaft der
Heiligen angehört, sind die Ereignisse an seinem Grabe; wenn Fieberkranke
die zu seinen Ehren gelesenen Messen mit Andacht hören und eine Spende
bringen, werden sie alsbald gesund a). Im allgemeinen bestätigte die Kirchen=
leitung stillschweigend den durch die Volkspraxis geschaffenen Bestand an Heiligen,
und es ist für Heilige kein Fall von nachträglichem einschneidendem Wider=
ruf bekannt, wie er für den Leumund von Laien gelegentlich vorkam, so gegen=
über einer abgefeimten Heuchlerin, die unter dem Deckmantel der Frömmig=
keit ihrer Habsucht fröhnte und auf eine bischöfliche Untersuchung hin nach ihrem
Tode noch gebrandmarkt wurde b).

Die Atmosphäre, deren die so geschaffene Heiligenverehrung zur Existenz
bringend bedurfte, wird aus zwei menschlichen Seelenvermögen gespiesen, die
wir infolge dessen in der Merowingerzeit in sehr ausgebildeter Form vor=
finden: einer lebhaften Sensibilität für alles Ungewöhnliche, Wundersame,
Sonderbare und einer ausgebildeten Traumphantasie. Die eigentliche Kraft
des Wunderglaubens beruht auf dem spontanen Wunder; dieses ist der plötz=
lich auftretende, unbegreifliche Gewaltsakt, der den natürlichen Verlauf durch=
kreuzt und ihm eine neue Richtung gibt. Je stärker ein Heiliger ist, um so
unerschöpflicher wird er an spontanen Wundern sein. Da aber der Dichtig=
keitsgrad des Wunderglaubens nicht durch die aktiven Wunderthaten, sondern
durch die Aufnahmsfähigkeit der Empfänger bestimmt wird, und die Wunder=
luft viel weniger daraus entsteht, ob wirklich Wunderbares geschieht, als dar=
aus, ob es für wunderbar gehalten wird, so ist das Weiterblühen des Hei=
ligenkultes keineswegs ausschließlich Fortdauer des von den Wunderthätern
ausgegangenen Anstoßes, sondern mindestens ebenso sehr Mitwirkung einer
in der Laienwelt gepflanzten Empfänglichkeit. Zu dieser beständig zurecht be=
stehenden Rezeptionsfähigkeit der Menge hat die Geistlichkeit vor allem durch
die Fertigkeit beigetragen, mit der sie die Umdeutung der Zufälligkeiten des
Tages vornahm. Als der Tempelräuber einen Fehltritt und infolge dessen
den tödlichen Fall in seine Lanze thut, ruft Gregor: „Niemand wird zweifeln,
daß das ein Gottesurteil war und nicht ein Spiel des Zufalls" c). Ein
Priester der Landschaft Poitou, namens Pammichus saß mit Freunden bei
Tische und wollte eben trinken, als eine Fliege ihn umsummte und sich durch=
aus auf das Glas setzen wollte. Er jagte sie mit der freien Hand weg;
aber sie näherte sich immer wieder. Da schöpfte er Verdacht, es möchte eine
Arglist des bösen Feindes sein. Er hob das Glas in seiner Linken hoch em=
por und schlug mit der Rechten das Zeichen des Kreuzes. Alsobald teilte

a) Gregor Martyr. 74.   b) Gregor Martyr. 104.   c) Gregor Martyr. 71.

sich die Flüssigkeit in vier Teile, schäumte über und goß sich auf die Erde aus: also war es in der That satanische Tücke gewesen[a]). War somit der Geist durch die Engels- und Teufelswelt lebhaft beschäftigt, so verstärkte es noch die Wirkungskraft dieser Welt auf das Leben, daß sie sich in den Träumen fortsetzte. Es wäre unrichtig, die Bedeutung der Traumvorstellungen für die Heiligenwelt in Abrede zu stellen, zumal sogut wie nachgewiesen ist, daß die niedere Heidenmythologie aus dem Traum überhaupt geboren wurde, allerdings aus dem pathologischen Traum, dem Alpdrücken [1]). Dem trat entgegen die lichte, helle, friedliche Traumerscheinung des Heiligen und stellte sich der schwarzen Gespensterwelt erlösend entgegen. Gregor erzählt von einem Fieberkranken, als die Nacht kam, in der ein Schüttelfrost zu erwarten stand, sei ihm eine schreckliche Nachtmäre erschienen; sie kam auf ihn los und sagte ihm: „Nun ist wieder Zeit dich zu schütteln. Warum willst du das leugnen. Laß es zu, wie gewöhnlich“. Der Kranke hatte nämlich Grabsteinpulver eingenommen, alsobald erschien aber ein Mann mit glänzendem Gesicht, schneeweißem Haar und freundlichem Benehmen und sagte: „Zittere nicht; mache über deiner Stirne nur das ehrwürdige Kreuzeszeichen, so wirst du alsobald gefunden“[b]). Wie gering aber für das damalige Empfinden der Unterschied von Traum und Wirklichkeit war, zeigt sich daran, daß derselbe unbekannte ehrwürdige Greis, der uns in zahlreichen Traumbildern vorkam, auch plötzlich unter die wirkliche Volksmenge getreten und sich als Sankt Martin zu erkennen gegeben haben soll[c]). War es aber wirklich so, daß die Traumbegebenheit hinter dem wachen Zustand an Realität nicht zurückblieb, kam daher die Heiligenerscheinung genau so in Betracht wie einst bei Lebzeiten die persönliche That, so war auch die kurze Dauer der Erdenzeit keine Schranke mehr für das spontane Wunder, vielmehr konnten in unbeschränkter Zahl irdische und himmlische Kraftthaten für die Sache der Heiligen wirksam sein.

Die große Ueberlegenheit des kirchlichen Wunder- und Heiligenglaubens über den vulgären heidnischen Aberglauben beruht in dem persönlichen Moment des gepflegten Andenkens an die Erdenspuren eines einst einflußreichen Menschen, das denn doch ein unvergleichlich höheres Gepräge trug, als die Erinnerung an die Nachtschrecken des Alptraums, so wirklich man diese auch verspürt hatte, und bei aller poetischen Ausschmückung. Dem entspricht die Verachtung, mit der die katholischen Geistlichen auf Zauberer und Wahrsager herabsahen. Wenn sie mit ihnen zu thun bekommen, handelt es sich meistens um eine Confrontierung von Heiligenkraft und Dämonenohnmacht; es kam

a) Gregor Martyr. 105.   b) Gregor Mart. IV. 37.   c) Gregor Mart. I. 6.

1) Ludwig Laistner, Rätsel der Sphinx. 1889.

eben noch oft genug vor, daß besonders Leute vom Lande im Fall von Ge=
mütskrankheit sich zur Austreibung des Dämons erst an die Hexenmeister und
Quacksalber wandten. Ein solcher Heilkünstler murmelt dann Zaubersprüche,
wirft die Loose, hängt Halsbänder um und verspricht die Rückkehr des Lebens,
während er doch selbst durch sein Gebahren den Tod herbeiruft. Sobald
wirklich Angehenk und Amulet, Zaubertrank und Heiligenmedizin, Beschwörungs=
formeln und Kreuzeszeichen, in Wettkampf mit einander traten, dann stellte
es sich immer sofort heraus, wem die Heilkraft innewohnte[a]). Desgleichen
gegenüber Aerzten von Beruf, denen man an sich ein gewisses Ansehen nicht
versagte; aber mit dem Heiligen verglichen forderten sie zum Mitleid heraus:
„Was vermögen sie denn mit ihren Instrumenten? Es ist mehr ihres Amtes
Schmerz hervorzubringen, als ihn zu mildern; wenn sie das Auge aufsperren
und mit den spitzen Lanzetten hineinschneiden, so lassen sie jedenfalls die Qualen
des Todes vor die Augen treten, ehe sie wieder zum Sehen verhelfen. Und
sobald nicht alle Vorsichtsmaßregeln genau befolgt werden, ist es überhaupt
mit dem Sehen ein für allemal vorbei. Unser lieber Heiliger dagegen hat
nur ein Stahlinstrument, das ist sein Wille, nur eine Salbe, das ist seine
Heilkraft“[b]). Und seinem Hausarzt erklärt Gregor, als er selber doch so
darnieder lag, daß man bereits seine Beerdigung vorbereitete: „So; du hast
nun alle Hilfsmittel deiner Kunst erschöpft, du hast alle Kräfte und Säfte auf=
gebraucht; aber die Mittel dieser Welt helfen dem nicht, der dem Tode ver=
fallen ist. Mir bleibt nur noch eins übrig; ich will dir das große Mittel
nennen: nimm Steinpulver vom Grabe Martins und mach es mir an“[c]).
Auch zum Selbstbewußtsein, das damals die Geistlichen gegenüber den An=
maßungen der weltlichen Machthaber oft bitter nötig hatten, hätte ihnen ihr
Heiligenglaube nicht verhelfen können, wäre er Illusion gewesen. Wenn Leo,
der Kanzler des Westgothenkönigs Alarichs II, die Felixkirche zu Narbonne
teilweise abtragen ließ, weil sie die Aussicht des königlichen Palastes hinderte[d]),
wenn Eustasius von Poitiers Bischof Eufronius von Tours um den Grund=
besitz von dessen Vetter Baudulf brachte[e]), wenn Leudast der Graf von Tours
einen jungen Pariser Handwerker am Heiligengrabe festzunehmen befahl, weil
er wohl seinen Lehrherren entlaufen sei[f]) und was der zahllosen Gewalt=
thaten dieser Art mehr sind, immer konnte dann der Bischof, dem die Ein=
sprache oblag, sich zuversichtlich sagen, hinter ihm stehe der Heilige und werde
ihn nicht im Stiche lassen. Doch machte man mit diesem Bewußtsein auch
dann Ernst, wenn es Entsagung forderte; offenbar führte die Ehrfurcht vor
der dem Heiligen schuldigen Würde dazu, daß wenigstens sein direkter Ver=

---

a) Gregor Mart. I. 26. 27. IV. 36. Jul. 48 a.　　b) Gregor Mart. II. 19.　　c) Gregor Mart.
I. 9.　　d) Gregor Martyr. 91.　　e) Gregor Mart. I. 30.　　f) Gregor Mart. II. 58.

treter sich der Ehe enthielt, und so entließ ein Geistlicher, der Bischof wurde, seine Frau a), während beim niederen Klerus der Cölibat ein unerfüllter Wunsch der Konzilien blieb. Selbst reine Versehen, wie sie überall mit unterlaufen können, wurden durch den Heiligen in Person ausgeglichen, treu stand er zu seinen Untergebenen, so bei dem Erzdiakon Johannes von Nimes, der in Verwechselung mit dem in der That schuldigen Erzpriester dieses Namens verhaftet worden war, dann aber im Verlauf der Folgen dieses Vorfalls den Bischofsstuhl der Stadt bestieg b).

Das Standesbewußtsein äußert sich nun aber nicht zum wenigsten auch darin, daß man auf Ordnung hielt in Ausübung des Wunderglaubens. Gemeint ist damit nicht die aristokratische Miene, mit der einige Altrömer gelegentlich die triviale Meßcelebrierung eines Franken als unelegant belächeln c). Noch weniger darf man darunter Sittenzucht im Klerus verstehen; der Priester, Eparchius, der im Rausch die Weihnachtsmesse celebrierte d), ist noch ein gnädiges Beispiel angesichts der von Gregor in der Frankengeschichte geschilderten insulierten Raufbolde, Schlemmer und Schufte wie Badegisel von Le Mans e), Salonius von Embrun und Sagittarius von Gap f), Eonius von Vannes g), und Cautinus von Clermont h), nicht zu vergessen der aufständischen Nonnen von Poitiers i), gegen die Militär aufgeboten werden mußte. Aber diese Verwilderung der Sitten, die in der Kirche womöglich noch schlimmer war, als unter den Laien, führte die asketischen Kreise zu einer ungesunden Steigerung ihrer Ansprüche an sich selbst; gegen das gottlose Treiben der Welt, wo überhaupt nur noch Meineid, Raub und Mord zu finden sei, suchte man mit einem manchmal geradezu verrückten Fanatismus anzukämpfen. Und da nun setzte eine vernünftige Einsicht aus ernst gesinnten Kreisen haltgebietend ein. Eine Langobarde, Wulfilaich mit Namen, ein Jünger des Aridius von Limoges, that sich aus Verehrung für Sankt Martin bei Trier als Säulen= heiliger auf; aber die Bischöfe ließen seine Säule zerstören mit der Begrün= dung, ein geringer Mann wie er könne sich nicht mit Symeon von Antio= chien vergleichen; auch erlaube das rauhe Klima diese Art Askese nicht, er habe wie andere Aebte bei seinen Mönchen zu wohnen k). In Bordeaux er= trotzte ein überspannter zwölfjähriger Knabe, Anatolius, von seinem Herrn die Erlaubnis, sich als Klausner einzuschließen. Acht Jahre lange lebte er in einer unterirdischen Kirche in einem Loch eingemauert, und erkrankte denn auch am Verfolgungswahn; eine Martinskur in Tours hatte nur vorüber= gehenden Erfolg. Ein anderer Klausner in der Bretagne, Winnoch, lebte nur

a) Gregor Conf. 77.   b) Gregor Martyr. 77.   c) Gregor Mart. II. 1.   d) Gregor Martyr. 86.   e) Gregor H. Fr. VI. 9. VII. 15. VIII. 39. X. 5.   f) Gregor H. Fr. IV. 42. V. 20. 27. VII. 28. 34. 37. 38. 89.   g) Gregor H. Fr. V. 26. 29. 40.   h) Gregor H. Fr. IV. 6. 7. 11. 13. 15. 16. 31. 35.   i) Gregor H. Fr. IX. 39—43. X. 15—17.   k) Gregor H. Fr. VIII. 15.

von Kräuterwurzeln und kleidete sich in Felle, schien auch den Weinkrug zum
Munde zu führen, als berühre er ihn nur mit den Lippen und trinke nicht;
da aber fromme Leute ihm oft volle Weinkrüge brachten, gewöhnte er sich
leider endlich doch an den Trunk und fing an, sich dem Weine zu ergeben,
daß man ihn meistens nur betrunken sah. Er mußte schließlich als gemein=
gefährlich eingesperrt werden; doch führte das seine Besserung nicht herbei a).
Solche Extravaganzen mißverstandener Heiligkeit machen die seltsame Maß=
regel eines Abtes in Bordeaux verständlich: er hatte bereits bei der Auf=
nahme eines Novizen Bedenken erhoben, der Dienst an diesem Orte sei hart;
doch hatte der Jüngling sich bescheiden eingeführt und bekam eines Tages
zur Erntezeit Getreide zu überwachen, das zum Trocknen an der Sonne lag.
Plötzlich brach ein Regen los; Hülfe zu holen, war zu spät, also betete der
junge Mönch, es möchte doch kein Tropfen auf das Getreide fallen. In der
That blieb der Weizen verschont, während es ringsum strömte. Abt und
Mönche, die herbeieilten, sahen das Wunder, und sahen den Bruder im Ge=
bete auf dem Sand hingestreckt. Auch der Abt warf sich ·hinter ihm zur
Erde nieder. Dann aber rief er ihm zu, aufzustehen, ließ ihn ergreifen und
geißeln, indem er zu ihm sprach: „Du mußt nämlich, mein Sohn, in der
Furcht und dem Dienste Gottes demütig wachsen, nicht aber mit Zeichen und
Wunderkräften dich rühmen". Er ließ ihn darauf sieben Tage in eine
kleine Zelle einsperren und wie einen Schuldigen hungern; denn eitle Ruhm=
sucht könnte seiner Seele schaden. Der junge Mann fiel in Folge dessen sehr
gut aus und wurde ein Mönch von größter Ergebenheit und fast ohne jeden
Anspruch ans Leben b). Desgleichen verfuhr ein anderer Abt gegenüber einem
Mönche, von dem ihm hinterbracht worden war, er·strebe mit ungewöhnlicher
Heftigkeit nach einem heiligen Wandel und liege nach vollbrachter allgemeiner
Bußandacht noch zu harten persönlichen Uebungen abseits in einer Dornhecke
auf den Knien. Er folgte ihm das nächste Mal verstohlen, um ihn zu beob=
achten, und gewahrte nun in der That, daß dem Bruder während des Ge=
bets leichte Flammen aus den Mundwinkeln fuhren, die dann in leisem Feuer=
dampf sich um dessen Haupt sammelten, ihm das Haar steif aufsträubten, ohne
es jedoch anzusengen und schließlich als unendliche Lichtsäule gen Himmel
stiegen. Aufs höchste erstaunt über diese unzweifelhafte Begabung zum Hei=
ligen, ließ der Abt jedoch nicht das geringste merken, sondern legte dem Bruder
von nun an besonders harte Demütigungen auf, damit solch ein schönes Wunder=
talent nicht der Eitelkeit zum Opfer falle c).

---

a) Gregor H. Fr. VIII. 34.　　b) Gregor H. Fr. IV. 34.　　c) Gregor Conf. 37.

3.

Die auf den Gebieten der Politik, des Rechts, der Verfassung und der Bewirtschaftung so verwickelte Frage, was damals unter den Merowingern römisch und was germanisch war, ist für das fränkische Christentum einfach genug zu beantworten: römisch war, wie man es gab, und deutsch war, wie man es aufnahm. Allerdings wäre die vom Christentum überwundene heidnische Volksreligion noch auf ihre keltischen und ihre germanischen Bestandteile hin näher ins Auge zu fassen, falls eine genügende Ueberlieferung eine solche Untersuchung ermöglichte. Das ist aber kaum der Fall. Ueber die ungefähre Verteilung des Gemeinsamen und des Unterschiedlichen wird schwerlich hinauszukommen sein. Versuchen wir es auf Grund der wenigen uns zugänglichen Berichte.

Unter den altgallischen Kultstätten war die berühmteste der Tempel Vasso Galatä bei Arvern[1]), ein monumentaler Bau, mit doppelten Mauern, innen von kleinen Steinen, außen von ausgehauenen Quadern; die Wand war dreißig Fuß dick und nach innen mit Marmor und Mosaik ausgelegt; auch der Fußboden war von Marmor und das Dach oben mit Blei gedeckt. Dieses Heiligtum war indessen schon durch den Alamannenherzog Chrok verwüstet worden; Gregor hat nur die Ruine in Augenschein genommen[a]). Ein anderes Asyl des Heidentums war der Göttersee von Alenc im Pays de Gévaudan gewesen. Dort hatten die Bauern dem See Spenden dargebracht, indem sie Leintücher und Kleiderstoffe, sogar wollene, hinein warfen; doch konnten sich das nur die Reichen erlauben, die Armen warfen Käse, Wachskuchen, Brod und sonst Gegenstände jeder Art hinein. Sie kamen auf ihren Wagen hergefahren, packten ihren Proviant aus, schlachteten und thaten sich drei Tage lang gütlich. Am vierten Tage pflegte ein Gewitter nieder zu gehen. Der Angriff der Kirche auf diese Kultstätte wurde wahrscheinlich ums Jahr 535 durch den Bischof der Gegend geführt. Er ging mit Reliquien seines Namenspatrons Hilarius von Poitiers vor und errichtete ihm am Seeufer eine Kirche. Nach ihrer Bekehrung pflegten die Bauern ihre ehemalige Göttergabe nun dem Heiligen zuzuwenden[b]). Endlich muß keltischen und kann nicht deutschen Ursprungs jener Ernteumzug sein, den schon hundert Jahre vor der fränkischen Invasion Martin von Tours bekämpft hat. Gregor schildert offenbar denselben Kultgebrauch des näheren: in

---

a) Gregor H. Fr. I. 32.   b) Gregor Conf. 2.

1) W. v. Giesebrecht, Zehn Bücher fränkischer Geschichte vom Bischof Gregorius von Tours, in: Geschichtsschreiber der deutschen Vorzeit. 2. Gesamtausgabe. Leipzig 1878. Bd. IV. 1. 367/368.

Autun soll sich das Bild der Göttin Berecynthia befunden haben. Man führte es auf einem Wagen in den Feldern umher für die Wohlfahrt der Felder und Weinberge und tanzte jauchzend darum herum. Es war Cybele, die Mutter der Götter, die man von einem Schleier umwallt durch die Saaten trug. Bischof Simplicius von Autun unternahm den Kampf dagegen; als das Bild umgeworfen dalag und nicht mehr von der Stelle gebracht werden konnte, entschieden sich vierhundert Anwesende für die Ohnmacht ihres bisherigen Glaubens und meldeten sich beim Bischof zur Taufe[a]). Reste des längst in sich selbst ersterbenden Druidentums und Teile der auch in die Provinzen gedrungenen gemischten Heeresreligion waren es also, was im Lande selbst der christlichen Mission entgegenstand. Für die Städte römischer Verfassung kam eine eigentliche Missionierung nicht mehr in Betracht, zumal ja meistens der Bischof zugleich auch ihr Herrscher war. Dort lag das Verhältnis vielmehr so, daß sich Ueberreste von Heidentum in konservativen Adelsfamilien und bei Gebildeten vorfanden, während der kleinere Bürgerstand rein christlich war[b]). Was die Franken von sich aus mitbrachten, war wohl nicht vor Alter brüchig und hinfällig, aber doch zu scheu und zu kampfesungewohnt, um einem wohlberechneten Anlauf dauernd Widerstand zu leisten. „Jenes Geschlecht“, schreibt Gregor von den alten vorchristlichen Franken, „war wahnsinnigen Götzendiensten noch immer von Herzen zugethan; Gott war ihnen gänzlich unbekannt. Sie bildeten in Wäldern und an Gewässern, von Vögeln und Tieren und andern Naturmächten bestimmte Gestalten, die sie gleich Gott anzubeten und mit Opfern zu versehen pflegten“[c]). Nach Gregor war also das fränkische Heidentum ein Bilderdienst, Naturmächten in Tiergestalt gewidmet. Er scheint mehr die kleinere Religion, die Stammesreligion im Auge zu haben. Doch findet sich bei ihm auch eine Schilderung eines großen Heiligtumes, das ohne Zweifel Wodan gewidmet war; denn Mars-Mercur läßt keine andere Deutung zu. Dieser Wodanskult in der Auvergne kann nun, wenn fränkischen Ursprungs, nur jünger sein, als das zu Kaiser Maximus Zeiten gestiftete Juliansmausoleum. Seine Pflege etwa heidnischer gebliebenen Burgundern oder Westgothen zuzuschreiben, wäre gewagt. Und doch ist Julian der einherstürmende Wetterheilige Wodan auf den Leib geschnitten. Es bleibt ein Ausweg: in vorfränkischer Zeit mußte Julian einem römischen Merkurdienst opponieren, der dann von den eindringenden heidnischen Franken übernommen und aufgefrischt wurde. Doch lassen wir Gregor erzählen. Der Mars- und Merkurtempel in Brioude, berichtet er, stand neben der Julianskirche. Bei dem Schwerttanz vor der heidnischen Bildsäule geschah es einmal, daß ein junger Gladiator sich seinem Gegner nicht

____

a) Gregor Conf. 76.   b) Gregor II. Fr. I. 31.   c) Gregor H. Fr. II. 10.

gewachsen fühlte, darum plötzlich entsprang, an die Zelle des Märtyrers flüchtete und die Thür hinter sich zuriegelte. Der Gegner wollte die Thür= pfosten umreißen, klemmte sich aber die Hand so schmerzhaft ein, daß er ab= ließ. Ein christlicher Priester kam von ungefähr zu diesem Vorfall; er nahm die günstige Gelegenheit wahr und leitete die Bekehrung der Heiden ein. Am vierten Tage brachte er sie auf seine Seite durch das Gebet, mit dem er ein Gewitter heraufbeschwor und wieder verscheuchte. Nun wurde auch der ge= klemmte Jüngling seine Schmerzen los, und die anwesenden Heiden wurden getauft auf den Namen der heiligen Dreieinigkeit[a]).

Einen tieferen Einblick in die Eigenart des vom Heiligentum überwundenen germanischen Heidenglaubens eröffnet uns nicht Gregor selbst, sondern sein von ihm unter den zeitgenössischen Heiligen aufgeführter Mitbischof, der in der That höchst merkwürdige Martin von Bracara in Portugal. Er stammte aus Ungarn, wie der große Martin auch, und hatte sich im Orient zum Gelehrten ausgebildet. Um 550 begab er sich aus dem Morgenland nach Portugal, und zwar zur See, über das ganze mittelländische Meer und den atlantischen Ozean, um die damals sich vollziehende zweite Bekehrung der Sueven zum Katholizismus zu fördern. Diese hing mit dem Reliquien= bezug König Chararichs am Martinsgrabe von Tours zusammen. Nahe bei Bracara in Dumio stiftete Martin ein Kloster und wurde dessen Abt. Von da konnte er auf den Hof am leichtesten einwirken. Noch unter Chararich wurde Dumio zum Bistum erhoben mit Martin als Bischof. 572 ist er Erzbischof der Residenz und Vorsitzender des Konzils. Er galt der fränkischen Geistlichkeit für hervorragend gebildet und starb nach dreißigjähriger Wirksamkeit im Jahre 580. Die Verse, die er seinem großen Landsmann und Namensherrn in größter Bewunderung gewidmet hat, standen zu Sankt Martin in Tours über der südlichen Kirchenthüre angeschrieben[b]). Dieser Martin von Bracara hat nun einen Traktat verfaßt, betitelt: „Die sittliche Hebung des Landvolks"[1]), und erwähnt darin allerlei heidnische Gebräuche und Kultgewohnheiten der Deutschen. Sie verehren Wochengötter durch die Benennung der Wochentage nach Mars, Mercur, Jupiter, Venus und Sa= turn, die doch keinen Wochentag geschaffen haben, sondern gottlose Griechen waren. Sie beginnen das Jahr mit Januar, während die Welt doch zu Tag= und Nachtgleiche begonnen habe: „Gott schied zwischen Licht und Fin= sternis", und zwar im Frühling, da vom Sprossen und Keimen des Grases die Rede sei. Gleich den römischen Paganalien im Januar, wo Tellus und

---

a) Gregor Jul. 5. 6.   b) Gregor H. Fr. V. 37. Mart. I. 11. cf. Fortunat. Carm. 5. 1. 2.

1) C. P. Caspari, Martin von Bracara's Schrift De correctione rusticorum. Christiania 1883.

Ceres von den Bauern des Gaues gebeten wurden, die Feldfrüchte vor schäd=
lichen Tieren wie Ameisen und Feldmäusen zu bewahren, hatten die Ger=
manen einen Tag, der den Motten und Mäusen heilig war. Auch denke
man an Apollo den Mäusetöter und an Zeus, den Fliegenabwehrer. „Ist
es menschenmöglich“, ruft Martin aus, „daß ein Christ statt Gott Motten
und Mäuse verehrt. Denn wenn Motten und Mäusen nicht auf das zuvor=
kommendste Kufen und Näpfe hingestellt werden oder Brod und Pfannkuchen,
so holen sie es sich selbst und schonen dann in keiner Weise die Vorräte, die
sie doch gerade beschützen sollen.“ Eine Art Vulkanalien, aber ein Kalender=
fest, an dem man auch die Tische mit Maien schmückt, ist das Neujahrsgelage;
ihm liegt der Glaube zu Grunde, wenn man sich am Jahresanfang mit Speise
und Trank gütlich thue, werde man das ganze Jahr hindurch in Ueberfluß
leben. Gemeint ist die Julzeit, die zwölf Nächte von Weihnacht bis Epi=
phanien. Ferner achtet man ängstlich auf den Ruf der Waldkäuze; man
bekränzt Häuser und Thüren mit grünen Sträußen zur Abwehr von Gefahren,
„steckt Maien“, wie das Volk sagt; man beobachtet die Fußstapfen, den Ab=
druck der Sohle auf dem Erdboden; man gießt Wein über den Baumstamm
legt Obst darauf und wirft Brod in die Quellen: der „Julkloß“. Zu Hause
sprechen die Frauen über ihre Gewebe den Namen der Minerva aus: das
Anrufen der Frau Holle beim Spinnen. Der Freitag gilt besonders glück=
lich zum Heiraten und um eine Reise anzutreten. Man bespricht Kräuter und
wendet allerlei Zauberformeln da an, wo der Christ Symbol und Vaterunser
zu Hilfe nimmt. Man steckt an Felsen, Bäumen, Quellen und Kreuzwegen
Lichter auf und achtet auf das Niesen. Wenn nun das Landvolk von der
Nichtigkeit dieser Gewohnheiten überführt war, so schritt man möglichst rasch
zur Taufe, womöglich schon an den Kindern. Wie es dabei zu ging, schildert
Martin in seiner Ansprache ebenfalls: „Ihr Gläubigen also, die ihr im
Namen des Vaters und des Sohnes und des heiligen Geistes zur Taufe
Christi zugelassen seid, bedenkt, was für einen Vertrag ihr im Taufakt mit
Gott eingegangen seid. Und als ihr euch bei der Taufe euern Namen geben
ließet, Peter, Johann oder sonst einen, da wurdet ihr vom Priester gefragt:
„Wie willst du heißen“? Du antwortetest, wenn du schon reden konntest,
und wenn nicht, antwortete der Pathe für dich, der dich aus der Taufe hob:
„Johann soll er heißen“. Da fragte der Priester: „Johann, schwörst du ab
dem Teufel und seinen bösen Geistern, all seiner Verehrung und seinem
Götzendienst, all seinem Raub und Betrug, all seiner Unzucht und Trunken=
heit und allen seinen bösen Werken. Ja oder nein“? Und du antwortetest:
„Ja, ich schwöre ab“. Darauf fragte dich der Priester: „Glaubst du an
Gott, den allmächtigen Vater“. Du antwortetest: „Ich glaube“. „Und an

Jesus Christus"? Folgt die spanische Symbolform. Antwort: „Ja". Und an den heilgen Geist? „Ja" a).

Durch die Taufe wurde für den Kelten oder Germanen sein bisheriger Götterglaube Dämonenglaube. Denn die Existenz und Macht der von ihm gestürzten Götzen hat das alte Christentum nirgendwo und zu keiner Zeit geleugnet. Es bestritt nicht, daß die Götter s e i e n , aber es bestritt, daß sie G ö t t e r seien: Teufel waren es und Teufelskinder. Die Wesen, bei denen man früher Hilfe gesucht hatte, lehrte die Kirche nun fliehen und fürchten, indem sie überall ihr schlimmes Walten erkannte. Krankheit war Teufels= werk, mochte der Dämon nun in der Staubwolke sitzen und blenden ") oder Hand und Fuß lähmen ᶜ) oder mit den Nachwehen eines Erdbebens Verstand und Körperkraft rauben ᵈ). Ein Mädchen konnte friedlich am Webstuhle sitzen. Da überfiel sie der Dämon und sie wurde stumm ᵉ). Ein Schafhirt lagerte an der Quelle; plötzlich ging er lahm, wurde den Bettlern übergeben und zog zehn Jahre und mehr im Lande herum ᶠ). In Voultegon, einem Dorf der Poitou, meinten in einer Sonntagsnacht zwei kleine Kinder, die in dem= selben Bett schliefen, plötzlich die Morgenglocke läuten zuhören; sie standen auf und gingen nach der Kirche. Im Vorhof sahen sie einen Chor singender Frauen und waren entsetzt; denn sie erkannten, daß es eine Bande Gespenster war. Da warfen sie sich zur Erde, versäumten jedoch, sich zu bekreuzen, und so wurde das eine blind, das andere konnte nicht mehr gehn ᵍ). Schon die harmlosen Unfälle eines Bezechten wurden dem Bösen aufs Kerbholz ge= schrieben ʰ). Vollends ein Selbstmörder handelte nicht aus freiem Willen, sondern weil er von den Klauen eines schmutzigen Gespenstes geklemmt wurde, das dem Teufel ähnlich sah. Bereits hatte der Unglückliche den Strick am Balken befestigt und zögerte nur, sich die Schlinge umzulegen; denn er fühlte Reue und rief einen Heiligen an; da raunte ihm der Teufel ins Ohr: „Vor= wärts, spute dich; vollende was du begonnen hast", und wollte ihm den Kopf in die Schlinge drücken ᶦ). So häufig immerhin Dämonen ins menschliche Leben eingreifen, kennt Gregor nur eine Gattung näher und nennt sie mit besonderem Namen: die Mittagsdämonen oder Tagalpen¹). Sie lauern um Mittag selb sieben den Menschen hinter Felsblöcken an der Straße auf und werfen sie dann mit Steinen, sodaß mehrere der Getroffenen den Verletzungen erliegen ᵏ). Ihre Nachstellungen verursachen bald ein hinkendes Bein ˡ), bald eine Lähmung der Zunge ᵐ). Als ein telepathisches Weib in Paris den großen

a) Martin Bracar. De correct. rustic. 7—12. 15. 16.   b) Gregor Mart. II. 15. III. 28. IV. 22. Jul. 22.   c) Gregor Mart. III. 27.   d) Gregor. Mart. IV. 34.   e) Gregor. Mart. III. 37. f) Gregor Mart. III. 58.   g) Gregor Mart. II. 45.   h) Gregor Mart. I. 20.   i) Gregor Mar- tyr. 28.   k) Gregor Andr. 6.   l) Gregor Mart.   m) Gregor Mart.

1) Wuttke, Der deutsche Volksaberglaube § 402 ff.

Stadtbrand vorhersagte, drei Tage, ehe er ausbrach, hielt man sie für vom Mittagsteufel besessen und lachte sie aus[a]).

Wenn aber um den Besitz von Natur und Menschenwelt die Heiligen mit den Dämonen in beständiger Fehde lagen und es zu einem entscheidenden Siege nicht brachten, so hatten sie doch unstreitig die Oberhand, die sich schon durch die Ueberlegenheit ihrer Mittel kundgab. Vor allem ist der Lichtschein ihr Privilegium; ein Dämon glänzt nicht, sondern ist finster und schattenhaft. Diese Leuchtkraft des Heiligen hat sich die Kirche zu nutzen gemacht; im Reiche des Lichts geschehen die meisten typischen Wunder: die sich von selbst entzündende Kirchenkerze, deren bekanntestes Beispiel in der Amarandusbasilika zu Albi erfolgte[b]), das von außen erhellt erscheinende Kirchenfenster, von dem Gregor einen besonders sprechenden Fall selbst erlebte[c]), die wunderbar leuchtende Lanzenspitze[d]), die Flämmchen und Scheine über dem Altar[e]), dem Heiligengrab und über den die Hostie segnenden Händen des Priesters; dieses populärste Lichtwunder der verklärenden Aureole um etwas Heiliges war in so unzähligen Spielarten verbreitet, daß manche darunter wieder originell erscheinen, so der Lichtschein, der in Form eines weißen Lammes auf der Brust des unschuldig des Ehebruchs beargwöhnten schlafenden Bischofs lag[f]). Der andere Hauptbezirk des typischen Wunders sind Oel[g]) und Wein[h]), die in Gegenwart des Heiligen unerschöpflich werden. Hier ist der wunderbare Faktor bereits viel stärker; während beim Luftwunder ein wirklicher Anhaltspunkt in der Außenwelt und seine instinktive Steigerung durch gläubige Betrachtung in den meisten Fällen wahrscheinlich ist, fehlt ein solcher natürlicher Antrieb bei der Wein- und Oelvermehrung doch viel eher; wenn man dann nicht einfach eine Einwirkung biblischer Vorbilder annimmt, so handelt es sich dann eben um nichts anderes als um eine Abweichung des Wahrnehmungsvermögens unter dem Druck einer Glaubensvorstellung. Wenigstens dem ehrlichen Gregor ist es so ergangen. Hören wir ihn noch einmal ein eigenes Erlebnis erzählen: „Fromme Ehrfurcht", so berichtet er[i]), „forderte den Besuch am Grabe des heiligen Hilarius und eine Unterredung mit Königin Radegunde. Ich kam ins Kloster, begrüßte die Königin und fiel vor dem Heiligenkreuz und vor den Unterpfändern der Seligen nieder. Zur Rechten aber war ein Leuchter angezündet. Als ich nun beständig Oel daraus herabträufeln sah, war ich der Meinung, deß ist Gott Zeuge, das Gefäß sei zerbrochen; auch war darunter eine Schale aufgestellt, in dem sich das Oel sammeln sollte. So wandte ich mich denn an die Aebtissin und

a) Gregor II. Fr. VIII. 33.   b) Gregor Martyr. 57.   c) Gregor Martyr. 9.   d) Gregor Mart. I. 14.   e) Gregor Martyr. 5.   f) Gregor Conf. 77.   g) Gregor Mart. III. 24. h) Gregor Jul. 35.   i) Gregor Martyr. 5.

sprach: „An einer solchen Stätte könntet ihr eigentlich wohl für eine ganze Oellampe sorgen". Sie aber sagte: „Das ist es nicht, mein lieber Herr; die Kraft des Heiligenkreuzes steht vor deinen Augen". Da gab ich klein bei; ich erinnerte mich wieder dessen, was ich früher wohl gehört hatte, und zur Lampe gekehrt und bekehrt, sah ich das Oel in den untergestellten Tiegel fließen, immer mehr und mehr, wie ich meine, um meine Ungläubigkeit so recht Lügen zu strafen. Im Verlauf einer Stunde gab das Gefäß, das sonst kein Viertel faßt, mehr als ein Sester Oel. Da schwieg ich denn still und predigte fürderhin die Anbetung der heiligen Kreuzreliquie". Doch hat es dabei sein Bewenden nicht. Eine andere Geschichte zeigt noch deutlicher, wie Gregor trotz aufrichtigem Bemühen um ein dem Sachverhalt entsprechendes Urteil dem hypnotischen Bann der einmal stabilierten Glaubensvorstellung nicht widerstehen konnte. Da es sich freilich diesmal um die Abwehr eines hartnäckigen Zweiflers handelte, so mögen Gregors Messungen unbewußt beeinflußt gewesen sein. Ein Mann äußerte sich nämlich abfällig über das Martinsleben des Severus: weder verdiene die Behauptung Glauben, unter der Kraft von Martins Segen habe Oel an Volumen zugenommen, noch die andere, eine Flasche sei auf das Steinpflaster gefallen und nicht zerschellt. Nun hatte umgekehrt einer von Gregors Diakonen mit einer Flasche Rosenöl, die für Salbungen an seinem fieberkranken Körper halb aufgebraucht und dann versuchsweise am Martinsgrabe deponiert worden war, zwar die automatische Selbstfüllung der Flasche erfahren dürfen; als sie aber an der Wand seiner Wohnung aufgehängt war, riß sie sich auf einen teuflischen Schlag hin vom Haken los, fiel zu Boden und brach entzwei. Die Erde hatte alsbald die Flüssigkeit aufgesogen; der Diakon jedoch nahm nun die feuchte Erde und preßte so viel als möglich die Feuchtigkeit in ein anderes Gefäß aus. So gewann er richtig wieder etwas Oel, dazu einige Glasscherben, auch war der Rosenduft nicht ganz verloren gegangen. Das alles überbrachte er nun seinem Bischof. Gregor seihte das Oel erst in ein neues Gefäß über: es mochte etwa ein halbes Glas voll sein; die Flasche füllte es zwei Finger breit. Als er tags darauf nachsah, stand es in einer Höhe von ungefähr vier Fingerbreiten. Da schloß er die Flasche ab und versiegelte sie mit seinem Handsiegel. Eine Woche später sah er wieder nach; nun war mehr als ein Schoppen darin. Gregor ließ den Diakon kommen, und dieser versicherte eidlich, genau so viel sei damals zu Grunde gegangen[a]). Diese Anekdote führt ferner zu einem andern typischen Wunder; in der Lorenzkirche von Arvern befand sich eine Kristallschale von großer Schönheit. Ein Diakon war so ungeschickt, sie fallen zu lassen. Doch legte er die gesammelten

---

a) Gregor Mart. II. 32.

Scherben vertrauensvoll auf den Altar; nach einer unter Gebeten, Wachen und Weinen verbrachten Nacht sah er nach: Die Schale war ganz. Als dieses Wunder dem Volke mitgeteilt wurde, machte es solchen Eindruck, daß der Wunsch laut wurde, es möchte der Bischof dem heiligen Lorenz doch ein neues Fest einräumen. Die Schale wurde über dem Altar aufgehängt[a]).

Das typische Wunder ist somit im Unterschied vom spontanen nicht eine unerwartete, auf persönlichen Impuls zurückzuführende, mehr oder weniger neue und eigene Erscheinung, sondern ging gattungsmäßig vermittelt aus kultischen Bedürfnissen oder Zufälligkeiten gelegentlich hervor, sodaß schwer ist zu entscheiden, in wie weit es Ergebnis und in wie weit Mittel der Kirchenpraxis war. Jedenfalls aber bildet hier die Kirchenpraxis und nicht das individuelle Leben den eigentlichen Nährboden, und es lohnt sich daher wohl, an einem sprechenden Beispiel noch des näheren nachzuweisen, wie unter Umständen ein besonderer Fall des kirchlich Notwendigen auch den Wundertypus in einer bestimmten dem Bedürfnis angepaßten Form hervorbrachte. Von allen Anforderungen, die das Christentum an die früheren Heiden stellte, fiel dem Franken die Heiligung des Sonntags am schwersten. Daß man an einem bestimmten Tage jeder Woche die Arbeit gänzlich unterlassen solle, wollte ihm nicht eingehen. Die Kirche aber setzte den für sie fundamentalen Brauch mit allen Mitteln durch. Sie wies, wo es nur anging, die verderblichen Folgen der Sonntagsarbeit zunächst im allgemeinen nach, als Krankheitsursache; eine gelähmte Frau hatte eben am Sonntag gegenüber der Autorität der Kirchenväter sich herausgenommen zu arbeiten[b]) und Leudolf war an dem Sonntag erblindet, da er vormittags und nachmittags sein Heu einbrachte[c]); dabei begreift es sich, daß gelegentlich das Fest eines höheren Heiligen, so der Johannistag, in den Rang eines Sonntags hinauf rückt und die Frau, die dann Unkraut jätet, von einem schrecklichen Ausschlag befallen wird[d]). Dann aber tritt noch öfter eine bestimmte logische Beziehung zwischen Schuld und Strafe ein; bei einem Weibe war die rechte Hand, die Samstag nachts noch gearbeitet hatte, noch eingeschrumpfter als die übrigen Glieder[e]). Das in der Sonntagsnacht gezeugte Kind ist eine scheußliche Mißgeburt; so mochte denn die Mahnung der Geistlichen nicht ohne Eindruck bleiben, in dieser Nacht sich des Beilagers zu enthalten, sie vielmehr keusch und gottwohlgefällig zu verbringen[f]). Ferner legte eines Sonntags eine Frau von Langeais einen Mehlklumpen in die heiße, von Gluten gesäuberte Asche, um ihn zu Brot zu backen, als ihre Hand von innerer Glut verzehrt zu werden begann[g]). Werden schon hier die Schuldigen immer so gestraft, wie sie gesündigt haben,

---

a) Gregor Martyr. 45.   b) Gregor Mart. III. 55.   c) Gregor Mart. IV. 45.   d) Gregor Mart. II. 57.   e) Gregor Mart. III. 31.   f) Gregor Mart. II. 24.   g) Gregor Martyr. 15.

so tritt die typische Strafe für Sonntagsentheiligung vollends darin zu Tage, daß die Hand, die den Holzgriff des Werkzeugs umfaßt, erstarrt und die Finger in der umklammernden Haltung steif werden würden: so ging es der Frau die Samstags nach Sonnenuntergang noch mit der Ofengabel die Brote zum backen einschob[a]), so dem Bauern, der um an seinem Pfluge etwas in Ord= nung zu bringen, Sonntags zur Hacke gegriffen hatte[b]), so dem andern, der Sonntags um Korn zu mahlen seinen Mühlstein um drehte; er sägte den Holzgriff ab, aber erst vor dem Heiligen, den er um Gnade anflehte, wurde seine Hand die unliebsame Zugabe los[c]). Und wenn ein anderer im selben Fall ohne das Anhängsel zwischen den Fingern vor Sankt Martin erschien, nun, so hatte der eben noch zu rechter Zeit die erstarrende Hand zurück= gezogen; gespürt hatte er bereits, wie das Holz anzukleben begann[d]). In einer derartig engen Verbindung mit dem Volksleben ist das typische Wunder, das erst nur Beweiswunder war, zum Strafwunder geworden und wird so wohl in der kirchlichen Verwendung sich als wirksamste Illustration der Kanzelermahnung und der Gesetzgebung erwiesen haben.

Wie hätte so mannigfaltigen und überlegenen Mitteln das Bauernvolk sich überhaupt widersetzen können. Wunder, Wunder, nichts als Wunder! Dagegen war ja schlechterdings nichts zu wollen, wenn man nicht geradezu Lust verspürte, seine Haut feilzutragen; denn daß die Heiligen keinen Spaß verstanden, sah man doch deutlich genug. Aber, und das ist nun ein weiterer bedeutsamer Punkt in unseren Erörterungen, es handelte sich gar nicht um Zwang noch um dumpfe Schickung in etwas Unvermeidliches. Was als Auf= klärung angeboten wurde, wurde wirklich als Befreiung empfunden; dem Franken, wenn anders ihm an Religion überhaupt innerlich gelegen war, bedeutete das Christentum wirklich eine frohe Botschaft. Das beweist schon die Stimmung des Volkes dem Heiligen gegenüber. „Wenn am Heiligen= grabe die Seele sich erniedrigt und das Gebet sich erhebt, wenn die Thräne quillt und die Reue ins Gewissen sticht, wenn aus dem Herzensgrunde die Seufzer aufsteigen und wir an unsere schuldige Brust schlagen, dann entsteht Lachen aus dem Weinen und Gnade aus dem Fehltritt, und das geprüfte Herz hat Trost gefunden"[e]). Daß solche Worte aus der fränkischen Volks= seele heraus gesprochen waren, legt auch das Verhalten des gemeinen Mannes auf seiner Wallfahrt nahe. Oft waren ernstliche Schwierigkeiten zu über= winden, bis es überhaupt nur zur Wallfahrt kam; so mußte eine lahme Frau, die nach dem Martinskloster Ligugé fahren wollte, von Haus zu Haus bei Reichen sammeln gehn, um die Auslagen für den Transport mit dem

---

a) Gregor Mart. III. 56.   b) Gregor Jul. 11.   c) Gregor Mart. III. 3.   d) Gregor Mart. III. 29.   e) Gregor Mart. III. praef.

Ochsenkarren bestreiten zu können ᵃ). Am Festtage in der Feststadt stand dann der Gläubige mitten in der Volksmenge in der Kirche; er geht und küßt das Heiligengrab, weint darüber, betet um Hilfe, glaubt an sie; da kommen die Priester, die Ceremonien heben an, der Vorleser, der an der Reihe ist, schreitet zum Pult und beginnt die Lektüre des heiligen Lebens; da zuckt es in den kranken Gliedmaßen, er fühlt es, er wird geheilt, jetzt in diesem Augenblick; er raunt es dem Nachbar zu, schreit es laut hinaus und erhebt den genesenen Arm hoch empor, damit es jeder sehen kann ᵇ). Und so fühlt nicht ein einzelner, so fühlt jeder; Gregor durfte sagen, das große Martinsfest im Sommer werde vom ganzen Volke förmlich herbeigesehnt ᶜ). Hie und da ist der Besucher auch so schüchtern und bescheiden, daß er erst gar nicht ans Heiligengrab vorzudringen wagt, sondern traurig wieder umkehrt und nach Hause schlafen geht ᵈ). Wenn aber eine Heilung geglückt ist, dann trägt das zum Ruhme des Heiligen aufs neue bei: wer geheilt wird, sorgt dafür daß es unter die Leute kommt, und ein Heilungswunder trägt Sankt Martin wieder eine ganze Reihe von Geschenken anderer Leute ein" ᵉ). Kurzum, die Verehrung für den Heiligen war nicht künstlich gezüchtet; sie entsprach der aufrichtigen Ueberzeugung der Massen.

So hoch man auch vom altgermanischen Heidentum denken mag, ein Unbefangener wird diese Vorliebe der Franken für das einmal erfaßte katholische Christentum für sachlich gerechtfertigt halten müssen. Der Schritt vom Guten zum Bessern ist nicht zu verkennen. Die germanische Religion stand zur germanischen Sitte in keinem Verhältnis. Diese, so viel wert sie war, beruhte ausschließlich auf der Familie und auf der politischen Gemeinschaft; daß Gut und Böse Dinge seien, über die man der Gottheit Rechenschaft schuldig sei, davon wußten die alten Deutschen nichts. Für den heidnischen Germanen fing die Ethik erst an mit seiner Eigenschaft eines Familiengliedes und Stammgenossen; wurde er Christ, so mußte er begreifen lernen, sein Lebenswandel sei eine Angelegenheit seiner selbst, etwas, das ihn allein unbekümmert von allen andern angehe, sobald ihm nämlich daran gelegen sei, sich mit dem Himmel im Einklang zu wissen. Die Erhebung auf eine höhere Stufe, die in dieser Forderung lag, war also im Grundsatz mit der Bekehrung gegeben; wenn jetzt der Franke ein guter Mensch sein wollte, so hatte er nicht mehr bloß der sozialen Regel nachzukommen, er hatte sich nun auch noch mit seinem Gewissen abzufinden und zwar in erster Linie. Vielleicht darf man geradezu sagen, der Heide kannte nur Geister und von seinem Verhalten zu ihnen hing es ab, ob es für ihn gute oder böse Geister waren, während das Christen-

---

a) Gregor Mart. IV. 30.   b) Gregor Mart. II. 49.   c) Gregor Mart. II. 34.   d) Gregor Jul. 28.   e) Gregor Mart. IV. 46.

tum von vornherein streng dualistisch gute Geister und böse Geister als zweierlei Stände unterschied. Und vom Grundsätzlichen abgesehen, war auch sonst der Heilige ein vorteilhafter Tausch gegen den heidnischen Gott. Es war gewissermaßen der Uebergang vom Zelt des Nomaden zur Hütte des Ackermanns. Von der Wanderzeit her hatten die germanischen Götter etwas Unstetes an sich, die kleinen Volks= und Stammesgeister hausten wie der Fisch im Quell und Fluß oder wie der Vogel im Baumwipfel; auch die oberen Götter saßen nicht ruhig auf einem Göttersitz; Freja und Wodan ritten und reisten die ganze Zeit. Von diesem Huschen und Jagen war beim Heiligen nichts zu spüren: da sein Dienst die Verehrung eines toten Menschen war, der gelebt hatte und dessen Grab man besaß, so bekam dieser Kultus von selbst etwas seßhaftes, häusliches; zwar stand es dem Heiligen frei, auszugehen und einem Rufe nach auswärts Folge zu leisten; aber nie für lange, immer würde er, das wußte man, ja bald wieder in sein Haus zurückkehren. Diese Art Religion mußte dem Franken um so mehr zusagen, als er selber seine Natur änderte, von der früheren Wanderlust zurückkam und in die festen Formen ansäßigen Gemeindelebens sich eingewöhnte. Dazu kam die Vielheit der Heiligen und die damit verbundene Pracht und imposante Fülle der neuen Glaubens= welt. Hatte dem Franken schon die irdische Hierarchie der katholischen Kirche gewaltig eingeleuchtet, die vom kleinen Cleriker zum Bischof, von diesem zum Metropoliten, von diesem zum Landesprimas und von diesem zum Statthalter Christi in Rom aufstieg, wie staunte da erst sein Geist, als sich Himmel über Himmel aufthat, allein aus Gallien eine Heiligenschaar zur andern stieß, an der Spitze aller der donnernde Julian und der große, gute Martin und diesen dann aus andern Ländern neue Heilige sich verbanden, die spanischen, die italienischen, die morgenländischen, hundert und hundert, und alles doch nur Diener des einen Christus, der selber wieder der Sohn des dreieinigen Gottes war. Ja, König Chlodowech hatte recht gethan, als er seinem Volk diesen neuen Herrn gab. Aber eine Unterwerfung war es nicht gewesen, sondern ein Vertrag auf gleichem Fuße, durch den beide Teile gewannen. Gewiß, man war auf den neuen Himmelsherzog stolz; aber Christus konnte es auch auf seine Franken sein; so starke und so treue Unterthanen hatte er vorher nie besessen! Dieses Selbstbewußtsein verleiht dem merowingischen Christen= tum seinen wahren Schwung. Bei Gregor kommt es nicht zur Geltung, weil es bei ihm, dem Romanen, höchstens anempfunden war und er überdies durch seine Schilderungen von Fall zu Fall mehr eine Analyse als eine Zusammen= fassung gibt. Zum Durchbruch gelangt es aber in einer nationalen Kund= gebung, ebenfalls aus dem sechsten Jahrhundert, dem Prolog zum salischen Gesetze. Dieser schließt so: „Es lebe Christus, der die Franken liebt! Er be=

wahre ihr Reich! Er erfülle ihre Führer mit dem Lichte seiner Gnade! Er
beschirme ihr Heer! Er verleihe dem Glauben Schutz! Friede, Freude und
glückliche Zeiten schenke ihnen in seiner Barmherzigkeit der Fürst der Fürsten
Jesus Christus! Denn sie sind das Volk, das tapfer und stark das harte
Joch der Römer im Kampfe von seinem Nacken schüttelte; und während die
Römer die heiligen Märtyrer mit Feuer verbrannten oder mit dem Schwerte
in Stücke hieben oder den wilden Tieren zum Zerfleischen vorwarfen, haben
die Franken nach ihrer Taufe die Leichname dieser Märtyrer mit Gold und
Edelsteinen geschmückt".

Gewiß, es hatte in der Luft gelegen. Früher oder später mußte die
Bekehrung erfolgen. Als die Alamannen in ihrer Selbständigkeit geknickt waren,
wären die Franken im Kulturkreis des alten Imperiums der einzige germanische
Stamm gewesen, der sich dem Christentum nicht fügte. Aber das Beispiel
der Brudervölker wies doch einmütig auf den Arianismus. Nur mit dem
ungeheuern Unterschied, daß jene schon im Balkan und an der Donau über=
getreten waren und allerdings Ketzer, aber doch Christen von dem katholischen
Westen Besitz ergriffen, während die Franken noch als Heiden schon im Lande
ihrer Bestimmung saßen. Jede religiöse Bekehrung ganzer Völker ist Sache
der Politik; politisch bemessen handelte es sich um folgenden Entscheid: wurden
sie Arianer, dann hätten die Franken die Römer vor den Kopf gestoßen, an
deren Spitze sie ja gerade treten wollten; wurden sie katholisch, so war der
Zwiespalt mit den andern Germanen nicht zu überbrücken. Als Arianer konnten
ihre rohen, keine Mittel scheuenden, realpolitisch genialen Könige den Gedanken
vom Zusammenschluß aller germanischen Reiche verwirklichen, eben den Ge=
danken, für den der edle Gothe Theodorich zu zart und ideal gewesen war:
dann kein Mittelalter in unserem Sinn, das vom Hader zwischen Kaiser und
Papst lebte, wo die deutsche Eigenart sich öffentlich nur in römischem Kleiden
und, wie sie war, nur verstohlen sehen lassen durfte! Nun waren sie aber
katholisch geworden. Den nationalen Unterschied zwischen Römern und Ger=
manen hob die höhere Eintracht im Glauben auf. Das klassische Altertum
war in die christliche Kirche geflüchtet, um darin zu sterben; in dem jung=
fränkischen deutschen Geist bot sich ihm ein Schooß, der es unausgetragen in
sich barg bis auf die Stunde der Wiedergeburt.

Aber wenn Ueberkultur und Barbarei aufeinander prallen, tauschen sie
immer zuerst ihre Laster aus. An seinen eigenen, unmittelbaren Früchten be=
messen, kommt deshalb das merowingische Christentum übel weg; in der That
hat es das sittliche Niveau unter den doch wahrhaftig nicht hohen Stand,

den sowohl die römischen Infassen als die heidnischen Franken aufwiesen, noch beträchtlich herabgedrückt. Auf irgend welche Schilderungen des entsetzlichen Unwesens uns einzulassen, geht nicht an. Wir haben nun nur mit einem Wort die Folgen dieses Tiefstandes der Moral auf die Religion nochmals zu nennen. Mit Bleigewicht an den Füßen vergeht auch einem beflügelten Wesen die Lust zum Fliegen, und wer will dem fränkischen Christentum seinen Mangel an geistigen Interessen vorwerfen, wenn das Leben, in dem es zu wirken hatte, so sehr der Würde entbehrte; Lob verdient es, daß es sich überhaupt hielt, nicht Tadel, daß es verrohte. Im sechsten Jahrhundert ist aus der Frömmigkeit auch des Frömmsten jeder ideelle Zug ausgeschieden und nur noch Stoffliches zurückgeblieben. Das Innenleben des braven, aufrichtigen Gregor spielt sich, sobald es sich nicht mehr um Heilige oder um das katholische Bekenntnis, sondern um den eigenen persönlichen Glauben handelt, durchaus im Leeren ab, zwischen einem dumpfen Schuldbewußtsein[a]) und der ebenso dunkeln Zuversicht, gerecht vor Gott zu wandeln[b]).

Im siebenten Jahrhundert hat die iroschottische Reform hieran nicht viel geändert. Ihr Einfluß erstreckte sich namentlich auf die äußere Klosterzucht und auf die Erweckung von etwas Wissenschaft und Kunst in der Geistlichkeit. Ihre Buß- und Beichtdisziplin war das einzige, was tiefer ging und vielleicht zur Erneuerung des Christentums hätte führen können. Und doch hat auch sie das materialisierende Wesen dieses gesamten Religionsbetriebes nicht angetastet. Wohl verspürt man eine Steigerung im Bewußtsein der eigenen Sündhaftigkeit bei ernsten Christen. Der Mann, der im siebenten Jahrhundert als Vertreter seiner Zeit noch am ehesten neben Gregor von Tours im sechsten gestellt werden darf, Eligius von Noyon, hat zwar vom Christen für das ganze Leben Buße verlangt, aber das Complement dazu lautet bei ihm nicht auf Gerechtigkeit aus dem Glauben allein, sondern auf Werkgerechtigkeit. Mit Unrecht hat man Columban mit den altisraelitischen Propheten verglichen. Die hätten doch in erster Linie gegen die Verehrung der Heiligen geeifert, an der jener ohne weiteres teilnahm. Aber dann hätten sie eben das zerstört, was überhaupt erst die neue Staatsreligion unter den Franken ermöglichte. Wie eine große Ironie nimmt sich jenes Kapitel in Gregors Frankengeschichte aus, da er aus den Propheten mit erstaunlicher Bibelkenntnis die wuchtigsten Stellen gegen den Bilderdienst sammelt und dann fortfährt: „Dies alles aber vernahm im Anfang das Volk der Franken nicht, in der Folge haben auch sie es vernommen"[c]). Einem Christentum wie dem fränkischen hätten echte Seher die Existenzberechtigung absprechen müssen, denn an eine ethische Läuterung der allgemeinen Gesinnung war nicht zu denken. Das sind aber

a) Gregor Mart. II. 1.   b) Gregor Jul. praef.   c) Gregor H. Fr. II. 10.

Dinge, über denen tausend Jahre dahinschwinden wie ein Tag. Und nach tausend Jahren kam er ja dann auch wirklich, der andere Martin, nach den Römern der Deutsche und nach den Heiligen der Prophet.

Und doch ruhten nicht umsonst Heiligengebeine in dem Boden, über den nach dem Untergang der alten die mittlere Zeit gewandelt kam. Im Hoch=mittelalter steigen aus dem langen Lauf der Jahrhunderte zwei Gebilde auf, die neben den Großthaten des Altertums für die Menschheit ewige Werte bedeuten: die scholastische Philosophie und die gothische Baukunst. Beide haben ihre eigentliche Heim= und Pflegestätte in Frankreich. So wäre also das Originalgut der mittleren Aera auf jener Stätte erwachsen, die einst unsere Heiligen nach dem Maß ihrer Einsicht und Kraft bebaut hatten. Ihre saure und redliche Arbeit war selbst noch keine Kultur gewesen, aber sie wurde Fundament einer Kultur. Der christliche Volksglaube, an der Stelle eines heidnischen Volksglaubens, bewährte sich als Unterlage der Zukunft.

———